W0212382

Oberösterreich
Seiten 190–213

Niederösterreich und Burgenland
Seiten 132–159

Steiermark
Seiten 160–189

VIS-À-VIS

ÖSTERREICH

VIS-À-VIS

ÖSTERREICH

Hauptautoren **Teresa Czerniewicz-Umer, Joanna Egert-Romanowska, Janina Kumaniecka**

DK

London • New York • München
Melbourne • Delhi

DK Penguin Random House

www.dorlingkindersley.de

Produktion
Hachette Livre Polska S.A.,
Wydawnictwo Wiedza i Życie S.A., Warschau

Texte
Teresa Czerniewicz-Umer, Joanna Egert-Romanowska, Janina Kumaniecka, Ewa Dan, Marianna Dudek, Konrad Gruda, Małgorzata Omilanowska, Marek Pernal, Jakub Sito, Barbara Sudnik-Wójcikowska, Roman Taborski, Zuzanna Umer

Fotografien Wojciech und Katarzyna Mędrzakowie

Illustrationen Michał Burkiewicz, Paweł Marczak, Bohdan Wróblewski

Kartografie Magdalena Polak, Olaf Rodowald, Dariusz Romanowski

Redaktion und Gestaltung
Hachette Livre Polska, Warschau: Paweł Pasternak, Elżbieta Dudzińska, Ewa Roguska, Piotr Kiedrowski
Dorling Kindersley Ltd., London: Douglas Amrine, Helen Townsend, Kate Poole, Gerhard Bruschke, Ian Midson, Jacky Jackson, Vinod Harish, Vincent Kurien, Azeem Siddiqui, Jason Little, Conrad van Dyke, Bethan Blase

© 2003, 2015 Dorling Kindersley Limited, London
Titel der englischen Originalausgabe:
Eyewitness Travel Guide *Austria*
Zuerst erschienen 2003 in Großbritannien
bei Dorling Kindersley Ltd., London
A Penguin Random House Company

Für die deutsche Ausgabe:
© 2004, 2015 Dorling Kindersley Verlag GmbH, München
Ein Unternehmen der Penguin Random House Group

Aktualisierte Neuauflage 2015 / 2016

Programmleitung Dr. Jörg Theilacker, DK Verlag
Projektleitung Stefanie Franz, DK Verlag
Projektassistenz Antonia Knittel, DK Verlag
Übersetzung Brigitte Maier, München; Barbara Sobeck, Lindau
Redaktion Dr. Elfi Ledig, München; Gerhard Bruschke, München
Schlussredaktion Philip Anton, Köln
Umschlaggestaltung Ute Berretz, München
Satz und Produktion DK Verlag
Druck L. Rex Printing Co. Ltd., China

ISBN 978-3-7342-0021-2
7 8 9 10 11 17 16 15 14

Dieser Reiseführer wird regelmäßig aktualisiert. Angaben wie Telefonnummern, Öffnungszeiten, Adressen, Preise und Fahrpläne können sich jedoch ändern. Der Verlag kann für fehlerhafte oder veraltete Angaben nicht haftbar gemacht werden. Für Hinweise, Verbesserungsvorschläge und Korrekturen ist der Verlag dankbar. Bitte richten Sie Ihr Schreiben an:

Dorling Kindersley Verlag GmbH
Redaktion Reiseführer
Arnulfstraße 124 • 80636 München
travel@dk-germany.de

◀ **Das winzige Warth am Hochtannbergpass, Vorarlberg** ***(siehe S. 263)***
◀ ◀ **Warth** ***(siehe S. 263)*****, im Hintergrund der Biberkopf (2599 m)**

Inhalt

Fassade einer Apotheke in Obernberg am Inn ***(siehe S. 202)***

Österreich stellt sich vor

Burg Clam (12. Jh.) in Oberösterreich ***(siehe S. 198)***

Wien

Grabstein in der Kirche von Maria Saal, Kärnten *(siehe S. 272)*

Die Regionen Österreichs

Grundlsee und Totes Gebirge, Salzkammergut *(siehe S. 213)*

Zu Gast in Österreich

Grundinformationen

Bleiglasfenster in der Kirche von Bürserlberg, Vorarlberg

Wallfahrtskirche Mariazell *(siehe S. 188f)*

Benutzerhinweise

Mit diesem Reiseführer erleben Sie Österreich von seinen interessantesten und schönsten Seiten. Das Kapitel *Österreich stellt sich vor* befasst sich mit Geografie, Geschichte und Kultur des Landes. In sechs Regionen-Kapiteln plus Wien werden die wichtigsten Sehenswürdigkeiten anhand von Texten, Fotos und Illustrationen vorgestellt. Specials machen Sie mit regionaler Küche, Weinen, Cafés etc. vertraut. Informationen zu Hotels, Restaurants, Shopping und Unterhaltung finden Sie im Kapitel *Zu Gast in Österreich*. Viele nützliche Tipps in den *Grundinformationen*, etwa zum Nahverkehr, erleichtern Ihnen den Urlaub.

Wien

Das Kapitel unterteilt Wien in drei Teile: die Innenstadt sowie die Gegenden nördlich der Mariahilfer Straße und südlich des Rings. Sehenswürdigkeiten außerhalb des Zentrums werden unter *Abstecher* beschrieben. Alle Attraktionen sind nummeriert und auf der *Stadtteilkarte* eingetragen.

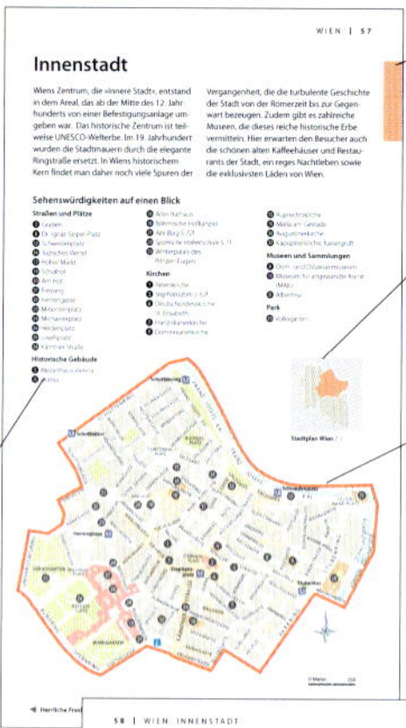

Seiten mit roten Griffmarken beziehen sich auf Wien.

Die Orientierungskarte zeigt, wo Sie sich gerade befinden.

1 Stadtteilkarte
Alle Sehenswürdigkeiten sind mit Nummern auf der *Stadtteilkarte* eingezeichnet. Sie stehen auch im *Stadtplan (siehe S. 120–127)*.

Sehenswürdigkeiten auf einen Blick listet alles Wichtige nach Kategorien auf: historische Straßen und Gebäude, Museen und Sammlungen, Kirchen, Parks und Gärten.

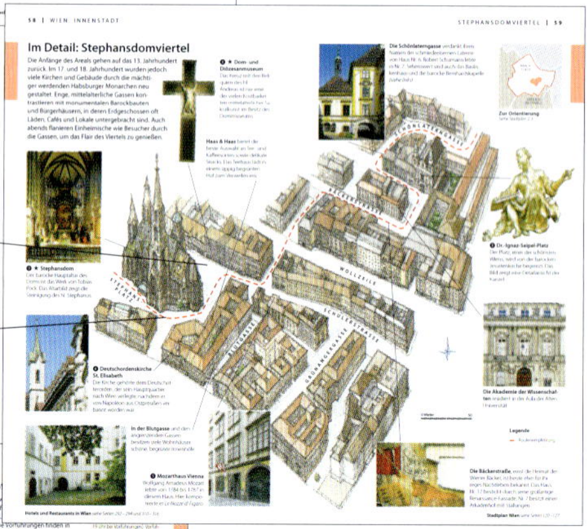

2 Detailkarte
Aus der Vogelperspektive können Sie sich optimal orientieren.

Eine Routenempfehlung führt Sie durch die interessantesten Straßen und Viertel.

3 Detaillierte Informationen
Alle bedeutenden Sehenswürdigkeiten werden ausführlich beschrieben. Dabei sind auch Adresse, Telefonnummer, Öffnungszeiten, Verkehrsverbindungen sowie Zugang für Rollstuhlfahrer vermerkt.

1 Einleitung

Hier erfahren Sie etwas über Landschaft, Charakter und geschichtliche Entwicklung jeder Region sowie über ihre wichtigsten Sehenswürdigkeiten.

Die Regionen Österreichs

Österreich wird in diesem Buch in sechs Regionen unterteilt, die sich an den Bundesländern orientieren. Interessante Reiseziele sind auf der *Regionalkarte* markiert und werden ausführlich beschrieben.

2 Regionalkarte

Die Karte zeigt das Straßennetz und die Lage der nummerierten Sehenswürdigkeiten. Hier finden Sie auch Tipps für die Erkundung des Gebiets per Auto, Bus oder Zug.

Kästen liefern interessante Hintergrundinformationen über Sehenswürdigkeiten, Personen, Städte und Regionen.

Farbmarkierungen am Rand jeder Seite erleichtern das Auffinden der Regionen. Die Farben werden auf den vorderen Umschlaginnenseiten erläutert.

3 Detaillierte Informationen

Alle interessanten Orte und Ausflugsziele sind in der Reihenfolge ihrer Nummerierung beschrieben. Jeder Eintrag informiert Sie zudem über Öffnungszeiten, Anfahrt etc.

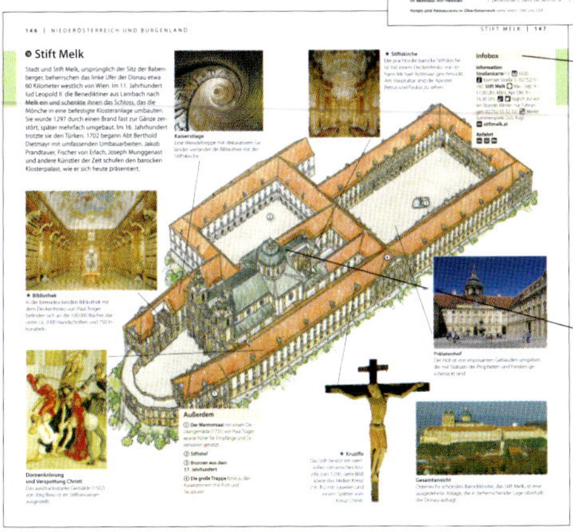

Die Infobox liefert für Hauptsehenswürdigkeiten alle praktischen Einzelheiten und Hinweise.

Die ***Straßenkarte*** *finden Sie auf den beiden hinteren Umschlaginnenseiten.*

4 Hauptsehenswürdigkeiten

Die Highlights Österreichs werden auf mindestens einer Doppelseite dargestellt. Karten, Grundrisse und Schnittzeichnungen erleichtern Ihnen die räumliche Vorstellung. Durch Museen und Schlösser führt ein farbiger Lageplan.

Grinzing Däbling Hof.

ÖSTERREICH STELLT SICH VOR

Themen- und Tagestouren

Die folgenden Touren sind so konzipiert, dass Sie möglichst viele Highlights sehen, ohne allzu lange Wege zurücklegen zu müssen. Zunächst stellen wir Ihnen in einer Zwei-Tage-Tour die Hauptstadt Wien vor, eine Metropole voller Denkmäler und kultureller Highlights. Der Zwei-Tage-Trip kann problemlos mit einer der weiteren vorgestellten Touren um eine Woche verlängert werden. Wochentouren führen Sie zu den Wäldern und Weinbergen Niederösterreichs, zu den historischen Schätzen im südlichen Österreich, ins barocke Salzburg und zu Seen und Bergen des Salzkammerguts sowie zu den Österreichischen Alpen. Zu allen Touren finden Sie Extratipps, mit denen Sie die Tour auf zehn Tage verlängern können. Suchen Sie die Ihnen genehme Tour aus, oder folgen Sie Ihrem eigenen Weg.

Wolfgangsee, Salzkammergut
Der bis zu 114 Meter tiefe See liegt vor der Kulisse von Sandsteinbergen. Das meist sehr klare Wasser und die hohe Wasserqualität machen ihn zu einem Besuchermagneten.

Eine Woche in den Alpen

- Ein Tag in **Innsbruck**, der historischen Hauptstadt von Tirol.
- Das idyllische **Seefeld** liegt inmitten von Almweiden und Alpinskigebieten.
- Ausflug ins faszinierende **Ötztal**, ein Mekka für Wintersportler.
- Ausflug zum Arlbergpass mit den schicken Resorts **St. Anton** und **Lech**.
- Traumhaft: Wandern rund um **Kitzbühel**, umgeben von den beeindruckenden Gipfeln der Kitzbüheler Alpen.
- Idyllisch: die Almwiesen und alten Ställe im **Pinzgau** mit den tosenden **Krimmler Wasserfällen**.
- Nostalgiefahrt mit der Zillertalbahn durchs **Zillertal** – vorbei an den imposanten Gletschern des Gebiets.

Stift Melk, Niederösterreich
Das Barockkloster auf einem Felsen oberhalb der Donau ist UNESCO-Welterbe. Das Wahrzeichen der Wachau wurde im 11. Jahrhundert gegründet, aber mehrmals zerstört. Die jetzige Anlage stammt großteils aus dem 18. Jahrhundert.

◀ **Attraktive Sightseeing-Möglichkeit: Pferdekutschen, Am Hof, Wien** ***(siehe S. 66f)***

Eine Woche in Salzburg und im Salzkammergut

- Barocke Architektur, wohin das Auge blickt: **Salzburg**, die Heimat des Musikgenies Mozart, bezaubert Besucher.
- Besuch von **Schloss Hellbrunn** sowie der Eisriesenwelt, einem Höhlensystem im Tennengebirge bei **Werfen**.
- Gotische Kunst sowie schöne Seen- und Berglandschaft gibt es um den **Wolfgangsee**.
- Entzückend: das idyllisch gelegene **Hallstatt** mit seinen Funden aus der Eisenzeit.
- Zeitreise in die Welt von Franz Joseph I. in **Bad Ischl**, der kaiserlichen Sommerresidenz.
- Sehenswert: die hübschen Orte rund um den **Traunsee**.
- Das Salzkammergut bietet auch ruhige Ecken, etwa bei **Bad Aussee**.

Eine Woche in Niederösterreich

- Zwei Tage **Wien** können nur einen ersten Eindruck vermitteln.
- Der **Neusiedler See** mit seinem Schilfgürtel ist ein Paradies für Vogelbeobachter.
- **St. Pölten**, die Landeshauptstadt Niederösterreichs, ist ein guter Ausgangspunkt für **Stift Melk**.
- Sehenswert: die historischen Städte entlang der Donau in der **Wachau**.
- Leichte Wanderrouten gibt es im noch wenig erschlossenen **Waldviertel**.
- Spaziergang im schönen **Wienerwald**, dem Naherholungsgebiet der Wiener.

Eine Woche im südlichen Österreich

- Top: Museen mit alter und moderner Kunst in **Graz**, der Landeshauptstadt der Steiermark.
- Östlich von Graz unübersehbar: die Höhenburg **Riegersburg** mit Greifvogelwarte.
- Die Mur führt zum historischen **Murau** im Schatten der Niederen Tauern.
- In den Tälern des nördlichen Kärnten liegen das mittelalterliche **Friesach** sowie **Gurk** mit dem romanischen Dom.
- Besuch der Felsenburg **Hochosterwitz** sowie der Kärntner Landeshauptstadt **Klagenfurt**.
- Bootsfahrt auf oder Autotour um den **Wörthersee**, Österreichs wärmster Alpensee und Kulisse zahlreicher Filme.
- Weiterer Glanzpunkt der Kärtner Seenkette: der **Millstätter See**.

Legende

- Niederösterreich
- Salzburg und Salzkammergut
- Südliches Österreich
- Österreichische Alpen

Zwei Tage in Wien

Wiens Kopfsteinpflasterstraßen, die opulenten Barockkirchen und die grandiose Architektur laden zu einer Zeitreise ein.

- **Anreise** Der Flughafen Wien-Schwechat – Vienna International Airport liegt 19 Kilometer südöstlich des Zentrums. Der CAT (City Airport Train) braucht 20 Minuten ins Zentrum.
- **Nahverkehr** Das öffentliche Nahverkehrssystem Wiens ist effizient. Mit U-Bahn, Bussen und Trams kommt man zu den meisten Attraktionen.

Erster Tag

Starten Sie in der Inneren Stadt mit dem gotischen **Stephansdom** *(S. 62f)*. Sein Südturm, der Steffl, ist 137 Meter hoch. Das **Mozarthaus Vienna** *(S. 61)*, wo Mozart *Die Hochzeit des Figaro* komponierte, steht in der Nähe. Am südlichen Stephansplatz beginnt die Fußgängerzone Kärntner Straße mit Läden und Cafés. Am westlichen Ende der Inneren Stadt liegt die **Hofburg** *(S. 68f)*, der riesige Komplex der einstigen Residenz, Symbol des Habsburgerreichs. Besichtigen Sie den **Reichskanzleitrakt** (die einstigen Gemächer Franz Josephs, *S. 73*) und die **Silberkammer** *(S. 72)*. Gegenüber der Hofburg liegt die berühmte **Spanische Hofreitschule** *(S. 71)*, ihre Lipizzaner sind eine der Attraktionen Wiens. Am Abend gehen

Fassade der Spanischen Hofreitschule in Wien

Sie zur von zahlreichen historischen Bauten gesäumten Ringstraße. Am Maria-Theresien-Platz liegt das **Kunsthistorische Museum** *(S. 88–91)* mit seiner weltweit einzigartigen Kunstsammlung. Im Schwestergebäude residiert das Naturhistorische Museum.

Zweiter Tag

Beginnen Sie mit der Besichtigung wieder in der Inneren Stadt. Gleich westlich der Ringstraße stoßen Sie auf das vibrierende **MuseumsQuartier** *(S. 86f)*, Sitz des museums moderner kunst stiftung ludwig (mumok) sowie diverser anderer Museen, Cafés, Läden und Theatern. Ein kurzer Spaziergang nach Osten führt zum Karlsplatz mit der barocken **Karlskirche** *(S. 98f)*. Gehen Sie weiter zum **Belvedere** *(S. 102f)* mit seinen herrlichen Gärten und dem Kunstmuseum. Mit der U4 gelangen Sie vom Karlsplatz zum **Schloss Schönbrunn** *(S. 114f)*, der kaiserlichen Sommerresidenz mit ihren grandiosen Prunkgemächern. Am Abend fahren Sie mit der U-Bahn zum **Prater** *(S. 108)*, dem großen Park zwischen Donau und Donaukanal. Das einstige kaiserliche Jagdrevier ist heute Vergnügungspark und Naherholungsgebiet. Weltberühmt ist das 1896 errichtete Riesenrad, das auch noch nachts seine Runden dreht.

Das Riesenrad im Prater, ein Wahrzeichen Wiens

Eine Woche in Niederösterreich

- **Flughafen** Wien-Schwechat – Vienna International Airport ist der beste Ausgangspunkt für Niederösterreich.
- **Transport** Zwischen Wien und den niederösterreichischen Städten gibt es gute Zugverbindungen. Ein Auto brauchen Sie für den Neusiedler See, das Waldviertel und den Wienerwald.

Erster und zweiter Tag

Zu den Sehenswürdigkeiten in Wien siehe oben.

Dritter Tag: Eisenstadt und Neusiedler See

Im Südosten von Wien liegt **Eisenstadt** *(S. 158f)*. Besuchen Sie das barocke **Schloss Esterházy** *(S. 158f)*. Auch das **Haydn-Haus** *(S. 159)*, jetzt ein Museum, lohnt den Besuch. Von Eisenstadt aus ist es nicht weit zum **Neusiedler See** *(S. 156f)*, von dem ein kleiner Teil schon zu Ungarn gehört. **Rust** *(S. 156)* mit seinen Storchennestern gehört zu den hübschesten Orten am Westufer. Am Nordende des Sees ist der Schilfgürtel des UNESCO-Welterbes besonders beeindruckend. Im **Nationalpark Neusiedler See – Seewinkel** *(S. 157)* kann man gut Vögel beobachten.

Vierter Tag: St. Pölten und Stift Melk

St. Pölten *(S. 136f)* besitzt ein schönes barockes Zentrum. Etwa 20 Kilometer westlich liegt **Stift Melk** *(S. 146f)*. Die barocke Klosteranlage beherbergt Kunstwerke, eine wundervolle Bibliothek und die prachtvolle Stiftskirche.

Infos zu Verkehrsmitteln in Österreich *siehe S. 354–359*

Fünfter Tag: Wachau
Zwischen Melk und Wien erstreckt sich die Wachau, in der die Donau zwischen Weinbergen dahinfließt. Bewundern Sie die Ruinen der Künringerburg in **Dürnstein** *(S. 142f)*. Legen Sie in **Krems** *(S. 142)* eine Pause ein. Besichtigen Sie abschließend das **Egon Schiele Museum** *(S. 138)* in Tulln.

Sechster Tag: Tour durch das Waldviertel
Nördlich der Wachau liegt das **Waldviertel** *(S. 144f)*, eine waldreiche Region, die bis zur tschechischen Grenze reicht. Machen Sie eine Rundfahrt, auf der Strecke liegen **Zwettl** *(S. 144)*, **Gmünd** *(S. 144)* und die zum Schloss umgebaute **Rosenburg** *(S. 145)*.

Siebter Tag: Wienerwald
Südöstlich von Wien beginnt der **Wienerwald** *(S. 140)* – ideal für eine Wanderung oder eine Radtour. Halten Sie bei der Seegrotte Hinterbrühl, heute ein Schaubergwerk. Beenden Sie den Tag in einem *Heurigen* in **Gumpoldskirchen** *(S. 141)*.

Eine Woche im südlichen Österreich

- **Flughäfen** Ankunft im Flughafen Graz-Thalerhof, Abflug vom Flughafen Klagenfurt.
- **Transport** Die Zugfahrt von Wien nach Graz über den Semmering-Pass (965 m) ist komfortabel und zudem malerisch. Auch zu anderen Städten der Region kommen Sie mit der Bahn. Für abgelegene Orte benötigen Sie allerdings ein Auto.

Erster Tag: Graz
Graz *(S. 164–167)* ist mit seinen Bauten und den Parks eine elegante Stadt. Zu besichtigen sind mehrere Kunstmuseen. Imposant ist die Waffensammlung im **Landeszeughaus** *(S. 168f)*. Planen Sie einen halben Tag für das **Österreichische Freilichtmuseum Stübung** *(S. 170f)* ein, das ländliche österreichische Architektur sowie altes Handwerk bietet.

Szenerie am Wörthersee, dem wärmsten See Österreichs

Zweiter Tag: Riegersburg und Bad Blumau
In der Hügellandschaft östlich von Graz erhebt sich die **Riegersburg** *(S. 174f)*, eine mächtige Felsenburg mit Museum. Fahren Sie weiter nach **Bad Blumau** *(S. 174)* mit dem von Friedensreich Hundertwasser errichteten Rogner-Bad Blumau.

Dritter Tag: Von Bruck an der Mur bis Murau
Nördlich von Graz liegen **Bruck an der Mur** *(S. 172)* und **Leoben** *(S. 187)*. Folgen Sie dann dem Murtal nach Westen entlang der Niederen Tauern. **Oberwölz** *(S. 179)*, einst Bergbauzentrum, ist einen Abstecher wert. Dann fahren Sie nach **Murau** *(S. 179)*, einem malerischen historischen Städtchen.

Vierter Tag: Friesach und Gurk
In den Hügeln des nördlichen Kärnten liegt die gut erhaltene mittelalterliche Stadt **Friesach** *(S. 278)*. Fahren Sie weiter nach Gurk, um den **Gurker Dom** *(S. 273)* zu bewundern – ein Meisterwerk der Romanik.

Blick über die Dächer der Grazer Altstadt, ein UNESCO-Welterbe

Fünfter Tag: Hochosterwitz und Klagengfurt
Burg **Hochosterwitz** *(S. 272f)* ist ein Wahrzeichen Kärntens. Fahren Sie dann in die Landeshauptstadt **Klagenfurt** *(S. 274–277)* mit ihren schönen Renaissance-Plätzen. Mit seiner touristischen Infrastruktur ist Klagenfurt die ideale Basis für die letzten Tage in Kärnten.

Sechster Tag: Wörthersee
Verbringen Sie den Tag am **Wörthersee** *(S. 280f)*, und entspannen Sie im Sommerurlaubsort Pörtschach. Beenden Sie den Tag in **Velden** *(S. 280)* mit seinem frühbarocken Schloss, dem Casino und den schicken Café-Bars.

Siebter Tag: Villach und Millstätter See
Schlendern Sie durch das historische Zentrum von **Villach** *(S. 278)*, bevor Sie zu einer Bootsfahrt auf dem **Millstätter See** *(S. 278f)* aufbrechen. Falls es zu kalt für ein Bad ist, besichtigen Sie Schloss Porcia im nahe gelegenen **Spittal an der Drau** *(S. 278)*. Es besitzt ein exzellentes Volkskundemuseum.

Tipp zur Verlängerung
Nördlich von Spittal an der Drau liegt das mittelalterliche **Gmünd** *(S. 279)*. Das hiesige Porsche-Museum zeigt berühmte Modelle.

Eine Woche in Salzburg und im Salzkammergut

- **Flughafen** Salzburgs Flughafen, der Salzburg Airport W.A. Mozart, ist der zweitgrößte Österreichs.
- **Transport** Von Wien fährt man in zweieinhalb Stunden mit dem Zug nach Salzburg. Das Salzkammergut ist weniger gut per Bahn erreichbar. Es gibt jedoch von Salzburg aus gute Busverbindungen zu vielen Orten.

Bad Ischl, ein beliebter Kurort im Salzkammergut

Erster Tag: Salzburg
Das historische Zentrum der Barockstadt **Salzburg** *(S. 218f)* ist UNESCO-Welterbe. Bummeln Sie durch die Altstadt, bevor Sie den **Dom** *(S. 224)* oder die **Kollegienkirche** *(S. 223)* bewundern. Besichtigen Sie **Mozarts Geburtshaus** *(S. 223)* sowie die Kunstschätze der **Rezidenzgalerie** *(S. 223)*. Steigen Sie dann zur **Festung Hohensalzburg** *(S. 226f)* hoch – oder nehmen Sie die Standseilbahn. Nachmittags können Sie zwischen Blumenbeeten, Skulpturen und Brunnen des **Gartens** *(S. 219)* von Schloss Mirabell entspannen.

Zweiter Tag: Schloss Hellbrunn und Werfen
Ein Besuch Salzburgs ist nicht komplett ohne einen Ausflug nach **Schloss Hellbrun** *(S. 228)*. Die einstige Sommerresidenz (17. Jh.) von Erzbischof Markus Sittikus liegt vier Kilometer südlich der Stadt. Die Innenräume sind imposant, die Anlage ist von einer Gartenanlage mit Wasserspielen, Grotten und Brunnen umgeben. Sie können den Ausflug verlängern, indem Sie nach **Werfen** *(S. 229)*, 40 Kilometer südlich von Salzburg, fahren. Dort befindet sich die Eisriesenwelt, ein spektakuläres vereistes Höhlensystem im Tennengebirge. Falls möglich, sollten Sie die Fahrt in **Hallein** *(S. 228f)*, das zwischen Werfen und Salzburg liegt, unterbrechen. Das dortige Keltenmuseum bietet einzigartige Exponate aus der Keltenzeit.

Dritter Tag: Um den Wolfgangsee
Der Wolfgangsee ist der bekannteste der Seen des Salzkammerguts. Am See liegen die Gemeinden Strobl, St. Gilgen und **St. Wolfgang** *(S. 209)*. Die Wallfahrtskirche in St. Wolfgang beherbergt einen gotischen Flügelalter von Michael Pacher. Kehren Sie für eine Kaffeepause im berühmten historischen Hotel **Im Weissen Rössl** *(S. 209)* ein, der Vorlage für Ralph Benatzkys bekannte gleichnamige Operette.

Tipp zur Verlängerung
Nördlich des Wolfgangsees liegt der **Attersee** *(S. 211)*, ein Anziehungspunkt für Segler. Wieder westwärts geht es zum **Mondsee** *(S. 210)*. Im Ort Mondsee kann man das Benediktinerkloster besichtigen.

UNESCO-Welterbe: Innenraum des barocken Salzburger Doms

Vierter Tag: Hallstatt
In **Hallstatt** *(S. 212)* sollten Sie einen ganzen Tag verbringen. Einige Funde aus der Bronzezeit, die hier ausgegraben wurden, sind im Museum zu besichtigen. Weitere Highlights: das historische Beinhaus und das Schaubergwerk. Absolut beeindruckend sind die **Dachsteinhöhlen** *(S. 213)*. Sie liegen oberhalb des südlichen Endes des Hallstätter Sees.

Fünfter Tag: Bad Ischl
Zwischen Wolfgangsee und Traunsee liegt **Bad Ischl** *(S. 209)*, hier kurten die Habsburger sowie viele Berühmtheiten. Besichtigen Sie die **Kaiservilla** *(S. 209)*, in der einst Franz Joseph und Sisi residierten. Danach sollten Sie in einer der berühmten Konditoreien der Stadt einkehren.

Sechster Tag: Traunsee
Der Traunsee ist von Gipfeln umgeben. Besuchen Sie die malerischen Orte am Ufer, etwa **Traunkirchen** *(S. 208f)*, Altmünster und **Gmunden** *(S. 208)*. Im Sommer tummeln sich hier viele Besucher.

Siebter Tag: Bad Aussee und die nahen Seen
Die einstige Salzbergwerksstadt **Bad Aussee** *(S. 184)* ist Ausgangspunkt für einige der weniger bekannten Seen des Salzkammerguts: den **Altausseer See** *(S. 184)* und den Grundlsee. Beide Seen sind ausgesprochen malerisch und von Wiesen und Wäldern umgeben.

Infos zu Verkehrsmitteln in Österreich *siehe S. 354 – 359*

Eine Woche in den Alpen

- **Flughafen** Der Flughafen Innsbruck liegt bei Kranebitten.
- **Transport** Innsbruck, Kitzbühel und der Arlberg sind mit den Züge der ÖBB erreichbar. Zu den Alpentälern fahren öffentliche Busse. In abgelegene Ecken kommt man besser per Auto.

Erster Tag: Innsbruck

Starten Sie die Besichtigung im Zentrum der Tiroler Landeshauptstadt. Wahrzeichen Innsbrucks ist das **Goldene Dachl** *(S. 244)*, ein Prunkerker von 1500. Das kaiserliche Erbe der Stadt ist in der **Hofkirche** *(S. 246f)* nachvollziehbar, wo sich das Grabmal Maximilians I. befindet. Die Maria-Theresien-Straße ist eine elegante Flaniermeile mit Blick auf die Alpen. Mit der Standseilbahn geht es auf den **Bergisel** *(S. 247)*. Die Aussicht ist grandios. Das Andreas-Hofer-Denkmal und das Kaiserjägermuseum erinnern hier an historische Schlachten. **Schloss Ambras** *(S. 245)*, ein Renaissance-Bau, beherbergt Kunstschätze und die Sammlungen von Erzherzog Ferdinand II.

Zweiter Tag: Seefeld

Der Wintersportort **Seefeld** *(S. 256f)* liegt nordwestlich von Innsbruck. Von den umliegenden Almwiesen genießt man eine fantastische Sicht. Abends gönnen Sie sich in Innsbruck traditionelle Tiroler Küche.

Dritter Tag: Ötztal

Westlich von Innsbruck gelangt man nach Imst, südlich geht es weiter ins **Ötztal** *(S. 256)*, eines der längsten Alpentäler. Hier wurde 1991 auf italienischer Seite der Ötztaler Alpen eine 5000 Jahre alte Gletschermumie geborgen. Auf 1900 Meter Höhe liegt Obergurgl, das von 3000 Meter hohen Gipfeln und Gletschern umgeben ist. **Sölden** *(S. 256)*, das etwa in der Talmitte liegt, bietet Lokale und mehr.

Vierter Tag: Arlberg und Vorarlberg

Den **Arlbergpass** *(S. 260f)* kann man per Auto oder im Zug überqueren. Der Pass trennt Tirol vom westlichen Vorarlberg. Wenn Sie mit dem Auto reisen, sollten Sie in den angesagten Wintersportorten **St. Anton** *(S. 261)* und **Lech** *(S. 258)* haltmachen. St. Anton gilt als Wiege des Skisports. Im Sommer sind die Wanderer und Biker unterwegs.

Fünfter Tag: Kitzbühel und Kufstein

In Osttirol liegt am Fuß des Hahnenkamms **Kitzbühel** *(S. 251)*, einst der bedeutendste Wintersportort des Landes. Kitzbühel gehört zu den hochpreisigen Ferienorten, hier verkehrt nach wie vor der Jetset. In der Umgebung gibt es gut 500 Kilometer an Wanderwegen. Mehrere Seilbahnen und Bergbahnen führen in die Kitzbüheler Alpen: Die Hahnenkammbahn bietet fantastische Panoramasichten, die Hornbahn führt zum Alpengarten am Kitzbüheler Horn. Anschließend machen Sie einen Abstecher nach **Kufstein** *(S. 251)* im Schatten des Kaisergebirges. Sehenswert ist die imposante Feste Kufstein mit einem Heimatmuseum.

Sechster Tag: Pinzgau

Südlich von Kitzbühel erstrecken sich die grünen Almmatten des Pinzgaus. Folgen Sie der Straße nach Osten zu den tosenden **Krimmler Wasserfällen** *(S. 237)*. Westlich kommen Sie nach **Zell am See** *(S. 236)* – eine Postkartenidylle. Der Pinzgauer Spaziergang ist einer der schönsten Wanderwege der österreichischen Alpen.

Siebter Tag: Zillertal

Bevor Sie nach Innsbruck zurückkehren, sollten Sie das **Zillertal** *(S. 252f)*, das sich bis zur italienischen Grenze erstreckt, erkunden. Es verzweigt sich in vier schmalere Gebirgstäler. Hübsch ist eine Fahrt mit der Zillertalbahn, einer Schmalspurbahn. Sie können auch einen Abstecher ins Tuxertal unternehmen. Das Gletschergebiet des Tuxer Ferners (Hintertuxer Gletscher) erlaubt ganzjähriges Pistenvergnügen.

Going am Wilden Kaiser ist ein bekannter Tiroler Wintersportort

Österreich auf der Karte

Österreich liegt im Südosten Mitteleuropas und umfasst auf einer Fläche von 83 878 Quadratkilometern mehrere Großräume: die Ostalpen, das Vorland von Alpen und Karpaten, das Donautal und einen Teil des Pannonischen Beckens sowie des Böhmischen Massivs. Der längste Fluss, die Donau, fließt von Westen nach Osten. An Österreich grenzen Deutschland, die Tschechische Republik, die Slowakei, Ungarn, Slowenien, Italien, die Schweiz und Liechtenstein. Von den 8,5 Millionen Einwohnern leben 1,7 Millionen in der Hauptstadt Wien.

Weitere Zeichenerklärungen *siehe hintere Umschlagklappe*

Legende
Staatsgrenze
Autobahn
Hauptstraße
Eisenbahn
Andere Straße
TSCHECH. REPUBLIK
SLOWAKEI
REICH
UNGARN
SLOWENIEN
KROATIEN
Plzeň (Pilsen)
Vltava (Moldau)
Havlíčkův Brod
Jihlava
Tábor
Strakonice
Třebíč
Brno
Brno-Tuřany
České Budějovice (Budweis)
Dyje (Thaya)
Znojmo
Údolní nádrž Lipno (Moldau-stausee)
Gmünd
Horn
Hollabrunn
Mistelbach
Passau
Schärding
Freistadt
Rastenfeld
Krems
Stockerau
Morava (March)
Linz
Tulln
Melk
St. Pölten
WIEN
BRATISLAVA
Ried im Innkreis
Wels
Donau
Wien-Schwechat
Bratislava M. R. Štefánika
Haag
Amstetten
Bruck an der Leitha
Vöcklabruck
Steyr
Neusiedl am See
Waidhofen
Eisenstadt
Neusiedler See
Attersee
Traunkirchen
Wiener Neustadt
Mitterbach
Neuenkirchen
Windischgarsten
Bad Ischl
Bromberg
Enns
Hieflau
Bad Aussee
Oberpullendorf
Irdning
Radstadt
Bruck an der Mur
Leoben
Szombathely
Mur
Mauterndorf
Judenburg
Murau
Graz
Graz-Thalerhof
Friesach
Wolfsberg
Zalaegerszeg
Spittal an der Drau
Leibnitz
Feistritz
Villach
Klagenfurt
Mura
Drava (Drau)
Maribor
Ptuj
Nagykanizsa
Čakovec
Kranj
Ljubljana Jože Pučnik
Celje
Varaždin
Drava (Drau)
LJUBLJANA
Koprivnica
Vrbovec
Sava
Novo Mesto
ZAGREB
Trieste (Triest)
Zagreb-Pleso
0 Kilometer 50

Ein Porträt Österreichs

»Land der Berge ...« – so beginnt Österreichs Nationalhymne. Berge bedecken ungefähr zwei Drittel des Landes. Natur wird hier ganz großgeschrieben: Gipfel, Hügel, Seen, Flüsse und Täler bieten eine unglaubliche landschaftliche Vielfalt und einen großen Erholungswert. Doch Österreich ist auch geschichtsträchtig. Hier genießt man Ess- und Hochkultur – nicht nur in Wien.

Zu Zeiten, als die großen Handelsrouten zwischen Nordeuropa und Italien sowie zwischen West- und Osteuropa sich in Wien kreuzten, wurde Österreich zur wichtigen Drehscheibe. Die Habsburger, die das Land fast sieben Jahrhunderte lang regierten, erweiterten ihren Herrschafts- und Einflussbereich weniger durch kriegerische Eroberungen als durch Heiratspolitik. Zwar ging es nicht ganz ohne Blutvergießen ab, doch durch geschickt arrangierte Ehen gelang es den Habsburgern, ihre Kernlande, die Herzogtümer Österreich und Steiermark, zu vergrößern. Anfangs führten sie verstärkt ihre Hausmachtpolitik weiter und erwarben u.a. Kärnten, Tirol, das Breisgau und Triest. Später waren es die Niederlande, Burgund, Spanien, dessen italienische Besitzungen sowie die Königreiche Böhmen und Ungarn. Die Geschichte erklärt, warum die österreichische Kultur Berührungspunkte nicht nur mit der deutschen, sondern auch mit der slowenischen, kroatischen und ungarischen Kultur aufweist. Das Land hat viele Künstler, Dichter und Komponisten hervorgebracht – der berühmteste ist wohl Wolfgang Amadeus Mozart.

Politisches System

Heute ist Österreich in neun Bundesländer gegliedert. Das Staatsoberhaupt ist der auf sechs Jahre gewählte Bundespräsident, doch die politisch wichtigste Figur ist der Bundeskanzler. Nationalrat und Bundesrat bilden die Legislative. Alle fünf Jahre werden die Nationalratswahlen abgehalten, gewählt wird nach dem Verhältniswahlrecht. Die fünf wichtigsten politischen Parteien sind: Österreichische Volkspartei (ÖVP), Sozialdemokratische Partei Österreichs (SPÖ), Freiheitliche Partei Österreichs (FPÖ), Bündnis Zukunft Österreich (BZÖ) und Die Grünen.

Blick von Heiligenblut, Kärnten, auf die Hohen Tauern

◀ **Motorradfahrer auf der Großglockner-Hochalpenstraße, die Salzburg und Kärnten verbindet** *(siehe S. 284f)*

Europabrücke – Verkehrsachse zwischen Nord- und Südeuropa

Für das moderne Österreich ist der ehemalige Großmachtstatus Geschichte. Doch nach wie vor spielt das Land eine wichtige Rolle in der internationalen Politik. Seit 1955, dem Jahr der Unterzeichnung des Staatsvertrags, war Österreich quasi Pufferzone zwischen dem kapitalistischen Westen und dem kommunistischen Osten und fungierte oft als Vermittler. Wien war Schauplatz wichtiger Gipfeltreffen. Viele UN- und auch andere internationale Organisationen haben hier ihren Sitz, u.a. die Organisation der Vereinten Nationen für industrielle Entwicklung (UNIDO), die Internationale Atomenergiebehörde (IAEA) und die OPEC. Österreich gehört zur Europäischen Union, ist aber kein Mitglied der NATO. Die Bundesverfassung von 1955 fordert immerwährende Neutralität. Innere und äußere Interventionen konnten diese Klausel bislang nicht beseitigen. Allerdings wurde diese Neutralität durch den EU-Beitritt im Jahr 1995 in einigen Aspekten überlagert.

Im Herzen Europas

Die Pfade, auf denen einst fremde Legionen entlangzogen, sind heute gut ausgebaute Straßen, die von sonnenhungrigen Besuchern aus dem Norden befahren werden. Sie kommen aus Richtung Wien über den Semmering oder überqueren die Alpen über den Brenner. Er verbindet über die Europabrücke den Norden mit dem warmen Süden. Die Schwertransporte über den Pass sind inzwischen ein permanenter Streitpunkt, österreichische Umweltschützer machen gegen die Zerstörung der Natur mobil. Erfolg hatten sie bei der Verhinderung der Inbetriebnahme des Atomkraftwerks Zwentendorf und bei Hainburg, wo das geplante Donaukraftwerk die Auenlandschaft zerstört hätte.

Tourismus

Österreich erwirtschaftet nahezu die Hälfte seines Bruttoinlandsprodukts aus Einnahmen durch den Tourismus. Tatsächlich hat es auch viel zu bieten: Wintersport auf schneesicheren Pisten, ganzjähriges Skivergnügen auf den Gletschern. Im Sommer ziehen die vielen Seen die Besucher in Scharen an. Österreichs Ferienziele tun alles, damit ihre Gäste Spaß haben und sich erholen können. Fast jeder Ort in den Bergen wartet mit Seilbahn, Kabinenbahn oder Sesselliften auf. Die weitläufigen Pisten sind gepflegt. Es gibt zudem Rodelbahnen, Frei- und Hallenbäder sowie erholsame Naturstrände an Seen und Flüssen.

Gemütliche Gaststätten sorgen für Gaumenfreuden. Egal ob man in einem Privatzimmer, in einer kleinen Pension oder im Luxushotel übernachtet – ein angenehmer Aufenthalt ist überall gewährleistet.

Jeder Ort ist um das Wohl seiner Besucher bemüht, deshalb wird nicht nur in den großen Urlaubsorten ein gutes Unter-

Die Sonnentherme in Lutzmannsburg, ein Thermalwasserparadies für Familien mit (Klein-)Kindern

Après-Ski-Treffpunkt für Skifahrer: Mooserwirt in St. Anton am Arlberg in Tirol

haltungsprogramm geboten. Überall gibt es Sportveranstaltungen, Kunstausstellungen, Theater- und Musikaufführungen. Außerdem organisiert praktisch jeder Ort diverse Straßenfeste.

Gemütliche Fahrt in einer traditionellen Pferdekutsche

Besonders interessant sind die verschiedenen Feste religiösen Ursprungs. Wer einmal am großen Bludenzer Schokoladenfest oder am Knödelfest von St. Johann teilgenommen hat, wird das Erlebnis nie vergessen. In vielen Restaurants gibt es Spezialitätenwochen. Neben den vielen lokalen Festivitäten hat Österreich aber auch zahlreiche internationale Kulturveranstaltungen zu bieten. Weltbekannt sind die Salzburger und Bregenzer Festspiele, die Wiener Festwochen, der steirische herbst und die Viennale.

Sprache und Religion

Das moderne Österreich ist kein homogener Nationalstaat: In Kärnten leben viele Slowenen, im Burgenland Kroaten und in Wien vor allem tschechische und ungarische Minderheiten. Österreich war in den 1990er Jahren Ziel vieler Flüchtlinge aus dem ehemaligen Jugoslawien und aus anderen Balkanländern. Viele Türken kamen, um Arbeit zu finden. Rund 95 Prozent der Bevölkerung sprechen Deutsch, aber jedes Bundesland hat seinen eigenen Dialekt, der für Besucher oft schwer zu verstehen bzw. fast ganz unverständlich ist. Man sollte zumindest darauf vorbereitet sein, dass in Österreich viele Dinge anders heißen: die Kartoffeln *Erdäpfel*, die Tomaten *Paradeiser* und der Quark *Topfen*.

Rund 80 Prozent der österreichischen Bevölkerung sind römisch-katholisch.

Kultur

Kunst und Wissenschaft genießen in Österreich einen hohen Stellenwert und werden weit über die Landesgrenzen hinaus beachtet. Bedingt durch die geografische

Typischer Alpengasthof in Kartitsch, Osttirol

Folklore – die Villacher Kirchweih, Kärnten

Lage und die Geschichte haben sich schon immer verschiedene Kulturkreise überlappt, was durchaus befruchtend wirkte, etwa für die Literatur. *Die Abenteuer des braven Soldaten Schweijk* des tschechischen Schriftstellers Jaroslav Hašek sind eine derbe Satire auf die Habsburger Monarchie. Schriftsteller wie Joseph Roth, Hermann Broch und Heimito von Doderer waren Wegbereiter des modernen Romans. Ödön von Horváth ist als Dramatiker nicht von deutschsprachigen Bühnen wegzudenken. Autoren wie Ingeborg Bachmann, Thomas Bernhard, Peter Handke und Elfriede Jelinek (Literatur-Nobelpreis) gehören zu den bedeutendsten Vertretern der Gegenwartsliteratur. Das Wiener Burgtheater ist eine der berühmtesten Bühnen der Welt. Die österreichischen Regisseure Ernst Lubitsch, Billy Wilder und Fred Zinneman spielten eine wichtige Rolle in Hollywood. Der bekannteste österreichische Schauspieler ist der ehemalige kalifornische Gouverneur Arnold Schwarzenegger, der sogar die in Österreich so beliebten Skistars an Popularität übertrifft. Berühmt ist auch der Schauspieler Klaus-Maria Brandauer, der den Mephisto in István Szabós gleichnamigem Film spielte. Romy Schneider wurde zum Weltstar durch ihre Darstellung von *Sisi*, der unglücklichen Kaiserin Elisabeth.

Aus Österreich kommen auch viele Nobelpreisträger. Der wohl berühmteste ist der Verhaltensforscher Konrad Lorenz, der 1973 den Nobelpreis erhielt. Sigmund Freud, der Vater der Psychoanalyse, nahm mit seiner Arbeit großen Einfluss auf die moderne Psychologie und auch Kultur.

Österreich ist auch das Land der Musik – von den drei Großen der Wiener Klassik (Haydn, Mozart und Beethoven) bis zur Walzerseligkeit (Vater und Sohn Strauß) und der populären Schrammelmusik. Doch auch die neue Musik ist mit Komponisten und Festivals stark vertreten.

Der unverwechselbare Millennium Tower mit der Brigittenauer Brücke über die Donau, Wien

Traditionelle Parade der Tiroler Schützenjäger in Götzens

Tradition und Bräuche

Österreich ist ein moderner Staat, in vielen Bereichen gehört er zu den Vorreitern in Europa. Dennoch: Lässt man sich von der Landschaft betören oder schlendert durch die Straßen heimeliger Dörfer oder durch manche Viertel Wiens ist es, als sei die Zeit stehen geblieben. Man spürt vielerorts noch den Geist der alten Donaumonarchie, die Zeiten, als Franz Joseph I. über Recht und Ordnung wachte, während seine Gattin Elisabeth (Sisi) das Verlangen ihres Volks nach Romantik stillte.

Mädchen in Trachtendirndl

Viele Österreicher sind sehr traditionsbewusst. Die beliebteste Zeitung ist die populistische, konservative *Neue Kronen Zeitung*, die in fast jedem Bundesland eine Redaktion unterhält. Die angesehene Wiener Tageszeitung *Die Presse* ist das Organ der gemäßigten bürgerlichen Mitte. *Der Standard* schließlich ist die führende liberale Zeitung.

In ganz Österreich trägt man auch heute noch gern Tracht. Die traditionelle volkstümliche Bekleidung wird aus hochwertiger Wolle und Leinen gefertigt. Man sieht sie auch zu festlichen Anlässen. Selbst auf dem Wiener Opernball ist edle Trachtenkleidung salonfähig. Eine ganze Branche ist in Österreich mit der Herstellung von Trachtenmode beschäftigt: Lodenjanker und Lederhosen für Männer, Dirndl für Frauen.

Eine weitere österreichische Besonderheit ist der Heurige. Der neue Wein wird in Heurigenlokalen, den Buschenschänken, ausgeschenkt, die man vor allem in der Gegend um Wien findet. Früher durften die Winzer in den Schenken keine Speisen servieren, heutzutage werden Schweinshaxen und andere deftige Gerichte angeboten. Der Wein wird an den Tisch gebracht und gleich bezahlt, das Essen muss sich der Gast oft selbst am Büfett holen. Die Stimmung in einem Buschenschank ist so mitreißend, dass sich mancher Biertrinker vom jungen Wein überzeugen ließ.

Schrammelmusik in einem der vielen Wiener Heurigenlokale

Entstehung der Alpen

Die Entstehung der Alpen ist ein Prozess von Überschiebungen und Verfaltungen, der vor etwa 450 Millionen Jahren einsetzte. Vor etwa 100 Millionen Jahren begann die eigentliche Gebirgsbildung, die bis heute andauert. Die Afrikanische Platte bewegte sich Richtung Norden und stieß auf die Eurasische Platte. Dabei wurde der Urozean zwischen beiden Platten, das Tethysmeer, zum heutigen Mittelmeer eingeengt. Durch die Deckenbewegung hoben sich die Alpen empor. Seit einigen Millionen Jahren haben die Alpen ihre heutige Gestalt. Pro Jahr hebt sich das Gebirge noch um etwa einen Millimeter.

Die Krimmler Wasserfälle im Nationalpark Hohe Tauern sind mit 380 Metern Fallhöhe die höchsten Wasserfälle der Alpen. Weltweit rangieren sie auf dem siebten Platz.

Die Nördlichen Kalkalpen weisen die charakteristischen Formen eines Kalksteingebirges auf: steil abfallende Hänge und Felswände sowie plateauartige Gipfel. Typisch ist das Dachstein-Massiv mit dem Hohen Dachstein (2995 m).

Die österreichischen Zentralalpen bestehen überwiegend aus kristallinem Gestein. Zum mächtigen Gebirgs- und Gletschermassiv der Hohen Tauern gehört Österreichs höchster Gipfel, der Großglockner (3798 m).

In den Alpen sind weite Bereiche vergletschert. Der längste Gletscher der Ostalpen ist die fast zehn Kilometer lange Pasterze östlich des Großglockners. Über den Gletscher führt der sogenannte Normalweg auf den Gipfel.

Nach den Eiszeiten schufen Schmelzwasserströme mächtige Höhlen. In den Nördlichen Kalkalpen findet man das größte europäische Höhlensystem sowie unterirdische Flüsse – typisch für Kalksteinlandschaften.

Typische Alpenlandschaft

Ihr typisches Aussehen erhielten die Alpen während der letzten Eiszeit (vor ca. 600 000 bis 10 000 Jahren). Charakteristisch sind tiefe Kare. Die steilwandigen Trogtäler wurden von Gletschern geschaffen, ebenso die Zungenbecken am Alpenrand. Im Umfeld der Gletscher entstanden Moränen. Als die Gletscher schmolzen, füllten sich die Becken mit Wasser.

Österreichische Alpen

Vor 70 Millionen Jahren begannen die Alpen sich aufzufalten. Bis heute ist die Gebirgsbildung nicht abgeschlossen. Geologisch gesehen, gehören die Österreichischen Alpen zu den Ostalpen. Sie erstrecken sich über ca. 500 Kilometer Länge und rund 150 Kilometer Breite. Die österreichische Alpenlandschaft gehört zu den großartigsten und landschaftlich abwechslungsreichsten Regionen Europas. Den Besucher erwarten atemberaubende Gipfel und Gletscher, blühende Almwiesen, Bergwälder, aber auch idyllische Dörfer in den Tälern. Ein wahres Naturparadies ist der Nationalpark Hohe Tauern, der größte seiner Art in den Alpen. Hier ragen 160 Dreitausender auf. Im Sommer sind die Ostalpen ein ideales Wander-, Touren- und Klettergebiet, in dem auch Mountainbiker auf ihre Kosten kommen. Im Winter gibt es nahezu unbegrenzte Möglichkeiten, um Wintersport zu treiben.

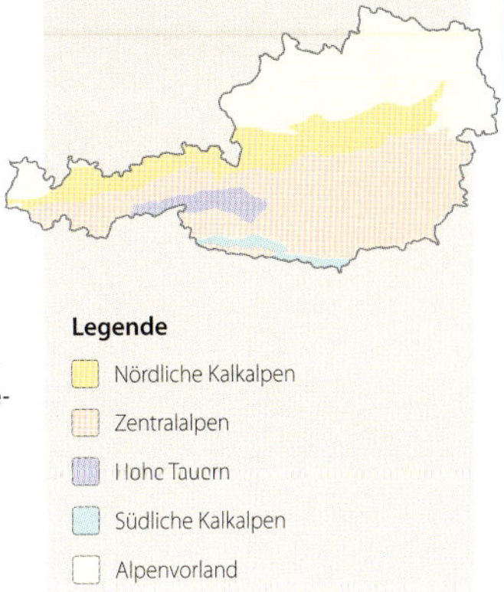

Die meisten Alpenseen entstanden nach dem Rückzug der Gletscher. Einige der schönsten Bergseen findet man im Salzkammergut in den Nördlichen Kalkalpen.

Landschaft, Flora und Fauna

Österreich gliedert sich landschaftlich in mehrere Großräume: Mehr als 60 Prozent des Landes gehören zu den Ostalpen (Zentralalpen sowie Nördliche und Südliche Kalkalpen). Das hügelige Alpenvorland im Norden erstreckt sich bis zur Donau. Im Nordosten steigt die Landschaft zum Karpatenvorland an, der Nordwesten gehört zum Böhmischen Massiv, der Südosten zum Pannonischen Becken. Diese vielfältige Raumgliederung wirkt sich auch auf Klima, Fauna und Flora aus. Die Alpenregion und das Alpenvorland sind stark bewaldet, im Nordosten findet man Steppenvegetation, im Südosten herrscht beinahe mediterranes Klima.

Die alpine Zone erstreckt sich von der Baumgrenze bis hinauf zu den Eis- und Schneefeldern. Zwischen 2500 und 3200 Höhenmetern erreicht man die Schneegrenze. Hier liegt ganzjährig Schnee (»nivale Stufe«).

In der Vegetationszone zwischen Baumgrenze und alpinen Matten gedeihen Latschenkiefern und Zwergsträucher, z. B. Alpenrosen. Die Wachstumsphase beträgt hier nur 70 bis 100 Tage im Jahr.

Die hochgelegenen Almmatten und die tiefer gelegenen Bergwiesen sind Heimat vieler Pflanzen, die nur in diesen Regionen wachsen. Die gelbe Arnika beispielsweise, eine geschätzte Heilpflanze, braucht kalkhaltigen Boden.

An steilen Hängen, in Tälern, Schluchten und an Bachläufen findet man eine erstaunliche Pflanzenvielfalt.

Traditionelle Almwirtschaft in Höhen unterhalb der Baumgrenze trägt zum Erhalt der alpinen Wiesen und Weiden bei.

Vegetationszonen

Mit zunehmender Höhe ändern sich die klimatischen Bedingungen und damit auch das Vegetationsmuster erheblich. In den tieferen Gebirgsregionen dominiert Mischwald. Bis etwa 1800 Meter Höhe wachsen noch Lärchen. Über der Waldgrenze gibt es nur noch Latschenkiefern und bunte Alpenwiesen.

Feuchte, kühle Täler und Bachläufe sind die ideale Umgebung für eine Vielzahl von Kräutern.

Bergseen in höheren Lagen sind relativ nährstoffarm. Entsprechend artenarm sind hier auch die Tier- und Pflanzenwelt.

Tierwelt

Österreich bietet Lebensraum für viele in Mitteleuropa heimische Tierarten. Die Vogelvielfalt ist bemerkenswert. In Tümpeln und Feuchtgebieten leben Molche, Kröten und Frösche. Manchmal entdeckt man Salamander, Eidechsen oder Nattern. In den höheren Regionen sind Gämsen, Steinböcke und Murmeltiere beheimatet, in Wäldern und auf Feldern leben Rotwild, Wildschwein, Fuchs, Wiesel und Marder. Es gibt sogar Braunbären.

Das Murmeltier, ein Nagetier, lebt in Höhlen. Mit einem schrillen Pfiff warnt es seine Artgenossen vor Gefahr.

Gämsen sind Kletterkünstler. Mühelos bewegen sie sich im steilen Gelände.

Rotwild lebt in hoch gelegenen Mischwäldern. Im Winter ziehen die Tiere in tiefere Lagen. Im Frühjahr werfen sie ihr Geweih ab.

Der Alpensteinbock – hier ein Weibchen – war Ende des 20. Jahrhunderts vom Aussterben bedroht. Zucht und Aussetzung erwiesen sich aber als erfolgreich.

Pflanzenwelt

Mehr als 60 Prozent des Landes sind gebirgig, knapp die Hälfte der Gesamtfläche Österreichs wird von Wald bedeckt. Im Alpenvorland und in den tieferen Lagen gedeihen Mischwälder, mit zunehmender Höhe steigt der Lärchen- und Fichtenbestand. Einzigartige, schützenswerte Gebiete wurden zu Naturreservaten oder Nationalparks deklariert. Eines der ersten Schutzgebiete war der Nationalpark Hohe Tauern.

Die Zirbelkiefer *(pinus cembra)* wächst im Hochgebirge. Sie hält den unwirtlichen Bedingungen gut stand.

Der Schweizer Mannsschild *(androsace helvetica)* ist sehr widerstandsfähig und gedeiht auf kalkhaltigem Gestein.

Der Gelbe Enzian *(gentiana lutea)* ist streng geschützt. Seine Wurzeln enthalten Bitterstoffe und wurden früher zu Enzianschnaps verarbeitet.

Musik

Österreich war und ist eine Hochburg der Musik, wobei das österreichische und deutsche Musikschaffen lange Zeit eng miteinander verquickt waren. Die musikalische Epoche der Wiener Klassik wird von Joseph Haydn, Wolfgang Amadeus Mozart und Ludwig van Beethoven bestimmt. Auch andere berühmte Musiker waren gebürtige Österreicher: im 19. Jahrhundert etwa Franz Schubert, Johann Strauß, Anton Bruckner, Hugo Wolf und Gustav Mahler, im 20. Jahrhundert Alban Berg, Anton von Webern und Arnold Schönberg.

Franz Schubert steht am Übergang von der Klassik zur Romantik. Berühmt sind vor allem seine *Lieder*, doch er komponierte auch Klavier- und Kammermusik, Messen und Symphonien.

Arnold Schönberg entwickelte 1923 in Wien die Zwölftonmusik. Zu seinen wichtigsten Werken zählen die Opern *Pierrot lunaire* (1912) und *A Survivor from Warsaw* (1947).

Wolfgang Amadeus Mozart

Mozarts Schwester Maria Anna, das berühmte Nannerl

Joseph Haydn, ein Komponist der Wiener Klassik, war Kapellmeister des Fürsten Esterházy. Er schuf 13 Opern, 107 Symphonien, 83 Streichquartette, 60 Klaviersonaten, Oratorien und 14 Messen. Die deutsche Nationalhymne basiert auf einer Melodie von Haydn.

Wolfgang Amadeus Mozart

Mozart war einer der bedeutendsten europäischen Komponisten, ein musikalisches Wunderkind, das mit sechs Jahren sein erstes Stück komponierte. Unsterblich machten ihn seine Symphonien, Opern (Die Hochzeit des Figaro, Don Giovanni, Die Zauberflöte) *und Messen* (Requiem).

Wolfgang Amadeus Mozart

Joseph Haydn

1700 | 1725 | 1750 | 1775 | 1800 | 1825 | 1850

1715–1777 Georg Christoph Wagenseil

1732–1809 Joseph Haydn

1739–1799 Karl Ditters von Dittersdorf

1756–1791 Wolfgang Amadeus Mozart

1791–1857 Carl Czerny

1797–1828 Franz Schubert

1801–1843 Joseph Lanner

1804–1849 Johann Strauß (Vater)

1819–1895 Franz von Suppé

1824–1896 Anton Bruckner

1825–1899 Johann Strauß (Sohn)

1852–1895 Josef Schrammel

1860–1911 Gustav Mahler

1860–1903 Hugo Wolf

Johann Strauß (Sohn) ist international als Walzerkönig berühmt. Besonders bekannt sind seine Walzer *An der schönen blauen Donau* und *Wiener Blut*.

Porträt von Anna Maria, Mozarts Mutter

Leopold, Mozarts Vater

Anton Bruckner schuf vor allem Kirchenmusik. Große Bedeutung erlangte er aber auch durch sein sinfonisches Schaffen.

Gustav Mahler war nicht nur Komponist, sondern auch ein begnadeter Dirigent. Ihm ist der Weltruf der Wiener Oper zu verdanken. Berühmt sind seine Lieder und Symphonien.

Musiker mit der Wahlheimat Wien

Wien war als europäisches Kulturzentrum schon immer Anziehungspunkt für Musiker und Komponisten aus aller Welt. In der Renaissance waren es flämische Künstler, im Barock Italiener. Wien wurde u.a. zur Heimat für Christoph Willibald Gluck, Ludwig van Beethoven und Johannes Brahms. Wichtigster Komponist der Wiener Operette war der Ungar Franz Lehár.

Johannes Brahms (1833–1897), ein deutscher Komponist, schuf Symphonien, Klavier- und Kammermusik. Er stand musikalisch immer im Gegensatz zu Richard Wagner.

Ludwig van Beethoven (1770–1827) war ein Protagonist der Wiener Klassik. Seit 1798 kämpfte er gegen zunehmende Taubheit. Am berühmtesten sind seine Symphonien *(Eroica, Neunte Sinfonie)* und die 32 Klaviersonaten.

1874–1951 Arnold Schönberg

1900–1991 Ernst Krenek

1926 (geb.) Friedrich Cerha

1930–2000 Friedrich Gulda

1941 (geb.) Dieter Kaufmann

1956 (geb.) Herbert Willi

1971 (geb.) Michael Huber

1971 (geb.) Bernhard Gál

2009 Haydn-Jahr (200. Todestag)

2010/11 Mahler-Jahr (150. Geburtstag und 100. Todestag)

1875 | **1900** | **1925** | **1950** | **1975** | **2000** | **2025**

1874–1949 Edmund Eysler

1883–1945 Anton von Webern

1883–1935 Alban Berg

Edmund Eysler

1946 (geb.) Klaus Anger

1952 (geb.) Gerd Kühr

1963 (geb.) Thomas Larcher

1968 (geb.) Olga Neuwirth

1968 (geb.) Johannes Kretz

1998 Eröffnung des Arnold Schönberg Center

2006 Mozart-Jahr (250. Geburtstag)

Architektur

Seit dem Mittelalter hat Österreich eine Vorreiterrolle im Bereich der Architektur. Typisch sind die gewaltigen Klosteranlagen, die im Mittelalter erbaut und während des Spätbarock der Zeit angepasst wurden, aber auch die beeindruckend großen Stadtpalais und die herrschaftlichen Landsitze, die sich der begüterte Adel im 17. und 18. Jahrhundert errichten ließ. Der Bau von öffentlichen Einrichtungen – Theatern, Banken und Regierungsgebäuden – markierte an der Wende vom 18. zum 19. Jahrhundert den Beginn der modernen Stadtarchitektur. Der Baustil war typisch für die Habsburger Zeit: monumental und prunkvoll.

Kloster Heiligenkreuz *(siehe S. 140)* wurde im 12. und 13. Jahrhundert erbaut. Doch aus romanischer Zeit sind nur noch Kirche und Kreuzgänge erhalten. Im 17. Jahrhundert entstand das heutige prunkvolle Barockkloster. Den Innenhof schmückt eine Mariensäule.

Die Stadtpfarrkirche in Schwaz, die größte spätgotische Kirche Tirols *(siehe S. 248f)*, wurde im 15. Jahrhundert erbaut. Der Innenraum mit dem Sternrippengewölbe wirkt durch die hohen Maßwerkfenster sehr hell.

Turmabschlüsse mit laternenbekröntem Haubendach erinnern an die Renaissance-Kirchen in Italien.

Das Pediment mit segnendem Weltenheiland stammt aus der Zeit der Frührenaissance.

Fenster mit Rahmengliederung sind typisch für den Frühbarock.

Heiligenstatuen von Michael Bernhard Mandel

Der Geländerschmuck des berühmten Treppenaufgangs von Schloss Mirabell in Salzburg *(siehe S. 219)* ist das Meisterstück des Architekten Lukas von Hildebrandt und des Bildhauers Raphael Donner.

Die oktogonalen Aufsätze auf den kantigen Türmen sind typisch für den lombardischen Baustil.

Statuen von Moses und Elias

Die ovalen Öffnungen verstärken den Klang der Glocken.

Große Uhrenblätter

Salzburger Dom

Mit dem Bau des Doms, der den Namen »Klein St. Peter« trägt, wurde 1614 begonnen. 1657 wurde er fertiggestellt. Die Pläne – nach dem Vorbild der Kirche Il Gesù in Rom – stammten vom Dom- und Hofbaumeister Santino Solari. Der Dom ist einer der frühesten und prächtigsten Barockbauten der Region. (siehe S. 224).

Die Wiener Staatsoper *(siehe S. 96)* geht auf Pläne von August von Sicardsburg und Eduard van der Nüll zurück. Der Bau wurde 1869 fertiggestellt. Fassade und Innenraum – hier vor allem das Auditorium, das Foyer und der prachtvolle Treppenaufgang – sind typisch für den Prunk und Pomp der österreichischen Architektur im 19. Jahrhundert.

Stift Melk ist eines der berühmtesten Benediktinerklöster und der größte erhaltene Klosterkomplex in Europa. Baumeister der grandiosen Barockabtei war Jakob Prandtauer *(siehe S. 146f)*.

Friedensreich Hundertwasser

Der Maler, Grafiker und Architekt Friedensreich Hundertwasser (1928–2000) hieß mit bürgerlichem Namen Friedrich Stowasser. Manchmal nannte er sich auch »Dunkelbunt«. Sein dekorativer, stark farbiger Malstil ist durch Formen aus der Natur inspiriert. Hundertwasser hatte eine Vorliebe für Gold und schillernde Farben. In den 1970er Jahren trat er mit ökologisch orientierten Manifesten und Aktionen an die Öffentlichkeit. Präsent ist er durch seine experimentellen Gebäude, etwa das Hundertwasser-Haus *(siehe S. 108f)*. Sie zeugen nicht nur von seiner Ästhetik, sondern sind Ausdruck eines neuen Wohnkonzepts.

Kurzentrum Rogner-Bad Blumau *(siehe S.174)*

Kunst

Die österreichische Malerei kann ebenso wenig wie die Literatur isoliert betrachtet werden. Immer gab es Wechselbeziehungen mit dem Kunstschaffen der Nachbarländer. Enge Verbindungen existierten mit Deutschland, doch auch italienische, ungarische und tschechische Einflüsse lassen sich ausmachen. Jahrhundertelang zog der Wiener Hof Künstler aus ganz Europa an. Im 19. Jahrhundert suchten die Künstler der Wiener Secession ihren eigenen Ausdruck. Viele der österreichischen Künstler erlangten internationalen Ruf.

***Die Grablegung*, Albrecht Altdorfer**

Mittelalter

Früheste Beispiele der Malkunst in Österreich sind Buchmalereien und Fresken. Der *Codex Millenarius* (spätes 8. Jh.) stammt aus dem Benediktinerstift Kremsmünster. Er gilt als ältestes illustriertes Evangeliar. Die österreichische Buchmalerei erlebte im 11. und 12. Jahrhundert dank der Klosterskriptorien eine Blüte. Unter dem künstlerischen Einfluss des führenden Skriptoriums Salzburg entstand auch die berühmte Admont-Bibel (um 1130–40).

Die ältesten Fresken Österreichs stammen aus dem frühen 11. Jahrhundert. Sie wurden in der Kirche St. Ulrich in Wieselburg entdeckt. In der Kirche des Benediktinerstifts Lambach sieht man noch Originalfresken mit Szenen aus dem Alten Testament (Ende 11. Jh.).

Romanische Fresken aus dem 12. Jahrhundert findet man zudem in der Johanneskapelle in Pürgg, in der Kirche des Benediktinerstifts Nonnberg und der Schlosskapelle von Burg Ottenstein (Zwettl).

Seit dem 14. Jahrhundert wurde die Tafelmalerei zum Träger der Entwicklung. Berühmte Künstler im 15. Jahrhundert waren Jakob Kaschauer und Thomas Artula aus Villach.

Zu Beginn des 16. Jahrhunderts wurden österreichische Maler, vor allem Michael Pacher und seine Schule, vom italienischen *Quattrocento* beeinflusst. Die wichtigsten Vertreter der Donau-Schule im frühen 16. Jahrhundert waren die Maler Wolf Huber und Albrecht Altdorfer.

Renaissance

Die Renaissance setzte in der österreichischen Malerei gegen 1530 ein. Zu den interessanten Wandfresken aus dieser Zeit gehören die Bilder im Rittersaal von Schloss Goldegg (1536) in der Nähe von St. Johann und die Malereien in der Kirche von Pölling im Lavanttal. Der Renaissance-Künstler Hans Bocksberger gestaltete die Wände von Schloss Freisaal und die Kapelle der Burg Strechau.

Bis ins 16. Jahrhundert war der Einfluss der Italiener auf die österreichische Malerei sehr stark. Künstler wie Giulio Licinio, Teodoro Ghisi und Martino Rota arbeiteten am Grazer Hof, Donato Arsenio Mascagni in Salzburg. Von ihnen beeinflusst waren unter anderen auch der Maler Anton Blumenthal, dessen Bilder den Dom zu Gurk schmücken, und der Porträtmaler Jakob Seisenegger.

Barock

Auch im 17. Jahrhundert hatte Italien einen starken Einfluss auf die österreichische Malerei. Einer der bedeutendsten Künstler dieser Zeit war der Barockmaler Pietro de Pomis. Der historische österreichische Sieg in der Schlacht von Wien im Jahr 1683 hatte nicht zuletzt Auswirkungen auf die Entwicklung der Kunst.

Die neue wirtschaftliche und politische Stabilität brachte künstlerische Impulse. Wien wurde Anziehungspunkt für ausländische Künstler, z. B. für Andrea Pozzo, den italienischen Meister der illusionistischen Malerei. Entsprechend wurden die Bauwerke der Barockbaumeister Johann Bernhard Fischer von Erlach und Johann Lukas von Hildebrandt auch in den Innenräumen gestaltet. Künstler wie Johann Michael Rottmayr, Martino Altomonte und die nächste Generation mit Paul Troger, Daniel Gran und Bartolomeo Altomonte perfektionierten die Freskenmalerei. Berühmte Porträtmaler im 18. Jahrhundert waren Johann Kupetzky, Martin van

***Die Heilige Familie mit hl. Joachim und hl. Anna*, F. A. Maulbertsch**

Meytens sowie auch Johann B. Lampi.

Ein begnadeter Maler des Spätbarock war Franz Anton Maulbertsch mit seinen zahllosen Fresken und Bildern. Vom letzten großen Barockmaler Martin Johann Schmidt stammen die großartigen Wandmalereien im Stift Melk.

***Bildnis Hanna Klinkosch* (um 1900), Hans Makart**

19. Jahrhundert

Die bedeutendsten Künstler der neoklassizistischen Malerei in Österreich waren Heinrich Friedrich Füger und Joseph Anton Koch.

1809 gründeten Maler in Wien den Lukasbund und wollten damit mittelalterliche Werte wiederbeleben. Die Mitglieder, v.a. deutsche Maler, aber auch Österreicher, nannten sich Nazarener. Zu den Begabtesten zählte Julius Schnorr von Carolsfeld. Die Gruppe schuf Werke der Landschafts- und Porträtmalerei sowie religiöse Kleingrafik.

Ein typischer Repräsentant des österreichischen Biedermeier ist der Maler Ferdinand Georg Waldmüller. Er war Miniaturenmaler, gab aber auch neue Impulse durch seine realistische Naturauffassung. Der österreichische »Malerfürst« jener Zeit war Hans Makart mit seinen prunkvoll pompösen Historienbildern. Im heute ungarischen Szolnok entstand eine Künstlerkolonie nach Vorbild der französischen Barbizon-Schule.

Berühmtester Maler des österreichischen Jugendstils ist Gustav Klimt (1862–1918), der Mitbegründer der Wiener Secession im Jahr 1897. Sein Malstil war flächig-ornamental, farbig kostbar und oft subtil erotisch.

***Die Rosenzeit* (um 1864), F. G. Waldmüller**

Moderne

Den Expressionismus des frühen 20. Jahrhunderts prägten in Österreich Künstler wie Egon Schiele, Richard Gerstl, Oskar Kokoschka und Alfred Kubin. Eine bedeutende Figur in den 1930er Jahren und in der Nachkriegszeit war Herbert Boeckl. Der vielseitige Künstler, der auch Wandmalereien schuf, ließ sich vom Fantastischen Realismus inspirieren, der im Nachkriegs-Wien sehr populär war. Ernst Fuchs, Anton Lehmden und Wolfgang Hutter waren Vertreter der Wiener Schule des Fantastischen Realismus, einer Gegenbewegung zur abstrakten Kunst, die sich trotz esoterischer Themen der gegenständlichen Malerei verpflichtet fühlte. Vertreter abstrakter Kunst waren Max Weiler und Josef Mikl. Jeder Klassifizierung entzieht sich Friedensreich Hundertwasser *(siehe S. 31)*.

In den 1960er Jahren machten die Wiener Aktionisten um Günter Brus, Otto Mühl, Hermann Nitsch und Rudolf Schwarzkogler auf sich aufmerksam. Sie provozierten mit berüchtigten Aktionen wie sexuellen Handlungen, Selbstverstümmelungen und rituellen Tieropfern. Für seinen figurativ-expressiven Stil bekannt war Alfred Hrdlicka, der in seinem Werk dem Realismus verpflichtet blieb.

***Danae* (1907/08), ein berühmtes erotisches Gemälde von Gustav Klimt**

Sport

Österreich und der Sport – sie gehören zusammen. Sportliche Betätigung steht in der Alpenrepublik hoch im Kurs. Gemessen an der relativ geringen Einwohnerzahl ist die Anzahl der Medaillen, die österreichische Sportler von internationalen Wettbewerben nach Hause bringen, sehr groß. Knapp 30 000 Sportvereine können mit drei Millionen Mitgliedern aufwarten, die aktiv Sport treiben und an Wettkämpfen teilnehmen. Am beliebtesten ist Skisport (alpin und nordisch), gefolgt von Fußball, Tennis, Schwimmen, Golf, Radfahren und Windsurfen. Auch neuere Trendsportarten, etwa Snowboarden, finden hier schnell ihre Liebhaber.

Ski alpin

Alpiner Skisport ist die favorisierte Sportart vieler Österreicher. Matthias Zdarsky (1856–1940) schrieb 1897 das erste Handbuch für Skifahrer. Er erfand die erste nennenswerte Skibindung und veranstaltete 1905 den ersten Slalom.

Die Olympischen Winterspiele wurden schon zweimal in Innsbruck abgehalten (1964 und 1976). Bekannte Austragungsorte für Skirennen sind der Arlberg mit St. Anton (hier fand 2001 die Weltmeisterschaft statt), Kitzbühel und St. Christoph. Die internationalen Hahnenkamm-Rennen in Kitzbühel sind weltberühmt. Jedes Jahr im Januar werden hier der spektakuläre Weltcup-Abfahrtslauf und der Slalom der Herren ausgetragen. Einheimische Hahnenkamm-Sieger waren u. a. Toni Sailer, Franz Klammer und Hermann Maier (der »Herminator«).

Bei den Olympischen Winterspielen in Sotschi 2014 gewannen Mario Matt (Slalom) und Matthias Mayer (Abfahrt) Gold.

Einige Gletschergebiete ermöglichen es, das ganze Jahr über Ski zu fahren. Die beliebtesten Sommerskigebiete sind die Gletscher in den Stubaier Alpen und bei Kaprun. Infos über Schneelage, Skilifte und Bergbahnen gibt es unter www.alpenverein.at.

Ski nordisch

Nicht von ungefähr fand 1999 die Nordische Ski-Weltmeisterschaft in Ramsau in der Steiermark statt. Denn der Dachstein-Gletscher, der hier vor der Haustür liegt, ist das ganze Jahr über ein beliebtes Trainingsgebiet für Langläufer aus aller Welt. Sogar die Nationalteams von Finnland und Norwegen schlagen hier im Sommer ihre Trainingslager auf. Wo sonst können sich die Leistungssportler, nur mit einer Badehose bekleidet, unter den besten Bedingungen auf die Wintersaison vorbereiten?

Zwei Springen im Rahmen der weltbekannten Vierschanzentournee finden jedes Jahr in Österreich statt: eines am 3. Januar in Innsbruck und das Abschlussspringen am 6. Januar in Bischofshofen.

Andreas Goldberger, Weltklasse-Skispringer aus Österreich

Rodeln

Rodeln ist eine weitere Disziplin, mit der Österreich international Furore macht. In den letzten Jahrzehnten gewannen österreichische Rodler einige Medaillen – u. a. Bronze bei der Rodel-WM 2008 in Oberhof und Gold im Doppelsitzer durch Wolfgang und Andreas Linger bei den Olympischen Winterspielen 2010 in Vancouver.

Der Grund für den internationalen Erfolg ist die große Beliebtheit und Verbreitung dieser Sportart. Österreichweit gibt es mehr als 300 Rodelclubs, in denen die Sportler trainieren können. Auch um Nachwuchsmangel muss hier niemand bangen.

Hermann Maier beim Slalomlauf in Hinterstoder

Johann Wolfmayr und Team bei der Zweispänner-Weltmeisterschaft 2005

Fußball

Die Zeiten, als Österreich eine der führenden Fußballnationen war, sind zwar vorbei, aber in den 1920er und 1930er Jahren waren die österreichischen Kicker ganz groß. Auch später gehörten Fußballer wie Matthias Sindelar, Toni Polster und Hans Krankl zur Weltspitze. Einige der besten österreichischen Profis spielen in der deutschen Bundesliga oder der italienischen Serie A.

Für die Fußball-EM 2012 konnte sich die Nationalelf zwar ebenso wenig qualifizieren wie für die Fußball-WM 2006 in Deutschland, 2010 in Südafrika und 2014 in Brasilien, doch 2008 war Österreich (gemeinsam mit der Schweiz) Gastgeber der Fußball-EM.

Unabhängig von internationalen Ergebnissen bleibt Fußball nach dem Skifahren die zweitbeliebteste Sportart. Die Einheimischen halten ihren Teams die Treue und verfolgen die Spiele mit großem Interesse.

In der österreichischen Bundesliga spielen zehn Vereine, darunter zwei aus Wien (Rapid und Austria Wien). Aus Graz ist Sturm Graz vertreten. Austria Salzburg spielt heute als FC Red Bull Salzburg in Wals-Siezenheim. Die bekanntesten Fußballstadien sind das Ernst-Happel-Stadion und das Gerhard-Hanappi-Stadion, beide in Wien.

Roman Mählich von Sturm Graz im Spiel gegen Deutschland

Reiten

Die Campagnereiter-Gesellschaft, Österreichs erster Reitsportclub, wurde 1872 gegründet. Patron war Kaiser Franz Joseph I., selbst ein schneidiger Reiter. Mitglieder waren damals zumeist hohe Militärs. Der Verein war Vorläufer des Bundesfachverbands für Reiten und Fahren in Österreich, der 1962 gegründet wurde.

Österreichische Reiter erzielen viele internationale Erfolge. Eine der legendärsten Persönlichkeiten war Alois Podhajsk, der in der Vorkriegszeit als Dressurreiter sehr erfolgreich war. Der herausragendste Springreiter in den 1980er und 1990er Jahren war der Österreicher Hugo Simon. In den 1980er Jahren erzielten österreichische Sportler im Ein- und Zweispänner Erfolge.

Unabhängig von Turniererfolgen erfreut sich neben dem klassischen Reitsport bei vielen Pferdeliebhabern das sogenannte Westernreiten wachsender Beliebtheit.

Kanufahren und Mountainbiken

Mit den vielen Flüssen, Seen und Bergen bietet Österreich die idealen Bedingungen und die perfekte Infrastruktur für die beiden Sportarten. Die Österreicher sind zwar bei internationalen Wettkämpfen in diesen Disziplinen nicht sonderlich erfolgreich, dennoch ist ihre große Beliebtheit bei Einheimischen und Besuchern nach wie vor ungebrochen. Die Kanuten befahren im Sommer die wilden Bergbäche. Inzwischen gilt Österreich auch international als Top-Areal für Mountainbiker: Die WM 2012 fand in Leogang und Saalfelden statt.

Kanute Helmut Oblinger, der in Sydney (2000) Ollympia-Vierter wurde

Das Jahr in Österreich

Österreich ist ein modernes Land, doch es ist sich seiner Traditionen sehr bewusst und pflegt sie auch. In vielen Gegenden haben sich die alten Bräuche erhalten. So sprühen hier am ersten Fastensonntag vielerorts nachts die Funken. Der Frühlingsanfang wird nach alter Sitte gefeiert. In verschiedenen Passionsspielen werden Christi Tod und Auferstehung nachgestellt. Viele Feste und Bräuche stehen in Zusammenhang mit kirchlichen Feiertagen wie Ostern, Pfingsten, Fronleichnam und Weihnachten. Traditionelle Faschingsumzüge erfreuen sich ebenfalls großer Beliebtheit. Am 1. Mai wird der Tag der Arbeit gefeiert. Viele Feste im Herbst ranken sich um Traubenlese und Wein. Großereignisse wie die Salzburger und die Bregenzer Festspiele oder die Viennale in Wien sind international hoch angesehen. Genauere Informationen zu Veranstaltungen erhält man in den Fremdenverkehrsämtern oder im Internet.

Frühling

Der Frühling ist die Zeit, in der alles aus dem Winterschlaf erwacht. Freilichtmuseen werden wieder geöffnet, der Prater nimmt seinen Betrieb auf, und trotz der Fastenzeit, die unter den Vorzeichen der Enthaltsamkeit steht, quellen die Schaufenster der Geschäfte über. Schokoladenhasen und bunte Eier künden das Osterfest an.

März

Palmprozessionen *(Palmsonntag, So vor Ostern)*. Prozessionen wie etwa die in Thaur in Tirol sollen an den Einzug Jesu in Jerusalem erinnern.

Passionsspiele *(Karwoche)*. In Dörfern und Städten werden Passionsspiele aufgeführt. Am berühmtesten sind u. a. die Spiele in Pongau (Salzburger Land), Tressdorf (Kärnten) und Traunkirchen (Oberösterreich).

Palmsonntagsprozession in Thaur

Frühlingsfestival, Wien. Großes Festival klassischer Musik.

Osterfestspiele *(Karwoche und Ostern)*, Salzburg. Opern- und Orchesterdarbietungen.

Narzissenfest, Altausseer See *(Ende Mai – Anfang Juni)*

April

Ostern. In der Osternacht werden auf Hügeln und Bergen die **Osterfeuer** entzündet. Am Ostersonntag gibt es für die Kinder **Eiersuchen**.

Donaufestival *(Mitte Apr – Mitte Mai)*, Krems, Korneuburg. Festival für modernes Theater und Musik.

Mai

Wiener Festwochen *(Anfang Mai – Anfang Juni)*, Wien. Großes Kunstfestival.

1. Mai, Tag der Arbeit. Demonstrationen und Kundgebungen, aber auch viele Maifeste und Sportveranstaltungen.

Passionsspiele, Erl in Tirol. Sie finden alle sechs Jahre statt (Termine: 2020, 2026). Nach der Premiere im Mai wird bis Anfang Oktober jeden Samstag und Sonntag gespielt.

Pfingstfestspiele Salzburg *(Pfingstwochenende)*, Salzburg. Opern und Klassikkonzerte.

Musikwochen Millstadt *(Mitte Mai – Anfang Okt)*, Millstadt, Kärnten. Internationales Musikfestival.

Gauderfest *(1. Wochenende im Mai)*, Zell im Zillertal, Tirol. Starkbierfest mit Tierkämpfen und Ringkampf (»Ranggeln«).

Kufenstechen *(Pfingsten, So und Mo)*, Gailtal, Kärnten. Geschicklichkeits-Turniere in Tracht. Das bekannteste findet am Pfingstmontag in Feistritz/Gail statt.

Internationale Barocktage *(Pfingsten, Fr – Mo)*, Stift Melk. Barockmusik.

Narzissenfest *(Ende Mai – Anfang Juni)*, an den Ufern des Altausseer Sees im Salzkammergut. Blütenskulpturen schmücken die Boote des Bootskorsos.

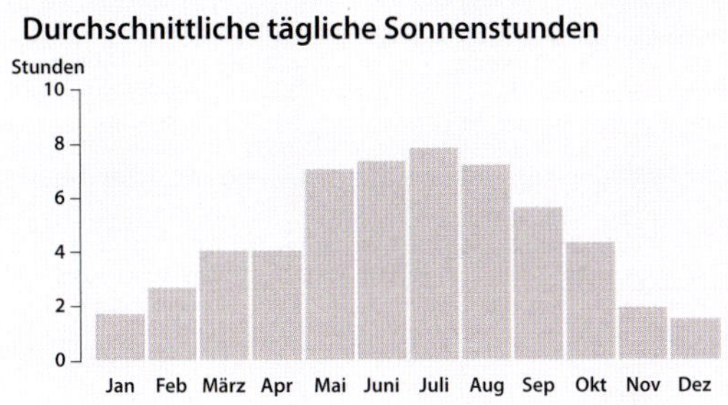

Sonnenschein
Die meisten Sonnentage gibt es im Juli, aber auch Mai, Juni und August sind sehr freundlich. Auch im Herbst gibt es noch viele sonnige Tage. So richtig grau und wolkenverhangen wird es meist im Dezember und im Januar.

Sommer

Der Sommer ist Hochsaison für den Tourismus. Zwar schließen die Theater in der Sommerzeit, doch dafür finden große Festivals statt, darunter die Salzburger und Bregenzer Festspiele. Auch zahlreiche Volks-, Stadt- und Dorffeste sorgen für Unterhaltung.

Fronleichnamsprozession in Hallstatt, Salzkammergut

Juni

Fronleichnam. Prozessionen finden in fast allen Orten statt. Zu den bemerkenswertesten gehören die Prozessionen im Salzkammergut, in Gmunden, Hallstatt und Traunkirchen.

St. Pauler Kultursommer *(Juni – Mitte Aug)*, Stiftskirche St. Paul, Lavanttal, Kärnten. Festival klassischer Musik.

Schubertiade *(Juni, Aug, Sep)*, Schwarzenberg, Vorarlberg. Musik von Franz Schubert.

styriarte *(Juni/Juli)*, Graz. Festival alter und zeitgenössischer Musik.

Donauinselfest *(Ende Juni)*, Donauinsel, Wien. Dreitägiges Festival der Popmusik.

Orgelfest Stift Zwettl *(Ende Juni – Ende Juli)*, Zwettl, Niederösterreich. Festival der Orgelmusik.

Juli

Oper Klosterneuburg *(Juli)*, Klosterneuburg. Einen Monat lang gibt es Aufführungen bekannter Musikwerke im Kaiserhof des Stifts.

Jazzfestival *(Mitte Juli)*, Wiesen, Burgenland.

Salzburger Festspiele *(Juli – Ende Aug)*, Salzburg. Musik-, Opern- und Theaterfestspiele. Das wichtigste kulturelle Ereignis des Sommers.

Bregenzer Festspiele *(Mitte Juli – Mitte Aug)*, Bregenz, Bodensee. Oper auf der Seebühne, Theater, Ausstellungen.

Rathausfestival *(Juli/Aug)*, Wien. Opern- und Musikfilme auf Großleinwand.

Kammermusikfest Lockenhaus *(1. Julihälfte)*, Burg Lockenhaus im Burgenland. Kammermusikfestival.

Samsonumzug *(Ende Juli)*, Tamsweg, Salzburger Land. Prozession durch die Stadt.

Operettenfestival Baden *(Ende Juli – Anfang Sep)*, Baden bei Wien. Festival in der berühmten Sommerarena.

Seefestspiele Mörbisch *(Mitte Juli – Ende Aug)*, Mörbisch am Neusiedler See. Operetten.

Carinthischer Sommer *(Juli/Aug)*, Ossiach und Villach in Kärnten. Musikfestspiele.

Operettenfestival *(Juli – Aug)*, Bad Ischl, Salzkammergut. Operettenaufführungen.

Innsbrucker Festwochen der Alten Musik *(Juli/Aug)*, in und um Innsbruck. Eines der bekanntesten Festivals für alte Musik und Barockoper.

August

Jazzfestival, Saalfelden. Jazzkonzerte mit Hunderten von Jazzmusikern.

Internationales Chopin-Festival *(Mitte Aug)*, Kloster Gaming. Aufführungen der Werke von Chopin.

Piratenschlacht *(Anfang Aug)*, Oberndorf bei Salzburg. Schlacht auf der Salzach alle fünf Jahre (Termin: 2018).

Mariä Himmelfahrt *(15. Aug)*. Farbenprächtige Prozessionen in ganz Österreich. Besonders sehenswert ist die **Schiffsprozession** auf dem Wörthersee.

Internationaler Brahms-Wettbewerb, Velden und Pörtschach am Wörthersee. Wettbewerbe für Streichinstrumente, Gesang und Kammerorchester.

Der berühmte Feuertanz, Salzburger Festspiele *(Juli – Aug)*

Durchschnittliche monatliche Niederschläge

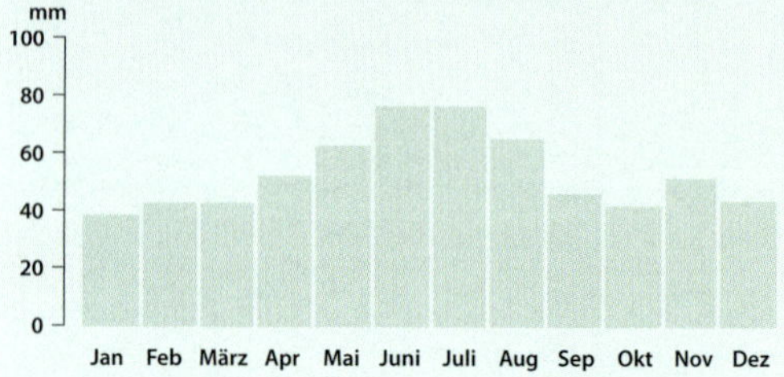

Niederschläge
Die Sommermonate sind zwar sehr heiß, dennoch regnet es in dieser Zeit am meisten. Die Wolken entladen sich jedoch vor allem als heftige Sommergewitter, die in den meisten Fällen schnell vorüberziehen. Im Winter fällt vor allem in den Bergen viel Schnee.

Herbst

In den Städten startet im Herbst die Spielsaison für Theater und Oper. In verschiedenen Orten finden Musiktage statt. In den Bergen sind die Wiesen langsam abgegrast, das Vieh wird zurück ins Tal getrieben. Der farbenfrohe Almabtrieb wird in den Dörfern entsprechend gefeiert. In den Weingegenden, vor allem in Niederösterreich und im Burgenland, drehen sich viele Feste um die Lese. Erst kommt der leicht angegorene »Sturm« auf den Tisch, dann der junge Wein.

September

Ars Electronica *(Sep)*, Linz. Festival Kunst, Technologie und Gesellschaft sowie Konzerte elektronischer Musik.
Haydn Festspiele *(Anfang Sep)*, Schloss Esterházy, Eisenstadt.
Almabtrieb *(Mitte Sep – Mitte Okt)*. Das geschmückte Vieh wird ins Tal getrieben. Von den Bergen hallt der Klang der Glocken, in den Dörfern finden Feste und Märkte statt.

Eröffnung beim Brucknerfest, Linz *(Sep)*

Brucknerfest Linz *(Sep)*, Linz. Das Brucknerfest startet mit den **Klangwolken** im Donaupark. Es gibt ein multimediales Open-Air-Konzert.
Badener Beethoventage *(Sep – Okt)*, Baden.
Internationale Woche der Alten Musik *(Anfang Sep)*, Krieglach in der Steiermark. Viele Konzerte finden im Schloss Feistritz statt.
Internationales Musikfest Brahms! *(Mitte Sep)*, Mürzzuschlag.
Klangspuren *(Mitte – Ende Sep)*, Schwaz in Tirol. Festival zeitgenössischer Musik.

Oktober

Winzerumzüge *(Mitte Okt)*, Weinviertel und Wachau, Niederösterreich und Burgenland. Weinfeste.
Niederösterreichischer Weinherbst, Niederösterreich. Im »Weinherbst« wird in den alten Wirtschaften der Weindörfer reichlich und gut gegessen und getrunken. Zusätzlich zu den kulinarischen Erlebnissen entpuppt sich manche urige Dorfwirtschaft als architektonisches Kleinod.
steirischer herbst *(Sep / Okt)*, Graz. Der *steirische herbst* ist ein Festival der Avantgarde-Kunst und eine der schillerndsten Veranstaltungen der Saison. Das vierwöchige Festival zieht vor allem junge Leute an. Es gibt Theater- und Opernaufführungen, Performances, Filme, Konzerte und Ausstellungen.
Nationalfeiertag *(26. Okt)*. Gedenktag zur Neutralitätserklärung von 1955.
Viennale *(Okt / Nov)*, Wien. Zweiwöchiges Internationales Filmfestival.
Wien Modern *(Ende Okt – Ende Nov)*, Wien. Festival für Neue Musik, initiiert von Claudio Abbado.

Krampus und Nikolo auf dem Weihnachtsmarkt

November

Salzburger Jazz-Herbst *(Anfang Nov)*, Salzburg. Zehn Tage mit traditionellem Jazz und Filmen.
Martinstag *(11. Nov)*. Kinder veranstalten Laternenumzüge, auf den Tisch kommt traditionell die Martinigans.
Voicemania *(Nov / Dez)*, Wien. A-cappella-Klänge aus aller Welt.
Weihnachtsmärkte *(Ende Nov – Dez)*. Man bummelt über die Märkte und wärmt sich bei Glühwein auf. Besonders schön in Wien, Salzburg, Klagenfurt, Spittal an der Drau und Villach.

Durchschnittliche monatliche Temperaturen

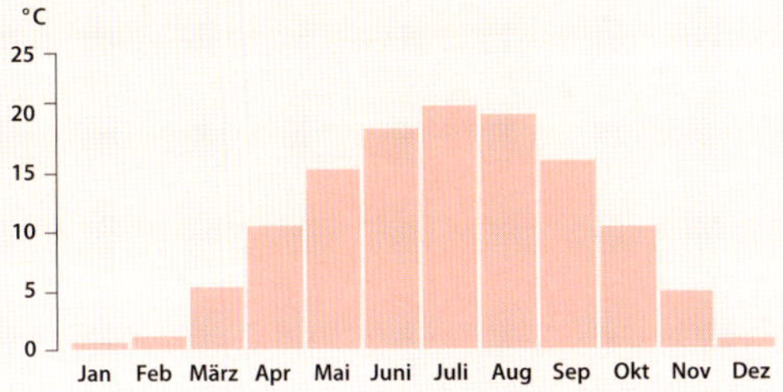

Temperaturen
Am heißesten ist in Österreich der Juli, allerdings sind Juni und August nur geringfügig kühler. Die Winter sind zumeist sehr kalt. Vor allem in höheren Regionen, aber auch in Wien fallen die Temperaturen häufig weit unter null Grad.

Winter

Der Winter beginnt mit der Adventszeit. Häuser und Straßen sind weihnachtlich erleuchtet, die Auslagen der Geschäfte geschmückt. Auf den Weihnachtsmärkten duftet es nach Zimt und Glühwein. Kaum sind Weihnachten und Silvester vorbei, ist auch schon wieder Fasching – und der wird in Österreich mit zahlreichen Bällen und Umzügen gefeiert.

Eröffnung des berühmten Wiener Opernballs *(Feb)*

Dezember

Nikolaus-Bräuche *(Anfang Dez)*, Tirol. Zu den Bräuchen gehören das **Klaubaufgehen**, ein maskierter Umzug durch Osttiroler Dörfer, und das **Nikolospiel** in Bad Mittendorf. In Thaur (Tirol) werden Krippen traditionell selbst gebaut und zu Hause ausgestellt.
Adventssingen, Salzburg.
Steyrer Kripperl, Steyr. Figurentheater in einem der letzten traditionellen Stabpuppen-Theater im deutschen Sprachraum (Innerberger Stadl, Grünmarkt 26). Sehenswert ist das Krippenspiel in Bad Ischl.
Stefanitag *(26. Dez)*. Farbenfroher **Stephaniritt** in St. Stefan im Lavanttal (Kärnten). Pferdesegnung.

Weihnachtsdekor auf dem Kohlmarkt, Wien

Januar

Silvester und Neujahr *(31. Dez/ 1. Jan)*. In Österreich wird das neue Jahr mit Sekt und Feuerwerk begrüßt. Viele Leute feiern auf den Straßen und Plätzen.
Neujahrskonzert *(1. Jan)*. Traditionelles Neujahrskonzert der Wiener Philharmoniker, das weltweit übertragen wird. Überwiegend Werke der Strauß-Dynastie im Musikverein.
Heilige Drei Könige *(6. Jan)*. Kinder ziehen, als Sternsinger verkleidet, von Haus zu Haus und singen.
Perchtenlauf *(6. Jan)*. Maskenumzug, um den Winter auszutreiben. Er findet turnusmäßig im Pongau in den vier Orten St. Johann, Altenmarkt, Bischofshofen und Badgastein statt.
Salzburger Mozartwoche *(Ende Jan)*, Salzburg. Mozart total mit international führenden Künstlern.
Resonanzen *(2. Hälfte Jan)*, Wien. Festival der Alten Musik im Wiener Konzerthaus.

Februar

Bunter Faschingstrubel – sogar auf den Pisten treiben maskierte Skifahrer ihren Jux.
Opernball *(letzter Do vor Faschingsdienstag)*, Wien.
Villacher Fasching *(gegen Faschingsende)*, Villach.
Maschkerertanz *(gegen Faschingsende)*, Steinfeld, Kärnten. Farbenfrohes Fest.

Feiertage

Neujahr *(1. Jan)*
Heilige Drei Könige *(6. Jan)*
Ostern *(So, Mo im März/Apr)*
Tag der Arbeit *(1. Mai)*
Christi Himmelfahrt *(Do, 40 Tage nach Ostern)*
Pfingsten *(So, Mo im Mai/Juni)*
Fronleichnam *(Do, zehn Tage nach Pfingsten)*
Mariä Himmelfahrt *(15. Aug)*
Nationalfeiertag *(26. Okt)*
Allerheiligen *(1. Nov)*
Mariä Empfängnis *(8. Dez)*
Weihnachten / Stefanitag *(25./26. Dez)*

Die Geschichte Österreichs

Während des Mittelalters bestand das heutige Österreich aus Herzogtümern, die zum Heiligen Römischen Reich gehörten. Unter der über 600-jährigen Herrschaft der Habsburger, die ihr Herrschaftsgebiet weiter ausdehnten, entwickelte es sich zum bestimmenden Faktor der europäischen Geschichte. Die Donaumonarchie zerbrach mit dem Ersten Weltkrieg, die Erste Republik entstand. Die Zweite Republik (seit 1945) verpflichtete sich 1955 im Staatsvertrag zur Neutralität. Österreich ist seit 1995 EU-Mitglied.

Vorgeschichte bis frühes Mittelalter

Die geografischen Gegebenheiten Österreichs, seine Öffnung nach Böhmen, Mähren und Ungarn hin, hatten zur Folge, dass das Gebiet vom siebten vorchristlichen Jahrhundert an regelmäßig von kriegerischen Skythen, Kelten und germanischen Stämmen geplündert und besiedelt wurde. Gegen Ende des 1. Jahrhunderts v. Chr. wurde das Areal südlich der Donau von den Römern besetzt. Während der Herrschaft von Kaiser Claudius gründeten die Römer hier die Provinz Noricum. Zentren der Provinz waren Carnuntum (bei Hainburg) und Vindobona (Wien).

Der prägende Einfluss der Römer und ihrer Kultur auf das ganze Gebiet wurde im 2. Jahrhundert n. Chr. angesichts der massiven Germaneneinfälle geringer.

Vom 4. Jahrhundert an, in der Zeit der Völkerwanderung, wurde das Territorium von Hunnen, Goten und Awaren heimgesucht. Später siedelten sich hier Slawen und Bajuwaren an. Im 6. Jahrhundert festigten Letztere ihre Herrschaft im Donauraum, doch Karl der Große setzte 788 den Bayernherzog Tassilo III. ab, zerschlug das bayrische Stammesherzogtum und gliederte es seinem Reich ein. 803 vertrieb Karl der Große die Awaren und gründete an der Donau zwischen Enns und Wienerwald die Ostmark, die zum Kerngebiet Österreichs wurde. Sie war nur durch die im 10. Jahrhundert einfallenden Magyaren (Ungarn) gefährdet.

Babenberger

Nachdem Kaiser Otto I. 955 die Ungarn in der Schlacht am Lechfeld besiegt hatte, sicherte er die Ostmark erneut. Otto II., sein Nachfolger, gab sie Herzog Luitpold I. (976–94) aus dem Geschlecht der Babenberger als Lehen. Zentrum der Markgrafschaft war Melk an der Donau. Nach dem Rückzug der Magyaren erweiterte Luitpold die Grenzen seiner Mark nach Osten bis zum Wienerwald. 1156 erhielt Heinrich II. Jasomirgott die Herzogswürde, Österreich wurde zum selbstständigen Herzogtum. Wien machte er zu seiner Residenz.

Böhmische Herrscher

1246 starb die Babenberger Linie aus, Österreich fiel in die Hand des böhmischen Adelsgeschlechts der Przemysliden. Ottokar II. (1253–78), der »eiserne König«, über-

0 – **500** – **650** – **800** – **950** – **1100**

45 Gründung der römischen Provinz Noricum

170 Einfall der germanischen Markomannen und Quaden

4.–7. Jh. Völkerwanderung; Einfälle der Hunnen, Goten, Awaren, Slawen und Bajuwaren

493 Einfall des ostgotischen Königs Theoderich

Tassilokelch von 777

739 Salzburg wird Bischofssitz

787 Karl der Große setzt den letzten Bayernherzog Tassilo III. ab

803 Karl der Große gründet die Ostmark zum Schutz gegen die Ungarn

Ostarrichi-Urkunde von 996

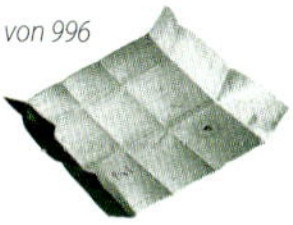

976 Der Babenberger Graf Luitpold I. wird als Erster mit der Ostmark belehnt

◀ **Der Habsburger Kaiser Franz Joseph I., der von 1848 bis 1916 regierte** *(siehe S. 47)*

nahm Kärnten und Krain (1269). Er hatte schon ein Auge auf die deutsche Königskrone geworfen, 1273 wurde aber statt seiner der Habsburger Rudolf (1273–91), ein Landgraf aus dem Elsass, zum deutschen König gewählt. 1278 zwang dieser seinen Widersacher Ottokar II. in die Knie, eignete sich die österreichischen Territorien an und übertrug sie seinen Söhnen als erbliche Lehen. Von dieser Zeit an lagen Österreichs Geschicke annähernd 640 Jahre lang in der Hand der Habsburger.

Tod des Babenbergers Friedrich II.

Aufstieg der Habsburger

Rudolf I. und seine Nachfolger betrieben sehr erfolgreich ihre Hausmachtpolitik, indem sie neue Territorien für ihre Familie erwarben. Im 14. Jahrhundert gewannen die Habsburger Kärnten und Krain dazu, aber auch die Kontrolle über Tirol (1363) und Triest (1382). Nachruhm verschaffte sich Rudolf IV. (1358–65) durch die Gründung der Universität Wien, der »Alma Mater Rudolphina«. Außerdem legte er den Grundstein für den Stephansdom, das Wahrzeichen Wiens. Rudolf IV. besiegelte mit dem böhmischen König und späteren deutschen Kaiser Karl IV. aus dem Hause Luxemburg, dass – sollten die Habsburger oder Luxemburger aussterben – der Überlebende über die Territorien des anderen regieren sollte. Der Fall trat 1438 ein, als nach dem Tod Sigismunds von Luxemburg dem Habsburger Albrecht II. die deutsche Krone und der Thron von Ungarn und Böhmen zufielen.

Kärntner Herzogsthron mit römischen Steinen bei Maria Saal

Nach Albrechts Tod ging die Macht auf seinen Cousin Friedrich III. (1440–93) über, der als letzter Herrscher des Mittelalters gilt. Sein persönliches Zeichen waren die fünf Vokale, AEIOU, die ganz unterschiedlich interpretiert wurden, beispielsweise mit »Austriae Est Imperare Orbi Universo« (Österreich ist es bestimmt, die ganze Welt zu beherrschen).

Herrschaft Karls V.

Eine solche Interpretation von AEIOU schien unter der Herrschaft Maximilians I. (1486–1519) fast Wirklichkeit zu werden. Denn er erwarb 1477 durch seine Heirat mit Maria von Burgund die Herrschaft über Elsass, Lothringen und die Niederlande, da-

1156 Durch das *Privilegium minus* erhebt Friedrich Barbarossa die Ostmark zum Herzogtum Österreich. Erster Herzog wird der Babenberger Heinrich II. Jasomirgott

1251 Österreich unter der Herrschaft Ottokars II.

1358 Rudolf IV., der Stifter, besteigt den Thron

1100	1150	1200	1250	1300	1350

Fragment des mittelalterlichen Altars von Verdun (1185)

1246 Ende der Babenberger-Herrschaft; Wien wird vom böhmischen König Wenzel I. besetzt

1278 Rudolf von Habsburg besiegt Ottokar II. in der Schlacht auf dem Marchfeld und erringt damit die Lehnsherrschaft über Österreich

Gotischer Altar im Zisterzienserstift Zwettl

mals eines der reichsten Länder in Europa. Zusätzlich sicherte er die habsburgische Erbfolge in Ungarn und Böhmen. Durch die Verheiratung seines Sohns Philipp mit Johanna von Kastilien und Aragón verschaffte er seinem Haus die Herrschaft über Spanien und dessen überseeische Gebiete.

1519 bestieg Maximilians Enkel Karl V. (1519–56) als rechtmäßiger Erbe den Thron. Er war Herrscher über ein Reich, »in dem die Sonne nie untergeht«. Als Karl V. 1556 abdankte, wurde sein jüngerer Bruder Ferdinand I. (1556–64) zum Nachfolger bestimmt. Dieser war schon seit 1526 König von Böhmen und Ungarn gewesen. Durch die Machtübernahme wurde die Doppelmonarchie Österreich-Ungarn begründet.

Die Inschrift AEIOU war das Zeichen Friedrichs III.

Reformation und türkische Bedrohung

Während der Reformation wurde das Land, das inzwischen sieben Millionen Einwohner zählte, zum Schauplatz heftiger Religionskämpfe. Ferdinand und auch sein Nachfolger Maximilian II. (1564–76) verfolgten den Protestanten gegenüber eine Politik der Toleranz, doch Rudolf II. (1576–1612), der am spanischen Hof streng katholisch erzogen worden war, unterstützte die Gegenreformation. Die religiösen Konflikte gipfelten im Dreißigjährigen Krieg (1618–48), in dem weite Gebiete (darunter 51 Burgen, 23 Städte und 313 Dörfer allein auf österreichischem Gebiet) zerstört wurden.

Ähnlich katastrophale Auswirkungen hatten im 16. und 17. Jahrhundert die Kriege gegen die Türken. Zweimal – 1529 und 1683 – versuchten türkische Truppen, die Hauptstadt Wien zu erobern. Die vernichtende Niederlage in der Schlacht am Kahlenberg, die die Armee des Sultans im Verlauf der zweiten Belagerung von Wien einstecken musste, ermöglichte es den Habsburgern, Ungarn zu ihrer Erbmonarchie zu erklären und ihre Macht zudem auf Transsilvanien und Kroatien auszudehnen.

Türkisches Banner, 1683 erbeutet

1438 Albrecht II. wird der erste Habsburger auf dem Kaiserthron

1469 Gründung des Bistums Wien

1493 Krönung von Maximilian I.

1519–56 Regierung Karls V.; größte Ausdehnung des Reichs der Habsburger

1556 Abdankung Karls V.; sein Bruder Ferdinand I. besteigt den Thron

1618–48 Dreißigjähriger Krieg

1683 Türkisch-österreichischer Krieg; Belagerung von Wien

1697 Prinz Eugen von Savoyen wird Oberbefehlshaber der kaiserlichen Truppen

1400 | 1450 | 1500 | 1550 | 1600 | 1650 | 1700

Maximilian I.

Aufstieg der Habsburger

Die Habsburger hatten ihren Stammsitz ursprünglich in der Schweiz. Mitte des 13. Jahrhunderts entwickelten sie sich zu einem der bedeutendsten deutschen Fürstengeschlechter. Während der folgenden Jahrhunderte waren sie Herrscher über eines der mächtigsten Reiche Europas. Dies gelang ihnen durch eine weitsichtige Hausmachtpolitik und eine ausgeklügelte Heiratsplanung. Durch geschickte Strategien beherrschten sie Länder, die weitab von ihren Stammlanden Österreich und Steiermark lagen. Dazu gehörten Tirol, Flandern, die Niederlande, Böhmen, Ungarn und die spanischen Besitzungen in Europa und Übersee.

Österreich unter Rudolf I.

Österreich im Jahr 1278

Sauciere Rudolfs II. Die manieristische Sauciere aus der berühmten Kunstkammer des Sammlers Rudolf II. gehört heute zur Sammlung des Kunsthistorischen Museums Wien *(siehe S. 88–91)*.

Insignien Rudolfs II. Reichsapfel, Zepter und Krone waren die Reichsinsignien der Donaumonarchie.

Maximilian I.

Ferdinand I., Enkel von Maximilian I., herrschte über Böhmen, Österreich und Ungarn.

Relief der Schlacht um Wien 1683 Die 70 000 Mann starke Armee unter dem polnischen König Johann III. Sobieski durchbrach am Kahlenberg den türkischen Belagerungsring und schlug die zahlenmäßig überlegenen Türken in die Flucht.

Rudolf II.
Der Kaiser war politisch desinteressiert und zog es vor, Astronomen wie Tyho Brahe und Johannes Kepler am Hof zu versammeln.

Philip I., Sohn Maximilians I., erwarb durch seine Heirat mit Johanna der Wahnsinnigen Spanien.

Maria von Burgund, die Gattin Maximilians I.

Karl V., Enkel Maximilians I., erbte von seiner Mutter Spanien.

Familie Maximilians I.

Maximilian I. machte das Haus Habsburg zur europäischen Großmacht. Das Gemälde B. Strigels (um 1520) zeigt ihn mit seiner Familie.

Rudolf I.
Der erste König der Habsburger besiegte 1276 den böhmischen König Ottokar II. und erwarb Österreich, Kärnten und die Steiermark.

Rudolf IV. der Stifter
Rudolf IV. starb bereits im Alter von 26 Jahren. Er legte den Grundstein für den Stephansdom in Wien. Dort ist er auch beigesetzt.

Gotik in Österreich

Verbreitung fand die Gotik in Österreich vor allem durch die Zisterzienser. Die interessantesten frühgotischen Zeugnisse sind folglich die Zisterzienserstifte Heiligenkreuz im Wienerwald *(siehe S. 140)* sowie Lilienfeld und Zwettl in Niederösterreich, die alle im 13. und 14. Jahrhundert gegründet wurden. Weitere beeindruckende gotische Bauwerke sind der Stephansdom in Wien, die Franziskanerkirche in Salzburg *(siehe S. 223)* und die Pfarrkirche in dem Tiroler Ort Schwaz mit ihren vier Schiffen *(siehe S. 248f)*. Der berühmte spätgotische Flügelaltar (1481) des Tiroler Künstlers Michael Pacher befindet sich in St. Wolfgang *(siehe S. 209)* im Salzkammergut.

Der Stephansdom in Wien *(siehe S. 62f)* ist weltberühmt und das bedeutendste gotische Bauwerk in Österreich.

Das Goldenes Dachl in Innsbruck *(siehe S. 242)*, ein Prunkerker, ist ein Beispiel für weltliche gotische Architektur.

Spanischer und Österreichischer Erbfolgekrieg

Das Aussterben der spanischen Linie der Habsburger führte zu Auseinandersetzungen um das Erbe, dem Spanischen Erbfolgekrieg (1701–14). Danach wurden Österreich die Spanischen Niederlande, Mailand, Mantua, Neapel und Sardinien zugesprochen. Doch bald nach dem Tod Kaiser Karls VI. (1711–40) entbrannte der Österreichische Erbfolgekrieg. Karl VI., der ohne männlichen Nachfolger verstarb, hatte schon 1713 in der Pragmatischen Sanktion die habsburgischen Lande für unteilbar erklärt und bestimmt, dass seine Nachkommen (auch weibliche!) das Erbe antreten sollten. Allerdings musste Maria Theresia (1740–80), die einzige Tochter des Kaisers, im Österreichischen Erbfolgekrieg (1740–48) gegen Preußen, Frankreich, Spanien und einige deutsche Staaten um ihre Anerkennung kämpfen. Im Frieden von Aachen war sie gezwungen, Schlesien an Preußen abzutreten. Bei den polnischen Teilungen 1772 und 1775 erhielt Österreich Galizien und die Bukowina.

Apotheose Eugens von Sachsen

Aufgeklärter Absolutismus

Maria Theresia und ihr Sohn Joseph II. (1780–90) reformierten ihr Land im Sinn eines aufgeklärten Absolutismus. Sie beschnitten Rechte des Adels und der Kirche, schränkten die Leibeigenschaft ein, reformierten Heer und Verwaltung, schufen eine starke Zentralgewalt und führten im Vielvölkerstaat Deutsch als Amtssprache ein.

Revolution und Restauration

Während die Französische Revolution gegen Ende des 18. Jahrhunderts ganz Europa erschütterte, schloss sich Österreich nach langem Zögern der antifranzösischen Koalition an. Doch anfangs musste die Monarchie in den Koalitionskriegen größere Gebietsverluste hinnehmen (Belgien, Lombardei, das südliche Polen). Franz II., der Enkel Maria Theresias, legte 1806 die Kaiserwürde des Heiligen Römischen Reichs nieder, erklärte Österreich zum Kaisertum und sich zum Kaiser Franz I. von Österreich. Sein Außenminister Fürst von Metternich (ab 1821 Kanzler) avancierte nach den Napoleonischen Kriegen zum wichtigsten Mann des Wiener Kongresses (1814/15). Der konservative Metternich läutete die Restauration ein, die territoriale und innenpolitische Wiederherstellung der vorrevolutionären Zustände.

Kaiser Franz I. von Österreich und Maria Theresia inmitten ihrer Kinderschar

1701–14 Spanischer Erbfolgekrieg. Österreich erhält die Spanischen Niederlande, Mailand, Mantua, Neapel und Sardinien

1740–48 Österreichischer Erbfolgekrieg. Preußen, Frankreich und Spanien versuchen, die Thronbesteigung Maria Theresias zu verhindern

1700 | **1720** | **1740** | **1760** | **1780**

Maria Theresia

1756 Geburtsjahr von Wolfgang Amadeus Mozart

Wolfgang Amadeus Mozart

1772 Erste polnische Teilung unter Mitwirkung Österreichs

1795 Österreich wirkt an der dritten polnischen Teilung mit

Wiener Kongress 1815

Revolution von 1848

In Österreich wie in fast ganz Europa regten sich 1848/49 revolutionäre Bewegungen. In Wien, Mailand, Venedig, Budapest, Krakau und Prag brachen Aufstände aus. Die Revolte in Ungarn konnte nur mithilfe der russischen Armee niedergeschlagen werden. Kaiser Ferdinand I. sah sich gezwungen, Zugeständnisse zu machen. Die wichtigste Errungenschaft der Aufständischen war wohl, dass Österreich eine Verfassung erhielt (1848).

Neuerliche Aufstände bewogen Ferdinand I. zur Abdankung. Nachfolger wurde sein Neffe Franz Joseph I. (1848–1916). Er stellte schnell die alte Ordnung und die kaiserliche Autorität wieder her, auch wenn der Widerstand gegen die Unterdrückung wuchs.

Österreichisch-Ungarische Monarchie

Während des Krimkriegs (1854–56) wurde Österreich politisch isoliert. Die Kämpfe um die Einigung Italiens führten zum Verlust der italienischen Besitzungen. Nach dem Sieg gegen Österreich (1866) übernahm Preußen die Führung des Deutschen Bunds. International stand Österreich im Abseits, innenpolitisch war die Nationalitätenfrage nach wie vor ungelöst. 1867 wandelte der Kaiser die Österreichische Monarchie in die Österreichisch-Ungarische Doppelmonarchie um, in eine Union zweier Staaten mit eigener Verfassung, die nur durch die Person des österreichischen Kaisers, der gleichzeitig König von Ungarn war, verbunden blieb. Gemeinsam waren Außenpolitik, Heer und Finanzen. Die Konstruktion erleichterte zwar die Beziehung zu Ungarn, löste aber nicht die Probleme des Vielvölkerstaats.

International profitierte die Monarchie von Russlands Expansionsbestrebungen auf dem Balkan. 1878 erhielt Österreich Bosnien und die Herzegowina, 1882 verbündete es sich mit Italien und Deutschland zur Tripelallianz.

Gegen Ende des 19. Jahrhunderts entwickelte sich Wien zu einer europäischen Kunstmetropole und zum Geburtsort der Secession.

Brennende Stadt – Wien während der Revolutionswirren von 1848

1806 Franz II. legt römisch-deutsche Kaiserwürde nieder (Ende des Hl. Römischen Reichs)

1815 Wiener Kongress

Johann Strauß (Sohn)

1848 Revolution in Wien

1867 Das Kaiserreich Österreich wird zur Österreichisch-Ungarischen Doppelmonarchie

1898 Kaiserin Elisabeth wird von einem italienischen Anarchisten ermordet

00 | 1820 | 1840 | 1860 | 1880 | 1900

1825 Geburt von Johann Strauß (Sohn)

1805 Napoléon besiegt Österreich und Russland in der Dreikaiserschlacht von Austerlitz

1848 Ferdinand I. dankt ab; sein Neffe Franz Joseph I. besteigt den Thron

1889 Selbstmord des Kronprinzen Rudolf

1866 Niederlage gegen Preußen im Deutschen Krieg. Österreich verliert seine Vormachtstellung

Kaiser Franz I.

An der Wende vom 18. zum 19. Jahrhundert zeigte die Französische Revolution auch in Österreich ihre Auswirkungen. Das Land war mit großen sozialen und politischen Problemen konfrontiert. 1792 bestieg Franz II. den Thron und wurde Kaiser des Heiligen Römischen Reichs. 22 Jahre lang war er in Kämpfe gegen Frankreich verwickelt und wehrte sich gegen Reformen. 1804 wandelte er als Antwort auf Napoléons Kaiserallüren Österreich in ein Kaisertum um. Als Kaiser Franz I. ging es ihm und seinem Kanzler Metternich innenpolitisch vor allem um den Machterhalt.

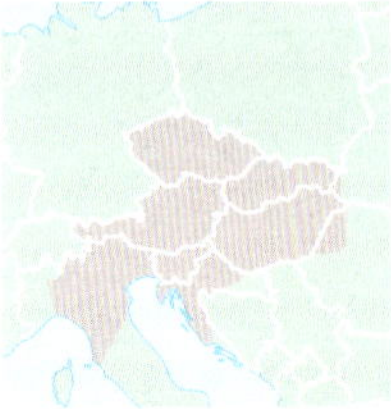

Nach dem Wiener Kongress

Österreich im Jahr 1815

Franz I. überquert die Vogesen
Nach dem Sieg über Napoléon in der Schlacht bei Waterloo 1815 marschierte Franz I. an der Spitze der Koalitionstruppen in Frankreich ein.

Der Sarg mit dem Leichnam von Franz I. wurde in einem Sarkophag in der Krypta der Kapuzinerkirche in Wien beigesetzt.

Offizier in österreichischer Paradeuniform

Die Kaiserkrone, die einst Rudolf II. gehörte, liegt neben den anderen Reichsinsignien.

Radetzky-Statue
Graf Radetzky von Radetz (1766–1858), ein österreichischer Feldmarschall, galt als Stütze der Monarchie. In den Schlachten von Custoza und Novara (1848) sicherte Graf Radetzky die Vorherrschaft der Habsburger in Norditalien.

Wappen der Monarchie
Das Wappen der österreichischen Monarchie stammt von 1836. Neben dem Doppeladler sieht man das habsburgisch-lothringische Wappen, Kaiserkrone, Zepter und Reichsapfel.

Technischer Fortschritt
Die erste Eisenbahnlinie auf dem europäischen Kontinent wurde 1832 in Österreich gebaut. Sie verband Linz mit České Budějovice (Budweis).

Biedermeier in Österreich

Das Biedermeier war eine Stilrichtung Anfang des 19. Jahrhunderts, die in Möbeldesign, Innendekoration und der Kunst ihre Ausprägung fand. Sie spiegelte das Wertesystem des Bürgertums wider. Drapierte Vorhänge, Teppiche, Kommoden und verglaste Vitrinen gehörten zur Standardeinrichtung.

Typische Biedermeier-Zimmer findet man in Wien im Geymüller-Schlössl (Biedermeier-Museum), im Museum für angewandte Kunst (MAK; *siehe S. 64*) und im Dreimäderlhaus.

Werke von Ferdinand Waldmüller, Josef Danhauser und Moritz M. Daffinger sind im Belvedere *(siehe S. 102f)*, im Wien Museum Karlsplatz *(siehe S. 101)* und auch im Schlossmuseum Linz *(siehe S. 194)* zu sehen.

Offizier in ungarischer Paradeuniform

Beisetzung von Kaiser Franz I.

Als Napoléon sich 1804 selbst zum Kaiser von Frankreich krönte, reagierte Franz II. darauf, indem er sich zum Kaiser Franz I. von Österreich ernannte. 1835 starb er als letzter Kaiser des Heiligen Römischen Reichs.

Biedermeier-Möbel standen beim wohlhabenden Bürgertum hoch im Kurs, insbesondere in der ersten Hälfte des 19. Jahrhunderts.

Franz I. im Krönungsornat
1804 schlüpfte Franz I. in die neue Rolle des Kaisers von Österreich und Königs von Ungarn. Zwei Monate später erwarb er noch den Titel König von Böhmen.

Das Dreimäderlhaus in der Schreyvogelgasse 10 ist eines der schönsten Bauwerke des Wiener Biedermeier.

Ermordung von Erzherzog Franz Ferdinand und seiner Frau Sophie in Sarajevo 1914

Erster Weltkrieg

Österreich-Ungarn annektierte 1908 gegen den Protest des nach Autonomie strebenden Serbien Bosnien-Herzegowina, was auch zu Spannungen mit Russland führte. Am 28. Juni 1914 erschoss der serbische Student Gavrilo Princip im bosnischen Sarajevo den österreichischen Thronfolger Erzherzog Franz Ferdinand und dessen Frau Sophie. Die Tat war Auslöser für den Ersten Weltkrieg: Deutschland, Österreichs Partner in der Tripelallianz, stellte sich auf die Seite Österreichs, die Entente-Mächte Russland, Frankreich und England auf die Seite der Serben.

Während des Kriegs brach die Monarchie zusammen. Karl I. war der letzte Kaiser Österreichs. 1918 dankte er ab, 1921 ging er ins Exil nach Madeira.

Erste Republik

Am 12. November 1918 rief die Provisorische Nationalversammlung die Demokratische Republik Deutsch-Österreich aus. Erster gewählter Regierungschef war der Sozialdemokrat Karl Renner. Im Friedensvertrag von Saint-Germain (1919) wurde Österreich zu Gebietsabtretungen und Reparationsleistungen verpflichtet. Der Anschluss an das Deutsche Reich wurde definitiv untersagt. Während der 1920er Jahre verschlechterte sich die wirtschaftliche Lage gravierend, was wiederum radikalen Gruppierungen Vorschub leistete. Die wachsenden internationalen Probleme kamen nationalistischen Kreisen, die den Anschluss Österreichs an Deutschland favorisierten, sehr gelegen. Der 1932 gewählte Kanzler Engelbert Dollfuß versuchte, die Gefahr zu bannen, indem er die nationalsozialistische, aber auch die kommunistische Partei in Österreich verbot. Er stützte sich auf die paramilitärische Vaterländische Front und suchte außenpolitisch Anlehnung an Mussolini. Dies führte 1934 zu blutigen Aufständen in Wien und Linz, den Februarunruhen. Im Juli 1934 wurde Dollfuß bei einem Putschversuch der National-

Der »Anschluss«: Deutsche Truppen marschieren in Österreich ein

1908 Annektierung von Bosnien-Herzegowina

1916 Franz Joseph I. stirbt; Karl I. besteigt den Kaiserthron

1934 Arbeiteraufstände in Wien und Linz werden blutig niedergeschlagen

1938 »Anschluss« Österreichs; Alpenrepublik wird Teil des Deutschen Reichs

1943 Moskauer Konferenz

1900 | 1910 | 1920 | 1930 | 1940 | 1950

Jacke Erzherzog Ferdinands

1914 Ermordung Franz Ferdinands in Sarajevo. Ausbruch des Ersten Weltkriegs

1918 Ende des Ersten Weltkriegs. Österreich-Ungarn bricht zusammen. Gründung der Republik Österreich

Engelbert Dollfuß

1934 Putschversuch der Nazis. Kanzler Dollfuß wird ermordet

1955 Staatsvertrag. Mit der staatlichen Souveränität verpflichtet sich das Land zur Neutralität

Soldaten der Besatzungsmächte in Wien, 1951

sozialisten ermordet. Sein Nachfolger Kurt Schuschnigg konnte dem Druck Hitlers, den Nationalsozialisten Seyß-Inquart zum Innenminister zu ernennen, nichts mehr entgegensetzen. Am 13. März 1938 sollte es zur Volksabstimmung über den »Anschluss« kommen. Schuschnigg trat am 11. März zurück. Am 12. März marschierten – teils unter Beifall der Bevölkerung – deutsche Truppen ein. Seyß-Inquart verkündete am 13. März 1938 den »Anschluss« Österreichs ans Deutsche Reich. 1938 lebten rund 200 000 Juden in Wien, nach dem Holocaust noch 7000.

Zweiter Weltkrieg und Zweite Republik

Österreich blieb zum Ende des Zweiten Weltkriegs Teil des Deutschen Reichs. Widerstand gegen die NS-Politik war kaum spürbar. Schon 1943 beschlossen die Alliierten, dass Österreich nach dem Krieg wieder ein eigener Staat sein sollte. Im April 1945 bildete der Sozialdemokrat Karl Renner eine provisorische Regierung, im Dezember wurde er zum Bundespräsidenten gewählt. Im Juli 1945 wurde Österreich von den Alliierten in vier Besatzungszonen geteilt.

Die ersten Nationalratswahlen fanden im November 1945 statt. Gewinner war die Österreichische Volkspartei (ÖVP) vor der Sozialdemokratischen Partei Österreichs (SPÖ). Beide Parteien bestimmten in der Folgezeit das politische Geschick des Landes. Erst im Mai 1955 wurde der Staatsvertrag unterzeichnet. Österreich verpflichtete sich zu immerwährender Neutralität. Im Dezember 1955 wurde Österreich in die UNO aufgenommen, 1995 in die EU.

In den 1990er Jahren gewann die rechtspopulistische Freiheitliche Partei (FPÖ) an Wählergunst. 2000 und 2002 bildete sie mit der ÖVP die Regierung. Seit 2007 stellt wieder die SPÖ als stärkste Partei den Bundeskanzler (seit 2008: Werner Faymann). SPÖ und ÖVP bilden seither eine Koalitionsregierung, die auch bei den Nationalratswahlen von 2008 und 2013 bestätigt wurde.

Simon Wiesenthal und Ariel Musicant vor dem Mahnmal für die Holocaust-Opfer in Wien

1973 Konrad Lorenz erhält den Nobelpreis für Physiologie und Medizin

1981 Elias Canetti erhält den Nobelpreis für Literatur

1995 Österreich tritt der Europäischen Union bei

2004 Elfriede Jelinek erhält den Nobelpreis für Literatur

2006 EU-Ratspräsidentschaft Österreichs

2013 Wahlen zum Nationalrat: Koalition von SPÖ und ÖVP

60 | 1970 | 1980 | 1990 | 2000 | 2010 | 2020

1961 Gipfeltreffen zwischen John F. Kennedy und Nikita Chruschtschow in Wien

1972–1981 Der Österreicher Kurt Waldheim ist Generalsekretär der Vereinten Nationen

Österreichische Globalisierungsgegner

2008 Fußball-EM erstmals in Österreich (und der Schweiz)

2010 Bundespräsident Heinz Fischer für weitere sechs Jahre wiedergewählt

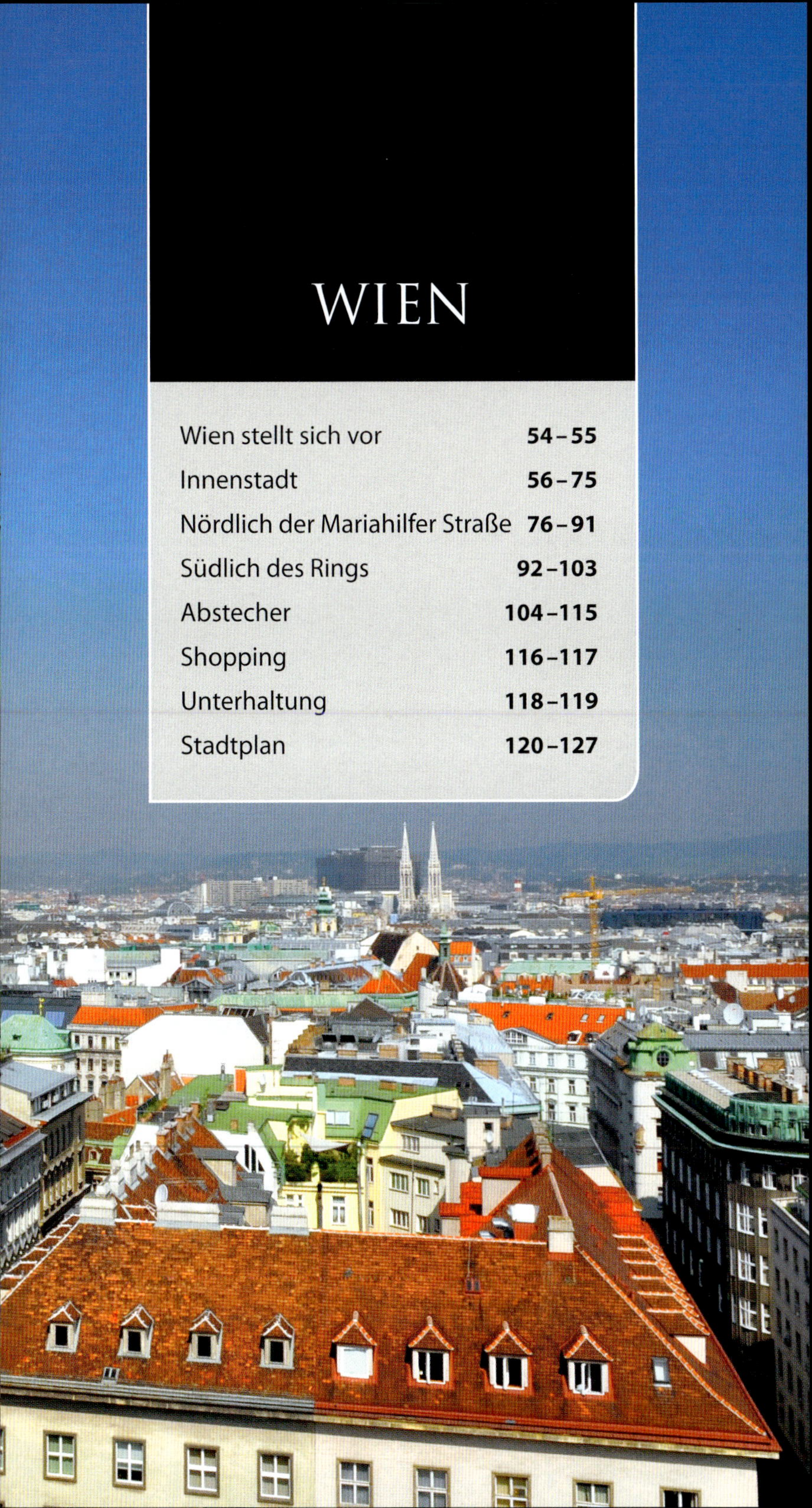

WIEN

Wien stellt sich vor

Das Wiener Stadtzentrum umfasst die Ringstraße (Kurzform: Ring), den Franz-Josefs-Kai sowie die Bezirke zwischen Ring und Gürtel. Der Gürtel ist eine Art Stadtautobahn, die fast parallel zum Ring verläuft. Für dieses Buch wurde das Stadtzentrum in drei Bereiche unterteilt. Zudem werden interessante Sehenswürdigkeiten außerhalb des Zentrums vorgestellt.

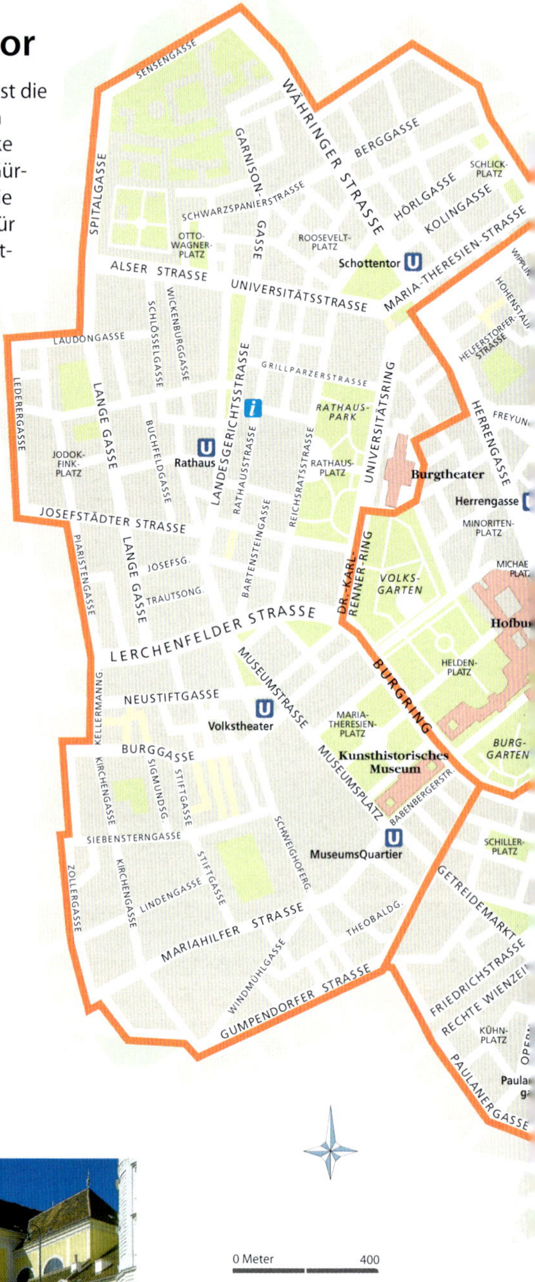

Majolikahaus-Fassade
Die Fassade des Majolikahauses an der Linken Wienzeile 40 wurde 1899 von Otto Wagner, dem herausragendsten Vertreter der Secession, entworfen.

Freyung
Der schöne Platz der Freyung wird vom Österreichbrunnen dominiert. Im Hintergrund ist die Schottenkirche zu sehen.

◀ **Blick vom Stephansdom *(siehe S. 62f)* auf Wien**

Pallas-Athene-Brunne
Karl Kundmann schuf die Figur der Göttin Pallas Athene, die seit 1902 auf dem Brunnen vor dem Parlamentsgebäude thront.

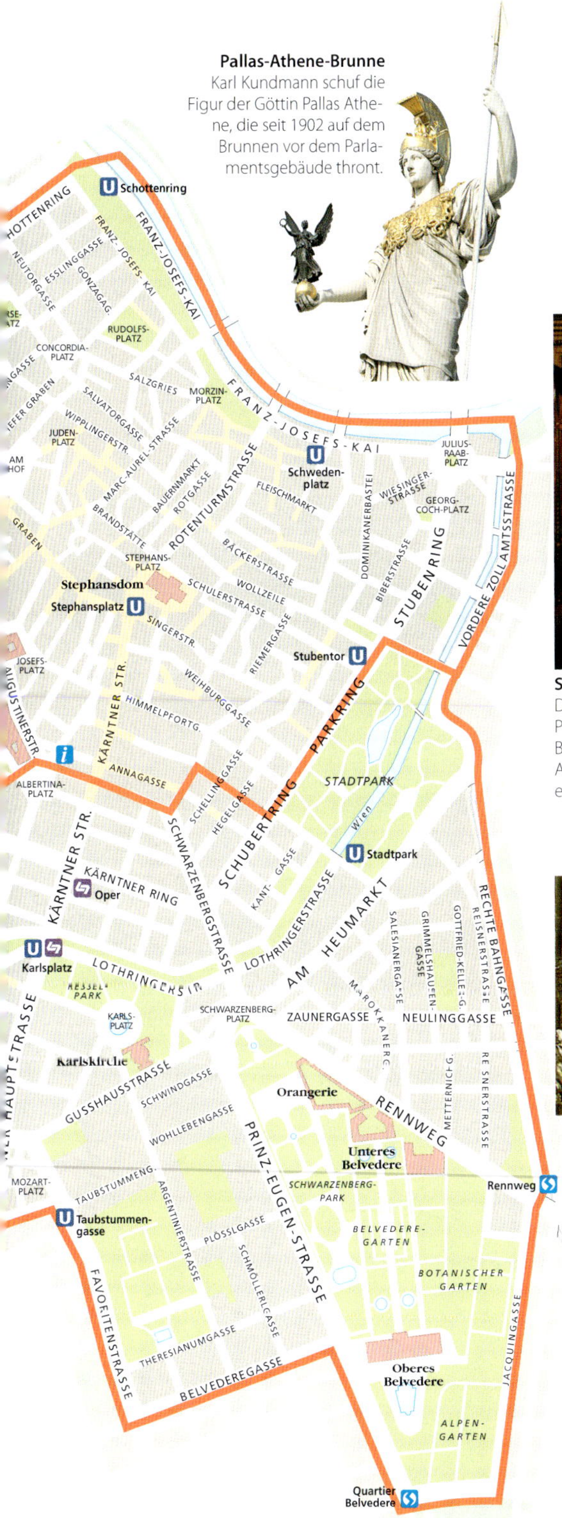

Staatsoper
Die Wiener Staatsoper war der erste Prachtbau, den Franz Joseph I. am Boulevard der Ringstraße auf dem Areal der einstigen Stadtmauern erbauen ließ.

Stephansdom
Der Innenraum der gotischen Kathedrale wurde im Lauf der Jahrhunderte häufig umgestaltet, weshalb auch barocke Stilelemente zu bewundern sind.

Legende

Hauptsehenswürdigkeit

Fußgängerzone

Weitere Zeichenerklärungen
siehe hintere Umschlagklappe

Innenstadt

Wiens Zentrum, die »Innere Stadt«, entstand in dem Areal, das ab der Mitte des 12. Jahrhunderts von einer Befestigungsanlage umgeben war. Das historische Zentrum ist teilweise UNESCO-Welterbe. Im 19. Jahrhundert wurden die Stadtmauern durch die elegante Ringstraße ersetzt. In Wiens historischem Kern findet man daher noch viele Spuren der Vergangenheit, die die turbulente Geschichte der Stadt von der Römerzeit bis zur Gegenwart bezeugen. Zudem gibt es zahlreiche Museen, die dieses reiche historische Erbe vermitteln. Hier erwarten den Besucher auch die schönen alten Kaffeehäuser und Restaurants der Stadt, ein reges Nachtleben sowie die exklusivsten Läden von Wien.

Sehenswürdigkeiten auf einen Blick

Straßen und Plätze

2 Graben
8 Dr.-Ignaz-Seipel-Platz
12 Schwedenplatz
14 Jüdisches Viertel
17 Hoher Markt
19 Schulhof
20 Am Hof
21 Freyung
22 Herrengasse
23 Minoritenplatz
24 Michaelerplatz
26 Heldenplatz
29 Josefsplatz
34 Kärntner Straße

Historische Gebäude

5 Mozarthaus Vienna
11 Urania
16 Altes Rathaus
18 Böhmische Hofkanzlei
27 *Alte Burg S. 72f*
28 *Spanische Hofreitschule S. 71*
33 Winterpalais des Prinzen Eugen

Kirchen

1 Peterskirche
3 *Stephansdom S. 62f*
6 Deutschordenskirche St. Elisabeth
7 Franziskanerkirche
9 Dominikanerkirche
13 Ruprechtskirche
15 Maria am Gestade
30 Augustinerkirche
32 Kapuzinerkirche, Kaisergruft

Museen und Sammlungen

4 Dom- und Diözesanmuseum
10 Museum für angewandte Kunst (MAK)
31 Albertina

Park

25 Volksgarten

Restaurants in diesem Stadtteil
siehe Seiten 310–312

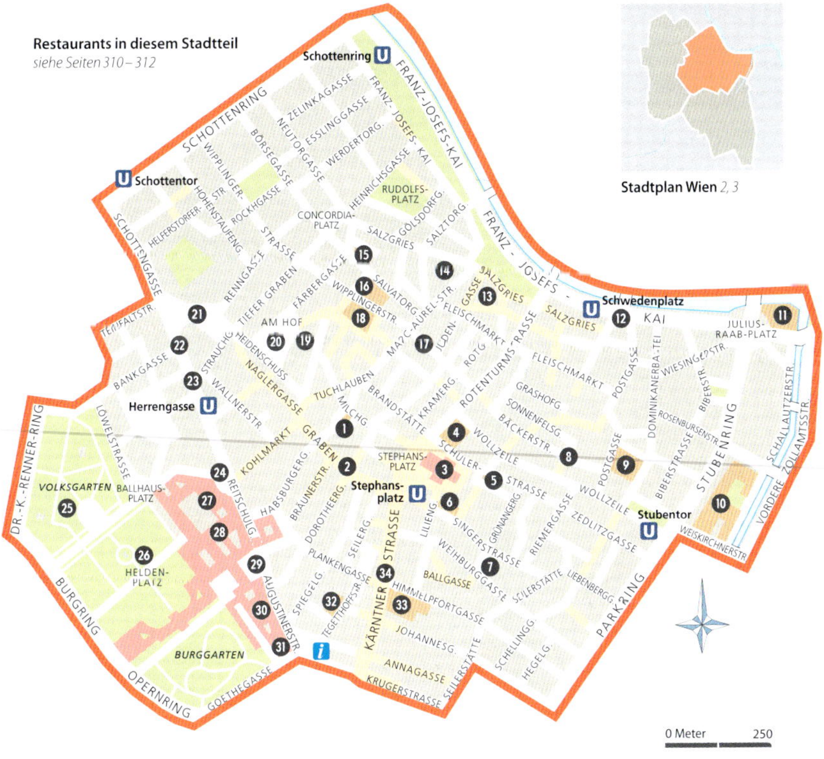

Stadtplan Wien *2, 3*

Im Detail: Stephansdomviertel

Die Anfänge des Areals gehen auf das 13. Jahrhundert zurück. Im 17. und 18. Jahrhundert wurden jedoch viele Kirchen und Gebäude durch die mächtiger werdenden Habsburger Monarchen neu gestaltet. Enge, mittelalterliche Gassen kontrastieren mit monumentalen Barockbauten und Bürgerhäusern, in deren Erdgeschossen oft Läden, Cafés und Lokale untergebracht sind. Auch abends flanieren Einheimische wie Besucher durch die Gassen, um das Flair des Viertels zu genießen.

❹ ★ Dom- und Diözesanmuseum
Das Kreuz mit den Reliquien des hl. Andreas ist nur eine der vielen Kostbarkeiten mittelalterlicher Sakralkunst im Besitz des Dommuseums.

Haas & Haas bietet die beste Auswahl an Tee- und Kaffeesorten sowie delikate Snacks. Das Teehaus lädt in einem üppig begrünten Hof zum Verweilen ein.

❸ ★ Stephansdom
Der barocke Hauptaltar des Doms ist das Werk von Tobias Pock. Das Altarbild zeigt die Steinigung des hl. Stephanus.

❻ Deutschordenskirche St. Elisabeth
Die Kirche gehörte dem Deutschritterorden, der sein Hauptquartier nach Wien verlegte, nachdem er von Napoléon aus Ostpreußen verbannt worden war.

In der Blutgasse und den angrenzenden Gassen besitzen viele Wohnhäuser schone, begrünte Innenhöfe.

❺ Mozarthaus Vienna
Wolfgang Amadeus Mozart lebte von 1784 bis 1787 in diesem Haus. Hier komponierte er *Le Nozze di Figaro*.

Die Schönlaterngasse verdankt ihren Namen der schmiedeeisernen Laterne von Haus Nr. 6. Robert Schumann lebte in Nr. 7. Sehenswert sind auch das Basiliskenhaus und die barocke Bernhardskapelle *(siehe links)*.

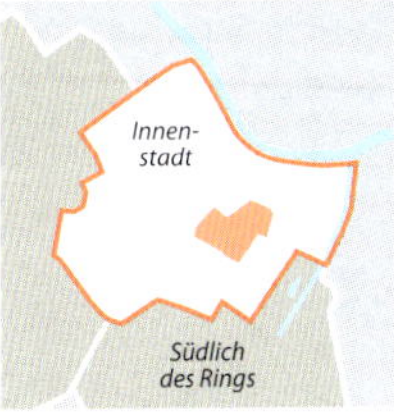

Zur Orientierung

Siehe Stadtplan 2, 3

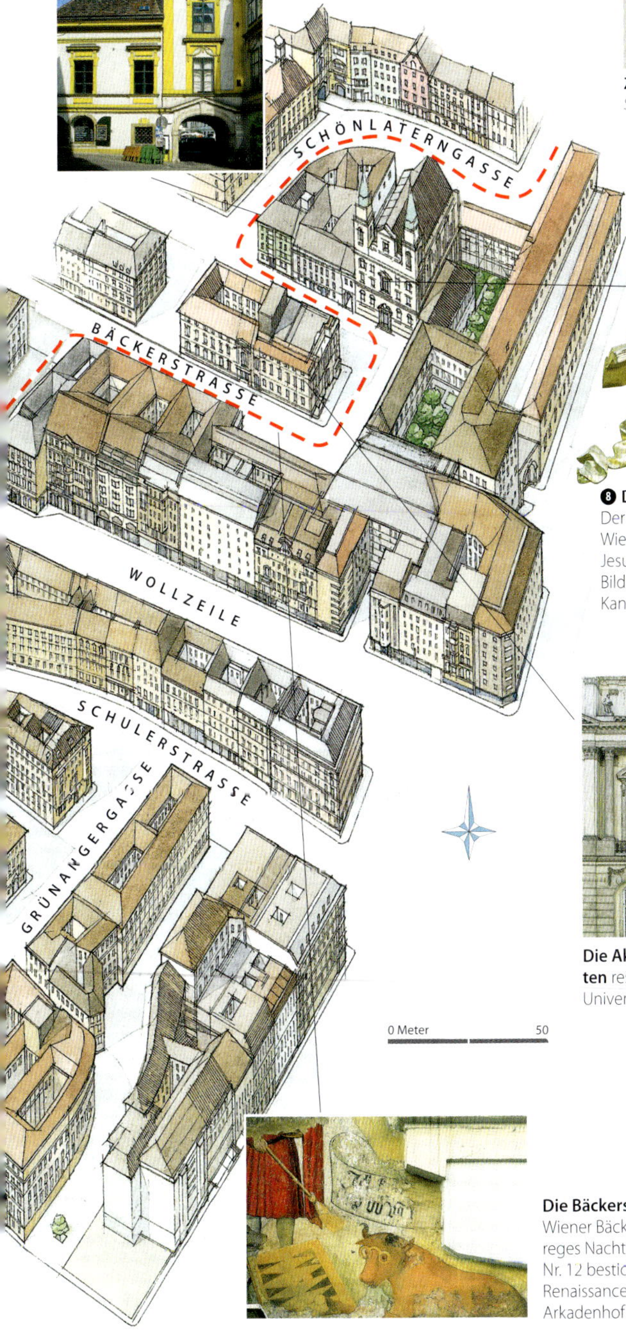

8 Dr.-Ignaz-Seipel-Platz
Der Platz, einer der schönsten Wiens, wird von der barocken Jesuitenkirche begrenzt. Das Bild zeigt eine Detailansicht der Kanzel.

Die Akademie der Wissenschaften residiert in der Aula der Alten Universität.

Legende

— Routenempfehlung

Die Bäckerstraße, einst die Heimat der Wiener Bäcker, ist heute eher für ihr reges Nachtleben bekannt. Das Haus Nr. 12 besticht durch seine großartige Renaissance-Fassade, Nr. 7 besitzt einen Arkadenhof mit Stallungen.

Stadtplan Wien *siehe Seiten 120–127*

❶ Peterskirche

Petersplatz 6. **Stadtplan** 2 B4. (01) 53 36 443. Ⓤ Stephansplatz. 1A, 2A, 3A. Mo–Fr 6.30–19, Sa, So 8–19 Uhr.

Die Peterskirche, einer der ältesten Sakralbauten Wiens, soll 792 von Karl dem Großen gegründet worden sein. Das Marmorrelief an der Fassade *Kaiser Karl der Große gründet die Peterskirche* (1906) erinnert daran.

Bereits im 12. Jahrhundert befand sich hier eine römische Basilika. Die heutige Barockkirche wurde im 18. Jahrhundert nach Plänen von Gabriele Montani erbaut. Ihre endgültige Form erhielt sie von Johann Lukas von Hildebrandt, der auch die gewaltige, grün patinierte Kuppel schuf, die den Bezirk überragt. Die Kuppelfresken von J. M. Rottmayr zeigen die Himmelfahrt Mariens.

1729 schuf Lorenzo Mattielli den Johannes-von-Nepomuk-Altar rechts vom Chor. Da sich der Priester geweigert hatte, Beichtgeheimnisse zu verraten, ließ König Wenzel IV. ihn 1393 in die Moldau werfen.

Kupferkuppel der Peterskirche

❷ Graben

Stadtplan 2 B4, C4. Ⓤ Stephansplatz. 1A, 2A, 3A. **Jüdisches Museum** (01) 53 50 431. So–Fr 10–18 Uhr. **jmw.at**

Die barocke Pestsäule am Graben

Die belebte Fußgängerzone im Herzen der Stadt ist eine der beliebtesten Einkaufsmeilen Wiens mit zahlreichen schicken Läden sowie einigen Restaurants und Cafés. Zwei identische Brunnen prägen den Platz: der Josephsbrunnen im Nordosten und der Leopoldbrunnen im Südosten.

Im Zentrum ragt die barocke Pest- oder Dreifaltigkeitssäule empor, die Kaiser Leopold anlässlich des Endes der Pest, die die Stadt 1687–93 heimsuchte, errichten ließ. Sie zeigt die Heilige Dreifaltigkeit und eine Statue des betenden Kaisers an der Spitze. Eine Figurengruppe mit dem Titel *Glaube besiegt die Pest* ziert die Südseite der Säule. Ein paar Schritte weiter in Richtung Stephansplatz steht eine Statue des hl. Nepomuk, vor der gern Straßenmusiker auftreten.

Das Haas-Haus direkt gegenüber dem Stephansdom wurde 1985–90 von Hans Hollein erbaut. Es ersetzte ein Gebäude, das während eines Bombenangriffs zerstört wurde. Die Konstruktion aus Glas und blaugrünem Marmor mit der sprungbrettartig vorragenden Plattform ist eines der umstrittensten Bauwerke im Stadtzentrum. In den Fenstern spiegeln sich die Türme des Stephansdoms. Im obersten Stockwerk befindet sich ein Café-Restaurant, von dem aus man einen fantastischen Blick über die Dächer Wiens genießt.

Ein zur Gänze erhaltener Barockbau ist das Palais Bartolotti an der Ecke zur Dorotheergasse. Das Haus Nr. 11, das Palais Eskeles, ist heute der Hauptstandort des **Jüdischen Museums**, das von der alten Synagoge hierher übersiedelte (zweiter Standort ist das Museum am Judenplatz).

Otto Wagner, der berühmte Jugendstil-Architekt, hatte sein Atelier am Graben Nr. 10. In den 1980er Jahren gehörte das Haus dem exzentrischen österreichischen Künstler Friedensreich Hundertwasser *(siehe S. 31)*.

❸ Stephansdom

Siehe S. 62f.

❹ Dom-und Diözesanmuseum

Stephansplatz 6. **Stadtplan** 2 C4. (01) 51 55 23 300. Ⓤ Stephansplatz 6. 1A, 2A, 3A. Di–Sa 10–18 Uhr. **dommuseum.at**

Das frisch renovierte Dom- und Diözesanmuseum präsentiert eine umfangreiche Sammlung sakraler Gemälde und Skulpturen, wertvolle sakrale Gefäße und Reliquien des Stephansdoms sowie faszinierende Volkskunst. Viele Exponate des Domschatzes sind Stiftungen von Herzog Rudolf IV. Zu den berühmtesten Werken gehören das Porträt des Herzogs (um 1360) sowie sein Leichentuch und die *Erlacher Madonna*, ein gotisches Meisterwerk (um 1330) aus Niederösterreich.

Zudem werden ein Reliquiar (1592) des hl. Leopold mit Einlegearbeiten sowie bemerkenswerte Emaille-Arbeiten aus dem 12. Jahrhundert bewahrt.

Gotische Madonna mit Kind, Dom-und Diözesanmuseum

5 Mozarthaus Vienna

Domgasse 5. **Stadtplan** 2 C4.
(01) 51 21 791. Stephansplatz.
1A. tägl. 10–19 Uhr.
mozarthausvienna.at

Domgasse 5 – dies ist die berühmteste Adresse von Mozarts Wohnstätten in Wien. Hier lebte er mit seiner Familie 1784–87 und komponierte Meisterwerke wie *Die Hochzeit des Figaro*. Im Mozart-Jahr 2006 wurde das Museum renoviert und zeigt nun auf vier Ebenen Exponate zu Leben und Werk des Musikgenies.

6 Deutschordenskirche St. Elisabeth

Singerstraße 7. **Stadtplan** 2 C4.
(01) 51 21 065. Stephansplatz.
1A. **Kirche** tägl. 7–18 Uhr.
Schatzkammer Mo, Do, Sa 10–12, Mi, Fr, Sa 15–17 Uhr.

Der Deutschritterorden kam im 13. Jahrhundert nach Wien. Unweit des Stephansdoms quartierte er sich in einem Gebäude ein, von dem nur noch der Turm erhalten ist. Im 15. Jahrhundert errichteten die Deutschritter die gotische **Kirche St. Elisabeth**. Hinter der Barockfassade, die zwischen 1725 und 1735 entstand, verbergen sich gotische Stilelemente.

1807, als Napoléon den Orden aus Ostpreußen vertrieb, verlegten die Ritter ihr Hauptquartier nach Wien und brachten auch den Ordensschatz hierher. In den vier Räumen der **Schatzkammer** sind Sammlungen ausgestellt, die mit der Geschichte des Ordens in Zusammenhang stehen: Insignien der Großmeister, Münzen, Medaillen, Siegel und Tafelsilber sowie Meisterwerke europäischer Kunst.

Die Wände der Kirche zieren Gedenktafeln und Wappen. Der Flügelaltar (1520) zeigt kunstvoll geschnitzte und bemalte Tafelbilder und Reliefs des Passionswegs unter einem Baldachin in Filigranmuster.

Im Gebäude befindet sich auch die Wohnung, in der Wolfgang Amadeus Mozart lebte, als er nach Wien kam. Später, von 1863 bis 1865, wohnte hier Johannes Brahms.

Der prachtvolle Flügelaltar in der Deutschordenskirche

7 Franziskanerkirche

Franziskanerplatz 4. **Stadtplan** 2 C4.
(01) 51 24 578. Stephansplatz.
tägl. 7.30–11.30, 14.30–17.30 Uhr.

Im 14. Jahrhundert übernahmen die Franziskaner diese Kirche, die ursprünglich von wohlhabenden Bürgern als »Seelenhaus« für Prostituierte, die auf den Pfad der Tugend zurückwollten, erbaut worden war. Die heutige Kirche im Stil der süddeutschen Renaissance wurde nach Plänen Bonaventura Daums 1601–11 errichtet. Die Fassade überdacht ein kunstvoll verzierter Obeliskengiebel. Das Interieur wurde von österreichischen und italienischen Barockmeistern wie Andrea Pozzo und Johann Georg Schmidt ausgestaltet. Zur Zeit der Religionskriege wurde eine Axt in die Holzstatue der Madonna mit Kind geschlagen, die seither als *Madonna mit der Axt* verehrt wird.

Brunnen (18. Jh.), Akademie der Wissenschaften

8 Dr.-Ignaz-Seipel-Platz

Stadtplan 3 D4. Schwedenplatz.
1A.

Dr. Ignaz Seipel, ein konservativer Politiker, war in den 1920er Jahren zweimal Bundeskanzler von Österreich. Der nach ihm benannte Platz zählt zu den schönsten Wiens. Sein Zentrum wird von einem Rokoko-Gebäude (Nr. 2) beherrscht, das Jean Nicolas Jadot de Ville-Issey entwarf und das als Teil der Alten Universität geplant war. Seit 1857 ist hier die Österreichische Akademie der Wissenschaften untergebracht. Die Rokoko-Deckenfresken im Festsaal von Gregorio Guglielmi zeigen Allegorien der vier akademischen Fakultäten. Die 1961 durch einen Brand beschädigten Fresken wurden wieder kunstvoll restauriert.

Unmittelbar gegenüber steht die Jesuitenkirche im Stil des Hochbarock. Die Jesuiten übernahmen die Universität in den 1620er Jahren und bauten 1703–05 die angrenzende Kirche um. Die Fassade und das Interieur gestaltete Andrea Pozzo.

❸ Stephansdom

Die Kathedrale im Herzen der Stadt, die dem ersten christlichen Märtyrer, dem hl. Stephanus, geweiht wurde, ist eines der Wahrzeichen Wiens. Obgleich er schon vor rund 800 Jahren erbaut wurde, präsentiert sich der Dom heute in erster Linie spätgotisch – das Riesentor und die Heidentürme sind die einzigen Zeugnisse, die von der ursprünglich romanischen Kirche aus dem 13. Jahrhundert erhalten sind. Die während des Zweiten Weltkriegs großteils zerstörte Kathedrale wurde dank der vereinten Bemühungen der gesamten Nation vollständig erneuert und erstrahlt heute wieder in voller Pracht.

★ Riesentor
Das Meisterwerk spätromanischer Kunst mit seinem reich verzierten Portal und den beiden identischen Heidentürmen befindet sich an der Stelle eines heidnischen Schreins.

★ Pilgramkanzel
Die Kanzel im Hauptschiff ist mit den Büsten der vier Kirchenväter geschmückt. Der Bildhauer, Meister Pilgram, blickt aus einem »Fenster« unterhalb der Treppe.

Außerdem

① **Der Nordturm** beherbergt die Pummerin.

② **Die Bronzekugel** wird vom Doppeladler, dem Wappentier der Habsburger, gekrönt.

③ **Die Aussichtsplattform** liegt in 72 Meter Höhe.

④ **Das Mosaikdach** ist mit einer Viertelmillion glasierter Ziegel gedeckt.

⑤ **Aufzüge zu den Glocken**

⑥ **Das Singertor** war einst der Eingang für die männlichen Besucher. Das Relief zeigt Szenen aus dem Leben des hl. Paulus und Rudolfs VI.

Infobox

Information
Stephansplatz 1. **Stadtplan** 2 C4.
(01) 51 55 23 054.
Mo–Sa 6–22, So, Feiertage 7–22 Uhr. tägl. **Nordturm** (Aufzug zur Pummerin): tägl. 8.15–16.30 Uhr (Juli, Aug: bis 18 Uhr). **Steffl** (Südturm): tägl. 9–17.30 Uhr.
Orgelkonzerte.
stephanskirche.at

Anfahrt
Stephansplatz.
1A, 2A.

★ Steffl (Südturm)
Der 137 Meter hohe gotische Turm aus dem 15. Jahrhundert gilt als Wahrzeichen der Kathedrale und der ganzen Stadt.

Wiener Neustädter Altar
Der 1447 von Kaiser Friedrich II. in Auftrag gegebene, kunstvoll verzierte Altar befindet sich links vom Hauptaltar.

Die majestätische Fassade der Dominikanerkirche

❾ Dominikanerkirche

Postgasse 4. **Stadtplan** 3 D4.
(01) 51 29 174. Stephansplatz, Schwedenplatz, Stubentor. 2.
1A. Mo–Sa 7–19, So 7–21 Uhr.
dominikaner-wien.at

Die Dominikanermönche kamen 1226 auf Einladung von Herzog Leopold VI. nach Wien. Sie erbauten hier in der zweiten Hälfte des 13. Jahrhunderts ihr erstes Gotteshaus. Die Kirche in ihrer heutigen Form wurde 1631–74 nach Plänen von Ciprian Biasino und Antonio Canevale errichtet.

Der Bau besitzt einen reich geschmückten Innenraum mit ringförmig um das Kirchenschiff angelegten Kapellen, frühbarocken Deckenfresken und einem Gemälde von Franz Geyling in der Kuppel. Die zweite Kapelle auf der rechten Seite, die Vinzenzkapelle, zieren Gitter und Leuchten im Rokoko-Stil sowie eine prachtvolle vergoldete Orgel (18. Jh.) über dem Westtor.

In den Nischen der Fassade stehen Statuen der von den Dominikanern verehrten Heiligen. Die zwei Statuen in den Ecknischen stellen zwei mittelalterliche Kirchenfürsten, Albert den Großen und den hl. Thomas von Aquin, dar.

Auch sehenswert: die Fresken von Tencala und Rauchmiller und der Hochaltar von Karl Rösner mit einem Gemälde von Kuppelwieser.

⑩ Museum für angewandte Kunst (MAK)

Stubenring 5. **Stadtplan** 3 D4. (01) 71 13 60. 2. 74A. Stubentor, Landstraße. Landstraße. Di 10–22, Mi–So 10–18 Uhr. Di ab 18 Uhr frei. **mak.at**

Das Museum für angewandte Kunst/Gegenwartskunst (MAK) wurde 1864 gegründet. Es war das erste Museum dieser Art in Europa und hatte maßgeblichen Einfluss auf die Entwicklung der angewandten Künste. Das MAK beherbergt die Archive und Sammlungen der Wiener Werkstätte, die Wien zum Zentrum einer neuen und wegweisenden Geschmackskultur machte.

Das Gebäude wurde von Heinrich von Ferstel im Stil der Florentiner Renaissance entworfen. 1909 kam ein neuer Trakt hinzu, 1993 wurde im Rahmen einer Generalrenovierung jeder Saal von einem bekannten Künstler umgestaltet, wodurch ein ebenbürtiger Rahmen für die Exponate entstand.

Die Dauerausstellung zeigt u.a. Glas, Keramik, Porzellan, Schmuck, Metallarbeiten, Mobiliar, Textilien, Teppiche und Dekorstücke. Teile sind der Secession gewidmet.

Biedermeier-Sofa im MAK

⑪ Urania

Uraniastraße 1. **Stadtplan** 3 E3. (01) 71 26 191–15. 1, 2, 21, N. Schwedenplatz. Planetarium. Apr–Sep: Di, Fr, Sa 21 Uhr; Okt–März: Di, Fr, Sa 20 Uhr. **urania-sternwarte.at**

Auf der Südseite des Julius-Raab-Platzes steht am Ufer des Donaukanals ein rundes Gebäude mit einer auffälligen, von Weitem sichtbaren Kuppel. Die nach der griechischen Muse der Astronomie benannte Urania wurde 1910 nach Plänen Max Fabians erbaut. Sie beherbergt Wiens älteste nicht schulische Bildungseinrichtung mit Vorlesungssälen und einem Puppentheater. Außerdem sind in dem Gebäude ein Kino und ein **Planetarium** untergebracht. Die Urania ist alljährlich Veranstaltungsort eines Symposiums, das dem österreichischen Schriftsteller und Nobelpreisträger Elias Canetti gewidmet ist.

⑫ Schwedenplatz

Stadtplan 3 D3. Schwedenplatz.

Der Schwedenplatz gehört zu den belebtesten Plätzen Wiens. Am Ufer des Donaukanals, unterhalb der Schwedenbrücke, befindet sich ein Bootsanlegesteg, von dem aus Besucher eine Reihe von Bootsausflügen buchen können.

Eine weitere Attraktion findet man am Schwedenplatz Nr. 13: eine italienische Eisdiele, in der es das beste Eis in der ganzen Stadt geben soll.

Am Laurenzerberg, der den Schwedenplatz begrenzt, sind Überreste der alten Stadtmauer und ein altes Schild mit Verkehrszeichen zu bewundern. Über eine enge, steile Treppe kommt man zum Griechenbeisl, einem gemütlichen kleinen Lokal. Ein Schild, das den *Lieben Augustin* zeigt, empfängt die Besucher. Von der Eingangshalle sieht man in einen kleinen, beleuchteten Keller, in dem eine Augustin-Statue steht. Die Geschichte des lieben Augustin geht auf die Zeit der Großen Pest zurück. Augustin stürzte betrunken in einen Straßengraben. Die Totengräber hielten ihn für ein Pestopfer und warfen ihn in eine Pestgrube. Dabei erwachte der Totgeglaubte und schockierte die überraschten Totengräber mit dem Lied: *O du lieber Augustin …*

Efeubewachsene Fassade der Ruprechtskirche, Wiens ältester Kirche

⑬ Ruprechtskirche

Ruprechtsplatz. **Stadtplan** 2 C3. (01) 53 56 003. Schwedenplatz. 2A, 3A. Mo–Fr 9.30–11.30 Uhr, Sa 17 Uhr (Juli, Aug: 18 Uhr) zur Messe, So 10.30 Uhr zur Messe. **ruprechtskirche.at**

Wiens älteste Kirche erhebt sich auf einer Böschung am Ruprechtsplatz. Früher führte ein Seitenarm der Donau in der Nähe vorbei, an dem sich ein Landesteg für Salztransporte aus Salzburg befand.

Angeblich wurde die Kirche 740 n.Chr. von Klerikern des Salzburger Bischofs Rupert, des Schutzheiligen der Salzhändler, gegründet. Das romanische Kirchenschiff und die drei unteren Stockwerke des Turms datieren aus dem 11. Jahrhundert. Die Kirche besitzt Wiens ältestes Glasfenster aus dem 12. Jahrhundert.

⑭ Jüdisches Viertel

Stadtplan 2 C2, 3. Schwedenplatz, Herrengasse. 1A, 2A, 3A. **Jüdisches Museum** Palais Eskeles, Dorotheergasse 11. (01) 53 50 4 31. Stephansplatz. So–Fr 10–18 Uhr. **Museum Judenplatz** Misrachi-Haus, Judenplatz 8. Schwedenplatz, Herrengasse. So–Do 10–18, Fr 10–14 Uhr. an wichtigen jüdischen Feiertagen. außer Synagoge. (Ausweis ist vorzuzeigen). **jmw.at**

In den engen Gassen westlich der Rotenturmstraße befand sich das älteste jüdische Viertel

Wiens. Heute ist dies eine sehr belebte Gegend mit Discos, Bars und koscheren Restaurants. Während des Mittelalters war der Judenplatz das Zentrum des jüdischen Ghettos mit einer Synagoge, deren Überreste noch zu sehen sind. Der Stadttempel, die heutige Synagoge, liegt versteckt in der Seitenstettengasse. Er wird seit einem Attentat im Jahr 1983 bewacht.

1895 wurde hier das erste **Jüdische Museum** der Welt gegründet. Es wurde von den Nazis geschlossen. 1993 öffnete das Neue Museum im Palais Eskeles in der Dorotheergasse seine Pforten *(siehe S. 60)*. Im Jahr 2000 wurde zudem das **Museum Judenplatz**, das sich dem jüdischen Leben im Mittelalter widmet, im Misrachi-Haus eröffnet. Das moderne Mahnmal von Rachel Whiteread in der Mitte des Platzes erinnert an die Opfer des Holocaust.

Der gotische Innenraum der Kirche Maria am Gestade

⓯ Maria am Gestade

Salvatorgasse 12. **Stadtplan** 2 C3. (01) 533 95 94. Schwedenplatz, Stephansplatz. 1A, 3A. tägl. 7.30–18 Uhr.

Nachdem die Kirche Maria am Gestade überflutet worden war, als der alte Donaukanal über die Ufer trat, wurde sie auf einer steilen Böschung wiederaufgebaut. Der hochgotische Kirchturm überragt die Stadt. Die Steinkuppel ist ein Meisterwerk der gotischen Kunst in Wien.

Der heutige Kirchenbau entstand im späten 14. Jahrhundert. Während der Besetzung Wiens durch die Truppen Napoléons 1809 diente er als Militärmagazin.

Schöne mittelalterliche Glasmalereien zieren die Fenster hinter dem Hauptaltar. Die Säulen sind mit gotischen Statuen geschmückt. Links vom Hauptaltar befindet sich eine Kapelle mit einem kunstvoll bemalten Renaissance-Steinaltar. Die Kirche beherbergt auch das Grab des hl. Klemens Maria Hofbauer, Wiens Stadtpatron.

⓰ Altes Rathaus

Wipplingerstraße 8. **Stadtplan** 2 B3. Schwedenplatz, Stephansplatz. 1, 2. 1A, 3A. **Dokumentationsarchiv des österreichischen Widerstandes** (01) 22 89 469, -319. Mo–Fr 9–17 Uhr (Do bis 19 Uhr). nach Vereinbarung. **doew.at**

Wiens ältestes Rathaus befand sich früher vermutlich in der Tuchlaubenstraße. Das Gebäude in der Wipplingerstraße gehörte damals den einflussreichen Brüdern Otto und Heymo Neuburg, die eine Verschwörung gegen die Habsburger anzettelten. 1309 konfiszierte Herzog Friedrich der Schöne das Gebäude und übergab es der Gemeinde Wien. Bis 1883 diente es als Verwaltungssitz der Stadt.

Ornament am Rathauseingang in der Wipplingerstraße

Der Eingang des Alten Rathauses ist mit barocken Eisenornamenten geschmückt. Im Innenhof steht der Andromedabrunnen (1741), das letzte Werk des Bildhauers Georg Raphael Donner. Ein Tor führt vom Hof zur **Salvatorkapelle**. An der Außenfassade zur Salvatorgasse ist ein Renaissance-Portal (1520–30) zu bewundern, ein Beispiel italienischer Renaissance-Einflüsse.

Heute agiert hier das **Dokumentationsarchiv des Österreichischen Widerstandes**, das an jene Widerstandskämpfer erinnert, die 1934–45 im Kampf gegen den Nationalsozialismus ihr Leben riskierten. Neben Ausstellungen gibt es auch Veranstaltungen.

Wiens Juden – einst und heute

Schon im 12. Jahrhundert gab es in Wien eine florierende jüdische Gemeinde. Das jüdische Viertel befand sich rund um den Judenplatz. Während der Pogrome von 1421 wurden viele Juden ermordet, andere gezwungen, zum Christentum zu konvertieren oder die Stadt zu verlassen. Nachdem durch das Toleranzedikt von 1781 die Beschränkungen aufgehoben worden waren, verlagerte sich das Zentrum jüdischen Lebens allmählich auf die andere Seite des Donaukanals, in die Nähe des Praters. 1938 lebten ungefähr 200 000 Juden in Wien, die das kulturelle Leben prägten. Nach dem Holocaust waren es nur noch 7000.

Innenraum des Stadttempels

Ankeruhr mit historischen Figuren am Hohen Markt

⓱ Hoher Markt

Stadtplan 2 C3. Ⓤ Stephansplatz, Schwedenplatz. 🚌 1A, 3A.

Der Hohe Markt ist der älteste Platz Wiens. Nach dem Zweiten Weltkrieg wurden bei Ausgrabungen die Grundmauern des römischen Militärlagers Vindobona entdeckt, in dem Kaiser Mark Aurel 180 n. Chr. starb. Die Ruinen sind heute eine beliebte Besucherattraktion.

Im Mittelalter wurden hier ein Fisch- und Tuchmarkt abgehalten, es fanden auch Hinrichtungen statt. Ab dem frühen 18. Jahrhundert wurden auf dem Platz die Prozesse des städtischen Gerichtshofs abgehalten.

Die Ankeruhr über dem Durchgang zum Bauernmarkt ist ein Kunstwerk aus Kupfer und Bronze, das Franz von Matsch 1911 entwarf. Sie zeigt zwölf historische Figuren, die die Geschichte der Stadt geprägt haben. Jede volle Stunde erscheint eine der Figuren, um die Mittagszeit zieht die ganze Gruppe am Zifferblatt vorbei. Als Ersten sieht man Mark Aurel, gefolgt von Rudolf IV., den Abschluss bildet der Komponist Joseph Haydn.

In der Mitte des Platzes steht der barocke Josephs- oder Vermählungsbrunnen, den Leopold I. nach Plänen von Johann Bernhard Fischer von Erlach erbauen ließ.

⓲ Böhmische Hofkanzlei

Judenplatz 11. **Stadtplan** 2 B3. ☎ (01) 53 122. Ⓤ Stephansplatz. 🚌 1A, 3A. ◯ Mo–Fr 8–15.30 Uhr. **W vfgh.gv.at**

Die Habsburger waren auch Könige von Böhmen, das sie von diesem prächtigen Palais (1709–14) aus regierten. Den Bau schuf einer der damals genialsten Architekten: Johann Bernhard Fischer von Erlach *(siehe S. 99)*. 1751–54 wurde die Hofkanzlei von Matthias Gerl erweitert. Höhepunkt der mächtigen, gleichwohl subtilen Architektur ist das riesige Barocktor. Beachtung verdienen auch die elegant geschwungenen Fensterrahmen im ersten Stock. Das Innere des heutigen Gerichtsgebäudes mit den zwei Innenhöfen ist weniger imposant, da es nach dem Zweiten Weltkrieg wiederaufgebaut wurde.

⓳ Schulhof

Stadtplan 2 B3. Ⓤ Stephansplatz, Herrengasse. 🚌 1A, 2A, 3A. **Uhrenmuseum** ☎ (01) 53 32 265. ◯ Di–So 10–18 Uhr. ● 1. Jan, 1. Mai, 25. Dez. ♿ **W wienmuseum.at**

Die kleine, Schulhof genannte Gasse verbindet den kaiserlichen Platz Am Hof mit dem eleganten barocken Wohnviertel in der Kurrentgasse.

Das Haus Nr. 2, das ehemalige Palais Obizzi (1690), beherbergt heute das **Uhrenmuseum**. Die sehenswerte Sammlung umfasst mehr als 3000 Exponate. Das Museum führt Besucher durch die Geschichte der Zeitmessungen und der Uhrmacherkunst vom 15. Jahrhundert bis zur Gegenwart. Einen Schwerpunkt bilden den Uhren aus dem Biedermeier sowie aus der Belle Époque. Interessant ist auch die astronomische Uhr von David Cajetano aus dem 18. Jahrhundert.

Jede volle Stunde ertönt auf den drei Stockwerken des Baus ein Läuten und Glockenschlagen, da alle Uhren korrekt gehen – ein ohrenbetäubendes, gleichwohl faszinierendes Erlebnis.

In der nahe gelegenen Kurrentgasse 10 liegt das Hauptgeschäft der Spezialitäten-Bäckerei Grimm, eine der bekanntesten und besten Bäckereien in Wien.

Eingang zum Uhrenmuseum im Schulhof

⓴ Am Hof

Stadtplan 2 B3. Ⓤ Stephansplatz, Schottentor. 🚌 1A.

Seinen Namen verdankt dieser Platz einer mittelalterlichen höfischen Residenz. Später waren darin die Münze und dann die kaiserliche Militärkanzlei untergebracht. Heute befindet sich in dem Gebäude eine Bank.

Das architektonische Juwel des Platzes ist die Kirche am Hof, die den Neun Engelschören gewidmet ist. Sie wurde im späten 14. Jahrhundert von Karmelitermönchen errichtet und anlässlich des Wiederaufbaus nach dem Brand von 1607 mit einer Barockfassade versehen. Diese krönt ein dreieckiger Ziergiebel, auf dem Maria, die Königin der Neun Engelschöre, zu sehen ist. Am 6. August 1806 wurde von der Terrasse dieser Kirche die Auflösung des Heiligen Römischen Reichs verkündet.

Den Platz säumen weitere interessante Gebäude. Nr. 10 ist das Bürgerliche Zeughaus von Anton Ospel, heute das Hauptquartier der Wiener Feuerwehr.

Statue auf dem ehemaligen Bürgerlichen Zeughaus, Am Hof 10

In die großartige Fassade sind Skulpturen von Mattielli integriert. Im Palais Collalto (Nr. 14) gab der sechsjährige Mozart 1762 sein erstes Konzert.

Die Mariensäule gab Ferdinand III. als Dank für die Abwendung des schwedischen Einmarsches während des Dreißigjährigen Kriegs in Auftrag.

㉑ Freyung

Stadtplan 2 B3. Ⓤ Herrengasse. 🚌 1A. 🚋 1, D.

Der Platz verdankt seinen Namen vermutlich dem Asylrecht, das allen Flüchtlingen gewährt wurde, die in der Schottenabtei Zuflucht suchten (»frey« ist eine alte Schreibweise für frei). Die Kirche wurde von irischen Benediktinermönchen gegründet, die 1177 nach Wien kamen. Trotz zahlreicher Umbauten hat die Kirche eine klassizistische Fassade und ein prachtvolles barockes Interieur mit Zeugnissen des ehemaligen romanischen Dekors zu bieten. Über dem Tabernakel steht die älteste romanische Skulptur Wiens, eine Marienstatue aus dem 13. Jahrhundert.

Brunnen im Innenhof zwischen Freyung und Herrengasse

Im angrenzenden Kloster befindet sich ein Museum mit einer interessanten Sammlung mittelalterlicher Kunst.

Weitere sehenswerte Gebäude an der Freyung sind das von Domenico Martinelli entworfene Palais Harrach (Nr. 3) von 1690 und das Palais Kinsky (Nr. 4), das Johann Lukas von Hildebrandt gestaltete.

In der Nähe befindet sich auch eines der wenigen, fast original erhaltenen Renaissance-Gebäude, das Palais Porcia aus dem Jahr 1546.

Im Zentrum des Platzes steht der Austriabrunnen. Der 1846 errichtete Brunnen (Entwurf: Ludwig Schwanthaler) zeigt eine Allegorie Österreichs, umgeben von vier Nixen, die die Hauptflüsse der Donaumonarchie (Elbe, Donau, Weichsel und Po) repräsentieren.

㉒ Herrengasse

Stadtplan 2 A3, B4. Ⓤ Herrengasse. 🚌 2A, 3A.

Die Herrengasse war einst eine der besten Adressen Wiens und das bevozugte Wohngebiet des Adels. Heute sind in den meisten Gebäuden Ministerien untergebracht. Der Name geht auf das 16. Jahrhundert zurück, als sich im Landhaus (Nr. 13) der Sitz der Niederösterreichischen Landesregierung befand. Es erfüllte diese Funktion, bis 1986 St. Pölten die neue Hauptstadt des Bundeslands wurde. Einige sehr alte Fragmente des Landhauses sind noch erhalten. Die Kapelle wurde angeblich von Anton Pilgram, einem der Architekten des Stephansdoms, erbaut. Das heutige Gebäude wurde 1837–48 unter der Bauleitung von Ludwig Pichl renoviert.

Im Innenhof verbietet eine Tafel aus dem Jahr 1571 das Tragen von Waffen sowie tätliche Auseinandersetzungen auf dem Gelände. Ein Verstoß gegen diese Vorschriften erfolgte 1848, als ausgerechnet hier die Revolution ausbrach. Im Jahr 1918 wurde im Landhaus die Erste Republik ausgerufen.

Blick vom Minoritenplatz auf das Palais Liechtenstein

㉓ Minoritenplatz

Stadtplan 2 B4. Ⓤ Herrengasse. 🚌 2A, 3A.

Das prägende Bauwerk des Platzes ist die Minoritenkirche, die 1224 von den Minoriten erbaut wurde. Ihre heutige Gestalt erhielt sie von den Franziskanern im 14. Jahrhundert. Sie wurde zwar barock umgebaut, doch im 19. Jahrhundert stellte man die ursprüngliche gotische Form wieder her. Sehenswert ist vor allem das schöne Westportal (1340). Bei der türkischen Belagerung 1529 ging der Turmhelm verloren, daher die Pyramidenform. Im Inneren der Kirche befindet sich eine Mosaiknachbildung von Leonardo da Vincis *Abendmahl*.

Zwischen dem Minoritenplatz und der Bankgasse steht das Stadtpalais der Familie Liechtenstein. An der Südseite des Platzes (Nr. 3) ist das ehemalige Palais der Familie Dietrichstein zu bewundern. Der Bau (1755) von Franz Hillebrand beherbergt heute das Bundeskanzleramt.

Im Detail: Hofburg

Der Hofburg-Komplex, die ehemalige Residenz, erinnert mit seinem majestätischen Zentrum und der harmonischen Anlage der Plätze und Palais in der Augustinerstraße an Glanz und Glorie der Habsburger. Das Areal ist eines der schönsten und belebtesten in Wien: Tagsüber flanieren hier Einheimische und Besucher, abends finden in den ehemaligen Prunksälen der Residenz Theater- und Konzertaufführungen statt.

㉔ Michaelerplatz
Kaiser Franz Joseph ließ den Michaelertrakt auf dem Gelände des ehemaligen Hoftheaters an der Südseite des Platzes nach Plänen von Ferdinand Kirschner erbauen.

㉖ Heldenplatz
Der Platz zwischen Ring und Hofburg ist ein bei Jung und Alt beliebter Treffpunkt.

㉗ ★ Alte Burg
Die Alte Burg war ab dem 13. Jahrhundert die offizielle Residenz der Habsburger.

Die Neue Burg wurde als letzter Trakt der Hofburg erst kurz vor dem Ausbruch des Ersten Weltkriegs erbaut.

Am Kohlmarkt findet man einige der elegantesten Läden Wiens. Manche davon entwarf der Architekt Hans Hollein.

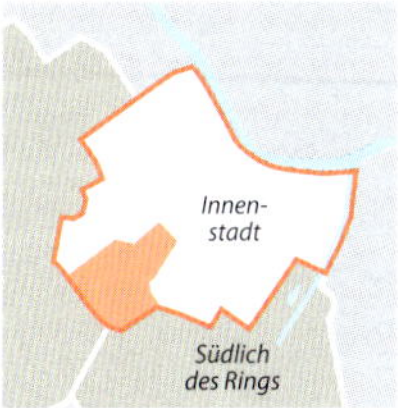

Zur Orientierung
Siehe Stadtplan 2

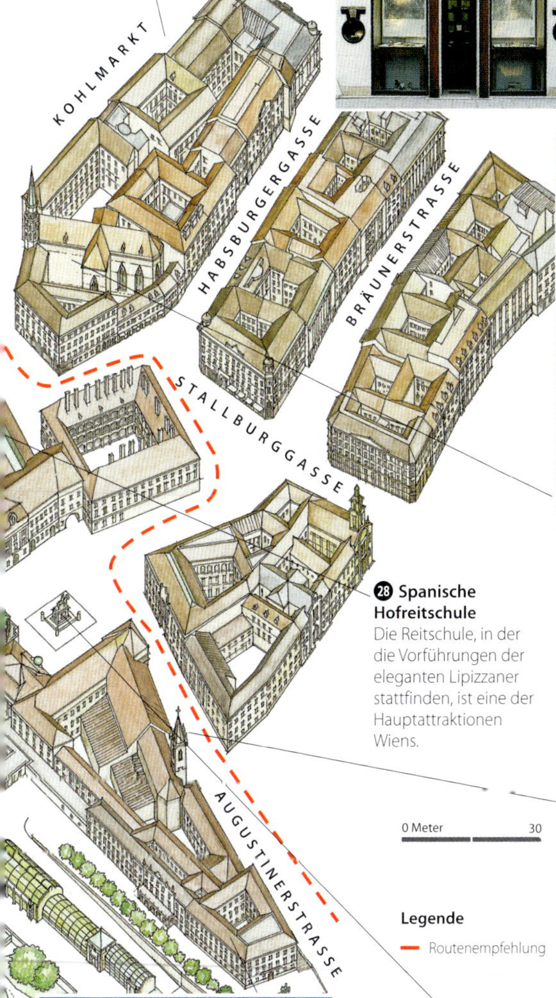

In der Michaelerkirche sind der Hauptaltar im Stil des Rokoko und die Renaissance-Fresken aus dem 14. Jahrhundert besonders sehenswert.

㉘ Spanische Hofreitschule
Die Reitschule, in der die Vorführungen der eleganten Lipizzaner stattfinden, ist eine der Hauptattraktionen Wiens.

0 Meter 30

Legende

— Routenempfehlung

㉚ Augustinerkirche
In einer Kapelle der Kirche sind in silbernen Urnen die Herzen der Habsburger beigesetzt.

㉛ ★ Albertina
Das 1781 erbaute Palais beherbergt heute eine der schönsten Sammlungen grafischer Kunst in Europa.

㉙ ★ Josefsplatz
Der schöne Platz wurde nach Kaiser Joseph II. benannt, dessen Statue in der Mitte zu sehen ist.

Engel aus Stuck in der Michaelerkirche am Michaelerplatz

㉔ Michaelerplatz

Stadtplan 2 B4. Ⓤ Herrengasse. 🚌 2A, 3A.

Der Michaelerplatz liegt vor dem großen Haupteingang der Hofburg, dem Michaelertor. Den Durchgang flankieren Wandbrunnen aus dem 19. Jahrhundert, die Rudolf Weyer gestaltete. Sie repräsentieren die Land- und Seemacht des Kaiserreichs.

Die Michaelerkirche war früher die Hofpfarrkirche. Die ältesten Fragmente datieren aus dem 13. Jahrhundert. Die Kirche soll 1221 von Leopold IV. von Babenberg erbaut worden sein. Ihre heutige Gestalt erhielt sie 1792, als die Fassade in klassizistischem Stil erneuert wurde, wobei das Barockportal erhalten blieb.

Den Innenraum zieren Fresken aus dem 14. Jahrhundert und der Renaissance sowie einer der schönsten Rokoko-Altäre Wiens. Über dem Altar befinden sich Stuckarbeiten, die den »Engelsturz« darstellen und den Erzengel Gabriel an der Spitze der himmlischen Heerscharen zeigen. Das Altarbild im Nordchor malte Franz Anton Maulbertsch.

Bizarr ist die Michaelergruft, in der zahlreiche Leichen aufgrund besonderer klimatischer Bedingungen mumifiziert wurden. Bei Ausgrabungen fand man auch Reste eines römischen Feldlagers und mittelalterliche Fundamente.

㉕ Volksgarten

Dr.-Karl-Renner-Ring. **Stadtplan** 2 A4. Ⓤ Herrengasse. 🚋 1, 2, D. 🚌 2A. ◯ Apr–Nov: tägl. 6–22 Uhr; Dez–März: tägl. 6.30–22 Uhr.

Der Volksgarten entstand 1820, als Napoléon die Stadtmauer sprengen ließ. Die Parkanlage im französischen Stil, vor allem der prachtvolle Rosengarten, wurde ein Ort der Erholung für die oberen Zehntausend.

Man traf sich in einem der beiden klassizistischen Gebäude von Peter Nobile, dem Theseustempel oder dem Cortischen Kaffeehaus, dessen Fragmente noch im heutigen Gartencafé zu sehen sind. Canovas Theseusstatue war einst für den Tempel gedacht, befindet sich aber heute im Kunsthistorischen Museum *(siehe S. 88–91)*. Sie wurde durch die Statue eines Athleten (1921) von Joseph Möllner ersetzt. Zudem zu sehen: ein Denkmal für Franz Grillparzer sowie ein Brunnen zu Ehren von Kaiserin Elisabeth.

㉖ Heldenplatz

Stadtplan 2 A4, A5. Ⓤ Volkstheater. 🚋 1, 2, 46, D. 🚌 2A. **Neue Burg** 📞 (01) 52 52 40. ◯ Mi–So 10–18 Uhr. **hofburg.vienna.info**

Während der großen Umgestaltung Wiens im 19. Jahrhundert wurde der Heldenplatz als majestätische kaiserliche Arena geplant, die sich an den alten Hofburg-Komplex anschließen und von neuen Gebäuden für die kaiserliche Kunstsammlung eingerahmt werden sollte. Die **Neue Burg** wurde 1913 kurz vor dem Ende der Monarchie fertiggestellt.

Der riesige Heldenplatz, der größte öffentliche Platz in Wien, überdauerte die Monarchie. Hier verkündete Adolf Hitler im März 1938 den »Anschluss« Österreichs an das Deutsche Reich.

Man betritt den Platz durch das Burgtor, das 1824 zum Gedenken an den Sieg über Napoléon in der Schlacht von Leipzig erbaut wurde (1813). Später diente es als Denkmal des Unbekannten Soldaten. Die beiden Reiterstatuen von Anton Fernkorn zeigen Erzherzog Karl und Prinz Eugen von Savoyen.

Letztere steht vor der Neuen Burg, in der das Ephesos Museum untergebracht ist, das nach der archäologischen Ausgrabungsstätte in der Türkei benannt wurde, aus der die Ausstellungsfunde stammen. Des Weiteren gibt es die Sammlung alter Musikinstrumente, eine der beeindruckendsten Waffensammlungen Europas (Hofjagd- und Rüstkammer) sowie das Weltmuseum Wien mit ethnologischen Exponaten aus aller Welt.

Reiterstatue von Prinz Eugen von Savoyen auf dem Heldenplatz

㉗ Alte Burg

Siehe S. 72f.

㉘ Spanische Hofreitschule

Die Spanische Hofreitschule wurde 1572 gegründet. Ursprünglich hatte die zirkusreife Dressur der Pferde praktische Zwecke, heute sind die Lipizzaner eine der populärsten Attraktionen der Stadt. Die Vorführungen finden in der sogenannten Winterreitschule statt, die zwischen 1729 und 1735 nach Plänen von Joseph E. Fischer von Erlach erbaut wurde. Beim Brand der Hofburg im Jahr 1992 fielen einige Stallungen den Flammen zum Opfer.

Infobox

Information
Michaelerplatz 1. **Stadtplan** 2 B4.
(01) 53 39 031.
Di–So 9–16 Uhr (Fr bis 19 Uhr bei Vorführungen). Vorführungen meist Fr 19, Sa, So 11 Uhr.
srs.at

Anfahrt
Herrengasse, Stephansplatz.
2A, 3A.

Das Innere der Winterreitschule mit der auf 46 Säulen ruhenden Galerie schmücken Stuckverzierungen, Kronleuchter und eine Kassettendecke.

Reiteruniformen

Die Reiter der Winterreitschule tragen historische Uniformen. Ein eleganter Sattel mit bestickter Decke ergänzt die Dienstkleidung

Lektionen

Die von Pferd und Reiter vollführten Schritte sind Teil einer sorgfältig durchdachten Choreografie. Die Lipizzaner-Hengste sind das Ergebnis einer Züchtung aus spanischen und arabisch-orientalischen Pferden.

Levade
Das Pferd erhebt sich auf die Hinterbeine und zieht die Vorderbeine an.

Kapriole
Dies ist ein Luftsprung mit gleichzeitigem Ausschlagen der Hinterbeine.

Kruppade
Das Pferd schnellt mit hochgezogenen Vorder- und Hinterbeinen in die Luft.

Piaffe
Abfußen von einem diagonalen Beinpaar auf das andere.

㉗ Alte Burg

Die mittelalterliche Burganlage ist im Kern bis heute erhalten. Der Bau wurde von den Babenbergern begonnen, der letzte Trakt, die Neue Burg, erst 1913 fertiggestellt. Der Schweizerhof ist gotisch, die Stallburg ist im Stil der Renaissance und der Josefsplatz im Stil des Barock gehalten. Über 600 Jahre war die Hofburg Residenz der Habsburger. Seit April 2004 präsentiert das Sisi Museum im historischen Ambiente eine gefühlvolle Inszenierung um Kaiserin Elisabeth.

Innenhof
Der weitläufige Innenhof wird von einer Statue von Franz I. überragt, die Pompeo Marchesi 1842–46 schuf.

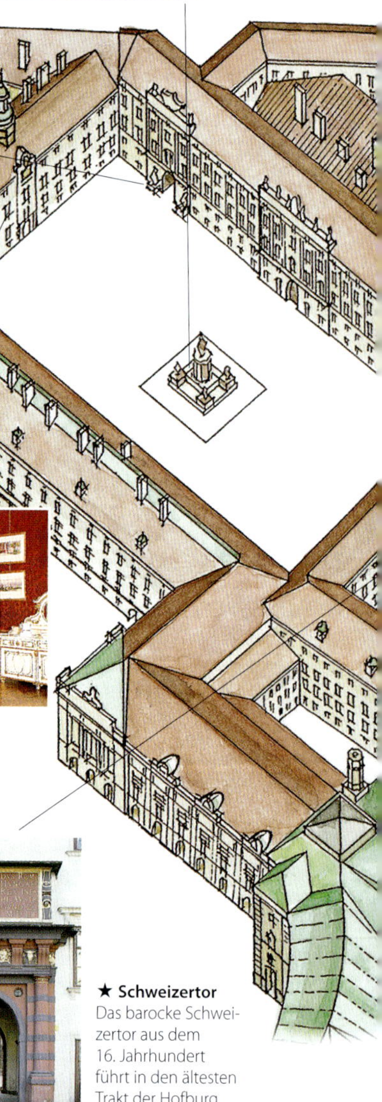

Silberkammer
Die Schauräume der Silberkammer zeigen Tafelgeschirr aus Gold, Silber und Porzellan, Tischwäsche und persönliche Objekte einzelner Herrscher.

Amalienburg
Im 19. Jahrhundert residierte Kaiserin Elisabeth in diesem Renaissance-Palais, das 1575 für Rudolf I. erbaut wurde. Das Bild zeigt den Ankleideraum mit den Turngeräten der Kaiserin.

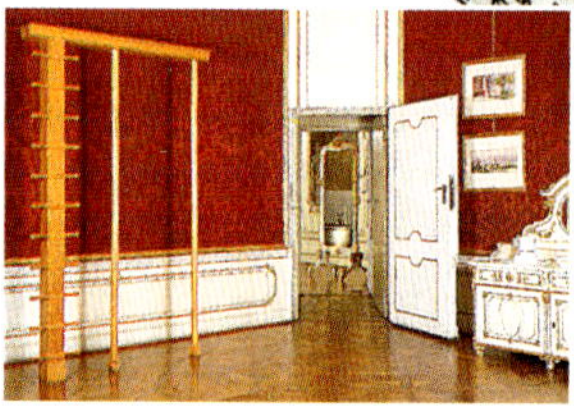

Außerdem

① **Der Leopoldinische Trakt** (1660–70) beherbergt heute die Amtsräume des Bundespräsidenten.

② **Das Michaelertor** bildet den Eingang zur Hofburg.

③ **Die Spanische Hofreitschule** präsentiert die weltberühmten Vorführungen ihrer Lipizzaner in der Winterreitschule.

④ **In der Stallburg**, einem Renaissance-Palais, liegen die Stallungen.

⑤ **Redoutensäle** – die ehemaligen Ballsäle.

★ **Schweizertor**
Das barocke Schweizertor aus dem 16. Jahrhundert führt in den ältesten Trakt der Hofburg, den Schweizerhof.

★ Reichskanzleitrakt
Franz Josephs Gemächer im Reichskanzleitrakt (1726–30) sind zu besichtigen. Das Porträt von Kaiserin Elisabeth (1865) hängt im Sisi Museum.

Infobox

Information
Michaelerplatz 1. **Stadtplan** 2 B4.
Kaiserappartements, Sisi Museum und Silberkammer Michaelerkuppel. (01) 533 75 70.
tägl. 9–17.30 Uhr.
hofburg-wien.at
Schatzkammer Schweizerhof. (01) 525 240. Mi–Mo 9–17.30 Uhr. **khm.at**

Anfahrt
Stephansplatz, Herrengasse.
1, 2, D. 57A.

★ Schatzkammer
Die Sammlung sakraler und weltlicher Schätze, etwa dieser Krone aus dem 10. Jahrhundert, zählt zu den kostbarsten der Welt.

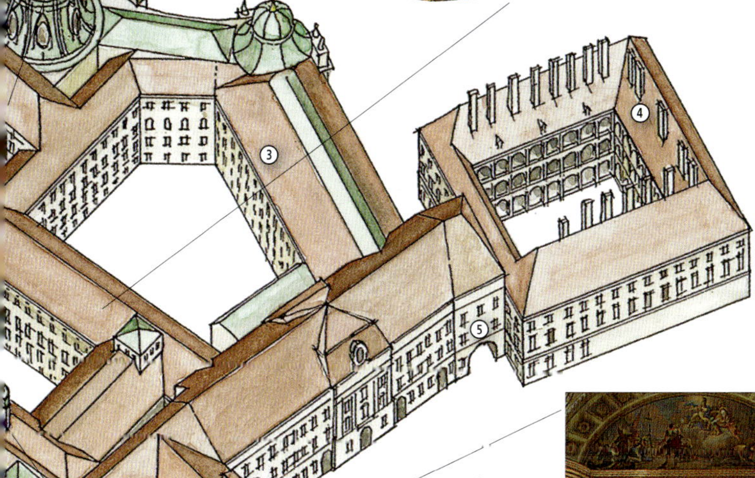

Burgkapelle
Die gotische Hofburgkapelle wurde 1449 fertiggestellt. Sonntags singen hier die Wiener Sängerknaben.

Nationalbibliothek
Das Juwel der Österreichischen Nationalbibliothek (1722–35) ist der luxuriöse Prunksaal von J. B. Fischer von Erlach.

Stadtplan Wien *siehe Seiten 120–127*

Der grandiose Prunksaal in der Nationalbibliothek am Josefsplatz

㉙ Josefsplatz

Stadtplan 2 B4. Ⓤ Stephansplatz, Herrengasse. 🚌 2A, 3A.

Mitten auf dem Josefsplatz erhebt sich das von Franz Anton Zauner gestaltete Reiterstandbild (1807) von Joseph II.

Rechts hinter der Statue befindet sich der Eingang zur Nationalbibliothek, die Johann Bernhard Fischer von Erlach entwarf. Der Prunksaal gilt als der schönste Bibliotheksraum Europas. Fresken des Barockmalers Daniel Gran schmücken das Gewölbe. An den Wänden des historischen Lesesaals sind Fresken von Johann Bergel zu bewundern.

Die vielleicht prächtigsten Stücke der wertvollen Sammlung sind die kartografischen Schätze, die unmittelbar hinter dem Prunksaal ausgestellt sind.

Die Redoutensäle, einst die Ballsäle des Kaiserhofs, im angrenzenden Flügel beherbergen heute das Büro des Wiener Kongresszentrums.

Auf der anderen Seite des Josefsplatzes sind das Palais Pallavicini (Nr. 5) aus dem 18. Jahrhundert von Ferdinand von Hohenberg und das Palais Palffy (Nr. 6) von Nikolaus Pacassi aus dem 16. Jahrhundert zu bewundern.

㉚ Augustinerkirche

Augustinerstraße 3. **Stadtplan** 2 B5. (01) 53 37 099. Ⓤ Stephansplatz, Karlsplatz, Oper. 🚌 3A. tägl. 7–18 Uhr (So bis 17 Uhr). So 11 Uhr. So nach der Messe (bitte anmelden). **augustinerkirche.at**

Die gotische Augustinerkirche aus dem 14. Jahrhundert wurde im Barockstil umgebaut. Etwa 100 Jahre später stellte man jedoch ihren ursprünglichen Charakter wieder her. Im Inneren der Kirche befindet sich eines der großartigsten Werke von Antonio Canova (1805): das Grabmal von Maria Christina, der Lieblingstochter von Maria Theresia, in Form einer Pyramide, der sich ein Trauerzug nähert.

Grab von Maria Christina in der Augustinerkirche

In der Georgskapelle auf der rechten Seite sind das Grab von Kaiser Leopold II. und die **Herzgruft** mit den Silberurnen zu sehen, in denen die Herzen von 54 Habsburgern ruhen.

Die Augustinerkirche war früher die Hofkapelle und daher Schauplatz historischer Ereignisse wie der Hochzeit von Marie Louise und Napoléon (1812) sowie der Heirat von Elisabeth von Bayern (Sisi) und Franz Joseph (1854).

㉛ Albertina

Albertinaplatz 1. **Stadtplan** 2 B5. (01) 53 48 30. Ⓤ Stephansplatz, Karlsplatz. 1, 2, D, 62, 65. 🚌 2A, 3A. tägl. 10–18 Uhr (Mi bis 21 Uhr). **albertina.at**

Einst gehörte das Palais, in dem die Albertina residiert, Herzog Albert von Sachsen-Teschen und seiner Gemahlin Maria Christina, Maria Theresias Lieblingstochter.

Nach einer umfassenden Restaurierung präsentiert sich die Albertina als modernes Museum im historischen Palais mit einer Million Druckgrafiken, rund 65 000 Aquarellen und Zeichnungen sowie 70 000 Fotografien. Die Sammlung umfasst u. a. Werke von Leonardo da Vinci, Michelangelo, Dürer, Rubens, Manet und Cézanne, der Jugendstil-Meister Klimt und Schiele sowie von Picasso. Höhepunkte der Architektursammlung sind Werke von Borromini, Fischer von Erlach und Loos. Es gibt zehn Ausstellungen im Jahr mit wechselnden Exponaten aus dem Bestand.

㉜ Kapuzinerkirche und Kaisergruft

Tegetthoffstraße 2. **Stadtplan** 2 C5. (01) 51 26 853. Stephansplatz, Karlsplatz. 3A. tägl. 10–18 Uhr. **kaisergruft.at**

Die Kapuzinerkirche steht an der südwestlichen Ecke des Neuen Markts, der früher Mehlmarkt genannt wurde. 1622 ließ Anna von Tirol, Gemahlin von Kaiser Matthias, eine Krypta für die Habsburger errichten. Heute ruhen in der Kaisergruft (Eingang Tegetthoffstraße 2) 146 Personen. Die einzigen Habsburger, die nicht hier liegen, sind Ferdinand II., dessen Mausoleum sich in Graz befindet, und Karl I., der im Exil starb und auf Madeira beigesetzt wurde. Die einzige Nicht-Habsburgerin ist Maria Theresias Gouvernante Gräfin Caroline Fuchs.

Besonders sehenswert ist das Grab von Maria Theresia und ihrem Gemahl Franz Stephan I., das Balthasar Ferdinand Moll gestaltete. Es ist mit Statuen des Kaiserpaars und vier Figuren mit den Kronen Österreichs, Ungarns, Böhmens und Jerusalems geschmückt (die Habsburger trugen auch den Titel »Könige von Jerusalem«).

Detail vom Sarkophag Karls VI. von Balthasar Moll

Am ergreifendsten ist das Grab von Kaiser Franz Joseph – flankiert von den Gräbern seiner in Genf von einem Anarchisten ermordeten Gemahlin Elisabeth und ihres einzigen Sohns Rudolf, der 1889 Selbstmord beging.

Als letzte Habsburger wurden Otto Habsburg, Sohn des letzten Kaisers von Österreich, und seine Frau 2011 in der Kaisergruft bestattet.

Die Leichname der Habsburger Herrscher wurden nach ihrem Tod »aufgeteilt«: Ihre Herzen ruhen in Silberurnen in der Augustinerkirche *(siehe S. 74)*, die Eingeweide in den Katakomben des Stephansdoms *(siehe S. 62f)*, die Körper liegen in der Kaisergruft.

Stiegenhaus im Winterpalais des Prinzen Eugen

㉝ Winterpalais des Prinzen Eugen

Himmelpfortgasse 8. **Stadtplan** 2 C5. (01) 51 433. Stephansplatz. 2A. 2, 71, D. **Prunkräume** Mo–Fr 8–16 Uhr.

Das Palais gestaltete J. B. Fischer von Erlach 1694 im Auftrag von Prinz Eugen von Savoyen, einem der brillantesten Militärkommandanten seiner Zeit. Johann Lukas von Hildebrandt vollendete den Bau.

Der zentrale Teil wird von einem prachtvollen Stiegenhaus geprägt, das mit Skulpturen von Giovanni Giuliani geschmückt ist. Die Reliefs am Mitteltor zeigen Äneas, der seinen Vater aus dem brennenden Troja trägt, und Herkules.

Von 1848 bis 2006 war im Palais das Finanzministerium untergebracht. Vom barocken Stiegenhaus können Sie den Innenhof mit dem Rokoko-Brunnen sehen. Die Prunkräume des Palais wurden renoviert und sind Ausstellungsort des Belvedere *(siehe S. 102f)*.

In der Nähe, in der Seilerstätte 30, befindet sich das im Jahr 2000 eröffnete Haus der Musik. Das den Wiener Philharmonikern gewidmete Museum beherbergt auch eine Multimedia-Ausstellung zum Thema Klang.

㉞ Kärntner Straße

Stadtplan 2 B5, C4, C5. Stephansplatz, Karlsplatz. 1A, 2A, 3A. 1, 2, 62, 65, 71, D.

Die Kärntner Straße war früher die Hauptverbindung nach Kärnten – daher der Name.

Heute wird die Fußgängerzone am Ring durch die Oper und am Stock-im-Eisen-Platz durch das moderne Haas-Haus begrenzt, in dessen Marmor-Glas-Fassade sich die Türme des Stephansdoms spiegeln. Auf dem Stock-im-Eisen-Platz befindet sich ein alter Baumstumpf, in den Handwerker, die sich auf Wanderschaft begaben, einen Nagel einschlugen, um ihre glückliche Heimkehr zu sichern.

Etwa in der Mitte der Kärntner Straße (Nr. 37) erhebt sich die Malteserkirche, die von den Malteserrittern, die Anfang des 13. Jahrhunderts nach Wien kamen, gegründet wurde. An den Wänden der Kirche sind die Wappen der Großmeister des Malteserordens zu sehen.

Die Malteserkirche ist eines der wenigen historischen Gebäude in der Straße. Als die Kärntner Straße im 19. Jahrhundert erweitert und zur Hauptstraße der Innenstadt ausgebaut wurde, hat man viele Altbauten zerstört.

Heute ist sie neben dem Graben eine der exklusivsten Einkaufsstraßen der Stadt. Neben den eleganten Boutiquen und Kaufhäusern laden zahlreiche Restaurants, Bars und Straßencafés zum Verweilen ein. Die Wiener flanieren in der pulsierenden Fußgängerzone ebenso gern wie die Besucher aus aller Welt.

Café Frauenhuber im 1. Bezirk

Nördlich der Mariahilfer Straße

Einige der prächtigsten und monumentalsten Bauwerke der Hauptstadt stehen in dem Areal nördlich der Mariahilfer Straße und entlang dem Ring. Die kreisförmige Ringstraße, die in den 1870er und 1880er Jahren angelegt wurde, ist ein Prachtboulevard, der in neun Abschnitte unterteilt ist. Diese Teilabschnitte sind nach architektonischen Meisterwerken oder prominenten Politikern, meist aus der Zeit der Habsburger, benannt. Dieses Areal hat viele Sehenswürdigkeiten und kulturelle Einrichtungen vorzuweisen, darunter die dichteste Konzentration an Museen in ganz Österreich. Die Mariahilfer Straße selbst ist eine beliebte Shopping-Meile. Sie ist die größte der Einkaufsstraßen Wiens mit vielen Kaufhäusern, Cafés und Bars. Lokale, Cafés und Kunsthandwerksläden konzentrieren sich in den charmanten kopfsteingepflasterten Fußgängerzonen um den Spittelberg. Der Stadtteil mit den renovierten Biedermeierhäusern ist mittlerweile ein Szeneviertel.

Sehenswürdigkeiten auf einen Blick

Straßen

18 Mariahilfer Straße
19 Spittelberg

Historische Gebäude

1 Neues Rathaus
2 Parlament
3 *Burgtheater S. 82f*
4 Universität
7 Josephinum
8 Altes AKH – Universitätscampus
12 Theater in der Josefstadt
13 Palais Trautson
14 Volkstheater

Kirchen

5 Votivkirche
9 Dreifaltigkeitskirche
11 Kirche Maria Treu

Museen und Sammlungen

6 Freud-Museum
10 Museum für Volkskunde
15 Naturhistorisches Museum
16 *Kunsthistorisches Museum S. 88–91*
17 MuseumsQuartier

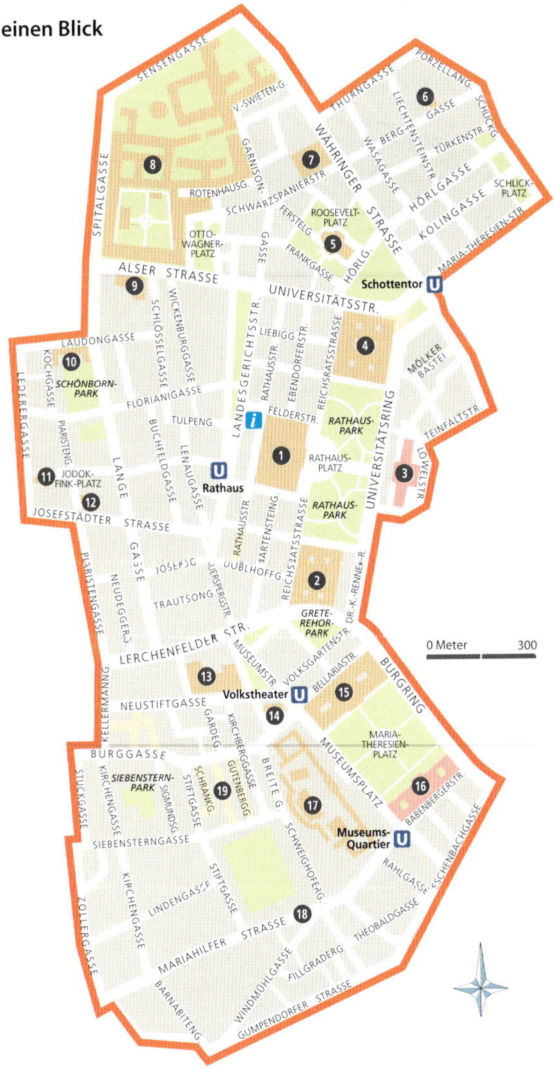

Restaurants in diesem Stadtteil
siehe Seiten 312f

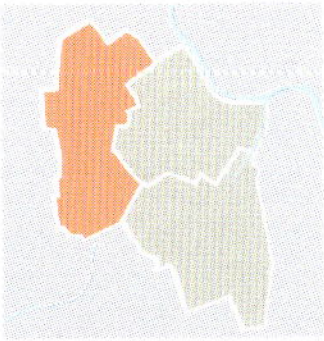

Stadtplan Wien *1, 2, 4*

◀ **Die gotischen Doppeltürme der Votivkirche** ***(siehe S. 81)***

Im Detail: Rathausviertel

Die prachtvollen Monumentalbauten Wiens – das Neue Rathaus, das Parlament, die Universität und das Burgtheater – wurden in der zweiten Hälfte des 19. Jahrhunderts im Rahmen der Ringstraßen-Bebauung auf Initiative von Kaiser Franz Joseph I. errichtet. Bis heute gelten diese Bauten als Vorbild einer gelungenen Stadtplanung. Der Platz vor dem Rathaus mit dem angrenzenden Park ist im Sommer Wiens größte Open-Air-Arena, in der Theater und Konzertaufführungen stattfinden und auf einer überdimensionalen Leinwand Filme gezeigt werden.

❶ ★ Neues Rathaus Das neogotische Gebäude nach dem Vorbild des Brüsseler Rathauses ist Sitz der Stadtverwaltung.

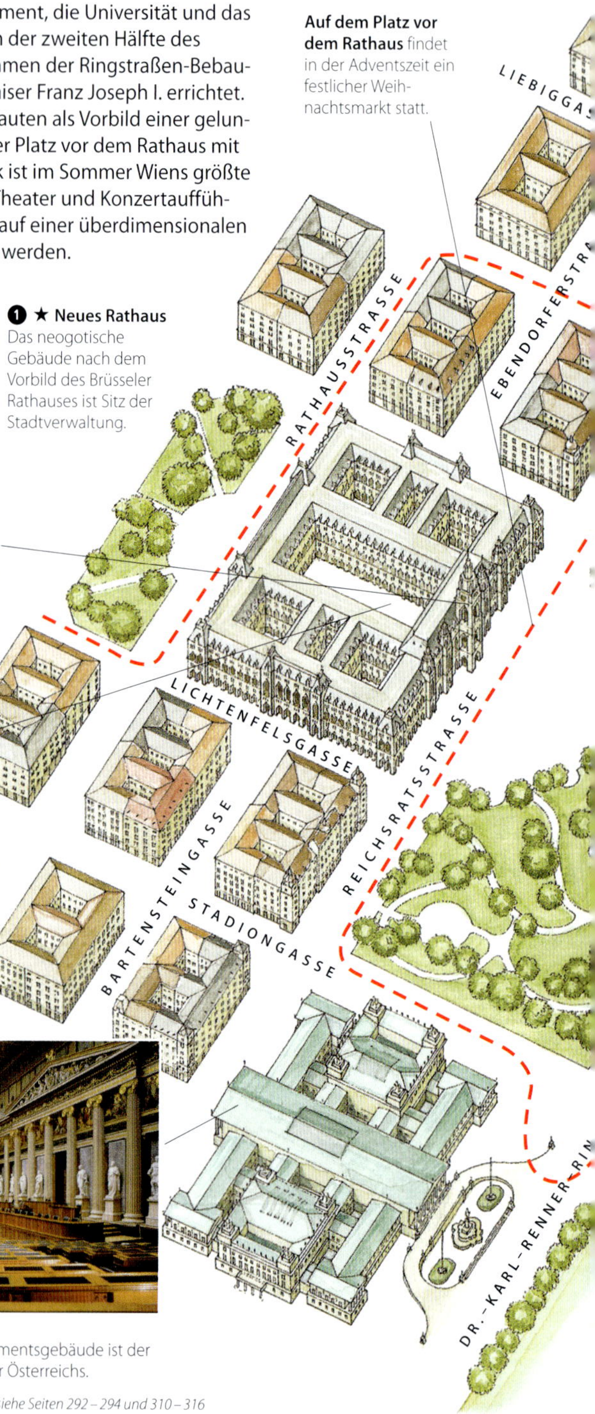

Auf dem Platz vor dem Rathaus findet in der Adventszeit ein festlicher Weihnachtsmarkt statt.

Im Arkadenhof des Rathauses finden im Sommer Konzerte statt.

❷ ★ Parlament
Das auffälligste Dekor im Parlamentsgebäude ist der stilisierte Adler, das Wappentier Österreichs.

4 ★ Universität
Den Innenhof der Universität säumen Arkaden mit Büsten berühmter Professoren.

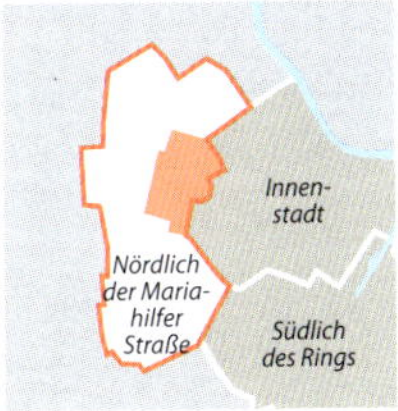

Zur Orientierung
Siehe Stadtplan 1, 2

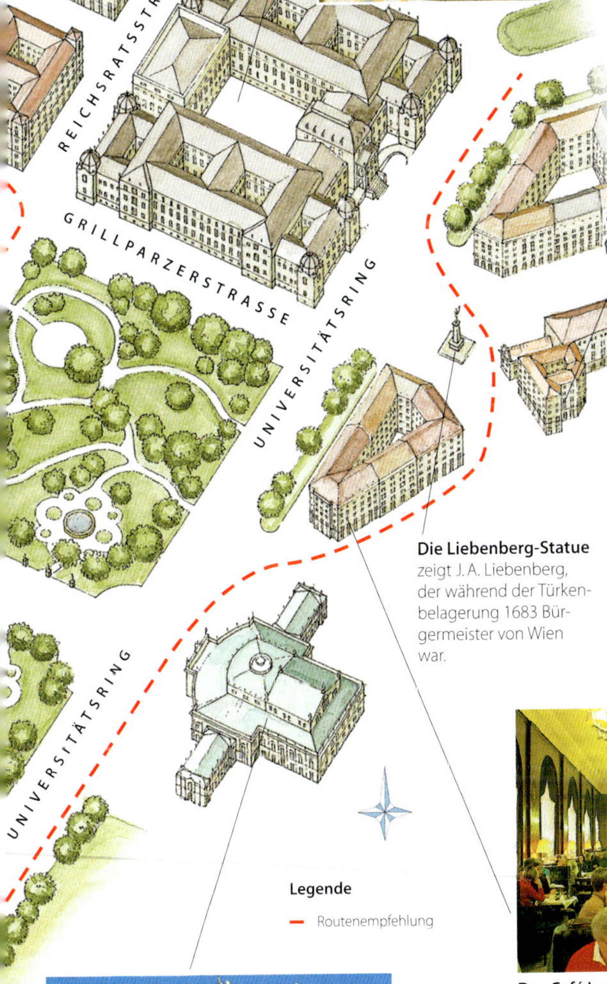

Die Plakette schmückt das Pasqualati-Haus, Mölker Bastei 8, in dem 1804–08 und 1810–15 Ludwig van Beethoven wohnte. Hier komponierte er die Oper *Fidelio* sowie die Symphonien 4, 5, 7 und 8. Heute befindet sich in dem Haus ein kleines Museum.

Die Liebenberg-Statue zeigt J. A. Liebenberg, der während der Türkenbelagerung 1683 Bürgermeister von Wien war.

Legende

— Routenempfehlung

Das Café Landtmann, ein 1873 eröffnetes Kaffeehaus, war einst Treffpunkt der Bourgeoisie – und Sigmund Freuds Stammcafé.

3 ★ Burgtheater
Die hohe Attika auf dem Gebäude ist mit einem Fries dekoriert, der Bacchus und Ariadne zeigt.

Statue der Pallas Athene vor dem Parlament

17 Völker seines Reichs die Verfassung überreicht. Die prachtvollen Staatsgemächer und Konferenzräume sind bei Führungen zu besichtigen. Im unteren Vestibül stehen Büsten prominenter Mitglieder des Österreichischen Nationalrats.

Die Seitenflügel sind mit vier Streitwagen aus Bronze geschmückt, die von der Siegesgöttin Nike gesteuert werden. Pallas Athene, die Göttin der Weisheit, deren fünf Meter hohe Statue den monumentalen Brunnen vor der Säulenhalle schmückt, hält eine kleinere Statue der Nike in Händen. Der Brunnen wurde nach Entwürfen von Karl Kundmann 1902 fertiggestellt. Er wird von allegorischen Figuren flankiert: der Exekutive (links), der Legislative (rechts) und den wichtigsten Flüssen des Kaiserreichs.

❶ Neues Rathaus

Friedrich-Schmidt-Platz 1. **Stadtplan** 1 C3. (01) 52 550. Rathaus. 1, 71, D. Mo, Mi, Fr 13 Uhr (Gruppen nach tel. Reservierung). während Sitzungen und an Feiertagen.

Dem Rathaus, das 1872–83 von Friedrich Schmidt erbaut wurde, ist ein schöner Park vorgelagert. Die symmetrische, dreigeteilte Fassade des neogotischen Baus ist zur Ringstraße ausgerichtet. Die Spitze des 98 Meter hohen Mittelturms krönt die Statue eines Ritters in Rüstung, des sogenannten Rathausmanns. Der Hauptturm wird von zwei kleineren, 60 Meter hohen Türmen flankiert. Das Restaurant im Untergeschoss, der Wiener Rathauskeller, ist sehr beliebt.

❷ Parlament

Dr.-Karl-Renner-Ring 3. **Stadtplan** 1 C4. (01) 40 11 00-25 70. Volkstheater. 1, 2, 71, D. **Besucherzentrum** Mo–Fr 8.30–18.30, Sa 9.30–16.30 Uhr. außer bei Tagungen: Mitte Juli–Mitte Sep: Mo–Sa 11, 12, 13, 14, 15, 16 Uhr; Mitte Sep–Mitte Juli: Mo–Sa 11, 14, 15, 16 Uhr (Fr auch 13, Sa auch 12 und 13 Uhr).
parlament.gv.at

Früher diente der heutige Sitz der beiden Parlamentskammern als Tagungsort des kaiserlichen Reichsrats. Das neoklassizistische Gebäude wurde 1883 nach Plänen des holländischen Architekten Theophil Hansen fertiggestellt.

Eine breite Auffahrtsrampe führt zum Haupteingang, der einem griechischen Tempel nachempfunden ist. Rampe und Attika sind mit Marmorfiguren griechischer und römischer Historiker, Gelehrter und Staatsmänner geschmückt. Das Relief zeigt Kaiser Franz Joseph I., der den Vertretern der

❸ Burgtheater

Siehe S. 82f.

❹ Universität

Universitätsring. **Stadtplan** 2 A3. (01) 42 770. Schottentor. 1, 41, 42, 43, 44, 71. 1A. Mo–Fr 6.30–20.30, Sa 8–13 Uhr.
univie.ac.at

Wiens Universität ist die älteste deutschsprachige Universität der Welt und nach Prag und Krakau die drittälteste in Mitteleuropa. Sie wurde 1365 von Herzog Rudolf IV. gegründet und florierte im späten

Hauptgebäude der Wiener Universität

15. Jahrhundert. Das jetzige Gebäude wurde von Heinrich von Ferstel im Stil der italienischen Renaissance entworfen und 1883 fertiggestellt.

Die Gebäude sind um einen Haupthof und acht kleinere Höfe angelegt. Der Arkadenhof, der dem Palazzo Farnese in Rom nachempfunden wurde, ist mit Büsten berühmter Professoren der Universität, etwa Sigmund Freud, dekoriert.

Neogotische Steinfiguren, Fassade der Votivkirche

❺ Votivkirche

Rooseveltplatz 8. **Stadtplan** 2 A2. (01) 40 61 192. Schottentor. 1, 37, 38, 43, 44, 71, D. Di–Sa 9–13, 16–18.30, So 9–13 Uhr.

Rund 26 Jahre nach dem missglückten Attentat eines Geistesgestörten auf Kaiser Franz Joseph im Jahr 1853 wurde gegenüber dem Tatort zum Dank für seine Rettung eine Kirche errichtet. Architekt des Baus mit den zwei 99 Meter hohen Türmen war Heinrich von Ferstel.

Glanzstück der Votivkirche ist der Antwerpener Altar (spätes 15. Jh.), ein Meisterwerk flämischer Schnitzkunst mit Szenen der Passionsgeschichte. Die Skulpturen, die das Portal schmücken, zeigen die vier Evangelisten und Figuren aus dem Alten Testament sowie vier Schutzpatrone aus dem Kaiserreich.

Die Kapellen im Innenraum der Kirche sind österreichischen Regimentern und Kriegshelden gewidmet.

Sigmund Freuds Wartezimmer im Freud-Museum

❻ Freud-Museum

Berggasse 19. **Stadtplan** 2 A1. (01) 31 91 596. Schottentor. 37, 38, 40, 41, 42, D. 40A. tägl. 9–17 Uhr.
freud-museum.at

Die Berggasse 19, ein typisches Wiener Wohnhaus aus dem 19. Jahrhundert, ist eine der berühmtesten Adressen der Stadt. 1891 bis 1938 lebte und praktizierte hier Sigmund Freud, der berühmte Arzt und Begründer der Psychoanalyse. Hier schrieb er auch viele seiner Werke, bis er vor den Nationalsozialisten aus Österreich fliehen musste.

Der Raum, in dem Freud seine Patienten empfing, befindet sich im Mezzanin. In dem kleinen Vorzimmer hängt noch Freuds Hut, in einer Ecke lehnt sein Spazierstock. Die weltberühmte Couch befindet sich heute im Freud-Museum in London.

1989 wurde hier eine Kunststiftung zur Förderung der Auseinandersetzung zwischen Wissenschaft und moderner Kunst ins Leben gerufen.

❼ Josephinum

Währinger Straße 25. **Stadtplan** 1 C2. (01) 40 160-26 007. Schottentor. 37, 38, 40, 41, 42. Fr, Sa 10–18 Uhr.
josephinum.ac.at

Als eifriger Reformer ließ Joseph II. nach den Plänen von Isidor Canevale 1785 eine Ausbildungsstätte für Militärärzte errichten. Heute ist dies ein medizinisches Museum, das Stücke des 19. Jahrhunderts zeigt, als Wien in der medizinischen Forschung Europas eine führende Rolle spielte. Die Hauptattraktion bildet die Sammlung von Anatomiemodellen aus Wachs.

❽ Altes AKH – Universitätscampus

Alser Straße 4 / Spitalgasse 2. **Stadtplan** 1 A1, B1. Schottentor. **Pathologisch-anatomische Sammlung** (01) 52 177/606. Mi 10–18, Sa 10–13 Uhr. Feiertage.
univie.ac.at

Wiens Altes Allgemeines Krankenhaus (AKH) entstand 1784. 1988 wurde es der Universität Wien gestiftet und für die 15 Fakultäten der Universität umgebaut. Der Universitätscampus wurde 1998 eingeweiht. Der Gebäudekomplex ist um einen großen und zwölf kleinere Höfe angelegt.

Im Narrenturm der ehemaligen psychiatrischen Klinik (Zugang Van-Swieten-Gasse) ist die **Pathologisch-anatomische Sammlung** untergebracht.

Freuds Theorien

Mit seiner Theorie zur menschlichen Psyche übte Sigmund Freud (1856–1939) nachhaltigen Einfluss nicht nur auf die Medizin, sondern auf unsere gesamte Kultur aus. 1896 prägte er den Begriff »Psychoanalyse«. Freud zufolge ist das Unbewusste, das von Instinkten und Impulsen, insbesondere der Libido, beherrscht wird, die Hauptantriebskraft, die unsere bewussten wie unbewussten Handlungen bestimmt. Ein Ungleichgewicht in den verschiedenen Bereichen der Psyche kann emotionale und geistige Störungen hervorrufen.

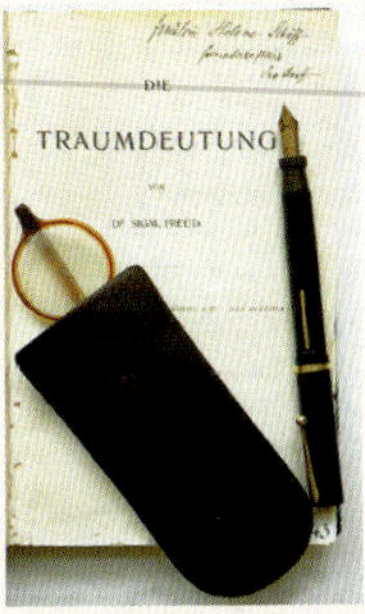

Gegenstände aus dem Besitz von Sigmund Freud

❸ Burgtheater

Das Wiener Burgtheater ist eine der renommiertesten Bühnen im deutschsprachigen Raum. Das erste unter Maria Theresia gegründete Theater wurde 1888 durch das heutige Gebäude von Karl von Hasenauer und Gottfried Semper im Stil der italienischen Renaissance ersetzt. 1897 wurde es umgebaut, da sich herausgestellt hatte, dass die Bühne von einigen Plätzen aus nicht zu sehen war. 1945 zerstörten Bomben das Gebäude bis auf die Seitenflügel und die Treppenhäuser. Die gelungene Restaurierung lässt den Schaden kaum erkennen.

Büsten von Dramatikern
In den großen Treppenhäusern stehen Büsten von Dramatikern, deren Werke hier immer noch aufgeführt werden. Die Büste Johann Nestroys *(links)* schuf Hans Knesl.

★ Treppenhäuser
Die beiden Prachttreppen in den Seitenflügeln sind die einzigen Bauteile, die im Zweiten Weltkrieg nicht zerstört wurden.

Haupteingang am Universitätsring

Außerdem

① **Deckenfresken** der Brüder Gustav und Ernst Klimt sowie von Franz Matsch schmücken den Nord- und Südflügel.

② **Statue der Muse Melpomene**

③ **Statue der Muse Thalia**

Foyer
An den Wänden des Pausenfoyers im ersten Stock hängen Porträts berühmter Schauspieler.

Zuschauerraum
Bei der Restaurierung nach dem Krieg hielt man sich an die ursprüngliche Gestaltung in den kaiserlichen Farben Rot, Gold und Cremefarben.

Infobox

Information
Universitätsring.
Stadtplan 2 A3.
(01) 51 444-41 40 (Tickets: 51 444-41 45 oder online).
bei Vorstellungen und für Führungen. tel. erkundigen (oft 15 Uhr).
burgtheater.at

Anfahrt
Schottentor, Minoritenplatz.
1, 71, D.

★ Thespiskarren
Die Deckenfresken in den Seitenflügeln schufen die Brüder Klimt und Franz Matsch. Der *Thespiskarren* von Gustav Klimt zeigt den griechischen Tragödiendichter Thespis.

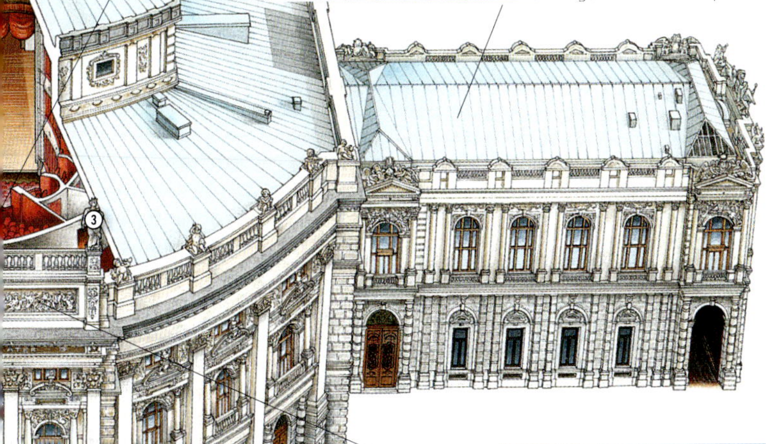

★ Fassade
Auf dem Fries von Rudolf Weyr sind Bacchus und Ariadne dargestellt. Darüber thronen Apollo (Mitte) und die beiden Musen Melpomene *(links)* und Thalia *(rechts)*.

1741 Maria Theresia gründet in einem Ballsaal der Hofburg das Burgtheater zur Aufführung italienischer Opern

Altes Burgtheater in der Hofburg am Michaelerplatz (Mitte 18. Jh.)

1955 Nach der Zerstörung im Zweiten Weltkrieg wird das Theater mit Grillparzers *König Ottokar* wiedereröffnet

1750 | 1850 | 1950 | 2050

1776 Joseph II. reorganisiert das Theater und macht es zum Nationaltheater

1874 Die Bauarbeiten am heutigen Gebäude beginnen

14. Okt 1888 Eröffnung in Anwesenheit von Kaiser Franz Joseph und seiner Familie

Stadtplan Wien *siehe Seiten 120–127*

❾ Dreifaltigkeitskirche

Alser Straße 17. **Stadtplan** 1 B2. (01) 40 57 225. Rathaus. 5, 33, 43. Mo–Fr, So 7.30–12, Sa 7.30–8.30 Uhr.

Die von 1685 bis 1727 erbaute Dreifaltigkeitskirche der Minoriten ist ein typischer Barockbau mit einer von Zwillingstürmen dominierten Fassade. Im Nordflügel ist ein Altar (1708) des Malers Martino Altomonte und im Südflügel ein wertvolles Kruzifix aus der Werkstatt von Veit Stoß zu bewundern.

1827 wurde der Leichnam des Komponisten Ludwig van Beethoven vom Schwarzspanierhaus in der angrenzenden Garnisongasse, wo er gestorben war, zur Aufbahrung hierhergebracht. Nach dem Trauergottesdienst, an dem Persönlichkeiten wie Schubert, Franz Grillparzer u. a. teilnahmen, wurde Beethoven auf dem Friedhof in Währing am Stadtrand beigesetzt.

Kruzifix aus dem 16. Jahrhundert in der Dreifaltigkeitskirche

❿ Museum für Volkskunde

Laudongasse 15–19. **Stadtplan** 1 B3. (01) 40 68 905. Rathaus. 5, 33, 43, 44. 13A. Di–So 10–17 Uhr. **volkskundemuseum.at**

Das reizvolle Volkskundemuseum befindet sich in unmittelbarer Nähe eines erholsamen Parks. Es wurde 1895 gegründet und übersiedelte 1917 in

Eingang des Museums für Volkskunde im Palais Schönborn

das Palais Schönborn, das 1706–11 nach Plänen von Lukas von Hildebrandt als schlichtes zweigeschossiges Stadtpalais entworfen und 1760 vom Hofarchitekten Isidor Canevale umgebaut wurde. Das Gebäude verfügt über eine imposante, mit Statuen geschmückte Fassade.

Das Museum präsentiert Gebrauchsgegenstände, die die Kultur der Menschen in Österreich und den Nachbarländern, die einst von den Habsburgern regiert wurden, dokumentieren. Die Sammlung umfasst Möbel, Textilien, Keramik, Haushaltsgegenstände, Werkzeug und sakrale Objekte. Darüber hinaus sind zwei vollständig eingerichtete Wohnzimmer zu besichtigen, die die Lebensart in bestimmten Regionen veranschaulichen. Die meisten Exponate stammen aus dem 17. bis 19. Jahrhundert.

Richtung Josefstädter Straße, in der Langen Gasse 34, steht die **Alte Backstube**. Das schmucke Bürgerhaus wurde 1697 vom Juwelier Bernhard Leopold erbaut. Im Haus befindet sich eine alte Bäckerei, die noch bis 1963 in Betrieb war. Die Räume mit den alten Backöfen wurden liebevoll restauriert.

Angeschlossen sind ein Restaurant und ein Kaffeehaus sowie ein Bäckerei-Museum.

⓫ Kirche Maria Treu

Jodok-Fink-Platz. **Stadtplan** 1 B3. (01) 40 50 425. Rathaus. J. 13A. während Messen oder nach Vereinbarung.

Mitte des 19. Jahrhunderts, als die Zwillingstürme hinzugefügt wurden, erhielt die 1716 nach Plänen von Johann Lukas von Hildebrandt erbaute Kirche ihre heutige Form.

Die Kirche und das dazugehörige Klostergebäude wurden vom Piaristenorden gegründet, dem Bildung ein großes Anliegen war. Auch die Grundschule und das Gymnasium in den Nachbarhäusern wurden von den Piaristen errichtet. Im Kellergewölbe des ehemaligen Klosters ist heute ein gemütliches Lokal untergebracht.

Der Innenraum der Kirche zählt zu den besterhaltenen Wiens. Besonders hervorzuheben sind die barocken Deckenfresken des großen österreichischen Malers Franz Anton Maulbertsch. Sie zeigen Episoden aus dem Leben der Jungfrau Maria sowie Szenen aus dem Alten und Neuen Testament. In einer der Kapellen, links vom Presbyterium, stößt man auf ein Altarbild der Kreuzigung, ebenfalls von Maulbertsch.

In der Schmerzenskapelle befindet sich das Vesperbild *Maria de Malta*, das von den Malteserrittern hierhergebracht wurde. Bemerkenswert ist auch der Taufbrunnen.

Vor der Kirche steht eine von einer Marienstatue gekrönte Barocksäule (1713) – eine der vielen Pestsäulen, die zum Dank für das Ende der Pest errichtet wurden.

Barockfresken in der Kirche Maria Treu

Der prachtvolle Zuschauerraum des Theaters in der Josefstadt

⓬ Theater in der Josefstadt

Josefstädter Straße 26. **Stadtplan** 1 B4. (01) 42 700 (Tickets: -300).
Rathaus. 2. 13A.
josefstadt.org

Das Theater, eines der ältesten Wiens, blickt auf eine ruhmreiche Geschichte zurück. Das 1788 gegründete Haus wurde oft umgebaut. Nach der Restaurierung durch Joseph Kornhäusel für die Wiedereröffnung im Jahr 1822 komponierte Ludwig van Beethoven seine Ouvertüre *Die Weihung des Hauses*, die er bei der Eröffnungsgala selbst dirigierte.

1924 übernahm Max Reinhardt die Leitung. Er war einer der renommiertesten Theaterregisseure und -reformer. Reinhardt verwandelte die zuvor mittelmäßige Provinzbühne in eines der aufregendsten Theater des deutschsprachigen Raums. Auch heute zeigt der Spielplan den Schwerpunkt Klassik sowie Produktionen österreichischer Stücke und gelegentlich Musicalaufführungen.

Allein schon das Interieur des Theaters in der Josefstadt ist einen Besuch wert. 2007 wurde es nach einer Generalüberholung wiedereröffnet. Nun wird das Kleine Haus (Kammerspiele, Rotenturmstr. 20) renoviert.

⓭ Palais Trautson

Museumstraße 7. **Stadtplan** 1 C4.
Volkstheater. 48. 48A.
für Besucher.

Das barocke Palais Trautson wurde 1710–12 nach Plänen von Johann Bernhard Fischer von Erlach für Prinz Johann Leopold Donat Trautson erbaut und 1760 von Maria Theresia erworben. Sie schenkte es der königlichen ungarischen Leibwache, die sie gegründet hatte.

Die hervorspringende Fassade mit Doppelreihen von dorischen Säulen ist reich verziert. Die auffallendsten Skulpturen, etwa jene des Leier spielenden Gottes Apoll, sind über den Fenstern im ersten Stock zu sehen. Das Palais besitzt eine schöne Treppe mit einer Sphinx und Atlanten des Bildhauers Giovanni Giuliani. Seit 1961 beherbergt das Palais das Justizministerium und ist nicht mehr zu besichtigen.

⓮ Volkstheater

Neustiftgasse 1. **Stadtplan** 1 C5.
(01) 52 11 1-0 (Tickets: -400).
Volkstheater, MuseumsQuartier.
49. 48A. **volkstheater.at**

Das Volkstheater wurde als bürgerliches Gegenstück zum kaiserlichen Burgtheater gegründet und spielte Klassisches sowie Volksstücke. Es war lange Zeit Zwischenstation für Regisseure und Schauspieler, die den Sprung von den Provinzbühnen zum Burgtheater schaffen wollten. Heute dominieren klassische, moderne und auch experimentelle Stücke das Repertoire.

Das Volkstheater wurde 1889 von den österreichischen Architekten Ferdinand Fellner und Hermann Helmer erbaut, die die neueste Theatertechnologie berücksichtigten. Ihr Werk wurde in der Folge von vielen Theaterausstattern kopiert. Der Zuschauerraum mit über 1000 Sitzplätzen gehört zu den größten des deutschsprachigen Theaters und ist ein grandioses Beispiel für die Wiener Architektur des *Fin de Siècle*.

Vor dem Theater steht die Statue (1898) des österreichischen Dramatikers Ferdinand Raimund.

Der imposante Eingang des Volkstheaters aus dem 19. Jahrhundert

Der Dinosaurier-Saal im Naturhistorischen Museum

⑮ Naturhistorisches Museum

Burgring 7. **Stadtplan** 2 A5. (01) 52 177-0. Volkstheater. 2, 46, 49, 71, D. 2A, 48A. Mi 9–21, Do–Mo 9–18.30 Uhr. 1. Jan, 25. Dez. **nhm-wien.ac.at**

Der Maria-Theresien-Platz wird von zwei identischen Gebäuden flankiert, die Gottfried Semper und Karl von Hasenauer entwarfen. Franz Joseph I. ließ die Museen im Rahmen der Ringstraßen-Bebauung errichten. Heute ist in einem Gebäude das Kunsthistorische Museum *(siehe S. 88–91)*, im anderen das Naturhistorische Museum untergebracht, das eine der größten und vielfältigsten Sammlungen der Welt besitzt.

Viele Exponate stammen aus dem Besitz von Maria Theresias Gemahl Franz Stephan von Lothringen. Die Dauerausstellung erstreckt sich über zwei Geschosse und besteht aus archäologischen und anthropologischen Exponaten, Rekonstruktionen ausgestorbener Tiere und einer der besten Edelsteinsammlungen der Welt.

Zu den bekanntesten Exponaten zählen die Funde aus Hallstatt (Salzkammergut) aus der frühen Eisenzeit und die weltberühmte Venus von Willendorf – eine 24 000 Jahre alte Steinstatuette.

Das Naturhistorische Museum spielt eine bedeutende Rolle für das Bildungssystem. Die Ausstellungen werden vorwiegend im Hinblick auf den Besuch von Schulklassen organisiert. Die berühmte Ausstellung über das Leben der Dinosaurier wurde im Sog von Steven Spielbergs Film *Jurassic Park* überaus populär und in zahlreichen Ländern gezeigt. In der Abteilung für Paläontologie sind mehrere Dinosaurier-Skelette ausgestellt.

Auf dem Platz zwischen den beiden Gebäuden steht ein imposantes Maria-Theresia-Denkmal (1888) von Kaspar von Zumbusch, das die Kaiserin im Kreis von Generälen und Hofbeamten zeigt.

⑯ Kunsthistorisches Museum

Siehe S. 88–91.

⑰ MuseumsQuartier

Museumsplatz 1. **Stadtplan** 1 C5. (01) 52 35 881. Museums-Quartier, Volkstheater. 1, 2, 49, 71, D. 2A, 48A. **Besucherzentrum / Tickets** tägl. 10–19 Uhr. **mqw.at**
KUNSTHALLE wien tägl. 10–19 Uhr (Do bis 21 Uhr). **kunsthallewien.at**
Leopold Museum Mi–Mo 10–18 Uhr (Do bis 21 Uhr). **leopoldmuseum.org**
museum moderner kunst stiftung ludwig wien (mumok) Mo 14–19, Di–So 10–19 Uhr (Do bis 21 Uhr). **mumok.at**

Kaiser Karl VI. beauftragte Fischer von Erlach mit dem Bau der kaiserlichen Stallungen auf der Böschung hinter der Befestigungsanlage der Altstadt. 1921 wurde das Areal als Ausstellungsgelände genutzt. In den 1980er Jahren wurde es nach Plänen von Laurids und Manfred Ortner in einen weitläufigen Museumskomplex und eines der weltweit größten Kulturzentren verwandelt.

Rossbändiger **(1892) in der Nähe des MuseumsQuartiers**

Gegenüber dem Haupteingang, hinter den ehemaligen Räumen der Winterreitschule, ist die Heimstatt der **KUNSTHALLE wien**. Wiens erste Adresse für internationale zeitgenössische Kunst legt den Schwerpunkt auf genreüberschreitende Ausstellungen von Fotografie, Video, Film und Neuen Medien und zeigt Retrospektiven moderner Kunst.

Links davon sieht man die weiße Kalksteinfassade des **Leopold Museums**, in dem die Kunstsammlung von Rudolf Leopold einen adäquaten Rahmen fand. Die Sammlung umfasst über 5000 Arbeiten, darunter Werke von Gustav Klimt sowie die weltgrößte Egon-Schiele-Sammlung.

Das **museum moderner kunst stiftung ludwig (mumok)**, rechts von der Kunsthalle, präsentiert eine der größten europäischen Sammlungen moderner Kunst, die von Pop-Art über Kubismus, Expressionismus und Wiener Aktionismus bis hin zu zeitgenössischer Kunst aus Mittel- und Osteuropa reicht.

Das **Architekturzentrum Wien** zeigt Ausstellungen moderner Architektur und Architekturgeschichte. Die Dauerausstellung präsentiert österreichische Architektur des 20. Jahrhunderts.

Das **Tanzquartier Wien** ist ganz der Kunstform Tanz gewidmet, stellt Performern und Choreografen Räumlichkeiten und Trainingsmöglichkeiten zur Verfügung und zeigt neue Formen des Tanzes. **DSCHUNGEL WIEN** macht Theater für junges Publikum. Die **Hallen E + G** sind einzigartige Veranstaltungshallen und präsentieren neben den Wiener Festwochen zahlreiche inter-

Schieles *Hockender weiblicher Akt* (1910), museum moderner kunst, MuseumsQuartier

nationale Produktionen aus den Bereichen Musik, Theater und Tanz.

Das MuseumsQuartier verfügt auch über Kulturbüros, Ateliers, Themenstraßen, Archive und Einrichtungen für Lesungen, Workshops und Seminare. Kinder lernen im unkonventionellen **ZOOM Kindermuseum** bei Exponaten zum Anfassen spielerisch die Welt kennen. Besucher können stilvolle Cafés, Bars, Shops und Buchläden aufsuchen.

⓲ Mariahilfer Straße

Stadtplan 4 A1, B1. Ⓤ Westbahnhof, Zieglergasse, MuseumsQuartier, Neubaugasse. 🚌 2A, 13A.

Die Mariahilfer Straße, eine der längsten Straßen Wiens, verbindet das Stadtzentrum mit dem Viertel um Schönbrunn.

Der Abschnitt zwischen Getreidemarkt und Westbahnhof ist die meistfrequentierte Einkaufsmeile der Innenbezirke. Hier findet man Wiens größte Kaufhäuser und zahlreiche Boutiquen. Einkaufen ist hier wesentlich günstiger als in der exklusiven Kärntner Straße, aber noch immer teurer als etwa in Meidling oder Favoriten. Der Name »Mariahilfer Straße« geht auf die Kirche Mariahilf zurück, die im späten 17. Jahrhundert am Standort einer älteren Kirche erbaut, aber erst 1730 geweiht wurde. Die Fassade besitzt eine strenge Pyramidenform, die in einen Turm übergeht. Die Wände sind mit detailreichen Rokoko-Reliefs geschmückt. Vor der Kirche erhebt sich ein Denkmal des Komponisten Joseph Haydn *(siehe S. 112)*, der hier zwölf Jahre lang lebte.

Der Raimundhof (Nr. 45) ist das längste »Durchhaus« Wiens und Geburtshaus des österreichischen Schriftstellers Ferdinand Raimund.

⓳ Spittelberg

Stadtplan 1 C5. Ⓤ Volkstheater. 🚋 49. 🚌 2A, 48A. **Amerlinghaus** Stiftgasse 8. 📞 (01) 52 36 475. 🕒 Mo 16–22, Di–Fr 14–22 Uhr. 🔒 **W amerlinghaus.at**

Der Spittelberg ist der älteste und reizvollste Teil des eleganten 7. Bezirks. Im 17. Jahrhundert waren die verwinkelten Gassen zwischen Siebenstern- und Burggasse Wiens erster Immigrantenbezirk. Die Bewohner waren vorwiegend Handwerker, Händler und Bedienstete aus Kroatien und Ungarn, die für den Kaiserhof arbeiteten. Heute lebt die Tradition des Handwerks in einem Straßenmarkt fort, der jedes erste Wochenende im Monat und in der Vorweihnachtszeit stattfindet. Zwischen den Buden mit Holzschnitzereien, handgefärbten Stoffen und Silberschmuck wetteifern die Kellner der benachbarten Lokale um die Gunst der Gäste – in diesem kleinen Viertel mit nur 138 Häusern gibt es 58 Lokale! Die zur Fußgängerzone umgewandelten Straßen mit den hübschen Häusern wurden sorgfältig restauriert. Abends genießen Einheimische und Besucher in den vielen Gastgärten die besondere Atmosphäre des Spittelbergs mit seinen vielen Handwerksläden und Kunstgalerien.

Früher boten attraktive Bardamen hier »zusätzliche Dienste« an. Es heißt, dass Kaiser Joseph II. einst den Spittelberg inkognito erkunden wollte. Als er verkleidet das Restaurant Witwe Bolte besuchen wollte, das auch heute noch existiert, wurde er angeblich der Tür verwiesen.

Besondere Beachtung verdienen die schönen Barockhäuser in der Spittelberggasse 18 und 20.

Im **Amerlinghaus**, dem Geburtshaus des Malers Friedrich Amerling (1803–1887), sind heute ein Kulturzentrum und ein »Beisl« mit einem bezaubernden, von Wein berankten Innenhof untergebracht.

Zwischen Siebensterngasse und Mariahilfer Straße kann man die Militärakademie und die Stiftskirche mit ihrer zwiebelförmigen Kuppel und den ausdrucksstarken Rokoko-Reliefs besichtigen.

Kulturzentrum im Amerlinghaus, Spittelberg

⑯ Kunsthistorisches Museum

Wiens Kunsthistorisches Museum beherbergt eine einmalige Sammlung, deren Grundstock die Habsburger über Jahrhunderte zusammentrugen. Die Schätze wurden öffentlich zugänglich, als an der Ringstraße nach Plänen von Karl Hasenauer und Gottfried Semper zwei Museen für die Kunstwerke in der Hofburg und die naturhistorische Sammlung *(siehe S. 86)* gebaut wurden. Beide Häuser wurden 1891 eröffnet. In den prächtigen Räumen kommen die Exponate optimal zur Geltung. Nach kompletter Renovierung wurde die Kunstkammer 2013 wiedereröffnet.

★ Jäger im Schnee (1565)
Die Winterszene ist das letzte einer Serie von Jahreszeit-Gemälden von Pieter Brueghel d. Ä. Das Gemälde befindet sich in dem Saal mit der weltgrößten Sammlung von Werken dieses Künstlers.

Salzfass
Benvenuto Cellini schuf die kostbare *Saliera* mit dem Meeresgott Neptun und der Erdgöttin Tellus. 2003 wurde das Salzfass gestohlen, 2006 in einem Wald bei Brand/Zwettl aufgefunden.

Kurzführer

Im Erdgeschoss rechts vom Haupteingang sind griechische und römische Antiken und die Ägyptisch-Orientalische Sammlung untergebracht. Links davon liegt die komplett sanierte Kunstkammer. Den gesamten ersten Stock belegt die Gemäldegalerie, während im zweiten Stock die eindrucksvolle Münzsammlung und Wechselausstellungen präsentiert werden.

Legende

- Ägyptisch-Orientalische Sammlung
- Griechische und römische Antikensammlung
- Kunstkammer
- Gemäldegalerie
- Münzkabinett
- Kein Ausstellungsbereich

★ Die Malkunst (1666/68)
Die Allegorie von Vermeer zeigt einen Maler in reicher Kleidung mit seinem Modell, das als Klio, die Muse der Geschichte, posiert.

★ Infantin Margarita Teresa in blauem Kleid (1659)
Diego Velázquez verewigte in diesem Bild die achtjährige spanische Prinzessin, die künftige Gemahlin von Leopold I.

★ Gemma Augustea
Auf der kunstvoll gearbeiteten römischen Onyx-Kamee sieht man Roma, die Personifikation Roms, und Kaiser Augustus als Jupiter, wie sie Tiberius nach dessen triumphalem Sieg über die Barbaren empfangen.

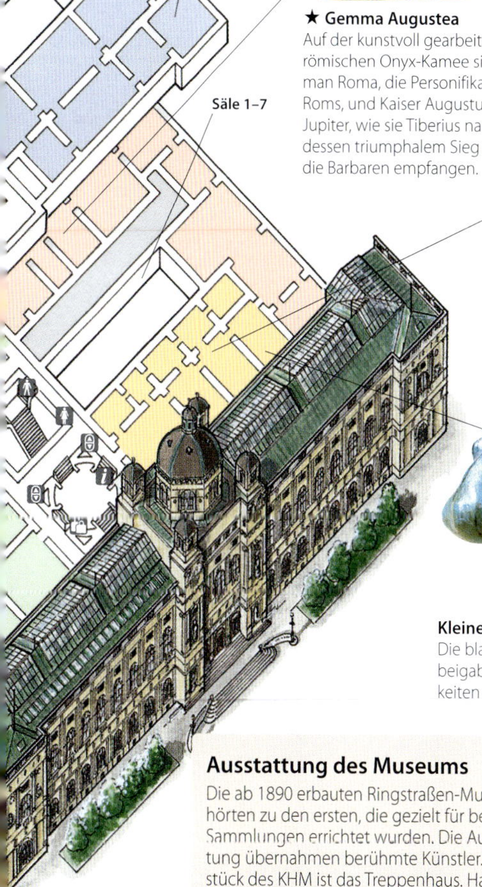

Infobox

Information
Maria-Theresien-Platz.
Stadtplan 2 A5.
(01) 525 240.
Di–So 10–18 Uhr (Do bis 21 Uhr).
khm.at

Anfahrt
MuseumsQuartier, Volkstheater. D, 1, 2.
2A, 57A.

Thutmosis III. (um 1460 v. Chr.)
Der im Stil des Neuen Reichs dargestellte Pharao aus der 18. Dynastie war militärisch außerordentlich erfolgreich.

Kleines blaues Nilpferd (um 2000 v. Chr.)
Die blaue Fayencefigur aus Ägypten war eine Grabbeigabe, wie sie nur sehr bedeutende Persönlichkeiten erhielten.

Ausstattung des Museums

Die ab 1890 erbauten Ringstraßen-Museen gehörten zu den ersten, die gezielt für bestimmte Sammlungen errichtet wurden. Die Ausstattung übernahmen berühmte Künstler. Glanzstück des KHM ist das Treppenhaus. Hans Makart schuf die symbolischen Szenen über den Fenstern, Gustav und Ernst Klimt malten verschiedene Fresken, die die Epochen der Kunstgeschichte zeigen. Das Deckengemälde *Die Apotheose der Renaissance* (1890) in Trompe-l'Œil-Technik stammt von Michael Munkácsy.

Die Apotheose der Renaissance

Kunsthistorisches Museum: Sammlungen

Das KHM besitzt eine exquisite Sammlung ägyptischer, griechischer und römischer Artefakte. Das europäische Bildhauer- und Kunsthandwerk datiert aus dem 15. bis 18. Jahrhundert. Dieser Zeitraum ist auch Schwerpunkt der Gemäldegalerie, die den Geschmack der Habsburger spiegelt. Stark vertreten ist die venezianische und flämische Malerei des 17. Jahrhunderts. Auch eine exzellente Auswahl von Werken älterer niederländischer und deutscher Künstler sowie eine Münzsammlung sind zu sehen.

Ägyptisch-Orientalische Sammlung

Schwerpunkt dieser Abteilung sind Objekte, die österreichische Archäologen bei Ausgrabungen in Gizeh freilegten. Besonders faszinierend sind die gut erhaltenen Relikte aus dem Grab des Beamten Ka-ni-nisut aus der Zeit des Alten Reichs, darunter eine (oberirdische) Kultkammer. Das kleine Nilpferd aus blaugrüner Fayence datiert aus der Zeit des Mittleren Reichs. Solche Tierfiguren waren Grabbeigaben, die die gesellschaftliche Stellung der Verstorbenen anzeigten – das Nilpferd galt als königliches Tier und durfte nur mit Genehmigung des Pharaos gejagt werden.

Die Exponate aus dem Neuen Reich, die vor allem mit dem Totenkult in Verbindung gebracht werden, beinhalten ein Totenbuch aus Papyrus, die mumifizierten Leichname von Menschen und Tieren, Sarkophage und Kanopen, in denen die Eingeweide aufbewahrt wurden. Beeindruckend ist auch ein glasiertes Löwenrelief aus Babylon.

Saal I der ägyptischen Abteilung

Griechische und römische Antikensammlung

Nur ein Teil der griechischen und römischen Antikensammlung ist im Hauptgebäude untergebracht. Die Funde aus Ephesos und Samothrake werden im Ephesos Museum in der Neuen Burg gezeigt *(siehe S. 70)*. Das Hauptgebäude des KHM präsentiert eine schöne Sammlung früher griechischer panathenäischer Preisamphoren. In den Skulpturensälen sind Beispiele früher griechischer und römischer Kunst zu sehen. Manche sind von herausragender Qualität: etwa der *Jüngling von Magdalensberg*, ein Abguss einer verloren gegangenen römischen Statue, die man in einem Feld in Kärnten fand, das *Haupt der Athene*, das vermutlich aus der Schule des Phidias stammt, und die Fragmente eines Frieses mit einer sterbenden Amazone. Die hellenistische Ära ist durch das grandiose *Porträt des Aristoteles* vertreten. Eines der kostbarsten Stücke ist ohne Zweifel die *Gemma Augustea*. Diese römische Kamee zeigt Kaiser Augustus und Roma, die Personifizierung Roms, wie sie Tiberius nach dessen Rückkehr aus dem Krieg begrüßen.

Außerdem sind etruskische Keramiken und Statuetten aus Tanagra, frühe koptische, byzantinische und deutsche Artefakte zu bewundern. Ein Glanzpunkt der Sammlung ist der Schatz von Nagyszentmiklós, eine Kollektion goldener Gefäße aus dem 9. Jahrhundert mit faszinierenden Reliefs, die fernöstliche Einflüsse zeigen und in Rumänien gefunden wurden.

Kunstkammer

Die Kunstkammer (seit März 2013 nach umfangreicher Renovierung wiedereröffnet) präsentiert die großartigen Kunstwerke, die die Habsburger erwarben oder anfertigen ließen, wissenschaftliche Instrumente und Uhren, die wahre Meisterwerke der dekorativen Kunst sind, sowie die Kuriositäten und Artefakte aus den Kunst- und Wunderkammern der Monarchen. Einige der königlichen Kunstförderer betätigten sich selbst als Handwerker. So sind etwa Gläser von Erzherzog Ferdinand II. und Stickereien von Maria Theresia zu sehen. Faszinierend sind die herausragenden Schmuckstücke und Goldgegenstände.

***Maria mit dem Kinde* (ca. 1505 / 1510) von Tilman Riemenschneider**

Das wertvollste Stück, das beim spektakulären Diebstahl 2003 entwendet und 2006 wiederaufgefunden wurde, ist die goldene *Saliera* (Salzfass; *siehe S. 88*), die der italienische Bildhauer Benvenuto Cellini 1543 im Auftrag von König Franz I. von Frankreich schuf. Weitere Schätze sind der Kelch aus der Kollegiumskirche in Wilten und die kostbare Burgunderschale von Friedrich III.

Eine eigene Abteilung ist den Holz- und Steinskulpturen mit vorwiegend religiösen Su-

Susanna im Bade (1555/56) von Tintoretto

jets aus dem Mittelalter gewidmet, darunter die *Madonna aus Krumau* (um 1400) und die faszinierende *Maria mit dem Kinde* von Tilman Riemenschneider (um 1495).

Höhepunkte im Saal der italienischen Renaissance und des Barock sind die Marmorbüste eines lachenden Knaben von Desiderio da Settignano, das Marmorrelief von *Bacchus und Ariadne* und die Kleinbronze *Venus felix*.

Die Sammlung dekorativer Kunst umfasst exquisite Möbelstücke und Wandteppiche, Tafelschmuck und Vasen, Statuetten und Figurinen, Miniaturuhren und Schmuck.

Gemäldegalerie

Die Werke sind nach Schulen und Malstilen zusammengefasst und chronologisch geordnet. Die Gemälde reichen bis ins 16. Jahrhundert zurück. Darunter gibt es mehrere Arbeiten alter flämischer Meister wie Rogier van der Weyden, Hans Memling und Jan van Eyck. Attraktion und kostbarster Besitz des KHM ist die – weltweit größte – Werksammlung von Pieter Brueghel d. Ä.

Sommer (1563) von Giuseppe Arcimboldo

Zwei Säle sind Peter Paul Rubens gewidmet. Sie zeigen großformatige religiöse Gemälde und ein sehr persönliches Porträt seiner Frau. Anthonis van Dyck ist durch herausragende Arbeiten vertreten. Auch holländische Genremalerei ist zu sehen. Bei allen Bildern von Rembrandt handelt es sich um Porträts. Das einzige Gemälde von Jan Vermeer ist *Die Malkunst*.

Die italienische Sammlung von Gemälden aus dem 16. Jahrhundert besitzt Arbeiten von Tizian, von der frühen *Zigeunermadonna* (1510) bis zu Spätwerken wie *Nymphe und Schäfer* (1570–75). Weitere Highlights sind Giovanni Bellinis graziöse *Junge Frau bei der Toilette* (1515/16) und Tintorettos *Susanna im Bade*, eines der Hauptwerke des venezianischen Manierismus. Sehenswert sind auch die allegorischen Porträts von Giuseppe Arcimboldo, die die Jahreszeiten symbolisieren. Die italienische Barockmalerei ist durch Werke von Annibale Carracci und Caravaggio vertreten, etwa die *Rosenkranzmadonna* (1606/07).

Zu den Glanzpunkten der französischen Malerei gehören das Porträt des jungen Karl IV. von Frankreich (1569) von François Clouet und *Eroberung Jerusalems durch Kaiser Titus* (1638) von Nicolas Poussin.

Von den wenigen britischen Arbeiten sind *Landschaft in Suffolk* (um 1750) von Thomas Gainsborough und Gemälde von Reynolds und Lawrence hervorzuheben. Die deutsche Sammlung beinhaltet Werke von Albrecht Dürer, darunter mehrere *Maria mit Kind*-Werke.

Sehenswert sind auch die Porträts von Velázquez, etwa die *Infantin Margarita Teresa in blauem Kleid*.

Münzkabinett

Mit 500 000 Stücken ist die Münzsammlung des Museums eine der größten numismatischen Sammlungen der Welt. Der Grundstock der Sammlung wurde 1547 gelegt und stammt aus dem Besitz der Habsburger, wurde aber durch Zukäufe ergänzt. Die Exponate illustrieren die Geschichte des Geldwesens anhand von Münzen aus dem alten Ägypten, Griechenland und Rom, durch Beispiele keltischer, byzantinischer, mittelalterlicher und Renaissance-Münzen bis hin zur österreichischen Währung von einst und jetzt.

Medaille von Ulrich Molitor (1581)

Ausgestellt ist auch eine Sammlung von Medaillen aus dem 19. und 20. Jahrhundert mit Porträts, die zum Teil herausragende künstlerische Miniaturen darstellen. Besonders hervorzuheben sind die Silber- und Goldmedaillen von Ulrich Molitor, dem Abt von Heiligenkreuz, und das Silbermedaillon, das Bertrand Andrieu zur Erinnerung an die Taufe von Napoléons Sohn anfertigte.

Südlich des Rings

Dieser Teil Wiens fasziniert mit seiner Vielfältigkeit, die von der imposanten Oper über den stark frequentierten Karlsplatz mit der prachtvollen Karlskirche – einem der schönsten Sakralbauen von Johann Bernhard Fischer von Erlach – bis zu den Barockschlössern des Belvedere reicht. Das Obere Belvedere, das ehemalige Palais des Prinzen Eugen, beherbergt heute die Österreichische Galerie Belvedere mit der weltweit größten Sammlung von Werken von Gustav Klimt. In diesem Stadtteil findet man auch prächtige Häuser mit Jugendstil-Fassaden. Eine besondere Attraktion ist das bunte Treiben am Naschmarkt.

Sehenswürdigkeiten auf einen Blick

Platz

13 Schwarzenbergplatz

Historische Gebäude

1 Hotel Sacher
2 Staatsoper
5 Theater an der Wien
7 Technische Universität
9 Stadtbahn-Pavillons
11 Musikverein

Museen und Sammlungen

3 Akademie der bildenden Künste
4 Secessionsgebäude
10 Künstlerhaus
12 Wien Museum Karlsplatz
15 *Belvedere S. 102f*

Markt

6 Naschmarkt

Kirche

8 *Karlskirche S. 98f*

Park

14 Stadtpark

Restaurants in diesem Stadtteil
siehe Seiten 313f

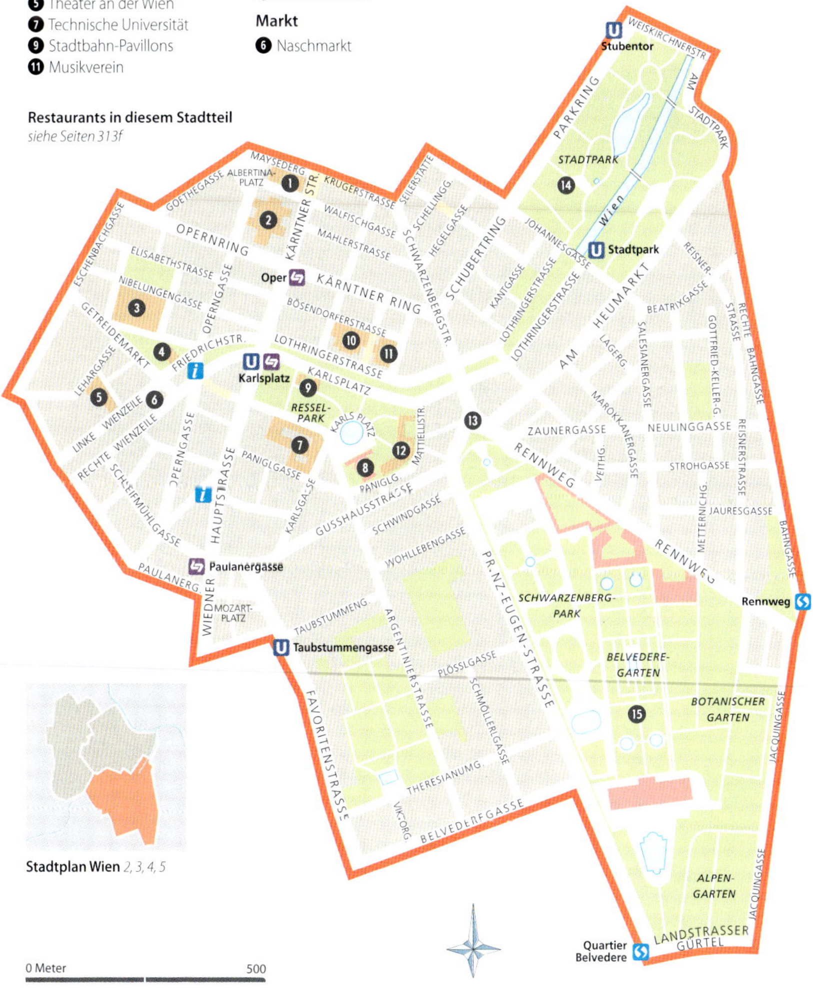

Stadtplan Wien *2, 3, 4, 5*

Im Detail: Rund um die Oper

Das Viertel zwischen Oper und Karlskirche veranschaulicht beispielhaft die kulturelle Vitalität der Stadt. Hier findet man Kulturmonumente wie ein Theater aus dem 18. Jahrhundert, eine Kunstakademie aus dem 19. Jahrhundert und das unvergleichliche Secessionsgebäude neben Symbolen der Wiener Lebensart, die heute so beliebt sind wie einst: etwa das Hotel Sacher und das Café Museum oder den farbenprächtigen Naschmarkt, Wiens besten Obst- und Gemüsemarkt.

3 Akademie der bildenen Künste
Das Gebäude im italienischen Stil beherbergt eine wunderbare Sammlung Alter Meister.

Goethe-Denkmal

Das Schiller-Denkmal steht im Park vor der Akademie der bildenden Künste.

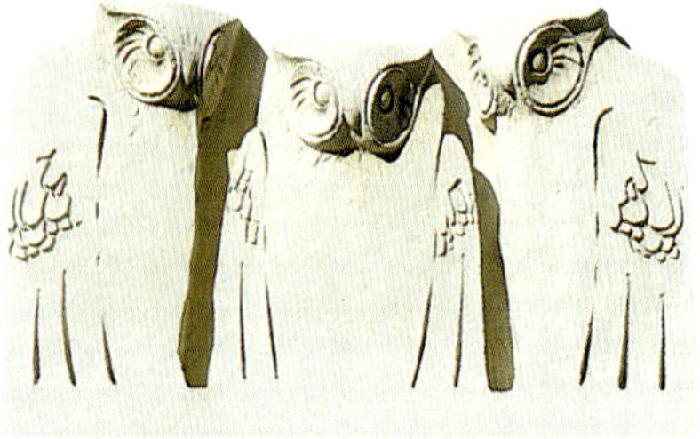

4 ★ Secessionsgebäude
Das einzigartige Ausstellunsgebäude, das 1898 für die Künstler der Secession entworfen wurde, beherbergt den *Beethovenfries* von Gustav Klimt.

5 Theater an der Wien
Heute präsentiert sich das Theater aus dem 18. Jahrhundert als Opernhaus. Darüber hinaus stehen auch Konzerte und Ballett auf dem Spielplan.

6 ★ Naschmarkt
Wochentags wird hier Obst und Gemüse verkauft. Am Samstag findet auch ein Flohmarkt statt.

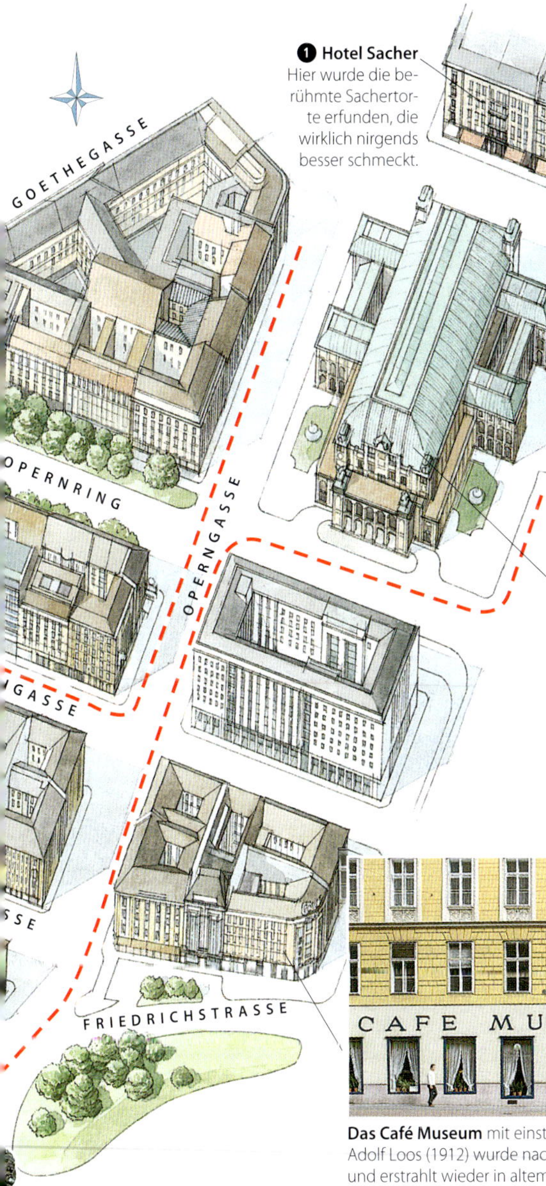

1 Hotel Sacher
Hier wurde die berühmte Sachertorte erfunden, die wirklich nirgends besser schmeckt.

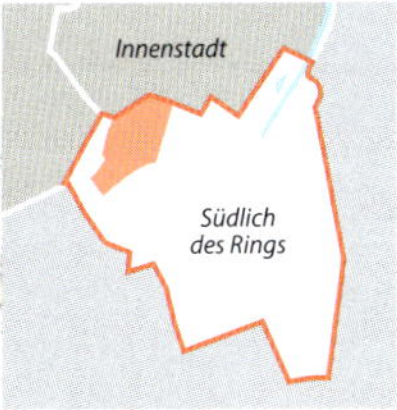

Zur Orientierung
Siehe Stadtplan 2, 4

2 ★ Staatsoper
Die 1869 errichtete, imposante Staatsoper ist nach wie vor das Zentrum des Wiener Kulturlebens.

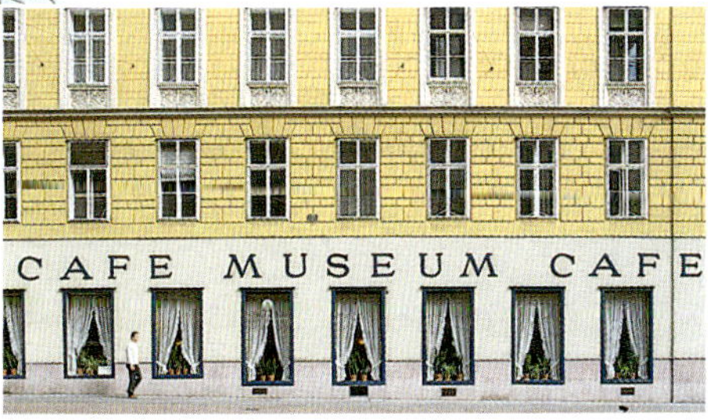

Das Café Museum mit einst stilvoller Innenausstattung von Adolf Loos (1912) wurde nach alten Vorlagen restauriert und erstrahlt wieder in altem Glanz.

Legende

— Routenempfehlung

Die Mark-Anton-Gruppe (1899) neben der Secession, eine Bronzestatue von Arthur Strasser, zeigt den römischen Herrscher in einem von Löwen gezogenen Streitwagen.

Das imposante Gebäude der Wiener Staatsoper

❶ Hotel Sacher

Philharmonikerstraße 4. **Stadtplan** 2 B5. (01) 51 45 60. Karlsplatz. 1, 2, 71, D. tägl. 8–24 Uhr. **sacher.com**

Das Hotel Sacher, ein Muss für jeden Wien-Besucher, wurde 1832 vom Sohn jenes Franz Sacher gegründet, der 1832 die Sachertorte erfunden haben soll. Zwar ist die Torte heute in jedem Café erhältlich, doch kommt kaum eine an das Original heran.

Berühmt wurde das Hotel unter der Leitung von Anna Sacher, der Zigarren rauchenden Schwiegertochter des Gründers, die das Hotel von 1892 bis 1930 führte. Aus ihrer Autogrammsammlung ist nach wie vor ein weißes Tischtuch ausgestellt, das Kaiser Franz Joseph I. signiert hat. Damals trafen sich viele Adlige mit ihren Geliebten in den Séparées des Hauses. Das stilvoll eingerichtete Luxushotel ist immer noch eine Institution.

❷ Staatsoper

Opernring 2. **Stadtplan** 2 B5. (01) 51 44 42 250 (Tickets: 51 31 513). Karlsplatz. 1, 2, 71, D. Infos unter 51 44 42 614. **wiener-staatsoper.at**

Im Mai 1869, als Wiens Staatsoper mit Mozarts *Don Giovanni* eröffnet wurde, freuten sich Musikliebhaber, weil sie nicht mehr nach Paris reisen mussten, um schöne Opern zu hören. Das im Stil der Neorenaissance gestaltete Opernhaus fand jedoch anfangs bei den Wienern wenig Anklang. Der enttäuschte Innenarchitekt Eduard van der Nüll beging daraufhin Selbstmord. Der Architekt August Sicard von Sicardsburg starb nur zwei Monate später. Doch als die Oper 1945 durch Bomben weitgehend zerstört wurde, galt dies als symbolischer Schlag gegen die Stadt. Am 5. November 1955 wurde das Haus mit neuem Zuschauersaal und einer Bühne mit allen technischen Raffinessen mit Beethovens *Fidelio* wiedereröffnet. Zu den illustren Direktoren gehörten Gustav Mahler, Richard Strauss und Herbert von Karajan.

Am letzten Donnerstag im Fasching verwandelt sich die Oper in einen großen Ballsaal. Der Opernball ist der glanzvolle Höhepunkt der Wiener Ballsaison und ein Treffpunkt der High Society.

Otto Wagner (1841–1918)

Otto Wagner, der prominenteste österreichische Architekt der Jahrhundertwende, studierte in Wien und Berlin. Bevor er sich der Moderne zuwandte und Mitglied der Secessionsbewegung wurde, stand er dem Historizismus nahe. Er entwarf die Pläne für die Umleitung der Wien und für die Modernisierung des städtischen Transportsystems. Zu seinen herausragendsten Bauten zählen das **Majolikahaus** *(siehe Naschmarkt, rechts)*, U-Bahn-Stationen *(siehe S. 100)*, die Postsparkasse, ein Krankenhaus und die Kirche am Steinhof *(siehe S. 112)*.

Dekor von Otto Wagner

❸ Akademie der bildenden Künste

Schillerplatz 3. **Stadtplan** 4 C1. (01) 588 16-225. Karlsplatz. 1, 2, D. 57A, 59A. Di–So 10–18 Uhr. Feiertage. **akademiegalerie.at**

Die Akademie der bildenden Künste besitzt eine der schönsten Sammlungen Alter Meister Wiens. Sie wurde 1872–76 von Theophil Hansen als Schule und Museum erbaut. 1907 machte Adolf Hitler hier die Aufnahmeprüfung, wurde aber aufgrund mangelnden Talents abgelehnt.

Heute werden Wechselausstellungen gezeigt. Glanzpunkte sind Werke aus Spätgotik und Frührenaissance, Gemälde von Rubens, ein Flügelaltar von Hieronymus Bosch sowie Werke von Tizian, Cranach und Botticelli. Auch niederländische und flämische Landschaftsmalerei und österreichische Werke (19. Jh.) sind vertreten.

❹ Secessionsgebäude

Friedrichstraße 12. **Stadtplan** 4 C1. (01) 58 75 307. Karlsplatz. 59A. Di–So 10–18 Uhr. Sa 15, So 11 Uhr. **secession.at**

Das von Joseph Maria Olbrich entworfene Jugendstil-Gebäude war Ausstellungsraum der Künstlervereinigung Secession, die 1897 gegründet wurde und der u. a. Kolo Moser, Gustav Klimt und Otto Wagner angehörten. Sie sagten sich von der traditionellen Wiener Kunstszene los. Das nahezu fensterlose Gebäude mit der

Fassade des Secessionsgebäudes mit vergoldeter Kuppel

filigranen Kugel aus verschlungenen Lorbeerblättern auf dem Dach ist ein kubischer Baukörper mit vier Eckpfeilern. Der *Beethovenfries* (1902) von Gustav Klimt ist das berühmteste Exponat. Der drei Wände einnehmende Fries zählt zu den Hauptwerken des Jugendstils und wird als Kommentar zu Beethovens *Neunter Sinfonie* interpretiert. Das Secessionsgebäude ist Wiens ältester unabhängiger Ausstellungsraum für zeitgenössische und experimentelle Kunst.

❺ Theater an der Wien

Linke Wienzeile 6. **Stadtplan** 4 C1.
(01) 58 83 01 010 (Tickets: 58 885).
U Kettenbrückengasse. 59A.
W **theater-wien.at**

Emanuel Schikaneder gründete 1801 das Theater an der Wien, eine der ältesten Bühnen der Stadt. Eine Statue über dem Eingang zeigt ihn in der Rolle des Papageno bei der Premiere von Mozarts *Zauberflöte*. Schikaneder, der das Libretto für die Oper geschrieben hatte, war der erste Direktor des Theaters. 1805 fand die Premiere von Beethovens *Fidelio* statt.

Viele Stücke prominenter Dramatiker wie Kleist, Grillparzer und Nestroy und zahlreiche Wiener Operetten wurden hier uraufgeführt, darunter Werke von Johann Strauß (Sohn), Zeller, Lehár und Kalman.

Das 1962 restaurierte Haus ist seit dem Mozart-Jahr 2006 Wiens drittes Opernhaus geworden.

Der klassizistische Eingang des Theaters an der Wien

❻ Naschmarkt

Stadtplan 4 C1. U Kettenbrückengasse, Pilgramgasse. 59A.
Mo–Sa 6–18.30 Uhr (manche Stände schließen früher). **Schuberts Sterbewohnung** (01) 58 16 730.
Mi, Do 10–13, 14–16 Uhr.
W **wienernaschmarkt.eu**

Der Naschmarkt, ursprünglich »Aschenmarkt«, ist seit dem 16. Jahrhundert eine Wiener Institution und der schönste Markt, auf dem Obst und Gemüse, Gewürze, Blumen, Wein und vieles mehr angeboten werden. Besonders beliebt ist der Flohmarkt am Samstag.

In unmittelbarer Nähe, in der Kettenbrückengasse 6, befindet sich die einfache Wohnung, in der der Komponist Franz Schubert 1828 starb. Zu sehen sind Faksimiles, Drucke und ein Klavier.

Den Naschmarkt überragen zwei der schönsten Häuser Wiens, die Otto Wagner 1899 entwarf. Sie repräsentieren die Blütezeit des Jugendstils. Haus Nr. 38 verfügt über Goldverzierungen von Kolo Moser. Nr. 40, das **Majolikahaus**, ist nach den zinnglasierten Keramikfliesen an der Fassade benannt. Sie weisen zarte Blumenmotive in Rosa, Blau und Grün auf.

❼ Technische Universität

Karlsplatz 13. **Stadtplan** 5 D1.
(01) 588 01-0. U Karlsplatz.
1, 2, D. 4A, 59A.
W **tuwien.ac.at**

Wiens Technische Universität besitzt eine klassizistische Fassade mit Säulen und Statuen von Joseph Klieber. Die Universität wurde 1815 als k. k. polytechnisches Institut gegründet und verstand sich als hochschulähnliche Lehranstalt. 1818 erfolgte der Umzug in das neue Gebäude am Karlsplatz. Klieber schuf auch die Steinhäupter berühmter Professoren, die den Haupteingang flankieren. Die Universität ist zum Resselpark hin ausgerichtet, in dem Denkmäler berühmter Wissenschaftler und Ingenieure (19. Jh.) stehen.

❽ Karlskirche

Während der Pest von 1713 gelobte Karl VI., nach dem Ende der Epidemie eine Kirche zu Ehren des »Pestheiligen« Karl Borromäus (1538–1584) erbauen zu lassen. Johann Bernhard Fischer von Erlach schuf ein eklektizistisches Gebäude, das nach seinem Tod von seinem Sohn fertiggestellt wurde. Es ist mit 72 Metern Höhe die größte Barockkirche Wiens. Die klassizistische Riesenkuppel und der Portikus werden von zwei minarettartigen Türmen und orientalisch anmutenden Glockenhäusern flankiert. Die Glanzpunkte im Inneren sind die Kuppelfresken, der Hochaltar und die Seitenaltäre, die von den größten Künstlern ihrer Zeit – Martino Altomonte, Daniel Gran und Sebastian Ricci – gestaltet wurden.

Kanzel
Zwei Engel krönen die vergoldete Kanzel, die mit Rocaille (Muschelornament) und Blumengirlanden verziert ist.

★ Hochaltar
Der Hochaltar zeigt ein Stuckrelief von Albert Camesina mit der Himmelfahrt des hl. Karl Borromäus auf einer Wolke voller Engel.

Haupteingang

Außerdem

① **Das Giebelrelief** von Giovanni Stanetti zeigt das Leid der Wiener Bevölkerung während der Pest von 1713.

② **Die beiden Glockenhäuser** bei den Seiteneingängen der Kirche vereinen die architektonischen Merkmale römischer Triumphbogen und chinesischer Pagoden.

③ **Treppe** (nicht zugänglich)

★ **Kuppelfresken**
Die Fresken (1725–30), Johann Michael Rottmayrs letzte Auftragsarbeit, stellen die Apotheose des hl. Karl Borromäus dar.

Infobox

Information
Karlsplatz 8.
Stadtplan 5 D1.
(01) 50 46 187.
Mo–Sa 9–18, So, Feiertage 12–19 Uhr.
zur Kuppel. **Konzerte**.
karlskirche.at

Anfahrt
Karlsplatz.
1, 2, 71, D. 4A.

Johann Bernhard Fischer von Erlach

Viele der schönsten Gebäude Wiens, darunter das Schloss Schönbrunn und das Palais Trautson, entwarf der Barockarchitekt J.B. Fischer von Erlach (1656–1723). Er starb vor Vollendung der Karlskirche. Fischer von Erlachs Sohn Joseph Emanuel stellte sie im Jahr 1737 fertig. Er wurde auch der Nachfolger seines Vaters als Hofbaumeister.

★ **Triumphsäulen**
Sie wurden von der Trajanssäule in Rom inspiriert. Auf den Reliefbändern sind Szenen aus dem Leben des hl. Karl Borromäus dargestellt.

Karl Borromäus
Lorenzo Mattiellis Statue des Kirchenpatrons und Beschützers vor der Pest krönt den Giebel.

Sonnenblumen-Motiv an der Fassade der Stadtbahn-Pavillons

❾ Stadtbahn-Pavillons

Karlsplatz. **Stadtplan** 5 D1. Karlsplatz. 1, 2, 62, D. 3A, 4A, 59A. Kärntner Ring. (01) 50 58 747-85 177. Apr–Okt: Di–So 9–18 Uhr. 1. Mai.

Otto Wagner *(siehe S. 96)* wurde Ende des 19. Jahrhunderts mit dem Entwurf und der baulichen Ausführung weiter Teile des frühen U-Bahn-Netzes betraut. Seine Pläne wurden jedoch erst in den 1960er Jahren realisiert, als mit dem U-Bahn-Bau begonnen wurde. Die U4 verläuft fast exakt entlang der von ihm geplanten Route und verbindet das Zentrum mit Schönbrunn *(siehe S. 114f)*.

Einige frühe Stadtbahn-Stationen Wagners, etwa Stadtpark, Kettenbrückengasse und Schönbrunn, sind bis heute erhalten. Aber keine kann sich mit den zwei Gebäuden am Karlsplatz (1898/99) messen. Die grünen Kupferdächer und Ornamente harmonieren mit der dahinterliegenden Karlskirche. Goldene Sonnenblumen zieren die weiße Marmorfassade. Am hübschesten sind jedoch die anmutig geschwungenen Linien der Dächer.

Die beiden einander gegenüberliegenden Pavillons werden als Café und als Ausstellungsraum des Wien Museums genutzt.

❿ Künstlerhaus

Karlsplatz 5. **Stadtplan** 5 D1. (01) 58 79 663. Karlsplatz. 1, 2, 62, 65, D. 3A, 4A, 59A. Di–So 10–18 Uhr (Do bis 21 Uhr).
k-haus.at

Die Gesellschaft der bildenden Künstler Wiens ließ dieses Haus 1868 als Ausstellungsgebäude für ihre Mitglieder errichten. Die Gesellschaft bevorzugte bombastische, akademisch geprägte Malstile, die zu der damals beliebten historistischen Ringstraßen-Architektur passten, der auch das Künstlerhaus entspricht.

August Weber (1836–1903) schuf den Bau im Stil eines Renaissance-Palazzo, der mit Marmorstatuen großer Meister wie Dürer, Michelangelo, Raffael, Peter Paul Rubens, Leonardo da Vinci, Diego Velázquez und Tizian geschmückt ist, die den zeitlosen Wert der Kunst symbolisieren.

Heute wird das Künstlerhaus als Ausstellungsraum genutzt. Der Schwerpunkt liegt auf Architektur und interdisziplinären Themenausstellungen. Es gibt auch ein Kino, ein Theater und ein Restaurant.

⓫ Musikverein

Bösendorferstraße 12. **Stadtplan** 5 D1. (01) 50 58 190. Karlsplatz. 1, 2, 62, 71, D. 3A, 4A, 59A. nur für Konzerte. Kasse: Mo–Fr 9–20, Sa 9–13 Uhr. geführte Touren (ca. 45 Min.) tägl. außer So (Gruppen nur nach Voranmeldung).
musikverein.at

Der Musikverein, Sitz der Gesellschaft der Musikfreunde, liegt in der Nähe des Künstlerhauses. Das Gebäude mit seinen Terrakottastatuen und Balustraden wurde 1867–69 von Theophil Hansen erbaut.

Der Musikverein ist Heimstatt der Wiener Philharmoniker, die hier und in der Oper auftreten. Der Große Musikvereinssaal verfügt über 2000 Plätze. Er gilt als einer der akustisch besten Konzertsäle der Welt – und ist einer der schönsten. An der vergoldeten Decke sieht man die neun Musen und Apoll.

Die berühmteste Veranstaltung ist das Neujahrskonzert, das im Fernsehen und Radio jedes Jahr in die ganze Welt übertragen wird.

Die imposante, historistische Fassade des Musikvereins

⓬ Wien Museum Karlsplatz

Karlsplatz 8. **Stadtplan** 5 D1. (01) 50 58 747-0. Karlsplatz. 1, 2, 62, 71, D. 3A, 4A, 59A. Di–So 9–18 Uhr. **wienmuseum.at**

Die Besucher des Museums der Stadt Wien erwartet ein großes Modell der Stadt aus der Zeit, als die Ringstraße entwickelt wurde. Die Ausstellung spannt einen Bogen über fast 3000 Jahre Stadtgeschichte. Sie illustriert das Leben der ersten Siedler und das Leben im römischen Militärlager Vindobona, die Bedrohung durch türkische Invasoren und den Aufstieg Wiens zur Hauptstadt des Kaiserreichs. Zudem sind Gemälde von u. a. Klimt, Schiele und Gerstl zu sehen.

Das Museum besitzt auch Memorabilien berühmter Bürger der Stadt. Interessant sind vor allem die rekonstruierten Wohnräume von Franz Grillparzer (1791–1872) und Adolf Loos (1870–1933).

Hochstrahlbrunnen und Denkmal der Roten Armee, Schwarzenbergplatz

⓭ Schwarzenbergplatz

Stadtplan 5 E1. Karlsplatz. 71. 4A.

Den besten Blick auf den Schwarzenbergplatz, eine der größten offenen Flächen der Stadt, hat man von der Ringstraße aus, da hier mehrere Bauten ins Blickfeld rücken. Im Vordergrund steht das Reiterstandbild des Fürsten Karl Schwarzenberg, des Heerführers der österreichischen und verbündeten Truppen in der Völkerschlacht bei Leipzig (1813) gegen Napoléon.

Der Hochstrahlbrunnen wurde 1873 aus Anlass der Fertigstellung der 120 Kilometer langen Ersten Wiener Hochquellenleitung von Kaiser Franz Joseph I. eröffnet. An Sommerabenden ist er in Flutlicht getaucht. Er verdeckt ein wenig das Denkmal der Roten Armee für die gefallenen sowjetischen Soldaten. Dahinter ist das Palais Schwarzenberg zu sehen. Es wurde 1697 von Johann Lukas von Hildebrandt erbaut und von Johann Bernhard und J. E. Fischer von Erlach verändert. Ein Teil wurde in ein Luxushotel und Restaurant umgebaut, der andere beherbergt die Schweizer Botschaft.

⓮ Stadtpark

Stadtplan 3 D5. Stadtpark, Stubentor, Wien Mitte. Wien Mitte. 2. 74A.

Auf der Seite der Weihburggasse befindet sich eine der meistfotografierten Sehenswürdigkeiten Wiens, die vergoldete Statue des Walzerkönigs Johann Strauß (Sohn). Sie wurde in den 1920er Jahren von Edmund Hellmer im Stil der Neoromantik entworfen. In dem 1862 eröffneten Park stehen auch Denkmäler der Komponisten Franz Schubert und Franz Lehár, des Malers Hans Makart und des Porträtmalers Friedrich von Amerling.

Parallel zur Ringstraße verläuft entlang der Wien Friedrich Ohmanns attraktive Promenade mit dem großartigen Wienflussportal, Teil eines Projekts zur Regulierung der Wien. Es gibt im Stadtpark zudem Pavillons, Brücken und Spielplätze.

Jugendstil pur: Wienflussportal (1903–06) im Stadtpark

⑮ Belvedere

Das Belvedere wurde von Johann Lukas von Hildebrandt als Sommerresidenz für Prinz Eugen von Savoyen erbaut. Der brillante Feldherr hatte großen Anteil am Sieg über die Türken im Jahr 1683 und erfreute sich großer Beliebtheit am kaiserlichen Hof und beim österreichischen Volk. Das Belvedere besteht aus zwei Schlössern, die durch einen ansteigenden, von Dominique Girard geometrisch gestalteten Garten miteinander verbunden sind. Er ist auf drei Terrassen angelegt. Die untere Ebene repräsentiert das Wirken der Elemente und Jahreszeiten, die mittlere stellt den Parnass dar, die obere den Olymp.

Schlosskapelle
Die einstige Kapelle von Prinz Eugen ist heute eine Galerie mit Werken von Caspar David Friedrich, Edvard Munch, Renoir und Monet.

Haupteingang zum Unteren Belvedere

★ Gustav-Klimt-Sammlung
Highlights der Sammlung sind die Gemälde *Judith I* (1901, links) und der berühmte *Kuss* (1907/08).

Figuren des Providentia-Brunnens (1739)
Im Marmorsaal befinden sich die Originalfiguren, die Georg Raphael Donner für den Providentia-Brunnen auf dem Neuen Markt schuf. Dort stehen heute lediglich Kopien.

Infobox

Information
Stadtplan 5 E2, F2, F3.
Unteres Belvedere und Orangerie Rennweg 6a. tägl. 10–18 Uhr (Mi bis 21 Uhr).
Prunkstall tägl. 10–12 Uhr.
Oberes Belvedere Prinz-Eugen-Straße 27. (01) 79 55 71 34. tägl. 10–18 Uhr.
belvedere.at

Anfahrt
Unteres Belvedere: 71. 4A.
Oberes Belvedere: Quartier Belvedere. 18, D, O. 13A.

Eingang zum Oberen Belvedere von der Prinz-Eugen-Straße aus

★ **Sala Terrena**
Der Saal, einer der schönsten des Oberen Belvedere, ist mit Werken von Santino Bussi und Statuen von Lorenzo Mattielli ausgestattet.

Sphingen-Statuen
Die imposanten Statuen in den Gärten haben Löwenkörper mit menschlichen Köpfen. Sie symbolisieren Kraft und Intelligenz.

★ **Spiegelsaal**
In dem Barockraum, dessen Wände riesige goldgerahmte Spiegel bedecken, befindet sich eine Statue des Prinzen Eugen von Balthasar Permoser.

Außerdem

① **Obere Kaskade**

② **Haupttor**, das zum Oberen Belvedere führt

③ **Oberes Belvedere**

④ **Die Orangerie** zeigt Wechselausstellungen.

⑤ **Der Prunkstall** beherbergt heute eine Sammlung mittelalterlicher Kunst.

Abstecher

Für eine Stadt mit 1,7 Millionen Einwohnern ist Wien erstaunlich kompakt. Dennoch liegen einige der interessantesten Sehenswürdigkeiten außerhalb des Zentrums – etwa das Schloss Schönbrunn, die Sommerresidenz der Habsburger, mit den prachtvollen Rokoko-Staatsgemächern und den gepflegten Parkanlagen. Ein beliebtes Ausflugsziel ist auch der Kahlenberg, von dem aus man den schönsten Blick auf Wien genießen kann. Der Besuch eines Heurigenlokals in Grinzing ist ein Muss für jeden Besucher. Auch einige interessante Museen liegen außerhalb.

Viele der Parks und Gärten, darunter der Prater, einer der schönsten Vergnügungsparks Europas, und der Lainzer Tiergarten, waren früher in habsburgischem Besitz und stehen heute für Besucher offen.

Sehenswürdigkeiten auf einen Blick

Historische Gebäude

3 Karl Marx Hof
5 Augarten
9 Hundertwasser-Haus
11 Amalienbad
15 *Schloss Schönbrunn S. 114f*
17 Wagner-Villen

Museen und Sammlungen

4 Liechtenstein Museum
10 Heeresgeschichtliches Museum
13 Haydnhaus
14 Technisches Museum

Parks und Gärten

6 Donauinsel
8 Prater
18 Lainzer Tiergarten

Interessante Viertel

1 Kahlenberg
2 Grinzing
7 UNO-City

Kirchen

16 Kirche am Steinhof
19 Wotruba-Kirche

Friedhof

12 *Zentralfriedhof S. 110f*

Legende

Wien Zentrum
Großraum Wien
Autobahn
Autobahntunnel
Hauptstraße
Nebenstraße

Restaurants bei den Abstechern
siehe Seiten 314 – 316

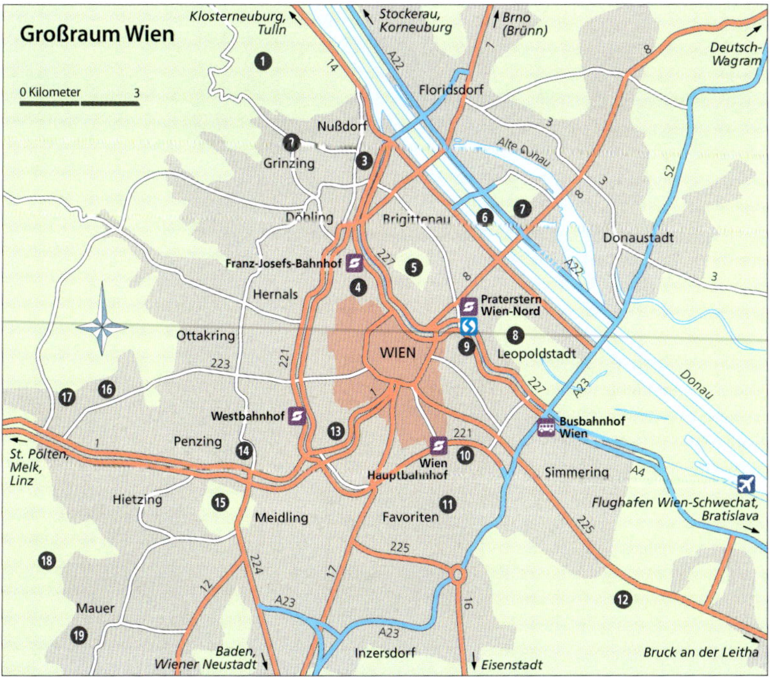

◀ **Teil der Fassade des 1985 erbauten Hundertwasser-Hauses** ***(siehe S. 108f)***

Die Cobenzlgasse, eine der charmantesten Gassen in Grinzing

❶ Kahlenberg

🚌 38A.

Nördlich der Stadt, am Rand des Wienerwalds, erheben sich zwei beinahe identische Berge. Der niedrigere der beiden, auf dessen Gipfel Ruinen sichtbar sind, ist der Leopoldsberg, der ehemalige Sitz des Markgrafen Leopold, der Österreich im 12. Jahrhundert regierte. Der zweite, auf dem ein Fernsehturm und die Silhouette einer weißen Kirche emporragen, ist der Kahlenbrg, die höchste Erhebung Wiens.

Von hier aus eilte der polnische König Jan Sobieski III. am 12. September 1683 mit seinen Truppen der belagerten Stadt zu Hilfe. Papst Innozenz XI. ließ eine Dankesmesse in den Ruinen der Kirche feiern, die von den Türken zerstört worden war.

Die restaurierte Kirche des hl. Joseph am Kahlenberg wird heute von polnischen Mönchen geführt. Zwei Tafeln erinnern an die Schlacht und den Besuch von Papst Johannes Paul II. im Jahr 1983. Im Inneren ist eine Seitenkapelle mit Fresken des polnischen Künstlers Henryk Rosen und eine Ausstellung mit Wappen der Familien, die an dem Kampf teilnahmen, zu sehen.

Hinter der Kirche befinden sich eine Aussichtsterrasse und ein Restaurant. Von hier hat man einen grandiosen Blick auf die Weinberge unten, die Stadt mit den Donaubrücken links und den Wienerwald rechts.

❷ Grinzing

🚋 38. 🚌 38A.

Die ruhigen Dörfer inmitten der Weingärten an den Ausläufern des Wienerwalds erwachen im Herbst, wenn Busse voller Besucher hierherkommen, um den Heurigen zu verkosten, zum Leben. Ursprünglich durften die Winzer nur ihren selbst gemachten Wein verkaufen, Imbisse dazu wurden gratis angeboten. Aus dieser Tradition ging der Heurige hervor.

Heute ist die angebotene Gastfreundlichkeit natürlich nicht mehr gratis. In den Heurigenlokalen wird der Wein an den Tisch gebracht, den Imbiss muss man sich an einem Selbstbedienungsbüfett holen.

Die Gäste sitzen um große Holztische und amüsieren sich bis in die frühen Morgenstunden für relativ wenig Geld.

Es gibt viele Heurigendörfer um Wien, Grinzing ist zweifelsohne das bekannteste. Zwar hat es ein wenig von seinem Charme verloren, doch gibt es noch immer authentische Lokale und Plätze zu entdecken.

Auf dem Weg nach Grinzing liegt das Heiligenstädter Testament-Haus (Probusgasse 6), die berühmteste Wohnung Ludwig van Beethovens in Wien. Hier hoffte der Komponist, dass sich seine zunehmende Taubheit aufhalten ließe. Als sich keine Besserung einstellte, schrieb er einen verzweifelten Brief: *Das Testament.*

❸ Karl Marx Hof

Heiligenstädter Straße 82–92.
Ⓤ Heiligenstadt. 🚋 D. 🚌 10A, 11A, 38A, 39A.

In den 1920er Jahren wurde Wien von den Sozialdemokraten regiert, die durch die Stimmen der Frauen, die erstmals wählen durften, an die Macht kamen. Diese Zeit ist als das »Rote Wien« bekannt. Der Stadtrat entwickelte den ambitionierten Plan, Gemeindebauten für die gesamte Arbeiterschaft zu errichten. So entstanden in den Jahren 1923–33 über 60 000 neue Wohnungen, die für die damalige Zeit gut ausgestattet waren. Das Programm wurde über eine Luxussteuer finanziert, die wohlhabende Bürger zu entrichten hatten. Die Steuereintreibung wurde so strikt ge-

Tafel in der Himmelstraße 31 in Grinzing

Die pfirsich- und lachsfarbene Fassade des Karl Marx Hofs

Hotels und Restaurants in Wien *siehe Seiten 292–294 und 310–316*

Das barocke Gebäude, in dem die Porzellanmanufaktur Augarten residiert

handhabt, dass Finanzminister Hugo Breitner den Spitzamen »Finanzvampir« bekam.

Der bekannteste Bau ist der Karl Marx Hof, ein weitläufiger Komplex mit 1382 Wohnungen. Architekt Karl Ehn war ein Schüler von Otto Wagner.

Die wunderbaren Deckenfresken im Palais Liechtenstein

❹ Liechtenstein Museum

Fürstengasse 1. **Stadtplan** 2 A1. (01) 31 95 767-153. Friedensbrücke. 40A. D. Mo–Fr 9–16.30 Uhr (nur nach Anmeldung, bitte 14 Tage im Voraus). **palaisliechtenstein.com**

Das 1692 nach Plänen von Domenico Martinelli fertiggestellte Rokoko-Palais, Sitz des Museums, war die Sommerresidenz der Familie Liechtenstein. Es verfügt über eine imposante Fassade mit Säulen und typischen Barockfenstern.

Die Deckenfresken im Parterre sind das Werk von Michael Rottmayr. Die Gewölbemalereien auf beiden Seiten der Treppe stammen von Antonio Belucci. Die große Halle mit Fresken von Andrea Pozzo ist ein Meisterwerk barocker Innenraumgestaltung.

Die Fürstlichen Sammlungen gehören zu den bedeutendsten Privatsammlungen. Sie umfassen Hauptwerke europäischer Kunst aus fünf Jahrhunderten, darunter Werke von Barock (Rubens) und Renaissance (Raffael, Brueghel) bis zum frühen 19. Jahrhundert (Waldmüller, Füger). Auch Meisterwerke moderner Kunst aus dem frühen 20. Jahrhundert sind vertreten.

Das Palais steht in einer weitläufigen Gartenanlage, die nach dem Vorbild englischer Parks gestaltet wurde.

❺ Augarten

Obere Augartenstraße 1. **Stadtplan** 3 D1. (01) 21 12 42 01. Taborstraße. 21, 31, N. **Palais Augarten** für Besucher. **Porzellanmanufaktur Augarten** Mo–Fr 10.15, 11.30 Uhr. **Porzellanmuseum** Mo–Sa 10–18 Uhr. **augarten.at**

Schon seit den Tagen von Leopold I. gibt es hier ein Palais. Das frühere Gebäude wurde 1683 von den Türken zerstört und um 1700 wiederaufgebaut, vermutlich nach Plänen von Johann Bernhard Fischer von Erlach. Seit 1948 ist das Palais Augarten die Heimstatt der Wiener Sängerknaben – und nicht öffentlich zugänglich.

Der Park zählt zu den ältesten Wiens. Er wurde 1650 von Kaiser Ferdinand III. geplant, später ausgestaltet und 1775 der Öffentlichkeit zugänglich gemacht. Die langen Wege sind von Formhecken gesäumt. Die Tore entwarf Isidor Canevale. Im Gartenpalais befand sich die kaiserliche Porzellanmanufaktur. Hier gaben schon Mozart, Beethoven und Johann Strauß (Vater) Konzerte.

Durch die Porzellanmanufaktur gibt es Führungen. Das in einem Seitenflügel liegende Porzellanmuseum präsentiert die Geschichte des hochwertigen Wiener Porzellans.

❻ Donauinsel

Donauinsel, Handelskai.

Regelmäßig überfluteten früher die vielen Seitenarme der Donau die Stadt, bis sie 1870–75 kanalisiert wurden. Die zweite Periode der Kanalisierung in der Wiener Region begann 1972 und wurde 1987 vollendet. Die Neue Donau, ein fünf Kilometer langer Kanal, der als Überlaufbecken dient, stammt aus dieser Zeit.

Die begrünte Insel, die zwischen der Donau und ihren Kanälen liegt, wird Donauinsel genannt. Sie ist Wiens größtes Naherholungsgebiet und bei den Einheimischen überaus beliebt, die hier schwimmen, Rad fahren, skaten oder sonnenbaden. Es gibt zahlreiche Wander- und Radwege, Picknick-Bereiche mit Einrichtungen zum Grillen (Reservierung über das Internet) sowie FKK-Strände. Sogar Wasserskifahren und Surfen ist möglich.

Schon an den ersten warmen Tagen des Jahres zieht die sogenannte Copa Cabana, eine Vergnügungsmeile mit vielen Bars, Restaurants und Heurigen, Scharen von Gästen an. Jeden Sommer findet das dreitägige Donauinselfest mit Open-Air-Popkonzerten und anderen Events statt.

Der riesige moderne Komplex der UNO-City an der Donau

7 UNO-City

Wagramer Straße 3–5. ☎ (01) 260 60-33 28. U Kaisermühlen, Vienna International Center. 🚌 20B.
UNO-City Mo–Fr 11, 14 Uhr (Ausweis erforderlich).
W unvienna.org
Donauturm ☎ (01) 26 33 572.
tägl. 10–24 Uhr.
W donauturm.at

Die Silhouette des linken Ufers der Donau wird von der UNO-City, einem der drei Hauptquartiere der UN, geprägt. Der Komplex steht auf internationalem Territorium, das Postamt gibt eigene Briefmarken aus. Die UNO-City besteht aus vier halbkreisförmigen Gebäuden und einer Kongresshalle (1979), die der Architekt Johann Staber entwarf. Die Gebäude sind im Rahmen von Führungen zu besichtigen.

Die UNO-City ist von einem etwa 600 000 Quadratmeter großen Park mit exellenten Freizeiteinrichtungen umgeben. Eine der Attraktionen ist der 252 Meter hohe Donauturm mit zwei Drehrestaurants und der Aussichtsplattform.

8 Prater

☎ (01) 72 92 000 (Volksprater), (01) 72 95 430 (Riesenrad). U Praterstern. 🚋 5, O. S Wien Nord. 15. März–Ende Okt: tägl. 10–24 Uhr (Attraktionen). Areal 24 Std. zugänglich.
W prater.at

Der Prater, ein großer Park zwischen Donau und Donaukanal, diente einst als kaiserliches Jagdrevier und wurde 1766 von Joseph II. der Öffentlichkeit zugänglich gemacht. Die Hauptallee blieb allerdings lange den Adligen und ihren Lakaien vorbehalten. Im 19. Jahrhundert entstand am Westende des Praters ein großer Vergnügungspark mit Schieß- und Schaubuden, Biergärten und Ringelspielen. Heute ist dies einer der modernsten Vergnügungsparks Europas, der sich aber gleichzeitig den Charme der Vergangenheit bewahrt hat. Die weltbekannte Attraktion ist das 1896 vom englischen Ingenieur Walter Basset erbaute Riesenrad. Der Schauplatz der berühmten Riesenrad-Szene in Carol Reeds Filmklassiker *Der Dritte Mann* (1949) ist heute ein Wahrzeichen der Stadt.

Der Prater ist auch ein Sportzentrum mit einem Fußballstadion, der Trabrennbahn Krieau, Schwimmbad, Tennisplätzen, Golfplatz und Radwegen. Daneben erwarten den Besucher ein Planetarium sowie gemütliche Restaurants mit Gärten.

Vergnügungen im Volksprater bei Nacht

9 Hundertwasser-Haus

Löwengasse/Kegelgasse. U Landstraße. 🚋 1, O. für Besucher.
Kunst Haus Wien Untere Weißgerberstraße 13. ☎ (01) 71 20 4 91. tägl. 10–19 Uhr. **W kunsthauswien.com**

Der Künstler Friedensreich Hundertwasser entwarf 1985 den nach ihm benannten Gemeindewohnbau. Das Gebäude, das Stilelemente maurischer Moscheen, spanischer Dörfer und venezianischer Palazzi vereint, ist heute ein Highlight Wiens. Auch das gegenüberliegende Einkaufszentrum entwarf der Künstler, dessen Werk im Kunst Haus Wien, Untere Weißgerberstraße 13, zu bewundern ist.

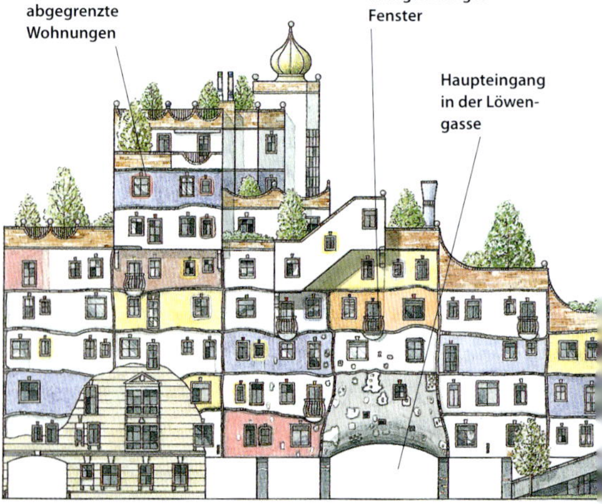

⑩ Heeresgeschichtliches Museum

Arsenal, Ghegastraße, Objekt 1. (01) 79 56 10. Hauptbahnhof/ Südtiroler Platz, Schlachthausgasse. Quartier Belvedere. 13A, 69A. 18, O, D. tägl. 9–17 Uhr. 1. Jan, Ostersonntag, 1. Mai, 1. Nov, 25., 31. Dez. **hgm.or.at**

Das Heeresgeschichtliche Museum ist im Arsenal untergebracht, das Theophil Hansen und Ludwig Förster 1856 im Stil einer Festung erbauten. Es birgt wertvolle Sammlungen zur Heeres- und Kriegsgeschichte vom 16. Jahrhundert bis zum Ersten Weltkrieg. Die Exponate erzählen von der türkischen Belagerung 1683, der Französischen Revolution und den Napoleonischen Kriegen. Daneben gibt es Dokumente über die Kämpfe der Habsburger sowie eine Sammlung von Waffen, Fahnen, Uniformen und Militärfahrzeugen. Zu den faszinierendsten Exponaten zählen Memorabilien des Prinzen Eugen von Savoyen sowie eine Sammlung von Schiffsmodellen, die die glorreiche Vergangenheit der kaiserlichen Seemacht illustrieren.

Eine Abteilung ist den Ereignissen vom 28. Juni 1914 in Sarajevo gewidmet, als Erzherzog Ferdinand und seine Frau Sophie von Hohenberg von einem serbischen Nationalisten ermordet wurden. Die dadurch ausgelöste Krise führte zum Ersten Weltkrieg.

Dekorative Fliesen aus den 1920er Jahren im Amalienbad

⑪ Amalienbad

Reumannplatz 23. (01) 60 74 747. Reumannplatz. 67, 68A. **Schwimmbad** Di 9–18, Mi 9–21.30, Do 7–21.30, Fr 9–21.30, Sa 7–20, So 7–18 Uhr. **Sauna** Di 13–21.30, Mi–Fr 9–21.30, Sa 7–20, So 7–18 Uhr.

Ein Hallenbad ist normalerweise nicht unbedingt eine Besucherattraktion, doch das im Jugendstil erbaute Amalienbad (1923–26) ist sehenswert und ein Paradebeispiel vorausblickender Stadtplanung, die mit viel Engagement stilvolle Einrichtungen für die arbeitende Bevölkerung schuf. Das nach der Stadträtin Amalie Pölzer benannte Bad wurde von Otto Nadel und Karl Schmalhofer, beide Angestellte des Stadtbauamts, entworfen.

Das Glasdach über dem von Galerien umgebenen Hauptbecken ist schnell zu öffnen und zu schließen. Neben Schwimmbecken gibt es Saunen und kleinere Becken für Therapien. Bei der Eröffnung war das Bad eines der größten seiner Art in Europa. Die Innenräume weisen fantasievolle Mosaiken und Fliesen auf.

Eckansicht des Hauses mit Café im ersten Stock und dem von einem Zwiebelturm gekrönten Treppenhaus

Geschwungene Linie aus Fliesen

Mit zahlreichen Bäumen und Sträuchern begrünte Dachgarten

⓬ Zentralfriedhof

Österreichs größter Friedhof mit zweieinhalb Millionen Gräbern und einer Fläche von über 2,5 Quadratkilometern wurde 1874 am Südrand der Stadt eingeweiht. Im Mittelteil liegen zahlreiche Gräber von Malern, Komponisten, Schriftstellern, Architekten und Lokalpolitikern. Beerdigungen werden in Wien meist mit großem Pomp begangen. Die vielen, oft imposanten Grabmäler zeugen vom besonderen Verhältnis der Wiener zum Tod.

★ Dr.-Karl-Lueger-Kirche
Die Kirche und das Mausoleum sind Wiens beliebtem Bürgermeister (1907 – 10) gewidmet.

Außerdem

① **Die Bundespräsidentengruft** enthält die sterblichen Überreste von Dr. Karl Renner, dem ersten Bundespräsidenten der Republik Österreich nach dem Zweiten Weltkrieg.

② **Arkaden** umgeben die Jugendstil-Kirche.

③ **Das Denkmal für Dr. Johann Nepomuk Prix**, Bürgermeister von Wien, schuf Viktor Tilgner 1894.

④ **Der Haupteingang** des Friedhofs mit dem von Max Hegele 1905 entworfenen Tor II (Jugendstil) liegt in der Simmeringer Hauptstraße.

Lageplan

Der Friedhof ist in mehrere Bereiche unterteilt: In der Mitte befinden sich die Ehrengräber prominenter Persönlichkeiten (Tor II). Zudem gibt es einen alten (Tor I) und neuen jüdischen (Tor IV) sowie einen protestantischen Friedhof (Tor III), einen russisch-orthodoxen Teil, Kriegsgräber und Denkmäler. Zur Besichtigung nimmt man am besten den zirkulierenden Minibus. Im September 2014 wurde in Aufbahrungshalle 2 das Bestattungsmuseum wiedereröffnet (www.bestattungsmuseum.at)

Das Ehrenmal für die Toten des Ersten Weltkriegs von Anton Hanak zeigt eine trauernde Mutter.

Arnold Schönbergs Grab
Der kühne Kubus, der von Fritz Wotruba geschaffen wurde, ist der Grabstein des Komponisten und Erfinders der Zwölftonmusik Arnold Schönberg.

Theophil Hansens Grab
Der dänische Architekt Theophil Hansen, der Wien zu seiner Heimatstadt wählte, entwarf das Parlament. Er starb 1891.

Infobox

Information
Simmeringer Hauptstraße 234.
(01) 53 469-284 05.
Nov–Feb: tägl. 8–17 Uhr; März, Okt: 7–18 Uhr; Apr, Sep: 7–19 Uhr; Mai–Aug: 7–20 Uhr.
friedhoefewien.at

Anfahrt
Zentralfriedhof. 6, 71.

Arkaden
Einige schöne Monumente sind in die zum Haupteingang ausgerichteten Arkaden gemeißelt, etwa jenes des Bergmanns August Zang von 1848. Es zeigt den Eingang zu einer Mine.

★ Komponistengräber
Zu den hier bestatteten Wiener Komponisten gehören Johann Strauß Vater und Sohn *(Bild links)*, Beethoven, Brahms und Schubert.

Russisch-orthodoxe Kapelle
Die im traditionellen russisch-orthodoxen Stil erbaute Kapelle wird von der russischen Gemeinde Wiens genutzt.

Brahms-Gedenkraum im Haydnhaus

⓭ Haydnhaus

Haydngasse 19. (01) 59 61 307. Zieglergasse. Di–So 10–13, 14–18 Uhr. 1. Jan, 1. Mai, 25. Dez. **wienmuseum.at**

Haydn erwarb das Haus in der damals neuen Vorstadt mit dem Geld, das er bei seinen erfolgreichen London-Besuchen 1791–95 verdient hatte. Er lebte hier von 1797 bis zu seinem Tod 1809. Hier entstanden auch bedeutende Werke wie *Die Schöpfung* und *Die Jahreszeiten*.

Für das Haydn-Jahr 2009 wurde das Museum aufwendig umgestaltet. Es besitzt Porträts, Handschriften, Dokumente und Noten. Ein Raum ist Johannes Brahms (1833–1897) gewidmet. Es sind Möbel, Memorabilien und das Klavichord zu sehen, das Joseph Haydn gehörte und später von Brahms erworben wurde.

⓮ Technisches Museum

Mariahilfer Straße 212. (01) 89 998-0. Schönbrunn, Johnstraße. 52, 58. 10A, 57A. Mo–Fr 9–18, Sa, So, Feiertage 10–18 Uhr. **technischesmuseum.at**

Das Technische Museum wurde von Kaiser Franz Joseph I. 1908 gegründet. Nach jahrelangen Umbauarbeiten wurde es 1999 glanzvoll wiedereröffnet.

Das Museum dokumentiert die Entwicklung des technischen Fortschritts der letzten Jahrhunderte. Multimediale Präsentationen veranschaulichen den wechselseitigen Einfluss von Technik und Gesellschaft, Wirtschaft und Kultur. Unter den Exponaten befinden sich: die erste Nähmaschine der Welt (Madersperger, 1830), die älteste Schreibmaschine (Mitterhofer, 1860), die von Ressel 1875 erfundene Schiffsschraube und das erste benzingetriebene Auto, das Siegfried Marcus im selben Jahr entwickelte. Eine neue Abteilung präsentiert Computer-Technologie, Förderung und Raffinierung von Erdöl und die Nachbildung eines Kohlebergwerks.

Dem Museum angeschlossen sind die Österreichische Mediathek und das Eisenbahnmuseum mit einer umfangreichen Sammlung kaiserlicher Waggons und Lokomotiven. Glanzstück der Ausstellung ist das Abteil, das Kaiser Franz Joseph und seine Gemahlin, Kaiserin Elisabeth, benutzten.

⓯ Schloss Schönbrunn

Siehe S. 114f.

⓰ Kirche am Steinhof

Baumgartner Höhe 1. (01) 91 060-11 007. 47A, 48A. Sa 15–17, So 12–16 Uhr. Sa 15, So 16 Uhr sowie nach Vereinbarung.

Am Rand des Wienerwalds erhebt sich die einzigartige Kirche am Steinhof mit ihrer auffälligen Kupferkuppel. Die 1902–07 von Otto Wagner erbaute Kirche gilt als eines der Meisterwerke des Jugendstils. Sie steht auf dem Gelände des ebenfalls von Wagner entworfenen Psychiatrischen Krankenhauses. Der Architekt versuchte, Behinderten den Zugang zur Kirche zu erleichtern.

Die Marmorverkleidung der dem hl. Leonard gewidmeten Kirche ist mit Kupfernägeln fixiert. Schlanke, spiralförmige Säulen tragen das Portal.

Im Inneren besteht die Kirche aus einem einzigen luftigen Raum mit niedrigen Seitenkapellen. Den Hauptschmuck bilden goldene und weiße Friese, quadratische Deckenpaneele und blaue Bleiglasfenster von Kolo Moser. Die Altarmosaike stammen von Rudolf Jettmar.

Jugendstil-Innenraum der Kirche am Steinhof

Kaiserlicher Rückzugsort: Hermesvilla im Lainzer Tiergarten

⓱ Wagner-Villen

Hüttelbergstraße 26 u. 28. (01) 91 48 575. Hütteldorf. 52A, 52B. **Fuchs-Villa** Di–Sa 10–18 Uhr. **ernstfuchs-zentrum.com**

Versteckt hinter dichtem, grünem Laub stehen am Beginn der Straße, die zum Kahlenberg führt, zwei Villen, die der Architekt Otto Wagner entwarf. Die ältere der beiden baute er für sich selbst. Sie zeigt noch klassische Stilemente, etwa ionische Säulen, wie er sie zu Beginn seiner Laufbahn schätzte. Die Villa wurde von ihrem Besitzer, dem Maler Ernst Fuchs, liebevoll restauriert und ist heute ein Treffpunkt der Wiener Künstlerszene sowie ein Museum. Die Jugendstil-Villa nebenan wurde 20 Jahre später erbaut. Sie befindet sich in Privatbesitz und ist nur von außen zu besichtigen.

⓲ Lainzer Tiergarten

Hermesstraße. 60B. **Hermesvilla und Park** (01) 80 41 324. Mitte März–Okt: Di–So 10–18 Uhr (für Ausstellungen). zwischen den Ausstellungen. **wienmuseum.at** **lainzer-tiergarten.at**

Der Lainzer Tiergarten im Wienerwald, einst kaiserliches Jagdrevier, wurde unter Maria Theresia mit einer 25 Kilometer langen Mauer eingefriedet. Die bis heute erhaltene Mauer schützt das hier lebende Rotwild und die Wildschweine.

Der Tiergarten ist seit 1923 öffentlich zugänglich. 1941 wurde das gesamte Areal zum Naturschutzgebiet erklärt. Spaziergänge in den Wäldern und Wiesen des großen Parks entführen die Besucher in eine andere Welt, eine beschauliche Naturlandschaft. Um das Wild nicht zu stören, sind Fahrräder und Hunde hier verboten.

Müde Wanderer können in einem der Gasthäuser oder Cafés einkehren. Von der Aussichtsplattform am Gipfel des Karlbründls hat man einen herrlichen Blick über Wien und den Wienerwald.

Detailansicht, Stallungen, Hermesvilla

Ein 15-minütiger Spaziergang führt zur **Hermesvilla**. 1885 ließ Kaiser Franz Joseph I. in der Hoffnung, seine Gemahlin Elisabeth von ihren vielen Reisen abzuhalten, hier ein »Schloss der Träume« für sie errichten. Obwohl Karl von Hasenauer mit der schönen Hermesvilla einen idealen Rückzugsort für die Kaiserfamilie schuf, ging sein Wunsch nicht in Erfüllung. Die Gemächer des Kaiserpaars befanden sich im ersten Stock, Elisabeths Räume waren opulent und mit großer Eleganz ausgestattet, jene von Franz Joseph etwas spartanischer. Ihren Namen gab der Villa die im Garten stehende Statue »Hermes als Wächter«. Der Bau war damals bereits mit Elektrizität ausgestattet. Badewannen und Toiletten wurden von der Kaiserin in den 1890er Jahren ergänzt. Die Wandgemälde zeigen Szenen aus Shakespeares *Mittsommernachtstraum*, die Hans Makart entwarf und der junge Gustav Klimt malte.

Heute finden in der Hermesvilla Wechselausstellungen des Wien Museums statt. Die Stallungen sind das Winterquartier der Lipizzaner.

⓳ Wotruba-Kirche

Georgsgasse/Rysergasse. (01) 88 85 003. 60A. Sa 14–20, So, Feiertage 9–16.30 Uhr. nach Voranmeldung.

Die kompromisslos moderne Kirche auf dem Sankt-Georgen-Berg unweit des Wienerwalds wurde 1965 vom österreichischen Bildhauer Fritz Wotruba (1907–75) entworfen. Erbaut wurde die Kirche zur Heiligsten Dreifaltigkeit 1974/75 von Fritz Mayer. Sie besteht aus kubischen, ineinander verschachtelten Betonblöcken, deren Zwischenräume als Lichtquelle dienen und der Gemeinde Aussicht auf Wälder und Hügel bieten.

Das beeindruckend kompakte Gebäude sieht von jedem Blickwinkel anders aus und hat starke skulpturale Qualitäten. In dem aus 152 unregelmäßig aufgeschichteten Betonblöcken bestehenden Mittelteil finden 250 Menschen Platz.

Die Wotruba-Kirche erinnert an eine Plastik

⑮ Schloss Schönbrunn

Kaiser Leopold I. beauftragte 1695 Johann Bernhard Fischer von Erlach mit dem Umbau der Sommerresidenz der Kaiserfamilie. Verwirklicht wurde das Projekt jedoch erst während der Herrschaft Maria Theresias durch Nikolaus Pacassi (1744–49). Ihm verdankt das Schloss auch das großartige Rokoko-Dekor der Staatsgemächer. Das UNESCO-Welterbe war Schauplatz zahlreicher bedeutender historischer Ereignisse.

Chinesisches Rundkabinett
Maria Theresia nutzte den Raum für Geheimkonferenzen mit Staatskanzler Kaunitz. Die Wände des weißgoldenen Zimmers sind mit Lacktafeln geschmückt.

★ Große Galerie
Den Schauplatz kaiserlicher Bankette ziert ein Deckenfresko von Giorgio Gugliemi. Hier tanzte der Wiener Kongress.

Eine Geheimtreppe führt zu den Räumen des Staatskanzlers, in denen er Konferenzen mit der Kaiserin abhielt.

Blauer Salon
In dem Rokoko-Raum mit chinesischen Tapeten dankte 1918 Karl I., der letzte österreichische Kaiser, ab.

Napoléon-Zimmer

Das Millionen-Zimmer mit dem prachtvollen Rokoko-Dekor war Maria Theresias Konferenzraum.

★ Vieux-Lacque-Zimmer
Als Witwe lebte Maria Theresia in dem mit chinesischen Lacktafeln ausgestatteten Zimmer.

Haupteingang

Frühstückskabinett
Die Stickereien in den Medaillons in Maria Theresias Frühstückszimmer wurden von der Mutter und den Töchtern der Kaiserin selbst angefertigt.

Infobox

Information
Schönbrunner Schlossstraße 147. (01) 81 11 32 39.
Schloss tägl. Apr – Juni, Sep, Okt: 8.30 – 17.30 Uhr; Juli, Aug: 8.30 – 18.30 Uhr; Nov – März: 8.30 – 17 Uhr. **Wagenburg** Mai – Okt: tägl. 9 – 18 Uhr; Nov – Apr: 10 – 16 Uhr. **Park** tägl. 6.30 Uhr bis Sonnenuntergang.
schoenbrunn.at

Anfahrt
Schönbrunn, Hietzing. 10, 58, 60. 10A.

Großes Rosa-Zimmer
Dies ist einer von drei Räumen, die mit Schweizer und italienischen Landschaftsbildern von Josef Rosa dekoriert sind. Nach ihm sind die Räume benannt.

Kurzführer

Das Schloss kann auf eigene Faust (mit Audio-Guide) oder mit einer Führung (Grand Tour) besichtigt werden. Die Räumlichkeiten im ersten Stock, rechts von der Blauen Stiege, bewohnten Franz Joseph I. und Elisabeth. In den Zimmern im Ostflügel lebten Maria Theresia und Großherzog Karl.

Über die Blaue Stiege gelangt man zum Ausgangspunkt der Führungen durch die Staatsgemächer.

Kaiserliche Wagenburg

In dem Trakt, der früher die Winterreitschule beherbergte, ist heute eine der schönsten Kutschensammlungen der Welt untergebracht. Sie umfasst mehr als 60 Fahrzeuge, die bis ins 17. Jahrhundert zurückgehen, Reituniformen, Pferdegeschirr, Sattelzeug, Livreen sowie Gemälde und Zeichnungen von Pferden und Kutschen. Das Prunkstück der Sammlung ist die Krönungskutsche von Kaiser Karl VI. Auch Kutschen und Sänften aus dem Besitz von Maria Theresia sind zu sehen. Seit 2008 führt ein Sisi-Pfad durch die Wagenburg.

Krönungskutsche von Karl VI.

Legende

- Räume von Franz Joseph I.
- Räume von Kaiserin Elisabeth
- Staatstrakt
- Räume von Maria Theresia
- Räume von Großherzog Karl
- Kein Ausstellungsbereich

Shopping

Shopping in Wien ist sehr entspannt, weil die Hauptgeschäftsstraßen Fußgängerzonen mit vielen netten Cafés sind. Österreichische Produkte wie Glas, Lebensmittel und Kunsthandwerk sind meist von guter Qualität, wenngleich viele Läden eher einen konservativen Geschmack ansprechen und dicke Geldbörsen erfordern. Es gibt auch viele Märkte, die alles Mögliche, von Lebensmitteln bis Trödel, anbieten. In der Fußgängerzone rund um Kärntner Straße, Graben und Kohlmarkt sind die exklusivsten Läden angesiedelt. Das größte Einkaufszentrum ist die Shopping City Süd (SCS) am Stadtrand. Es gibt mehrere neue: Wien Mitte – The Mall, Station Center und die luxuriöse BahnhofCity Wien West.

Shopping-Meilen

Die elegantesten Läden findet man innerhalb des Rings, die schönsten Auslagenarrangements in der Kärntner Straße, am Graben, am Kohlmarkt und in der Einkaufspassage, die die Kärntner Straße mit der Weihburggasse verbindet. Diese Läden sind allerdings auch die teuersten. Obwohl es am Graben und in der Kärntner Straße auch Ketten wie H&M oder Mango gibt, stößt man auf viele stilvoll eingerichtete, kleine Boutiquen, die qualitativ hochwertige Waren, oft Unikate, anbieten. Dies gilt für Kleidung, Glas und Porzellan, aber auch für Süßigkeiten und Dekorwaren. Auch einige exzellente Buchhandlungen liegen hier.

Die Geschäfte in der Mariahilfer Straße sind im mittleren Preissegment angesiedelt. Hier findet man viele internationale Handelsketten (C&A, H&M etc.), große Schuh- und Papierläden, Buchhandlungen und eine Reihe von Lebensmittelläden. Eine ähnliche Auswahl, zu günstigeren Preisen, hat man in der Meidlinger Hauptstraße. Noch preiswerter ist die Favoritenstraße. Alle Einkaufsstraßen sind gut mit den öffentlichen Verkehrsmitteln zu erreichen.

Luxuriöses Glaswarengeschäft in der Kärntner Straße

Öffnungszeiten

Im Allgemeinen öffnen die Läden um 8.30 oder 9 Uhr und schließen um 18 oder 19 Uhr. Viele Geschäfte haben am Samstagnachmittag bis 17 Uhr geöffnet. Immer mehr Läden haben an Werktagen auch bis 20 Uhr oder noch länger geöffnet. An Sonn- und Feiertagen sind die Läden bis auf wenige Ausnahmen geschlossen. Die Billa-Filialen am Wiener Nordbahnhof und am Flughafen haben sieben Tage die Woche geöffnet.

Bezahlung und Mehrwertsteuer

Es ist in Wien fast überall möglich, mit Kreditkarten zu zahlen. Die meisten Geschäfte akzeptieren die gängigen Karten, doch es empfiehlt sich, für kleinere Käufe oder auch für kleinere Läden Bargeld dabeizuhaben.

Die Mehrwertsteuer in Österreich liegt für die meisten Waren bei 20 Prozent, sie ist im Preis eingeschlossen. Besucher aus Ländern außerhalb der EU können sich diese Mehrwertsteuer rückerstatten lassen.

Einfallsreich präsentierte Schokolade von Altman & Kühne

Umtausch und Service

Falls etwas, das Sie gekauft haben, defekt ist, haben Sie im Allgemeinen das Recht auf Umtausch. Dies gilt allerdings nicht für reduzierte Waren und Ausverkaufsschnäppchen – prüfen Sie sie also vor dem Kauf. Viele Geschäfte in Wien verpacken die Ware für Sie – oftmals ohne zusätzliche Gebühr – und verschicken sie an jede gewünschte Adresse weltweit.

Antiquitäten und Kunst

Ein Pfandleihhaus, das Kaiser Joseph I. 1703 für die Armen gründete, ist heute Österreichs größtes Auktionshaus: Das **Dorotheum** ist weltweit bekannt. Hier werden vor allem antike Möbel und Dekorationsobjekte versteigert. Das riesige Geschäft in der Dorotheergasse 17 ist öffentlich zugänglich. Man kann auch außerhalb der

Auktionen einkaufen. Das Dorotheum hat mehrere Zweigstellen in der Stadt.

Secondhand-Waren und Antiquitäten findet man auch auf Flohmärkten. Der größte, aber auch teuerste befindet sich am **Naschmarkt** *(siehe S. 97)*.

Delikatessen

Wien ist zu Recht für seine Torten und Süßigkeiten berühmt. Jede gute Café-Konditorei verpackt und verschickt die Torten auch in alle Welt. In der Weihnachtszeit sollten Sie sich den Stollen von **Meinl am Graben** nicht entgehen lassen. Ansonsten ist die originale Sachertorte des **Hotels Sacher** unübertroffen. Naschkatzen werden von der Schokolade begeistert sein. Die Confiserien sind aufgrund der großen Vielfalt an Schokoladen- und Pralinensorten und der schönen Verpackungen eine Sünde wert.

Kaffeeliebhaber sollten nicht versäumen, eine Packung der stets frisch gerösteten Bohnen mitzunehmen. In Wien gibt es hervorragende Kaffeesorten.

Etwas ganz Besonderes ist der Eiswein, ein köstlicher Dessertwein aus Trauben, die nach dem ersten Frost geerntet werden.

Der Kohlmarkt, eine der exklusivsten Einkaufsstraßen der Stadt

Souvenirs

Es gibt zahlreiche Andenken, die Sie zu Hause an Österreich erinnern: von hübschem Kitsch, etwa dem Riesenrad in der Schneekugel oder Trinkgläsern, die die Melodie *O du lieber Augustin* spielen, bis hin zu klassischen Waren wie Handtaschen mit Petit-Point-Stickereien oder Figuren und Tafelgeschirr aus der Porzellanmanufaktur **Augarten**. Nach wie vor beliebt sind auch Schalen mit dem Porträt von Romy Schneider als Sisi oder Bilder des jungen Kaisers Franz Joseph. Traditionelle Trachtenmode, Mäntel, Jacken und Capes aus Loden und Dirndl bekommt man u. a. bei **Witzky**. Ein origineller Laden für Partyspäße und Zauberartikel ist die **Zauberklingl**.

Auf einen Blick

Antiquitäten und Kunst

Dorotheum
Dorotheergasse 17.
Stadtplan 2 B4.
☎ (01) 51 560.

Galerie Rauhenstein
Rauhensteingasse 3.
Stadtplan 2 C4.
☎ (01) 51 33 009.

Kunst- und Antikmarkt
Donaukanal-Promenade.
Stadtplan 3 D3.
◯ Mai–Sep: Sa 14–18, So 10–20 Uhr.
Am Hof. **Stadtplan** 2 B3.
◯ Fr, Sa 10–19 Uhr.

Naschmarkt
Stadtplan 4 C1.
◯ Mo–Fr 6–19, Sa 6–18 Uhr. Flohmarkt: Sa 6–14 Uhr.

Delikatessen

Altmann & Kühne
Graben 30.
Stadtplan 2 B4.
☎ (01) 53 30 927.

Delikatessen Böhle
Wollzeile 30.
Stadtplan 2 B4.
☎ (01) 51 23 155.

Hotel Sacher
Philharmonikerstraße 4.
Stadtplan 2 B5.
☎ (01) 514 56 0-0.

Meinl am Graben
Graben 19.
Stadtplan 2 B4.
☎ (01) 53 23 334.

Vinothek St. Stephan
Stephansplatz 6.
Stadtplan 2 C4.
☎ (01) 51 26 858.

Zum Schwarzen Kameel
Bognergasse 5.
Stadtplan 2 B3.
☎ (01) 53 38 125.

Souvenirs

Augarten
Stock-im-Eisen-Platz 3–4.
Stadtplan 2 C4.
☎ (01) 51 21 494.

J. & J. Lobmeyr
Kärntner Straße 26.
Stadtplan 2 C5.
☎ (01) 51 20 508.

Kalke Village
Kegelgasse 37–39.
☎ (01) 71 04 616.

Maria Stransky
Hofburg Passage 2.
Stadtplan 2 B4.
☎ (01) 53 36 098.

Metzger
Stephansplatz 7.
Stadtplan 2 C4.
☎ (01) 51 23 433.

Österreichische Werkstätten
Kärntner Straße 6.
Stadtplan 2 C4.
☎ (01) 51 22 418.

Petit Point
Kärntner Straße 16.
Stadtplan 2 C4.
☎ (01) 51 24 886.

Witzky Landhausmode
Stephansplatz 7.
Stadtplan 2 C4.
☎ (01) 51 24 843.

Zauberklingl
Führichgasse 4.
Stadtplan 2 C4.
☎ (01) 51 26 868.

Unterhaltung

Wien bietet viele Unterhaltungsmöglichkeiten – vom Straßentheater im berühmten Prater bis zu den exzellenten Produktionen weltbekannter Bühnen. In erster Linie ist Wien aber die Stadt der Musik. Man hat die Wahl zwischen den großartigen Opernproduktionen in der Staatsoper, dem neusten Musical im Raimund Theater, ausgezeichneter Orchestermusik im Konzerthaus oder im Musikverein mit brillanter Akustik, Walzerklängen im Stadtpark oder Open-Air-Konzerten mit freiem Eintritt am Rathausplatz. Das Burgtheater gehört zu den renommiertesten Bühnen im deutschsprachigen Raum. Daneben gibt es auch zahlreiche kleine Kellertheater mit wunderbaren Inszenierungen. Einige Kinos der Stadt sind auf Filmklassiker spezialisiert. Zwar schließen die Restaurants relativ früh, doch es gibt in der Innenstadt eine Vielzahl an Jazzclubs, Discos, Casinos und Bars mit Live-Musik. Man kann den Tag aber auch gemütlich bei einer Tasse Kaffee und einem Kuchen in einem der vielen Kaffeehäuser, die nachts offen sind, ausklingen lassen.

Ein Wahrzeichen Wiens: das Riesenrad im Prater

Information

Ein Veranstaltungsprogramm mit Theater-, Konzert- und Kinoprogramm findet man in den Tageszeitungen *Neue Kronen Zeitung*, *Die Presse*, *Standard* oder *Kurier*. Die Wochenzeitschrift *Der Falter* (www.falter.at) bietet einen umfassenden Programmteil und eine ausführliche Kulturberichterstattung. WienTourismus *(siehe S. 345)* veröffentlicht monatlich einen Führer mit Veranstaltungskalender, in dem Ereignisse aus Kunst und Sport aufgelistet sind.

Außerdem liegen in jedem Hotel Gratisbroschüren mit Veranstaltungshinweisen aus. Achten Sie auch auf die Plakate an den Litfaßsäulen in der Stadt, die die neuesten Veranstaltungen und Ausstellungen ankündigen.

Die meisten Theater, Konzertsäle, Museen und öffentlichen Gebäude sind rollstuhlgerecht mit Rampen, Liften und Behindertentoiletten ausgestattet.

Tickets

Tickets kann man an den jeweiligen Veranstaltungsorten kaufen, aber auch telefonisch oder übers Internet reservieren. An der Hotelrezeption ist man Ihnen dabei gern behilflich. Einige Theater bieten vergünstigte Karten an. In der Staatsoper sind billige Stehplätze erhältlich. Karten für die vier Wiener Staatsheater (Staatsoper, Volksoper, Burgtheater und Akademietheater) erhalten Sie bei den **Bundestheaterkassen**. Vorverkaufstickets sind meist um zehn Prozent billiger als Karten an der Abendkasse.

Musik

Die wichtigsten Häuser für klassische Musik, aber auch für die beliebten Walzerkonzerte sind die **Staatsoper**, die Konzertsäle im **Musikverein**, in dem die Wiener Philharmoniker zu hören sind, und das **Konzerthaus**. Hier treten die besten Musiker der Welt auf. Auch in vielen Kirchen finden Konzerte statt.

Im Sommer stehen die Musikfilme und populären Open-Air-Konzerte vor dem Rathaus auf dem Programm. Beliebt ist auch der **Wiener Kursalon**, auf dessen Terrassen mit Blick über den Stadtpark man alten und neuen Melodien lauschen kann.

Das **Donauinselfest** verwandelt die Donauinsel im Sommer in eine große Bühne, auf der Popgruppen aus der ganzen Welt auftreten. Bei Straßenfesten, in Heurigenlokalen und Cafés ist öfter »Schrammelmu-

Ein junger Straßenmusiker gibt ein Cello-Konzert vor der Pestsäule

sik« zu hören, die Wiener Volksmusik, die nach den Brüdern Schrammel benannt ist. Auch in der Kärntner Straße kommen Musikfreunde auf ihre Kosten. Hier spielen im Sommer zahlreiche Straßenmusiker.

Theater

Die Wiener **Staatsoper** ist eines der renommiertesten Opernhäuser der Welt. Opernproduktionen gibt es auch in der **Wiener Volksoper**, hinzu kommen Operetten und Musicals. In der **Wiener Kammeroper** stehen Barockoper, Opera buffa und zeitgenössisches Musiktheater auf dem Programm. Das **Theater an der Wien** ist seit 2006 das neue, zusätzliche Opernhaus der Stadt. Das **Raimund Theater** ist ein Tipp für Freunde des Musicals. Das **Burgtheater** ist eine der traditionsreichsten und nach wie vor eine der interessantesten Bühnen der Stadt. Etwas intimer präsentiert sich das **Akademietheater**. Auf dem Programm des **Volkstheaters** stehen moderne Theaterstücke und klassische Dramen. Das **Theater in der Josefstadt** zeigt Komödien sowie Stücke österreichischer Autoren.

Eröffnungswalzer auf dem berühmten Wiener Opernball

Kinos

Die meisten Filme werden synchronisiert und in deutscher Sprache gezeigt. Filme in Originalfassung sind in den Programmzeitschriften als solche gekennzeichnet. Einige Kinos haben sich auf ausländische Filme spezialisiert. Die interessantesten Filme sind in Programmkinos mit Themenschwerpunkten zu sehen, etwa im **Österreichischen Filmmuseum**, in der Albertina, im **Votivkino** und im **Filmhaus Stöbergasse**. Das Bellariakino schließlich zeigt alte Filme und cineastische Klassiker.

Litfaßsäule

Casino

Das Casino Wien befindet sich im Palais Esterházy. Man kann Roulette, Bakkarat oder Poker spielen.

Nachts unterwegs

Nach U-Bahn-Schluss fahren halbstündlich Nachtbusse (Infos: www.wienerlinien.at). Die wichtigsten Haltestellen befinden sich am Schwedenplatz, am Franz-Josefs-Kai und an der Oper. In den Nächten von Freitag auf Samstag und Samstag auf Sonntag fährt die U-Bahn durch. Taxistände sind in der Nähe aller Veranstaltungsorte zu finden. Man kann auch ein Taxi auf der Straße heranwinken.

Auf einen Blick

Tickets

Bundestheaterkassen
Operngasse 2. **Stadtplan** 2 B5. ☎ (01) 51 444-78 10. ◷ Mo–Fr 8–18, Sa, So, Feiertage 9–12 Uhr.

Musik

Konzerthaus
Lothringerstraße 20. **Stadtplan** 5 D1. ☎ (01) 24 20 02. **W konzerthaus.at.**

Musikverein
Bösendorferstraße 12. **Stadtplan** 5 D1. ☎ (01) 50 58 190. **W musikverein.at.**

Staatsoper
Operngasse 2. **Stadtplan** 2 B5. ☎ (01) 51 444-78 80. **W wiener-staatsoper.at.**

Wiener Kursalon
Johannesgasse 33. **Stadtplan** 3 D5. ☎ (01) 51 25 790.

Theater

Akademietheater
Lisztstraße 1. **Stadtplan** 5 E1. Tickets: Opernring 2. ☎ (01) 51 444-41 45.

Burgtheater
Dr.-Karl-Lueger-Ring 2. **Stadtplan** 2 A3. ☎ (01) 51 444-44 00.

Raimund Theater
Wallgasse 18–20. ☎ (01) 58 885.

Theater an der Wien
Linke Wienzeile 6. **Stadtplan** 4 C1. ☎ (01) 58 885.

Theater in der Josefstadt
Josefstädter Straße 26. **Stadtplan** 1 B4. ☎ (01) 42 700-300.

Volkstheater
Neustiftgasse 1. **Stadtplan** 1 C5. ☎ (01) 52 111-400.

Wiener Kammeroper
Fleischmarkt 24. **Stadtplan** 3 D3. ☎ (01) 58 83 00.

Wiener Volksoper
Währinger Straße 78. **Stadtplan** 1 C1. ☎ (01) 51 31 513.

Kinos

Filmhaus Stöbergasse
Stöbergasse 11–15. **Stadtplan** 4 A 4/5. ☎ (01) 54 666-30.

Österreichisches Filmmuseum
Augustinerstraße 1 (nur für Mitglieder). **Stadtplan** 2 B5. ☎ (01) 53 37 054.

Votivkino
Währinger Straße 12. **Stadtplan** 2 A2. ☎ (01) 31 73 571.

Casino

Casino Wien
Kärntner Straße 41. **Stadtplan** 2 B5. ☎ (01) 51 24 836.

Stadtplan Wien *siehe Seiten 120–127*

Stadtplan

Die Kartenverweise bei den Sehenswürdigkeiten, Hotels, Restaurants, Läden und Veranstaltungsorten beziehen sich auf den nachfolgenden *Stadtplan*. Der Übersichtskarte unten können Sie entnehmen, welche Stadtteile von Wien von welcher Karte des *Stadtplans* abgedeckt werden. Im *Stadtplan* sind zudem alle wichtigen Sehenswürdigkeiten und historischen Gebäude eingetragen. Sie finden aber auch die Haltestellen von Tram, Bus, U-Bahn und anderen Bahnen der Österreichischen Bundesbahnen (ÖBB), dazu Polizeireviere sowie Krankenhäuser mit Notaufnahme.

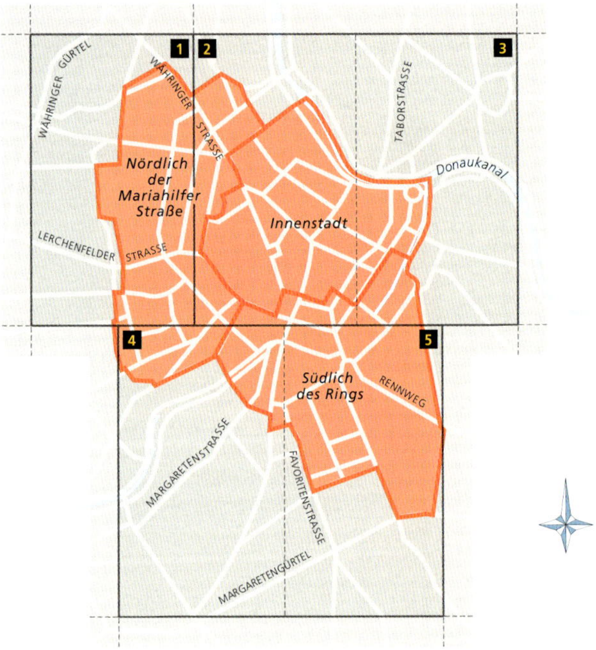

0 Kilometer 1

Legende

- Hauptsehenswürdigkeit
- Sehenswürdigkeit
- Anderes Gebäude
- U-Bahn-Station
- Bahnhof (ÖBB)
- Schnellbahn-Station
- Bahnhof (Badner Bahn)
- Information
- Krankenhaus mit Notaufnahme
- Polizei
- Kirche
- Synagoge
- Eisenbahn
- Fußgängerzone

Maßstab der Karten 1–5

1 : 11 500

0 Meter 200

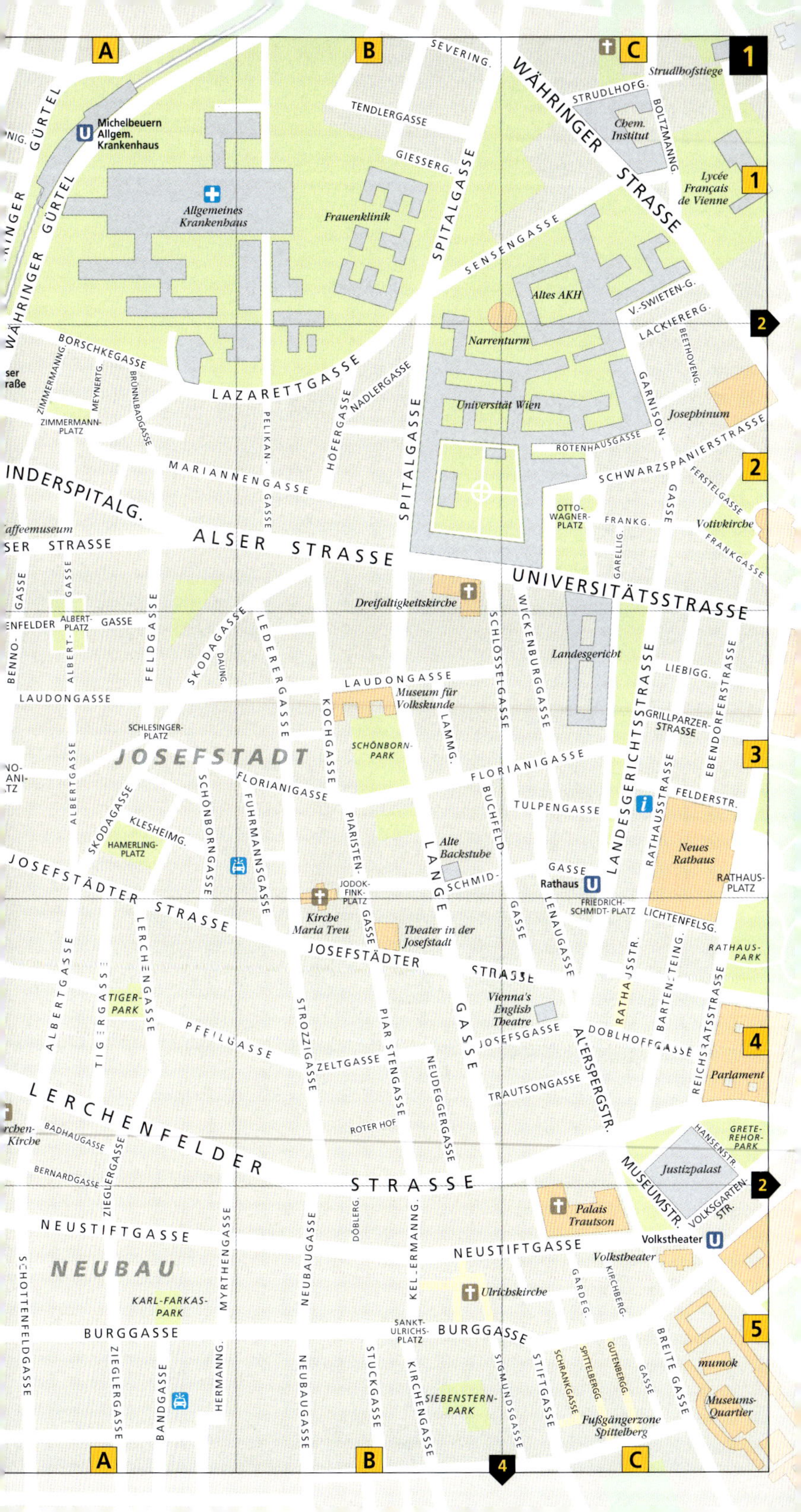

A
B
C
1
2
3
4
5
Michelbeuern Allgem. Krankenhaus
Allgemeines Krankenhaus
Frauenklinik
Strudlhofstiege
Chem. Institut
Lycée Français de Vienne
Altes AKH
Narrenturm
Universität Wien
Josephinum
Votivkirche
Dreifaltigkeitskirche
Landesgericht
Museum für Volkskunde
JOSEFSTADT
Alte Backstube
Neues Rathaus
Rathaus
Kirche Maria Treu
Theater in der Josefstadt
Vienna's English Theatre
Parlament
Justizpalast
Palais Trautson
Volkstheater
Ulrichskirche
NEUBAU
mumok
Museums-Quartier
Fußgängerzone Spittelberg
Affeemuseum
WÄHRINGER STRASSE
ALSER STRASSE
UNIVERSITÄTSSTRASSE
JOSEFSTÄDTER STRASSE
LERCHENFELDER STRASSE
NEUSTIFTGASSE
BURGGASSE
LAZARETTGASSE
SPITALGASSE
LANDESGERICHTSSTRASSE

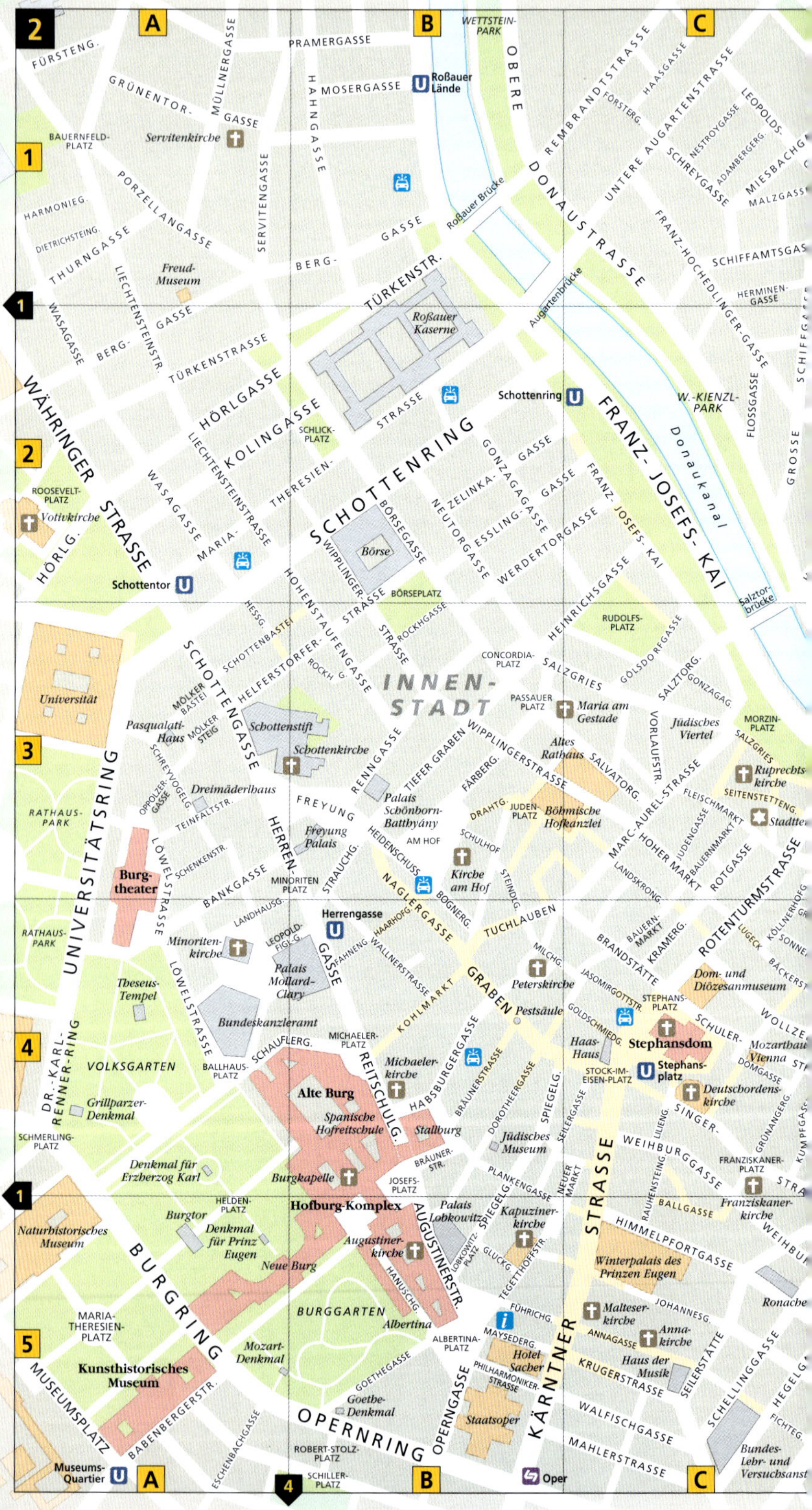

2
A
B
C
1
2
3
4
5
Fürsteng.
Pramergasse
Wettstein-Park
Grünentor-Gasse
Müllnergasse
Hahngasse
Mosergasse
Roßauer Lände
Obere Donaustrasse
Rembrandtstrasse
Haasgasse
Försterg.
Untere Augartenstrasse
Leopolds-
Bauernfeld-Platz
Servitenkirche
Servitengasse
Nestroygasse
Schreygasse
Adambergerg.
Miesbachg.
Malzgasse
Harmonieg.
Porzellangasse
Roßauer Brücke
Dietrichsteing.
Thurngasse
Berg-Gasse
Franz-Hochedlinger-Gasse
Schiffamtsg.
Liechtensteinstr.
Freud-Museum
Türkenstr.
Herminen-Gasse
Wasagasse
Berg-Gasse
Roßauer Kaserne
Augartenbrücke
Türkenstrasse
Währinger Strasse
Hörlgasse
Kolingasse
Schlick-Platz
Strasse
Schottenring
Franz-Josefs-Kai
W.-Kienzl-Park
Flossgasse
Donaukanal
Grosse
Liechtensteinstrasse
Roosevelt-Platz
Votivkirche
Hörlg.
Wasagasse
Maria-Theresien-
Schottenring
Börsegasse
Börse
Neutorgasse
Zelinka-Gasse
Gonzagagasse
Essling-Gasse
Werdertorgasse
Franz-Josefs-Kai
Schottentor
Wipplinger Strasse
Börseplatz
Salztorbrücke
Hessg.
Schottenbastei
Hohenstaufengasse
Strasse
Rockhgasse
Heinrichsgasse
Rudolfs-Platz
Gölsdorfgasse
Schottengasse
Helferstorfer-
Rockh g.
Concordia-Platz
Salzgries
Innen-Stadt
Universität
Mölker Bastei
Mölker Steig
Schottenstift
Passauer Platz
Maria am Gestade
Salztorg.
Gonzagag.
Vorlaufstr.
Jüdisches Viertel
Morzin-Platz
Pasqualati-Haus
Schottenkirche
Renngasse
Tiefer Graben
Wipplingerstrasse
Altes Rathaus
Salvatorg.
Salzgries
Ruprechtskirche
Schreyvogelg.
Dreimäderlhaus
Färberg.
Marc-Aurel-Strasse
Fleischmarkt
Seitenstetteng.
Stadttе
Rathaus-Park
Universitätsring
Oppolzergasse
Teinfaltstr.
Freyung
Palais Schönborn-Batthyány
Drahtg.
Juden-Platz
Böhmische Hofkanzlei
Judengasse
Bauernmarkt
Freyung Palais
Am Hof
Schulhof
Hoher Markt
Rotgasse
Rotenturmstrasse
Löwelstrasse
Schenkenstr.
Herrengasse
Heidenschuss
Kirche am Hof
Landskrong.
Burgtheater
Bankgasse
Minoriten Platz
Strauchg.
Naglergasse
Bognerg.
Steindlg.
Landhausg.
Herrengasse
Haarhofg.
Tuchlauben
Bauern-Markt
Kramerg.
Lugeck
Köllnerhofg.
Sonnen
Rathaus-Park
Minoritenkirche
Leopold-Figl-G.
Fahneng.
Wallnerstrasse
Milchg.
Brandstätte
Bäckerstr.
Palais Mollard-Clary
Gasse
Kohlmarkt
Graben
Peterskirche
Jasomirgottstr.
Dom- und Diözesanmuseum
Theseus-Tempel
Löwelstrasse
Pestsäule
Goldschmiedg.
Stephans-Platz
Schuler-
Wollze
Bundeskanzleramt
Haas-Haus
Stephansdom
Mozarthaus Vienna
Dr.-Karl-Renner-Ring
Volksgarten
Ballhaus-Platz
Schauflerg.
Michaeler-Platz
Reitschulg.
Michaelerkirche
Habsburgergasse
Bräunerstrasse
Stock-im-Eisen-Platz
Stephansplatz
Domgasse
Grillparzer-Denkmal
Alte Burg
Dorotheergasse
Spiegelg.
Seilergasse
Liliengasse
Singer-
Deutschordenskirche
Grünangerg.
Kumpfgasse
Schmerling-Platz
Spanische Hofreitschule
Stallburg
Jüdisches Museum
Strasse
Weihburggasse
Denkmal für Erzherzog Karl
Burgkapelle
Bräuner-Str.
Josefs-Platz
Plankengasse
Neuer Markt
Rauhensteing.
Franziskaner-Platz
Helden-Platz
Hofburg-Komplex
Palais Lobkowitz
Kapuzinerkirche
Ballgasse
Franziskanerkirche
Naturhistorisches Museum
Burgtor
Denkmal für Prinz Eugen
Augustinerstr.
Spiegelg.
Himmelpfortgasse
Weihbu
Burgring
Augustinerkirche
Lobkowitz-Platz
Glucksg.
Tegetthoffstr.
Neue Burg
Hanuschg.
Winterpalais des Prinzen Eugen
Burggarten
Führichg.
Malteserkirche
Johannesg.
Ronacher
Maria-Theresien-Platz
Albertina
Mayseder.
Annagasse
Annakirche
Albertina-Platz
Hotel Sacher
Haus der Musik
Seilerstätte
Schellinggasse
Mozart-Denkmal
Kärntner
Krugerstrasse
Kunsthistorisches Museum
Goethegasse
Philharmoniker-Strasse
Hegelg.
Fichteg.
Museumsplatz
Babenbergerstr.
Goethe-Denkmal
Staatsoper
Walfischgasse
Operngasse
Opernring
Mahlerstrasse
Eschenbachgasse
Robert-Stolz-Platz
Bundes-Lehr- und Versuchsanst
Museums-Quartier
Schiller-Platz
Oper
4

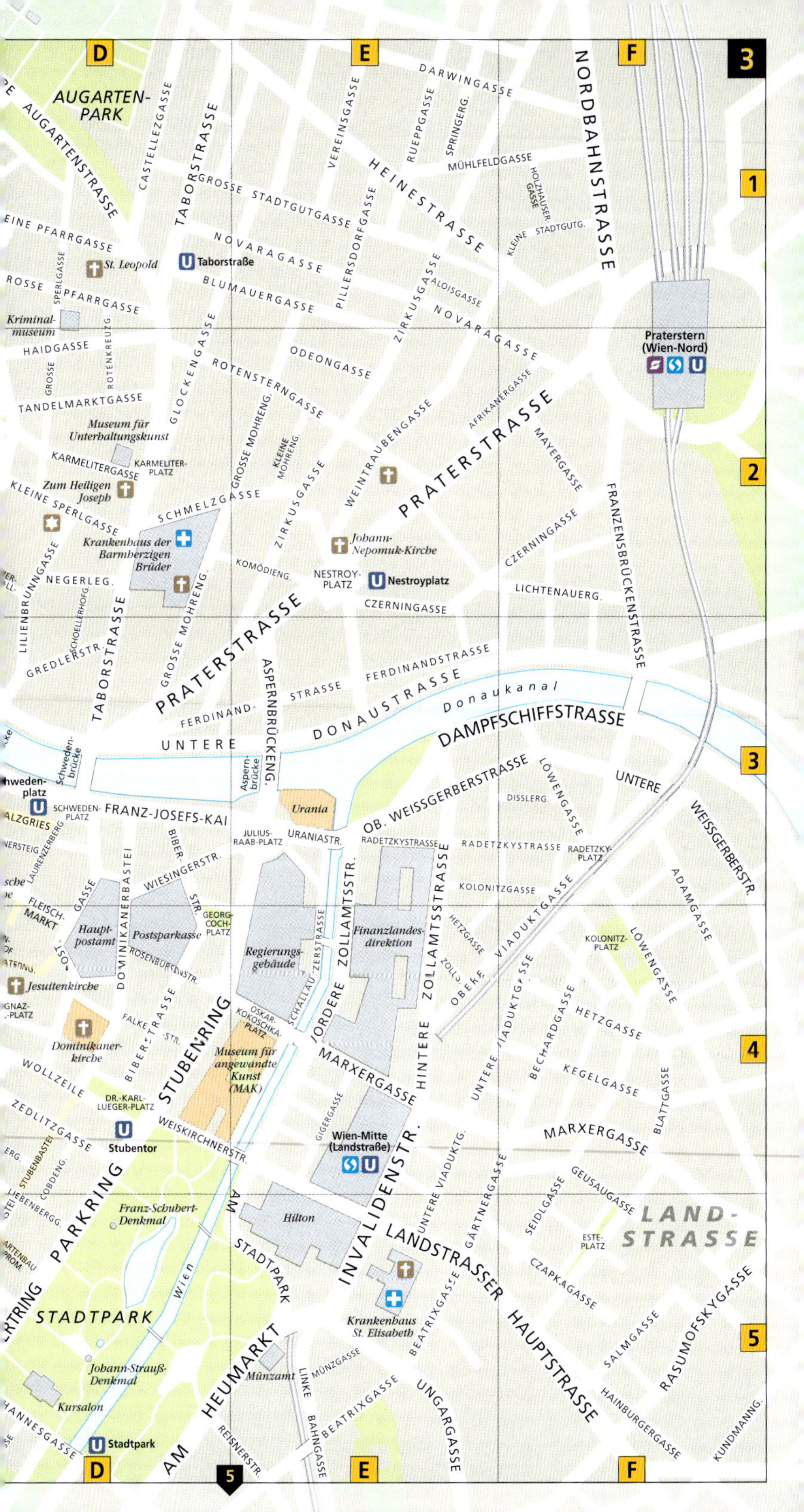

3
D
E
F
1
2
3
4
5
AUGARTEN-PARK
AUGARTENSTRASSE
CASTELLEZGASSE
TABORSTRASSE
VEREINSGASSE
DARWINGASSE
RUEPPGASSE
SPRINGERG.
MÜHLFELDGASSE
NORDBAHNSTRASSE
HOLZHAUSER GASSE
KLEINE STADTGUTG.
HEINESTRASSE
GROSSE STADTGUTGASSE
PILLERSDORFGASSE
KLEINE PFARRGASSE
St. Leopold
Taborstraße
NOVARAGASSE
BLUMAUERGASSE
SPERLGASSE
GROSSE PFARRGASSE
Kriminal-museum
HAIDGASSE
ROTENKREUZG.
ZIRKUSGASSE
ALOISGASSE
NOVARAGASSE
Praterstern (Wien-Nord)
GROSSE
TANDELMARKTGASSE
GLOCKENGASSE
ROTENSTERNGASSE
ODEONGASSE
AFRIKANERGASSE
PRATERSTRASSE
Museum für Unterhaltungskunst
KARMELITERGASSE
KARMELITER-PLATZ
GROSSE MOHRENG.
KLEINE MOHRENG.
WEINTRAUBENGASSE
MAYERGASSE
Zum Heiligen Joseph
KLEINE SPERLGASSE
SCHMELZGASSE
ZIRKUSGASSE
FRANZENSBRÜCKENSTRASSE
Krankenhaus der Barmherzigen Brüder
Johann-Nepomuk-Kirche
CZERNINGASSE
KOMÖDIENG.
NESTROY-PLATZ
Nestroyplatz
LICHTENAUERG.
NEGERLEG.
CZERNINGASSE
LILIENBRUNNGASSE
SCHOELLERHOFG.
GREDLERSTR.
TABORSTRASSE
GROSSE MOHRENG.
PRATERSTRASSE
ASPERNBRÜCKENG.
FERDINANDSTRASSE
FERDINAND-
STRASSE
DONAUSTRASSE
Donaukanal
DAMPFSCHIFFSTRASSE
UNTERE
Schweden-brücke
Aspern-brücke
Schwedenplatz
SCHWEDEN-PLATZ
FRANZ-JOSEFS-KAI
Urania
OB. WEISSGERBERSTRASSE
LÖWENGASSE
DISSLERG.
UNTERE
WEISSGERBERSTR.
SALZGRIES
LAURENZERBERG
BIBER-STR.
JULIUS-RAAB-PLATZ
URANIASTR.
RADETZKYSTRASSE
RADETZKYSTRASSE
RADETZKY-PLATZ
ADAMGASSE
WIESINGERSTR.
ZOLLAMTSSTR.
ZOLLAMTSSTRASSE
KOLONITZGASSE
FLEISCH-MARKT
GASSE
DOMINIKANERBASTEI
GEORG-COCH-PLATZ
Haupt-postamt
Postsparkasse
Regierungs-gebäude
SCHALLAUTZERSTRASSE
Finanzlandes-direktion
HETZGASSE
VIADUKTGASSE
KOLONITZ-PLATZ
LÖWENGASSE
ROSENBURSENSTR.
POST-
Jesuitenkirche
VORDERE
HINTERE
OBERE
UNTERE VIADUKTG.
BECHARDGASSE
HETZGASSE
OSKAR-KOKOSCHKA-PLATZ
FALKESTRASSE
STUBENRING
Dominikanerkirche
BIBERSTR.
Museum für angewandte Kunst (MAK)
MARXERGASSE
KEGELGASSE
BLATTGASSE
WOLLZEILE
DR.-KARL-LUEGER-PLATZ
GIGERGASSE
ZEDLITZGASSE
Stubentor
WEISKIRCHNERSTR.
Wien-Mitte (Landstraße)
MARXERGASSE
STUBENBASTEI
COBDENG.
LIEBENBERGG.
PARKRING
Franz-Schubert-Denkmal
AM STADTPARK
Hilton
INVALIDENSTR.
UNTERE VIADUKTG.
GÄRTNERGASSE
GEUSAUGASSE
SEIDLGASSE
ESTE-PLATZ
LAND-STRASSE
LANDSTRASSER HAUPTSTRASSE
CZAPKAGASSE
Wien
STADTPARK
Krankenhaus St. Elisabeth
BEATRIXGASSE
RASUMOFSKYGASSE
SALMGASSE
AM HEUMARKT
Münzamt
MÜNZGASSE
Johann-Strauß-Denkmal
Kursalon
LINKE BAHNGASSE
BEATRIXGASSE
UNGARGASSE
HAINBURGERGASSE
KUNDMANNG.
JOHANNESGASSE
REISNERSTR.
Stadtpark
5

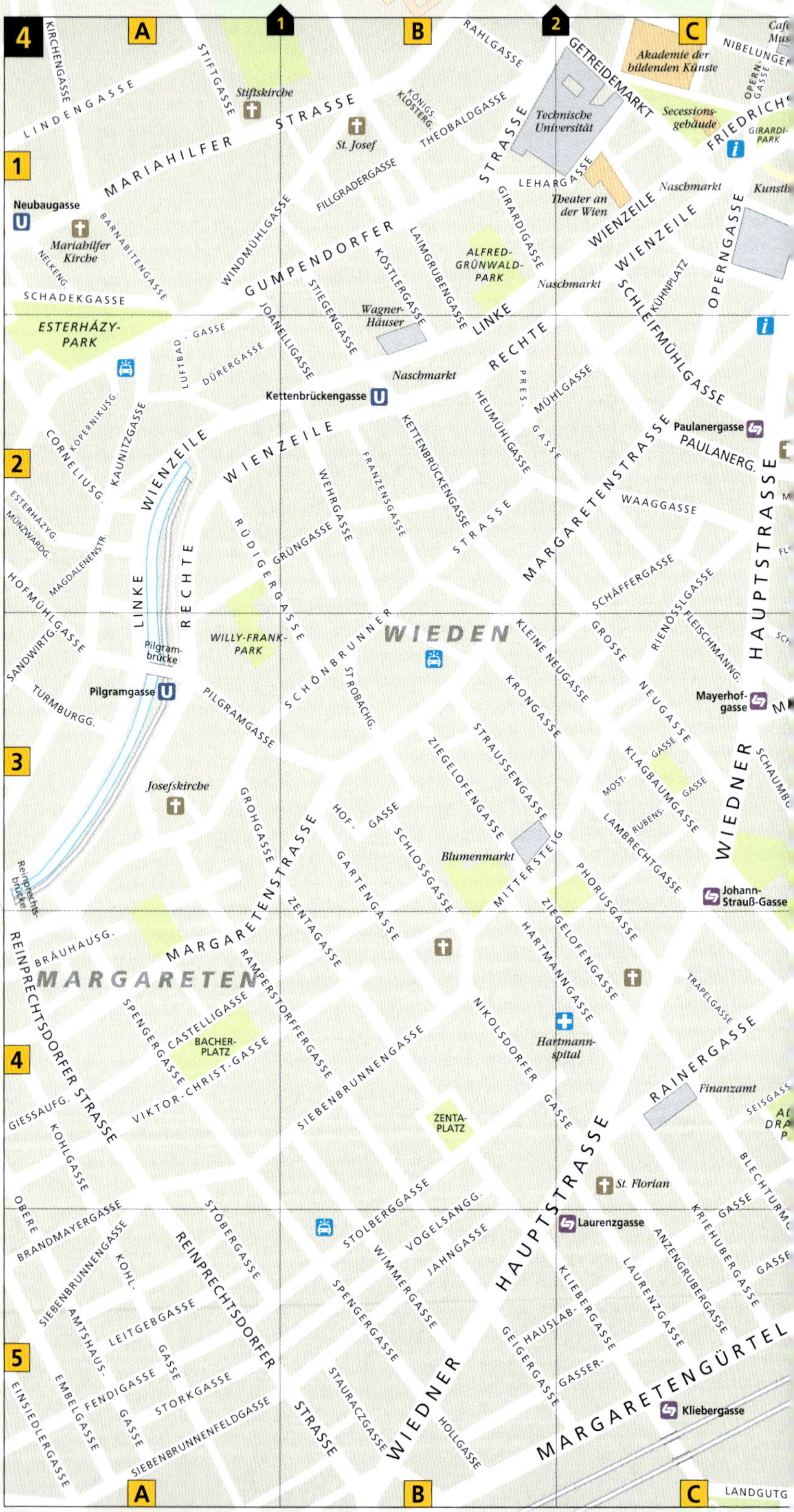
4
A
B
C
1
2
3
4
5
Kirchengasse
Lindengasse
Stiftgasse
Stiftskirche
Mariahilfer Strasse
St. Josef
Königsklosterg.
Theobaldgasse
Rahlgasse
Getreidemarkt
Technische Universität
Akademie der bildenden Künste
Nibelungengasse
Operngasse
Secessionsgebäude
Friedrichstrasse
Girardipark
Kunsth
Café Mus
Fillgradergasse
Lehargasse
Theater an der Wien
Naschmarkt
Neubaugasse
Mariahilfer Kirche
Barnabitengasse
Nelkeng.
Windmühlgasse
Gumpendorfer Strasse
Köstlergasse
Laimgrubengasse
Alfred-Grünwald-Park
Girardigasse
Linke Wienzeile
Rechte Wienzeile
Kühnplatz
Operngasse
Schadekgasse
Esterházy-Park
Joanelligasse
Stiegengasse
Wagner-Häuser
Schleifmühlgasse
Luftbad-Gasse
Dürergasse
Kettenbrückengasse
Pressgasse
Mühlgasse
Paulanergasse
Paulanerg.
Kopernikusg.
Corneliusg.
Kaunitzgasse
Franzensgasse
Kettenbrückengasse
Heumühlgasse
Margaretenstrasse
Wehrgasse
Rüdigergasse
Grüngasse
Waaggasse
Esterházyg.
Münzwardg.
Magdalenenstr.
Hofmühlgasse
Schäffergasse
Rienösslgasse
Fleischmanng.
Wiedner Hauptstrasse
Willy-Frank-Park
Wieden
Schönbrunner Strasse
Kleine Neugasse
Grosse Neugasse
Pilgrambrücke
Pilgramgasse
Sandwirtg.
Turmburgg.
Pilgramgasse
Strobachg.
Krongasse
Mayerhofgasse
Straussengasse
Ziegelofengasse
Klagbaumgasse
Mostgasse
Rubensgasse
Lambrechtgasse
Schaumburgergasse
Josefskirche
Grohgasse
Hofgasse
Schlossgasse
Gartengasse
Blumenmarkt
Mittersteig
Phorusgasse
Johann-Strauß-Gasse
Reinprechtsbrücke
Reinprechtsdorfer Strasse
Bräuhausg.
Margareten
Rampersdorffergasse
Zentagasse
Hartmanngasse
Trapelgasse
Spengergasse
Castelligasse
Bacherplatz
Viktor-Christ-Gasse
Nikolsdorfer Gasse
Hartmannspital
Rainergasse
Finanzamt
Siebenbrunnengasse
Giessaufg.
Kohlgasse
Zentaplatz
Seisgasse
Blechturmgasse
St. Florian
Obere Brandmayergasse
Stöbergasse
Stolberggasse
Vogelsangg.
Jahngasse
Laurenzgasse
Wimmergasse
Siebenbrunnengasse
Kohlgasse
Amtshausg.
Leitgebgasse
Kliebergasse
Laurenzgasse
Anzengrubergasse
Kriehubergasse
Hauslabgasse
Geigergasse
Embelgasse
Fendigasse
Storkgasse
Staudraczgasse
Wiedner Hauptstrasse
Hollgasse
Gassergasse
Margaretengürtel
Kliebergasse
Einsiedlergasse
Siebenbrunnenfeldgasse
Landgutg

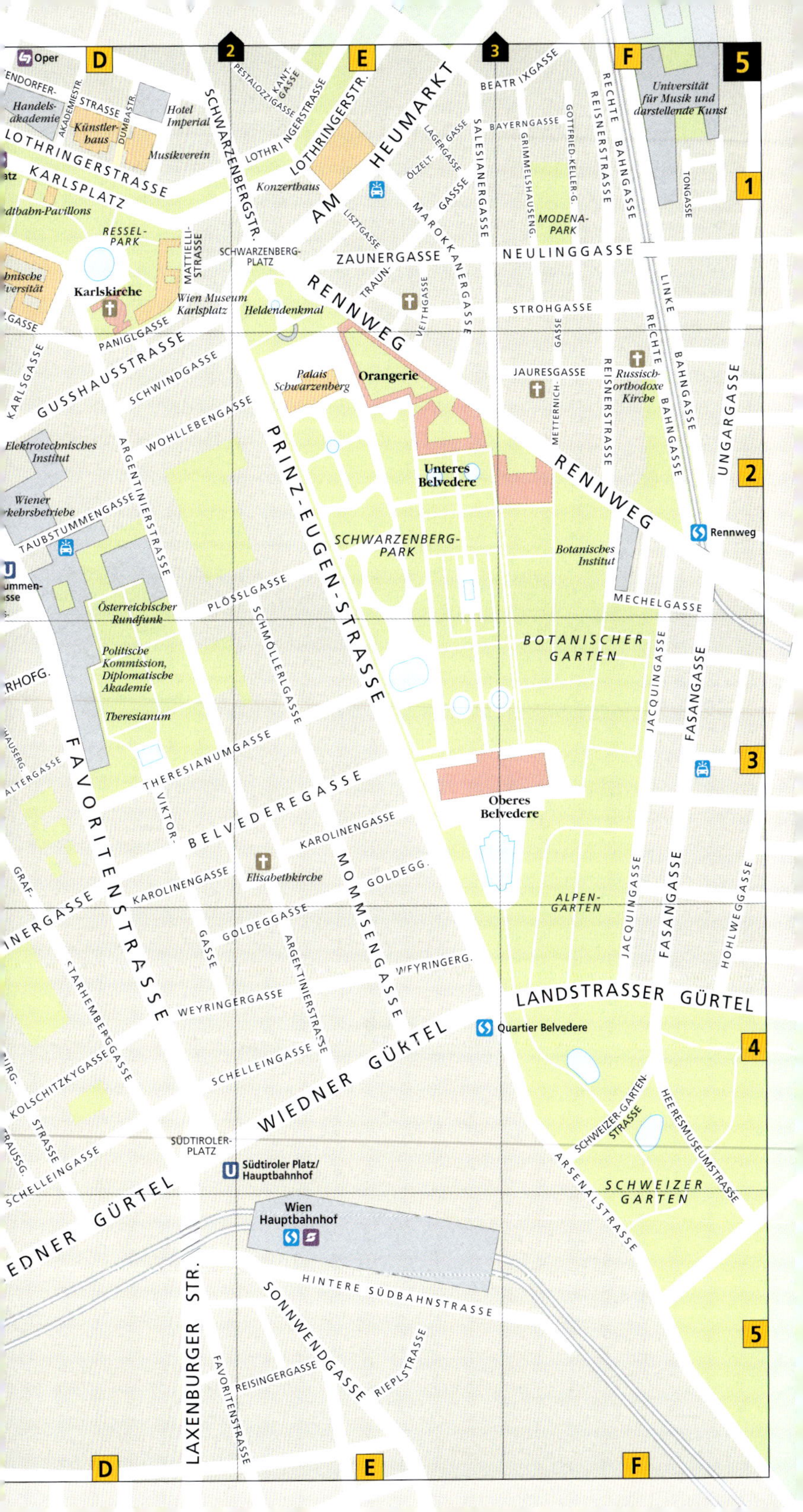

Oper
D
E
F
5
2
3
Handelsakademie
Künstlerhaus
Hotel Imperial
Musikverein
Konzerthaus
LOTHRINGERSTRASSE
KARLSPLATZ
RESSEL-PARK
Karlskirche
Wien Museum Karlsplatz
Heldendenkmal
SCHWARZENBERGSTR.
SCHWARZENBERG-PLATZ
AM HEUMARKT
ZAUNERGASSE
NEULINGGASSE
STROHGASSE
RENNWEG
JAURESGASSE
Universität für Musik und darstellende Kunst
MODENA-PARK
Russisch-orthodoxe Kirche
Palais Schwarzenberg
Orangerie
Unteres Belvedere
SCHWARZENBERG-PARK
Botanisches Institut
Rennweg
MECHELGASSE
BOTANISCHER GARTEN
GUSSHAUSSTRASSE
SCHWINDGASSE
WOHLLEBENGASSE
Elektrotechnisches Institut
Wiener Verkehrsbetriebe
TAUBSTUMMENGASSE
Österreichischer Rundfunk
PLÖSSLGASSE
PRINZ-EUGEN-STRASSE
Politische Kommission, Diplomatische Akademie
Theresianum
THERESIANUMGASSE
FAVORITENSTRASSE
BELVEDEREGASSE
KAROLINENGASSE
Elisabethkirche
GOLDEGGASSE
MOMMSENGASSE
Oberes Belvedere
ALPEN-GARTEN
JACQUINGASSE
FASANGASSE
UNGARGASSE
WEYRINGERGASSE
LANDSTRASSER GÜRTEL
Quartier Belvedere
WIEDNER GÜRTEL
SCHELLEINGASSE
SÜDTIROLER-PLATZ
Südtiroler Platz/ Hauptbahnhof
SCHWEIZER GARTEN
SCHWEIZER-GARTEN-STRASSE
HEERESMUSEUMSTRASSE
ARSENALSTRASSE
Wien Hauptbahnhof
HINTERE SÜDBAHNSTRASSE
SONNWENDGASSE
LAXENBURGER STR.
REISINGERGASSE
RIEPLSTRASSE
1
4

Kartenregister

DIE REGIONEN ÖSTERREICHS

Österreich im Überblick

Das kleine Land im Herzen Europas ist ein Paradies von großer landschaftlicher Schönheit – vom Neusiedler See im Osten und dem weiten Steppenland, das ihn umgibt, über die fruchtbaren Ebenen des Donaubeckens und den malerischen Wienerwald bis hin zu den majestätischen Gebirgsketten der Alpen, die sich von Westen nach Osten erstrecken. Diese Naturschönheiten bilden den Hintergrund für die vielen historischen Bauwerke und Kunstschätze, die Österreichs Ruf als Kulturnation prägten. Wo immer man hinkommt, stößt man auf die Namen großer Künstler und auf Relikte der Vergangenheit. Überall erklingen auch die Melodien der großen Musiker dieses Landes – Mozart, Strauß und Haydn.

Schloss Mirabell in Salzburg wurde im 17. Jahrhundert für Salome Alt, die Konkubine von Erzbischof Wolf Dietrich, erbaut. Die prachtvolle Treppe ist mit Skulpturen von Raphael Donner geschmückt.

Innsbruck mit seiner malerischen Altstadt vor dem Hintergrund der schneebedeckten Alpen ist die Hauptstadt Tirols, des bei Urlaubern beliebtesten Bundeslands.

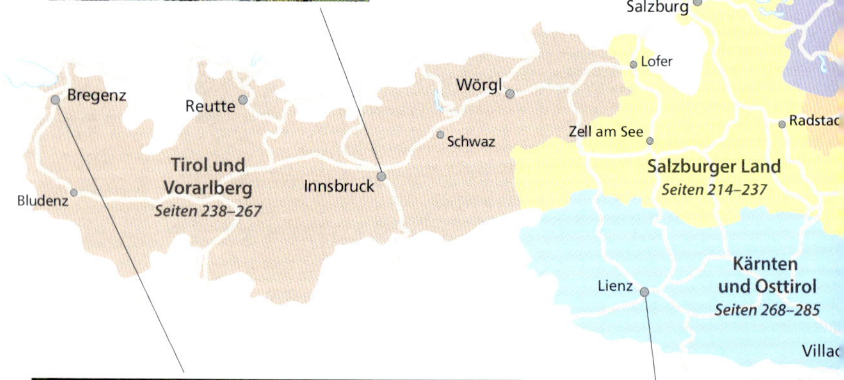

Verzierte Häuser in Bregenz, der Hauptstadt des Bundeslands Vorarlberg – sie sind mit Wappen und Heiligenfiguren bemalt.

Schloss Bruck in Lienz, Osttirol, wurde 1252–77 für die Familie Görz erbaut. Heute ist darin das Heimatmuseum untergebracht, das eine Sammlung österreichischer Volkskunst des 19. und 20. Jahrhunderts besitzt.

◀ **Wie aus dem Bilderbuch: Hallstatt ist ein beliebter Ferienort im Salzkammergut** *(siehe S. 212)*

Der Hauptplatz in Linz, Hauptstadt von Oberösterreich, in dessen Zentrum sich eine Dreifaltigkeitssäule (1723) aus Marmor erhebt, ist einer der schönsten Plätze Mitteleuropas.

Das Denkmal für Strauß und Lanner steht im Kurpark von Baden, einem Biedermeier-Städtchen bei Wien, das für seine Thermalquellen und sein Casino bekannt ist.

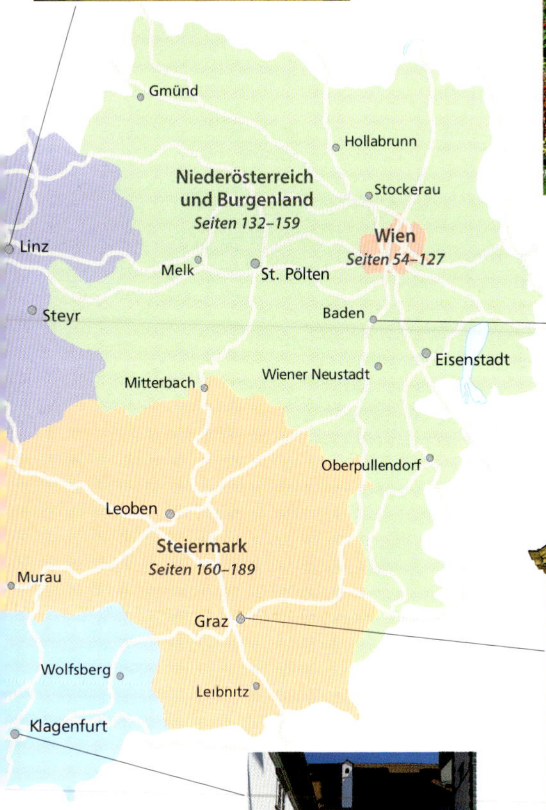

Im Zeughaus in Graz, der Hauptstadt des Bundeslands Steiermark, erinnert eine beeindruckende Waffensammlung an die einstige Macht.

Das Landhaus in Klagenfurt, Sitz der Kärntner Landesregierung, wurde im 16. Jahrhundert im italienischen Stil errichtet und gehört zu Klagenfurts schönsten Gebäuden. Der prachtvolle Arkadenhof ist in bestem Zustand erhalten.

Niederösterreich und Burgenland

Niederösterreich mit seinen zahlreichen Klöstern und Burgen ist das größte Bundesland Österreichs. Es umgibt die Hauptstadt Wien, in der sich lange auch die Verwaltung Niederösterreichs befand. Nach einer Volksabstimmung wurde die Hauptstadt Niederösterreichs 1986 nach St. Pölten verlegt. Das südöstlich von Niederösterreich gelegene Burgenland mit der Landeshauptstadt Eisenstadt und dem Neusiedler See ist ein Anziehungspunkt für Urlauber.

Niederösterreich und Oberösterreich nehmen jene Fläche ein, die man als die »Wiege Österreichs« bezeichnen kann. Das tief liegende Gebiet mit sanfter Hügellandschaft war gut zugänglich und daher leicht zu besiedeln. Während der Römerzeit gehörten die südlichen Bereiche zu den Provinzen Noricum und Pannonien, um die Gebiete nördlich der Donau kämpften slawische und germanische Stämme. Ab 791 n. Chr. wurde Niederösterreich von den Franken beherrscht, 970 n. Chr. erhielt es den Namen Ostmark. Heute leben in Niederösterreich, das sich entlang dem Donaubecken erstreckt, auf einer Fläche von 19 177 Quadratkilometern rund 1,6 Mio Einwohner. Im Norden des Bundeslands, das an Tschechien und die Slowakei grenzt, liegt das Weinviertel, links davon erstreckt sich das Waldviertel. Im Süden reicht Niederösterreich bis zum Kalksteingebirge der Rax mit dem Schneeberg und dem Wintersportort Semmering. Die wichtigsten Städte sind neben der Hauptstadt St. Pölten Krems, Mödling, Wiener Neustadt, Klosterneuburg und Baden bei Wien.

Das lang gezogene Burgenland mit einer Fläche von 3962 Quadratkilometern und etwa 285 000 Einwohnern grenzt im Südosten an Niederösterreich. Früher gehörte es zu Ungarn, nach den Türkenkriegen (1529–1791) wurde es von Deutschen und Kroaten besiedelt. 1921 kam es schließlich zu Österreich. Das Burgenland grenzt im Norden an die Slowakei, im Osten an Ungarn und im Süden an Slowenien. Die Hauptstadt des Bundeslands ist Eisenstadt. Hier ließ sich die einflussreiche Familie Esterházy nieder, die auch heute noch eine bedeutende Rolle in der Region spielt.

Das prächtige Casino aus dem 19. Jahrhundert im Kurort Baden bei Wien

◀ Steinerne Treppe mit Trompe-l'Œil-Malerei, Stift Melk ***(siehe S. 146f)***

Überblick: Niederösterreich und Burgenland

Die für ihre fruchtbaren Ebenen, Weingärten und malerischen Dörfer bekannte Wachau liegt im Herzen Niederösterreichs. Beeindruckende Festungen, Burgen und Abteien wie das berühmte Benediktinerstift Melk ragen an den Ufern der Donau empor. Weiter östlich lädt der Wienerwald zum Wandern und Radfahren. Das Bundesland Burgenland zeichnet sich durch seine einzigartige Flora und Fauna rund um den Neusiedler See aus. Hier werden auch die besten Rotweine Österreichs produziert und das Andenken an den Komponisten Joseph Haydn gepflegt.

Sehenswürdigkeiten auf einen Blick

1 *St. Pölten S. 136f*
2 Tulln
3 Klosterneuburg
4 Korneuburg
5 Laxenburg
6 Wiener Neustadt
7 Baden bei Wien
9 Stift Göttweig
10 Krems
12 Dürnstein
13 Weißenkirchen
14 Spitz
15 Burg Aggstein
16 *Stift Melk S. 146f*
17 Schallaburg
18 Amstetten
19 Waidhofen an der Ybbs
20 Neuhofen an der Ybbs
22 Burg Forchtenstein
23 *Neusiedler See S. 156f*
24 *Eisenstadt S. 158f*
25 Bruck an der Leitha
26 Rohrau
27 Hainburg
28 Schloss Hof

Touren

8 Wienerwald-Tour
11 Waldviertel-Tour
21 Schneeberg-Tour

Tratschende Frauen **am Herrenplatz in St. Pölten**

Die gotische Pfarrkirche in Spitz inmitten der malerischen Wachau

Weitere Zeichenerklärungen *siehe hintere Umschlagklappe*

Schöne Arkaden: Im Teisenhoferhof (16. Jh.) in Weißenkirchen befindet sich das Wachaumuseum

Die neogotische Franzensburg in Laxenburg

Legende

- Autobahn
- Hauptstraße
- Nebenstraße
- Panoramastraße
- Eisenbahn (Hauptstrecke)
- Eisenbahn (Nebenstrecke)
- Staatsgrenze
- Bundeslandgrenze

Restaurants in dieser Region
siehe Seiten 316–318

In Niederösterreich und im Burgenland unterwegs

Vom Flughafen Wien-Schwechat gehen Flüge in beide Bundesländer. St. Pölten ist ein Bahn- und Verkehrsknotenpunkt mit Verbindungen nach Mariazell, Krems, Tulln und Gaming. Zudem liegt es an der Westautobahn, die Wien mit Salzburg verbindet. Die gesamte Region ist durch ein exzellent ausgebautes Straßennetz erschlossen.

❶ St. Pölten

St. Pölten, seit 1986 Hauptstadt Niederösterreichs, erhielt 1159 als erster österreichischer Ort das Stadtrecht. Die Geschichte St. Pöltens lässt sich bis auf die Römerzeit zurückverfolgen, Bedeutung erlangte es aber erst unter dem Augustinerorden im 8. Jahrhundert. Das rasanteste Wachstum erfuhr die Stadt während des Barock, als sich herausragende Künstler jener Zeit wie der Architekt Jakob Prandtauer und die Maler Daniel Gran, Paul Troger und Bartolomeo Altomonte hier niederließen. Zu wirtschaftlicher Bedeutung kam St. Pölten, als sich der Handel von der Donauschifffahrt auf die Straße verlagerte.

Rathausplatz mit Dreifaltigkeitssäule in St. Pölten

Überblick: St. Pölten

Das schöne barocke Zentrum mit den interessanten historischen Gebäuden liegt südlich des Bahnhofs zwischen Domplatz, Riemerplatz und Rathausplatz. Das Stadtzentrum, großteils Fußgängerzone, ist kompakt und bequem zu Fuß zu erkunden. Neben den faszinierenden Barockbauten und Verwaltungsgebäuden ist auch interessante moderne Architektur zu bewundern.

Domkirche Mariä Himmelfahrt

Domplatz 1. (02742) 32 43 31. **Diözesanmuseum** (02742) 32 43 31. Mai–Okt: Di–Fr 9–12, 14–17, Sa 10–13 Uhr.
dz-museum.at

Im 12. Jahrhundert stand hier eine Kirche, die dem hl. Hippolyt, dem Stadtpatron, geweiht war. Nach dem verheerenden Brand von 1278 wurde die Kirche im Barockstil nach Plänen von Jakob Prandtauer neu aufgebaut. Während sich die Fassade enttäuschend nüchtern präsentiert, ist der Innenraum der Domkirche ein typisches Beispiel für überschwängliches barockes Dekor. Daniel Gran und Bartolomeo Altomonte schufen Wand- und Deckengemälde, die Szenen aus dem Leben Jesu zeigen. Neben der Domkirche liegt das Bischofspalais, früher ein Kloster, mit einer Treppe von Prandtauer und einer großartigen Bibliothek von Paul Troger.

Detailansicht vom Tor der Kathedrale

Das **Diözesanmuseum**, das bereits 1888 als erstes Museum seiner Art eröffnet wurde, besitzt eine Sammlung von Skulpturen und Gemälden aus der Gotik und dem Barock. Hinter dem Bischofspalais, in der Klostergasse 1, befand sich die Wohnung von Jakob Prandtauer.

Franziskanerkirche

Rathausplatz.

Die Franziskanerkirche der Heiligen Dreifaltigkeit und das dazugehörige Kloster liegen am nördlichen Ende des Rathausplatzes. Ungewöhnlich an der Rokoko-Kirche mit der leuchtenden rosa Fassade ist, dass sie keinen Turm besitzt. Im Innenraum, ebenfalls im Stil des Rokoko, sind ein Altar von Andreas Gruber und vier Altarflügelbilder des Barockkünstlers Martin Johann Schmidt, bekannt als Kremser Schmidt, zu bewundern.

Rathaus

Rathausplatz. (02742) 33 33 000.

Das heutige Rathaus entstand im 16. Jahrhundert durch die Zusammenlegung zweier gotischer Bürgerhäuser. Es weist durch seine lange Baugeschichte unterschiedliche Stilelemente auf: ein gotisches Eingangstor neben einem Renaissance-Portal, einen gotischen Turm mit einer barocken Zwiebelkuppel und eine Fassade im Barockstil. Sehenswert sind die Stuckaturen der Decke im Amtszimmer des Bürgermeisters und die Skulpturen von Christoph Kirschner.

Das Rathaus steht an der Südseite des Rathausplatzes, der einst als schönster Platz Österreichs galt. Heute dominieren hier moderne Gebäude, wodurch er seinen barocken Charme verloren hat. Neben dem Rathaus ist das Haus zu sehen, in dem Franz Schubert lebte. Nr. 5 ist das Palais Montecuccoli. Die Fassaden der Gebäude schuf Prandtauers Neffe Joseph Munggenast.

Das Zentrum des Platzes schmückt eine Dreifaltigkeitssäule mit einem Brunnen.

Porträts im Amtszimmer des Bürgermeisters, Rathaus

Institut der Englischen Fräulein

Linzer Straße 9–11. (02742) 35 21 880. **Kirche** tägl. 10–17 Uhr.

Das von der englischen Nonne Mary (Maria) Ward gegründete Institut ließ in St. Pölten mehrere Schulen für Mädchen aus Adelsfamilien errichten. Die Bauarbeiten an einem der schönsten Barockgebäude Niederösterreichs begannen 1715. Etwa 50 Jahre später wurde der Bau erweitert. Prandtauer schuf die weiß-rosa Fassade, die schwarzen Schmiedeeisen über den Fenstern und drei Skulpturengruppen. Bartolomeo Altomonte versah die Kuppel des Hauptraums mit Szenen aus dem Marienleben.

Statue an der Fassade des Instituts der Englischen Fräulein

Mariensäule im Zentrum des barocken Herrenplatzes

Riemerplatz

Der Riemerplatz ist ein schöner Platz, der von prachtvollen barocken Gebäuden gesäumt wird, etwa dem Palais Herberstein am breiteren Ende der Wiener Straße. In der Kremser Gasse 41, nördlich des Platzes, findet man das Stöhr-Haus mit einer atemberaubend schönen Jugendstil-Fassade. Sie ist das Werk des Architekten Joseph Maria Olbrich, der auch das unvergleichliche Secessionsgebäude in Wien schuf.

Herrenplatz

Auch das Bild des Herrenplatzes wird von barocken Häusern bestimmt. Die meisten davon schuf Jakob Prandtauer. Hinter den Fassaden verbergen sich oft mittelalterliche Nischen und Arkadenhöfe. Haus Nr. 2 schmückt ein Frontgiebel von Georg Raphael Donner, das sogenannte »Aurorarelief«, das die Vertreibung der Mächte der Finsternis durch jene des Lichts darstellt. Im Zentrum des Platzes ragt eine Mariensäule (1718) empor.

Infobox

Information
Straßenkarte F3.
52 000.
Rathausplatz 1.
(02742) 35 33 54.
st-poelten.gv.at

Anfahrt

Wiener Straße

Die an den Herrenplatz angrenzende Wiener Straße ist seit der Römerzeit eine wichtige Verkehrsader, wovon die vielen Gasthäuser zeugen. Es gibt einige interessante historische Gebäude, etwa die älteste Apotheke St. Pöltens (Nr. 1) aus dem Jahr 1595. An der Fassade von Joseph Munggenast sind noch die Originalwappen des Apothekers aus dem Jahr 1607 und das Schild »Zum Goldenen Löwen« aus dem 19. Jahrhundert zu sehen.

Zentrum von St. Pölten

1. Domkirche Mariä Himmelfahrt
2. Franziskanerkirche
3. Rathaus
4. Institut der Englischen Fräulein
5. Riemerplatz
6. Herrenplatz
7. Wiener Straße

0 Meter 250

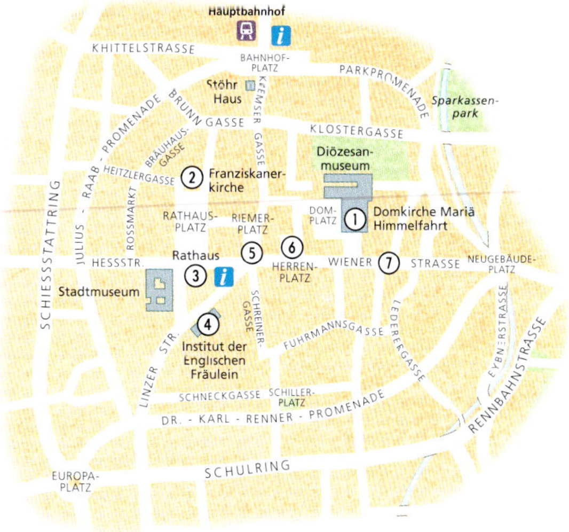

Die Friedhofskapelle aus dem 13. Jahrhundert in Tulln

❷ Tulln

Straßenkarte F3. 15 000. Tourismusverband Tullner Donauraum, Minoritenplatz 2, (02272) 675 66. **tulln.at**

Tulln am rechten Ufer der Donau war der Sitz des römischen Militärlagers Comagena. Zwei Bauwerke aus dieser Zeit sind erhalten: ein römischer Turm aus dem 3. Jahrhundert, vermutlich eines der ältesten Gebäude Österreichs, und ein Meilenstein.

Tulln ist auch der Geburtsort von Egon Schiele, einem der bedeutendsten Maler des 20. Jahrhunderts, der für seine provokanten Akte bekannt ist. Das **Egon Schiele Museum** zeigt in einem alten Verlies am Ufer der Donau 90 Originalwerke des Künstlers sowie die Dauerausstellung *Egon Schiele und seine Zeit*.

Das Minoritenkloster beherbergt den neuen Komplex der **Tullner Museen**, die sich der Stadtgeschichte widmen.

Die romanische **Stadtpfarrkirche St. Stephan** wurde im 12. Jahrhundert erbaut, später aber erst in gotischem, dann in barockem Stil umgestaltet. Sie besitzt ein interessantes romanisches Portal mit zwölf Reliefs, die vermutlich die Apostel darstellen. Neben der Kirche befindet sich der Friedhof aus dem 13. Jahrhundert, eine der interessantesten historischen Stätten der Stadt. Dort steht auch die berühmte Friedhofskapelle der Drei Weisen, die spätromanische und frühgotische Stilelemente vereint und schöne Fresken besitzt. Überreste der mittelalterlichen Stadtmauer sind ebenfalls erhalten.

Egon Schiele Museum
Donaulände 28. (02272) 64 570. Ende März–Nov: Mi–So 10–17 Uhr. nach Vereinbarung. **egon-schiele.eu**

Tullner Museen im Minoritenkloster
Minoritenplatz 1. (02272) 69 01 35. Di–So 10–18 Uhr.

❸ Klosterneuburg

Straßenkarte G3. 25 000. Niedermarkt 4, (02243) 32 038. **klosterneuburg.at.**

Die Stadt in unmittelbarer Nähe von Wien war einst der Hauptsitz der Babenberger. Anfang des 12. Jahrhunderts ließ Markgraf Leopold III. hier eine Burg und später, vermutlich als Sühneopfer für einen Verrat an Heinrich V., das großartige **Stift Klosterneuburg** erbauen.

Die romanische Kirche der Augustinerabtei wurde bis zum 17./18. Jahrhundert, als Joseph Fischer von Erlach und Felice Donato d'Allio den heute noch zu bewundernden barocken Innenraum gestalteten, wiederholt verändert. Erhalten sind der frühgotische Kreuzgang und die Friedhofskapelle von Leopold III., in der sich die größte Kostbarkeit der Stadt befindet: der Altar (1181) von Nicolas von Verdun, einem Goldschmied und Emailkünstler aus Lothringen. Den Altar zie-ren 51 vergoldete und emaillierte Fliesen, die Bibelszenen darstellen.

Weinfass in Klosterneuburg

Das Museum in der ehemaligen Kaiserresidenz besitzt eine wertvolle Sammlung von Gemälden und gotischen und barocken Skulpturen. Ein Besuchermagnet ist die **Sammlung Essl**, die sich auf österreichische Kunst seit 1945 spezialisiert hat.

Ein kleines Museum im nahen **Kierling** ist dem Schriftsteller Franz Kafka gewidmet. Es befindet sich im ehemaligen »Sanatorium Hofmann«, in dem Kafka starb.

Stift Klosterneuburg
(02243) 41 12 12. tägl. 9–18 Uhr. 24.–26. Dez.

Sammlung Essl
An der Donau-Au 1. (02243) 37 05 01 50. Di–So 10–18 Uhr (Mi bis 21 Uhr). **sammlung-essl.at**

Franz-Kafka-Gedenkmuseum
Hauptstraße 187, Kierling. (02243) 41 17 817. Mo–Fr 8–12, 14–17 Uhr. Spende erwünscht.

❹ Korneuburg

Straßenkarte G3. 12 000. **korneuburg.gv.at**

Korneuburg war früher Teil von Klosterneuburg. 1298 wurde die Stadt unabhängig und zu einem bedeutenden Handelszentrum. Der Hauptplatz ist von Häusern mit spätgotischen, Renaissance- und Barockfassaden gesäumt. Weitere interessante Sehenswürdigkeiten sind die spätgotische Ägidkirche und die Augustinerkirche im Stil des Rokoko. Der Hauptaltar zeigt einen von vier Säulen getragenen Himmel und Gott Vater auf dem Thron mit

Hauptaltar in Korneuburg

Das klassizistisch-neogotische Schloss Franzensburg in Laxenburg

der Erdkugel in Händen. Das Altargemälde des *Letzten Abendmahls* schuf Franz Anton Maulbertsch.

Auf der Straße Richtung Stockerau kommt man an der faszinierenden gotischen **Burg Kreuzenstein** vorbei. Sie wurde im 19. Jahrhundert von Graf Hans von Wilczek über einer Festung (1140) erbaut, die schwedische Truppen im Dreißigjährigen Krieg fast völlig zerstörten. Die Burg beherbergt die spätgotische Kunst- und Kunsthandwerkssammlung des Grafen.

❺ Laxenburg

Straßenkarte G3. 300.
Gemeindeamt, (02236) 71 101.
laxenburg.at

Der Ort liegt nur 15 Kilometer vor der Hauptstadt entfernt und ist ein beliebtes Ausflugsziel der Wiener. Ursprünglich befand sich hier die Jagdhütte Lachsenburg, um die eine Siedlung entstand. Während der letzten Türkenkriege wurde sie zerstört, aber im 17. Jahrhundert wiederaufgebaut und erweitert. Maria Theresia und andere Mitglieder des Hofs zogen sich gern nach Laxenburg zurück. Hier wurden auch viele bedeutende Verträge unterzeichnet, etwa die Pragmatische Sanktion, die es einer Frau, genauer gesagt Maria Theresia, ermöglichte, auf den Thron zu kommen.

Heute befinden sich in der ehemaligen Sommerresidenz das Internationale Institut für Systemanalyse (IISA) und das Österreichische Filmarchiv.

Ein prachtvoller Park im englischen Stil umgibt das Schloss. Zur Zeit Kaiser Josephs II. war dies eine der größten Palastparkanlagen Europas. Der Park zeichnet sich durch allerlei Extravaganzen aus. Hervorzuheben ist u. a. die **Franzensburg** (19. Jh.), ein Schloss in klassizistisch-neogotischer Anlage auf einer Insel inmitten eines künstlichen Sees. Die Burg wurde mit Mobiliar und Objekten eingerichtet, die im gesamten Kaiserreich gesammelt und geraubt wurden, etwa den Säulen (12. Jh.) aus der Kapelle von Klosterneuburg oder der Decke des ungarischen Krönungssaals in Eger. Im Sommer finden auf der Schlossinsel Open-Air-Theateraufführungen statt.

❻ Wiener Neustadt

Straßenkarte G3. 41 000.
Hauptplatz 1–3, (02622) 37 33 11.
wiener-neustadt.at

Die Stadt 40 Kilometer südlich von Wien ist Industriezentrum und bedeutender Verkehrsknotenpunkt, aber auch die wichtigste Handelsstadt Niederösterreichs.

Im Zentrum befindet sich der charmante Hauptplatz mit dem teils gotischen **Rathaus**, das im Barockstil umgestaltet wurde. Gotische Häuser säumen die nördliche Seite des Platzes, in dessen Zentrum sich die Mariensäule (1678) erhebt. Der **Dom** wurde im 13. Jahrhundert erbaut. Besonders sehenswert sind die zwölf Holzstatuen der Apostel an den Säulen des Mittelschiffs und der barocke Hauptaltar. Das Brautportal datiert aus dem Jahr 1230.

Im **Stift Neukloster** ist eine schöne Steinskulptur auf dem Grabmal der Gemahlin Friedrichs III., Eleonore von Portugal, von Niklas Gerhaert von Leyden von 1467 zu bewundern.

Das ehemalige Schloss beherbergt heute die renommierte Militärakademie, die einst General Rommel leitete. Im Westflügel befindet sich die **St.-Georgs-Kathedrale** aus dem 15. Jahrhundert mit dem Grab von Maximilian I. unterhalb des Hauptaltars. Im Eckturm, einem Relikt der alten Stadtmauer, ist heute ein Kriminalmuseum untergebracht, das eine schaurige Ausstellung von Folterinstrumenten präsentiert.

Das Rathaus am Hauptplatz von Wiener Neustadt

Eine der vielen eleganten Villen in Baden bei Wien

❼ Baden bei Wien

Straßenkarte G3. 25 000. Brusattiplatz 3, (02252) 22 60 06 00. Operettenfestival (Juli), Rosenfest (Juni). **baden.at**

Der Kurort Baden an den östlichen Ausläufern des Wienerwalds war schon zur Römerzeit unter dem Namen *Aquae Pannoniae* bekannt, bereits Kaiser Mark Aurel pries seine schwefelhaltigen Quellen. Heute ist Baden mit seinen 15 heißen Quellen vor allem bei älteren Erholungsuchenden beliebt. Die Schwefelbäder finden aber auch immer mehr Anhänger bei der jüngeren Generation. Im Sommer verspricht das schöne Jugendstil-Freibad gediegenes Badevergnügen.

Die kleine Stadt wurde nach einem Brand im Jahr 1812 völlig neu aufgebaut. Viele der neoklassizistischen Stadthäuser und Biedermeier-Villen stammen aus dieser Zeit. Joseph Kornhäusel (1786–1860), der bedeutendste Architekt der Epoche, prägte das Stadtbild.

Einst las sich das Gästebuch Badens wie ein *Who's who* der Reichen und Berühmten. Man findet Namen wie Wolfgang Amadeus Mozart, der hier sein *Ave Verum* komponierte, Franz Schubert und Ludwig van Beethoven. Er komponierte in Baden die *Neunte Sinfonie*. Der Kurort war auch bei den Meistern der Wiener Operette recht beliebt: Johann Strauß (Vater und Sohn), Lanner und Zeller zählten zu den Gästen. Auch Napoléon und Marie Louise kurten hier.

❽ Wienerwald-Tour

Der Wienerwald westlich der Hauptstadt ist ein beliebtes Ausflugsziel der Wiener. Die bewaldeten Hügel, durch die sich unzählige Wander- und Radwege ziehen, nehmen 1250 Quadratkilometer ein. Die wichtigsten Städte im Wienerwald sind Klosterneuburg, das ehemalige Zentrum der Babenberger, Tulln *(siehe S. 138)* und Baden, einer der bekanntesten Kurorte Europas. Neben der einzigartigen Landschaft sind auf dieser Tour auch interessante Kunstschätze zu entdecken.

② Heiligenkreuz
Die von Leopold III. von Babenberg gegründete Zisterzienserabtei (1133) in Heiligenkreuz hat ihren romanisch-gotischen Charakter bis heute bewahrt.

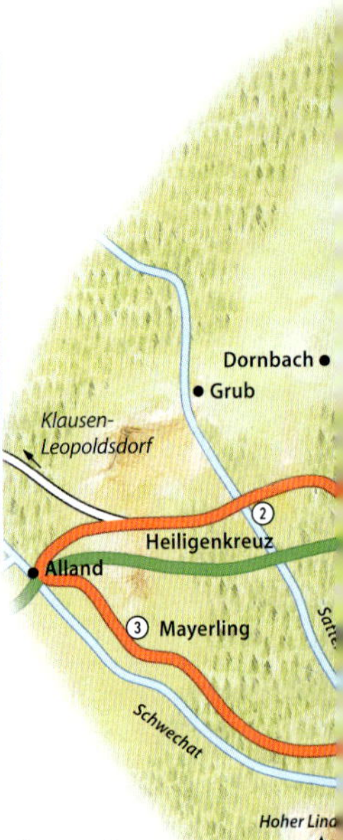

③ Mayerling
Nach dem Doppelselbstmord von Rudolf und Mary von Vetsera ließ Franz Joseph die berühmte Jagdhütte in eine Karmeliterkapelle umbauen.

Legende

- Routenempfehlung
- Panoramastraße
- Andere Straße
- Fluss

Mayerling

Rudolf, einziger Sohn von Franz Joseph I. und Elisabeth, war ein ruheloser Mensch, der sich der rigiden Etikette am Hof nicht unterordnen konnte. Nach einem heftigen Streit mit seinem Vater zog er sich mit seiner Geliebten Mary von Vetsera nach Mayerling zurück. Am 30. Januar wurden die Leichen der Liebenden in der Jagdhütte gefunden. Sie hatten gemeinsam Selbstmord verübt. Die Ursache der Tragödie ist bis heute ungeklärt.

Grabstein von Mary von Vetsera

① **Burg Liechtenstein**
Die 1166 erbaute Burg in Maria Enzensdorf wurde öfter umgebaut und erinnert heute mit ihren imposanten Türmen und Zinnen an ein gotisches Schloss.

⑦ **Mödling**
In der kleinen malerischen Stadt mit schöner Umgebung ließen sich früher viele Künstler nieder.

⑥ **Gumpoldskirchen**
Die kleine Winzergemeinde wurde aufgrund der unzähligen Heurigen und schönen Restaurants berühmt.

⑤ **Bad Vöslau**
Das Dorf an den südlichen Ausläufern des Wienerwalds ist auf zwei Dinge stolz: seinen Wein und seine Bäder mit kristallklarem, mineralhaltigem Wasser (1837).

④ **Baden bei Wien**
Das Frauenbad, eines der Originalbäder aus dem 19. Jahrhundert, ist nicht mehr in Betrieb, doch von historischem Interesse.

Routeninfos

Länge: 60 km.
Rasten: Die besten Lokale gibt es in Gumpoldskirchen und Baden.
Tipps: Besuchen Sie das Stift Heiligenkreuz. ☎ (02258) 87 20.
W stift-heiligenkreuz.org
Machen Sie einen Bootsausflug zur Seegrotte Hinterbrühl.
☎ (02236) 26 364.
W seegrotte.com

Die prachtvolle Orgel im Stift Göttweig

❾ Stift Göttweig

Straßenkarte F3. Furth, (02732) 84 62 20. **Stiftsmuseum** (02732) 85 581-0. Mitte März–Okt: tägl. 10–18 Uhr (Klosterpforte 8–18 Uhr). **stiftgoettweig.or.at**

Stift Göttweig erhebt sich auf einem Hügel am Donau-Südufer in der Nähe von Krems. Es wurde 1083 gegründet und 1094 von Benediktinermönchen aus St. Blasien im Schwarzwald übernommen. Das Stift wird manchmal als österreichisches Monte Cassino bezeichnet, weil es Ähnlichkeit mit dem Stammhaus der Benediktiner hat. Nach einem Brand im Jahr 1718 begann man nach Plänen von Johann Lukas von Hildebrandt mit dem Wiederaufbau. Das Projekt wurde nie vollendet, weshalb die heutige Abtei eine etwas asymmetrische Silhouette aufweist. 1793 wurde im westlichen Trakt eine prachtvolle Treppe, die Kaiserstiege, angebaut. Die Treppe schmücken Statuen, die die vier Jahreszeiten und zwölf Monate repräsentieren. Das Innere der Abtei ziert ein Fresko von Paul Troger. Göttweig besitzt eine interessante Sammlung an Gemälden, Skulpturen und Grafiken. Im Stiftsrestaurant hat man einen herrlichen Blick auf die Umgebung.

Exponat im Weinmuseum in Krems

❿ Krems

Straßenkarte F3. 24 000. Utzstraße 6, (02732) 82 676. Volkskunst-Festival (Juli), Niederösterreichische Landesmesse (Aug). **krems.at**

Krems (früher *Chremis*) stellte im 11. und 12. Jahrhundert eine ernsthafte Konkurrenz für Wien dar. Heute ist die schöne Stadt am linken Ufer der Donau mit der Nachbargemeinde Stein ein beliebtes Ausflugsziel. Die Besucher sind begeistert von der architektonischen Schönheit der Stadthäuser und Innenhöfe, die Krems ein geradezu mediterranes Flair verleihen. Noch erhalten sind einige Überreste der alten Stadtmauer, die größte Attraktion ist jedoch die spätgotische **Piaristenkirche** mit dem prachtvollen Barockaltar des einheimischen Künstlers Johann Martin Schmidt, der als Kremser Schmidt bekannt ist. Die **Veitskirche**, die älteste Barockkirche Österreichs, ist das Werk von Ciprian Biasin.

Im frühgotischen Kloster der einstigen Dominikanerabtei ist heute das Geschichtsmuseum untergebracht. Sehenswert sind darüber hinaus das im Stil der Renaissance errichtete Rathaus und die imposante **Gozzoburg** (13. Jh.), die ein Richter mit Namen Gozzo erbauen ließ und die schon seit einiger Zeit wieder im Rahmen von Führungen besichtigt werden kann (www.gozzoburg.at).

Die Minoritenkirche in Stein datiert aus derselben Periode. Sie ist mit Gemälden aus dem 14. Jahrhundert geschmückt, die Maria auf dem Thron zeigen. In der Pfarrkirche St. Nikolaus sind sehr schöne Deckenfresken und ein Altar vom Kremser Schmidt zu bewundern.

⓫ Waldviertel-Tour

Siehe S. 144f.

⓬ Dürnstein

Straßenkarte F3. 900. Rathaus, (02711) 200. Mo–Fr 8–12, 13–16 Uhr. **duernstein.at**

Ihre Popularität verdankt die ebenso idyllische wie winzige Stadt Dürnstein den Abenteuern des englischen Königs Richard Löwenherz. Auf dem dritten Kreuzzug, den er mit dem französischen König Philip August und dem österreichischen Markgrafen Leopold V. unternahm, zerstritten sich die Kreuzritter. Auf seiner Rückreise durch das Gebiet der Babenberger wurde Richard 1192 in der Künringerburg oberhalb von Dürnstein, deren Ruinen noch heute zu sehen sind, gefangen gehalten. Angeblich fand ihn sein treuer Spielmann Jean Blondel durch ein Lied, das nur ihnen beiden bekannt war. Nach der Zahlung eines Lösegelds von 35 000 Silberlingen wurde Richard freigelassen. Die Babenberger bauten mit dem Geld die Befestigungsanlagen von Enns, Hainburg, Wiener Neustadt und Wien aus. Der Name des treuen Knappen wird in Dürnstein nach wie vor hochgehalten.

Die barocke **Stiftskirche** der Stadt wurde von Künstlern der damaligen Zeit gestaltet. Den Innenhof schuf wohl Jakob Prandtauer.

Das ehemalige Konvent der hl. Klara ist heute ein Gasthaus, das Renaissance-Schloss wurde zum Hotel umgebaut.

Der Barockturm der Pfarrkirche in Dürnstein

⓭ Weißenkirchen

Straßenkarte F3. 1400. (02715) 2600.

Der kleine Ort im Herzen der Wachau zieht seit 1900 viele Künstler an, die hierherkommen, um die wildromantische Donauschlucht zu malen – und auch dem guten Wein gern zusprechen. Heute sind ihre Werke im **Wachaumuseum** im Teisenhoferhof zu sehen.

Eine weitere Attraktion ist die auf einem Hügel gelegene Wehrkirche Mariä Himmelfahrt, die gegen türkische Invasoren befestigt wurde. Die gut erhaltenen Wehrtürme sind Überreste der Befestigungsanlage. Man betritt die Kirche durch das Westportal, das mit kunstvollen Ornamenten verziert ist. Im Innenraum ist ein schönes Gemälde (1520) der Madonna, ein Werk der Donau-Schule, zu sehen.

Wachaumuseum
(02715) 2268. Apr–Okt: Di–So 10–17 Uhr.

Umgebung: Zwischen Weißenkirchen und Spitz befindet sich das Dörfchen **St. Michael** mit einer weiteren Wehrkirche. Nur wenige Kilometer hinter Spitz liegt **Willendorf**, wo die berühmte Venus von Willendorf, eine mehr als 25 000 Jahre alte Fruchtbarkeitsstatuette, gefunden wurde. Die Figur befindet sich heute im Naturhistorischen Museum in Wien *(siehe S. 86)*. Eine vergrößerte Kopie der original nur elf Zentimeter hohen Figur steht in einem Feld nahe Willendorf.

⓮ Spitz

Straßenkarte F3. 1700. (02713) 23 63. Mo–Fr 14–16 Uhr. **spitz-wachau.at**

Am Ufer der Donau, am Fuß des Tausendeimerbergs (dessen Name von der Weinmenge herrührt, die hier angeblich produziert wurde), liegt das bezaubernde Städtchen Spitz an der Donau. Der Fluss war einst bedeutend für das Wirtschaftsleben der Gemeinde, wie man im **Schifffahrtsmuseum** erfährt.

Eine Sehenswürdigkeit ist die frühgotische **Pfarrkirche** des hl. Moritz, deren Interieur im Stil der Spätgotik gehalten ist. Hervorzuheben sind das Presbyterium (1508), das Kreuzrippengewölbe und die Fensterverzierungen. Das Altarbild schuf der Kremser Schmidt. Die Holzstatuen in den Nischen der gotischen Galerie (um 1380) zeigen Christus und die Apostel.

Hoch über der Stadt ragt bedrohlich die Ruine der Burg Hinterhaus empor.

Schifffahrtsmuseum
Auf der Wehr 21. (02713) 22 46. Apr–Okt: Mo–Sa 10–12, 14–16, So 10–16 Uhr.

Die beeindruckenden Ruinen der Burg Aggstein (12. Jh.)

⓯ Burg Aggstein

Straßenkarte F3. (02753) 82 28-4. März–Okt: tägl. 9–18 oder 19 Uhr (Nov: Sa, So 9–17 Uhr). **ruineaggstein.at**

Die Ruinen der in den Fels gebauten Burg Aggstein thronen hoch über dem Flussufer. Früher hatte die Burg eine Länge von 100 Metern und hohe Treppen, die in den oberen Teil führten. Die wohl von den Künringern erbaute Burg diente im 16./17. Jahrhundert zur Abwehr der Angriffe von Türken und Schweden.

Schaurige Geschichten kursieren über die Burg. Einer ihrer Besitzer soll im Hinterhalt auf vorbeifahrende Boote gelauert und für die Durchfahrt ein hohes Wegegeld verlangt haben. Wer sich weigerte zu bezahlen, wurde im Rosengärtlein, einem Garten auf einem Felsvorsprung, eingesperrt, wo er entweder verhungerte oder verzweifelt in den Tod sprang. Heute ist die malerische, restaurierte Burgruine mit Restaurant ein beliebtes Ausflugsziel, das auch mittelalterliche Veranstaltungen anbietet.

Die Ruinen der romantisch gelegenen Burg Hinterhaus in Spitz

⑪ Waldviertel-Tour

Das Waldviertel war von Germanen und Slawen, die sich beide der Bodenschätze wegen hier niederlassen wollten, heftig umkämpft. Österreichs Nordwesten hat viele Sehenswürdigkeiten zu bieten, von Abteien, die zu Befestigungsanlagen ausgebaut wurden, bis zu prunkvollen Residenzen, die der Adel errichten ließ. Die waldreiche Region war einst ein beliebtes Ziel für Jagdausflüge, auch heute noch lockt die Schönheit der Natur viele Besucher an. In den Dörfern werden traditionelle Handwerkskünste praktiziert.

① Gmünd
In der Stadt an der tschechischen Grenze gibt es ein Glas- und Steinmuseum. Nördlich davon liegt der Naturpark Blockheide Gmünd-Eibenstein mit seinen großen Granitformationen und einer Open-Air-Mineralienausstellung.

② Rosenau
Schloss Rosenau wurde 1590 im Stil der Renaissance errichtet und später barock umgebaut. Der Besitzer Leopold Schallenberg reservierte einige Räume für eine Freimaurerloge. Heute ist hier das einzige Freimaurermuseum Österreichs.

Legende

- Routenempfehlung
- Andere Straße
- Fluss, See

0 Kilometer 500

③ Zwettl
In der hübschen alten Stadt sind mehrere Barockhäuser mit interessanten Ziergiebeln zu bewundern. Ganz in der Nähe befindet sich ein großartiges Zisterzienserkloster (1137/38) mit einer gotischen Kirche.

Routeninfos

Länge: 210 km.
Rasten: Es gibt überall in der Region günstige Übernachtungsmöglichkeiten.
Tipps: Besuchen Sie Stift Altenburg bei Horn und Schloss Greillenstein. Freiflugvorführungen von Falken gibt es in der Rosenburg.

⑦ **Greillenstein**
Dieses inmitten von Wäldern gelegene Renaissance-Schloss im Kamptal besitzt einen besonders schönen Arkadenhof.

⑥ **Eggenburg**
Die kleine mittelalterliche Stadt Eggenburg hat zwei Attraktionen zu bieten: die 1900 Meter lange alte Stadtmauer sowie das Motorrad- und Technikmuseum.

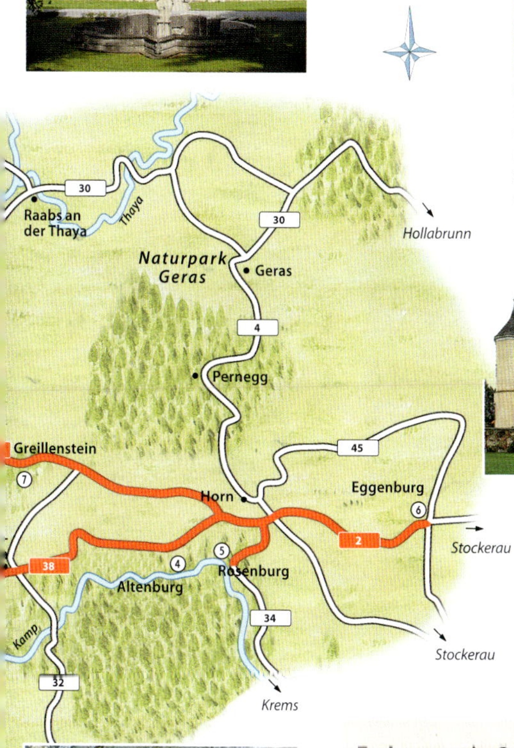

⑤ **Rosenburg**
Im Lauf des 16. Jahrhunderts wurde die einstige Burg zum Schloss im Renaissance-Stil umgebaut. Im Inneren gibt es kostbare Möbel und Kunstobjekte. Zudem finden Flugvorführungen von Falken, Adlern etc. statt.

④ **Altenburg**
Das Benediktinerstift (1144) besitzt eine schöne Bibliothek, eine Schatzkammer und eine Krypta mit faszinierenden Deckenmalereien, die den Totentanz darstellen.

Freimaurer in Österreich

Franz Stephan, der Gemahl von Maria Theresia, brachte die Freimaurer von Holland nach Österreich. Im späten 18. und 19. Jahrhundert spielten sie in der österreichisch-ungarischen Monarchie eine bedeutende Rolle. Viele prominente Politiker und Künstler zählten zu den Freimaurern. Durch das wachsende Verlangen nach nationaler Selbstbestimmung und liberalem Denken verloren die Freimaurer allmählich an Macht. 1945 nahm die Große Freimaurerloge von Österreich ihre Aktivitäten wieder auf. Sie hat heute etwa 2400 Mitglieder in 52 Logen.

Freimaurermuseum, Rosenau

Zeichenerklärung *siehe hintere Umschlagklappe*

⑯ Stift Melk

Stadt und Stift Melk, ursprünglich der Sitz der Babenberger, beherrschen das linke Ufer der Donau etwa 60 Kilometer westlich von Wien. Im 11. Jahrhundert lud Leopold II. die Benediktiner aus Lambach nach Melk ein und schenkte ihnen das Schloss, das die Mönche in eine befestigte Klosteranlage umbauten. Sie wurde 1297 durch einen Brand fast zur Gänze zerstört, später mehrfach umgebaut. Im 16. Jahrhundert trotzte sie den Türken. 1702 begann Abt Berthold Dietmayr mit umfassenden Umbauarbeiten. Jakob Prandtauer, Fischer von Erlach, Joseph Munggenast und andere Künstler der Zeit schufen den barocken Klosterpalast, wie er sich heute präsentiert.

Kaiserstiege
Eine Wendeltreppe mit dekorativem Geländer verbindet die Bibliothek mit der Stiftskirche.

★ Bibliothek
In der beeindruckenden Bibliothek mit dem Deckenfresko von Paul Troger befinden sich an die 100 000 Bücher, darunter ca. 2000 Handschriften und 750 Inkunabeln.

Dornenkrönung und Verspottung Christi
Das ausdrucksstarke Gemälde (1502) von Jörg Breu ist im Stiftsmuseum ausgestellt.

Außerdem

① **Der Marmorsaal** mit einem Deckengemälde (1731) von Paul Troger wurde früher für Empfänge und Zeremonien genutzt.

② **Stiftshof**

③ **Brunnen aus dem 17. Jahrhundert**

④ **Die große Treppe** führt zu den Kaiserzimmern mit Putti und Skulpturen.

★ Stiftskirche
Die prachtvolle barocke Stiftskirche ist mit einem Deckenfresko von Johann Michael Rottmayr geschmückt. Am Hauptaltar sind die Apostel Petrus und Paulus zu sehen.

Infobox

Information
Straßenkarte F3. 6500.
Kremser Straße 5, (02752) 51 160. **Stift Melk** Mai – Sep: 9 – 17.30 Uhr; März, Apr, Okt: 9 – 16.30 Uhr. täglich zur vollen Stunde. Winter: nur Führungen (02752-55 52 32). Melker Sommerspiele (Juli, Aug).
stiftmelk.at

Anfahrt

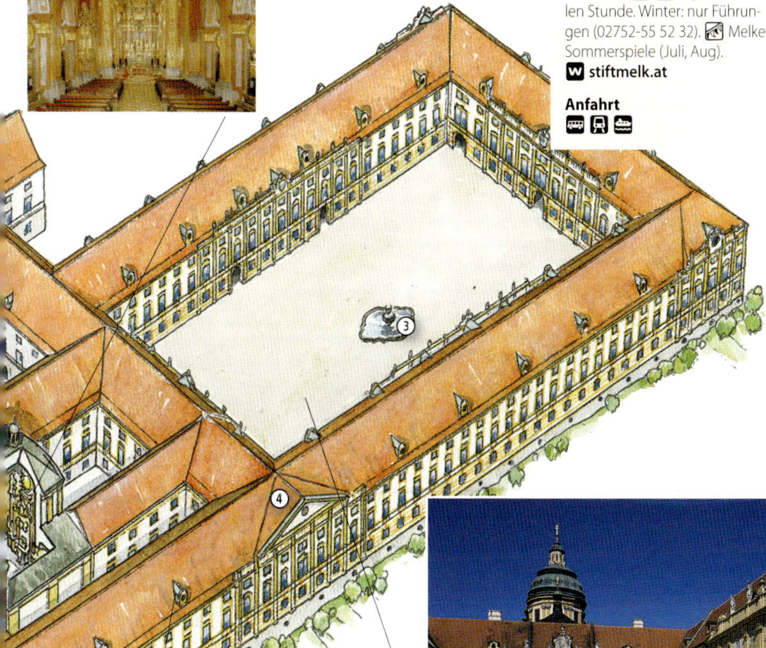

Prälatenhof
Der Hof ist von imposanten Gebäuden umgeben, die mit Statuen der Propheten und Fresken geschmückt sind.

★ Kruzifix
Das Stift besitzt ein wertvolles romanisches Kruzifix (um 1200, *siehe Bild*) sowie das Melker Kreuz (14. Jh.) mit Juwelen und einem Splitter vom Kreuz Christi.

Gesamtansicht
Österreichs schönstes Barockkloster, das Stift Melk, ist eine ausgedehnte Anlage, die in beherrschender Lage oberhalb der Donau aufragt.

Skulptur an der Fassade der Schallaburg

⓱ Schallaburg

Straßenkarte F3. 🚌 ☎ (02754) 63 17. ◯ Mo–Fr 9–17, Sa, So, Feiertage 9–18 Uhr. ♿ **W schallaburg.at**

Die Schallaburg gehört zu den schönsten Renaissance-Schlössern Niederösterreichs. Sie zeigt Spuren mittelalterlicher romanischer und gotischer Architektur, die aber von Umbauten aus späterer Zeit überlagert werden. Besonders beeindruckend sind der Renaissance-Hof und die zweistöckigen rot-weißen Terrakotta-Arkaden von Jakob Bernecker. Terrakotta-Atlanten tragen die zweireihigen Arkaden. Skulpturen und Masken schmücken die unteren Nischen und Mauern des Baus. Eine der schönsten ist die Maske eines Hofnarren. Wilhelm von Losenstein, der ehemalige Besitzer und Bauherr, war Protestant und Humanist, was sich in der Gestaltung niederschlug.

Gegen Ende des Zweiten Weltkriegs wurde die Schallaburg von den Russen zerstört, und erst 1970, als die Burg in Staatsbesitz überging, wurde durch Renovierungsarbeiten die einstige Pracht wiederhergestellt.

Heute ist in der Schallaburg das Niederösterreichische Kultur- und Ausstellungszentrum untergebracht, in dem hervorragende Ausstellungen und Vorträge stattfinden.

⓲ Amstetten

Straßenkarte E3. 👥 23 000. 🚉 🚌 ☎ (07472) 60 14 54.

Amstetten an der Ybbs, nahe der Grenze zu Oberösterreich, ist ein wichtiger Verkehrsknotenpunkt. Das frühere »Amistein« wurde von Jllyrern, Kelten und Römern besiedelt. Amstetten ist die größte Stadt des Mostviertels. Das Landesmuseum erzählt die Geschichte des Lebens in der Region in den Tagen vor der industriellen Revolution. Sehenswert sind auch das Rathaus, die Pfarrkirche aus dem 15. Jahrhundert mit Fresken, die das Jüngste Gericht darstellen, sowie die gotische Kirche der hl. Agatha.

Umgebung: Sechs Kilometer südwestlich der Stadt befindet sich die mittelalterliche **Burg Ulmerfeld**, die bereits im 10. Jahrhundert erwähnt wurde. Vom 14. Jahrhundert bis 1803 war die Burg im Besitz der Bischöfe von Freising. Sie wurde später in eine Papierfabrik umgebaut und ist heute ein Kulturzentrum mit einer Waffensammlung.

⓳ Waidhofen an der Ybbs

Straßenkarte E3. 👥 11 500. 🚉 🚌 ☎ (07442) 51 12 55.

Im 16. Jahrhundert war dieses bezaubernde Städtchen ein bedeutendes Zentrum der Eisenverarbeitung und Waffenproduktion. Das mittelalterliche Stadtbild wird von der Kirche und zwei Türmen der mittelalterlichen Befestigungsanlage geprägt: dem Ybbsturm (13. Jh.) und dem 50 Meter hohen Stadtturm, der 1534 zur Feier des Siegs über die Türken gebaut wurde. Seither stehen die Zeiger der Uhr an der Nordseite auf 11.45 Uhr – die Stunde des Siegs. Die ehemalige Kapuzinerkirche besitzt ein Gemälde des Kremser Schmidt aus dem Jahr 1762. Eine weitere Attraktion ist das **Stadtmuseum**, eines der modernsten Niederösterreichs.

Das bezaubernde Stadtbild von Waidhofen an der Ybbs

🏛 Stadtmuseum Waidhofen
Oberer Stadtplatz 32. ☎ (07442) 51 12 47. ◯ Ostern – 26. Okt: Di–So 10–17 Uhr. ♿

Umgebung: Das Kartäuserkloster Marienthron in **Gaming**, das bedeutendste in Mitteleuropa, wurde 1332 von Prinz Albrecht II. gegründet. Die Mönchszellen und die Befestigungsanlage mit den Rundtürmen stammen aus dieser Zeit. Die barocke Bibliothek ist mit Fresken des Prager Malers Wenzel Lorenz Reiner geschmückt – das einzige Werk des Künstlers, das außerhalb seiner Heimat zu sehen ist. Heute wird das Kartäuserkloster für kulturelle Veranstaltungen genutzt. Im Spätsommer findet im wunderbaren Konzertsaal von Marienthron alljährlich das Chopin-Festival statt.

Weitere Sehenswürdigkeiten in Gaming sind die interessante Barockkirche, die Mariensäule und der Pranger.

Kloster Marienthron in Gaming, vom Prälatenhof aus gesehen

Benediktinerklöster

Der Benediktinerorden, dessen Stammhaus sich in Monte Cassino befindet, wurde im 6. Jahrhundert in Italien vom hl. Benedikt von Nursia gegründet. Das erste Benediktinerkloster Österreichs entstand im 8. Jahrhundert in Salzburg. Größere Bedeutung erlangte der Orden aber erst im 11. Jahrhundert. Sein Ansehen war mit der wachsenden Macht Österreichs unter der Herrschaft der Babenberger verknüpft, deren Geschichte die Benediktiner aufzeichneten. Die befestigten Klöster wurden meist auf uneinnehmbaren Hügeln erbaut. Im Schutz der Anlagen entstanden landwirtschaftliche Siedlungen. Die Klöster, deren Silhouetten weithin sichtbar sind, besitzen wunderbare Bibliotheken, in denen viele einzigartige Zeugnisse der Vergangenheit zu finden sind.

Stift Altenburg *(siehe S. 145)* stammt aus dem 12. Jahrhundert und wurde im 18. Jahrhundert barockisiert. Die Fassade ist mit Statuen und Gemälden geschmückt.

Stift Kremsmünster *(siehe S. 204)* beherbergt die Grabplatte von Ritter Gunther. Auf der Inschrift ist zu lesen, wie sein Vater Tassilo nach Gunthers Tod im Jahr 777 das Stift gründete.

Stift St. Paul im Lavanttal *(siehe S. 272)* verfügt über eine der größten Bibliotheken der Benediktiner mit 40 000 Büchern und Handschriften.

Die Kaiserstiege im Stift Göttweig *(siehe S. 142)*, die mit Statuen geschmückt ist, wurde 1739 von F. A. Pilgram gestaltet.

Der Familienstammbaum der Babenberger ist im Stift Klosterneuburg *(siehe S. 138)*, in der Nähe von Wien, zu sehen. Die Babenberger waren es, die die Benediktinermönche in das faszinierende Stift Melk einluden.

Vor der Stiftskirche in Melk *(siehe S. 146f)*, einem der großartigsten Klöster Österreichs, breitet sich eine Terrasse aus, von der man einen herrlichen Blick über die Donau und die Umgebung hat.

⑳ Neuhofen an der Ybbs

Straßenkarte E3. 2800. (07475) 52 700-40. **neuhofen-ybbs.at**

Neuhofen ist ein kleiner, an der Ybbs und an den Ausläufern der Alpen gelegener Ort. Im Zentrum erhebt sich eine gotische Kirche mit einem hohen Turm. Früher war Neuhofen eine Zwischenstation der Wallfahrer, die zum nahen Sonntagsberg unterwegs waren, dessen Basilika ein Zentrum des Marienkults ist.

Heute ist der **Ostarrichi-Kulturhof**, ein Museum für österreichische Geschichte am Rand von Neuhofen, die Attraktion. Das moderne Gebäude wurde 1980 nach Plänen von Ernst Beneder in Rekordzeit errichtet. Der Versuch, Neues und Altes zu verbinden, zeichnet die landschaftliche Gestaltung der Umgebung aus, die der Architekt mit einbezog. 1996 war das Museum ein Zentrum von Österreichs Feierlichkeiten zum 1000. Geburtstag.

Das bedeutendste Exponat, nach dem das Museum benannt wurde, ist das Faksimile eines Dokuments, in dem erstmals der Name *Ostarrichi* erwähnt wird (das Original befindet sich in München). In dieser Urkunde, die auf den 1. November 996 datiert ist, schenkte Kaiser Otto III., der Imperator Romanorum, das Gebiet um Niuvanhof (das heutige Neuhofen), das »in der Volkssprache *Ostarrichi* heißt«, dem Bischof Gottschalk von Freising in Bayern. Der Name *Ostarrichi* bezeichnete ab dieser Nennung »offiziell« das Gebiet, das von den Babenbergern beherrscht und im 11./12. Jahrhundert Österreich wurde.

Faksimile des Dokuments von 996, Ostarrichi-Kulturhof, Neuhofen an der Ybbs

Die Bischöfe von Freising hatten bereits im 9. Jahrhundert Besitztümer in dieser Region und bereisten regelmäßig ihr Land. Der Name »Osterriche« und die spätere Bezeichnung »Osterland« bezogen sich auf die Region östlich der Enns und ursprünglich wahrscheinlich auf das gesamte Gebiet des östlichen Frankenreichs. Mit der Zeit wurde aus Niuvanhof Neuhofen und aus *Ostarrichi* Österreich. Einer weitverbreiteten Interpretation zufolge bedeutet der Name also »östliche Territorien«.

Es gibt aber auch eine andere Auslegung: Als der Name *Ostarrichi* erstmals auftauchte, wurde das Gebiet in diesem Teil des Donaubeckens noch von slawischen Stämmen besiedelt – die Namen vieler Städte und Dörfer sind slawischen Ursprungs. *Ostarrichi* könnte sich demnach auch vom slawischen Wort *ostrik* für Hügel ableiten.

Welche Interpretation auch zutrifft – das Jahr 996 gilt allgemein als der Beginn der österreichischen Geschichte. Das Museum Neuhofen präsentiert auf informative Weise den Aufstieg eines kleinen germanischen Herzogtums zum Vielvölkerreich der Habsburger und an die Spitze europäischer Macht. Zudem geht das Museum auf die historischen Ereignisse ein, die 1918 zur Gründung der Republik Österreich führten. Es dokumentiert auch die Auswirkungen der Geschichte auf die Bevölkerung und zeigt, wie die Österreicher ihre kulturelle Identität bewahren konnten.

Die Dauerausstellung im Kulturhof besteht aus drei Teilen. Der erste präsentiert das Faksimile des *Ostarrichi*-Dokuments in lateinischer Transkription und deutscher Übersetzung sowie Fotografien. Der zweite widmet sich den etymologischen Veränderungen des Wortes, seinen geografischen, linguistischen und politischen Bedeutungsebenen. Der dritte Teil schließlich zeigt das heutige Österreich und seine Bundesländer. Er illustriert, wie die einzelnen Landesteile zur Republik Österreich zusammenwuchsen und wie es den einzelnen Bundesländern gelang, ihre regionale Identität, ihre Bräuche und Traditionen, ihre Kunst und Kultur zu bewahren.

Die gotische Kirche im Zentrum von Neuhofen an der Ybbs

Ostarrichi-Kulturhof
Millenniumsplatz 1. (07475) 52 70 040. Ende Apr – Ende Okt: Mo, Di, Do, Fr 9–12, Sa, So, Feiertage 10–12, 13–17 Uhr.
ostarrichi-kulturhof.at

Hotels und Restaurants in Niederösterreich und im Burgenland *siehe Seiten 295 und 316–318*

㉑ Schneeberg-Tour

Der Schneeberg und die Rax sind das ganze Jahr über beliebte Ausflugsziele der Wiener. Nur 100 Kilometer von der Hauptstadt entfernt, bieten sie im Winter exzellente, gut ausgebaute Skigebiete und im Sommer zahlreiche schöne Wanderwege. Auf dem Semmering wurde die erste alpine Eisenbahnstrecke der Welt verlegt. Auch heute noch ist eine Zugfahrt durch die Landschaft ein Erlebnis.

Routeninfos

Länge 130 km.
Rasten: Hotels und Restaurants findet man in Puchberg, Semmering und an der Bergstation des Schneebergs.
Tipp: Fahren Sie mit der Zahnradbahn von Puchberg zum Schneeberg (Anfang Apr – Anfang Nov).
i (02742) 36 09 90 99.
w **schneebergbahn.at**

⑤ **Höllental**
Die Schlucht entlang der Schwarza beginnt an den Hängen des Hirschwang, wo 1926 die erste Seilbahn der Welt erbaut wurde.

④ **Schneeberg**
Er ist mit 2076 Meter der höchste Gipfel Niederösterreichs, seine Silhouette ist von der Autobahn zwischen Wien und Graz deutlich zu sehen. Vom Gipfel hat man einen herrlichen Blick über die Raxalpe.

③ **Puchberg am Schneeberg**
Eine Zahnradbahn verbindet den Schneeberg mit Puchberg, einem beliebten Urlaubsort.

⑥ **Semmering**
Der seit dem frühen 19. Jahrhundert beliebte Kurort ist für seine vielen Sonnenstunden, die großartige Aussicht und Architektur bekannt.

Legende
- Routenempfehlung
- Panoramastraße
- Andere Straße
- Fluss, See

0 Kilometer 5

① **Neunkirchen**
In Neunkirchen, einer der ältesten Ansiedlungen Niederösterreichs, sind Renaissance-Bauten und eine schöne Kirche zu besichtigen.

② **Ternitz**
Die kleine Stadtgemeinde im Sierningbach-Tal ist ein beliebter Urlaubsort in einem Naturschutzgebiet. Die moderne Kirche besitzt ein großes Mosaik.

Zeichenerklärung *siehe hintere Umschlagklappe*

㉒ Burg Forchtenstein

Straßenkarte G3. Mattersburg. Hauptstraße 54, (02626) 63 125. **Burg** (02626) 81 212. Mitte März–Okt: 10–18 Uhr; Nov–Mitte März: Gruppen auf Anfrage. **esterhazy.at**

Auf den schroffen Felshängen des Rosaliengebirges erhebt sich inmitten einer idyllischen Landschaft die Burg Forchtenstein, die im 14. Jahrhundert von der Familie Mattersdorfer errichtet und später von den Esterházys erworben und ausgebaut wurde. Heute beherbergt sie eine der größten privaten Waffensammlungen Österreichs. Ausgestellt sind Waffen und Kriegstrophäen vom 16. bis 19. Jahrhundert sowie Erinnerungsstücke und Bilder aus den Kriegen gegen die Türken, Franzosen und Preußen. Burg Forchtenstein war eine der Festungen, die die österreichische Monarchie in den Türkenkriegen 1529 und 1683 verteidigten. Hauptattraktionen sind ein erbeutetes türkisches Zelt, Gemälde mit Schlachtenszenen und eine 142 Meter tiefe Zisterne, die türkische Gefangene im Burghof gruben. Nachdem die Burg ihren Beitrag zur Abwehr der Türken geleistet hatte, wurde die Anlage 1815 in ein Museum umgewandelt.

Das Reiterstandbild im Hof zeigt Paul, den ersten Fürsten aus dem Geschlecht der Esterházy, in deren Besitz sich die Burg heute noch befindet. Im Sommer findet hier ein beliebtes Festival statt.

Das Geburtshaus von Franz Liszt in Raiding bei Forchtenstein

Umgebung: Im Dorf **Raiding**, 24 Kilometer südlich von Forchtenstein, steht das hübsche **Franz Liszt Geburtshaus**, das einst den Esterházys gehörte. Heute ist hier ein kleines Museum untergebracht.

Franz Liszt Geburtshaus
Lisztstraße 46. (02619) 51 047. Apr, Mai, Okt, Nov: Di–So 9–17 Uhr (Juni–Sep: tägl.).

㉓ Neusiedler See

Siehe S. 156f.

㉔ Eisenstadt

Siehe S. 158f.

㉕ Bruck an der Leitha

Straßenkarte G3. 7600. Hauptplatz 16, (02162) 62 21. **bruckleitha.at**

Die kleine Stadt 30 Kilometer östlich von Wien wurde 1230 als Festung der Babenberger errichtet und war die Grenzstadt zwischen Österreich und Ungarn. Ihr heutiges Gepräge stammt zum Großteil vom Anfang des 17. Jahrhunderts. Die Überreste der mittelalterlichen Befestigungsanlage datieren aus dem 13. Jahrhundert. Auch mehrere historische Häuser am Hauptplatz sind noch gotisch. Das schöne Rathaus mit Rokoko-Balkon und Arkadenhof und die von Heinrich Hoffmann erbaute barocke Pfarrkirche dominieren den Hauptplatz. In der Friedrich-Schiller-Gasse

Die imposante Burg Forchtenstein mit der Waffensammlung der Esterházys

◀ Neusiedler See im Burgenland an der Grenze zu Ungarn *(siehe S. 156f)*

steht ein Kapuzinerkloster mit einer Kirche aus dem Jahr 1629.

Die architektonische Attraktion von Bruck an der Leitha ist jedoch **Schloss Prugg** (13. Jh.) mit frühgotischem Wehrturm. Ab 1707 wurde die einstige Wasserburg von Lukas von Hildebrandt in ein barockes Schloss umgebaut. Auch die Kapelle datiert aus dieser Zeit.

In der Johannstraße beschäftigt sich das **Heimatmuseum** mit Geschichte und Volkskunst der Region.

㉖ Rohrau

Straßenkarte G3. 1500.
Bad Deutsch-Altenburg, Petronell.

Östlich von Wien liegt Rohrau mit zwei Attraktionen: mit Joseph Haydns Geburtshaus und dem **Schloss** der Familie Harrach. Das Haus, in dem der Komponist (1732) und sein Bruder Michael (1737) geboren wurden, ist heute ein kleines **Museum**. Das nahe Schloss beherbergt eine der schönsten Privatsammlungen Österreichs mit wunderbaren Gemälden aus dem 17. und 18. Jahrhundert, großteils aus Spanien und Neapel, aber auch aus den Niederlanden. Das Schloss datiert aus dem 16. Jahrhundert.

Geburtshaus Joseph Haydns (Museum)
(02164) 22 68. Di–So 10–16 Uhr. 1. Jan, 24. Dez.
haydngeburtshaus.at

Harrachsche Gemäldegalerie (Schloss Rohrau)
(02164) 22 53 16. Ostern–Okt: Di–So 10–17 Uhr.
schloss-rohrau.at

㉗ Hainburg

Straßenkarte G3. 6000.
Ungarstraße 3, (02165) 62 111-23.
hainburg.at

Hainburg an der Donau war einst eine befestigte Grenzstadt der Ostmark und ist auch heute noch das Tor zum Osten. Die Ruinen einer Burg (11. Jh.), drei Stadttore, 15 große Türme und 15 Ausfalltore aus dem frühen 13. Jahrhundert haben

Heidentor im Archäologischen Park Carnuntum nahe Hainburg

sich erhalten. Hainburg besitzt zahlreiche historische Sehenswürdigkeiten, u. a. eine romanische Friedhofskapelle und eine Rokoko-Mariensäule am Hauptplatz. Die Auwaldlandschaft um Hainburg ist ein Naturschutzgebiet, in dem seltene Vogelarten beheimatet sind. Den geplanten Bau eines Wasserkraftwerks haben massive Proteste der Umweltschützer verhindert. 1996 wurde die »Hainburger Au« Teil des Nationalparks Donau-Auen.

Umgebung: 38 Kilometer östlich von Wien liegt **Petronell**, wo Archäologen bei Ausgrabungen die Römerstadt **Carnuntum** und die Ruinen eines Militärlagers freilegten. Zu den Sehenswürdigkeiten zählen ein römischer Triumphbogen, das Heidentor, öffentliche Bäder, eine Stadtvilla und zwei große Amphitheater. Die Ruinen des antiken Carnuntum, einst Hauptstadt der römischen Provinz Pannonien, erstrecken sich bis zum nahen Bad Deutsch-Altenburg, wo viele der Fundstücke im **Museum Carnuntinum** ausgestellt sind.

Archäologischer Park Carnuntum
Petronell-Carnuntum, Hauptstraße 1. (02163) 33 77-0. 21. März–17. Nov: tägl. 9–17 Uhr.
carnuntum.co.at

Museum Carnuntinum
Bad Deutsch-Altenburg, Badgasse 40–46. (02163) 33 77-0. wie Ärchäologischer Park. teilweise. **carnuntum.co.at**

㉘ Schloss Hof

Straßenkarte G3. (02285) 20 000. Apr–Okt: tägl. 10–18 Uhr; Nov–März: Sa, So 10–16 Uhr.
schlosshof.at

Schloss Hof gehört zu den schönsten Ausflugszielen von Wien aus. 1725–29 ließ Prinz Eugen von Savoyen hier einen Jagdsitz errichten und begann, den Barockgarten anzulegen.

Kaiserin Maria Theresia erwarb das Schloss 1755 und ließ es vergrößern. Hofarchitekt Franz Anton Hillebrandt stattete Fassade und Innenräume mit klassizistischem Dekor aus. In seiner Blütezeit sah das Schloss glanzvolle höfische Feste. Zum 50 Hektar großen Komplex gehören auch ein barocker Meierhof mit Kräutergarten und altösterreichischen Tierrassen sowie dem 2014 eröffneten Bäckenhof, einer Kinder- und Familienwelt.

Wenige Kilometer entfernt liegt Schloss Niederweiden.

Wildromantischer Auwald um Hainburg

㉓ Neusiedler See

Der Stolz des Burgenlands, der Neusiedler See, ist der größte Steppensee Mitteleuropas. Er liegt an der Grenze zwischen Österreich und Ungarn (ein kleiner Teil am südlichen Ende, etwa ein Fünftel der Fläche, gehört zu Ungarn) und nimmt 320 Quadratkilometer ein. Bis auf die Wulka hat er keine natürlichen Zu- oder Abflüsse. Das Wasser ist an keiner Stelle tiefer als zwei Meter, weshalb er sich im Sommer rasch erwärmt. Das Ufer ist von einem dichten Schilfgürtel bewachsen – ein idealer Nistplatz für Vögel ist. Die Strandbäder sind im Sommer gut besucht. 2001 wurden der See und die umgebende Landschaft von der UNESCO zur Welterbestätte erklärt.

Neusiedler See
Der Neusiedler See, die »Adria der Wiener«, zieht mit seiner wunderschönen Landschaft und den vielen Wassersportmöglichkeiten zahlreiche Besucher an.

★ Rust
Die hübsche Ortschaft am Westufer besitzt eine gut erhaltene Altstadt mit vielen Renaissance- und Barockgebäuden. Hauptattraktionen sind das Rathaus und die Fischerkirche.

Mörbisch am See
Der romantische Ort an der Grenze zu Ungarn mit den hübschen weiß gekalkten Häusern und dem üppigen Blumenschmuck ist für seine Seefestspiele und guten Weißweine bekannt.

Hotels und Restaurants in Niederösterreich und im Burgenland *siehe Seiten 295 und 316–318*

Neusiedl am See
Neusiedl, ein bekannter Urlaubsort und Landwirtschaftszentrum, liegt am Nordufer des Neusiedler Sees. Es gibt hier ein Museum, das sich der hiesigen Flora und Fauna widmet.

Infobox

Information

Straßenkarte G3.

Rust, (02685) 502; Neusiedl am See, (02167) 22 29; Jllmitz, Nationalparkhaus, (02175) 34 420; Neusiedler See Tourismus, (02167) 86 00.

neusiedlersee.com

Anfahrt

★ Podersdorf
Mit dem freien Zugang zum See, der hier nicht wie in anderen Dörfern durch den Schilfgürtel abgeschnitten ist, und den vielen Bade- und Wassersportmöglichkeiten ist Podersdorf der beliebteste Badeort am Ostufer des Neusiedler Sees.

Jllmitz
Das inmitten des Nationalparks Seewinkel gelegene Dorf ist ein idealer Ausgangspunkt zur Erkundung der Umgebung.

Seewinkel
In dem Nationalpark mit seinem Schilfgürtel, den vielen kleinen Seen und Sümpfen sind über 250 Vogelarten beheimatet.

Legende

- Autobahn
- Hauptstraße
- Nebenstraße
- Wanderweg
- Staatsgrenze
- Fluss

Zeichenerklärung *siehe hintere Umschlagklappe*

㉔ Eisenstadt

Die kleine Stadt im Burgenland liegt an den südlichen Ausläufern des Leitha-Gebirges, 50 Kilometer südlich von Wien. Hauptstadt des Burgenlands wurde Eisenstadt 1925, als das größere und bekanntere Ödenburg (heute Sopron) zu Ungarn kam. Die Stadt erlebte ein beachtliches Wachstum. Heute ist sie ein Verkehrsknotenpunkt und Zentrum der Weinproduktion. Eisenstadt wird vor allem mit der ungarischen Familie Esterházy und dem berühmten Kapellmeister Joseph Haydn in Zusammenhang gebracht (Haydn-Jahr 2009). Auch das Geburtshaus von Franz Liszt in Raiding *(siehe S. 154)* gehört zum Besitz der Esterházys.

Dekoratives Gitter am Grab von Joseph Haydn in der Bergkirche

Überblick: Eisenstadt

Eisenstadt ist vor allem die Stadt Haydns, auf dessen Spuren die Besucher gern wandeln. Die meisten Sehenswürdigkeiten befinden sich im Zentrum, südlich des Schlossparks. Nur die Bergkirche mit dem Kalvarienberg und das jüdische Viertel Unterberg liegen etwas weiter westlich.

Bergkirche

Kalvarienbergplatz. **Haydn-Mausoleum** Apr – Okt: tägl. 9 – 17 Uhr; Nov – März: nur für Gruppen.

1715 ordnete Fürst Paul Esterházy die Aufschüttung eines Hügels westlich des Schlosses und des Stadtzentrums von Eisenstadt an. Darauf ließ er eine Kirche (Hochaltar mit Mariä Heimsuchung) mit einem 24-Stationen-Kreuzweg errichten. Die lebensgroßen Passionsfiguren stehen in eigens dafür gestalteten Räumen. Die theatralisch anmutenden Barockfiguren sind aus Holz geschnitzt oder aus Stein gemeißelt. Im Nordturm der Kirche befindet sich die meistbesuchte Attraktion: das Grab Joseph Haydns. 1932, zum 200. Geburtstag des Komponisten, ließen die Esterházys für den Marmorsarg mit seinen sterblichen Überresten ein kleines Mausoleum erbauen.

Jüdischer Friedhof

Unterbergstraße. **Jüdisches Museum** Unterbergstraße 6. (02682) 65 145. Mai – Okt: Mo – Do 9 – 17, Fr 9 – 13 Uhr; Nov – Apr: nur für Gruppen. 19. Dez – 6. Jan.

Bis 1938 war das im 17. Jahrhundert von den Esterházys erbaute Viertel um den Unterberg ein Zentrum jüdischen Lebens. Es unterstand jüdischer Verwaltung und spielte eine bedeutende Rolle im Stadtleben. Zu den Bewohnern des Viertels zählten der Rabbi der ungarischen Juden, der Bankier Samson Wertheimer, und Sandor Wolf, ein bekannter Kunstsammler. Eisenstadt war eine der wenigen Städte, in denen alte Bräuche gepflegt wurden, etwa das Schließen des Bezirks am Sabbat. Die Ketten, die früher dazu verwendet wurden, sind bis heute erhalten. Die beiden jüdischen Friedhöfe in Eisenstadt zählen zu den besterhaltenen Österreichs. Im angrenzenden Haus, das einst Samson Wertheimer gehörte, ist das **Jüdische Museum** untergebracht.

Burgenländisches Landesmuseum

Museumgasse 1 – 5. (02682) 60 01 234. wechselnde Öffnungszeiten, siehe Website.
landesmuseum-burgenland.at

Das Museum besitzt eine große Sammlung an Objekten, die mit der Geschichte und Kunst des Burgenlands in Zusammenhang stehen. Die geologische Sammlung präsentiert Mineralien und Exponate, die die Fauna der Eiszeit illustrieren. Unter den archäologischen Fundstücken sind die Venus von Draßburg und Objekte aus Grabhügeln in Siegendorf hervorzuheben.

Schloss Esterházy

Esterházyplatz. (02682) 63 004-401. Mitte März – Mitte Nov: tägl. 9 – 18 Uhr; Mitte Nov – Dez: Fr – So 9 – 17 Uhr. **esterhazy.at**

Schloss Esterházy wurde um 1390 über einer älteren Festungsanlage erbaut, deren Überreste bei Ausgrabungsarbeiten entdeckt wurden. 1637–72 verwandelte Carlo Martino Carlone das Gebäude in ein grandioses Barockschloss. Seine Hauptattraktion

Grabsteine auf einem der zwei jüdischen Friedhöfe in Unterberg

Prinzengemächer im Schloss Esterházy

ist der Haydn-Saal, ein prachtvoll mit Fresken geschmückter Konzertsaal mit hervorragender Akustik. Hier dirigierte einst Haydn das Schlossorchester.

Heute ist der Großteil des Schlosses, das von einem schönen Park umgeben ist, an die burgenländische Landesregierung verpachtet.

Domkirche

Pfarrgasse.

Die spätgotische Kirche wurde im 15. Jahrhundert an der Stelle eines mittelalterlichen Bauwerks errichtet. Wie bei vielen anderen Kirchen in diesem Teil Österreichs waren sich die Bauherren der ständigen Bedrohung durch die Türken bewusst. Der Turm weist daher zahlreiche Öffnungen auf, die als Schießscharten dienten. Im eklektisch anmutenden Innenraum sind mittelalterliche Grabsteine und ein Relief zu sehen, das den Ölberg zeigt. Kanzel, Orgel und zwei Altargemälde von Stephan Dorfmeister sind im Stil des Barock gestaltet. Die Pietà-Bronzeskulptur ist das Werk von Anton Hanak. 1960 wurde die Domkirche zur Kathedrale erhoben.

Franziskanerkirche

Joseph-Haydn-Gasse.

Die Franziskanerkirche des hl. Michael wurde 1625–30 erbaut. Das Interieur ist späteren Datums. Die Altarreliefs stammen von 1630. Unter der Kirche befindet sich die Krypta der Familie Esterházy.

Haydn-Haus

Joseph-Haydn-Gasse 21. (02682) 719-60 00. wechselnde Öffnungszeiten, siehe Website.

haydnhaus.at

Das Haus, in dem Joseph Haydn 1766–78 lebte, beherbergt ein kleines Museum, das Gegenstände aus dem Besitz des Komponisten präsentiert. Von 1761 an war Haydn Kapellmeister der Familie Esterházy und dirigierte abends das Hoforchester, das seine eigenen Kompositionen spielte. Viele von seinen berühmten Werken wurden in Eisenstadt uraufgeführt.

Infobox

Information

Straßenkarte G3.

13 300.

Schloss Esterházy, Esterházyplatz, (02682) 63 85 412.

Fest der 1000 Weine (Ende Aug), Internationale Haydntage (Sep).

eisenstadt-tourismus.at

Anfahrt

Das Haus, in dem Haydn zwölf Jahre lebte, ist heute ein Museum

Zentrum von Eisenstadt

1. Bergkirche
2. Jüdischer Friedhof
3. Burgenländisches Landesmuseum
4. Schloss Esterházy
5. Domkirche
6. Franziskanerkirche
7. Haydn-Haus

Zeichenerklärung *siehe hintere Umschlagklappe*

Steiermark

Österreichs zweitgrößtes Bundesland liegt im Südosten, umfasst 16 400 Quadratkilometer Fläche und zählt über 1,2 Millionen Einwohner. Das Bundesland grenzt im Süden an Slowenien. Drei Viertel der Steiermark, der »Grünen Mark«, bestehen aus Wäldern, Wiesen und Weinbergen. Zudem werden Bodenschätze abgebaut, vor allem Eisenerz. Eine Reise in unterirdische Labyrinthe kann man im Schaubergwerk am Erzberg unternehmen.

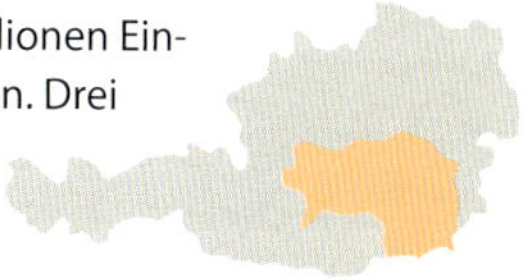

Die Steiermark gehörte in der Antike zur römischen Provinz Noricum. Schon die Römer förderten hier Eisenerz. Für Jahrhunderte sollte das Erz die Geschichte dieser Gegend bestimmen. Auch heute werden in der Steiermark noch Bodenschätze abgebaut.

In den politischen Wirren des frühen Mittelalters fiel die Steiermark im 13. Jahrhundert in die Hände der Habsburger. Das Gebiet wurde wiederholt von Ungarn und Türken geplündert und verwüstet. Nach den türkischen war es französischen Angriffen ausgesetzt. Von diesen Zeiten zeugen die vielen wehrhaften Burgen auf den Bergen und die imposanten, festungsartigen Klöster. Manche davon haben die Zeiten unversehrt überstanden, andere wurden sorgfältig restauriert, sodass man eine Vorstellung von den bewegten alten Zeiten bekommt.

Die Steiermark gilt wegen ihres angenehmen Klimas und ihrer idyllischen Ländlichkeit als »Grünes Herz« Österreichs. Zu den schönsten Gebieten gehören die Südausläufer der Rax. Im Westen, an der Grenze zum Salzburger Land, bilden die mächtigen Gipfel der Salzburger Alpen und der Niederen Tauern die Grenze. Um Schladming und im Dachstein-Gebiet findet man hervorragende Wintersportmöglichkeiten.

Das angrenzende Salzkammergut lockt mit seinen zahlreichen Seen. Das Thermengebiet im Osten der Steiermark wird als Tourismusregion vermarktet. Im Süden führen mehrere Weinstraßen durch das hügelige Weinbaugebiet.

Die bekanntesten steirischen Flüsse sind die durch die Landeshauptstadt Graz fließende Mur, ihr Nebenarm Mürz und die Salza.

Rogner-Bad Blumau, Hotel- und Thermalanlage nach einem Entwurf von Friedensreich Hundertwasser

◀ Terrassierte Weinberge bei Gamlitz südlich von Leibnitz *(siehe S. 177)*

Überblick: Steiermark

Die »Grüne Mark« zeigt sich vielfältig. Graz ist die zweitgrößte Stadt Österreichs und war 2003 Europäische Kulturhauptstadt. Der Westen der Steiermark bietet Wintersportmöglichkeiten, im Norden liegen die grünen Täler von Mur und Mürz und viele Seen. Im ländlichen Süden gibt es Weinbau. Top-Sehenswürdigkeiten sind das Österreichische Freilichtmuseum Stübing, das Bundesgestüt Piber und die Basilika in Mariazell mit dem berühmten Gnadenbild.

0 Kilometer 20

Restaurants in dieser Region
siehe Seiten 318–320

Tabakanbau in der östlichen Steiermark

Herrschaftliche Villa im Kurort Bad Gleichenberg

Weitere Zeichenerklärungen *siehe hintere Umschlagklappe*

In der Steiermark unterwegs

Graz besitzt einen Flughafen, doch die meisten internationalen Flüge gehen über Wien. Die wichtigsten Straßen und Bahnverbindungen, die Österreich in Nord-Süd-Richtung erschließen, führen durch die Steiermark. Straßen- und Bahnnetz sind gut ausgebaut.

Wassermühle in Mureck an der Mur

Hl. Rochus, Weinmuseum in Kitzeck bei Graz

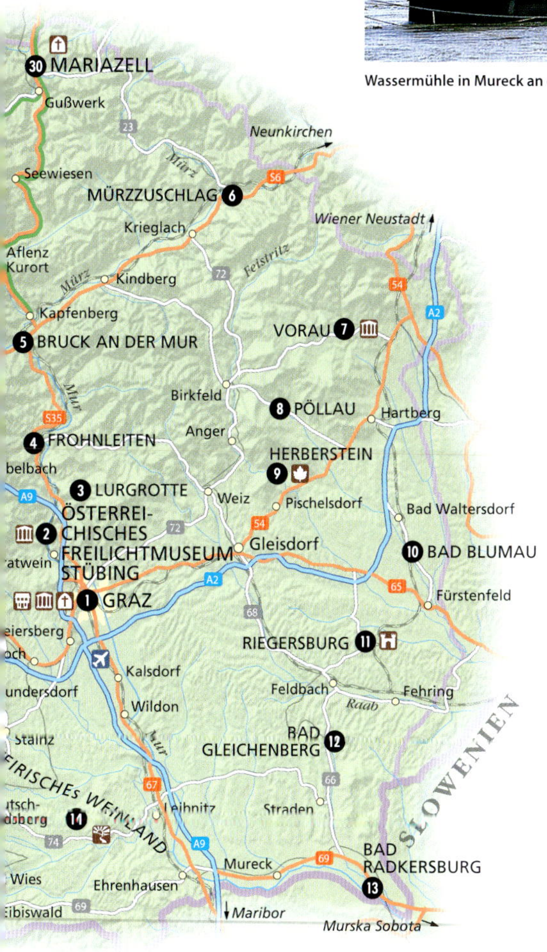

Legende

- Autobahn
- Hauptstraße
- Nebenstraße
- Panoramastraße
- Eisenbahn (Hauptstrecke)
- Eisenbahn (Nebenstrecke)
- Staatsgrenze
- Bundeslandgrenze
- Gipfel

Sehenswürdigkeiten auf einen Blick

1 *Graz S. 164–169*
2 *Österreichisches Freilichtmuseum Stübing S. 170f*
3 Lurgrotte
4 Frohnleiten
5 Bruck an der Mur
6 Mürzzuschlag
7 Vorau
8 Pöllau
9 Herberstein
10 Bad Blumau
11 Riegersburg
12 Bad Gleichenberg
13 Bad Radkersburg
15 Piber
16 Judenburg
17 St. Lambrecht
18 Turracher Höhe
19 Murau
20 Oberwölz
21 *Schladminger Tauern S. 182f*
22 Ramsau
23 Bad Aussee
24 Admont
25 Hohentauern
26 Eisenerzer Alpen
27 Seckau
28 Leoben
30 *Mariazell S. 188f*

Touren

14 Steirisches Weinland
29 Salzatal

❶ Im Detail: Graz

Graz ist Hauptstadt der Steiermark und zweitgrößte Stadt Österreichs. Seit Ende des 13. Jahrhunderts stand sie unter der Herrschaft der Habsburger, 1379 wurde sie Residenzstadt. Unter Friedrich III. setzte eine rege Bautätigkeit ein. Die wunderbar erhaltene Grazer Altstadt ist das Vermächtnis der Habsburger und seit 1999 UNESCO-Welterbe. Die modernen Teile erstrecken sich am Fuß des Schlossbergs entlang der Mur. Graz ist bekannt für seine baulichen Reize und sein Flair mit Universität und kulturellen Aktivitäten. Highlights sind »styriarte«, ein Sommerfestival alter und klassischer Musik, und der »steirische herbst« mit seinem Programm aus allen Sparten zeitgenössischer Kunst.

Haus am Luegg
Der Name des Stadthauses (um 1690) am Hauptplatz kommt von »ums Eck lugen« (schauen). Die Fassade ist reich mit Barockstuck verziert.

Rathaus
Das neue Rathaus wurde im späten 19. Jahrhundert an der Südseite des Hauptplatzes errichtet. Zuvor stand hier ein Renaissance-Palais.

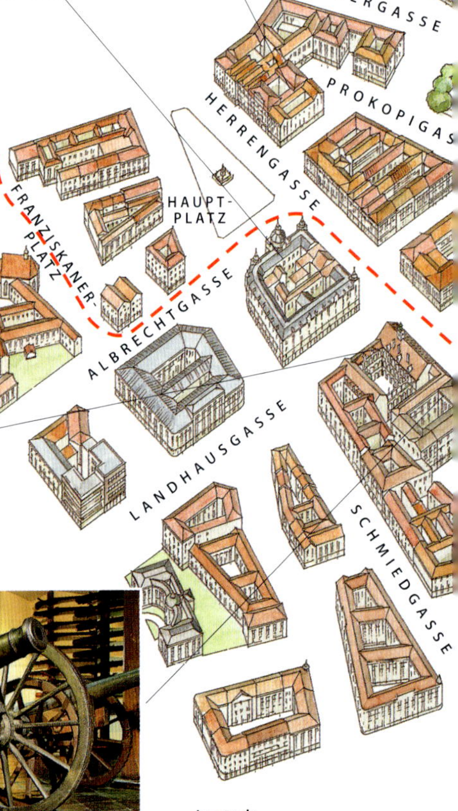

★ Landhaus
Das Landhaus ist heute Sitz des Landtags. Der Innenhof fasziniert mit seinen Arkadengalerien aus der Renaissance.

★ Landeszeughaus
Die Rüstkammer stammt aus dem frühen 16. Jahrhundert und wurde nie aufgelöst. Man findet hier Waffen aus den Türkenkriegen im 16. und 17. Jahrhundert *(siehe S. 168f)*.

Legende

— Routenempfehlung

Burg
Die Doppelwendeltreppe, die Maximilian I. 1499 bei Erweiterungsmaßnahmen einbauen ließ, ist ein architektonisches Meisterwerk. Die Burg war eine der drei Residenzen seines Vaters Friedrich III.

Infobox

Information
Straßenkarte F4.
266 000.
Graz Tourismus, Herrengasse 16, Graz, (0316) 80 75-0.
Jan, Feb, März, Nov: tägl. 10–17 Uhr; Apr–Sep, Okt, Dez: tägl. 10–18 Uhr.
graztourismus.at

Anfahrt

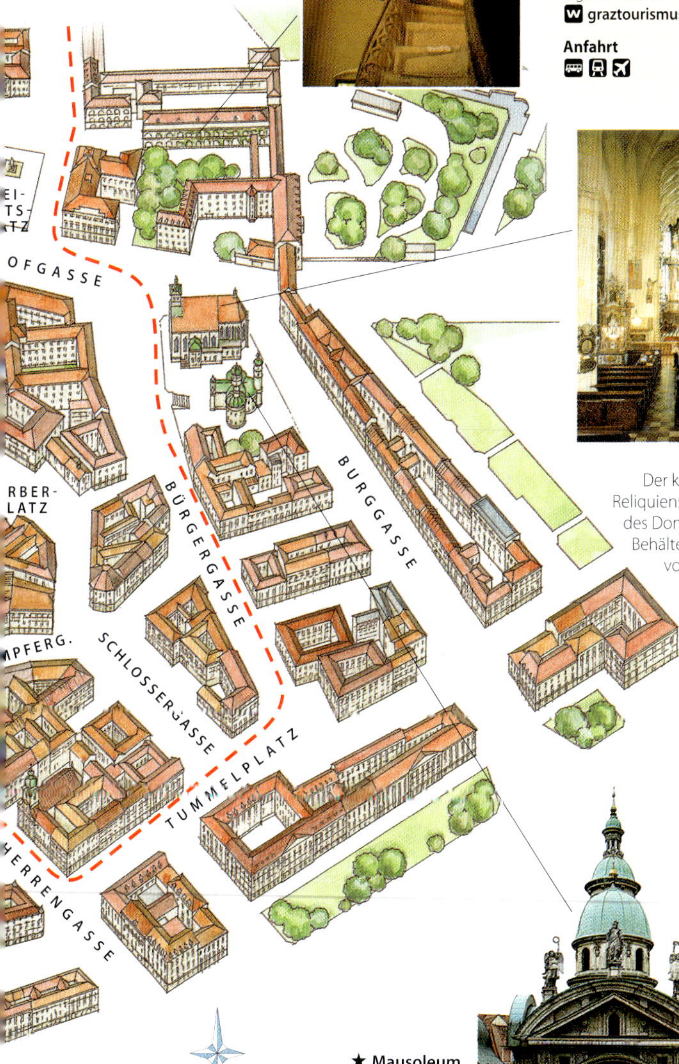

Dom
Der kostbar verzierte Reliquienschrein im Chor des Doms war einst der Behälter für die Mitgift von Paola di Gonzaga, Herzogin von Mantua.

★ Mausoleum
Die Grabstätte von Kaiser Ferdinand II., die 1614–38 neben dem Dom erbaut wurde, gilt als typisches Bauwerk des österreichischen Manierismus.

Blick vom Glockenturm auf Graz und die Mur

Überblick: Graz
Die Stadt erstreckt sich an den Ufern der Mur. Die Altstadt mit ihren Attraktionen liegt am linken Ufer. Vom Bahnhof bringt Sie die Tram dorthin. Neueste Attraktion ist die Murinsel.

Schlossberg
Hofgasse.
Der 473 Meter hohe Schlossberg ragt über der Altstadt auf. Man erreicht den Gipfel mit der Standseilbahn oder zu Fuß (ca. 20 Min.). Der 28 Meter hohe Glockenturm (1561), heute ein Museum, ist ein Wahrzeichen von Graz. Von hier bietet sich ein grandioser Rundblick.

Dom
Hofgasse.
An Stelle der früheren Wehrkirche ließ Kaiser Friedrich III. 1439–64 den heutigen Dom errichten. Am Westportal findet man das Wappen des Kaisers und sein berühmtes Motto AEIOU *(siehe S. 42)*. Die spätgotische Kirche, 1786 zum Dom erhoben, war lange durch einen Gang direkt mit der Burg verbunden. Einige originale Elemente sind noch erhalten, u.a. gotische Fresken mit Szenen aus der Pestzeit. Ansonsten herrschen barocke Schmuckelemente vor.

Franziskanerkirche
Franziskanerplatz.
Die Kirche und das Kloster wurden bereits 1240 von den Minoriten errichtet. 1515 übergaben sie Kirche und Kloster den Franziskanern, die das Langhaus zu einer dreischiffigen Halle umgestalteten. Die Jakobskapelle (1320–30) sowie die gotischen Kreuzgänge stammen aus früherer Zeit, der Turm wurde erst 1636 gebaut. 1945 wurde die Kirche durch Bomben teilweise zerstört. Nach dem Zweiten Weltkrieg wurde der Innenraum neu gestaltet. Der Kontrast zwischen Alt und Modern ist reizvoll. Die Bleiglasfenster (1960–62) stammen von Franz Felfer.

Hauptplatz
Der dreieckige Platz im Herzen der Altstadt ist ideal als Ausgangspunkt für eine Stadtbesichtigung. Er ist umgeben von alten Bürgerhäusern aus verschiedenen Epochen. Berühmt ist das Haus am Luegg, ein Eckhaus mit breiten Renaissance-Lauben und barockem Stuck. Das Haus am Hauptplatz 4 stammt von 1534. Hier findet man die älteste Apotheke von Graz. Weit jüngeren Datums ist das Rathaus (1887–93) an der Nordseite des Platzes. In der Mitte steht der Erzherzog-Johann-Brunnen (1878). Der Erzherzog trug viel zur Entwicklung der Stadt bei. Die vier weiblichen Brunnenfiguren symbolisieren die vier wichtigsten Flüsse der Steiermark: Mur, Enns, Drau und Sann.

Universalmuseum Joanneum
Landeszeughaus *siehe S. 168f.*
Alte Galerie im Schloss Eggenberg (0316) 80 17 97 70. Apr–Okt: Mi–So 10–17 Uhr. **Neue Galerie** Eingang Kalchberggasse. (0316) 80 17 91 00. Di–So 10–17 Uhr.
Schloss Eggenberg Eggenberger Allee 90. (0316) 80 17 95 32. Apr–Nov: Mi–So 10–17 Uhr. (Nov, Dez: bis 16 Uhr). **museum-joanneum.at**
Kunsthaus Graz Lendkai 1. (0316) 80 17 92 00. Di–So 10–17 Uhr. **kunsthausgraz.at**

Herzogskrone aus der Sammlung des Joanneum

Die Erinnerung an Erzherzog Johann ist in Graz bis heute lebendig. Als Enkel von Maria Theresia spielte er eine bedeutende Rolle in der Landespolitik und war an einer ganzen Reihe von Militäraktionen beteiligt, bis er

Hauptplatz im Herzen der Grazer Altstadt

Italienisch anmutender Hof des Landhauses

sich in Graz niederließ. Dort widmete er sich dann seinem eigentlichen Interessengebiet: der Wissenschaft. Er gründete die Technische Universität sowie Österreichs erstes öffentliches Museum, das nach ihm benannt wurde. Heute hat das Joanneum viele Abteilungen, die in verschiedenen Gebäuden untergebracht sind.

Die Alte Galerie im Schloss Eggenberg (3 km von Graz) zeigt Gemälde: Cranach, Brueghel sowie steirische Künstler (17./18. Jh.). Zudem gibt es ein Münzkabinett sowie historische Objekte. Das wertvollste Exponat ist der Strettweg-Kultwagen (7. Jh. v.Chr.).

2013 wurde das Naturkundemuseum mit naturwissenschaftlichen Ausstellungen eröffnet.

Im Rokoko Palais Herberstein präsentiert die Neue Galerie Gemälde, Zeichnungen und Skulpturen aus dem 19. und 20. Jahrhundert.

2003 wurde das Kunsthaus Graz eröffnet, ein spektakulärer Bau, der im Volksmund »Friendly Alien« oder »Blaue Blase« heißt. Hier wird in Sonderausstellungen zeitgenössische Kunst mit Schwerpunkt auf Medienkunst und Design sowie Fotografie präsentiert. Von der »Needle« blickt man auf die Altstadt von Graz.

Landhaus

Herrengasse 16.

Das Landhaus, einer der wohl schönsten Renaissance-Bauten Österreichs, war einst Sitz der Steirischen Landstände, heute tagt hier der Landtag.

Im 16. Jahrhundert erweiterte der italienische Baumeister Domenico dell'Allio den Rittersaaltrakt zu einem repräsentativen Ständehaus. Bartolomeo di Bosio gestaltete die Verbindung zwischen Rittersaal und Ständehaus neu und errichtete eine Kapelle, um die sich eine Treppe windet. Die Front mit Loggia und Bogenfenstern ist im venezianischen Stil gehalten. Zum Hof öffnet sich das Haus mit dreigeschossigen Bogengängen. Hier finden im Sommer Veranstaltungen statt. Die Landstube, der Sitzungssaal des Landtags, ist ein Barocksaal mit geschnitzten Prunktüren. Die Stuckdecken stammen von Johann Formentini, der auch den Rittersaal gestaltete.

Mausoleum

Hofgasse.

Den zweigeschossigen Rundbau gab Kaiser Ferdinand II (1578–1637) selbst in Auftrag. Er sollte ihm und seiner Familie als Grabstätte dienen. Als strenger Katholik war Ferdinand ein Gegner der Reformation und Befürworter der Gegenreformation, wodurch er auch zum Ausbruch des Dreißigjährigen Kriegs beitrug.

Das Mausoleum, das die verschiedensten Stilrichtungen in sich vereint, ist eines der schönsten Beispiele für den österreichischen Manierismus. Entworfen wurde es vom italienischen Architekten Pietro de Pomis, fertiggestellt von Pietro Valnegro. Von ihm stammt auch der Glockenturm. Die mit Stilelementen aus Renaissance und Barock verzierte Fassade und die drei überlebensgroßen Figuren am Giebel ergeben ein harmonisches Ganzes. Den Innenraum gestaltete der in Graz geborene Johann Bernhard Fischer von Erlach.

Palais Attems

Sackstraße 17.

Das Palais Attems ist der bedeutendste Barockbau von Graz. Die Pläne für das 1702–16 errichtete Palais stammen wahrscheinlich von Johann Georg Stengg. Auffallend ist das monumentale Treppenhaus mit Stuck und Deckenfresken, auch die Hoffassaden sind reich stuckiert. Die Räume sind mit Stuck ausgeschmückt sowie getäfelt. Die Inneneinrichtung mit Kaminen und Kachelöfen zeugt vom Lebensstil der österreichischen Aristokratie in jener Zeit.

Messe Congress Graz (mcg)

Messeplatz 1. (0316) 80 880.
mcg.at

Das alte Palais neben dem Rathaus wurde 1980 zum modernen Kongresszentrum umgebaut. Auf 3000 Quadratmetern finden hier internationale Tagungen, aber auch Ausstellungen und andere kulturelle Events statt. Mit dem Stefaniensaal verfügt das Haus über den schönsten Konzertsaal der Stadt.

Mit einer Glaskuppel überdachte Halle, Messe Congress Graz

Graz: Landeszeughaus

Das heutige Landeszeughaus wurde 1642–45 als Rüstkammer für die steirischen Landstände errichtet. Graz hatte eine Schlüsselrolle bei der Verteidigung der Provinzen Steiermark, Kärnten und Krain inne. Die ständige Bedrohung durch die Türken führte in dieser Zeit zu einer umfangreichen Waffenproduktion. Im Zeughaus, der heute mit 32 000 Exponaten am besten erhaltenen Rüstkammer der Welt, wurde die Ausrüstung für 16 000 Mann gelagert. Der Bau mit der Renaissance-Fassade ist ein Werk des Italieners Antonio Solari.

Statue der Minerva
Minerva steht links, Mars rechts vom Eingang des Zeughauses. Beide Statuen schuf Giovanni Mamola.

★ Rossharnisch
Der Harnisch von 1505 stammt aus Innsbruck, aus der Werkstatt des Waffenschmieds Seusenhofer.

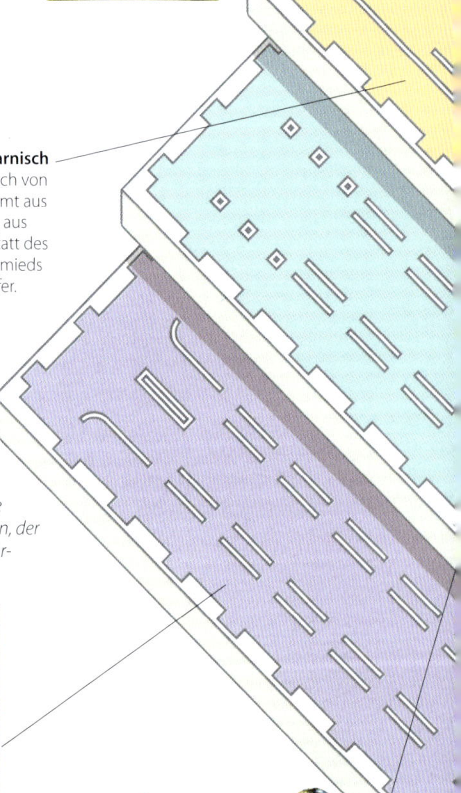

Kurzführer
Im Erdgeschoss erstreckt sich die Kanonenhalle. Außerdem findet man hier Garderobe, Kasse, Museumsshop und Toiletten. Der erste Stock ist schweren Geschützen, Steinschloss- und anderen Gewehren vorbehalten. Im zweiten Stock befinden sich das Waffenlager für Infanterie und Kavallerie sowie die Pistolen. Der dritte Stock beherbergt Rüstungen, der vierte Blankwaffen und Instrumente der Militärkapellen.

Kanonen
Gezeigt werden Feldkanonen, aber auch Deckgeschütze der Marine.

Radschlosspistole
Zur Zündung wurde beim Abzug ein federgespanntes Rad in Bewegung gesetzt, das Funken schlug. Deutsche und Österreicher wurden im 17. Jahrhundert so ausgerüstet.

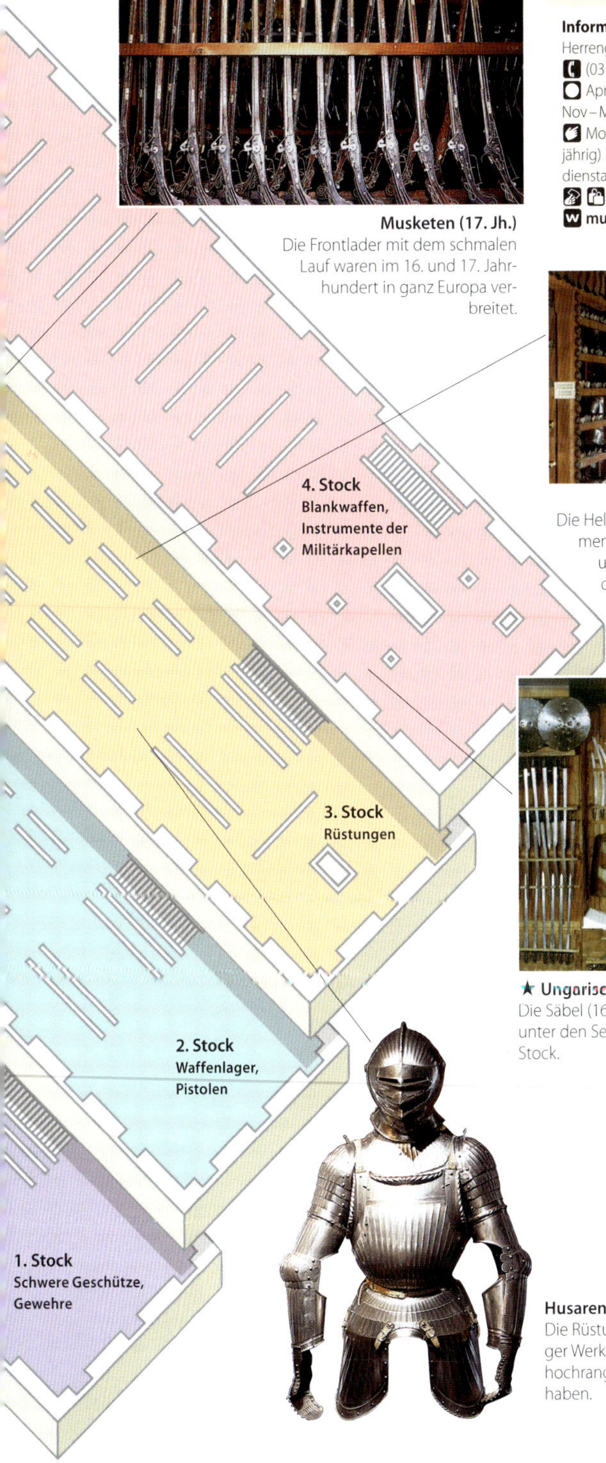

Musketen (17. Jh.)
Die Frontlader mit dem schmalen Lauf waren im 16. und 17. Jahrhundert in ganz Europa verbreitet.

Infobox

Information
Herrengasse 16.
(0316) 80 17 98 10.
Apr – Okt: Mi – Mo 10 – 17 Uhr; Nov – März: nur Führungen.
Mo, Mi – So, Feiertage (ganzjährig) 12, 14 Uhr. Faschingsdienstag, 24., 25., 31. Dez.

museum-joanneum.at

★ Helme
Die Helme im dritten Stock stammen aus dem 16. Jahrhundert und wurden in Augsburger oder Nürnberger Werkstätten gefertigt.

★ Ungarische Säbel
Die Säbel (16. Jh.) sind die Prunkstücke unter den Seitenwaffen im vierten Stock.

Legende
- Schwere Geschütze
- Waffenlager
- Rüstungen
- Blankwaffen

Husarenrüstung (16. Jh.)
Die Rüstung aus einer Nürnberger Werkstatt muss einem hochrangigen Husaren gehört haben.

❷ Österreichisches Freilichtmuseum Stübing

Die Idee zu einem österreichischen Freilichtmuseum existierte bereits Anfang des 20. Jahrhunderts, doch erst 1962 konnte Prof. Viktor Herbert Pöttler das Freilichtmuseum in Stübing bei Graz gründen. Es wurde 1970 eröffnet. Heute erstreckt es sich über eine Fläche von 66 Hektar. Man brachte Gebäude aus ganz Österreich hierher und stellte sie so auf dem Gelände auf, dass der Besucher die österreichische Architekturlandschaft von Ost nach West, vom Burgenland bis nach Vorarlberg durchwandern kann. So bietet sich die Möglichkeit, die Bauweisen zu vergleichen und die verschiedenen Arbeits- und Lebensformen kennenzulernen.

Einhof aus Alpbach
Der Tiroler Hanslerhof besteht schon seit 1660. Bei diesem Hoftypus, den man auch in Bayern findet, sind Wohnhaus und Wirtschaftsgebäude unter einem Dach vereint.

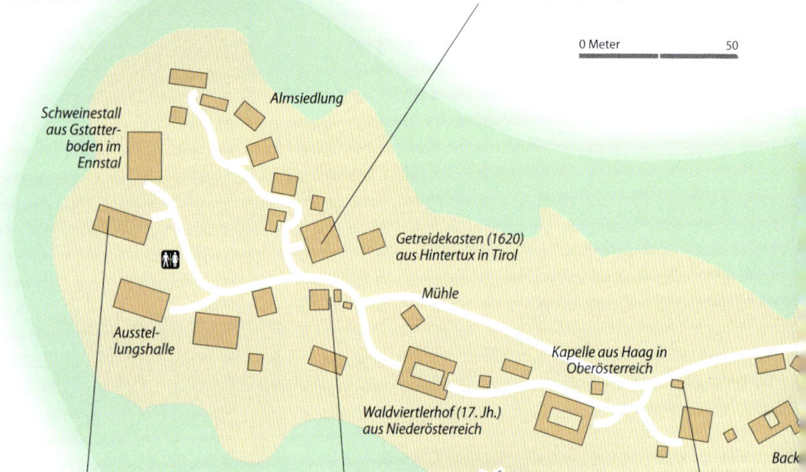

Wohnhaus des Wegleithofs
Der Hof, der ursprünglich in St. Walburg in Tirol stand, musste 1964 einem Stausee weichen. Die Innenwände sind mit Ochsenblut bemalt.

Wälderhaus
Die Bauweise dieses Hauses (17. Jh.) aus dem vorarlbergischen Schwarzenberg ist tyisch für die Bauernhöfe im Bregenzerwald.

Brenner Kreuz
In der vergitterten Nische des gemauerten Bildstocks aus Ebene Reichenau in Kärnten hängt ein Bild des hl. Florian, der vor Feuersbrünsten schützen soll.

Hotels und Restaurants in der Steiermark *siehe Seiten 295f und 318 – 320*

Zuschauen und mitmachen

Fast jeden Tag veranstaltet das Museum Aktionen. In traditioneller Tracht wird geschnitzt, gesponnen oder das Dach gedeckt. Man lernt, wie Getreide gemahlen oder Seifen gesiedet werden. Wer geschickt ist, kann sich beim Spitzenklöppeln versuchen. Manchmal werden Volkslieder gesungen, oder es gibt eine Märchenstunde. Der letzte Sonntag im September ist Erlebnistag – mit einer bunten Mischung aus Brauchtum, Handwerk, Musik und Kulinarischem.

Vorführung in Stübing: traditionelles Sticken

Infobox

Information
Straßenkarte F4.
(03124) 53 700.
Apr – Okt: tägl. 9 –17 Uhr.
auf Anfrage. Regelmäßig Veranstaltungen.
stuebing.at

Anfahrt

Kruzifix
Das Kreuz hängt an einem Kornspeicher aus Oberzeiring, in dem Getreide und andere Lebensmittel aufbewahrt wurden.

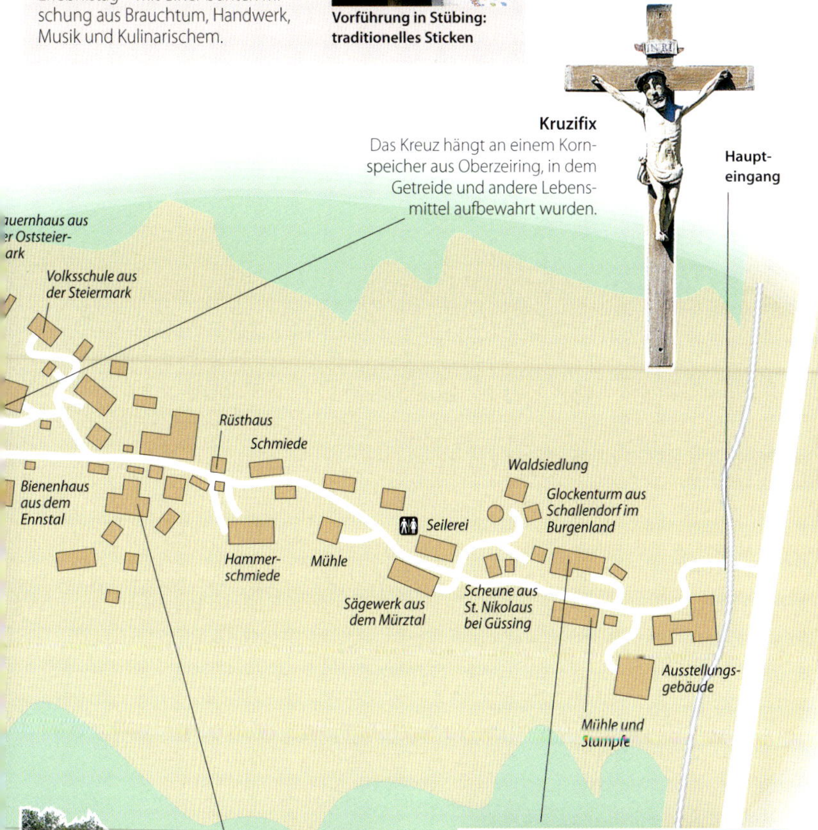

★ Bauernhaus aus der Weststeiermark
Der größte Raum in dem Haupthaus aus dem 16. Jahrhundert ist die Rauchstube. Hier standen der große Herd und der Ofen, hier wurde gekocht, gebacken und gegessen.

★ Rauchküche
Die typische Küche aus einem Burgenländer Bauernhaus ist weiß gekalkt. Wichtigstes Inventar sind der offene Herd und der traditionelle Backofen.

Lurgrotte bei Peggau, die größte Tropfsteinhöhle Österreichs

❸ Lurgrotte

Straßenkarte F4. (03127) 25 80. Apr–Okt: tägl. 9–16 Uhr; Nov–März: Führungen von Semriach aus nach Voranmeldung. **lurgrotte.com**

Die Lurgrotte ist die größte und interessanteste Tropfsteinhöhle Österreichs. Ein gut erleuchteter, beschilderter Weg führt entlang einem unterirdischen Fluss durch die Wunderwelt der Stalaktiten und Stalagmiten. Der mit 13 Metern größte Tropfstein heißt »Riese«. Die Höhle kann von Peggau und Semriach aus begangen werden.

❹ Frohnleiten

Straßenkarte F4. 7350. (03126) 23 74. **frohnleiten.at**

Frohnleiten am Ufer der Mur ist dank eines gut ausgebauten Wegenetzes ein idealer Ausgangspunkt für Wanderungen.

Früher war Frohnleiten wegen seiner Lage am Fluss ein bedeutender Stützpunkt für den Handel und für die durchziehenden Heere. Aber immer wieder wurde es von Hochwasser- und Brandkatastrophen heimgesucht. 1763 brannte die Stadt fast bis auf die Grundmauern nieder. Sehenswert sind das Servitenkloster und die Pfarrkirche mit ihrer schönen Rokoko-Ausstattung. Die Altarfiguren stammen von Veit Königer, die Deckenfresken von Josef Adam von Mölk. Frohnleiten ist auch eine Blumenstadt. Berühmt ist der Alpengarten mit mehr als 10 000 Pflanzen aus aller Welt.

Umgebung: Ganz in der Nähe in Adriach steht die Wallfahrtskirche **St. Georg** mit berühmten Deckenfresken.

❺ Bruck an der Mur

Straßenkarte F4. 12 500. Koloman-Wallisch-Platz 1, (03862) 89 01 21. Murenschalk (2. Do u. Fr im Aug). **bruckmur.at**

Die Stadt liegt an der Mündung der Mürz in die Mur und hat aufgrund ihrer geografischen Lage eine lange Tradition als Handelsstadt. Eine Blütezeit erlebte Bruck im 14. und 15. Jahrhundert, denn es besaß das Salzlagerrecht und andere Privilegien. Die Altstadt liegt malerisch in der steirischen Hügellandschaft.

Bruck war vormals die Stadt der Schmiede. Davon zeugt heute noch der Brunnen mit seinem schmiedeeisernen Gitteraufsatz (1662) auf dem Koloman-Wallisch-Platz. Er stammt von dem Brucker Hans Prasser und gilt als Meisterwerk der Spätrenaissance. Ein weiteres Schmuckstück ist die reich verzierte Sakristeitür (1500) der gotischen, später barock ausgestalteten **Pfarrkirche Mariä Geburt**. Am Platz steht auch das Rathaus mit seinem Arkadenhof, früher eine fürstliche Residenz. Das schönste Haus am Platz ist das spätgotische **Kornmesserhaus**, das sich der Metallhändler Kornmeß bauen ließ. Mit seiner Loggiafassade erinnert es an italienische Palazzi. Die gotischen Fresken in der ehemaligen **Minoritenkirche Maria im Walde** stammen aus dem 14. Jahrhundert.

Auf der anderen Seite der Mur liegt die Kirche St. Rupert. Das Fresko *Jüngstes Gericht* (1420) wurde erst 1930 entdeckt.

Von der einstigen Festung **Landskron**, die über Bruck thronte, sind nach dem Stadtbrand 1792 nur noch der wiederaufgebaute Glockenturm und einige Mauern geblieben.

Plakat aus dem Winter! Sport! Museum! in Mürzzuschlag

❻ Mürzzuschlag

Straßenkarte F4. 8500. Wiener Straße 9, (03852) 25 55-0. **muerzzuschlag.at**

Das Städtchen an der Mürz südlich der Semmering-Passhöhe ist Österreichs ältester Wintersportort. 1893 veranstaltete Mürzzuschlag die ersten Skirennen in den Alpen, 1934 fanden hier die Nordischen Meisterschaften statt, aus denen sich später die Olympischen Winter-

Festungen wie diese wurden an strategischen Punkten angelegt

Die berühmte Bibliothek im Augustiner-Chorherrenstift Vorau

spiele entwickelten. Erstmals erwähnt wurde die Stadt 1469. Damals befahl Kaiser Friedrich III. wegen des aufrührerischen Grafen Andreas Baumkircher, sie bis auf die Grundmauern niederzubrennen. Zu den Sehenswürdigkeiten zählen heute die Pfarrkirche mit ihrem schönen Renaissance-Altar und die malerischen alten Häuser. In der Wiener Straße 4 steht das **Brahms-Museum**. Brahms lebte hier. Interessant ist auch das **Winter! Sport! Museum!**, das die Welt des Wintersports in all ihrer Vielfalt präsentiert.

Büste von Johannes Brahms, Mürzzuschlag

Winter! Sport! Museum!
Wiener Straße 13. (03852) 35 04.
Di – So 9 – 12.30, 14 – 17 Uhr.
wintersportmuseum.com

❼ Vorau

Straßenkarte F4. 1500.
Stift Vorau, (03337) 23 51.

Auf einem Hügelplateau steht das Augustiner-Chorherrenstift Vorau, das bereits im 12. Jahrhundert gegründet wurde. Im 15. Jahrhundert wurde es wegen der ständigen türkischen Bedrohung zu einer Festung umgebaut. Das heutige Erscheinungsbild ist das Ergebnis von Umbaumaßnahmen im 17. und 18. Jahrhundert. Links und rechts vom Haupteingang erstrecken sich zwei große, symmetrische Flügel. In einem Flügel befindet sich das Kloster, im anderen die Prälatur mit der großartigen, mit Fresken und Stuck geschmückten Bibliothek. Im oberen Stock sind in einem Kabinett mit wundervollen Deckenfresken die Manuskripte untergebracht. Hier lagern 415 wertvolle Handschriften, darunter die berühmte Kaiserchronik, das Vorauer Evangeliar sowie älteste Werke der deutschen Literatur. Die barocke Stiftskirche ist dem hl. Thomas geweiht. Der üppige Schmuck wurde 1700 – 05 angebracht. Hauptaltar und Kanzel stammen von Matthias Steinl.

Vorau besitzt ein **Freilichtmuseum** mit Gebäuden (u. a. Schule, Apotheke, Schmiede) aus Dörfern der näheren Umgebung, die mit Original-Inventar ausgestattet sind.

Freilichtmuseum
(03337) 34 66. Ostern – Okt: tägl. 10 – 17 Uhr (Juli, Aug: tägl. 9 – 17 Uhr). Nov – Ostern.

❽ Pöllau

Straßenkarte F4. 2200.
(03335) 42 10.
naturpark-poellauertal.at

Mitten im Naturpark Pöllauer Tal liegt das Örtchen Pöllau, umgeben von Wäldern und Weinbergen. Das Wegenetz ist gut ausgebaut, sodass man ideal wandern kann. Sehenswert in Pöllau ist vor allem das ehemalige **Augustiner-Chorherrenstift** und die dazugehörige **Kirche St. Veit**. Sie wurde 1701 – 12 von Joachim Carlone, einem Spross der berühmten Grazer Architektenfamilie, als größter barocker Sakralbau der Steiermark neu erbaut. Das Hauptschiff misst in der Länge 62 Meter, das Querschiff 37 Meter. Der Turm erreicht eine Höhe von 42 Metern. Gewölbe und Turm wurden von Matthias von Görz mit Trompe-l'Œil-Fresken ausgemalt. Das monumentale Gemälde am Hauptaltar stammt von Josef A. Mölk und zeigt das Martyrium des hl. Veit.

Umgebung: Auf einer Anhöhe rund sechs Kilometer nordöstlich steht die einst gotische, heute spätbarocke Wallfahrtskirche **Maria Lebing**. Das Lebinger Gnadenbild der Maria stammt aus dem 15. Jahrhundert. Die Fresken in der Kirche gestaltete Josef A. Mölk.

9 Herberstein

Straßenkarte F4. 300.
(03176) 88 250. Mai–Sep: tägl. 9–17 Uhr; März, Apr, Okt–Feb: tägl. 10–16 Uhr.
herberstein.co.at

Schloss Herberstein thront am Ausgang des Feistritztals auf einer steil aufragenden Felsnase. Das Schloss ist seit 1290 in Familienbesitz. Da die Herbersteins hier leben, heißt eine der Ausstellungen »Leben im Schloss – ein Blick durch das Schlüsselloch«.

Die mittelalterliche Festung wurde schon 1230 errichtet, das heutige Schloss stammt aus dem 16. Jahrhundert. Der Florentinerhof, jüngster Teil des Komplexes, erinnert mit seinen Arkaden an italienische Renaissance-Palazzi. Früher wurden hier Ritterturniere abgehalten.

Durch den Ritter- und Sattelgang und die Rüstkammer gelangt man ins »Familienmuseum«. Die Räume, die für Besucher offen sind, beherbergen u.a. eine sehenswerte Porzellansammlung. Eine Ausstellung gibt Einblick ins aristokratische Leben im 18. und 19. Jahrhundert. Zu sehen ist auch eine Originalküche aus dem 16. Jahrhundert. Im Sommer gibt es Ausstellungen.

Ein besonderes Erlebnis ist die **Tierwelt Herberstein**. Zu verdanken ist die Anlage dieses Tierparks Graf Sigmund von Herberstein, der im 16. Jahrhundert mit seinen Schriften über Landwirtschaft und Geografie Osteuropas eine Pionierleistung erbrachte.

Rogner-Bad Blumau, entworfen von Friedensreich Hundertwasser

Tierwelt Herberstein
Mai–Sep: tägl. 9–17 Uhr; Okt, Nov: tägl. 10–16 Uhr.
tierwelt-herberstein.at

10 Bad Blumau

Straßenkarte F4. 1500.
Rogner-Bad Blumau, (03383) 51 000. **blumau.com**

Das Rogner-Bad Blumau in der Oststeiermark liegt in einer Gegend, die schon lange für ihr kristallklares Wasser berühmt ist. Das Thermalbad ist unbedingt einen Abstecher wert. Am besten sollte man sich hier ein paar Urlaubstage gönnen. Die bauliche Gestaltung der Anlage ist ein genialer Wurf des Malers und Architekten Friedensreich Hundertwasser. Stilistisch hat der Komplex Ähnlichkeit mit dem berühmten Hundertwasser-Haus in Wien *(siehe S. 108f)*. Runde Fassaden, wellenförmige Dächer, bunte Mauern und ungewöhnlich geformte Balkone und Terrassen entführen den Besucher in ein fremdes, surrealistisches Märchenland. Im Außenbereich finden Führungen statt. Manchmal bemerkt man erst beim Flanieren, dass man sich gerade auf dem grasbewachsenen Dach eines Gebäudes befindet.

Der Hauptgrund für den Besuch sind jedoch die Thermen. Es gibt Tages- und Halbtageskarten – lassen Sie sich vom Wasser (und der Architektur) verwöhnen.

11 Riegersburg

Straßenkarte F5. 2500.
(03153) 86 70. Apr, Okt: tägl. 10–17 Uhr; Mai–Sep: tägl. 9–17 Uhr.
riegersburg.com

Auf einem steilen Vulkanfelsen hoch über dem Grazbach thront – weithin sichtbar – die Riegersburg. Die mächtige mittelalterliche Festung war einst der östlichste Vorposten der Steiermark. Sie diente als Bollwerk

Die Riegersburg wurde im 17. Jahrhundert zur mächtigen Barockfestung ausgebaut

gegen ungarische und türkische Einfälle. Sogar noch im Zweiten Weltkrieg hatte sie die Funktion, feindliche Armeen aufzuhalten. Im 17. Jahrhundert wurde die Burganlage zur größten Barockfestung des Landes ausgebaut. Seit 1822 ist sie im Privatbesitz der Fürsten Liechtenstein, die in der politischen Geschichte Österreichs und Europas eine wichtige Rolle spielten.

Die Riegersburg ist mit einer drei Kilometer langen Wehrmauer mit sieben Toren, elf Bastionen und zwei Burggräben befestigt. Sie war nur über einen einzigen steilen Fußweg erreichbar. Heute führt eine Schrägseilbahn hinauf. Erst nach dem sechsten Tor gelangt man in die eigentliche Burg. Den inneren Burghof schmückt ein Brunnen mit verzierter schmiedeeiserner Laube (1640). In der Rüstkammer findet man Waffen und schweres Kriegsgerät, im Hof steht ein Denkmal für die im Zweiten Weltkrieg gefallenen Soldaten.

Hinter dem zweiten Burggraben befinden sich die eigentlichen Wohnräume. Dem Besucher stehen 17 Schauräume und zwei Dauerausstellungen offen. Die Ausstellung »Sagenhafte Riegersburg – Legendäre Frauen« erzählt von der bewegten Geschichte der Burg im 17. Jahrhundert.

Das Hexenmuseum greift das düstere Kapitel der Hexenverfolgungen auf.

Statue des Grafen von Wickenburg, Bad Gleichenberg

12 Bad Gleichenberg

Straßenkarte F5. 2100.
(03159) 22 03.
bad-gleichenberg.at

Schon den Römern war die heilende Wirkung der Gleichenberger Quellen bekannt. 1834 legte Graf von Wickenburg den Grundstein für das spätere Heilbad, das sich daraufhin zum beliebtesten Kurort der Steiermark entwickelte. Der Graf hatte damals von der möglichen medizinischen Nutzung der Heilquellen erfahren und beschloss als weitsichtiger Geschäftsmann, diese ruhige Ecke im Südosten der Steiermark zu einem modernen, attraktiven Kurort auszubauen. Das Bad versprach Linderung und Heilung bei Kreislaufproblemen, Herzbeschwerden, Krankheiten des Magen-Darm-Trakts und rheumatischen Beschwerden. So wurde dies ein Kurort für die gesundheitsbewusste österreichische Aristokratie, die damals die Promenade und den Kurpark bevölkerte. Zeugnis von dieser Zeit geben die Statuen ehemaliger Besucher, die man überall im Park entdeckt. Das Ortsbild ist von Biedermeier-Villen geprägt. Eines der schönsten Bauwerke ist das alte Theater, das heute als Kino genutzt wird.

Umgebung: Das bei Hainfeld gelegene **Schloss Kornberg** wurde im 13. Jahrhundert als Festung errichtet und im 17. Jahrhundert zum Wohnschloss umgebaut. Es besitzt einen prachtvollen Renaissance-Hof.

Achteckiger Turm des spätgotischen Rathauses in Bad Radkersburg

13 Bad Radkersburg

Straßenkarte F5. 1600.
(03476) 25 45-0.
badradkersburg.at

Bad Radkersburg an der slowenischen Grenze wurde 1265 vom böhmischen König Ottokar gegründet. Vormals war es Grenzaußenposten, wichtiger Handelsplatz und wegen seiner Lage an der Mur auch wichtiger Schiffsanleger. Heute ist es ein ruhiger Ort, der mit seinem südlichen Charme und den prachtvollen Bauwerken sehr anziehend ist. Auf dem Hauptplatz steht das spätgotische Rathaus mit achteckigem Turm. Die Pestsäule wurde 1681 errichtet. Die Bürgerhäuser mit ihren schattigen Arkaden zeugen vom Reichtum der einstigen Bewohner. Haus Nr. 9 gehörte der Familie von Eggenberg, einem der einflussreichsten steirischen Geschlechter. Wie viele Nachbarorte ist auch Bad Radkersburg Kurort und zieht mit Mineralquellen viele Besucher an.

Pestsäule auf dem Hauptplatz von Bad Radkersburg

⓮ Tour: Steirisches Weinland

Es gibt acht Weinstraßen in der Steiermark, die älteste ist die Südsteirische Weinstraße von Spielfeld nach Ehrenhausen. Dort wachsen die Reben an fast toskanisch anmutenden Hängen. Die Sausaler Weinstraße führt von Leibnitz über Fresing nach Kitzeck. Alle Weinstraßen sind idyllisch und verlaufen oft an Mais- und Kürbisfeldern vorbei. Aus den Kürbiskernen wird das schwarze Gold der Steiermark, das »Kernöl« gewonnen. Überall gibt es einladende Gasthöfe, Buschenschänken und Weingüter, wo man Weine verkosten kann.

① Gundersdorf
Am Ortseingang steht ein großer Mast, auf dem der *Klapotetz*, das steirische Windrad, knattert. Er soll diebische Vögel vertreiben. Solche Windräder findet man überall entlang den Weinstraßen. Sie werden Ende Juli aufgestellt und sind bis Martini (11. Nov) in Betrieb.

② Stainz
Der Ort wurde einst durch den Weinhandel reich. Erzherzog Johann baute das ehemalige Augustinerstift zum Schloss Stainz um. Es wird heute von seinen Nachfahren bewohnt und beherbergt das Steiermärkische Landesmuseum, eine Außenstelle des Grazer Joanneums.

③ Bad Gams
Der Kurort besitzt eisenhaltige Mineralquellen. Bekannt ist er auch für seine schönen Töpferwaren.

0 Kilometer 5

Legende

- Routenempfehlung
- Andere Straße
- Fluss

④ Deutschlandsberg
Hier wird vor allem Schilcher Rosé produziert. Über der Stadt thront eine alte Burgruine. Erhalten ist der Turm aus dem 12. Jahrhundert, der einen großartigen Blick über das Tal bietet.

⑤ **Kitzeck**

In der am höchsten gelegenen Weinbaugemeinde Österreichs (564 m) wird der Wein an sehr steilen Hängen angebaut. In einer alten Gastwirtschaft hat man ein faszinierendes Weinbaumuseum eingerichtet.

Österreichische Weine

Österreich ist ein kleines Weinbauland, doch es wartet mit beachtlicher Qualität auf. Die größte Weinregion ist Niederösterreich mit dem Weinviertel und der Wachau. Aber auch das Burgenland und die Steiermark haben nennenswerten Weinbau vorzuweisen. Der beliebteste Weißwein und zugleich die häufigste Sorte ist der Grüne Veltliner. Daneben werden Riesling, Chardonnay, Pinot Gris und Sauvignon Blanc in vorzüglicher Qualität produziert. Bei den Rotweinen, die um den Neusiedler See angebaut werden, haben sich vor allem der fruchtige Zweigelt und der Blauburgunder einen guten Ruf erworben. Schilcher wird aus der Wildbacherrebe gewonnen und ist eine steirische Spezialität.

Der Gumpoldskirchner ist weit über Österreich hinaus bekannt

⑥ **Leibnitz**

Tempelfundamente und andere archäologische Funde zeugen von frühen römischen Siedlungen. Zu besichtigen sind sie im Tempelmuseum Frauenberg in der Nähe von Schloss Seggau.

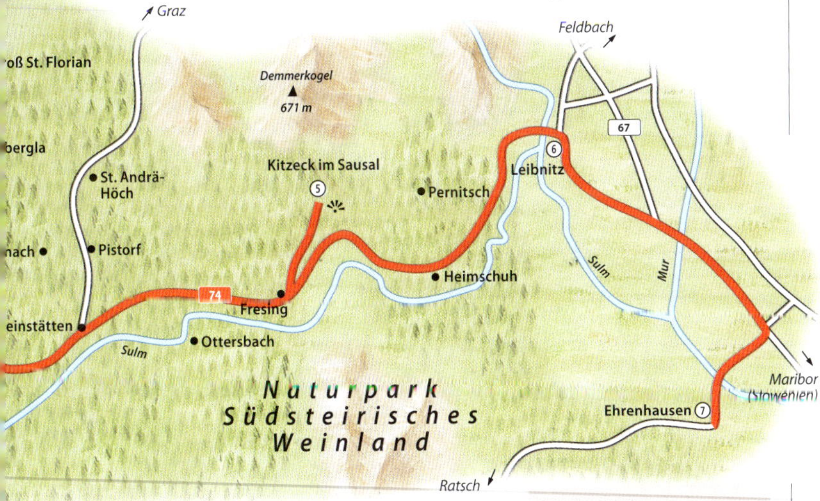

⑦ **Ehrenhausen**

Der Ort ist ein guter Ausgangspunkt für eine Fahrt auf der Südsteirischen Weinstraße. Sehenswert ist das Mausoleum des Ruprecht von Eggenberg (gest. 1611), der für seine Tapferkeit in den Türkenkriegen berühmt war. Der Innenraum ist das Werk von Johann Bernhard Fischer von Erlach.

Routeninfos

Länge: 66 km.
Rasten: Restaurants, gemütliche Gasthöfe und Übernachtungsmöglichkeiten gibt es überall entlang der Weinstraße.
Tipp: Besuch im Steirischen Weinmuseum in Kitzeck, Steinriegel 16. (03456) 2243. Apr–Okt: tägl. 10–12, 14–17 Uhr; Nov–März: Mo–Fr 9–12 Uhr. auf Anfrage.

Zeichenerklärung *siehe hintere Umschlagklappe*

⑮ Piber

Straßenkarte F4. Köflach. 500. (03144) 33 23-100. **piber.com**
Gestüt (03144) 33 23. Ostern–Okt: tägl.9.30–17 Uhr; Winter: Einzelvorführungen 11, 14 Uhr. **lipizzanerheimat.com**

Das Bundesgestüt Piber versorgt die Spanische Hofreitschule mit Nachwuchspferden. Die Lipizzaner wurden ursprünglich im heute slowenischen Gestüt Lipica gezüchtet, nach dem Ersten Weltkrieg fanden sie in Piber eine neue Heimat. Lipizzaner sind das Ergebnis einer jahrhundertelangen Züchtung. Die Fohlen werden dunkelbraun oder schwarz geboren, ihr weißes Fell erlangen sie erst mit vier bis zehn Jahren. Jeden September findet eine Musterung statt, die entscheidet, mit welchen Stuten weitergezüchtet wird und welche Hengste an die Hofreitschule nach Wien kommen. Dort werden sie fünf Jahre lang intensiv ausgebildet.

⑯ Judenburg

Straßenkarte E4. 9200. (03572) 85 000. **judenburg.com**

Das Städtchen liegt an einem Verkehrsknotenpunkt. Um 1300 siedelten sich hier Juden an, die die Stadt zur wirtschaftlichen und kulturellen Blüte führten. Als Maximilian I. die Juden 1496 des Landes verwies, leitete er damit auch den wirtschaftlichen Niedergang ein. Von den jüdischen Quartieren gibt es leider kaum noch Zeugnisse.

Einen Besuch lohnt die **Pfarrkirche St. Nikolaus**. Von der ursprünglichen Kirche (um 1415) existiert nur noch das Presbyterium. Die Kirche wurde 1673 barockisiert und um 1900 von außen im Stil des Klassizismus umgestaltet. Die zwölf barocken Statuen, Christophorus und elf Apostel, stammen vom örtlichen Künstler Balthasar Brandstätter. Im vorderen Seitenaltar steht eine geschnitzte Muttergottes mit Kind (um 1500). In der **Magdalenenkirche** (14. Jh.) findet man gotische Glasfenster. Interessant für die Geschichte der Region ist auch das Stadtmuseum.

Umgebung: Im Osten steht die Ruine Liechtenstein, die früher nur über eine steile Leiter zugänglich war. In der Umgebung wurden bedeutende prähistorische Funde gemacht. Der berühmte Kultwagen (7. Jh. v. Chr.), der im Grazer Joanneum zu sehen ist, wurde bei **Strettweg** gefunden.

⑰ St. Lambrecht

Straßenkarte E4. 2000. (03585) 23 05. **stlambrecht.at**

Das Benediktinerstift wurde im 11. Jahrhundert von Markwart von Kärnten und seinem Sohn, Herzog Heinrich III., gegründet. Die Klosteranlage entstand 1640 nach Plänen von Domenico Sciassi. Die gotische Hallenkirche stammt aus dem 14. Jahrhundert, wurde jedoch später umgebaut und barockisiert. Heute präsentiert sie sich als dreischiffige Basilika. Allerdings sind noch mittelalterliche Wandfresken erhalten. Der 16 Meter aufragende Hochaltar (1632) stammt von Valentin Khautt.

Nördlich der Kirche steht der Karner, ein romanischer Bau (12. Jh.), unten Beinhaus, oben Kapelle. Beeindruckend sind die Klosterbibliothek und das **Stiftsmuseum**. Hier sieht man die einstige Einrichtung von Kirche und Kloster: romanische Skulpturen, Glasmalereien sowie das Votivbild *Der Ölberg* (15. Jh., Hans von Tübingen). Einzigartig ist das Naturhistorische Kabinett: Hier sind 1500 Vogelarten ausgestellt, die Blasius Hanf im 19. Jahrhundert zusammengetragen hat.

St. Lambrecht, der Schutzheilige des Stifts

Stiftsmuseum St. Lambrecht
Hauptstraße 1–2. (03585) 23 05. 15. Mai–15. Okt: Mo–Sa 10.45, 14.30 Uhr (So nur 14.30 Uhr).

⑱ Turracher Höhe

Straßenkarte E5. 60. (04275) 83 92-0. **turracherhoehe.at**

Das kleine Skigebiet liegt auf einer Höhe von 1800 Metern in den Nockbergen, einem schneesicheren Gebiet an der Grenze zwischen Steiermark und Kärnten. Von Turrach aus kann man ganzjährig schöne Wanderungen auf der Turracher Höhe und im Biospährenpark Nockberge unternehmen. Ganz in der Nähe stehen die Überreste einer früheren Eisenhütte. Der Betrieb des Hochofens wurde Anfang des 20. Jahrhunderts eingestellt.

Eine Lipizzanerkoppel des Bundesgestüts Piber

Herbststimmung auf der Turracher Höhe

Heute wirken die Industrieruinen in der alpinen Landschaft reichlich grotesk.

⑲ Murau

Straßenkarte E4. 2300.
(03532) 27 20.
murau-kreischberg.at

Die Entstehung Muraus im 13. Jahrhundert wurde durch die Lage an einer Kreuzung großer Handelsstraßen begünstigt. Bald entwickelte sich das malerisch an der Mur gelegene Städtchen zum regionalen Handels- und Industriezentrum. Das historische Zentrum liegt am linken Murufer. Über den Renaissance-Bürgerhäusern thront die gotische **Matthäuskirche** (13. Jh.), die später barockisiert wurden. In der Kirche existiert noch die Gruft der Liechtensteiner. Prunkstück ist der barocke Hochaltar (1655) von einem hiesigen Meister. In den Altar wurde eine gotische Kreuzigungsgruppe (um 1500) aufgenommen. Die mittelalterlichen Fresken im Querschiff zeigen den hl. Antonius.

Schloss Murau oberhalb der Stadt wurde vom Reichsgrafen Schwarzenberg erbaut, der zuvor die Burg der Liechtensteiner, die an dieser Stelle gestanden hatte, abtragen ließ. Im Rittersaal finden Konzertaufführungen statt. Auch ein Kerker ist zu besichtigen. Das protestantische Diözesanmuseum in der **Elisabethkirche** in der Marktgasse 4 thematisiert und dokumentiert Reformation und Gegenreformation in diesem Teil Österreichs.

Das Städtchen Murau liegt idyllisch am Ufer der Mur

⑳ Oberwölz

Straßenkarte E4. 1000.
(03581) 84 20. **oberwoelz.at**

Der Ort, der bereits im 13. Jahrhundert ein bedeutender Umschlagplatz war und durch Salzhandel und Bergbau reich wurde, lässt noch heute einiges von seiner einstigen Größe erahnen. Im nahen Wölzertal wurden bedeutende Funde aus der Hallstatt-Zeit gemacht, was auf eine lange Siedlungsgeschichte schließen lässt. Oberwölz gehörte 800 Jahre lang zum Bistum Freising, dessen Bischöfe bis zu den Napoleonischen Kriegen in der nahen **Burg Rothenfels** residierten.

Die mittelalterliche Ummauerung mit zwei Türmen und drei Toren sowie der Stadtkern sind fast vollständig erhalten. Die **Pfarrkirche St. Martin**, eine romanische dreischiffige Basilika, zeugt von der früheren Bedeutung der Stadt. Im 15. Jahrhundert wurde ein gotischer Chor angebaut. 1777 malte Josef A. Mölk das Gewölbe des Schiffs mit Fresken aus. An der südlichen Außenmauer zeigt ein Relief von 1500 das Jüngste Gericht. Ganz in der Nähe steht die Spitalkirche St. Sigismund (14. Jh.) mit Kreuzwegbildern (18. Jh.) von Johann Lederwasch. Das Museum im Kulturzentrum zeigt archäologische Funde. Eine Attraktion ist auch das Österreichische Blasmusikmuseum.

Traditionelle Holzhütten in den Alpen, Göriachtal ▶

㉑ Schladminger Tauern

Die Gemeinde Schladming liegt am Fuß der Niederen Tauern, einem Gebirgszug entlang der Enns. Höchster Gipfel der Gruppe ist der Hochgolling (2863 m). Mit ihren weitläufigen Hängen sind die Schladminger Tauern ein ideales Skigebiet für Anfänger und Fortgeschrittene. Wer größere Herausforderungen sucht, findet im nahen Dachstein-Gebiet anspruchsvollere Hänge. Im Sommer sind die Niederen Tauern bevorzugtes Wandergebiet, gut erschlossen mit Buslinien und Seilbahnen. Wer sich erholen will, findet in Schladming Gelegenheit: In guten Restaurants und Cafés kann man sich hier verwöhnen lassen.

★ Fremdenverkehrszentren
Viele Dörfer in den Alpen sind als Ausgangspunkte für sportliche Aktivitäten in der umgebenden Bergwelt wichtige Fremdenverkehrsorte.

★ Ennstal
Die Enns zählt zu den großen Flüssen Österreichs. Sie trennt die Niederen Tauern vom Dachstein-Massiv.

Außerdem

① **Eine Seilbahn** befördert die Besucher von Ramsau am Dachstein *(siehe S. 184)* hinauf zu den Gipfeln von Dachstein und Hunerkogel. Wer selbst hinaufklettern will, kann sich einen Bergführer nehmen.

② **Gröbming** besitzt eine spätmittelalterliche Pfarrkirche. Der gotische Flügelaltar (1520) ist ein bedeutendes Kunstwerk.

③ **Der Hochgolling** (2863 m) ist der höchste Gipfel der Schladminger Tauern. Wer den anstrengenden Aufstieg auf sich nimmt, wird mit großartiger Aussicht belohnt.

Rohrmoos
Die Gemeinde bei Schladming versteht sich als Wanderdorf. Hohe Ziele sind die Gipfel von Hochwurzen und Planai.

Hotels und Restaurants in der Steiermark *siehe Seiten 295f und 318–320*

★ Dachstein-Massiv
Der höchste Gipfel des Gebirgsmassivs ist der Hohe Dachstein (2995 m). Auf dem Dachstein-Gletscher ist Skifahren ganzjährig möglich.

Infobox

Information
Straßenkarte D4, E4.
ℹ Schladming, Ramsauerstraße 756, (03687) 23 310.
W **schladming-dachstein.at**

Anfahrt

Haus
Der Kur- und Wintersportort Haus ist ein guter Ausgangspunkt für ausgedehnte Wanderungen. In der Umgebung findet man malerische Seen. Sehenswert ist die Barockkirche des Orts.

Legende
- Hauptstraße
- Nebenstraße
- Bergbahn, Seilbahn
- Fluss, See

Riesachsee
Der Riesachsee, einer der vielen klaren Bergseen in dieser Region, liegt auf 1333 Meter Höhe im Untertal. Er eignet sich hervorragend zum Forellenangeln.

Zeichenerklärung *siehe hintere Umschlagklappe*

Ramsau, ein Eldorado für Langläufer

22 Ramsau

Straßenkarte D4. 1700.
(03687) 81 833. **ramsau.com**

Ramsau liegt auf 1000 Meter Höhe. Mit seinen mehr als 150 Kilometern schneesicheren Loipen gilt es als Langlauf-Eldorado. Von November bis März ist Langlaufsaison. Dank eines ausgeklügelten Systems von Zug-, Bus-, Lift- und Seilbahnverbindungen ist jede Strecke leicht zu erreichen. Die Pisten gegenüber dem Dachstein-Massiv bescheren auch den weniger geübten Skifahrern wundervolle Abfahrten. Im Sommer werden die Loipen von Wanderern, Joggern und Nordic Walkern genutzt.

Von der Ramsauer Seite aus gelangt man per Seilbahn auf den Hunerkogel (2687 m), den Nachbargipfel des Hohen Dachstein. Der Ausblick von der Gipfelstation ist beeindruckend. Der Abstieg führt durch das Filzmoos. Von dort hat man einen spektakulären Blick auf die Bischofsmütze.

Das **Alpinmuseum** in Ramsau befasst sich mit der Geschichte des Kletterns und Bergsteigens in der Dachstein-Region, verfügt aber auch über eine nicht minder faszinierende naturgeschichtliche Abteilung zur Tier- und Pflanzenwelt der Region.

Das **Heimatmuseum Grahhof**, das Exponate zur Lebens- und Arbeitswelt der Ramsauer Bauern und zur bewegten religiösen Vergangenheit der Region besitzt, ist derzeit leider geschlossen.

Alpinmuseum
(03687) 81 522. Mai – Okt: tägl. 10 – 16 Uhr. auf Anfrage.

Heimatmuseum Grahhof
(03687) 81 812.

23 Bad Aussee

Straßenkarte D4. 4800.
(03622) 54 040. **aussee.at**

Bad Aussee, die wichtigste Stadt im steirischen Salzkammergut, liegt an der Traun in einer weiten Mulde zwischen Totem Gebirge und Dachstein-Massiv. Der frühere Reichtum der Region gründete sich auf Salzvorkommen. Schon vor 3000 Jahren gingen von hier Salztransporte in den Süden. Berühmt wurde die Stadt auch dafür, dass Erzherzog Johann, der Enkel Maria Theresias und Sohn Kaiser Leopolds II., 1829 die Ausseer Postmeisterstochter Anna Plochl ehelichte. Der Erzherzog war ein Förderer der steirischen Kultur und Wirtschaft.

Der Kammerhof am Chlumeckyplatz (14. Jh.), früher die Salinenverwaltung, beherbergt heute das Heimatmuseum, das viel über den Salzbergbau vermittelt. In der romanischen Pfarrkirche St. Paul sind ein Sakramentshäuschen (1523) und eine gotische Marienstatue zu sehen.

Umgebung: Eine Panoramastraße führt zum **Altausseer See** und zum Loser (1837 m). Am Weg kann man das alte Salzbergwerk besuchen, in dem während des Zweiten Weltkriegs Kunstwerke gelagert wurden.

24 Admont

Straßenkarte E4. 2500.
(03613) 21 64. **admont.at**

Der berühmteste Bau der Gemeinde Admont im Ennstal ist das monumentale **Benediktinerstift Admont**. Das Kloster, das im 11. Jahrhundert gegründet und mehrmals umgebaut und erweitert wurde, entwickelte sich zu einem der mächtigsten Stifte Österreichs. 1865 brannte es fast völlig nieder. Wie durch ein Wunder wurde die Bibliothek mit ihren 16 000 Büchern von den Flammen verschont. Sie gilt als größte Klosterbibliothek der

Malerische Häuserzeile in Bad Aussee

Prachtvolle Bibliothek des Benediktinerstifts Admont

Welt. Gotthard Heybergers Entwürfe für den spätbarocken Saal führte Josef Hueber 1774 aus. Das Deckenfresko ist ein Werk von Bartolomeo Altomonte. Im Südflügel befindet sich ein Museum, das historische Kunstschätze und moderne Kunst zeigt.

Benediktinerstift Admont
(03613) 23120. **Bibliothek und Museum** Apr–Okt: tägl. 10–17 Uhr; Nov–März: Do–Sa 10–12, So 10–13 Uhr. **stiftadmont.at**

Umgebung: Fünf Kilometer von Admont entfernt steht hoch über der Enns die Wallfahrtskirche **Frauenberg**, die im 15. Jahrhundert erbaut und später barockisiert wurde.

㉕ Hohentauern

Straßenkarte E4. 550.
(03618) 335. **hohentauern.at**

Hohentauern ist mit einer Höhe von 1274 Metern das höchstgelegene Bergdorf in den Rottenmanner Tauern. Es ist von über 20 Zweitausendern umgeben. Die Rottenmanner Tauern gehören, wie die Radstädter *(siehe S. 232)*, Schladminger *(siehe S. 182f)*, Wölzer und Seckauer Tauern, zu den Niederen Tauern, die sich bis ins Salzburger Land hinein erstrecken.

Hohentauern wurde von den Kelten gegründet. Seit dem 12. Jahrhundert machte es sich einen Namen als Handelszentrum, denn es lag am Hohentauern-Pass, der das Ennstal mit dem Murtal verbindet. Die Kirche St. Bartolomäus birgt einen geschnitzten Hochaltar (um 1750) von Josef Stammel.

Die Passhöhe der Hohentauernstraße beträgt 1260 Meter. Auf der Straße hat man ein einzigartiges Bergpanorama vor sich. Von Norden passiert man **Rottenmann** mit seinen alten Stadtmauern, **Möderbrugg**, einst ein Zentrum der Metallindustrie, **Oberzeiring** mit der alten Salzmine und **Halfelden** mit einer Burgruine. Bei Pöls liegen die Ruinen von Burg **Reifenstein**, die um 1145 erbaut wurde und erst im 19. Jahrhundert verfiel.

㉖ Eisenerzer Alpen

Straßenkarte E4.
(03848) 25110.

Eine Möglichkeit, in die Eisenerzer Alpen zu gelangen, ist der Weg durch das schmale, steile Ennstal. Die Kalkgipfel des Gesäuses hinter Admont beginnen bei Hieflau. Vom Eingang des Durchbruchtals der Enns aus hat man einen grandiosen Blick auf den Fluss und auf die Hochtorgruppe mit dem Hochtor (2369 m) als höchstem Gipfel. Die steilen Wände sind ideal für Kletterer. Der berühmteste Berg in den Eisenerzer Alpen ist der **Erzberg**. Hier wurde schon in historischen Zeiten Erz abgebaut. Der Berg wirkt wie eine Stufenpyramide, das Rot der Erde steht in Kontrast zum Grün der Wälder und Wiesen.

Die Region um den Erzberg birgt die größten Erzvorkommen Mitteleuropas. Im Sommer können Besucher eine Mine besichtigen. Am **Schaubergwerk** haben Abenteuerlustige auch die Gelegenheit, mit dem »Hauly« zu fahren, einem Lkw, mit dem früher das Erz transportiert wurde.

Eisenerz, eine alte Bergbaustadt am Fuß des Erzbergs, besitzt eine hübsche Altstadt und die Wehrkirche St. Oswald aus dem 16. Jahrhundert.

Stadtmuseum
Eisenerz, Schulstraße 1. (03848) 25 11 65. Mai–Okt: Di–So 10–16 Uhr; ansonsten nach Vereinbarung. nach Anmeldung.

Erzberg – die rötliche erzhaltige »Pyramide« der Eisenerzer Alpen

㉙ Tour: Salzatal

Die Salza, ein Nebenfluss der Enns, hat sich ihr Bett durch die östlichen Ausläufer der Kalkalpen gegraben. Eine Tour duch das spärlich besiedelte Salzatal offenbart atemberaubende Ansichten. Die Straße führt an den Ausläufern des Hochschwab-Massivs entlang, vorbei an tosenden Bergbächen, kleinen Seen und durch dichte Wälder. Die Salza fließt durch nahezu unberührte Bergregionen zwischen Felswänden und ist mit ihrem glasklaren Wasser idealer Lebensraum für Tiere und Pflanzen.

Prescenyklause ③
Der alte Staudamm ist einer der wenigen Eingriffe in die Flusslandschaft. Das Wasser wurde gestaut, damit die Flößer das Holz ungehindert zu Tal bringen konnten.

Brunnsee ②
Der Brunnsee in der Nähe von Wildalpen ist einer von mehreren Bergseen auf den verkarsteten Hochflächen des Hochschwab-Massivs. Von hier blickt man auf die nördlichen Hänge des Gebirgsstocks.

Hieflau ①
Hieflau war früher ein Zentrum des Bergbaus und der Eisenindustrie. Der Ort liegt inmitten dichter Wälder. Das Dorfmuseum widmet sich der Regionalgeschichte.

Legende

- Routenempfehlung
- Panoramastraße
- Andere Straße
- Fluss

Hochschwab ⑤
Der höchste Berg des weit ausladenden Gebirgsstocks ist der 2277 Meter hohe Hochschwab. Sein Gipfel ist im Sommer wie im Winter ein beliebtes Ziel für Bergsteiger.

Routeninfos

Länge: 100 km.
Rasten: Die einzige Übernachtungsmöglichkeit auf der Route durchs Salzatal besteht in Weichselboden.
Tipp: Besuch des Köhlerzentrums Hieflau. (03634) 505. Mai–Okt: tägl. 10–12, 15–17 Uhr.

Weichselboden ④
Es gibt nur wenige Siedlungen an der Strecke. Der Ort bietet sich also an, um zu rasten und die Kirche zu besichtigen oder in dem kleinen Hotel zu übernachten.

Das Hauptschiff der Kirche im Benediktinerstift Seckau

㉗ Seckau

Straßenkarte E4. 1300. (03514) 52 05-3.

Die Marktgemeinde Seckau besitzt einen historischen Ortskern, in dem auch die spätgotische Kapelle der hl. Lucia steht. Größter Anziehungspunkt ist jedoch das **Benediktinerstift Seckau**. Es wurde im 12. Jahrhundert von Augustinermönchen gegründet und nach der Aufhebung 1833 von Benediktinern wiederbesiedelt.

Das Stiftsgebäude nach einem Entwurf von P. F. Carloni stammt aus dem 17. Jahrhundert. Die Klosterkirche Mariä Himmelfahrt hat sich ihren ursprünglichen spätgotischen Charakter bewahrt. Hier findet man das Mausoleum von Erzherzog Karl II. und eine Kreuzigungsgruppe. Die ausdrucksstarken Figuren stammen aus dem 12. und 13. Jahrhundert, ebenso die zwei Portallöwen, die Madonna mit Kind und die Wandfresken.

㉘ Leoben

Straßenkarte F4. 24 000. Peter-Tunner-Straße 2, (03842) 48 148. **leoben.at**

Leoben, die zweitgrößte Stadt der Steiermark, ist Sitz einer Universität und ein Zentrum der Schwerindustrie. Die Herrschaftshäuser am Hauptplatz und in den umliegenden Straßen zeugen vom früheren Reichtum der Stadt. Sie verfügte über bedeutende Eisenvorkommen. Das Rathaus ist mit einem Wappenfries geschmückt, das Hacklhaus besticht mit seiner roten Stuckfassade. Sehenswert ist die **Pfarrkirche St. Xaver** aus dem 17. Jahrhundert mit dem prunkvollen Barockaltar. An der Südwand befindet sich ein romanisches Kruzifix.

Auf der anderen Seite der Mur steht die gotische Kirche **Maria am Waasen**. Im Chor findet man noch die originalen Glasmalereien. Im Stadtteil Göß steht das ehemalige **Benediktinerinnenstift Göß**, das älteste Kloster der Steiermark, das Pfalzgraf Aribo um 1020 gründete. Von der Kirche existiert noch die frühromanische Krypta. Im Chor sind Fresken aus dem 14. Jahrhundert zu sehen. Ansonsten präsentiert sich die Kirche als Bau des 16. Jahrhunderts.

Die Gösser-Brauerei, Österreichs bekannteste Brauerei, steht neben dem Kloster und ist für Besucher geöffnet. Das Stadtmuseum in der Kirchgasse 6 beherbergt naturwissenschaftliche und kulturgeschichtliche Sammlungen.

Die elegante barocke Stuckfassade des Hacklhauses in Leoben

Zeichenerklärung *siehe hintere Umschlagklappe*

㉚ Mariazell

Mit einer einfachen Zelle, die der Mönch Magnus 1157 für eine Marienstatue baute, begann die Geschichte des bedeutendsten Marienheiligtums in Mitteleuropa, auch wenn eine Marienkirche erst 1266 erwähnt wurde. Die Feierlichkeiten zum 850. Jahrestag fanden 2007 statt. Mariazell ist einer der wichtigsten katholischen Wallfahrtsorte. Das ganze Jahr über pilgern Gläubige hierher. Besondere Festtage sind Mariä Himmelfahrt (15. Aug) und Mariä Geburt (8. Sep). Im 14. Jahrhundert stiftete König Ludwig von Ungarn die berühmte Gnadenkapelle.

Außenansicht
Im 17. Jahrhundert erweiterte man die Kirche, um dem wachsenden Pilgerstrom gerecht zu werden. Dem zentralen Turm wurden zwei barocke Türme zur Seite gestellt.

Kirchenschiff
Die Basilika wurde ursprünglich als gotische Hallenkirche erbaut. Trotz der Barockisierung von Domenico Sciassi (spätes 17. Jh.) ist dies noch spürbar.

Haupteingang

Außerdem

① Gotischer Turm (14. Jh.)

② Fresken von Giovanni Rocco Bertoletti

★ Schatzkammer
Die Schatzkammer beherbergt viele Kostbarkeiten. Dazu gehören liturgische Gefäße sowie eine geschnitzte Marienstatuette und ein Elfenbeinrelief aus dem 14. Jahrhundert.

Gnadenstatue
Magna Mater Austriae – Große Mutter Österreichs, eine schlichte romanische Gnadenstatue – ist das Herzstück der Wallfahrtsstätte Mariazell.

Infobox

Information
Straßenkarte F4. 1750.
Hauptplatz 13.
(03882) 23 66.
Basilika Benedictusplatz 1.
(03882) 259 50. tägl. 7–20 Uhr.
Schatzkammer Mai–Okt: Di–Sa 10–15, So, Feiertage 11–15 Uhr.
basilika-mariazell.at

★ Hauptaltar
Der monumentale Hauptaltar mit der Kreuzigungsgruppe ist das Werk von J.B. Fischer von Erlach d.Ä. Die Silberfiguren auf dem Altar stammen von Lorenzo Mattielli.

Kardinal József Mindszenty (1892–1975)

Der Primas von Ungarn wurde 1948 wegen Widerstands gegen das Regime zu lebenslanger Haft verurteilt. 1956 kam er frei und suchte Schutz in der US-Botschaft in Budapest, wo er 15 Jahre lang lebte. In Mariazell wurde er beigesetzt. Später wurde sein Sarg nach Ungarn überführt.

★ Gnadenkapelle
Die Kapelle mit dem Gnadenaltar und dem Gnadenbild wurde wohl von König Ludwig von Ungarn gestiftet. Der silberne Barockaltar ist ein Werk von Fischer von Erlach d.J.

Oberösterreich

Das Bundesland Oberösterreich, eines der früheren habsburgischen Erblande, verdankt seinen Namen der Lage als »Land ob der Enns«. Oberösterreich erstreckt sich mit einer Fläche von 11 982 Quadratkilometern zwischen den Flüssen Inn und Enns und hat rund 1,4 Millionen Einwohner. Im Norden grenzt es an Tschechien, im Osten und Süden an Niederösterreich, die Steiermark und Salzburg und im Westen an Deutschland.

Oberösterreich ist – nach Wien – das am höchsten industrialisierte Bundesland und erwirtschaftet gut ein Viertel der österreichischen Exporte. Schon seit den Zeiten, als es Teil der römischen Provinz Noricum war, war es eine reiche Region. Später kam das heutige Oberösterreich zu Bayern. Unter den Babenbergern wurde es im 13. Jahrhundert, zusammen mit dem benachbarten Niederösterreich, zum Kernland des künftigen Kaiserreichs.

Historisch wird das Bundesland in sogenannte Viertel unterteilt. Das hügelige Mühlviertel, der oberösterreichische Teil des Böhmerwalds, liegt nördlich der Donau, größte Stadt ist Freistadt. Das Innviertel im Alpenvorland mit dem Zentrum Ried ist die westlichste Region. Hausruckviertel nennt man die Voralpenregion zwischen Hausruck und Trauntal mit der Stadt Vöcklabruck. Zum Traunviertel gehört ein Teil des Salzkammerguts, eines der malerischsten und beliebtesten Feriziele Österreichs. Das Donautal wird oft als eigene Region bezeichnet. Hier findet man gemütliche Städte, aber auch erhabene Schlösser und Klöster. Eine Perle österreichischer Barockarchitektur ist etwa das Stift St. Florian.

Die Landeshauptstadt Linz ist die drittgrößte Stadt Österreichs. Linz ist sowohl Industriezentrum und Verkehrsknotenpunkt als auch Hochschul- und Bischofsstadt. Es besitzt den größten österreichischen Donauhafen und liegt mit der charmanten Altstadt malerisch eingebettet im Hügelland zwischen Donau und Traun.

Blick vom Gipfel des Krippensteins auf das ausladende Dachstein-Massiv

◀ Am Ufer des kleinen, aber sehr tiefen Hallstätter Sees *(siehe S. 212)*

Überblick: Oberösterreich

Oberösterreich ist landschaftlich und kulturell eine Perle. Die Hauptstadt Linz (Europäische Kulturhauptstadt 2009) besitzt nicht nur Österreichs ältesten Kirchenbau, sondern auch das Ars Electronica Center – Museum der Zukunft. An den Ufern von Donau und Enns thronen die großartigen Stifte Kremsmünster, Steyr und St. Florian. Das Dachstein-Massiv mit seinen faszinierenden Höhlen ist ein Naturerlebnis. Im Salzkammergut locken die klaren Bergseen hoch oben in den Kalkalpen. Das milde Klima und die Heilquellen ziehen Besucher in Kurorte wie Bad Ischl, die frühere Sommerresidenz des Kaisers.

Das gotische Bummerlhaus mit seinem Spitzdach ist ein Wahrzeichen von Steyr

Sehenswürdigkeiten auf einen Blick

- ❶ *Linz S. 194–197*
- ❷ *Donautal S. 198f*
- ❸ St. Florian
- ❹ Perg
- ❺ Kefermarkt
- ❻ Freistadt
- ❼ Schärding
- ❽ Obernberg am Inn
- ❾ Braunau am Inn
- ❿ Schmiding
- ⓫ Lambach
- ⓬ Wels
- ⓭ Kremsmünster
- ⓮ Steyr
- ⓯ Bad Hall
- ⓰ Stadl-Paura
- ⓱ Schwanenstadt
- ⓲ Vöcklabruck
- ⓳ Gmunden
- ⓴ Traunkirchen
- 21 *Seen im Salzkammergut S. 210f*
- 22 Schafberg
- 23 St. Wolfgang
- 24 Bad Ischl
- 25 Hallstatt
- 26 Gosauseen
- 27 Dachsteinhöhlen

Weitere Zeichenerklärungen *siehe hintere Umschlagklappe*

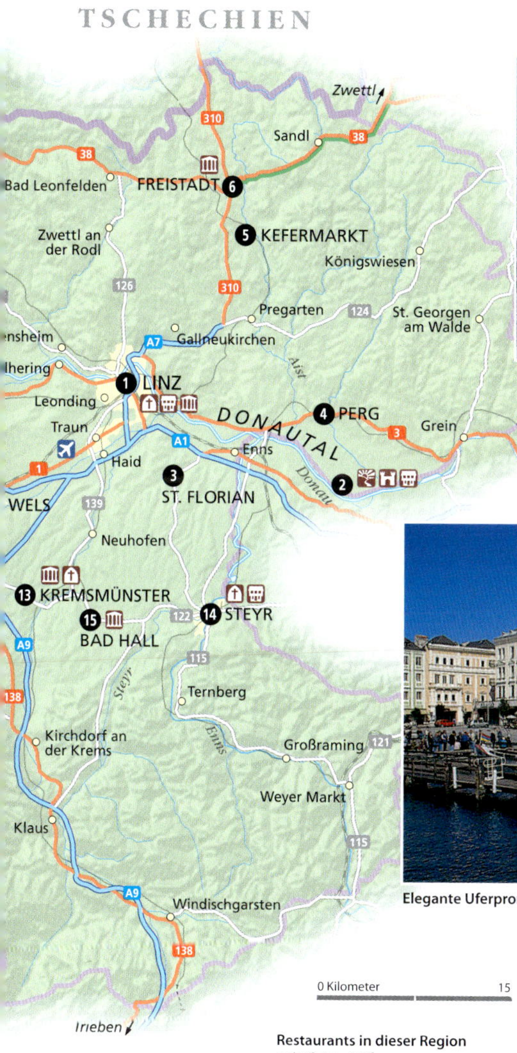

Rote Geranien schmücken die Häuser in St. Wolfgang

Elegante Uferpromenade in Gmunden

Restaurants in dieser Region
siehe Seiten 320f

In Oberösterreich unterwegs

Der Flughafen Linz-Hörsching wird zwar von internationalen Linien angeflogen, doch die meisten Besucher starten und landen in Wien. Linz liegt an der Bahnstrecke Wien – Salzburg und an der Autobahn A1, die von West nach Ost durch Oberösterreich führt. Das Straßennetz ist exzellent, die Busverbindungen sind gut. Von Frühjahr bis Herbst verkehren auf der Donau Schiffe zwischen Passau, Linz und der Wachau.

Legende

- Autobahn
- Hauptstraße
- Nebenstraße
- Panoramastraße
- Eisenbahn (Hauptstrecke)
- Eisenbahn (Nebenstrecke)
- Staatsgrenze
- Bundeslandgrenze

Statue vor der Kaiservilla in Bad Ischl

❶ Linz

Die malerisch am Wasser gelegene Landeshauptstadt nennt sich gern »Donaustadt am Alpenrand«. Linz verdankt seine Bedeutung der Lage am Zusammenfluss dreier Wasserwege – auf Enns und Traun wurden Salz und Eisenerz transportiert, auf der Donau Güter nach Wien und Passau. Schon die Römer schätzten diese Lage und gründeten hier die Siedlung Lentia. Im 15. Jahrhundert war Linz ein florierender Marktort, für ein paar Jahre war es Residenz Kaiser Friedrichs III. Linz ist Industrie-, aber auch Kulturstadt (Europäische Kulturhauptstadt 2009) mit Museen und dem futuristischen Ars Electronica Center. Der Komponist Anton Bruckner war hier einst Domorganist.

Die »Donaustadt am Alpenrand« aus der Vogelperspektive

Überblick: Linz

Die Altstadt von Linz erstreckt sich rechts der Donau. Der große Hauptplatz gilt als eines der schönsten Architekturensembles Österreichs. Ein Spaziergang zum Schloss, zur Martinskirche, zurück zum Hauptplatz und zum Landhaus vermittelt einen Eindruck von der Geschichte der Stadt. Am Pöstlingberg liegen dem Besucher Stadt und Donau zu Füßen. Das Ars Electronica Center findet man am linken Ufer der Donau.

Martinskirche

Römerstraße / Martinsgasse. ☎ (0732) 77 74 54.

Die bescheidene Kirche ist die älteste erhaltene Kirche Österreichs. Erwähnung fand sie erstmals im 8. Jahrhundert, während der Regierungszeit Karls des Großen. Damals gehörte sie zur vormaligen karolingischen Residenz. Die gotischen Fenster und Portale stammen aus späterer Zeit. Die Kirche wurde auf römischen Fundamenten errichtet, u. a. verwendete man zehn römische Grabsteine als Baumaterial. Auch der Innenraum stammt noch aus der Karolingerzeit, der neugotische Chor ist dagegen jüngeren Datums. Im Gewölbe zwischen Schiff und Chor sowie an der Nordwand gibt es Fresken zu sehen. In der ersten Nische befindet sich die Kopie des Volto-Santo-Bildes von Lucca (um 1440).

Viele Details können nur bei einer Führung besichtigt werden.

Martinskirche, die älteste Kirche Österreichs

Schloss

Schlossberg 1. ☎ (0732) 77 44 19. Di–Fr 9–18, Sa, So, Feiertage 10–17 Uhr.

Im 15. Jahrhundert ließ sich Kaiser Friedrich III. auf den Fundamenten eines älteren Gebäudes die Residenz am Römerberg bauen. Aus dieser Zeit stammt das Friedrichstor. Unter Rudolf II. wurde die Residenz 1600–07 zum heutigen Schloss umgebaut. Seither prägt die Schlosssilhouette das Bild von Linz. Seit 1966 beherbergt die alte Kaiserresidenz eine Zweigstelle des Oberösterreichischen Landesmuseums. Zu den Exponaten zählen Gemälde und Skulpturen vom Mittelalter bis zum 19. Jahrhundert, Waffen (12.–18. Jh.), Musikinstrumente, Möbel und Kunstobjekte. Zudem gibt es eine archäologische Ausstellung. Ein Teil des Museums ist der Landesgeschichte gewidmet. Hier wurden ein physikalisches Labor der Jesuitenschule und die Apotheke von Schloss Weinberg (um 1700) rekonstruiert. Der Blick vom Schlossberg auf Linz ist großartig.

Landhaus

Klosterstraße 7. ☎ (0732) 77 20 11 130.

Im 16. Jahrhundert tagten im Landhaus die Landstände, heute ist das Renaissance-Palais Sitz der oberösterreichischen Landesregierung. Der Bau steht an der Stelle eines früheren Minoritenklosters. Das marmorne Nordportal an der Klosterstraße ist das Werk von Renaissance-Künstlern. Im Innenhof, einem Renaissance-Arkadenhof, steht der Planetenbrunnen (1582), der Johannes Kepler gewidmet ist. Kepler war kaiserlicher Mathematiker und Hofastronom Rudolfs II. und lehrte 1612–26 im Landhaus. Die sieben Figuren auf dem Bronzeaufsatz des Brunnens zeigen die damals bekannten Planeten.

Ganz in der Nähe steht die ehemalige Minoritenkirche, die in der Stadtchronik erstmals 1288 erwähnt wurde. Die 1751–58

Planetenbrunnen im Arkadenhof des Landhauses

barockisierte Kirche besitzt eine Fassade mit ovalen Fensteraussparungen. Das Schiff ist reich geschmückt. Das Altargemälde stammt von Bartolomeo Altomonte, die Stuckarbeiten sind das Werk Kaspar Modlers.

Hauptplatz

Der Hauptplatz in der Linzer Altstadt gilt als einer der schönsten Stadtplätze Österreichs und als Pionierleistung früher Stadtplanung. Der Platz ist 220 Meter lang und 60 Meter breit, er wirkt vor allem als Ensemble.

Einige Gebäude verdienen nähere Betrachtung: Das gotische Alte Rathaus wurde um 1513 erbaut und später erweitert. Es hat noch seinen original achtseitigen Eckturm mit einer astronomischen Uhr. Die von Säulen geprägte Barockfassade stammt aus dem 17. Jahrhundert. Interessant sind auch andere Häuser, etwa Nr. 18, das Feichtingerhaus, das frühere Hauptpostamt, ein gotischer Bau mit frühbarocker Fassade.

Die 20 Meter hohe, aus weißem Marmor gefertigte Dreifaltigkeitssäule, die in der Mitte des Platzes aufragt, wurde 1723 vollendet. Bürger und Stadtrat stifteten sie aus Dankbarkeit, dass die Stadt von Krieg, Feuersbrunst und Pest verschont worden war.

Infobox

Information
Straßenkarte E3.
191 000. Hauptplatz 1, (0732) 70 70 20 09. Pflasterspektakel (Ende Juli), Brucknerfest (Sep), Ars Electronica (Sep).
linz.at/tourismus

Anfahrt

Hauptplatz mit der barocken Dreifaltigkeitssäule

Zentrum von Linz

1. Martinskirche
2. Schloss
3. Landhaus
4. Hauptplatz
5. Alter Dom
6. Stadtpfarrkirche
7. Landesmuseum
8. Stadtmuseum Nordico
9. Seminarkirche
10. Neuer Dom
11. Ars Electronica Center

Zeichenerklärung *siehe hintere Umschlagklappe*

Von Zwiebeltürmen bekrönter Alter Dom

Alter Dom

Domgasse 3. (0732) 77 08 660. tägl. 7–12, 15–19 Uhr.

Nachdem Linz Bischofssitz des Erzbistums Oberösterreich geworden war, diente die ehemalige Jesuitenkirche ab 1785 als Domkirche. Die Ignatiuskirche wurde in der zweiten Hälfte des 17. Jahrhunderts nach Plänen von Pietro Francesco Carlone errichtet. Mit den beiden Zwiebeltürmen prägt sie das Stadtbild von Linz. Hinter der grünen Fassade öffnet sich ein betörend schöner barocker Innenraum. Das große Schiff hat beidseitig Kapellen und Emporen, ist mit prächtigen Stuckaturen verziert und besitzt einen Hochaltar aus Marmor. Besonders beeindruckend ist das alte Chorgestühl. Einheimische Kunstschnitzer versahen es mit Zwergen und Monstern, die hinter den Rücken- und Armlehnen hervorlugen.

Von 1856 bis 1868 war der Komponist Anton Bruckner hier Domorganist. Die gegenwärtige Orgel, ein Instrument des berühmten Meisters Krismann, wurde nach Bruckners Anweisungen umgebaut.

Stadtpfarrkirche

Pfarrplatz 4. (0732) 77 61 200.

Die Stadtpfarrkirche Mariä Himmelfahrt wurde im 13. Jahrhundert als dreischiffige romanische Basilika mit gotischem Chor erbaut. Im 17. Jahrhundert wurde das Langhaus erneuert und der Innenraum neu gestaltet. Im Chor befindet sich ein Grabstein für Kaiser Friedrich III., der einige Jahre in Linz residierte. Die Urne, die das Herz und die Eingeweide des Kaisers enthält, findet man rechts vom Altar in einem mit einer Marmorplatte verschlossenen Wandgrab. Die barocke Johann-Nepomuk-Kapelle im Südschiff ist mit Fresken ausgemalt, der Altar ist ein Werk Bartolomeo Altomontes. Johann Nepomuk war einer der meistverehrten Heiligen im Kaiserreich. Viele Städte errichteten ihm ein Denkmal – in der Stadtpfarrkirche von Linz findet man gleich zwei. Die Figur in der Chor-Außenkapelle stammt wahrscheinlich von Georg Raphael Donner. Für den Bau der Kapelle zeichnete der Barockbaumeister Lukas von Hildebrandt verantwortlich.

Landesmuseum

Museumstraße 14. (0732) 77 44 820. Di–Fr 9–18 (Do bis 21 Uhr), Sa, So 10–17 Uhr. landesmuseum.at

Das Gebäude des Landesmuseums erinnert stark an die Häuser an der Wiener Ringstraße – auch hier spürt man den Geist des Historismus. Architekt war der Düsseldorfer Bruno Schmitz. Das Museum erhielt den Namen Francisco-Carolinum im Gedenken an Erzherzog Franz Karl. Ursprünglich sollte es nur die Sammlung des oberösterreichischen Musealvereins aufnehmen, den Anton Ritter von Spaun 1833 gegründet hatte. Heute wird hier vor allem moderne österreichische Kunst unter Berücksichtigung oberösterreichischer Künstler präsentiert. Bemerkenswert ist die weltweit größte Sammlung mit Arbeiten von Alfred Kubin im Kubin-Haus Zwickledt.

Das Museum veranstaltet zudem Ausstellungen zu kulturellen und naturkundlichen Themen.

Mittelalterliche Handschrift, Landesmuseum

Stadtmuseum Nordico

Dametzstraße 23. (0732) 70 70 19 01. Di–So 10–18 Uhr (Do bis 21 Uhr). nordico.at

In dem Barockkomplex, den sich das Kloster Kremsmünster 1608/09 als Stiftshaus errichten ließ, wurde 1675 das Collegium Nordicum eingerichtet. Hier sollten Jugendliche aus nordischen Ländern zu guten Katholiken erzogen werden. Heute beherbergt der imposante Bau das Stadtmuseum. In der Ausstellung »LinzGenesis« wird Stadtgeschichte im Zeitraffer vermittelt. Zu den Exponaten gehört ein Stadtmodell von 1740. Das Obergeschoss ist Wechselausstellungen (meist moderne Kunst) vorbehalten.

Seminarkirche

Harrachstraße 7. (0732) 77 12 05. tägl. 7–17 Uhr.

Die vormalige Kirche des Deutschordens ist künstlerisch die interessanteste Kirche von Linz. Erbaut wurde sie im frühen 18. Jahrhundert nach Plänen von Johann Lukas Hildebrandt. An der Barockfassade ist ganz oben das Wappen der Familie Harrach zu sehen. Der Turm mit seiner unverwechselbaren Kuppel ist umgeben von Statuen, die die Tugenden eines

Hotels und Restaurants in Oberösterreich *siehe Seiten 296f und 320f*

Der imposante Neue Dom ist Österreichs größter Sakralbau

Ordensritters verkörpern. Der elliptische Zentralraum wird von einer ovalen Kuppel überwölbt. Das Altarblatt ist ein Werk Martino Altomontes, die Seitenaltarbilder stammen von Joseph Schmidt. Am Eingang steht eine Johann-Nepomuk-Statue, gegenüber zeigt ein Gemälde den Tod des hl. Josef. Das Deckenrelief zeigt Gottvater inmitten einer Engelsschar. Filigrane Blattornamente schmücken den Himmel.

Neuer Dom

Herrenstraße 26.
(0732) 46 100.
Mo–Sa 7.30–19, So 8–19 Uhr.

Die Grundsteinlegung für den Dom fand 1862 statt, fertiggestellt wurde er 1924. Architekt war der Kölner Dombaumeister Vinzenz Statz. Der neogotische Neue Dom ist der größte Sakralbau Österreichs und nach dem Kölner Dom der zweitgrößte gotische Dom der Welt. Innen finden 20 000 Gläubige Platz. Es heißt, der Wiener Erzbischof habe die Bedingung gestellt, dass der Linzer Dom den Wiener Stephansdom *(siehe S. 62f)* nicht überragen dürfe. Statz hielt sich daran, sodass der Turm heute eine Höhe von »nur« 134 Metern hat, drei Meter weniger als der Stephansdom. Der Innenraum wurde von Josef Gasser gestaltet. Besonders interessant sind die modernen Glasfenster, die u.a. Szenen aus der Stadtgeschichte zeigen.

Sebastian, Maskottchen der Pöstlingbergbahn

Ars Electronica Center

Hauptstraße 2. (0732) 72 720.
Di, Mi, Fr 9–17, Do 9–21, Sa, So 10–18 Uhr. acc.at/center

Am Aufgang zur Nibelungenbrücke am nördlichen Ufer der Donau steht eines der ungewöhnlichsten österreichischen Ausstellungshäuser. Das Ars Electronica Center – Museum der Zukunft gibt Einblick in digitale Computerwelten, neueste Technologien und Medien. Gezeigt werden Animationen und virtuelle Simulationen von Raum und Zeit. So können Besucher etwa fantastische Reisen durch dreidimensionale Welten unternehmen. Im Flugsimulator fliegt man über die Stadt und taucht ab in die Donau. Das Museum stand im Zentrum der kulturellen Aktivitäten von 2009, als Linz Europäische Kulturhauptstadt war.

Lentos Kunstmuseum

Ernst-Koref-Promenade 11. (0732) 70 70 3600. Di–So 10–18 Uhr (Do bis 21 Uhr). lentos.at

Der Museumsneubau am Südufer der Donau zeigt in seiner Gemälde-, Skulpturen- und Drucksammlung vorwiegend österreichische und internationale Kunst vom frühen 20. Jahrhundert bis zur Gegenwart. Präsentiert werden u.a. Werke des Expressionismus (Kokoschka, Klimt), der Op- und Pop-Art (Warhol), der Postmoderne sowie österreichische Fotokunst und Installationen.

Pöstlingberg

Nördlich der Donau erhebt sich der Linzer Hausberg, der 537 Meter hohe Pöstlingberg. Um hinaufzugelangen, kann man von Urfahr aus die Straße nehmen oder die elektrische Bergbahn nutzen. Sie wurde 1898 erbaut und führt bis zum Gipfel. Damals galt die Bahn als Wunderwerk der Technik, überwindet sie doch eine 2,6 Kilometer lange Strecke mit einer Steigung von 10,6 Prozent. Auf dem Gipfel steht weithin sichtbar die Wallfahrtskirche zu den Sieben Schmerzen Mariens. Die barocke Kreuzkuppelkirche zählt zu den Wahrzeichen von Linz.

Wallfahrtskirche auf dem Pöstlingberg (1738–47)

❷ Donautal

Schöne blaue Donau – nicht umsonst haben Dichter und Komponisten den Fluss immer wieder mit diesen Worten gerühmt. Die Donau ist mit 2850 Kilometern der zweitlängste Fluss Europas und der einzige große Strom, der den Kontinent von Westen nach Osten durchfließt. Die Donau passiert acht Länder, vier Hauptstädte liegen an ihren Ufern. Kurz hinter Passau wird die Donau österreichisch, 360 Kilometer weiter verlässt sie das Land wieder. In Oberösterreich säumen Städte, Burgen, Klöster und Kirchen ihre Ufer (Clam, Melk). Der majestätische Fluss ist ein wichtiger Transportweg. Eine Radtour entlang der Donau ist ein Erlebnis der besonderen Art.

Burg Clam
Das Erscheinungsbild der romantischen Burg Clam, die sich über einer tiefen Schlucht erhebt, blieb seit dem 12. Jahrhundert nahezu unverändert.

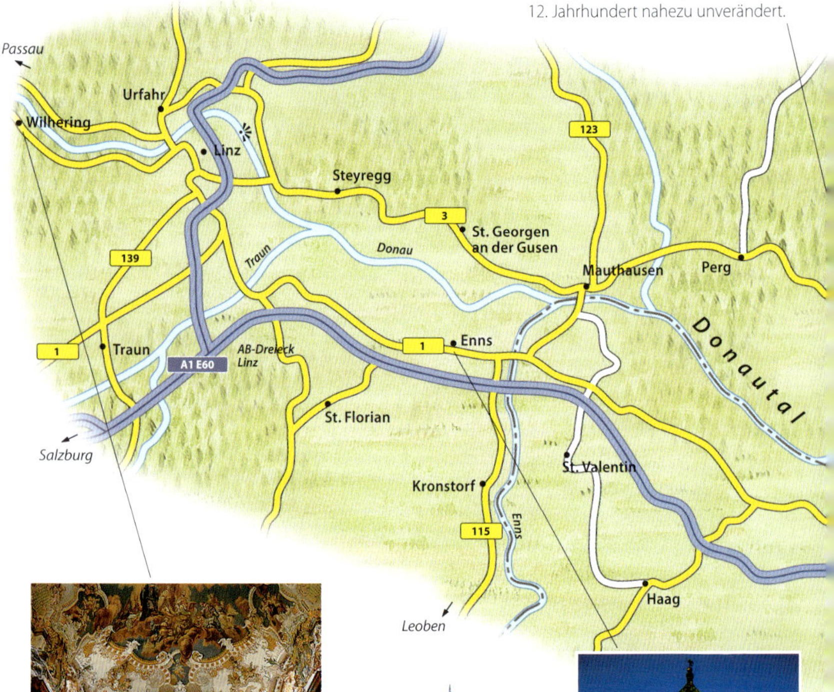

★ Wilhering
Die Kollegiatskirche des Zisterzienserklosters (12. Jh.) in Wilhering besticht mit ihrem Rokoko-Schiff. Die Fresken stammen von Bartolomeo Altomonte.

★ Enns
Der Stadtturm von Enns wurde 1565–68 als Wach-, Glocken- und Uhrturm erbaut. Er steht auf dem Hauptplatz am linken Ennsufer, kurz vor der Mündung der Enns in die Donau.

Hotels und Restaurants in Oberösterreich *siehe Seiten 296f und 320f*

Grein
Greins Theater ist ein noch originaler Rokoko-Bau. Berühmter ist allerdings die spätgotische Greinburg, die im 17. Jahrhundert umgebaut wurde.

Infobox

Information
Straßenkarte E3.
i Lindengasse 9, 4040 Linz, (0732) 72 77 800 (Informationen zu Hotels, Restaurants und Fahrradtouren etc.).
w donauregion.at

0 Kilometer 5

St. Nikola an der Donau
Die Donau verlässt Oberösterreich in der Nähe von St. Nikola. Die Gegend hier ist paradiesisch schön.

Konzentrationslager

Während des Dritten Reichs wurden auf österreichischem Territorium über 50 Konzentrationslager errichtet. Die meisten wurden sofort nach Kriegsende zerstört. Einige blieben stehen und sollen mit Mahnmalen und Gedenkstätten das Vergessen verhindern. Eine dieser Gedenkstätten befindet sich in Gusen. In der KZ-Gedenkstätte Ebensee existieren noch der KZ-Friedhof und die Stollenanlage, in der die Häftlinge arbeiten mussten. Das ganze Ausmaß des Grauens wird in der KZ-Gedenkstätte Mauthausen, dem größten KZ Österreichs, deutlich. Dort gibt es noch den berüchtigten Steinbruch, Baracken und die »Aschenhalde«. Beim Lager wurde ein neues Besucherzentrum eingerichtet.

Symbol der Unmenschlichkeit: die Todesstiege in Mauthausen

Legende
- Autobahn
- Hauptstraße
- Nebenstraße
- Fluss
- Bundeslandgrenze

Zeichenerklärung *siehe hintere Umschlagklappe*

Eines der prächtigen Kaiserzimmer im Stift St. Florian

3 St. Florian

Straßenkarte E3. 55000.
Stift (07224) 8902-0. Mai–Sep: tägl. 11, 13, 15 Uhr (Konzerte Brucknerorgel: Mitte Mai–Mitte Okt: Mo, Mi–Fr, So 14.30 Uhr).
W stift-st-florian.at

Florian, der Präfekt der römischen Provinz Noricum, konvertierte 304 zum Christentum und wurde deshalb gefoltert und in die Enns geworfen. Sein Leichnam wurde geborgen und beigesetzt. Im 11. Jahrhundert erbauten Augustinermönche an dieser Stelle ein prächtiges Kloster mit Kirche, bis heute verstehen sie sich als Hüter des hl. Florian. Das Erscheinungsbild des Augustiner-Chorherrenstifts und der Stiftskirche ist ein Werk der Barockbaumeister Carlo Carlone und Jakob Prandtauer.

St. Florian ist ein eindrucksvoller Gebäudekomplex mit Mönchszellen, Empfangsräumen und einer Kirche, an die die Marienkapelle grenzt. Im Innenhof steht der 1603 geschaffene Adlerbrunnen. Im Ostflügel ist die Bibliothek mit ihrer Sammlung von über 140 000 Büchern, Inkunabeln und Handschriften untergebracht. Das Deckenfresko von Altomonte zeigt die Verbindung von Tugend und Wissenschaft. Der Marmorsaal neben der Bibliothek ist das Werk Jakob Prandtauers, ebenso das Treppenhaus, das zu den Kaiserzimmern führt. Daneben befindet sich das Zimmer von Anton Bruckner, der eine enge Verbindung zum Kloster pflegte.

***Alter Codex* aus der Bibliothek von St. Florian**

Der Umbau der Stiftskirche ist das Meisterwerk Carlo Carlones. Besonderes Augenmerk verdienen die Bleiglasfenster, die Barockkanzel und der Hochaltar. Das Altarbild *Mariä Himmelfahrt* wird flankiert von rosa Marmorsäulen. Konzerte auf der Brucknerorgel finden von 15. Mai bis 15. Oktober statt.

4 Perg

Straßenkarte E3. 7500.
(07262) 53 150.

Perg, ein Ort mit Geschichte, liegt 30 Kilometer östlich von Linz. Die Stadt war einst Eigentum der mächtigen Familie von Perg, deren letzter Nachkomme im 12. Jahrhundert während des Dritten Kreuzzugs starb. Bis ins 19. Jahrhundert war Perg das Zentrum der Mühlstein-Herstellung. Die Firma Manner, die weltweit größte Fabrik für Waffeln, hat hier ihr Stammhaus. Perg besitzt schöne Bürgerhäuser, vor allem in der Herrengasse. Auf dem Hauptplatz steht noch der Pranger (1683). In der Pfarrkirche St. Jakob (1416) ist der gotische Innenraum erhalten.

In der Umgebung von Perg wurden Überreste der Hallstattkultur entdeckt. Das Heimathaus in der Stifterstraße zeigt archäologische Funde, dokumentiert die Herstellung der Mühlsteine und besitzt eine Keramiksammlung mit Stücken aus dem 16. und 17. Jahrhundert.

5 Kefermarkt

Straßenkarte E3. 2000.
(07947) 5910. **W kefermarkt.at**

Die größte Attraktion in Kefermarkt ist die Wallfahrtskirche, die Christoph von Zelking im 15. Jahrhundert stiftete. Die Zelkinger waren die Herren des Kefermarkter Schlosses Weinberg. Christoph von Zelking finanzierte auch den berühmten Flügelaltar, den er seinem Lieblingsheiligen Wolfgang weihte. St. Wolfgang (gest. 994) war Bischof von Regensburg und Lehrer Heinrichs II. Wer den Altar geschaffen hat, ist unbekannt, doch er zählt zu den Hauptwerken der Gotik im deutschsprachigen Raum.

Der Altar ist zur Gänze aus Lindenholz geschnitzt und war früher wahrscheinlich bemalt. Heute besticht er mit der natürlichen Holzmaserung und -farbe.

Im Schrein des Altars stehen drei überlebensgroße Figuren: die Heiligen Petrus und Wolfgang sowie Christophorus. Auf den beiden Seitenflügeln sind Szenen aus dem Leben Mariens dargestellt. Der größte Feind des Altars war der Holzwurm. Glücklicherweise wurde er 1852–55 unter der Aufsicht des Schriftstellers Adalbert Stifter restauriert. Ihm ist es zu verdanken, dass der Altar heute noch existiert.

Der hl. Wolfgang, Holzfigur, Kefermarkter Flügelaltar

❻ Freistadt

Straßenkarte E3. 7400.
(07942) 72 50 60. **freistadt.at**

Freistadt ist die größte Stadt im Mühlviertel. Früher war es die äußerste Grenzfestung an der Route, die von den Alpenländern nach Böhmen führte. Ein Großteil der mittelalterlichen Befestigungsanlage, darunter **Stadtmauern**, verschiedene Bastionen und zwei eindrucksvolle Tore, ist heute noch erhalten. Eines der Tore, das spätgotische Linzer Tor, ist das Wahrzeichen der Stadt. Mittelpunkt der Altstadt ist der rechteckige Hauptplatz mit dem barocken Marienbrunnen und den historischen Häusern. An der Ostseite steht das Rathaus. Das im 15. Jahrhundert erbaute **Katharinenmünster** an der Südwestseite des Platzes wurde von Johann Michael Prunner barockisiert. Die Altargemälde schuf Carlo Carlone.

Das Schloss der Stadt wurde 1397 für die Witwe von Prinz Albert III. erbaut. 1888 wurde es durch eine Feuersbrunst zerstört und verkam zu einer Militärbaracke. Seit der Restaurierung 1995 beherbergt es das **Schlossmuseum**, das eine Palette an Sammlungen vom Mittelalter bis zur Gegenwart ausstellt, darunter eine Glasmalerei-Sammlung.

Schlossmuseum
Schlosshof 2.
(07942) 72 274.
tägl. 9–17 Uhr.

Jakob Prandtauer (1660–1726)

Der österreichische Barockbaumeister und Bildhauer Prandtauer entwarf vor allem Sakralbauten und war für die Barockisierung vieler mittelalterlicher Klöster und Stifte verantwortlich. Als sein Meisterwerk gilt die Klosteranlage des Benediktinerstifts Melk. Weitere Werke sind u. a. der Lesehof des Stifts St. Pölten, die Treppenanlage und der Marmorsaal in St. Florian sowie die Barockisierung des Stifts Kremsmünster. Bezeichnend für Prandtauer war seine Formenvielfalt und das Gespür für die Harmonie von Architektur und Landschaft.

Jakob Prandtauer

❼ Schärding

Straßenkarte D3. 4800.
(07712) 43 00. **schaerding.at**

Die alte Grenzstadt am Inn war bis 1779 in den Händen der bayerischen Wittelsbacher, die starken Einfluss auf die Architektur der Stadt nahmen. Der **Stadtplatz** wird von einer Häuserzeile zweigeteilt. Die sogenannte **Silberzeile** mit den bunten barocken Rundgiebelhäusern und der Pfarrkirche St. Georg ist das Herzstück von Schärding. Tore, Gräben und die alte Burgruine zeugen von einer wehrhaften Vergangenheit.

Im äußeren Burgtor ist das Stadtmuseum untergebracht. Dessen Prunkstücke sind eine spätgotische Madonna, ein Kruzifix sowie Skulpturen von Johann Peter Schwanthaler (1720–1795).

Die Silberzeile, eine Reihe farbenfroher barocker Rundgiebelhäuser auf dem Stadtplatz von Schärding

Farbenfrohe Barockfassaden in Obernberg

❽ Obernberg am Inn

Straßenkarte D3. 1450.
(07723) 222 550.
obernberg.at

Bis ins späte 18. Jahrhundert war Obernberg bayrisch und wurde von den Passauer Bischöfen regiert. Seit 1779 gehört es zu Österreich. Besonders schön ist der **Marktplatz**, der in seiner ursprünglichen Anlage erhalten wurde. Die alten Bürgerhäuser um den Platz sind mit Stuck verziert. Besonders interessant sind die Fassaden der Häuser Nr. 37, 38 und 57. Sie werden dem bayrischen Künstler Johann Baptist Modler zugeschrieben. Der Brunnen auf dem Marktplatz ist umgeben von Skulpturen. Beim Besuch der Annakapelle, der gotischen Pfarrkirche des Orts, sollte man einen Blick auf die Heilige Familie werfen, eine Schnitzarbeit aus dem 16. Jahrhundert.

Die Burg der Passauer Bischöfe aus dem 12. Jahrhundert ist heute eine Ruine.

Umgebung: 15 Kilometer südwestlich von Obernberg liegt **Ried im Innkreis**, das landwirtschaftliche Zentrum der Region und Heimatstadt des weithin berühmten Bildhauergeschlechts der Schwanthaler, das hier fünf Generationen lang, 1632–1838, wirkte. Im Innviertler Volkskundehaus am Kirchenplatz 13 findet man noch einige ihrer Arbeiten.

❾ Braunau am Inn

Straßenkarte D3. 16 000.
Stadtplatz 12, (07722) 62 644.
braunau.at

Braunau ist eine alte Grenzstadt am Inn. Sie wurde von den niederbayerischen Herzögen erbaut, die hier lange Zeit regierten. Die Stadt war als ein Bollwerk gegen den Osten gedacht. Das hatte zur Folge, dass Braunau bis ins 17. Jahrhundert als eine der am besten befestigten Städte in Region galt. 1779 kam es unter die Herrschaft Österreichs. Die barocken Befestigungsanlagen wurden von Napoléon niedergerissen, doch einiges blieb stehen, u. a. mittelalterliche Bauten.

Brunnenfigur, Marktplatz in Obernberg

Das Zentrum der gotischen Stadt bildet der ungewöhnlich lang gestreckte **Stadtplatz**, umgeben von historischen Häusern. In der Johann-Fischer-Gasse 18 existiert noch eine intakte, 1385 erbaute Glockengießerei. Hier und im ehemaligen Herzogschloss nebenan ist heute das Heimatmuseum untergebracht. Man findet dort Kunst sowie handwerkliche und regionalgeschichtliche Exponate. Wahrzeichen der Stadt ist der fast 100 Meter hohe Turm von **St. Stephan**. Baubeginn für den Turm war 1492. Die Barockkuppel wurde später aufgesetzt. Sehenswert ist die steinerne Kanzel. Vom ursprünglichen Altarblatt von Michael Zürn existieren nur noch die Figuren der Maria sowie der Heiligen Stephan und Laurentius. Der Altar, eine neogotische Kopie des Altars von Michael Pacher in St. Wolfgang *(siehe S. 210)*, stammt von 1906. Vor der Kirche findet man das Grab des Ratsherrn Hans Staininger, der mit riesigem Bart verewigt ist. Er soll über seinen zwei Meter langen Bart gestolpert sein und sich dann das Genick gebrochen haben.

Bekannt ist Braunau am Inn als »Geburtsstadt von Adolf Hitler«, der bis zum Alter von zwei Jahren in der Salzburger Vorstadt 15 lebte.

Geburtshaus Adolf Hitlers in Braunau am Inn

❿ Schmiding

Straßenkarte D3. Haiding.
zooschmiding.at

Der Zoo Schmiding, sieben Kilometer nördlich von Wels, ist der größte Zoo Oberösterreichs. Hier leben über 1500 Tierarten, u. a. Giraffen, Affen und Krokodile. Der Zoo entwickelte sich aus Österreichs größtem Vogelpark. Die begehbare Greifvogel-Freifluganlage ist eines der Highlights. Weitere sind das Tropenhaus, die Afrikanische Savanne und die Flamingo-Kolonie. Für Kinder gibt es Spielplätze und eine Plattform, um den Giraffen

Flamingos im Zoologischen Garten Schmiding

in die Augen schauen zu können – so wird der Zoobesuch zum Erlebnis.

Die Burg oberhalb des Zoos (1405) war im Zweiten Weltkrieg Militärhospital und ist heute ein Wohnhaus.

Zoo Schmiding
(07249) 46 272. März–Nov: tägl. 9–19 Uhr.

⓫ Lambach

Straßenkarte D3. 3300.
(07245) 28 35 50.
lambach.ooe.gv.at

Lambach liegt idyllisch am linken Ufer der Traun. Der Ort kam im Mittelalter durch seinen florierenden Salzhandel zu Wohlstand. Um 1040 wandelte Graf Adalbero von Wels-Lambach den Stammsitz seiner Familie in ein Benediktinerkloster um. Er war zu der Zeit Bischof von Würzburg und sehr reformfreudig. Als er sich im Investiturstreit auf die Seite des Papstes stellte, wurde er aus der Bischofsstadt vertrieben und fand Zuflucht in seinem Heimatkloster Lambach. 1083 wurde Adalbero vom Papst rehabilitiert, 1089 erlebte er noch, wie Lambacher Mönche auszogen, um Stift Melk aufzubauen, das sein Mutterhaus bald an Bedeutung und Schönheit übertreffen sollte.

Die Klosterkirche wurde im 17. Jahrhundert umgebaut, die Anlage 50 Jahre später. Das Innere ist barock. Berühmt sind die Fresken aus dem 11. Jahrhundert. Sie gelten als einzigartige Zeugnisse romanischen Kunstschaffens. Im Mittelpunkt steht Maria mit Kind, links von ihr die Heiligen Drei Könige. Das südliche Gewölbe zeigt Jerusalem mit dem Herodes-Palast. In der Schatzkammer findet man den Kelch des hl. Adalbert sowie Monstranzen und Messgewänder. Die Deckengemälde stammen von Martino Altomonte und Martin Johann Schmidt. Im Musikarchiv liegt eine Kopie von Mozarts *Lambacher Symphonie*, die er während eines Aufenthalts im Kloster komponierte. Lambach besitzt auch ein schönes Rokoko-Theater.

Romanische Fresken im Stift Lambach

⓬ Wels

Straßenkarte E3. 59 000.
Stadtplatz 44, (07242) 67 72 222.
wels.at

Die Besiedlung von Wels geht auf die Römer zurück. Aus dieser Zeit gibt es zahlreiche Ausgrabungen. Einige Funde können im ehemaligen Minoritenkloster besichtigt werden, z. B. die berühmte Venus von Wels, eine Bronzestatuette aus dem 1. bis 2. Jahrhundert, sowie der älteste frühchristliche Grabstein Österreichs aus dem frühen 4. Jahrhundert.

Heute ist Wels Landwirtschafts- und Industriezentrum. Jedes Jahr findet hier eine internationale Landwirtschaftsmesse statt. Gleichwohl gibt es in Wels noch viel Historisches zu sehen. Den **Stadtplatz**, den wichtigsten Platz der Altstadt, betritt man durch den barocken **Ledererturm**, den letzten der vier Türme der Stadtbefestigung. Viele Häuser am Stadtplatz fallen wegen ihrer hübschen Fassaden auf, z. B. der Rokoko-Bau **Kremsmünstererhof** mit einem Arkadenhof, der 400 Jahre lang zum Kloster Kremsmünster gehörte. Am Stadtplatz stehen zudem der Wasserturm (1577), das spätbarocke Rathaus und die Stadtpfarrkirche mit einem romanischen Portal und großartigen Chorfenstern (14. Jh.). Die vormals kaiserliche **Burg Wels** wurde 776 erstmals erwähnt. Heute dient sie als Kulturzentrum und Museum.

Blumengeschmückter Arkadenhof des Kremsmünstererhofs in Wels

⓭ Kremsmünster

Straßenkarte E3. 6400.
Rathausplatz 1, (07583) 72 12.
kremsmuenster.at

Hoch über dem Fluss Krems thront das Benediktinerstift Kremsmünster. Es wurde im 8. Jahrhundert errichtet und im 17. und 18. Jahrhundert umgebaut. Nach dem Tod des Architekten Carlo Carlone legte Jakob Prandtauer gestalterisch letzte Hand an. Berühmt sind in Kremsmünster die fünf von Arkaden, Skulpturen und Lauben umgebenen Fischbecken (17. Jh.) sowie die **Sternwarte**, ein 50 Meter hohes Observatorium mit »Wetterkammer«. Der Turm beherbergt diverse wissenschaftliche Sammlungen.

Die barocke **Stiftskirche** ist reich mit Stuck versehen, die Seitenaltäre werden vom Engelsfiguren flankiert. Die Schatzkammer birgt Kleinodien aus Barock und Renaissance. Der Stolz des Stifts ist der Tassilokelch, ein kupferner, teils vergoldeter Kelch (8. Jh.). Der Bayernherzog Tassilo war der legendäre Gründer des Klosters. Kostbar ist auch der *Codex Millenarius* (um 800), ein lateinisches Evangeliar mit figürlichen Initialen und Miniaturen.

Tassilokelch, Kremsmünster

Stift Kremsmünster
(07583) 52 750. Apr–Okt: tägl. 10, 11.30, 14, 16 Uhr; Nov–Jan, März: Di–So 11, 14, 15.30 Uhr. Feb.
Sternwarte Mai–Okt: tägl. 10, 14 Uhr.
stift-kremsmuenster.at

⓮ Steyr

Straßenkarte E3. 38 000.
Stadtplatz 27, (07252) 53 22 90.
steyr.info

Steyr liegt am Zusammenfluss von Steyr und Enns. Obwohl es eine der größten österreichischen Industriestädte ist, besitzt es eine schöne, mittelalterliche Altstadt. Aus der Dächerlandschaft ragen als Markierungspunkte im Norden die Türme des Schlosses und im Süden die der Stadtpfarrkirche am Brucknerplatz hervor. Stadtzentrum ist der lang gestreckte Stadtplatz, um den sich die meisten historischen Häuser gruppieren. Das **Bummerlhaus** (1497), ein spätgotisches Bürgerhaus, dessen älteste Gebäudeteile auf 1300 datiert werden, besticht mit seinem überragenden, mit reichem Maßwerk geschmückten ersten Geschoss und dem steilen Dach. Das barocke **Rathaus** mit Zwiebelturm ist das Werk Johann Gottfried Haybergers. Schön sind auch die Innenhöfe in der Altstadt.

Die ursprünglich gotische **Stadtpfarrkirche** (1443), ein Entwurf von Hans Puchsbaum, dem Baumeister des Wiener Stephansdoms, brannte im 16. Jahrhundert aus, wurde im Barockstil wiederaufgebaut und später regotisiert. Um 1900 kam ein neogotischer Turmabschluss dazu. Einige Teile des Originalbaus sind noch erhalten, z. B. ein schmiedeeisernes Gitter, die gotischen Bleiglasfenster in der Südmauer, die Skulpturen am Nordportal und die Margaretenkapelle (1430).

Das im 10. Jahrhundert erstmals erwähnte **Schloss** steht im ältesten Teil der Stadt. Heute hat es eine Barockfassade. Der frühere Getreidespeicher am Grünmarkt 26 ist ein Museum.

Umgebung: In **Gleink**, nördlich von Steyr, steht ein sehenswertes Benediktinerstift. Drei Kilometer westlich des Zentrums liegt die **Christkindlkirche**, zu der viele Gläubige pilgern. Sie ist das Werk von Giovanni Battista Carlone und Jakob Prandtauer. 1695 soll ein Gläubiger eine kleine Wachsnachbildung des Christkinds in eine Baumnische gestellt und dort jeden Tag um Heilung gebetet haben. Seine Gebete wurden

Blick auf die malerische Altstadt von Steyr mit der Stadtpfarrkirche

Hotels und Restaurants in Oberösterreich *siehe Seiten 296f und 320f*

erhört. Bald pilgerten die Gläubigen in Scharen zu dem Ort, sodass der Abt des nahen Garsten 1702 beschloss, eine Kirche zu errichten. Im Zentrum der Anbetung steht die kleine Wachsfigur, die in einem kunstvollen Glasschrein aufbewahrt wird. Er ist Teil einer Komposition zum Thema Dreifaltigkeit. Das Christkind hat ein (nur in der Adventszeit geöffnetes) Weihnachtspostamt. Millionen Briefe erhalten hier den Stempel »Christkindl«.

Christkindlkirche
Christkindlweg 69. (07252) 54 622.

Die Christkindlkirche in Steyr ist ein Wallfahrtsziel

⑮ Bad Hall

Straßenkarte E3. 4800.
Kurpromenade 1, (07258) 72 00.
badhall.com

Der Kurort Bad Hall liegt idyllisch zwischen Steyr und Kremsmünster an der Romantikstraße. Doch nicht nur die Lage macht Bad Hall anziehend: Der Ort verfügt über die stärksten Jod-Sole-Quellen Mitteleuropas. Die Kuranlagen sind hochmodern. Das Wasser wird zur Behandlung von »trockenen Augen« sowie von Kreislauf-Herz-Erkrankungen genutzt. Der ausgedehnte Kurpark mit den vielen Sportanlagen macht den Genesungsaufenthalt zum Vergnügen.

Bad Hall hat eine Rokoko-Kirche, die zum Stift Kremsmünster gehört. Sehenswert ist das **Forum Hall**, drei Museen unter einem Dach, die Exponate zu Handwerk, Brauchtum und Geschichte des Heilbads Hall zeigen.

Blühender Raps in der Umgebung des Kurorts Bad Hall

Forum Hall Museum
Eduard-Bach-Straße 4. (07258) 48 88. Apr – Nov: Do – So 14 – 18 Uhr.

⑯ Stadl-Paura

Straßenkarte D3. 4900.
Marktplatz 1, (07245) 28 011-0.

Stadl-Paura, ein kleiner Ort am rechten Traunufer, zwei Kilometer südlich von Lambach, ist Standort der berühmten **Dreifaltigkeitskirche**. Die Barockkirche wurde aus Dankbarkeit dafür erbaut, dass Lambach und Stadl-Paura von der Pest verschont blieben. Baubeginn war 1714. Die Dreifaltigkeitskirche wird ihrem Namen von der Konzeption her voll gerecht. Alles ist in der Dreizahl gehalten: drei Fassaden, drei Portale, drei Türme, drei Altäre. Architekt war der Linzer J. M. Prunner. Innen bewirken geschickt gesetzte Scheinperspektiven überraschende Effekte. Die Altarblätter stammen von Carlo Carlone, Martino Altomonte und Domenico Parodi.

Dreifaltigkeitskirche in Stadl-Paura, ein Kleinod barocker Baukunst

Das Haus in der Fabrikstraße 13, früher ein Waisenhaus für die Kinder der Traunflößer, ist heute das Schiffsleutmuseum. Es informiert über den Salztransport auf Flößen auf der Traun.

⑰ Schwanenstadt

Straßenkarte D3. 4000.
Stadtplatz 54, (07673) 22 55 22.

Schwanenstadt zwischen Lambach und Vöcklabruck gehört zu den kleinsten Städten Oberösterreichs und ist stolz auf seine Tradition als Handelsstadt. Im Herzen des Orts steht die 1900 erbaute neogotische Pfarrkirche mit einem 78 Meter hohen Turm. Das Innere beherbergt eine spätgotische Marienstatue, ein Relief (15. Jh.) sowie zwölf barocke Apostelstatuen (18. Jh.).

Der Garten der Pausinger-Villa liegt auf einem bajuwarischen Gräberfeld. Seit 2007 beherbergt die Villa das Heimatmuseum.

Vor dem Rathaus befindet sich ein Brunnen aus dem 13. Jahrhundert. Die Häuser am Platz besitzen Renaissance- und Barockfassaden.

Kurort Gmunden mit seiner Uferpromenade an der Traun

18 Vöcklabruck

Straßenkarte D3. 12 000.
Hinterstadt 14, (07672) 26 644.
voecklabruck.at

Pilgrim von Weng kaufte im Jahr 1134 vom Grafen Adalbert von Regau eine Brücke über die Vöckla, schenkte sie dem Erzbistum Salzburg und ließ an der Brücke eine Kirche und ein Spital errichten. Bald entstand hier eine Handelsniederlassung, aus der sich später die Stadt entwickelte. Aus diesen Zeiten sind heute noch zwei mittelalterliche Türme erhalten.

Im Stadtzentrum steht die kleine spätgotische **Kirche St. Ulrich** (15. Jh.), deren Innenraum barockisiert wurde. Wo früher Hospital und Kapelle waren, erhebt sich heute die prächtige, von Carlo Carlone entworfene Barockkirche **St. Ägidius**. Die Skulpturen stammen von Giovanni Battista Carlone. Die Deckenfresken zeigen Szenen aus dem Leben Jesu und Mariä.

Das Stadtmuseum liegt im ehemaligen Pfarrhaus (Hinterstadt 10). Ein Raum ist dem Komponisten Anton Bruckner gewidmet, dessen Schwester in Vöcklabruck lebte.

Auf einer Anhöhe oberhalb der Südstadt steht die **Kirche Mariä Himmelfahrt**. Ihr neogotischer Hochaltar weist eine gotische Muttergottes (15. Jh.) auf. Aus derselben Zeit stammen die Bleiglasfenster hinter dem Altar.

Umgebung: Etwa zwölf Kilometer westlich von Vöcklabruck liegt der kleine Ort **Gampern**, dessen Remigiuskirche einen geschnitzten Altar von 1507 besitzt

19 Gmunden

Straßenkarte D3. 13 000.
Rathausplatz 1, (07612) 65 752.
gmunden.at

Am Nordufer des Traunsees liegt die alte Salzhandelsstadt Gmunden. Heute ist die Stadt ein traditionsreicher Kurort und für ihre Keramik bekannt. Die Altstadt liegt zwischen See und linkem Traunufer. Den Hauptplatz dominiert das Renaissance-Rathaus. Auf dem schmalen Turm ist ein Glockenspiel installiert, dessen Keramikglocken eine Melodie spielen.

Emblem am Gmundner Rathaus

Die **Stadtpfarrkirche** ist der Jungfrau Maria und den Heiligen Drei Königen geweiht. Die Könige auf dem Altarblatt des Hauptaltars gehören zu den schönsten Arbeiten Thomas Schwanthalers. Die Figuren der Heiligen Elisabeth und Zacharias stammen von Michael Zürn. Jedes Jahr an Epiphanias (6. Januar) bringt ein Boot die Drei Könige die Traun hinauf nach Gmunden, wo sie dann feierlich zu »ihrer« Kirche schreiten.

Das **Stadtmuseum** in der Kammerhofgasse 8, ein Renaissance-Bau, der vormals den Herren der Salzminen gehörte, zeigt Exponate zur Stadtgeschichte und zum Salzabbau, Gmundner Keramik sowie Sonderausstellungen, die dem Komponisten Johannes Brahms und dem deutschen Dramatiker Friedrich Hebbel gewidmet sind. Das **Sanitärmuseum** verleitet mit manchen Exponaten zum Schmunzeln. Zur Ausstellung gehören alte Toilettenschüsseln und Nachttöpfe.

Blickfang am Traunsee ist das **Seeschloss Ort**. Die einstige Wasserburg (15./16. Jh.) wurde 1634 nach einem Brand wiederaufgebaut. Sie besitzt einen dreieckigen Arkaden-Innenhof. In der Kapelle wurden Renaissance-Fresken freigelegt. Berühmt wurde das Schloss durch die gleichnamige Fernsehserie.

20 Traunkirchen

Straßenkarte D3. 1600.
Ortsplatz 1, (07617) 22 34.
traunkirchen.at

Auf einer schmal vorspringenden Landzunge liegt Traunkirchen, einer der beliebtesten Ferienorte im Salzkammergut

Die Johanneskapelle oberhalb von Traunkirchen am Traunsee

◀ Der malerische Ferienort Hallstatt *(siehe S. 212)* am Westufer des Hallstätter Sees

(siehe S. 213). Der Blick auf den Ort, der sich an das Westufer des Traunsees schmiegt, prägt sich ein. Der Traunsee ist der tiefste See Österreichs. Von Traunkirchen sieht man auf das Südufer und den imposanten Traunstein, mit 1691 Metern der höchste Gipfel der Region. Auf steilem Fels thront die Johanneskapelle. Am Ufer steht die barocke **Pfarrkirche**, die 1632 nach einem Brand neu erbaut wurde. Sehenswert ist vor allem die geschnitzte Fischerkanzel. Seit 1632 findet in Traunkirchen jedes Jahr an Fronleichnam eine Bootsprozession statt.

㉑ Seen im Salzkammergut

Siehe S. 210f.

Auf Gleisen gelangt man fast bis zum Gipfel des Schafbergs

㉒ Schafberg

Straßenkarte D4.

Einer der schönsten Aussichtsberge der Gegend ist der 1783 Meter hohe Schafberg zwischen Attersee und Wolfgangsee. Eine Dampf-Zahnradbahn bringt die Besucher hinauf zur Bergstation. Von dort aus muss man noch ein kleines Stück zum Gipfel gehen, um den unvergleichlichen Ausblick zu genießen.

Man sieht die schönsten Seen des Salzkammerguts vor sich, den Attersee, den Wolfgangsee und den Mondsee. Im Süden türmen sich die Gipfel des Dachstein-Massivs. In Richtung Salzburg erblickt man die Bayerischen Alpen an der deutsch-österreichischen Grenze.

㉓ St. Wolfgang

Straßenkarte D4. 2800.
Markt 28, (06138) 23 12.
st-wolfgang.ooe.gv.at

Am nördlichen Ufer des Wolfgangsees liegt St. Wolfgang. Der Legende nach soll der hl. Wolfgang (gest. 994), Bischof von Regensburg und Lehrer von Kaiser Heinrich III., hier eine Kapelle errichtet haben, um die sich dann der Ort entwickelte. Wolfgang, der später heiliggesprochen wurde, starb als Eremit. Seine Kapelle wurde zur viel besuchten Pilgerstätte. Im 15. Jahrhundert baute man an ihrer Stelle eine größere Kirche, um dem wachsenden Pilgerstrom gerecht zu werden. Um diese Zeit gab der Abt von Mondsee bei dem berühmten Südtiroler Künstler Michael Pacher den Altar der **Wallfahrtskirche** in Auftrag.

Pachers geschnitzter und bemalter Flügelaltar gilt als eines der schönsten Werke der Spätgotik. Wenn die Altarflügel – während der Woche – geschlossen sind, sieht man vier Szenen aus dem Leben des hl. Wolfgang. Eine Szene zeigt, wie Wolfgang, flankiert von den Heiligen Georg und Florian, ein Modell der Kirche in Händen hält. An Sonntagen sind die Altarflügel geöffnet und enthüllen acht Szenen aus dem Leben Jesu. Allein die kräftigen Farben sind wunderbar. Die lebendig wirkenden Figuren vermitteln Dynamik. Pachers Beherrschung der Perspektive schafft eine fesselnde Räumlichkeit. Das Zentrum bildet eine skulptierte, vergoldete Marienkrönung. Maria wird umringt von Christus sowie den Heiligen Benedikt und Wolfgang.

Ein Altarblatt stammt von Thomas Schwanthaler. Das barocke Kunstwerk zeigt die Reise der Heiligen Familie nach Jerusalem. Die drei Seitenaltäre an der Nordwand und die Kanzel schuf der aus Mondsee stammende Meinrad Guggenbichler.

St. Wolfgang wurde vor allem durch die Operette *Im weißen Rößl* von Ralph Benatzky bekannt. Das gleichnamige Hotel ist bei Besuchern nach wie vor beliebt.

㉔ Bad Ischl

Straßenkarte D4. 13 700.
Auböckplatz 5, (06132) 27 7570.
badischl.salzkammergut.at

Bereits im 16. Jahrhundert wurden hier ungewöhnlich starke Solequellen entdeckt, doch erst im frühen 19. Jahrhundert wurde Bad Ischl zum bekannten Kurbad. Damals verordnete der Hofarzt der unfruchtbaren Erzherzogin Sophie Sole-Anwendungen, und siehe da: Bald war sie schwanger. Ihr berühmtester Spross war Franz Joseph I., der künftige Kaiser. Dieser verbrachte die Sommer mit Gattin Elisabeth in der **Kaiservilla** in Bad Ischl. Hier unterzeichnete er am 1. August 1914 die Kriegserklärung gegen Serbien – Auftakt zum Ersten Weltkrieg.

Bad Ischl war bei Aristokraten und Künstlern beliebt. Ein häufiger Gast war auch der Komponist Franz Lehár. Er wohnte am Lehárkai 8, wo ihm heute ein Museum gewidmet ist.

Das imposante, mondäne Kurhaus von Bad Ischl

Hotels und Restaurants in Oberösterreich *siehe Seiten 296f und 320f*

㉑ Seen im Salzkammergut

Das Salzkammergut, eine in jeder Hinsicht begnadete Ecke Österreichs, ist das ganze Jahr über schön. Mit über 70 Seen, einer atemberaubenden Bergszenerie und dem angenehmen Klima bietet die Region alles, was man sich wünscht. Hier kann man die Seele so richtig baumeln lassen. Die Sportmöglichkeiten sind im Sommer wie im Winter hervorragend, die Ortschaften gastlich, und wer Freude an originärem Brauchtum hat, kann es hier noch finden.

Mondsee
Eingebettet zwischen felsigen Gipfeln liegt der wärmste See des Salzkammerguts. Er eignet sich hervorragend zum Windsurfen. Um das alte Benediktinerkloster entstand ein kleiner Ort.

★ St. Wolfgang
Die Hauptsehenswürdigkeit des bekannten Fremdenverkehrsorts ist die Pfarrkirche mit dem gotischen Flügelaltar von Michael Pacher *(siehe S. 209)*.

Sommerfrische der Berühmtheiten

An den Seen des Salzkammerguts traf sich früher alles, was Rang und Namen hatte. Das Haus, in dem sich Kaiser Franz Joseph I. 1853 mit Elisabeth von Bayern (Sisi) verlobte, ist nun ein Museum, das die Erinnerung an die berühmten Gäste von Bad Ischl pflegt. Hier trafen sich gekrönte Häupter, Aristokraten und Künstler. Der Komponist Franz Lehár *(Die lustige Witwe)* hatte hier eine Villa, ebenso der Schauspieler Alexander Girardi und die Schauspielerin Katharina Schratt, die langjährige Geliebte Franz Josephs I. Auch andere kamen regelmäßig hierher, so der Dichter Johannes Nepomuk Nestroy, der Maler Rudolf von Alt, die Musiker Johann Strauß, Johannes Brahms, Anton Bruckner und Imre Kálmán. Viele Politiker, auch aus Österreich und Deutschland, machten Urlaub am Wolfgangsee.

Franz Joseph I. mit Jagdgesellschaft

Legende

- Autobahn
- Hauptstraße
- Nebenstraße
- Fluss, See
- Bundeslandgrenze

★ Attersee
Der Attersee ist der größte See im Salzkammergut. Am Südufer erhebt sich das Höllengebirge. Der See bietet hervorragende Bade- und Wassersportmöglichkeiten.

Infobox

Information
Straßenkarte D3, D4.
Salzkammergut Tourismus-Marketing GmbH, Salinenplatz, 4820 Bad Ischl. (06132) 26 909. »Glöcklerlauf« (5. Jan), Schiffsprozession auf dem Traunsee (Fronleichnam).
salzkammergut.at

Seeschloss Ort
Das Schloss wurde 909 als »Veste Ort« erstmals erwähnt. Einer der letzten Besitzer war Erzherzog Johann Salvator, der Neffe Franz Josephs I., ein schillernder Charakter, der eine Schauspielerin heiratete und den bürgerlichen Namen Johann Ort annahm.

0 Kilometer 5

Ebensee
Die Gemeinde liegt am Südufer des Traunsees, zu Füßen des Höllengebirges. Sie war ein Zentrum der Salzherstellung und ist berühmt für ihren Fasching.

Zeichenerklärung *siehe hintere Umschlagklappe*

Funde aus der Bronzezeit im Museum Hallstatt

㉕ Hallstatt

Straßenkarte D4. 800.
Seestraße 169, (06134) 82 08.
hallstatt.net

Hallstatt ist einer der reizvollsten Ferienorte im Salzkammergut. Der Ort am Hallstätter See schmiegt sich an die steilen Hänge des Dachstein-Massivs. Die Häuser sind so dicht aneinandergebaut, dass der Zugang häufig nur von der Seeseite her möglich ist, während die alte Straße oberhalb der Dächer verläuft. Aus Platzmangel wird hier sogar die Fronleichnamsprozession auf dem See abgehalten. Dazu werden die Boote festlich geschmückt.

Auf einem steilen Berg steht die **Pfarrkirche**. Der alte romanische Teil scheint fest mit der Felswand verwachsen. Der vergrößerte Kirchenraum wurde 1505 geweiht. Die eigenwillige Deckung des mächtigen Turms kam erst nach dem Brand von 1750 dazu. Viel von der ursprünglichen Ausstattung ist noch erhalten, etwa der geschnitzte spätgotische Flügelaltar, der manchmal mit dem Pacher-Altar in St. Wolfgang *(siehe S. 209)* verglichen wird. Die zentrale Marienfigur wird hier flankiert von der hl. Barbara, Schutzpatronin der Bergleute, und der hl. Katharina. Die Innenflügel zeigen Szenen aus dem Leben Jesu und Mariä. Altarwächter sind die Heiligen Georg und Florian.

Bemalte und beschriftete Schädel im Beinhaus von Hallstatt

Zum Friedhof gehört das berühmte **Beinhaus**, eine Kapelle, deren Gewölbe als Lagerstätte für Schädel und Gebeine genutzt wurden. Fein säuberlich geschichtet lagern dort etwa 1200 Schädel, oft mit Blumenornamenten verziert und beschriftet. So erfährt man den Namen, den Beruf und oft auch die Todesursache der Verblichenen. Aus Platzmangel auf dem Friedhof wurden die Toten häufig schon nach zehn Jahren wieder ausgegraben und ins Beinhaus verbracht. Unweit der katholischen Pfarrkirche steht die neugotische protestantische Kirche mit steilem Turm.

Mit der Salzbergbahn gelangt man in ein 500 Meter über dem Ort gelegenes Hochtal mit dem Schaubergwerk, den **Salzwelten Hallstatt**. Das Bergwerk ist das älteste Salzbergwerk der Welt. Bereits 4000 v. Chr. wurde Salz abgebaut und zur Ostsee und zum Mittelmeer transportiert.

1846 wurden hier große Gräberfelder mit etwa 2000 Gräbern entdeckt. Die Grabbeigaben wurden auf die Eisenzeit und teilweise sogar auf die noch frühere Bronzezeit datiert. Diese Funde waren so bedeutsam, dass die keltische Kultur der damaligen Zeit (750–450 v. Chr.) **Hallstattkultur** genannt wurde. Ausgrabungen aus Hallstatt sind heute in vielen österreichischen Museen zu sehen. Die größte Sammlung findet man in Schloss Eggenberg bei Graz *(siehe S. 166f)*. Die wenigen Stücke, die in Hallstatt geblieben sind, präsentiert das **Museum Hallstatt**. Die Region wurde 1997 von der UNESCO zum Welterbe erklärt.

Salzwelten Hallstatt
Lahnstraße 21. (06132) 20 02 400.
Mitte Apr–Mitte Sep: tägl. 9.30–16.30 Uhr; Mitte Sep–Nov: tägl. 9.30–15 Uhr. **salzwelten.at**

Museum Hallstadt
Seestraße 56. (06134) 82 80 15.
Apr, Okt: tägl. 10–16 Uhr; Mai–Sep: tägl. 10–16 Uhr; Nov–März: Mi–Mo 11–15 Uhr.
museum-hallstatt.at

㉖ Gosauseen

Straßenkarte D4.
Gosau, (06136) 82 95.

Das Gosautal mit seinen Seen ist mit seinem landschaftlichen Charme der Inbegriff des Salzkammerguts. Die beiden Seen – der Vordere und der Hintere Gosausee – liegen eingebettet in die Kalkfelsen. Der Hintere Gosausee ist im Westen, Norden und Osten von steilen Felswänden umgeben. Der Vordere Gosausee liegt auf einer Höhe von 933 Metern. Ein Weg führt um den See herum. Wanderer werden mit einer großartigen Sicht auf die Umgebung und das Dachstein-Massiv mit seinen Gletschern belohnt.

Die wildeste und auffälligste Bergformation ist der Gosaukamm mit seiner gezackten Gipfellinie und den fast senkrecht abfallenden Wänden. Die Gipfel sind das ganze Jahr über weiß.

Die Straße zum Hinteren Gosausee führt durch dichte Wälder steil bergauf. Für Bergsteiger und Kletterer ist der 1154 Meter hoch gelegene Hintere Gosausee Ausgangspunkt für Touren.

Sprudelnder Gebirgsbach am Dachstein-Massiv

㉗ Dachsteinhöhlen

Straßenkarte D4. Winkl 34, Obertraun am Hallstätter See, (050) 140.
dachstein-salzkammergut.com

Die weitläufigen Höhlen im Dachstein gehören zu den imposantesten und faszinierendsten Naturdenkmälern Österreichs. Das ausgedehnte, vor Jahrmillionen entstandene Höhlensystem sucht weltweit seinesgleichen. Nach der letzten Eiszeit bildeten sich aus den unterirdischen Wasserläufen Eisformationen, Gletscher, Berge und gefrorene Wasserfälle. Die interessanteste Höhle ist die **Rieseneishöhle**. Die einzelnen Säle in dieser surreal wirkenden unterirdischen Eislandschaft sind nach keltischen mythischen Figuren benannt: König-Artus-Dom, Tristan-Dom und Parsifal-Dom. Highlights eines Höhlenrundgangs sind die Gralsburg und die Eiskapelle.

Nicht weit entfernt von der Eishöhle liegt der Eingang zur **Mammuthöhle**. Der Name bezieht sich auf die Größe der Höhle: Es handelt sich um eine der größten europäischen Kalksteinhöhlen mit imposanten Tropfsteingebilden. Im »Mitternachtsdom« kann man eine Licht-Ton-Show erleben.

Beide Höhlensysteme erreicht man über Fußwege. Ausgangspunkt ist die Mittelstation der Dachstein-Seilbahn, die Schönbergalpe. Nahezu 50 Kilometer lang sind die Gänge, die bis heute erforscht wurden. Bei einer Führung durchwandert man ein faszinierendes Labyrinth von Tunnels, Domen und Schluchten. Die Eisschicht in der Eishöhle ist bis zu 25 Meter dick. Sehenswert ist auch die jüngste der Dachsteinhöhlen, die **Koppenbrüllerhöhle**, eine Wasserhöhle – eigentlich eine riesige Quelle.

Alle Dachsteinhöhlen sind nur im Sommer zugänglich (Mai – Okt; Koppenbrüllerhöhle: Mai – Sep). Für den Besuch ist warme Kleidung und gutes Schuhwerk anzuraten.

Salzkammergut

Jahrhundertelang brachte man den Namen Salzkammergut nur mit dem Gebiet um Hallstätter See und Traunsee in Verbindung, mit Orten wie Bad Ischl, Hallstatt und Gmunden. Hier wurde schon in prähistorischer Zeit Salz abgebaut, was zum Wohlstand der Gegend beitrug. Salzminen gibt es auch heute noch. Doch in der zweiten Hälfte des 19. Jahrhunderts erschloss sich der Region eine zweite bedeutende Einnahmequelle. Damals kam die therapeutische Nutzung der Solequellen in Mode, mit der Zeit avancierte das Salzkammergut zur beliebtesten Urlaubsregion Österreichs. Heute zählt man zum Salzkammergut den Ostteil der Salzburger Alpen mit dem Dachstein-Massiv, Totes Gebirge und Höllengebirge. Im Salzkammergut liegen 76 Seen. Am bekanntesten sind Traunsee, Mondsee, Attersee, Hallstätter See und Wolfgangsee. Drei Bundesländer haben Anteil am Salzkammergut. Der größte Teil gehört zu Oberösterreich, ein kleiner Zipfel im Süden zur Steiermark, und fast der ganze Wolfgangsee sowie der Kurort St. Gilgen gehören zum Salzburger Land.

Das viel besungene Salzkammergut: Land der Berge und Seen

Bizarre Eisformationen in der Dachsteinhöhle in Obertraun

Salzburger Land

Das Bundesland Salzburg ist weitgehend Gebirgsland, das von Salzach, Enns und Mur durchflossen wird. Auf einer Fläche von 7154 Quadratkilometern leben etwa 530 000 Menschen. Salzburg grenzt an Bayern sowie an Tirol, Oberösterreich, Steiermark und Kärnten. Südlich der mächtigen Hohen-Tauern-Kette gibt es eine kurze gemeinsame Grenze mit Italien (Südtirol).

Das Land Salzburg gliedert sich in Flachgau, Lungau, Tennengau, Pongau, Pinzgau sowie die Landeshauptstadt Salzburg. In jedem der Bezirke haben sich im Lauf der Geschichte verschiedene Traditionen entwickelt – allen gemeinsam ist allerdings die Sportbegeisterung.

Die Besiedelung des Salzachtals geht auf prähistorische Zeiten zurück. Schon um 1000 v. Chr. wurden hier Bodenschätze, später vor allem Salz abgebaut. Daher rührt auch der Name Salzburg. Die Salzvorkommen waren ausschlaggebend für die Entstehung der sogenannten Hallstattkultur. Hier siedelten die keltischen Noriker, bevor das Gebiet in der nach ihnen benannten römischen Provinz Noricum aufging. Im 6. Jahrhundert wurde die Provinz von den Bajuwaren besiedelt und damit auch christianisiert. Der hl. Rupert gründete 696 im heutigen Salzburg das Kloster St. Peter sowie die Benediktinerinnenabtei auf dem Nonnberg. Die Klostergründungen beförderten das Entstehen der Stadt, die später Erzbistum wurde. Das Erzstift Salzburg war 500 Jahre lang ein selbstständiger Staat, in dem die Bischöfe geistliche und weltliche Herrscher zugleich waren.

Dennoch nahm der Einfluss der Habsburger ständig zu. 1810 wurde Salzburg kurzzeitig bayrisch. Nach dem Wiener Kongress kam Salzburg 1816 endgültig zu Österreich. 1920 wurde es österreichisches Bundesland.

Salzburg ist untrennbar mit Mozart verbunden – und nur Wien übertrifft die Stadt noch an Popularität.

Saftig grüne Bergwiesen im Gebiet Hochkönig im Salzburger Land

◀ **Barocke Kuppellandschaft – Blick über die Dächer von Salzburg** ***(siehe S. 218 – 227)***

Überblick: Salzburger Land

Das Salzachtal ist eine der am dichtesten besiedelten Regionen des Salzburger Landes. Es liegt relativ hoch und ist vor allem auf Fremdenverkehr ausgerichtet. Die Bedingungen zum Bergsteigen und für den Wintersport sind hervorragend. Im Süden durchquert die Großglockner-Hochalpenstraße *(siehe S. 284f)* das Salzburger Land. Hier gibt es Mineralquellen, Gewässer und einige der weltweit größten Höhlen. Salzburg ist Verwaltungszentrum, kultureller Mittelpunkt, Mozartstadt und Veranstaltungsort der Salzburger Festspiele.

Almwiese bei Lungötz

Sehenswürdigkeiten auf einen Blick

1. *Salzburg S. 218–227*
2. Hellbrunn
3. Anif
4. St. Gilgen
5. Hallein
6. Golling
7. Abtenau
8. Werfen
9. Bischofshofen
10. Radstadt
11. St. Johann im Pongau
12. Wagrain
13. Mauterndorf
14. Moosham
15. Tamsweg
16. *Gasteinertal S. 234f*
17. Kaprun
18. Zell am See
19. Saalbach
20. Lofer
21. Mittersill
22. Krimmler Wasserfälle

»Eisriesenwelt« bei Werfen – die größte Eishöhle der Welt

Weitere Zeichenerklärungen *siehe hintere Umschlagklappe*

Schloss Moosham, vormals eine wehrhafte Burg im Besitz des Erzbistums Salzburg

Seitenaltar in der Kirche St. Leonhard in Tamsweg

Restaurants in dieser Region
siehe Seiten 322f

Legende

- Autobahn
- Hauptstraße
- Nebenstraße
- Panoramastraße
- Eisenbahn (Hauptstrecke)
- Eisenbahn (Nebenstrecke)
- Staatsgrenze
- Bundeslandgrenze
- Gipfel
- Pass

Im Salzburger Land unterwegs

Viele europäische Fluglinien fliegen den Flughafen Salzburg an. Von Deutschland führt die A8 über München nach Salzburg. In Ferienzeiten ist die Strecke sehr staugefährdet. Von Salzburg aus führen Autobahnen in Richtung Wien und Klagenfurt. Bahn- und Busnetze sind gut ausgebaut. Viele Ziele sind auch per Bergbahn erreichbar.

❶ Salzburg

Häufig wird der hl. Rupert als Gründer Salzburgs bezeichnet. Bischof Rupert gründete als Missionar zwar das Kloster St. Peter, und kurz darauf erbaute der irische Bischof Virgil den Salzburger Dom – doch für den Ruhm und das Erscheinungsbild der Stadt sind drei andere Kirchenmänner verantwortlich: die Erzbischöfe Wolf Dietrich, Markus Sittikus und Paris Lodron, die 1587–1653 an der Macht waren. Nicht zu vergessen ist Johann Bernhard Fischer von Erlach, der berühmteste Barockbaumeister, der in Salzburg wirkte. Das historische Zentrum der Barock- und Mozartstadt ist seit 1996 UNESCO-Welterbe.

Das Tanzmeisterhaus, 1773–87 Wohnsitz der Familie Mozart

Blick auf die Salzburger Kirchen und die Festung Hohensalzburg

Überblick: Salzburg

Für Besucher sind in Salzburg drei Stadtteile besonders interessant: Links der Salzach liegen die schönsten Kirchen, die Erzbischöfliche Residenz und Mozarts Geburtshaus. Rechts der Salzach, in der Neustadt, sind Schloss Mirabell mit dem wundervollen Mirabellgarten, das Mozart-Konservatorium und der Kapuzinerberg. Gegenüber der Altstadt thront die mächtige Festung Hohensalzburg.

Makartplatz

Mozart-Wohnhaus

Makartplatz 8. (0662) 87 42 27 40. tägl. 9–17.30 Uhr (Juli, Aug: bis 20 Uhr). **mozarteum.at**

Der Platz ist nach dem in Salzburg geborenen Maler Hans Makart benannt, der in der zweiten Hälfte des 19. Jahrhunderts in Wien als »Malerfürst« gefeiert wurde.

Im Tanzmeisterhaus am Makartplatz 8 lebte 1773–87 die Familie Mozart. Das Haus wurde im Zweiten Weltkrieg von Bomben zerstört, später wiederaufgebaut. Heute erzählen die vielfältigen Ausstellungsstücke vom Leben der Familie Mozart.

Die Dreifaltigkeitskirche im Nordosten des Platzes wurde 1694–1702 erbaut, ein Frühwerk von Johann Bernhard Fischer von Erlach. Er entwarf die Barockkirche kurz nach seiner Rückkehr aus Italien – man spürt deutlich den römischen Einfluss. Die Skulpturen an der Fassade, die Glaube, Liebe, Hoffnung und Kirche symbolisieren, stammen von Michael Bernhard Mandel, die Kuppelfresken von Johann Michael Rottmayr.

Friedhof St. Sebastian

Linzergasse 41. tägl. 7–19 Uhr.

Der Friedhof St. Sebastian liegt bei der gleichnamigen Kirche, die beim Stadtbrand 1818 schwere Schäden davontrug. Vom einstigen spätbarocken Bau ist nur noch das Portal erhalten. Hier findet man die Büste ihres Schutzheiligen sowie ein prächtiges Eisengitter von Philipp Hinterseer, das Vorhalle und Kirchenraum trennt. Der Friedhof wurde 1511 geweiht. Seine Anlage entspricht den italienischen *campi santi*. Die Gräber liegen innerhalb eines Arkadengevierts. Man findet hier bemerkenswerte Grabmale und Skulpturen. Am Eingang steht das Grabmal des Arztes, Naturforschers und Philosophen Paracelsus, der 1541 in Salzburg starb. Die Gabrielskapelle ist das Mausoleum des Erzbischofs Wolf Dietrich. In der Nähe befinden sich die Gräber von Mozarts Vater Leopold und Mozarts Frau Constanze.

Kapuzinerberg

Der Kapuzinerberg, einer der Salzburger Stadtberge, liegt am rechten Ufer der Salzach, gegenüber der Altstadt. Von der Linzergasse führt ein Weg hinauf. Man kann auch von der Steingasse die sogenannte Imbergstiege mit 250 Stufen nehmen. Die Anstrengung lohnt sich: Auf halbem Weg steht das Kirchlein St. Johann am Imberg (1681). Das Altarblatt schmückt ein Gemälde mit der

Vergoldete Figur in der Kirche St. Sebastian

Hotels und Restaurants im Salzburger Land *siehe Seiten 297f und 322f*

Taufe Christi. Die Kanzel stammt von Johann Georg Hitzl.

Oben auf dem Kapuzinerberg steht das Kloster, das vor dem Einzug der Mönche 1594 ein Schlösschen und Teil der mittelalterlichen Stadtbefestigung war. Die dazugehörige Kapuzinerkirche wurde 1602 fertiggestellt. Sie besitzt ein Eichenportal mit Schnitzereien, das vormals zum alten Dom gehörte. Ganz in der Nähe steht eine Villa, in der der österreichische Schriftsteller Stefan Zweig lebte. Von der Bastei unterhalb des Klosters aus hat man einen großartigen Blick auf Kuppeln und Dächer.

Putti der Engelsstiege, Schloss Mirabell

Schloss Mirabell

Mirabellplatz. (0662) 80 720.
Mo, Mi, Do 8–16, Di, Fr 13–16 Uhr.

An der Stelle des heutigen Schlosses stand einst ein Bau, den Erzbischof Wolf Dietrich 1606 für seine Geliebte Salome Alt errichten ließ. Der Erzbischof soll mit der jüdischen Kaufmannstochter 15 Kinder gehabt haben, er blieb ihr lebenslang treu. 1721–27 ließ sich Erzbischof Franz Anton Harrach von Johann Lukas von Hildebrandt das Anwesen zu einem Barockschloss umgestalten. Beim Brand 1818 wurden Teile des Gebäudes zerstört, doch blieben Engelsstiege und Marmorsaal unversehrt.

Die Treppenbalustrade aus Marmor verzierte G. R. Donner mit Putti, für die Wandnischen schuf er Skulpturen. Der Marmorsaal wirkt mit dem teils vergoldeten Stuck elegant. Das Schloss ist heute Verwaltungsgebäude.

Infobox

Information
Straßenkarte D3. 150 000.
Mozartplatz 5, (0662) 88 98 73 30. Salzburger Festspiele (Ende Juli – Ende Aug).
salzburg.info.at

Anfahrt
Innsbrucker Bundesstraße 95, (0662) 85 800. Hauptbahnhof, Südtirolerplatz, (0662) 93 000.

Besonders schön ist der Garten mit den Skulpturengruppen und Brunnen, ein Entwurf von Johann Bernhard Fischer von Erlach. Die Orangerie beherbergt ein Barockmuseum.

Der barocke Mirabellgarten, dahinter die Festung Hohensalzburg

Zentrum von Salzburg

1. Kapuzinerberg
2. Makartplatz
3. Friedhof St. Sebastian
4. Schloss Mirabell
5. Mozarteum
6. Haus der Natur
7. Salzburg Museum
8. Festspielhäuser
9. Mozarts Geburtshaus
10. Kollegienkirche
11. Franziskanerkirche
12. Residenzplatz
13. Stift St. Peter
14. Dom
15. Stift Nonnberg

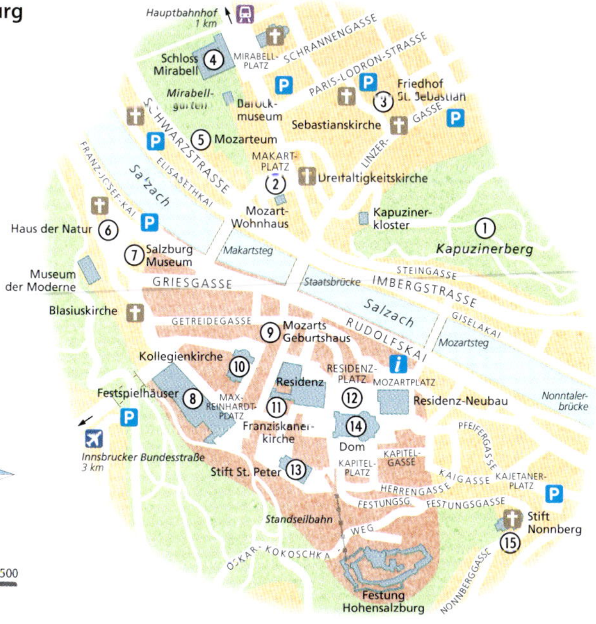

0 Meter 500

Zeichenerklärung *siehe hintere Umschlagklappe*

Im Detail: Altstadt

Die Salzburger Altstadt erstreckt sich zwischen dem linken Ufer der Salzach und dem Mönchsberg und ist seit 1996 UNESCO-Welterbe. Typisch für die Altstadt ist ihr einheitliches barockes Gepräge, das sie sich dank der Begrenzung durch die Salzach und den Mönchsberg bis heute bewahren konnte. Natürlich sind in den Gassen auch andere Stilepochen vertreten, doch Älteres wie auch Modernes fügt sich fast nahtlos ein.

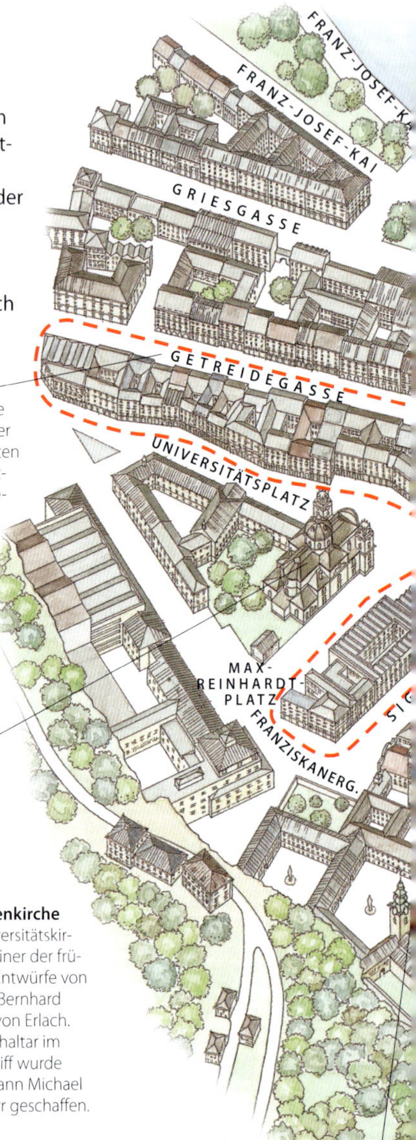

★ Getreidegasse
Die mittelalterlich prägte Getreidegasse ist eine der längsten und lebendigsten Geschäftsstraßen der Altstadt. Das Haus Getreidegasse 9 ist Mozarts Geburtshaus. Hier lebte er bis zum Alter von 17 Jahren. Die Wohnung ist heute ein Museum.

Kollegienkirche
Die Universitätskirche ist einer der frühesten Entwürfe von Johann Bernhard Fischer von Erlach. Der Hochaltar im Querschiff wurde von Johann Michael Rottmayr geschaffen.

★ Franziskanerkirche
Der barocke Hochaltar der Franziskanerkirche ist ein feinfühliges Werk von Johann Bernhard Fischer von Erlach. Das Zentrum bildet eine sitzende Madonna mit Kind.

Legende

— Routenempfehlung

0 Meter 50

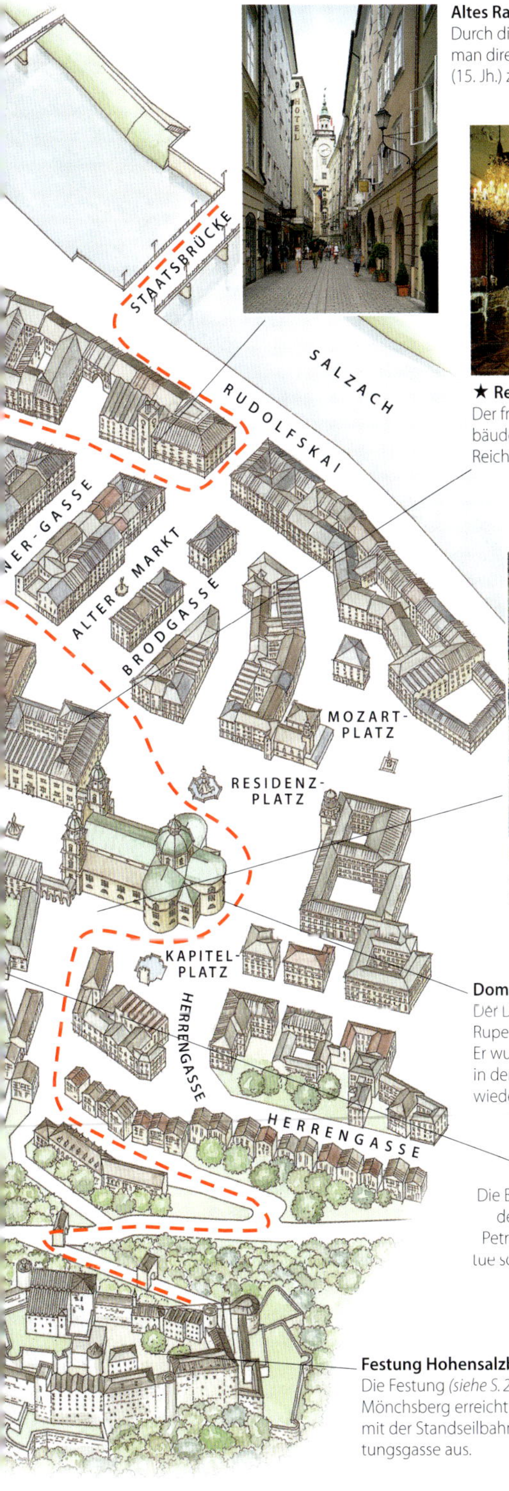

Altes Rathaus
Durch die enge mittelalterliche Gasse geht man direkt auf den eckigen Rathausturm (15. Jh.) zu.

★ Residenz
Der frühere Bischofssitz, das prächtigste Gebäude der Stadt, demonstriert Macht und Reichtum seiner Bewohner.

Kapitelplatz
Auf dem belebten Marktplatz steht einer der schönsten Brunnen Salzburgs.

Dom
Der Dom ist den Heiligen Rupert und Virgil geweiht. Er wurde 774 errichtet und in der Folgezeit immer wieder umgebaut.

Stift St. Peter
Die Benediktinerkirche aus dem 12. Jahrhundert ist Petrus geweiht. Seine Statue schmückt den Brunnen (1673) vor der Kirche.

Festung Hohensalzburg
Die Festung *(siehe S. 226f)* auf dem Mönchsberg erreicht man am besten mit der Standseilbahn von der Festungsgasse aus.

Mozarteum (Internationale Stiftung Mozarteum)

Mozarteum

Schwarzstraße 26. (0662) 88 940.
mozarteum.at

1842 errichtete die Stadt ihrem berühmten Sohn ein Denkmal: 1870 gründete sich die Internationale Stiftung Mozarteum, die sich zur Aufgabe gesetzt hat, das Erbe Mozarts zu bewahren. Briefe aus Mozarts Nachlass bildeten den Grundstock von Bibliothek und Archiv. Die gleichnamige Universität ist eine der wichtigsten Musikhochschulen Europas. Auf dem Gelände des Mozarteums steht das Zauberflötenhäuschen. Das Hauptgebäude des Mozarteums (1910–14) wurde von Richard Berndl entworfen. Einige Abteilungen befinden sich im nahe gelegenen ehemaligen Erzbischöflichen Palais.

Haus der Natur

Museumsplatz 5. (0662) 84 26 530. tägl. 9–17 Uhr.
hausdernatur.at

Die Räumlichkeiten, die früher von den Ursulinen genutzt wurden, beherbergen heute das Haus der Natur, eines der interessantesten und anregendsten Ausstellungshäuser Salzburgs. Der große Komplex (über 90 Räume auf fünf Stockwerken) ist ein Museum für angewandte und darstellende Naturkunde. Die Abteilung mit lebenden Tieren zeigt in den Schaubecken des Aquariums eine ungeheure Artenvielfalt. Großen Wert legte man auf eine möglichst natürliche Umgebung für die Tiere. Im Reptilienzoo werden in 33 Terrarien Schlangen aus aller Welt artgerecht gehalten. Große Dioramen zeigen den Lebensraum von Mississippi-Alligatoren oder die Welt der Dinosaurier. Auch zu den Themen »Mensch und Tier in Fabel und Mythos« oder »Faszinierende Welt der Insekten« gibt es Ausstellungen. In der sogenannten Schatzkammer sieht man die Geräte zur Goldgewinnung sowie die größten Bergkristalle der Welt.

Salzburg Museum

Neue Residenz, Mozartplatz. (0662) 62 08 080. Di–So 9–17 Uhr (Do bis 18 Uhr).
salzburgmuseum.at

Das Museum besitzt eine umfangreiche Sammlung zur Geschichte und Kunst Salzburgs. Es wurde 1834 vom städtischen Leihhausverwalter Vinzenz Maria Süß gegründet.

Heute besteht das Museum aus verschiedenen Gebäuden. Das Haupthaus, das 2007 in der Neuen Residenz wiedereröffnet wurde, zeigt u. a. archäologische Exponate, darunter Funde aus vor- und frühgeschichtlicher Zeit. In der Gemäldesammlung sind Barockmaler vertreten, aber auch Künstler wie der 1840 in Salzburg geborene Hans Makart. Im Festungsmuseum sind Funde aus dem römischen Salzburg, dem damaligen Juvavum, zu sehen, u. a. Münzen und Mosaikfragmente. Daneben gibt es das Volkskundemuseum, das Domgrabungsmuseum, das Spielzeugmuseum und eine Musikinstrumentensammlung.

Das Europäische Museumsforum erklärte das Salzburg Museum zum Europäischen Museum des Jahres 2009.

Festspielhäuser

Hofstallgasse 1. (0662) 80 45 500. Jan–März, Okt–20. Dez: 14 Uhr; Juni, Sep: 14, 15.30 Uhr; Juli, Aug: 9.30, 14, 15.30 Uhr (nur Führungen, Tickets 15 Min. vor Beginn im Festspielshop).

1607 ließ Erzbischof Wolf Dietrich von Raitenau an dieser Stelle den Hofmarstall errichten. Die Nordfassade gestaltete Johann Bernhard Fischer von Erlach. Der Stall wurde bald um eine Sommer- und eine Winterreitschule erweitert. Der Brunnen mit der Rossebändigergruppe stammt von 1695. 1917 beschloss man, in Salzburg

Mit Fresken und Skulpturen verzierte Fassade der Pferdeschwemme

Opern- und Theaterfestspiele abzuhalten. Dafür wurden Stallungen und Reitschule zu einer großzügigen Festspielanlage umgebaut. Der österreichische Architekt Clemens Holzmeister machte sich dreimal an die Umgestaltung des Komplexes. In den 1920er Jahren gestalteten Oskar Kokoschka, Anton Kolig, Wolfgang Hutter und Rudolf Hoflechner die Innenräume. 1960 wurde das Große Festspielhaus (wiederum von Holzmeister) errichtet, der Komplex besteht heute aus Felsenreitschule sowie Großem Festspielhaus und Haus für Mozart.

Mozarts Geburtshaus

Getreidegasse 9. (0662) 84 43 13. täglich 9–17.30 Uhr (Juli, Aug: bis 20 Uhr). **mozarteum.at**

Im Hagenauer-Haus in der Getreidegasse 9 kam am 27. Januar 1756 Wolfgang Amadeus Mozart zur Welt. Die Familie Mozart bewohnte das dritte Stockwerk des Hauses. Die Stiftung Mozarteum war 1880 maßgeblich daran beteiligt, das Geburtshaus zum Museum umzugestalten. Heute kann man die Wohnräume besichtigen – mit Erinnerungsstücken, Familienporträts, Bühnenrequisiten etc. Auch das erste Instrument des jungen Mozart steht hier. Im zweiten Stock gibt es Exponate zu Mozart-Opern auf der Bühne.

Kollegienkirche

Universitätsplatz. (0662) 84 13 27. tägl. 9 Uhr bis Sonnenuntergang.

Die Kollegien- oder Universitätskirche, die 1707 geweiht wurde, ist eine der schönsten Salzburger Barockkirchen und das Meisterwerk des Architekten Johann Bernhard Fischer von Erlach. Durch unterschiedlichst geformte Fenster fällt das Tageslicht in den Innenraum. Die Altarbilder des linken und des rechten Querschiffaltars stammen von Johann Michael Rottmayr. Die Stuckglorie an der Wand führten italienische Künstler aus.

Der Hochaltar der Kollegienkirche wurde erst 1740 aufgestellt. Er zeigt die Universität als Tempel der Wissenschaften und der Künste. Seine geflügelten Figuren stellen die Disziplinen Musik, Dichtkunst, Malerei, Architektur, Theologie, Philosophie, Recht und Medizin dar.

Romanisches Seitenportal der Franziskanerkirche

Franziskanerkirche

Franziskanergasse 5. (0662) 84 36 29. tägl. 6–20 Uhr.

Die Franziskanerkirche wirkt im ansonsten barocken Salzburg fast ein wenig deplatziert. Wiederholte Versuche, die Kirche zu barockisieren und ihren romanischen, mit gotischen Stilelementen versetzten Ursprung zu verschleiern, sind fehlgeschlagen.

Besonders schön ist das romanische Seitenportal aus dem 13. Jahrhundert. Im Tympanonrelief erkennt man Christus zwischen Petrus und dem Landespatron Rupert. Im Gegensatz zum romanischen Langhaus ist der Chor mit seinem lichten Gewölbe und dem hohen, schlanken Turm gotisch.

Um 1700, als die Pfarrkirche vorübergehend als Kathedrale genutzt wurde, barockisierte man Hauptportal, Westfassade und den Kapellenkranz. Zudem stattete man die Innenräume prächtig aus. Der Hochaltar von Johann Bernhard Fischer von Erlach stammt aus dieser Zeit. In seinem Zentrum steht die Pacher-Madonna des früheren gotischen Altars. Die Fresken in der Franziskuskapelle stammen von Rottmayr.

Ein Brückenbogen verbindet die Kirche mit dem Franziskanerkloster gegenüber.

Residenzplatz

Residenz Residenzplatz 1. (0662) 80 42 26 90. Mi–Mo 10–17 Uhr (Juli, Aug: tägl.). 2 Wochen vor und 1 Woche nach Ostern. **salzburg-burgen.at**

Residenzgalerie (0662) 84 04 510. Mi–Mo 10–17 Uhr (in der Festspielzeit: tägl.). **residenzgalerie.at**

Die Residenz, Sitz des Fürsterzbischofs, des religiösen und weltlichen Herrschers von Salzburg, wurde von Erzbischof Wolf Dietrich von Raitenau errichtet. Seine Nachfolger erweiterten den Bau. Nach der Säkularisation wurde er Verwaltungsgebäude. Heute beherbergt ein Trakt Regierungsbüros und die Verwaltung der Universität. Im zweiten Stock befindet sich die Residenzgalerie, die zusammen mit den Prunkräumen der Beletage besichtigt werden kann. Die Räume verströmen den Glanz vergangener Tage und bezaubern den Besucher. Künstler wie Lukas von Hildebrandt, Johann Michael Rottmayr und Martino Altomonte legten hier Hand an.

Der barocke Residenzbrunnen auf dem Hof der Residenz ist ein kunstvoller Aufbau aus Rössern, Athleten und einem Triton. Gegenüber steht der Neubau der Residenz, der den Bischöfen in den Zeiten von Umbauarbeiten in der Residenz als Quartier diente. Das Glockenspiel der Neuen Residenz ist auf dem Mozartplatz täglich um 7, 11 und 18 Uhr zu hören.

Mozartstatue auf dem Mozartplatz

Die Domfassade mit den mächtigen Skulpturen

Stift St. Peter

Bezirk St. Peter. (0662) 84 45 760. tägl. 8–12, 16.30–18.30 Uhr.

Die Benediktiner-Erzabtei wurde nach der großen Völkerwanderung um 690 vom hl. Rupert gegründet und gilt als Keimzelle der Stadt. Das Stift ist das einzige Kloster in diesem Teil Europas, das seit seiner Gründung unversehrt besteht. Kirche und Kloster stammen aus dem 12. und 13. Jahrhundert, wurden aber im 17. und 18. Jahrhundert barockisiert. Zu den aus früheren Zeiten erhaltenen Stücken gehört die Muttergottesstatue *Maria Säul* (um 1420). Die Innenräume sind von barocker Opulenz. Die meisten Altarbilder schuf Martin Johann Schmidt, genannt Kremser Schmidt.

Auf dem Friedhof, dem ältesten Salzburgs, ruhen Mozarts Schwester Nannerl und Johann Michael Haydn, Bruder des Komponisten Joseph Haydn.

Dom

Domplatz 7. (0662) 80 47 79 50. **Dommuseum** (0662) 80 47 18 60. Mai–Okt: Mo–Sa 10–17, So 11–18 Uhr; Dez–Anfang Jan: Mo–So 10–17 Uhr.

Die erste Bischofskirche an dieser Stelle wurde 774 von Bischof Virgil geweiht. Nachdem der Dom 1598 zum achten Mal von einer Feuersbrunst erfasst worden war, ließen ihn die Erzbischöfe abtragen und beschlossen einen Neubau. So entstand unter Baumeister Santino Solari der frühbarocke, von italienischen Kirchenbauten inspirierte Dom, der 1628 geweiht werden konnte. Die prächtige Marmorfassade ist mit den Statuen der Schutzheiligen Rupert und Virgil sowie mit denen von Petrus und Paulus geschmückt. Die Kathedrale bot für rund 10 000 Gläubige Platz – das war mehr, als das damalige Salzburg samt Umgebung an Einwohnern zählte. Der Innenraum wirkt heute noch monumental. In der Krypta wurden mehrere Erzbischöfe beigesetzt. Auf der Barockorgel (1703) spielte schon Mozart. Heute finden hier Konzerte des Mozartchors statt. Die Schätze des Doms sind im **Dommuseum** zu sehen.

Stift Nonnberg

Nonnberggasse 2. (0662) 84 16 070. Sommer: tägl. 7–19 Uhr; Winter: tägl. 7–17 Uhr.

Das Benediktinerinnenstift liegt auf dem Ausläufer des Festungsbergs. Es wurde 714 vom hl. Rupert gegründet und ist das älteste bestehende Frauenkloster nördlich der Alpen. Als Äbtissin setzte Rupert seine Nichte, die hl. Erentrudis, ein. Ihr Grab kann man in der Krypta der Kirche besichtigen. Im 11. Jahrhundert erweiterten Kaiser Heinrich II. und seine Gemahlin Kunigunde die Anlage. Nachdem sie 1423 nahezu ganz abgebrannt war, wurde ein neues, überwiegend gotisches Kloster samt Kirche errichtet. Das Tympanon über dem Hauptportal zeigt Maria zwischen Johannes dem Täufer und Erentrudis.

Wallfahrtskirche Maria Plain auf dem Plainberg

Ein Juwel des Stifts ist der spätgotische Hauptaltar. Er stammt aus Scheffau und soll nach einem Entwurf Albrecht Dürers gefertigt worden sein. Das mittlere Fenster geht auf Peter Hemmel zurück, einen der berühmtesten Glasmaler der Spätgotik. Exquisit sind die romanischen Fresken unter dem Nonnenchor (12. Jh.). In der Johanneskapelle steht ein Flügelaltar von einem Schüler von Veit Stoß.

Fresko (1150) im Stift Nonnberg

Umgebung: Auf dem Plainberg nördlich von Salzburg steht die Wallfahrtskirche **Maria Plain** von Giovanni Antonio Dario. Sie wurde 1674 geweiht. An der Ausgestaltung waren so bedeutende österreichische Barockkünstler wie der Kremser Schmidt sowie Thomas und Franz Schwanthaler beteiligt. Mozart bezog sich mit seiner *Krönungsmesse* (1779) auf das Gnadenbild der Maria.

Im nahen **Oberndorf** wurde 1818 erstmals das Weihnachtslied *Stille Nacht* gesungen. Der Lehrer und Organist Franz Xaver Gruber schuf die Melodie, Pfarrer Joseph Mohr schrieb den Text.

Südwestlich von Salzburg liegt **Schloss Leopoldskron**. Ab 1918 lebte hier Max Reinhardt, der Theaterregisseur und Mitbegründer der Salzburger Festspiele. Etwas weiter südwestlich, in Großgmain, befindet sich das **Salzburger Freilichtmuseum**. Hier sind 60 bäuerliche Originalbauten aus fünf Jahrhunderten, alte Traktoren und Gerätschaften zu sehen.

Hotels und Restaurants im Salzburger Land *siehe Seiten 297f und 322f*

Salzburger Festspiele

Die Salzburger Festspiele, die größten und bedeutendsten Opern-, Konzert- und Theaterfestspiele Europas, wurden von drei Personen ins Leben gerufen: dem Dichter Hugo von Hofmannsthal, dem Komponisten Richard Strauss und dem Theaterregisseur Max Reinhardt. Die Festspiele in der Heimatstadt Mozarts sollten das Werk des berühmtesten Sohns der Stadt ehren. Die ersten Festspiele fanden 1920 in noch überschaubarem Rahmen statt. Heute sind sie das europäische Kulturereignis schlechthin. Das Programm wurde immer umfangreicher, die Besucherzahlen stiegen ständig, sodass der Marstall als Spielort nicht mehr genügte und ein zweiter erbaut wurde, das Große Festspielhaus. Aufführungen finden zusätzlich noch im Theater am Makartplatz, im Schloss Mirabell, im Mozarteum und an vielen weiteren Spielorten statt. Um Karten sollte man sich einige Monate im Voraus bemühen *(siehe S. 333, 334f)*.

Der Domplatz wird alljährlich während der Salzburger Festspiele zur Bühne für Hugo von Hofmannsthals *Jedermann*. Die Idee, hier im Freien zu spielen, stammt von Max Reinhardt, der den ersten Salzburger *Jedermann* 1920 selbst inszenierte.

Herbert von Karajan (1908–1989), einer der berühmtesten Opern- und Konzertdirigenten des 20. Jahrhunderts, wurde in Salzburg geboren. 1956–60 war er künstlerischer Leiter der Salzburger Festspiele.

Das Große Festspielhaus mit einer der größten Bühnen der Welt wurde 1960 nach den Plänen von Clemens Holzmeister *(siehe S. 222f)* fertiggestellt. Das Barockportal stammt von Johann Bernhard Fischer von Erlach.

Der Feuertanz ist eine der schönsten Aufführungen, die regelmäßig während der Salzburger Festspiele stattfinden. Sobald es dunkel wird, leuchtet die Stadt im Licht dieses Spektakels.

Die Opernaufführungen glänzen durch ihr hohes musikalisches Niveau. Innovative Regisseure und Bühnenbildner sorgen immer wieder für Furore.

Salzburg: Festung Hohensalzburg

Hohensalzburg, die größte Burganlage Österreichs, thront hoch auf dem felsigen Festungsberg und diente den Salzburger Erzbischöfen über Jahrhunderte als uneinnehmbarer Aufenthaltsort. Baubeginn war 1077 während des Investiturstreits. Zum romanischen Palas kamen im 15. und 16. Jahrhundert viele Anbauten hinzu, bis aus der Burg schließlich ein nobler spätgotischer Regierungssitz wurde. Im 19. Jahrhundert nutzte man Hohensalzburg als Kaserne und Kerker. Seit 1892 bringt eine Standseilbahn Besucher hinauf.

Alte Kanonen
Noch immer sind zahlreiche Kanonen auf die Stadt gerichtet, heute allerdings eher zu dekorativen Zwecken.

Wappen
Das mächtige Wappen von Paris Lodron prangt über dem Tor, das – nach einem zweiten Burggraben – das innere Schloss vom Burghof abgrenzt.

Außerdem

① **Der Glockenturm** dient heute als Eingang zu den Wohngebäuden der Anlage. Die Feuerglocke des Meisters Hans Reichert wurde 1503 eingesetzt.

② **Ein Brunnen** von 1539 ist bis heute im Burghof zu sehen.

Porträt
Das Bild des Erzbischofs Johann Jakob von Khuen-Belasy (1560–86), der die nahe gelegene Burg Hohenwerfen ausbauen ließ, hängt in einem der Säle des inneren Schlosses.

Schulhaus und Kuchlturm
Erzbischof Leonhard von Keutschach (1495–1519) ließ die Burganlage auch nach außen hin erweitern. 58 Wappen mit einer Rübe, seinem Zeichen, sind noch zu sehen.

Infobox

Information
Mönchsberg 34.
(0662) 84 24 30 11.
Jan–Apr, Okt–Dez: tägl. 9.30–17 Uhr; Mai–Sep: tägl. 9–19 Uhr. Kombiticket mit Festungsbahn erhältlich.
salzburg-burgen.at

★ Goldene Stube
Das prachtvoll ausgestattete Fürstenzimmer hat einen spätgotischen Kachelofen.

Kleiner Hof
An die Ringmauern wurden im Dreißigjährigen Krieg Stallungen und das Salzmagazin angebaut. Hasenturm und Schwefelturm sind älteren Datums.

★ Folterkammer
Der Reckturm (um 1500) wurde um 1640 zum Verlies ausgebaut. Folterungen kamen auf Hohensalzburg bis zum Jahr 1893 vor.

Porträt des Erzbischofs Markus Sittikus im Schloss Hellbrunn

❷ Hellbrunn

Straßenkarte D4. (0662) 82 03 720. Apr, Okt, Nov: tägl. 9–16.30 Uhr; Mai, Juni, Sep: tägl. 9–17.30 Uhr; Juli, Aug: tägl. 9–21 Uhr (ab 18 Uhr nur Wasserspiele). **hellbrunn.at**

Schloss Hellbrunn, vormals Sommerresidenz des Salzburger Erzbischofs Markus Sittikus, liegt vier Kilometer südlich von Salzburg. Sittikus war der Neffe des Wolf Dietrich von Raitenau und hatte eine italienische Mutter. Das erklärt, warum er die meiste Zeit in Italien verbrachte und sein Sommersitz einer italienischen Villa gleicht. Schön sind der ausgemalte Festsaal und das Oktogon, das als Musikzimmer diente.

Im Garten sieht man Wasserspiele, Grotten und Brunnen. Im Mechanischen Theater werden rund 200 Figuren durch Wasserkraft bewegt.

❸ Anif

Straßenkarte D4. 4000. (06246) 72 365. **anif.info**

Das romantische neugotische Wasserschloss Anif liegt etwa zwei Kilometer südlich von Schloss Hellbrunn und gehört zum Ort Anif. Das Schloss wurde bereits im 15. Jahrhundert erwähnt, doch man geht davon aus, dass zuvor schon ein spätgotischer Bau existierte. Früher war es ein Sommersitz der Salzburger Bischöfe. Von 1693 bis 1803 war es im Besitz der Chiemsee-Bischöfe. Nach der Säkularisation wurde es verkauft und gelangte so in den Besitz des Grafen Arco-Stepperg. Der ließ das Schloss nach englischem Vorbild in neogotischem Stil umbauen. In dieser Form ist es bis heute erhalten.

Der mächtige eckige Turm spiegelt sich stolz im Wasser des Sees. Das Innere ist, dem Baustil entsprechend, ebenfalls mit englischen Möbeln ausgestattet. Nach dem Ende des Ersten Weltkriegs, am 13. November 1918, unterzeichnete der letzte Bayernkönig Ludwig III. hier in Anif seine Abdankung. Das Schloss ist in Privatbesitz und kann nicht besichtigt werden.

❹ St. Gilgen

Straßenkarte D4. 3800. Bundesstraße 1a, (06227) 23 48. **salzkammergut.at**

St. Gilgen liegt zwischen Hügeln an der Westbucht des Wolfgangsees. Es ist der größte Kurort im salzburgischen Teil des Salzkammerguts und einer der beliebtesten in Österreich. In St. Gilgen steht das Geburtshaus von Mozarts Mutter Anna Maria Pertl. Im gleichen Haus lebte später Mozarts Schwester zusammen mit ihrem Mann, einem Beamten. Ihnen zu Ehren wurde in diesem Haus, dem Gerichtsgebäude von St. Gilgen, eine Mozart-Gedenkstätte eingerichtet. Zu sehen sind Porträts und Dokumente der Familie Mozart.

Auf dem Mozartplatz im Ortszentrum steht seit 1927 der Mozartbrunnen. Die Pfarrkirche St. Ägydius wurde um 1300 erbaut und im 18. Jahrhundert barockisiert. Aus dieser Zeit stammen die drei Rokoko-Altäre mit Gemälden von Peter Lorenzoni.

St. Gilgen ist mit seinem Hafen bei Wassersportlern beliebt. Hier legt auch der Dampfer *Kaiser Franz Joseph* an, der seit 1873 in Betrieb ist. Am Fuschlsee nahe St. Gilgen steht **Schloss Fuschl**, früher ein Jagdschloss der Fürsterzbischöfe, heute ein Hotel.

❺ Hallein

Straßenkarte D4. 20 100. Mauttorpromenade 6, (06245) 85 394. **hallein.com**

Hallein an der Salzach wurde zwar erst im 13. Jahrhundert gegründet, doch schon in prähistorischer Zeit wurde hier Salz abgebaut. Allein der Name bringt die Stadt mit Salz in Verbindung, denn *hall* ist das keltische Wort für Salz. Das »weiße Gold« bescherte der Region über Jahrhunderte hinweg Wohlstand, bis die Gegenreformation im 18. Jahrhundert dazu führte, dass die meist protestantischen Bergleute ihre Heimat verließen.

Der eigentlich mittelalterliche Ortskern von Hallein ist vorwiegend im Barock- und Rokoko-Stil des 18. Jahrhunderts herausgeputzt. Die Pfarrkirche St. Antonius besitzt noch ihren gotischen Chor, das Langhaus ist jüngeren Datums. Das klassizistische Altarbild, eine Anbetung der Hirten, stammt von Andreas Nesselthaler, dem letzten Salzburger Hofmaler. Hallein war auch Heimatstadt Franz Xaver Grubers, der das Weihnachtslied *Stille Nacht* komponierte. Das

Plakat des faszinierenden Keltenmuseums in Hallein

Haus am Gruberplatz 1 ist heute ein kleines Museum. Interessanter ist jedoch das **Keltenmuseum** mit seiner einmaligen Sammlung von Objekten aus der Keltenperiode, die aus den frühesten Zeiten des Salzabbaus stammen.

Keltenmuseum
Pflegerplatz 5. (06245) 80 783.
tägl. 9–17 Uhr.
keltenmuseum.at

Umgebung: Von Hallein kann man mit der Salzbergbahn auf den Dürrnberg fahren. Die Grube zählt zu den ältesten Mitteleuropas. Reste früherer Siedlungen sind noch zu sehen. In **Bad Dürrnberg** gibt es ein Schaubergwerk – mit Kahnfahrt auf dem unterirdischen Salzsee. Die barockisierte Marienkirche birgt ein Gnadenbild, eine Muttergottes (1612), früher Anziehungspunkt für viele Pilger.

Schild der Salzmine Dürrnberg

6 Golling

Straßenkarte D4. 4000.
(06244) 43 56. **golling.info**

Südlich von Hallein liegt der Luftkurort Golling. Im Ortszentrum steht die Johannes dem Täufer geweihte Pfarrkirche, ein spätgotischer Bau mit zwei barocken Seitenschiffen. In der kleinen mittelalterlichen Burg, zu der eine Kapelle mit hübschem Rokoko-Altar gehört, ist ein Museum untergebracht.

Umgebung: In der Gegend um Golling kommen Naturfans auf ihre Kosten, denn es gibt viele interessante Ausflugsziele. Eines ist sicher der **Lueg-Pass** mit der spektakulären, 100 Meter tiefen Salzachschlucht, ein weiteres der **Gollinger Wasserfall**, ein beliebtes Motiv romantischer Naturmaler.

Unterwegs sollte man einen kleinen Umweg nicht scheuen, um zwei Kirchen zu besichtigen: St. Ulrich in **Scheffau** und die spätgotische St. Nikolaus bei **Torren**, die kühn auf einem felsigen Bergrücken steht.

Der Gollinger Wasserfall wurde auf vielen Gemälden verewigt

7 Abtenau

Straßenkarte D4. 5700.
Markt 165, (06243) 40 40.
abtenau-info.at

Abtenau, ein Luftkurort in den Salzburger Dolomiten, ist umgeben von den mächtigen Gipfeln des Tennengebirges. Die spätgotische Kirche im Tal wurde um 1500 erbaut. Die Figuren der Heiligen Georg und Florian sind die einzigen Reste des früheren Hochaltars. Spätgotisch sind auch die Fresken an der Nordwand. Hauptaltar und Seitenaltäre stammen aus der Zeit des Barock. Empfehlenswert ist ein Spaziergang die Lammer hinauf, die zwischen Tennengebirge und Dachstein-Schrofen in einem malerischen Tal fließt.

8 Werfen

Straßenkarte D4. 3000.
Markt 14, (06468) 53 88.
salzburgerland.com
eisriesenwelt.at

Werfen, Sommerfrische und Wintersportort an der Salzach, besitzt mehrere interessante Kirchen. Die Jakobuskirche wurde schon im 14. Jahrhundert erwähnt, im 17. Jahrhundert wurde sie barockisiert. Die Kapuzinerkirche, die als Missionskirche gegen das Luthertum erbaut wurde, stammt aus dem frühen 18. Jahrhundert.

Umgebung: In der Nähe von Werfen gibt es zwei faszinierende Sehenswürdigkeiten. **Burg Hohenwerfen**, die auf einem steilen Felsvorsprung thront, wurde im 11. Jahrhundert als Festung erbaut. Sie bietet als besondere Attraktion eine Greifvogelschau. Im Zeughaus kann man alte Waffen besichtigen.

Die **Eisriesenwelt** (Mai–Okt) ist eine der größten Eishöhlen der Welt mit atemberaubenden Eisformationen. Etwa 50 Kilometer sind erschlossen. Der Eingang liegt am Hochkogel auf 1600 Meter Höhe. Zum Höhleneingang gelangt man von Werfen aus mit Bus und Seilbahn.

Winterliche Idylle in Abtenau in den Salzburger Dolomiten

❾ Bischofshofen

Straßenkarte D4. 10 300.
Salzburger Straße 1, (06462) 24 71.
bischofshofen.com

Die keltische Siedlung, die sich an der Stelle von Bischofshofen befand, war ein Zentrum des Kupferabbaus. Es gab hier auch reiche Salzvorkommen. Deshalb wurde die Region schon in prähistorischer Zeit besiedelt. Überall findet man Spuren der alten Kulturen.

Bischofshofen wird überragt vom Turm der **Pfarrkirche St. Maximilian**, die von Bischof Rupert, dem Gründer Salzburgs, vermutlich an der Stelle einer älteren Kirche erbaut wurde. An den Wänden findet man Fresken (15. Jh.). In den Seitenaltären stehen die originalen gotischen Skulpturen, die die Heiligen Rupert und Virgil darstellen. Im südlichen Querschiff befindet sich ein Barockaltar mit dem Bild der hl. Anna (um 1520), das Lienhart Astel zugeschrieben wird. Das Relief am Altar, das Jesus und die Apostel zeigt, stammt aus derselben Zeit. Kostbarster Schatz ist das mittelalterliche Rupertuskreuz. Das vergoldete, reich mit Edelsteinen besetzte Kreuz war im 12. Jahrhundert ein Geschenk des Salzburger Erzbischofs an Bischofshofen.

Bischofshofen ist bekannt für seine Skisprungschanzen. Jedes Jahr am 6. Januar findet hier das Abschlussspringen der Internationalen Vierschanzentournee statt.

Rupertuskreuz, Bischofshofen

❿ Radstadt

Straßenkarte D4. 4800.
Stadtplatz 17, (06452) 74 720.
radstadt.com

Das alte Städtchen an der Enns entwickelte sich um eine Festung aus dem 13. Jahrhundert. Wohlhabend wurde Radstadt durch seine günstige Lage als Reisestation auf dem Weg von Salzburg nach Venedig und durch seine Monopolstellung im Weinhandel. Zudem besaß die Stadt das Recht, mit Salz und Eisen zu handeln. Die mittelalterliche Stadtbefestigung mit Ecktürmen und Wassergraben, die von den Salzburger Erzbischöfen angelegt wurde, ist noch erhalten. **Schloss Lerchen** im Zentrum beherbergt heute das örtliche Museum. In der Umgebung findet man Burgen, darunter **Schloss Tandalier**, einen Renaissance-Bau.

Umgebung: Bei Bischofshofen steigt die **Radstädter Tauernstraße**, eine der schönsten Alpenstraßen, zum Tauernpass an. Hier liegen weitläufige Skigebiete. Nördlich von Radstadt erhebt sich der **Roßbrand** (1768 m). An klaren Tagen sieht man von hier 150 Alpengipfel.

⓫ St. Johann im Pongau

Straßenkarte D4. 10 700.
Ing.-Ludwig-Pech-Straße 1, (06412) 60 36. **sanktjohann.com**

St. Johann ist der größte Ort in der Region. Im Winter bietet er alle Voraussetzungen für Wintersport. Vor allem wegen der ausgezeichneten Wander- und Bademöglichkeiten ist er auch im Sommer sehr beliebt.

Wegen einer Serie von Bränden im 19. Jahrhundert ist von der ursprünglichen Bebauung kaum mehr etwas erhalten. Die Häuser sind fast durchgängig neueren Datums. Die **Pfarrkirche** St. Johannes der Täufer (1861) gilt als stolzester Bau der Neugotik im Salzburger Raum. Architekten waren Georg Schneider und Josef Wessiken. Die Annakapelle nördlich der Kirche besitzt ein Altarblatt mit spätgotischen Figuren (1530).

Etwa fünf Kilometer südlich windet sich die **Großarler Ache**, ein wilder Gebirgsbach, durch die **Liechtensteinklamm**, eine der tiefsten und längsten Schluchten der Alpen.

⓬ Wagrain

Straßenkarte D4. 3000.
Markt 14, (06413) 8448.
wagrain-kleinarl.at

Wagrain liegt auf 800 Meter Höhe und ist ein idealer Wintersportort. Die Skigebiete gehören zur **Salzburger Sportwelt (Ski Amadé)**. Zu dem großen Gebiet zwischen Tennengebirge und Radstädter Tauern gehören acht Ferienorte, die durch ein Netz öffentlicher Verkehrsmittel und Seilbahnen miteinander verbunden sind. Der Skipass gilt für das ganze Gebiet, sodass Skifahrern insgesamt 260 Lifte und 860 Kilometer Pisten zur Verfügung stehen. Auch ungeübte Wintersportler finden hier etwas Geeignetes. Ganzjähriges Vergnügen gibt es im 1997 erbauten Erlebnisbad **Wasserwelt Amadé**. Ein geradezu

Der sogenannte Pongauer Dom in St. Johann im Pongau

◀ **Bilderbuchansicht der Burg Hohenwerfen bei Werfen** *(siehe S. 229)*

Bergbach in der Liechtensteinklamm bei Wagrain

atemberaubender Rundblick bietet sich von den Gipfeln von Schwarzkopf, Roßkopf und Mooskopf.

In Wagrain gibt es ein Museum, das sich Joseph Mohr, dem Autor von *Stille Nacht*, und dem österreichischen Schriftsteller und Humoristen Karl Heinrich Waggerl widmet. Sehenswert sind auch **Zauchensee**, das höchstgelegene Dorf der Region (1361 m), und die gotische Kirche in Altenmarkt im Pongau.

⓭ Mauterndorf

Straßenkarte D4. 1700.
Lungau, (06472) 79 49.
mauterndorf.at

Der kleine Ferienort Mauterndorf konnte dank seiner günstigen Lage am mittelalterlichen Handelsweg zwischen Salzburg und den Hohen Tauern Zoll (Maut) kassieren und kam so zu Wohlstand. Mauterndorfs bedeutendste Sehenswürdigkeit ist das **Schloss**, das im 13. Jahrhundert erbaut und im 16. Jahrhundert unter Erzbischof Leonhard von Keutschach erweitert und mit einer Befestigungsanlage versehen wurde. Dominant wirkt der mächtige mittelalterliche Bergfried. Sehenswert sind die Keutschachzimmer, die mit Ornamenten und Wappen ausgemalt sind. Interessant ist außerdem der Kapellentrakt mit schönen Fresken (14. Jh.) und einem Altarblatt (15. Jh.). Das Schloss wurde, nachdem es zur Ruine verfallen war, im 20. Jahrhundert komplett restauriert und ist heute Museum und Kulturzentrum.

⓮ Moosham

Straßenkarte D4. Schloss Moosham 12. (06476) 305. Apr–Sep: Di–So 10, 11, 13, 14, 15, 16 Uhr (Aug: auch 12 Uhr); Okt, Mitte Dez–März: Di–So 11, 14 Uhr. Nov–Mitte Dez.
schlossmoosham.at

Hoch über der Mur, auf dem Mitterberg am südlichen Ausläufer der Radstädter Tauernstraße, thront Schloss Moosham, das früher den Salzburger Erzbischöfen gehörte. Die Anlage aus einer oberen und einer unteren Burg stammt vermutlich aus dem 13. Jahrhundert. Nach der Säkularisation zerfiel das Anwesen. Erst Hans Graf Wilczek, der es 1886 erwarb, renovierte es von Grund auf.

Aus früherer Zeit sind in der Schlosskapelle die gotischen Fenster und der Flügelaltar sowie barocke Fresken erhalten, außerdem eine Sammlung von Volkskunst aus aller Herren Länder. Für Besucher sind u. a. zugänglich: Leibwächterzimmer, Keutschachzimmer, Bibliothek, Jagdsaal, Gerichtsstube, Folterkammer und ein gotisches Schlafgemach mit schönem grünem Kachelofen.

Unterhalb des Schlosses liegt der beliebte Luftkurort St. Michael mit einer gotischen Kirche.

Schlafgemach im Schloss Moosham

Glasfenster in der Wallfahrtskirche St. Leonhard in Tamsweg

⓯ Tamsweg

Straßenkarte E4. 5700.
Kirchengasse 8, (06474) 21 45.
Samson-Prozessionen (im Mai, Juli, Aug). **tamsweg.info**

Die Marktgemeinde ist der größte Ort im abgelegenen Lungau. In der Region finden die berühmten Samson-Prozessionen statt. Dabei wird eine riesige Samsonfigur – in Tamsweg ist sie über sechs Meter groß – durch den Ort getragen.

Tamsweg verdankt seinen früheren Reichtum dem Eisen- und Salzhandel. Stattliche Bürgerhäuser, das Mesnerhaus (15. Jh.) sowie das turmbewehrte Rathaus säumen den Marktplatz. Im Postgebäude (18. Jh.) gibt es Fresken von Gregor Lederwasch. Von ihm stammen auch die Gemälde in der Jakobuskirche, die 1741 nach einem Entwurf Fidelis Hainzls erbaut wurde. **St. Leonhard** (15. Jh.) ist eine der wichtigsten österreichischen Wallfahrtskirchen. Sie hat schöne Bleiglasfenster, darunter das berühmte, vom Erzbischof gestiftete Goldfenster (1430–50).

Hotels und Restaurants im Salzburger Land *siehe Seiten 297f und 322f*

⑯ Gasteinertal

Die heilkräftige Wirkung der Mineralquellen in und um Badgastein war schon zu Zeiten der Kelten und Römer bekannt. Deshalb wurde das Tal der Gasteiner Ache schon sehr früh besiedelt. Im späten Mittelalter erlebte es seine Blüte. Heute hat sich Badgastein zu einem Kurbad von internationalem Ruf entwickelt. Lang ist die Liste der gekrönten Häupter, der Politiker und Künstler, die hier Erholung und Heilung suchten. Mit den Quellen werden Herz- und Magenleiden, Rheumatismus und Allergien therapiert. Gleichzeitig hat sich das Tal zu einem großartigen Wintersportgebiet entwickelt.

Bad Hofgastein
Die Grabmale in der spätgotischen Pfarrkirche (15./16. Jh.) zeugen vom Talent der Gold- und Silberschmiede. Sie verwendeten Metalle, die hier abgebaut wurden.

Gasteiner Ache
Der Fluss schlängelt sich durch ein malerisches Tal der Hohen Tauern und mündet schließlich in die Salzach, den längsten Fluss des Salzburger Landes.

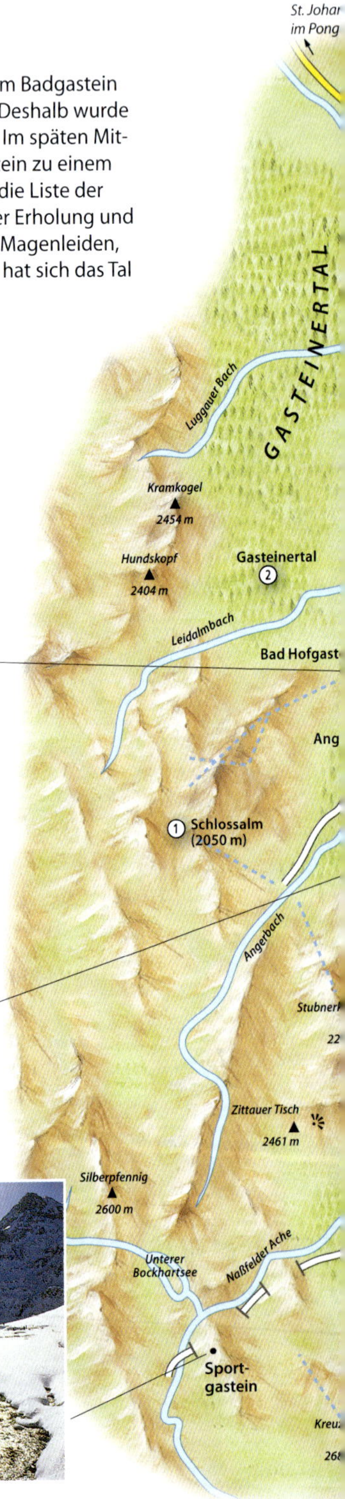

Außerdem

① **Auf dem Gipfel der Schlossalm** befindet sich auf 2050 Meter Höhe eine Aussichtsplattform, von der aus man einen Rundblick auf die umliegenden Gipfel hat. Hinauf gelangt man per Seilbahn.

② **Das Gasteinertal** bietet im Winter ausgezeichnete Pisten und gute Schneeverhältnisse. Im Sommer ist es ein beliebtes Wandergebiet.

★ Sportgastein
Naßfeld oberhalb von Badgastein ist als Ski-Arena erschlossen. Neue Brücken und Straßen machen das Hochtal gut erreichbar.

Hotels und Restaurants im Salzburger Land *siehe Seiten 297f und 322f*

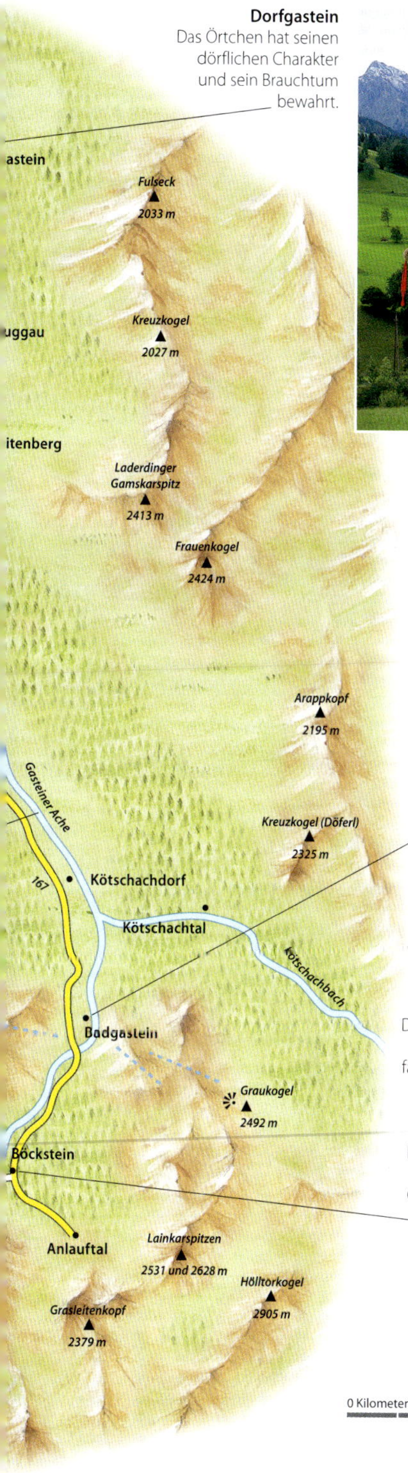

Dorfgastein
Das Örtchen hat seinen dörflichen Charakter und sein Brauchtum bewahrt.

Infobox

Information
Straßenkarte D4.
Gasteinertal Tourismus GmbH, Tauernplatz 1, 5630 Bad Hofgastein, (06432) 33 930.
gastein.com

Anfahrt

★ Badgastein
Durch das Zentrum des bekanntesten Kurorts im Gasteinertal rauscht die Gasteiner Ache als tosender Wasserfall.

Legende
- Hauptstraße
- Nebenstraße
- Seilbahn
- Fluss

★ Böckstein
Der Altar in der klassizistischen Wallfahrtskirche Unserer Lieben Frau ist das Werk der Brüder Wolfgang und Johann Baptist Hagenauer. Die frühere Goldmine ist heute ein Sanatorium.

0 Kilometer 2

Zeichenerklärung *siehe hintere Umschlagklappe*

⑰ Kaprun

Straßenkarte D4. 3000.
Salzburger Platz 6, (06547) 86 430.
kaprun.at

Kaprun ist ein beliebter Wintersportort und hat auch Sommergästen viel zu bieten. In aller Munde war Kaprun jedoch wegen des Tauernkraftwerks Glockner-Kaprun. Es wurde als Wunder der Technik und als eine der größten Errungenschaften der menschlichen Erfindungskraft gefeiert.

Die Arbeit an dem Projekt begann 1938. 1955 war die gesamte Anlage fertig. Größter Wasserspeicher ist der Mooserboden, ein See auf 2036 Meter Höhe, der vom Gletscherwasser der Pasterze gespeist wird.

Das Tauernkraftwerk ist nicht nur ein technisches Wunder, sondern auch Besucherattraktion. Die künstlichen Seen, Wehre und Dämme liegen inmitten der felsigen Gipfel der Kalkalpen. Für Wanderer ist die Szenerie ein eindrucksvolles Erlebnis. In der Zeit nach dem Bau des Kraftwerks entwickelte sich Kaprun zu einem der beliebtesten Skigebiete Österreichs. Auf dem Gletscher kann man ganzjährig Ski fahren.

Der Ort liegt im Tal und ist per Auto oder öffentlichen Verkehrsmitteln erreichbar. Das **Kitzsteinhorn** (3203 m) ist Sommerskigebiet und hat eine der modernsten Ski-Anlagen Österreichs. 2000 ereignete sich am Kitzsteinhorn allerdings eine Katastrophe: In einem Tunnel begann die Kitzsteinhornbahn zu brennen. Das Unglück kostete mehr als 150 Menschen das Leben. Seitdem fährt die Standseilbahn außerhalb des Tunnels.

Im Westen von Kaprun steht ein Schloss, das im 15. Jahrhundert erbaut, im 18. Jahrhundert zerstört und vor einiger Zeit wieder renoviert wurde. Heute dient es als Kulturzentrum.

Kaprun und die benachbarten Skiorte haben sich zur Europa-Sportregion zusammengeschlossen, um das Urlaubsangebot zu perfektionieren.

Schiff von St. Hippolyt, Zell am See

⑱ Zell am See

Straßenkarte C4. 9500.
Brucker Bundesstraße 1a, (06542) 770. **zellamsee-kaprun.com**

Der Ort am Westufer des Zeller Sees wirkt wie eine Postkartenidylle. Erstmals erwähnt wurde Zell 790 als römische Siedlung Bisontio, im Mittelalter war es ein Zentrum des Bergbaus. Zu den Sehenswürdigkeiten zählt der Vogtturm (um 1000), der früher wahrscheinlich als Kornspeicher genutzt wurde. Die Pfarrkirche St. Hippolyt gehörte ursprünglich dem Augustinerorden. Hier wurden mittelalterliche Fresken entdeckt. Die Figuren der Heiligen Georg und Florian stammen von einem Künstler der Donau-Schule.

Zell am See ist eines der bekanntesten Salzburger Fremdenverkehrszentren und bietet hervorragende Möglichkeiten für Wintersport, Wassersport und zum Wandern.

Ländliche Häuser mit reichem Blumenschmuck in Saalbach

Umgebung: Südlich erstrecken sich die **Hohen Tauern** und der Nationalpark Hohe Tauern *(siehe S. 282–285)*. Im Norden findet man die bizarre Szenerie des Steinernen Meers. Im Westen erhebt sich die Schmittenhöhe mit Sonnkogel und Hirschkogel. Der **Pinzgauer Spaziergang** ist einer der schönsten Wanderwege der österreichischen Alpen. In rund sieben Stunden wandert man auf etwa 1000 Meter über Talhöhe von Zell am See über die Schmittenhöhe nach Saalbach.

⑲ Saalbach

Straßenkarte C4. 2900.
Glemmtaler Landesstaße 550, (06541) 6800-68. **saalbach.com**

Saalbach-Hinterglemm liegt im Herzen des Glemmtals an der Grenze zwischen Salzburger Land und Tirol. Der schneesichere Wintersportort besitzt rund 200 Kilometer präparierte Pisten mit Abfahrten bis in den Ort. Anfänger und Fortgeschrittene kommen hier auf ihre Kosten. Der Skizirkus bietet extra weite Carving-Pisten, traumhafte Tiefschnee-Abfahrten, Flutlichtanlagen, eine Rennstrecke, Rodelbahnen und Halfpipe. An Schneebars und in gemütlichen Hütten wird für das leibliche Wohl gesorgt.

Im Norden von Saalbach erhebt sich das Spiegelberghorn, im Süden der Schattenberg, die letzte Station des Pinzgauer Spaziergangs. Dieser Wanderweg eröffnet oft ungeahnte Ausblicke auf die angrenzenden Gebirgszüge. Man blickt zudem auf Saalbach und das ganze Tal.

⑳ Lofer

Straßenkarte C4. 1950.
(06588) 83 210. **lofer.com**

Das freundliche Lofer im grünen Salzachtal hat sich viel vom Charme eines alten Bergdorfs bewahrt. Es liegt zwi-

Hotels und Restaurants im Salzburger Land *siehe Seiten 297f und 322f*

schen den schneebedeckten Gipfeln der Loferer Steinberge. In diesem Teil der Kalkalpen gibt es noch viele unerforschte Höhlen, die auf ihre Entdecker warten. Das Lamprechtsofenloch, eine wildromantische Höhle, gilt als tiefste Grundwasserhöhle der Welt.

Umgebung: In St. Martin, südlich von Lofer, steht ein Barockjuwel, die Wallfahrtskirche **Maria Kirchenthal**. Sie wurde 1693–1701 von Johann Bernhard Fischer von Erlach erbaut. Das großartige Werk des berühmten Architekten wird nicht umsonst auch als »Pinzgauer Dom« bezeichnet. Fischer von Erlach hat hier seine Formensprache der bedrohlichen Landschaft, der mächtigen, wilden Bergszenerie des Salzachtals angepasst. Der weiße Kirchenbau wirkt überaus kompakt. Das Gnadenbild einer Muttergottes (15. Jh.) am Hochaltar (1857) ist Pilgerziel. Die eleganten, aus rötlichem Salzburger Marmor gefertigten Seitenaltäre stammen von Jakob Zanussi. In der Sakristei findet man die größte Votivbildsammlung Europas.

㉑ Mittersill

Straßenkarte C4. 5400. Stadtplatz 4, (06562) 42 920. **mittersill-tourismus.at**

Mittersill ist Sommerurlaubs- und Wintersportort im anmutigen Tal der oberen Salzach. Hausberg ist die Resterhöhe. Der Ort entstand um ein Schloss, das im 12. Jahrhundert errichtet, häufig umgebaut und nach seiner Zerstörung im Bauernkrieg sowie nach mehreren Bränden wiederaufgebaut wurde. Heute ist es Sitz einer religiösen Jugendvereinigung und Hotel.

Die Kapelle (1533) besitzt einen ungewöhnlichen spätgotischen Flügelaltar, der einem Ausseer Meister zugeschrieben wird. Die Pfarrkirche St. Leonhard, ursprünglich gotisch, wurde im 18. Jahrhundert nach einem Entwurf Johann Klebers neu gestaltet. Erhalten blieb u. a. die Rokoko-Kanzel. Die steinerne Statue des hl. Leonhard stammt aus dem 15. Jahrhundert.

Mittersill liegt am nördlichen Ende der Felberntauernstraße, die von Osttirol aus durch die wilde Landschaft des Nationalparks Hohe Tauern führt. Die Route bietet Ausblicke auf die schroffen Hänge der Glockner- und Venedigergruppe.

Die wildromantischen Krimmler Wasserfälle

㉒ Krimmler Wasserfälle

Straßenkarte C4. (06564) 72 12. **wasserfaelle-krimml.at**

Im Nordwesten des Nationalparks Hohe Tauern *(siehe S. 282–285)*, an der Grenze zwischen Salzburger Land und Tirol, liegen die Krimmler Wasserfälle. Hier stürzt das Wasser der Krimmler Ache, die vom gleichnamigen, in 3000 Meter Höhe gelegenen Gletscher gespeist wird, in drei Stufen insgesamt 380 Meter zu Tal. Im Winter überfrieren die Wasserfälle. Einzelne Stationen erreicht man mit dem Auto. Viel schöner ist es, zu Fuß den Wasserfallweg entlangzugehen. Am besten startet man am Gerlospass oder in Krimml. Belohnt wird man am Ende mit einem der schönsten Täler des Nationalparks, dem Krimmler Achental.

Blick auf die Hohen Tauern aus Richtung Mittersill

Tirol und Vorarlberg

Die Bundesländer Tirol und Vorarlberg sind die am weitesten westlich gelegenen. Beide sind vor allem Alpenländer – nur wenige Gebiete liegen tiefer als 500 Meter. Der Fremdenverkehr ist mit großem Abstand die wichtigste Einkommensquelle. Tirol ist berühmt für seine Berge und für mondäne Skiorte wie Kitzbühel, Seefeld und St. Anton. Vorarlberg, das flächen- und bevölkerungsmäßig kleinste Bundesland, ist eher ländlich erholsam.

Tirol ist das am dünnsten besiedelte Bundesland Österreichs: Auf 12 648 Quadratkilometern leben nur etwa 715 000 Einwohner. Größter Fluss ist der Inn. Das Bundesland mit der Hauptstadt Innsbruck grenzt im Norden an Bayern, im Süden an Italien, im Westen an Vorarlberg und im Osten an das Salzburger Land.

In prähistorischer Zeit siedelten in Tirol Jllyrer und Kelten. Im 1. Jahrhundert v. Chr. kamen die Römer und nannten die Provinzen Rätien und Noricum. Später besiedelten Bajuwaren und Langobarden das Land. Im 13. Jahrhundert unterstand es der Herrschaft der Grafen von Tirol. Bis 1363 blieb Tirol ein Zankapfel zwischen Habsburgern und Bayern, bis es schließlich 1363 in österreichischen Besitz überging. Allerdings herrschte hier eine Seitenlinie der Habsburger, sodass sich das Land einer gewissen Unabhängigkeit erfreute. Bis heute hat Tirol seinen unverwechselbaren Charakter und Dialekt sowie seine kulturellen Gepflogenheiten bewahrt.

Vorarlberg, das geografisch und kulturell von Österreich abgeschnitten war, hat sich vor allem an Deutschland und der Schweiz orientiert. Auf 2601 Quadratkilometern leben hier etwa 374 000 Einwohner, Hauptstadt ist Bregenz. Nach den Kelten und einem römischen Intermezzo siedelten sich hier Alemannen an. Seit dem 14. Jahrhundert herrschten die Habsburger. 1814 fiel Vorarlberg an Österreich, 1919 wurde es österreichisches Bundesland.

Lünersee, ein Bergsee in Vorarlberg

◀ **Lech am Arlberg** ***(siehe S. 258)*****, ein beliebter Wintersportort in Vorarlberg**

Überblick: Tirol und Vorarlberg

Die beiden westlichsten Bundesländer Österreichs sind vor allem für ihre Wintersportmöglichkeiten bekannt, obwohl sie auch für den Sommerurlaub viel zu bieten haben. Zu den weltberühmten Skizentren Tirols gehören Kitzbühel, die Tiroler Gebiete am Arlberg und die Skigebiete um Innsbruck. In Innsbruck wurden 1964 und 1976 die Olympischen Winterspiele ausgetragen. Zu Vorarlberg gehören die berühmten Skiorte Zürs und Lech. Die Hauptstadt Vorarlbergs ist Bregenz, eine relativ kleine, aber kulturell aktive Stadt am Bodensee.

Sessellift und Piste bei Zürs

Restaurants in dieser Region
siehe Seiten 323f

Sehenswürdigkeiten auf einen Blick

1 *Innsbruck S. 242–247*
2 Igls
3 Hall in Tirol
4 Wattens
5 Schwaz
6 Tratzberg
7 Achensee
8 Alpbach
9 Wörgl
10 Söll
11 Kufstein
12 St. Johann in Tirol
13 Kitzbühel
14 *Zillertaler Alpen S. 252f*
15 Brenner
16 Stubaital
17 Ötztal
18 Seefeld
19 Ehrwald
20 Reutte
21 Elbigenalp
22 Lech am Arlberg
23 Zürs am Arlberg
25 Ischgl
26 Lünersee
27 Bludenz
29 *Bregenz S. 264–266*
30 Bodensee
31 Lustenau

Touren

24 Arlberg
28 Bregenzerwald

Weitere Zeichenerklärungen *siehe hintere Umschlagklappe*

In Tirol und Vorarlberg unterwegs

Vom Flughafen Innsbruck-Kranebitten gehen Flüge nach Salzburg, Wien und in viele größere europäische Städte. Zudem liegen Tirol und Vorarlberg an der Bahnlinie Wien – Bregenz. Auch die Westautobahn führt nach Bregenz. Der Arlbergtunnel war Österreichs erster gebührenpflichtiger Tunnel. Beide Bundesländer verfügen über ein gut entwickeltes Busnetz, allerdings sind im Winter viele Straßen schwer passierbar. Vom Herbst bis ins Frühjahr sind Winterreifen und Schneeketten erforderlich und Pflicht.

Blick vom Paznauntal auf die Ballunspitze

Wappen am Rathaus (15. Jh.) in Hall in Tirol

Schlichte Holzkapelle im Stubaital

❶ Im Detail: Innsbruck

Am Zusammenfluss von Sill und Inn liegt Innsbruck, schon im Mittelalter ein bedeutendes Handels- und Verkehrszentrum. An der Stelle des heutigen Stadtteils Wilten befand sich früher die römische Siedlung Veldidena. Stadtgründer waren die Herzöge von Andechs, die ab 1187 hier eine Siedlung errichteten. Heute ist Innsbruck Hauptstadt von Tirol, der wichtigsten österreichischen Urlaubsregion. 1964 und 1976 war es Austragungsort der Olympischen Winterspiele. Viele Rennen wurden in der nahe gelegenen Axamer Lizum ausgetragen.

★ Goldenes Dachl
Das Goldene Dachl, ein Wahrzeichen Innsbrucks, ist ein Prunkerker, den Maximilian I. 1500 am Fürstenhof Friedrichs IV. anbringen ließ. Das Dächlein ist mit 2657 vergoldeten Ziegeln gedeckt.

Herzog-Friedrich-Straße
Die Hauptstraße der Altstadt wird von hübschen Barockfassaden gesäumt.

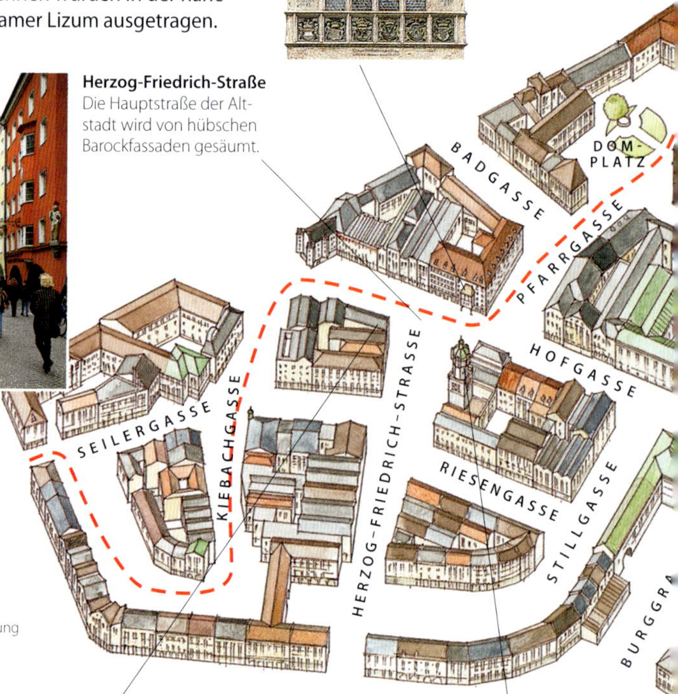

Legende

– Routenempfehlung

Stadtturm
Der Turm neben dem Alten Rathaus stammt aus dem 14. Jahrhundert, wurde jedoch 1560 im Stil der Renaissance umgebaut. Die 56 Meter hohe Plattform bietet einen guten Ausblick.

Helblinghaus
Das Gebäude mit der eleganten Fassade in der Herzog-Friedrich-Straße 10 war ursprünglich ein gotisches Eckhaus. Erst 1725 wurde es mit dem opulenten Rokoko-Stuck versehen.

Hotels und Restaurants in Tirol und Vorarlberg *siehe Seiten 298f und 323f*

★ Dom St. Jakob
Die Barockkathedrale wurde von den Brüdern Egid Quirin und Cosmas Damian Asam stuckiert und ausgemalt. Das Gnadenbild *Maria hilf* stammt von Lucas Cranach d. Ä.

Infobox

Information

Straßenkarte B4. 122 000.
Burggraben 3, (0512) 59 850.
Tanzsommer Innsbruck (Juni, Juli, 0512-57 76 77), Innsbrucker Festwochen der Alten Musik (Juli, Aug, 0512-57 10 32).
innsbruck.info
innsbruck.at

★ Hofburg
Unter Maria Theresia wurden die Innenräume großzügig im Stil des Rokoko umgebaut. Die Entwürfe stammen von Johann Martin Gumpp und Konstantin Johann Walter.

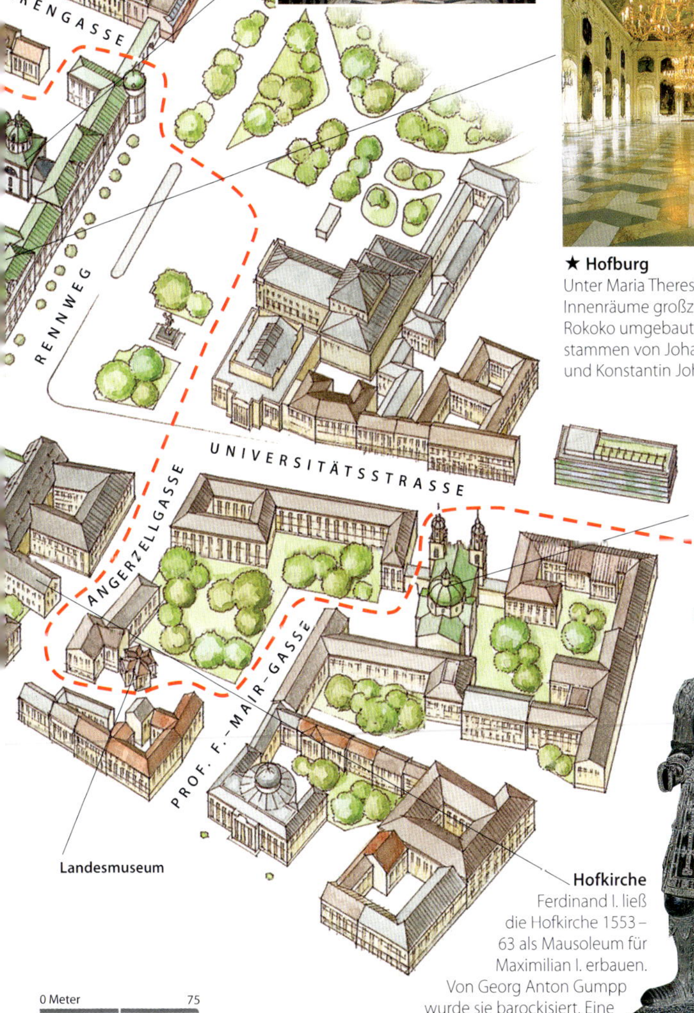

Hofkirche
Ferdinand I. ließ die Hofkirche 1553–63 als Mausoleum für Maximilian I. erbauen. Von Georg Anton Gumpp wurde sie barockisiert. Eine Wächterstatue bewacht das Grab (*siehe S. 246f*).

Überblick: Innsbruck
Innsbruck liegt beiderseits des Inns, die Altstadt am rechten Ufer. An der Maria-Theresien-Straße, die in die Altstadt führt, steht die große Annasäule (1706). Die eindrucksvollsten historischen Gebäude findet man in der Herzog-Friedrich-Straße, am Stadtplatz, in der Hofgasse und am Rennweg. Weitere Sehenswürdigkeiten sind Schloss Ambras im Süden der Stadt und die Tiroler Ruhmesstätte mit dem Hofer-Denkmal auf dem Bergisel.

Dom St. Jakob
Domplatz. (0512) 58 39 02.

Der frühbarocke Dom wurde 1722 nach dem Entwurf von Johann Jakob Herkomer erbaut. Im Zweiten Weltkrieg wurde er schwer beschädigt, in den 1950er Jahren wiederaufgebaut. Hans André schuf für die Fassadennischen zehn Heiligenfiguren sowie den reitenden Jakobus an der Fassade, wie er ursprünglich vorgesehen war. Die schöne Barockausstattung ist das Werk der Brüder Asam aus München. Die Deckengemälde zeigen Szenen aus dem Leben des hl. Jakob. Das Gnadenbild *Maria hilf* am Hochaltar stammt von Lucas Cranach d. Ä.

Die Altstadt mit ihren alten, reich mit Stuck, Reliefs und Fresken verzierten Häusern bildet die ideale Kulisse für die Kathedrale, die als eine der großartigsten Barockkirchen Nordtirols gilt.

Hofburg
Rennweg 1. (0512) 58 71 86.
tägl. 9–17 Uhr.
hofburg-innsbruck.at

1453 stürzte sich Erzherzog Sigmund in das Unterfangen, eine fürstliche Residenz zu erbauen. Seine gotische Burg, die von Maximilian I. erweitert wurde, überdauerte mehrere Jahrhunderte. Ironischerweise zeugt heute nur noch das Verlies mit seinem gotischen Gewölbe von der alten Burg.

Größere Umbaumaßnahmen fanden 1755 unter Maria Theresia statt. Die Pläne für den barocken Südflügel, die neue Front und den südlichen Treppenhausflügel stammen von Johann Martin Gumpp. Seine Arbeit wurde von Konstantin Johann Walter fortgesetzt, der für das einheitliche Gepräge des Baus verantwortlich zeichnet.

Die Innenräume der Hofburg sind im Stil des Rokoko ausgestattet. Die Prunkräume und Kaiserappartements im zweiten Stock wurden 1773 fertiggestellt. Der wohl schönste Raum der Hofburg ist der mit weißem und goldenem Stuck verzierte Riesensaal. Die prachtvollen Deckengemälde, die das Haus Habsburg-Lothringen feiern, stammen von Franz Anton Maulbertsch. An den Wänden hängen Bilder von Maria Theresia, ihren 16 Kindern und anderen Mitgliedern der Kaiserfamilie.

Die restlichen Räume des Südflügels sind ebenfalls im Rokoko-Stil gehalten.

Die prunkvolle Kanzel im Dom St. Jakob

Der Riesensaal in der Hofburg

Goldenes Dachl
Herzog-Friedrich-Straße 15.
(0512) 53 60 14 41. **Museum**
Mai–Sep: tägl. 10–17 Uhr; Okt, Dez–Apr: Di–So 10–17 Uhr.

Der große Prunkerker mit seinen zahllosen vergoldeten Kupferziegeln wurde um 1500 über dem Balkon der ehemaligen Residenz der Tiroler Regenten angebaut. Er sollte als Loge für Kaiser Maximilian I. dienen, damit der Herrscher angemessen auf den Hauptplatz Innsbrucks blicken konnte. Der zweigeschossige Erker ruht auf zwei schlanken Säulen. Sechs Wappen schmücken die Fläche unter den Fenstern. Die Balustrade darüber ist mit Reliefs verziert. Sie zeigen Maximilian I. und seine zwei Gemahlinnen, Maria von Burgund und Bianca Maria Sforza. Das Gebäude hinter dem Goldenen Dachl beherbergt das kleine Maximilianeum, ein Museum mit Exponaten zum Leben des Kaisers.

Herzog-Friedrich-Straße
Die Herzog-Friedrich-Straße ist eine der schönsten Straßen Innsbrucks. Zu den Sehenswürdigkeiten gehören das Rokoko-Haus Nr. 10, das Helblinghaus, das gotische Alte Rathaus (14./15. Jh.) und der Stadtturm mit seiner hoch gelegenen Aussichtsterrasse.

Auch viele andere Häuser sind einen Blick wert. Die viergeschossige Ottoburg, die nahe am Inn liegt, besitzt vier übereinanderliegende Erker mit spätgotischem Gewölbe. Hinter der Barockfassade des

Hotels und Restaurants in Tirol und Vorarlberg *siehe Seiten 298f und 323f*

Alten Regierungsgebäudes verbergen sich einige schöne Räume. Dazu gehört auch der Claudia de' Medici gewidmete Claudia-Saal mit prachtvoller Renaissance-Kassettendecke. Die alte Gaststätte *Der Goldene Adler* und das Katzunghaus (Nr. 16) weisen an den Erkern interessante Reliefs (16. Jh.) auf.

Altes Landhaus

Maria-Theresien-Straße 43.
(0512) 50 80. für Besucher.

Der monumentale Barockbau wurde 1725–28 nach Plänen von Georg Anton Gumpp erbaut und ist heute Sitz der Tiroler Landesregierung. Er gilt als einer der schönsten Profanbauten Österreichs.

Der Innenhof stammt von Alessandro Callegari. In den Nischen entlang dem groß angelegten, mit Stuck verzierten inneren Treppenaufgang stehen Marmorstatuen und Büsten antiker Gottheiten. Der opulenteste, farbigste und schönste Raum ist der Landtagssaal. Die Deckenfresken mit Bibelmotiven von Cosmas Damian Asam bilden die Landschaft Tirols ab. Etwas die Straße hinunter stößt man auf die 1706 errichtete Annasäule vor dem Neuen Rathaus.

Treppenaufgang von Georg Anton Gumpp, Altes Landhaus

Tiroler Landesmuseum Ferdinandeum

Museumstraße 15. (0512) 59 489.
Di–So 9–17 Uhr.
tiroler-landesmuseum.at

Zusammen mit der ehemaligen Rüstkammer Maximilians I. in der Zeughausgasse 1 beherbergt das Ferdinandeum (19. Jh.) die Sammlungen des Tiroler Landesmuseums. Benannt wurde das Museum nach Erzherzog Ferdinand II. (1529–95), einem Tiroler Herrscher und leidenschaftlichen Sammler. Das Museum umfasst Abteilungen zu den Themengebieten Natur und Umwelt, Geschichte, Kunst und Kunsthandwerk sowie eine Bibliothek. Zu den wertvollsten Exponaten gehören gotische Tafelbilder, Skulpturen von Michael Pacher und Alte Meister, u. a. Lucas Cranach d. Ä., Rembrandt und Brueghel. Zu sehen ist auch neuere österreichische Kunst, u. a. von Malern wie Kokoschka, Klimt und Schiele.

Schloss Ambras mit Unterschloss und Hochschloss

Schloss Ambras

Schlossstraße 20. (0512) 24 48 02.
tägl. 10–17 Uhr. Nov, 25. Dez.
khm.at

Das Schloss südwestlich der Stadt verkörperte früher Macht und Ruhm Tirols. Im 12. Jahrhundert war Schloss Ambras Sitz der Tiroler Herrscher. Der heutige Gebäudekomplex aus dem 16. Jahrhundert besteht aus dem Unterschloss mit Eingangsbereich und weitläufigem Hof und dem Hochschloss, das an der Stelle des früheren Schlosses erbaut wurde. Beide Gebäude verbindet der Spanische Saal im Stil der Renaissance, der Kassettendecken und Intarsientüren aufweist. Er wurde 1571 von Giovanni Luchese gestaltet.

Erzherzog Ferdinand II. war der erste systematische Sammler von Schloss Ambras. Obwohl viele Exponate inzwischen in Wiener Museen sind, gibt es viel zu sehen: gotische Skulpturen, zwei Rüstkammern, die Kunst- und Wunderkammer sowie die Porträtgalerie der Habsburger mit Bildern von Lucas Cranach, Peter Paul Rubens und Diego Velázquez.

Andreas Hofer (1767–1810)

Der Tiroler Freiheitskämpfer gilt als österreichischer Nationalheld und wird in Literatur, Poesie und Liedern ausgiebig gefeiert. 1809 führte er die aufständischen Tiroler gegen die Bayern, die mit dem napoleonischen Frankreich verbündet waren, und besiegte sie am Bergisel in der Nähe von Innsbruck *(siehe S. 247)*. Mehrere Male siegte er am Bergisel über französische Truppen, bis die Tiroler schließlich verloren und Andreas Hofer fliehen musste. Er wurde an die Franzosen verraten und von ihnen auf dem Stadtplatz von Mantua hingerichtet.

Hofkirche

Ferdinand I. ließ die Hofkirche als Gedenkstätte für seinen Großvater Kaiser Maximilian I. erbauen. Maximilian hatte sein Grabmal 17 Jahre vor seinem Tod selbst entworfen, und obwohl seine Pläne nicht bis ins Letzte realisiert wurden, entstand daraus das bedeutendste Denkmal Tirols. In der Mitte der Kirche steht der Sarkophag mit der kniend betenden Figur des Kaisers. Die Seitenreliefs zeigen Szenen aus seinem Leben. Überlebensgroße Bronzestandbilder bewachen das Grab – das jedoch leer blieb, weil Maximilian I. in seinem Testament bestimmte, dass er in Wiener Neustadt in Niederösterreich begraben werden wollte.

Gewölbe
Die Rippengewölbe im Langhaus wichen im frühen 17. Jahrhundert reichem barocken Stuck.

★ Grabmal Maximilians I.
Den Kenotaph in der Mitte der Kirche bewachen überlebensgroße Bronzefiguren, die Maximilians geistige Väter sowie Mitglieder aus dem Haus Habsburg darstellen, so auch Maximilians Schwiegertochter Johanna die Wahnsinnige.

Hauptportal
Das großartige Renaissance-Portal (1553–63) steht im Kontrast zum überwiegend schlichten Äußeren der Hofkirche.

Haupteingang

Außerdem

① **Kniende Figur des Kaisers Maximilian I.**

② **Eine Zwiebelkuppel** krönt den achteckigen Kirchturm.

★ Silberne Kapelle
Die Silberne Kapelle ist die Grabkapelle von Erzherzog Ferdinand II. und seiner Gemahlin Philippine Welser. Erbauer war Alexander Colin.

Infobox

Information
Universitätsstraße 2.
(0512) 58 43 02.
Mo–Sa 9–17, So, Feiertage 12.30–17 Uhr.
hofkirche.at

Karl der Kühne
Karl der Kühne war Herzog von Burgund und Luxemburg und Maximilians Schwiegervater. Seine Statue steht rechts vom Grabmal beim Hochaltar.

Wilten

In der südöstlichen Vorstadt Wilten steht die anmutige Basilika Wilten, eine Barockkirche, die 1751–56 über den Grundmauern einer früheren Kapelle errichtet wurde. Sie gab einem Marienbild, dem wundersame Kräfte zugeschrieben wurden, den würdigen Rahmen. Baumeister war Franz de Paula Penz. Der Innenraum ist in zartesten Farben gehalten und mit Rokoko-Stuck verziert. Der prachtvolle Hochaltar birgt eine gotische Marienstatue (14. Jh.). Den Altar überdacht eine Riesenkrone, die von vier schlanken Säulen gestützt wird. Die Deckengemälde schuf der Augsburger Künstler Matthäus Gündter.

Das romanische Kloster Wilten wurde im 12. Jahrhundert errichtet. Der Sage nach ließ es der Riese Haymon erbauen zur Sühne dafür, dass er den Riesen Tyrsus erschlagen hatte. Von beiden Figuren gibt es Statuen. Nach mehrmaliger Zerstörung wurde im 17. und 18. Jahrhundert das heutige Barockkloster erbaut.

Bergisel

Tirol Panorama mit Kaiserjägermuseum Bergisel 1. (0512) 59 48 96 11. Apr–Okt: Mi–Mo 9–17 Uhr.
tiroler-landesmuseum.at
Bergisel Skisprungstadion Bergiselweg 3. (0512) 58 92 59. Juni–Okt: tägl. 9–18 Uhr; Nov–Mai: Di–So 10–17 Uhr.
bergisel.info

1809 führte Andreas Hofer *(siehe S. 245)* mit seinem Volksaufgebot am Bergisel (746 m) mehrere blutige Schlachten gegen die bayerisch-französische Besatzungsmacht in Tirol.

Heute ist der Bergisel ein beliebtes Ausflugsziel für die Innsbrucker. Ein Andreas-Hofer-Denkmal, das Tirol Panorama und das Tiroler Kaiserjägermuseum erinnern an die Schlachten von 1809 und an weitere Kämpfe des berühmten Regiments.

Das Tirol Panorama, das sich seit 2011 nicht mehr neben der Hungerburg-Talstation, sondern oben auf dem Berg befindet, ist ein Riesenrundgemälde, das auf 1000 Quadratmetern die Schlacht am Bergisel vom 13. August 1809 darstellt. Zeno Diemer malte das Bild 1896 in Trompe-l'Œil-Technik.

Auf der Bergisel-Schanze findet jedes Jahr am 3./4. Januar das Skispringen im Rahmen der Vierschanzentournee statt. Die 2002 eröffnete Anlage mit Schrägaufzug, Turmlift, Aussichtsterrasse und dem Café im Turm ist das ganze Jahr über für Besucher geöffnet.

Statue Andreas Hofers auf dem Bergisel

Alpenzoo

Weiherburggasse 37a. (0512) 29 23 23. Apr–Okt: tägl. 9–18 Uhr; Nov–März: tägl. 9–17 Uhr.
alpenzoo.at

Nördlich von Innsbruck wurde der höchstgelegene Zoo Europas (750 m) eingerichtet. In den Gehegen, Volieren, Aquarien und Freilandterrarien werden Tiere des europäischen Alpenraums vorgestellt. Über 2000 Tiere (150 Arten) leben hier, u.a. Alpensteinbock, Bär, Wolf, Murmeltier und Gämse. Sogar Bartgeier konnten wieder angesiedelt werden. Eine Standseilbahn (mit Zoo-Eintrittskarte kostenlos) bringt Besucher von der Talstation der Hungerburgbahn zum Zoo.

Ein putziger Zoobewohner: Fischotter im Alpenzoo

Der Münzerturm der Burg Hasegg, das Wahrzeichen von Hall in Tirol

❷ Igls

Straßenkarte B4. 2000.
Hilberstraße 15, (0512) 37 71 01.

Der Ort liegt südlich von Innsbruck am Fuß des Patscherkofels. Lange Zeit war es ein gemütlicher Ferien- und Wintersportort. Doch die Olympischen Winterspiele 1976 haben Igls komplett verändert. Damals wurden hier modernste Rodel- und Bobbahnen gebaut. Der Patscherkofel (2247 m) ist ein beliebter Ski- und Wanderberg. Die Hänge sind mit Seilbahn, Sessellift und fünf Schleppliften erschlossen.

Die Römerstraße, eine alte Salzstraße, zieht sich über dem Silltal dahin. Von hier sieht man die Europabrücke *(siehe S. 256)*, die zweithöchste Straßenbrücke Europas, Teil der stark befahrenen Brennerautobahn, die Tirol mit Italien verbindet.

Die **Ägidiuskirche** in Igls (vermutlich 13. Jh.) wurde in der Barockzeit umgebaut. Die Fresken im Gewölbe stammen von Josef Michael Schmitzer.

In der Nähe von Igls steht die Wallfahrtskapelle Heiligwasser (1662), die 1720 mit schönen Stuckaturen ausgestattet wurde. Die hiesige Holzstatue der Jungfrau Maria wird aufs frühe 15. Jahrhundert datiert.

❸ Hall in Tirol

Straßenkarte B4. 13 000.
Wallpachgasse 5, (05223) 45 54 40.
hall-in-tirol.at

Hall ist allgemein als Solebad bekannt. Die großteils intakte Altstadt gibt Zeugnis von der einstigen Bedeutung der Stadt. Wahrzeichen von Hall ist der Münzerturm, der zwölfeckige Wehrturm der **Burg Hasegg**. Die Burg mit dem schönen Innenhof war früher Teil der Stadtbefestigung. Hier residierten die Tiroler Herrscher, im 16. Jahrhundert wurde sie Münzstätte. Heute befindet sich hier das Stadtmuseum.

In der Oberstadt steht das **Rathaus** mit seinem steilen gotischen Dach. Es besteht aus zwei Bauteilen: dem Königshaus (1406) mit dem alten Ratssaal und dessen wundervoller Balkendecke und einem östlich angrenzenden Gebäude mit großem Renaissance-Portal sowie einer Kanzel, von der aus die Ratsbeschlüsse verkündet wurden.

Wappen von Hall in Tirol

Die **Nikolauskirche** (14. Jh.) besitzt ein gewaltiges Portal mit den Figuren des Schmerzensmanns, der Jungfrau Maria und des hl. Nikolaus. Bemerkenswert ist die barocke Ausstattung. Eine Besonderheit ist die Waldlaufkapelle, ein Kirchlein in der Kirche, abgetrennt durch ein schmiedeeisernes Gitter, mit einer Reliquiensammlung.

❹ Wattens

Straßenkarte B4. 7600.
Wallpachgasse 5, (05223) 45 54 40.
hall-wattens.at

Die Firma Swarovski produziert dekorative Glaswaren. Im Museum in Wattens sieht man nicht nur den größten und kleinsten Kristall der Welt, sondern man unternimmt eine fantastische Reise durch die Wunderwelt der Kristalle.

Swarovski Kristallwelten
Kristallweltenstraße 1. (05224) 51080. tägl. 9–18.30 Uhr.
kristallwelten.swarovski.com

Umgebung: Die dem hl. Karl Borromäus geweihte Kirche in Volders wurde 1620–54 erbaut.

Eingang zu den Swarovski Kristallwelten in Wattens

❺ Schwaz

Straßenkarte C4. 13 000.
Münchner Straße 11, (05242) 63 240.
silberregion-karwendel.com

Im 16. Jahrhundert war die geschäftige Handelsstadt am Inn Tirols zweitgrößte Stadt. Während der Schlacht von 1809 wurde Schwaz zwar schwer verwüstet, doch einiges blieb erhalten. So ist die **Pfarrkirche** (1502) mit ihrem großen, mit Kupfer gedeckten Turm die

Das beeindruckende Renaissance-Schloss Tratzberg im Inntal

größte spätgotische Kirche Tirols. Die Empore trägt eine Maßwerkbalustrade aus rotem Marmor (1520). Beeindruckend ist auch die Barockorgel. Die Altarfiguren der Heiligen Anna, Ursula und Elisabeth stammen aus gotischer Zeit, die Statuen der österreichischen Schutzheiligen Georg und Florian sind jüngeren Datums. In der angrenzenden **Totenkapelle** (1504–07), einer Doppelkapelle, ist vor allem die originell verzierte Stiege interessant, die zur oberen Kapelle führt. Dort befindet sich ein mit Schnitzwerk verzierter Altar (1511) von Jörg Lederer. In der Unterkapelle sind Fresken aus dem 16. Jahrhundert erhalten sowie eine Kreuzigungs- und eine Ölberggruppe.

Die spätgotische **Franziskanerkirche** mit Kloster verfügt über eine gotische Ausstattung, die trotz späterer barocker Elemente (18. Jh.) gut erkennbar ist. Den Kreuzgang mit 22 Arkaden entlang der Südmauer schuf Christof Reichartinger 1509–12. Seine spätgotische Wandmalerei zeigt Passionsszenen.

In Schwaz wurde früher Silber abgebaut, die Stadt prägte auch Münzen. Eine der Minen, das **Silberbergwerk**, ist heute öffentlich zugänglich. Das Festival Klangspuren im September macht Schwaz zum Zentrum Neuer Musik.

Silberbergwerk
Alte Landstraße 3a. (05242) 72 37 20. Mai–Okt: tägl. 9–17 Uhr; Nov–Apr: Mi–So 10–16 Uhr.
silberbergwerk.at

6 Tratzberg

Straßenkarte C4. (05242) 63 56 620. Apr–Okt: tägl. 10–16 Uhr (Juli, Aug: bis 17 Uhr). **schloss-tratzberg.at**

Das imposante Renaissance-Schloss Tratzberg liegt nicht weit von Schwaz im schönen Inntal. Die frühere Burganlage war eine Grenzfeste der Grafschaft Andechs, die sich gegen die Bayern schützen wollte. Das Schloss wechselte häufig den Besitzer. Heute gehört es den Grafen Enzenberg. Ein Teil des Schlosses ist Museum.

Im Westen betritt man die Anlage durch ein Renaissance-Portal. Der eindrucksvolle, fast quadratische Innenhof lässt an seinen Arkaden erkennen, dass hier in zwei Etappen gebaut wurde, im 15. und im 16. Jahrhundert. Sehenswert ist die Rüstkammer mit ritterlichen und bäuerlichen Waffen. Beachtung verdienen auch das Königinzimmer, das einst von Anna von Böhmen, der Witwe Herzog Heinrichs von Tirol, bewohnt wurde, und der Habsburgersaal mit seiner gewaltigen Deckenkonstruktion. Die Decke wird von einer einzigen roten Marmorsäule gestützt. Ein 46 Meter langes Wandbild zeigt 148 Porträts von Familienmitgliedern des Kaisers Maximilian I. Das Kaiserzimmer im zweiten Stock besitzt die originale geschnitzte Holzdecke. Im Schlafgemach hängen Gemälde von Hans Schäufelein (16. Jh.). Die Intarsientür zum Fugger-Zimmer stammt von 1515.

7 Achensee

Straßenkarte C4.

Zwischen Inn und Isar liegt der neun Kilometer lange Achensee, Tirols größter See. Am Nordufer erstreckt sich das Karwendelgebirge, am Südufer das Rofangebirge. Höchster Gipfel ist der Hochiss (2299 m). Das Achenseekraftwerk war bis zum Bau des Kraftwerks Kaprun das größte Speicherkraftwerk Österreichs.

Zum Achensee fährt von **Jenbach** aus eine Dampf-Zahnradbahn. Sehenswert ist die Jenbacher Kirche St. Wolfgang, die 1487–1500 von Gilg Mitterhofer aus Schwaz errichtet wurde. Der Barockturm wurde später hinzugefügt. Trotz diverser Umbauten blieben die spätgotischen Seitenportale und die Spitzbogenfenster erhalten. Auf einem der Seitenaltäre steht eine spätgotische Marienfigur.

Segelboote auf dem Achensee, dem größten See Tirols

Blumenschmuck auf den Balkonen im Blumendorf Alpbach

❽ Alpbach

Straßenkarte C4. 2600. Dorf 175, (05337) 21 20 030.
alpbach.at

Alpbach liegt 1000 Meter hoch auf einem sonnigen Plateau des Alpbachtals. Einmal im Jahr wird der Ort zur intellektuellen Hochburg Europas. Seit 1945 treffen sich führende Vertreter aus Politik, Wissenschaft, Wirtschaft und Kultur zum Europäischen Forum Alpbach, um interdisziplinär aktuelle Probleme zu diskutieren. Der Treffpunkt Österreich erklärt sich aus der Zeit des Kalten Kriegs, als das Land für Teilnehmer aus Ost und West mit einer relativ zentralen Lage aufwarten konnte. Heute sind die Diskussionen weit akademischer, doch Alpbach hat nach wie vor große Bedeutung auf der politischen und intellektuellen Landkarte Europas.

Alpbach wurde 1983 zum schönsten Dorf Österreichs gewählt, 1993 zum schönsten Blumendorf Europas. Interessant ist auch die **Kirche St. Oswald**, die 1369 erwähnt und 1500 umgebaut wurde. Die barocke Innenausstattung stammt von 1724. Die Deckengemälde schuf Christoph Anton Mayr 1751, die Skulpturen Franz Xaver Nissel um 1779.

Denkmal der Schlacht von 1809, Wörgl

❾ Wörgl

Straßenkarte C4. 12 800.
Bahnhofstraße 4a, (05332) 76 007.
vivomondo.com/de/rathaus/woergl/tourismus

Wörgl liegt am Zusammenfluss von Inn und Brixentaler Ache und ist ein bedeutender Straßen- und Bahnknotenpunkt. Die Funde aus der Bronzezeit nordöstlich der Stadt zeugen davon, dass die Gegend schon früh besiedelt war. Später bestand hier eine römische Siedlung. Im 4. Jahrhundert gründete sich eine christliche Gemeinde. Im 13. Jahrhundert gehörte Wörgl zu Bayern. Während der Regierungszeit von Maximilian I. wurde es nach Tirol eingegliedert. Wörgl und Umgebung waren Austragungsort eines blutigen Gefechts während der Napoleonischen Kriege, als die Tiroler gegen Bayern und Franzosen für ihre Unabhängigkeit kämpften. Das Denkmal vor der **Lorenzkirche** erinnert an die Schlacht.

Die Barockkirche wurde 1748 erbaut und weist Stuckarbeiten, Deckengemälde und einen schönen Hauptaltar auf. Den Altar ziert eine spätgotische Madonna.

Die Lage zwischen Kaisergebirge und Kitzbüheler Alpen machen Wörgl das ganze Jahr über zum idealen Ferienort. Oberhalb von Angerberg liegt z. B. die Buchacker Eishöhle.

❿ Söll

Straßenkarte C4. 3500.
(05333) 52 100. **söll.tirol.gv.at**

Söll liegt am Fuß der Hohen Salve, einem Gipfel des Wilden Kaisers. Es entwickelte sich im Umfeld einer Kirche, die wahrscheinlich schon um 700 gebaut wurde. Für 1361 ist eine gotische Kirche erwähnt. Die heute barocke **Pfarrkirche St. Petrus und St. Paulus** wurde 1765–68 von Franz Bock aus Kufstein errichtet. Sehenswert sind die Deckengemälde von Christoph Anton Mayr. Von ihm stammt auch das Marienbild auf dem Altarblatt. Der Dorfkern Sölls wurde schon vielfach für seine harmonische Bebauung ausgezeichnet.

Prägend für Söll ist jedoch die **Hohe Salve** (1828 m), die man von jedem Winkel des Dorfs aus sieht. Mit der Seilbahn gelangt man auf den Gipfel, wo eine kleine Kapelle steht. Der Blick über Brixental, Kitzbüheler Alpen und die Hohen Tauern ist eindrucksvoll.

Söll liegt inmitten eines großen Skigebiets, der **Skiwelt Wilder Kaiser-Brixental**. Dazu gehören auch weitere attraktive Ferienorte wie das nahe malerische **Scheffau**.

Sonnenbad auf der Hohen Salve bei Söll

Hotels und Restaurants in Tirol und Vorarlberg *siehe Seiten 298f und 323f*

⓫ Kufstein

Straßenkarte C4. 18 000.
Unterer Stadtplatz 8, (05372) 62 207. **kufstein.com**

Kufstein, Kurort und Fremdenverkehrszentrum, liegt nahe der bayerischen Grenze. Im Ort hat man Reste einer steinzeitlichen Siedlung gefunden.

Auf einem schroffen Hügel nördlich der Stadt steht die Feste Kufstein, eine mächtige Festung mit kleinem Wachturm und dem Kaiserturm. Heute ist hier das **Heimatmuseum** untergebracht. Im Erdgeschoss des Turms steht die Heldenorgel, die an alle erinnern soll, die im Ersten Weltkrieg gefallen sind. Die spätgotische **Pfarrkirche St. Veit** wurde im 17. Jahrhundert barockisiert, im 20. Jahrhundert teilweise regotisiert. Der schöne Barockaltar in der nahen Dreifaltigkeitskapelle stammt von 1765.

Umgebung: Hechtsee und Stimmersee, zwei kleine, malerische Seen westlich von Kufstein, bieten gute Möglichkeiten für Wassersport. Etwa 30 Kilometer nordöstlich von Kufstein, hinter dem Gebirgskamm des Zahmen Kaisers, liegen der Ort **Walchsee** und der gleichnamige See. Das Dorf besitzt sehr schöne Bauernhäuser mit sehenswerter Lüftlmalerei. Der Walchsee ist ideal für Wassersport. Am Zahmen Kaiser gibt es eine Sommerrodelbahn, am Stripsenkopf, mit 1807 Metern der höchste Gipfel, zwei Klettersteige.

⓬ St. Johann in Tirol

Straßenkarte C4. 8700.
Poststraße 2, (05352) 63 33 50.
st.johann.tirol.at

Sankt Johann in Tirol ist ein beliebter Ferien- und Wintersportort. Er bietet weitläufige Pisten an den nördlichen Hängen des Kitzbüheler Horns und hervorragende Loipen für Langläufer. Im Ort stehen noch einige schöne Barockhäuser. Erwähnenswert ist auch der Pfarrhof, an dem Freskenreste von 1480 erhalten sind. Die erste große Barockkirche der Gegend wurde 1728 von Abraham Milbauer errichtet. In der **Kirche Mariä Himmelfahrt** kann man großartige Deckengemälde von einem der berühmten Meister der Barockmalerei, von Simon Benedikt Faistenberger, bewundern.

⓭ Kitzbühel

Straßenkarte C4. 8000.
Hinterstadt 18, (05356) 66 660.
kitzbuehel.com

Früher war Kitzbühel fraglos die Hauptstadt des Wintersports, heute muss sich die Stadt dieses Prädikat mit anderen Orten teilen. Die Alpenstadt liegt inmitten von Bergen und bietet zahllose gut ausgeschilderte Wege und Pisten. Man hat die Wahl zwischen der Berggruppe Hahnenkamm-Steinbergkogel-Pengelstein im

»Kitz«, wie man es liebt: sonniger Wintertag in Kitzbühel

Südwesten, dem Kitzbüheler Horn im Norden, dem Stuckkogel und dem Thurnpass. Jedes Jahr im Januar findet hier das weltberühmte Hahnenkamm-Rennen statt.

Doch Kitzbühel ist nicht nur Sportmetropole, sondern fasziniert auch durch seine historische Bausubstanz. Die **Andreaskirche** wurde 1435 an der Stelle einer früheren romanischen Kirche erbaut, 1785 barockisiert und vor Kurzem restauriert. Im Langhaus findet man spätgotische Säulen sowie Maßwerk und Fresken (15. Jh.). Das Altarblatt des Hauptaltars stammt von Simon Benedikt Faistenberger.

In der Nähe steht die **Liebfrauenkirche** mit mächtigem Turm. Der Hauptaltar ist ebenfalls ein Werk von Faistenberger. Die Katharinenkirche (14. Jh.) im Zentrum dient heute dem Gedenken an die Gefallenen des Zweiten Weltkriegs.

Die mächtige Feste Kufstein mit dem Kaiserturm

⓮ Zillertaler Alpen

Das Zillertal erstreckt sich von der Innau bis zur österreichisch-italienischen Grenze. Bis Mayrhofen ist das Tal sehr weit, dann verzweigt es sich in vier schmalere Gebirgstäler. Im ganzen Gebiet wurden Stauseen für die Stromversorgung angelegt. Die allgemeine Begeisterung für den Wintersport hat zur schnellen Entwicklung des Zillertals beigetragen. Beliebte Skigebiete sind der Gletscher Tuxer Ferner, das Gebiet Mayrhofen-Finkenberg und die Pisten von Zell am Ziller. Gut markierte Wanderwege machen das Tal auch im Sommer attraktiv. Für Mountainbiker gibt es inzwischen interessante Touren. Um den Naturschutz kümmert sich die Verwaltung des Naturparks Zillertaler Alpen.

Zillertaler Alpen
Die Zillertaler Alpen am Westrand der Hohen Tauern sind stark vergletschert. Höchster Gipfel ist der Hochfeiler mit 3510 Metern – an der Grenze zu Italien.

★ Tuxertal
Das Tuxertal, benannt nach dem Tuxbach, ist für seine lange Skisaison bekannt. Der Tuxer Ferner, das beste Gletscherskigebiet der Region, bietet ganzjähriges Pistenvergnügen.

Legende

- Hauptstraße
- Nebenstraße
- Seilbahn, Sessellift
- Fluss, See
- Aussichtspunkt

Hochfeiler

0 Kilometer 5

Schlegeisspeicher
Der größte künstlich angelegte Stausee der Gegend liegt am Fuß des Hochfeiler-Massivs und des Schlegeisgletschers.

★ Zell am Ziller
Das wundervolle Fresko (1779) von Franz A. Zeiller ziert die Kirche St. Vitus. Sehenswert ist in Zell auch die alte Goldmine.

Infobox

Information

Straßenkarte C4.

Zillertal Tourismus, Bundesstraße 27d, 6262 Schlitters, (05288) 87 187.
E-Mail: info@zillertal.at

zillertal.at

Anfahrt

Mayrhofen
Der Ort ist eines der beliebtesten Ferienziele im Zillertal. Hier verzweigt sich das bislang breite Tal in vier schmalere Seitentäler.

Tiroler Trachten

Die Tiroler Version der österreichischen Tracht ist nicht nur besonderen Gelegenheiten vorbehalten. Vor allem in ländlichen Gegenden tragen sie manche Tiroler auch im Alltag. Männer ziehen im Sommer kurze Lederhosen und im Winter Kniebundhosen an. Hosenträger halten sie. Komplettiert wird die Tracht durch dicke wollene Socken und einen Lodenjanker mit Hirschhornknöpfen. Dazu gehört ein derber Filzhut. Frauen hingegen haben das traditionelle Dirndl an. Oft werden dazu auch ein Schultertuch und ein Hut getragen.

Junges Paar in Tiroler Tracht

Stillupspeicher
Den besten Blick auf den See und die ursprüngliche Landschaft hat man vom Staudamm. In der Nähe gibt es zwei Wasserfälle.

Zeichenerklärung *siehe hintere Umschlagklappe*

Europabrücke, mit 192 Metern die zweithöchste Straßenbrücke Europas

⑮ Brenner

Straßenkarte B5.

Der Brenner ist mit einer Passhöhe von 1374 Metern der am niedrigsten gelegene Übergang über die Ostalpen und insofern die komfortabelste Verbindung nach Italien. Der Brenner trennt die Stubaier von den Zillertaler Alpen. Bereits die Römer nutzten ihn als Handelsweg und Heeresstraße. 1772 legte man über den Brenner einen Weg an, der mit Kutschen passierbar war. 1867 wurde die erste transalpine Bahnlinie eröffnet. Heute fährt man über die Brennerautobahn und passiert dabei die 815 Meter lange Europabrücke. Eine Belastung für die Region ist der ständig zunehmende Schwerverkehr.

⑯ Stubaital

Straßenkarte B4. Dorf 13, Neustift, 050 188 10. **stubai.at**

Fährt man auf der Brennerautobahn von Innsbruck Richtung Italien, erstrecken sich rechts die Stubaier Alpen, ein Gebirgsmassiv der Zentralalpen mit nur wenigen Tälern. Der übliche Weg in die Stubaier Alpen führt durchs Stubaital. Hier liegen die Ferienorte Fulpmes und Neustift. Der höchste Gipfel des Massivs ist das Zuckerhütl mit 3507 Metern. Das Stubaital ist ein ruhiges, erholsames Tal, vor allem im Vergleich zum benachbarten Zillertal, das oberhalb einer viel befahrenen Autobahn liegt.

Auf dem Stubaigletscher kann man ganzjährig Ski fahren, aber auch gut wandern.

Fulpmes, ein beliebter Ferienort im Stubaital

⑰ Ötztal

Straßenkarte B4. Ötz, Hauptstraße 66, 057 200 500. **oetztal.com**

Das lang gestreckte Ötztal folgt dem Verlauf der Ötztaler Ache, sie ist ein Nebenfluss des Inns. Am südlichen Talende, fast an der Grenze zu Italien, erhebt sich das Massiv der Ötztaler Alpen. Viele Gipfel sind hier höher als 3500 Meter. Die Wildspitze (3774 m) ist der höchste Berg Tirols.

Hoch in den Ötztaler Alpen, auf 1927 Metern Höhe, liegt die höchste Gemeinde Österreichs, der Wintersportort **Obergurgl**. Der größte Ort im unteren Ötztal ist **Ötz**, ein altes Dorf mit hübschen, farbenprächtigen Häusern. Die Malereien am Gasthof Sternen stammen von 1573 und 1615. Auf einer steilen Erhebung steht die örtliche Pfarrkirche, deren Gewölbe und Portale den gotischen Ursprung erkennen lassen. Der größte Ort im oberen Ötztal ist **Längenfeld**. Die Katharinenkirche hat einen 74 Meter hohen gotischen Turm vorzuweisen. Schön sind das Westportal und die barocke Innenausstattung.

Verwaltungszentrum des Ötztals ist der alte Ort **Sölden**. Der Tiefenbachferner ist ein hervorragendes Skigebiet. Aussichtsberge sind der Gaislacher Kogel und der Wilde Mann.

1991 wurde auf der italienischen Seite aus dem Eis der Ötztaler Alpen ein menschlicher Körper geborgen. »Ötzi« war seit über 5000 Jahren im Eis konserviert worden.

⑱ Seefeld

Straßenkarte B4. 3300. Klosterstraße 43, 050 880 50. **seefeld.com**

Der Höhenluftkur- und Wintersportort Seefeld liegt auf einer weiten, sonnigen Hochebene und ist einer der attraktivsten Urlaubsorte in der Nähe von Innsbruck. Seefeld mit seinen eleganten Läden und der großzügigen Promenade war bei den Olympischen Winter-

◀ Schlegeisspeicher *(siehe S. 252)* am Fuß des Hochfeiler-Massivs, Zillertaler Alpen

spielen 1964 und 1976 Austragungsort für die nordischen Disziplinen. Das trug nicht unwesentlich zu seinem Bekanntheitsgrad bei. Hier findet man 250 Kilometer gespurte Loipe, das weitläufigste Loipensystem der Alpen.

Mitten in Seefeld steht die Kirche St. Oswald (15. Jh.). Die Kapelle mit Zwiebelturm und Renaissance-Portal im Westen ließ Erzherzog Leopold V. als würdigen Rahmen für ein Kruzifix (16. Jh.) erbauen, dem wundersame Kräfte nachgesagt wurden. Es steht auf dem Altar des kleinen Rundbaus.

Zu den Attraktionen Seefelds gehört auch das größte Spielcasino Österreichs.

Blick auf die Zugspitze von Ehrwald aus

⑲ Ehrwald

Straßenkarte B4. 2666.
Kirchplatz 1, (05673) 20 000-208.
ehrwald.at

Der Tiroler Gebirgsort liegt malerisch am Fuß der Zugspitze (2962 m), des höchsten Gipfels der Bayerischen Alpen. Ehrwald befindet sich auf der westlichen Seite, auf der anderen liegt Garmisch-Partenkirchen, der bekannteste Wintersportort in dieser Gegend. Mehrere österreichische und deutsche Orte, darunter auch Ehrwald und Garmisch-Partenkirchen, haben sich zusammengeschlossen und bilden nun ein großes Skigebiet.

Der Gipfel der Zugspitze ist von österreichischer und deutscher Seite aus erreichbar. Von Ehrwald aus kommt man von der Station Ehrwald/Obermoos mit der Kabinenseilbahn auf den Gipfel. Von der Bergstation aus hat man einen unvergleichlichen Weitblick. Im Süden sieht man bei klarem Wetter hinter dem Kaiser- und Karwendelgebirge und dem Dachstein-Massiv die schneebedeckten Gipfel der Hohen Tauern. Im Osten liegen Arlberg, Silvretta, Rätikon, Appenzell und das Allgäu, im Norden Bayern.

Clemens Krauss, der Gründer der berühmten Wiener Neujahrskonzerte, lebte in Ehrwald und ist hier beerdigt.

⑳ Reutte

Straßenkarte B4. 6100. Untermarkt 34, (05672) 62 336.
reutte.com

Reutte ist die größte Marktgemeinde im Bezirk Außerfern, einer entlegenen Region. Man sagt, dass erst 1947 ein Auto in diese Gegend gekommen sei. Nach Reutte gelangt man von Innsbruck aus über den Fernpass, ein Weg, der schon von den Römern benutzt wurde. Im Lechtal ist Reutte heute der bedeutendste Ort. Im Mittelalter führte der Salzhandel zu beträchtlichem Wohlstand. Davon zeugen noch etliche stattliche Bürgerhäuser, deren Fassaden bemalt und mit Erkern versehen sind. Zahlreiche Lüftlmalereien stammen von Johann Jakob Zeiller, dem bekanntesten Vertreter der Künstlerfamilie Zeiller, die im 17. und 18. Jahrhundert in Reutte lebte. Das Wohnhaus der Zeillers war das Haus am Zeiller Platz 1.

Die Kirche St. Anna stammt aus dem 15. Jahrhundert, wurde aber nach einem vernichtenden Brand 1846 neu erbaut. Erhalten ist nur noch das Bild *Anna Selbdritt* (um 1515) auf dem Hochaltar. Die zwei großen Heiligenfiguren, die Magnus und Afra darstellen, stammen aus dem frühen 18. Jahrhundert.

Das **Museum Grünes Haus** zeigt eine Sammlung von Gemälden berühmter Barockmaler, vor allem von Mitgliedern der Zeiller-Familie. Andere Exponate beziehen sich auf den Salzabbau und -handel.

Eine repräsentative Auswahl heimischer Pflanzen zeigt der **Alpenblumengarten** auf dem Hahnenkamm (1938 m). Der Garten liegt auf 1700 Meter Höhe.

Museum Grünes Haus
Untermarkt 25. (05672) 72 304.
Mai–Okt: Di–Sa 13–17 Uhr.
museum-reutte.at

Umgebung: Östlich von Reutte liegt der fünf Kilometer lange **Plansee**. Ausflugsboote laden zur Fahrt auf dem ruhigen Wasser ein. Im Winter ist er zugefroren und wird zur gigantischen Eislauffläche.

Der Plansee, ein ruhiger, malerischer See in der Nähe von Reutte

Urige Jausenstation in Warth, einem Skiort am Arlberg

㉑ Elbigenalp

Straßenkarte A4. 850.
(05634) 62 10.

Das Lechtal verläuft parallel zum Inntal und bildet eine tiefe Rinne zwischen den Allgäuer und den Lechtaler Alpen. Etwa auf halbem Weg zwischen den Orten Reutte und Warth liegt das kleine Dorf Elbigenalp. Sehenswert ist dort vor allem die **Nikolauskirche**. Sie wurde im 14. Jahrhundert erbaut. Aus dieser Zeit stammen noch der Turm, der Altarraum und das Taufbecken. In der Barockzeit wurde die Kirche umgebaut, die Decken- und Wandmalereien sowie die Kreuzwegstationen werden der Künstlerfamilie Zeiller zugeschrieben, die damals in Reutte lebte.

In der Friedhofskapelle von St. Martin in Elbigenalp sieht man original gotische Fresken, Szenen aus dem Leben der hl. Magdalena und den *Todestanz* von Anton Falger.

㉒ Lech am Arlberg

Straßenkarte A4. 1500.
(05583) 21 610. **lech-zuers.at**

Der Ort liegt auf 1450 Meter Höhe in einer breiten Talmulde. Der Lech entspringt ganz in der Nähe. Lech gilt als einer der schönsten und elegantesten Wintersportorte Österreichs. Um Natur und Umwelt zu schonen, gibt es hier seit längerer Zeit einen Baustopp. Die Übernachtungsmöglichkeiten für Gäste sind und bleiben also beschränkt. So wurde aus Lech ein exklusiver Kurort, der schon bald Weltruf erlangte. Im Winter ist es ein beliebter Treffpunkt der High Society.

Die Entwicklung von Lech hing eng zusammen mit dem Bau des Arlberg- und des Flexenpasses. Erst durch sie wurde Lech auch im Winter zugänglich. Lifte und Kabinenbahnen wurden gebaut, die märchenhaften Pisten zogen bald Skifahrer aus aller Welt an. Auch im Sommer ist Lech ein beliebter Erholungsort. Man findet hier ein gut ausgebautes Netz von Wanderwegen und Mountainbike-Routen.

Sehenswert ist vor allem die gotische Pfarrkirche **St. Nikolaus** (15. Jh). Das Image eines Urlaubsorts für Wohlhabende erwarb sich Lech nicht zuletzt durch seine edlen Hotels, Läden und hübschen Cafés.

Lech, Zürs, Stuben und St. Anton bilden ein riesiges, zusammenhängendes Skigebiet.

㉓ Zürs am Arlberg

Straßenkarte A4. 130.
(05583) 22 45. **lech-zuers.at**

Etwa sechs Kilometer südlich von Lech, auf einer Höhe von 1716 Metern, liegt die kleine Ortschaft Zürs. Wie das benachbarte Lech legt auch Zürs größten Wert auf schonenden

Das legendäre Skigebiet oberhalb von Zürs am Arlberg

Hotels und Restaurants in Tirol und Vorarlberg *siehe Seiten 298f und 323f*

Umgang mit der Natur. In den wenigen Hotels und Pensionen finden wegen der begrenzten Bettenzahl fast nur Stammgäste Unterkunft. Zürs ist ausgesprochen exklusiv. Elegante Cafés, Restaurants und eine bekannte Disco garantieren ein Après-Ski-Erlebnis der Spitzenklasse. Das weitläufige, über Monate hin schneesichere Skigebiet übt auf Wintersportler eine magische Anziehungskraft aus.

Bereits 1937 wurde in Zürs Österreichs erster Sessellift gebaut, noch früher, ab 1906, fanden hier die ersten Skirennen statt. Von den Bergstationen aus kann man einen grandiosen Rundblick genießen.

㉔ Arlberg

Siehe S. 260f.

Ischgl, einer der beliebtesten Wintersportorte Österreichs

㉕ Ischgl

Straßenkarte A5. 1600. 050 990100. **ischgl.com**

Ischgl, einer der schönsten Erholungs- und Wintersportorte Österreichs, liegt an der Trisanna im Paznauntal, am östlichen Ausläufer der Silvretta-Hochalpenstraße. Der Ort liegt auf 1377 Meter Höhe in der Silvretta, nahe an der Grenze zur Schweiz. Mit seinen 200 Kilometern Piste und 40 Skiliften spricht er ein internationales Publikum an. Gleichzeitig ist Ischgl idealer Ausgangspunkt für eine Fahrt über die Silvretta-Hochalpenstraße, eine kurvige Bergstraße, die über eine

Der Lünersee, ein Stausee am Fuß der Schesaplana

Strecke von 15 Kilometern auf über 1000 Meter Höhe verläuft. Sie ist von November bis Ende Mai geschlossen. Die Straße verbindet das Montafon mit dem Paznauntal. Der bekannteste Ort im Montafon ist Schruns.

Die Gegend um den Silvretta-Stausee auf der Bielerhöhe (2032 m) wurde zum Nationalpark erklärt. Hier starten auch die **Silvretta-Skirennen**. Den schönsten Blick hat man vom Hohen Rad (2934 m).

Die Hochalpenstraße endet in Galtür, einem hübschen Dorf unterhalb der Ballunspitze.

㉖ Lünersee

Straßenkarte A5.

Der Lünersee liegt am Fuß der Schesaplana (2965 m) auf 1907 Meter Höhe. Er ist von zerklüfteten Bergen umgeben und der größte natürliche Hochgebirgssee Österreichs. In den Jahren 1954–57 wurde das Pumpspeicherwerk Lünersee gebaut. Durch den Bau dieses Staudamms hob sich der Wasserspiegel des Sees um 27 Meter.

㉗ Bludenz

Straßenkarte A4. 14 000. Werdenbergerstraße 42, (05552) 63 62 12 60. Schokofest (Anfang Juli). **bludenz.at**

Von Bludenz aus verzweigen sich fünf Täler. Es ist ein beliebter Ferienort und bietet in der Umgebung ideale Möglichkeiten zum Skifahren. Im Jahr 830 wurde eine »Villa Pludeno« erstmals urkundlich erwähnt. Unter Friedrich IV. dem Armen entwickelte sich die Stadt zum Verwaltungszentrum und Stützpunkt der Region.

Trotz verheerender Brände existieren in Bludenz noch mehrere interessante historische Bauwerke. Das älteste ist das **Obere Tor**. Hier ist das Heimatmuseum untergebracht. In der gotischen Pfarrkirche St. Laurentius (1514) gibt es zwei originale Altäre, die aus schwarzem Marmor gefertigt wurden, und zwei Gemälde von 1510. Schloss Gayenhofen, das 1643 von Franz Andrä von Sternbach im Barockstil umgebaut wurde, ist heute Sitz der Bezirkshauptmannschaft.

Oft hängt in Bludenz Schokoladenduft in der Luft, denn hier wird die bekannte Milka-Schokolade hergestellt. Die Firma Kraft veranstaltet jedes Jahr ein großes Schokoladenfest.

Achteckiger Turm der Pfarrkirche St. Laurentius, Bludenz

㉔ Tour: Arlberg

Der Arlbergpass ist Teil der europäischen Wasserscheide, die Flüsse dieser Region münden ins Mittelmeer, über die Donau ins Schwarze Meer oder über den Rhein in die Nordsee. Die Arlbergregion war früher ausschließlich nach Westen ausgerichtet, erst der Eisenbahntunnel durch den Arlberg (1880–84) verband Vorarlberg mit den anderen Teilen Österreichs. Der mehr als zehn Kilometer lange Tunnel war lange Zeit der längste Tunnel Österreichs. Heute gehört die Arlbergregion mit ihren gepflegten Pisten und Liftanlagen zu den exklusivsten Skigebieten Österreichs.

⑦ Valluga
Der Rundblick vom 2809 Meter hohen Gipfel aus ist atemberaubend. Man sieht die Gipfel des Rätikon, den Brenner, die Ötztaler und Stubaier Alpen und das Montafoner Tal.

⑥ Flexenpass
Der Pass ist umgeben von den mächtigen Gipfeln des Rätikon, u. a. von der Hohen Zimba und der Schesaplana. Dank guter Lawinenverbauungen ist der Pass ganzjährig passierbar.

⑤ Stuben
Stuben am Fuß der Albona (2334 m) ist der kleinste und gemütlichste Ort am Arlberg. Im Sommer ist es hier ideal zum Wandern. Den Skifahrer erwarten endlose Pisten und Tiefschneeabfahrten.

④ Arlbergtunnel
Der Straßentunnel (1978) verläuft 475 Meter unter der Passhöhe und war bei der Eröffnung mit 14 Kilometern der längste Straßentunnel der Welt.

Hotels und Restaurants in Tirol und Vorarlberg *siehe Seiten 298f und 323f*

① **Landeck**
Schloss Landeck, heute ein Museum, wurde um 1200 errichtet und nach einem großen Brand wiederaufgebaut. Erhalten blieb die Große Halle mit spätgotischem Gewölbe und die Kapelle mit Fresken aus dem 16. Jahrhundert.

Routeninfos

Länge: 45 km.
Rasten: Im alten Hospiz in St. Christoph kann man luxuriös übernachten. St. Anton am Arlberg bietet zahlreiche hervorragende Restaurants und exklusive kleine Läden.

Legende

- Autobahn
- Routenempfehlung
- Panoramastraße
- Andere Straße
- Fluss, See
- Tunnel

0 Kilometer 5

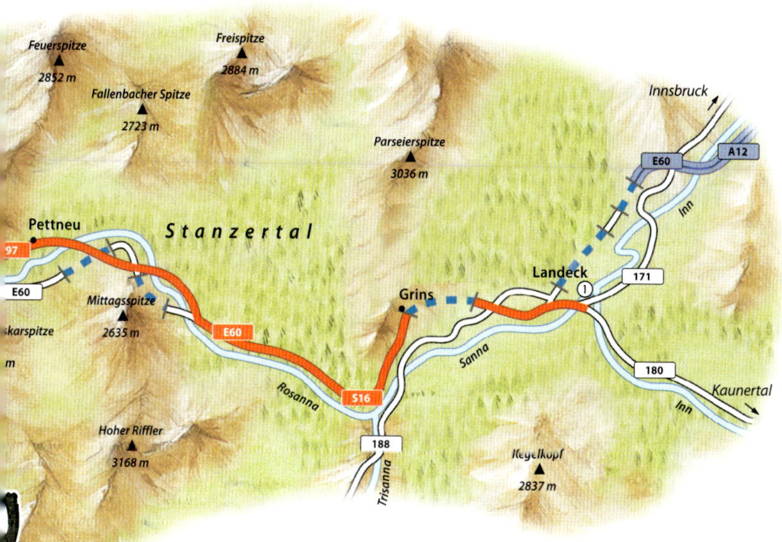

③ **St. Christoph**
Die Christophorus-Statue des alten Hospizes in St. Christoph wurde durch eine neue Statue ersetzt, nachdem das Original 1957 einem Brand zum Opfer gefallen war. Das Hospiz ist heute ein Luxushotel. In St. Christoph wurde 1901 Österreichs erste Skischule gegründet.

② **St. Anton am Arlberg**
Der größte Urlaubsort am Arlberg ist bekannt für großartige Skipisten, sichere Schneelage, aber auch als Heimat des Alpinski-Weltmeisters Karl Schranz.

Zeichenerklärung *siehe hintere Umschlagklappe*

㉘ Tour: Bregenzerwald

Der Bregenzerwald im nördlichen Vorarlberg zählt zu jenen Alpenregionen, die sich ihre Ursprünglichkeit bewahrt haben. Die ideale Urlaubsregion mit ihren vielen hübschen Dörfern erstreckt sich vom Tal der Bregenzer Ache bis in die Hochalpen. Typisch für den Bregenzerwald ist die Almwirtschaft. Traditionen werden hier sehr geschätzt – davon zeugen die wundervollen alten Bauernhäuser, die traditionellen Trachten, die nicht nur an Festtagen getragen werden, und nicht zuletzt der spezielle Dialekt. Nach Bregenz sind Dornbirn und Feldkirch die nächstgrößeren Orte.

⑥ Schwarzenberg
In diesem Dorf, das von vielen als schönstes Dorf des Bregenzerwalds empfunden wird, verbrachte die berühmte Künstlerin Angelika Kauffmann ihre Jugend. Einige ihrer Bilder kann man in der örtlichen Pfarrkirche sehen.

⑦ Ammenegg
An klaren Tagen hat man vom Garten der Wirtschaft Sonnblick in Ammenegg eine schöne Aussicht auf den Bodensee und zu den Gipfeln der Schweizer Alpen.

⑧ Dornbirn
Die größte Stadt Vorarlbergs ist ein Zentrum der Textilindustrie. Das Museum *inatura*, Erlebnisausstellung und Dokumentationszentrum, befasst sich mit Natur und Geschichte der Region.

⑨ Rappenlochschlucht
Zur Rappenlochschlucht fährt man entlang der Dornbirner Ach. Zu Fuß durchwandert man die beeindruckende Schlucht.

Angelika Kauffmann

Die Schweizer Malerin (1741–1807) wurde durch ihre sensiblen klassizistischen Porträts bekannt. Sie verkehrte in deutschen, englischen und italienischen Künstlerzirkeln. In Schwarzenberg hatte sie Verwandte. Deshalb besitzt das Dorf einige ihrer Werke, u.a. das Altarblatt in der Dorfkirche, wo auch ihre Büste steht. Weitere Arbeiten findet man im Vorarlberger Landesmuseum in Bregenz.

Angelika Kauffmann

⑤ **Bezau**
Das malerische Dorf ist der Hauptort des Bregenzerwalds. Die Kirche wurde 1771 erbaut. Das Heimatmuseum bietet einen Einblick in Traditionen und Kultur.

④ **Mellau**
In dem Dörfchen an der Bregenzer Ache sieht man schöne holzgeschindelte Häuser. Rote Geranien sind der traditionelle Balkonschmuck.

③ **Bregenzer Ache**
Die Bregenzer Ache entspringt in den Lechtaler Alpen. Sie fällt über schroffe Felsen hinab ins Tal, windet sich dann durch das Hügelland und die satten Wiesen des Bregenzerwalds vorbei an gemütlichen Dörfern und mündet in den Bodensee.

② **Schröcken**
Die Kirche in Schröcken am Fuß des Widderstein (2533 m) besticht mit ihrem prächtigen Innenraum und den schönen Bleiglasfenstern.

① **Hochtannbergpass**
Über den Pass gelangt man von Schröcken nach Warth. Man fährt entlang der oberen Bregenzer Ache und erreicht die Passhöhe oberhalb von Schröcken bei 1679 Metern.

Legende

- Routenempfehlung
- Panoramastraße
- Andere Straße
- Fluss, See

Routeninfos

Länge: 50 km.
Rasten: Viele Hotels und Restaurants findet man in Dornbirn. Berühmt ist z. B. das Rote Haus.
Tipp: Besuchen Sie das **Angelika Kauffmann Museum**
Brand 34, Schwarzenberg.
(05512) 26 455.
Mai – Okt: tägl. 10 – 18 Uhr; Nov – Jan: Fr – So 14 – 16 Uhr.
angelika-kauffmann.com

Zeichenerklärung *siehe hintere Umschlagklappe*

29 Bregenz

Bregenz ist seit 1923 die Hauptstadt Vorarlbergs. Es liegt idyllisch am Ostufer des Bodensees, grenznah zu Deutschland, der Schweiz und Liechtenstein. Hinter der Stadt erhebt sich der Pfänder, ein wunderbarer Wander-, Rodel- und Skiberg. Im Westen grüßen die Schweizer Alpen. Schon die Römer siedelten in Brigantium. 1451 und 1523 wurde Bregenz habsburgisch. Im Dreißigjährigen Krieg zerstörten die Schweden die Stadt. Überregionale Bedeutung erlangte Bregenz vor allem durch die Bregenzer Festspiele und durch das Kunsthaus, ein weithin beachtetes Ausstellungsgebäude für moderne Kunst.

Renaissance-Altar (1610) in der Seekapelle St. Georg

Bregenz liegt malerisch am Bodensee

Überblick: Bregenz

Der älteste Teil von Bregenz ist die Oberstadt mit alten Häusern und den Überresten der Befestigungsanlage aus dem 13. Jahrhundert. Die eigentliche Innenstadt ist viel neuer. Bregenz besitzt ein Theater, etliche Ausstellungsgebäude für moderne Kunst, ein interessantes Museum, ein Spielcasino und eine weitläufige Hafen- und Uferanlage zum Flanieren. Hier befindet sich auch das Festspielhaus mit Seebühne.

vorarlberg museum

Kornmarktplatz 1. (05574) 46 050.
Di – So 10 – 18 Uhr (Do bis 20 Uhr).
vorarlbergmuseum.at

Das Museum zeigt archäologische, historische und kunstgeschichtliche Exponate aus Region und Land. Besuchern wird vor Augen geführt, wie die Römer und später die Alemannen in der Hafenstadt gelebt haben. Eine eigene Abteilung ist dem Handwerk und den regionalen Bräuchen, alten Waffen, Münzen und Medaillen sowie typischen Trachten gewidmet. Besonders originell ist die Sammlung von Tragorgeln. In der Abteilung Kunst hängen viele Porträts der berühmten Künstlerin Angelika Kauffmann (174 – 1807), deren Familie aus dem Bregenzerwald stammte *(siehe S. 262)*. Interessant sind auch die Kunstobjekte aus der Frühzeit, römische und gotische Skulpturen und Malereien. Prunkstücke sind eine Steintafel aus Lauterach (9. Jh.) sowie ein Kruzifix aus der Klosterkirche von Mehrerau (frühes 16. Jh.). Seit 2013 überdacht ein Erweiterungsbau mit Panoramafenster das Museum.

Rathaus

Rathausstraße 4.

Das Rathaus wurde 1686 als Getreidespeicher errichtet. 1720 wurde der Bau ein Verwaltungsgebäude, 1810 dann Rathaus. 1898 gestaltete man das Gebäude im Stil der Neorenaissance um.

Seekapelle St. Georg

Rathausstraße.

Die kleine Kapelle bei der Kirche St. Georg, die sogenannte Seekapelle, wurde 1445 errichtet und 1690 – 98 barockisiert. Zu ihrer Bauzeit stand sie direkt am See, heute ist sie durch eine Straße und Bahnlinie vom Ufer getrennt. Der Renaissance-Hochaltar (1615) stammt aus Schloss Hofen im nahen Lochau.

Martinsturm

Martinsplatz. (05574) 46 632.
Apr – Okt: Di – So 10 – 17 Uhr.

Der Martinsturm mit seiner gewaltigen Zwiebelkuppel ist ein Wahrzeichen von Bregenz. Der Turm, ursprünglich ein Speicher, wurde im 14. Jahrhundert auf einem römischen Funda-

Der Martinsturm mit seiner barocken Zwiebelkuppel

ment errichtet, 1599 aufgestockt und vollendet. Die Barockkuppel kam später hinzu. Heute gibt es im dritten Obergeschoss ein militärgeschichtliches Museum. Im Untergeschoss befindet sich der Chor der angrenzenden Martinskapelle (1362). Die gut restaurierten Fresken zeigen u. a. die Porträts derer von Montfort, die die Kapelle bauen ließen.

Das Alte Rathaus, ein Fachwerkbau (17. Jh.)

Altes Rathaus

Oberstadt.

Das Alte Rathaus wurde 1662 von Michael Kuen erbaut und bis zu Beginn des 19. Jahrhunderts auch als Rathaus genutzt. Der solide Fachwerkbau steht am Unteren Tor, einem früheren Stadttor der Oberstadt. Ein Relief zeigt die Fruchtbarkeits- und Reitergöttin Epona mit ihrem Füllhorn.

Zisterzienserabtei Mehrerau

Mehrerauer Straße 66. (05574) 71 461. nur Gruppenführungen (nach Voranmeldung). **mehrerau.at**

Im Westen von Bregenz steht die Mehrerau, seit 1854 ein Zisterzienserkloster. Die Anlage wurde bereits 1094 von Benediktinern gegründet. Seit dem 11. Jahrhundert ist das Kloster ein Zentrum religiösen und geistigen Lebens. 1774 – 81 entstand nach Plänen von Franz Anton Beer der neue Konventsbau, 1808 wurde die alte Klosterkirche abgebrochen – die Steine verwendete man für den Bau der Lindauer Hafenmole. 1855 – 59 erfolgte der Neubau der Klosterkirche, die im 20. Jahrhundert ausgestaltet wurde. Der spätgotische Altar im Kapitelhaus stammt von 1582. Heute befindet sich in der Anlage ein Internat.

Infobox

Information

Straßenkarte A4.

28 000.

Rathausstraße 35a, (05574) 49 590.

Bregenzer Festspiele (Mitte Juli – Mitte Aug).

bregenz.at

Anfahrt

Kunsthaus Bregenz

Karl-Tizian-Platz. (05574) 48 59 40. Di – So 10 – 18 Uhr (Do bis 21 Uhr). Do 19, Sa 14, So 16 Uhr (Gruppen nur nach Voranmeldung).

kunsthaus-bregenz.at

Das Kunsthaus Bregenz (KUB) wurde 1994 – 97 nach einem Entwurf des Schweizer Architekten Peter Zumthor erbaut. Der puristische, von einer lichtdurchlässigen Glaswand umgebene Bau ist in seiner kompromisslosen Modernität einzigartig am Bodensee. Die Wechselausstellungen mit internationaler Avantgardekunst finden weit über die Landesgrenzen hinaus Beachtung. Das Museum bemüht sich auch um Kunstvermittlung.

Zentrum von Bregenz

1. vorarlberg museum
2. Rathaus
3. Seekapelle St. Georg
4. Martinsturm
5. Altes Rathaus
6. St. Gallus
7. Festspielhaus Bregenz
8. Kunsthaus Bregenz

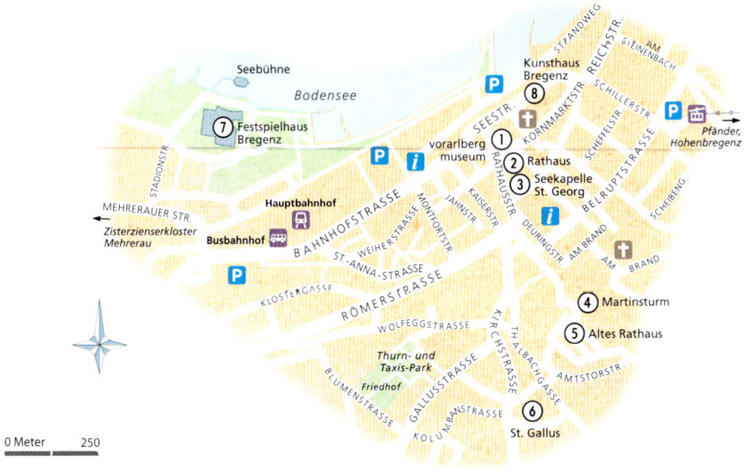

Zeichenerklärung *siehe hintere Umschlagklappe*

St. Gallus

Kirchplatz 3.

Die Stadtpfarrkirche St. Gallus steht außerhalb des heutigen Zentrums, am Ufer des Thalbachs. Der Sage nach wurde das Aureliakirchlein, das früher hier stand, im 7. Jahrhundert von dem irischen Mönch Gallus geweiht. Urkundlich erwähnt wurde die Kirche bereits 1097. 1380 und 1480 wurde sie jeweils nach einem Brand neu geweiht. Umfassungsmauer und ein Turm stammen aus dem 15. Jahrhundert. 1672 kam ein weiterer Turm dazu, 1738 wurde die Kirche durch den Bregenzer Baumeister Franz Anton Beer im Barockstil umgebaut. Dabei erhöhte man das Mittelschiff und baute eine Kapelle an das Querschiff an.

Der recht schlichte Innenraum ist typisch für die Vorarlberger Sakralbauten. Im Gegensatz dazu schwelgten das angrenzende Tirol und Bayern in opulentem Barock. Am Hochaltar, einem Werk von Abraham Bader (1746), stehen Altarfiguren, die die Heiligen Gallus, Petrus und Paulus sowie Papst Gregor darstellen. In der Seitenkapelle stehen die Figuren der Heiligen Magnus und Nikolaus. Der Benediktinermönch Magnus aus St. Gallen, der im 8. Jahrhundert lebte, gilt als Schutzheiliger des Allgäu, einer Bergregion zwischen Tirol und Vorarlberg. Nikolaus wiederum sollte die Seeleute auf dem Bodensee schützen.

Dekor an der Mauer von St. Gallus

Festspielhaus Bregenz

Platz der Wiener Symphoniker 1.

(05574) 41 30.

festspielhausbregenz.at

Der Gebäudekomplex auf dem Festspielgelände am Ufer des Bodensees wurde speziell für die Bregenzer Festspiele errichtet, die hier seit 1946 jeden Sommer von Ende Juli bis Ende August stattfinden. Berühmt sind die Festspiele vor allem für ihre Aufführungen auf der Seebühne unter freiem Himmel. Auch andere Theaterveranstaltungen, Konzerte, Ausstellungen sowie kulturelle Events gehören dazu. Seit 1955 war das Theater am Kornmarkt, 1838 im Stadtzentrum als Kornspeicher errichtet, Schauplatz der Festspielaktivitäten. 1980 wurde dann das moderne Festspielhaus in Betrieb genommen. Hier gibt es Bühne, Konzert- und Ausstellungsräume. Spektakulär ist jedoch vor allem die Seebühne. Das Publikum sitzt am Ufer. Auf der schwimmenden Bühnenplattform davor werden Opern (2014 *Die Zauberflöte*) gespielt. Die grandiose Kulisse bildet der Bodensee.

An das Festspielgelände grenzt das Spielcasino Bregenz (www.casinos.at) an.

Weg durch die frühere Toreinfahrt der Ruine Hohenbregenz

Hohenbregenz

Die Feste Hohenbregenz, deren Ruinen noch heute auf dem Gebhardsberg zu sehen sind, wurde im 11. Jahrhundert erbaut. Urkundlich erwähnt ist, dass Hugo von Montfort 1338 Eigentümer der Festung war. Als diese Linie 1451 ausstarb, kaufte Sigismund von Tirol die Festung, die Stadt Bregenz und deren Umland. 1647, im Dreißigjährigen Krieg, wurde Hohenbregenz von schwedischen Truppen unter Feldmarschall Wrangel besetzt. Beim Abzug sprengten sie die Burg. Heute sieht man nur noch Ruinen: Mauerreste, eine Toreinfahrt und einen einzelnen Turm.

Die Kirche St. Gebhard wurde 1723 auf dem Gebhardsberg gebaut und entwickelte sich zur beliebten Wallfahrtskirche. Der hl. Gebhard war Sohn des Ulrich von Bregenz und im 10. Jahrhundert Bischof von Konstanz. Auf Hohenbregenz wurde er geboren.

Umgebung: Am Fuß des 1064 Meter hohen **Pfänder**, südöstlich des heutigen Bregenz, befand sich vormals die römische Siedlung Brigantium. Heute ist der Pfänder ein beliebter Wanderberg, auf den auch eine Seilbahn hinaufführt. Vom Gipfel hat man einen großartigen Blick über den ganzen Bodensee. An klaren Tagen sieht man die Allgäuer Alpen, die schneebedeckte Schesaplana, das Mündungsgebiet des Rheins und die Schweizer Gipfel Säntis und Altmann.

Bregenzer Seebühne, hier das Bühnenbild von *La Bohème*

Hotels und Restaurants in Tirol und Vorarlberg *siehe Seiten 298f und 323f*

⑳ Bodensee

Straßenkarte A4. Bodensee-Alpenrhein Tourismus, Bregenz, Römerstraße 2, (05574) 43 44 30.
bodensee-vorarlberg.com

Der Bodensee gehört zu den größten und bekanntesten Seen Europas. Anliegerstaaten sind Deutschland, Österreich und die Schweiz. Österreich hat allerdings den geringsten Flächenanteil, gerade einmal 38 von insgesamt 536 Quadratkilometern Wasserfläche.

Der Bodensee ist 74 Kilometer lang und somit der größte See im Alpen- und Voralpenland. Früher war der See wesentlich größer, aber durch die vom Rhein mitgeführten Erd- und Geröllmassen ist er im Lauf der Zeit nicht unbeträchtlich verlandet. Der Rhein mündet auf österreichischem Gebiet in den Bodensee. Er durchfließt den Ober- und den Untersee, tritt beim Schweizer Ort Stein am Rhein aus und strömt von dort aus nach Schaffhausen. Der Rheinfall bei Schaffhausen ist der größte Wasserfall Mitteleuropas.

Die Bodenseeregion ist bekannt für ihr mildes Klima. Dank intensiver Maßnahmen ist die Wasserqualität des Sees mittlerweile hervorragend. Der Bodensee ist reich an Fischen. Das Gleiche gilt auch für den Rhein, der lange Zeit im Ruf stand, der schmutzigste Fluss Europas zu sein.

Früher war der Bodensee eine natürliche Grenze zwischen den Anliegerstaaten, heute ist er ein verbindendes Element. Nicht von ungefähr trägt die Gegend auch den Namen Dreiländereck. Fähren und gute Schiffs-, Straßen- und Bahnverbindungen schweißen die Bodenseeländer zu einer großen Region zusammen. Über die Grenzen hinweg findet ein reger kultureller Austausch statt.

Die Anwohner und die Urlauber, die im Sommer hierherkommen, wissen den Erholungswert und die vielfältigen Möglichkeiten der gesamten Region zu schätzen.

Bregenz liegt malerisch zwischen See und Bergen und ist Kulisse für zahlreiche kulturelle Ereignisse, z.B. für den Bregenzer Frühling oder die Bregenzer Festspiele mit ihrer schwimmenden Seebühne.

Interessante Ausflugsziele am See sind Lindau, Meersburg, Konstanz, Friedrichshafen und die Blumeninsel Mainau, alle von Bregenz aus mit dem Schiff zu erreichen.

Von hervorragender Qualität – das Wasser des Bodensees

Maschinenstickerei, Exponat im Stickereimuseum Lustenau

㉛ Lustenau

Straßenkarte A4. 21 000. Rathausstraße 1, (05577) 81 810.

Die Marktgemeinde Lustenau liegt fünf Kilometer nördlich der Rheinmündung und grenzt an die Schweiz. Der Ort ist berühmt für Leinenweberei sowie die Stickereien und Spitzen, die hier hergestellt werden.

Bei Lustenau besiegten die Römer unter Kaiser Konstantin II. die revoltierenden alemannischen Stämme. 887 wurde der Ort erstmals erwähnt. Bis 1806 war Lustenau Freier Reichshof, erst nach dem Wiener Kongress kam der Ort unter österreichische Herrschaft. Im 19. Jahrhundert entwickelte sich die Gemeinde zu einem der bedeutendsten Zentren der österreichischen Textilindustrie. Eine der interessantesten Einrichtungen ist das **Stickereimuseum**. Ausgestellt sind alte Handstickereien, moderne Maschinenstickereien sowie auch einige alte Stickmaschinen.

Einen Besuch wert ist auch das Museum **Rhein-Schauen**, das über die Rheinregulierung informiert. Von dort kann man mit dem Rheinbähnle den Fluss entlangfahren.

Stickereimuseum
Pontenstraße 20. (05522) 30 52 60.
Do, Fr 15–19 Uhr.

Rhein-Schauen
Höchster Straße 4. (05577) 20 539.
Mi, Fr–So 13–17 Uhr.
rheinschauen.at

Mehr über den Bodensee? Vis-à-Vis Bodensee

Kärnten und Osttirol

Kärnten und Osttirol, die zwei südlichsten Regionen Österreichs, grenzen im Süden an Slowenien und Italien, im Norden und Osten an die Steiermark und das Salzburger Land. Besonders attraktive Ziele in Kärnten sind die Landeshauptstadt Klagenfurt, die Kärntner Seen und der Nationalpark Hohe Tauern. Osttirol, eigentlich der Verwaltungsbezirk Lienz, ist geografisch abgeschnitten vom übrigen Tirol und verkehrsmäßig wie kulturell auf Kärnten ausgerichtet.

Die frühesten Einwohner Kärntens waren Kelten vom Stamm der Carnuni. Im ersten nachchristlichen Jahrhundert wurde das Gebiet Teil der römischen Provinz Noricum. Im 6. Jahrhundert eroberte es der slawische Stamm der Carantani, auf die vermutlich der Name Kärnten zurückzuführen ist. Obwohl Kärnten 1335 an die Habsburger fiel und später österreichisches Krongebiet wurde, lebt dort bis heute eine kleine slawische Minderheit. Nach dem Ersten Weltkrieg wollte das neu gegründete Jugoslawien einen Teil Kärntens annektieren, aber die Einwohner entschieden sich per Volksentscheid für Österreich.

Die schöne Natur und das angenehme, fast mediterrane Klima machen Kärnten (9536 km^2, 600 000 Einwohner) zum idealen Urlaubsland. Nicht zufällig haben viele Österreicher hier Ferienhäuser oder einen Zweitwohnsitz. Die Landeshauptstadt Klagenfurt sowie Villach sind die größten Städte. Die Großglockner-Hochalpenstraße trennt Kärnten von Osttirol.

Nach dem Ersten Weltkrieg fiel Südtirol an Italien. Dadurch wurde Osttirol geografisch isoliert. Es bildet zwar zusammen mit Nordtirol das Bundesland Tirol, orientiert sich aber wegen seiner Lage mehr an Kärnten als an Innsbruck. Osttirol (2019 km^2, 50 000 Einwohner) ist ein typisches Gebirgsland, umschlossen von den Hohen Tauern, den Karnischen Alpen und dem Defereggengebirge. Verwaltungssitz des Bezirks Osttirol ist Lienz.

Modell von Kärnten im Villacher Schillerpark

◀ **Blick von der Edelweißspitze (2571 m), dem höchsten Punkt der Großglockner-Hochalpenstraße** *(siehe S. 284f)*

Überblick: Kärnten und Osttirol

Hohe Berge und blaue Seen machen den südlichsten Teil Österreichs zum Urlaubsparadies. Die Seen laden zum Baden, Segeln und Surfen ein. Auf den Gletschern kann man sogar im Sommer Ski fahren. Unvergessliche Eindrücke hinterlässt eine Fahrt auf der Großglockner-Hochalpenstraße, einer der schönsten Alpenstraßen. Natur pur findet man im Nationalpark Hohe Tauern. Kärnten ist das Land der Seen, Osttirol hingegen ein typisches Hochgebirgsland. Einige Straßen sind hier im Winter nicht passierbar. Zwischen November und April ist Winterausrüstung für Autos erforderlich.

Faszinierendes Naturschauspiel im Nationalpark Hohe Tauern

Restaurants in dieser Region *siehe Seiten 325*

Pferdekutsche, römisches Relief in der Wallfahrtskirche Maria Saal

Legende

- Autobahn
- Hauptstraße
- Nebenstraße
- Panoramastraße
- Eisenbahn (Hauptstrecke)
- Eisenbahn (Nebenstrecke)
- Staatsgrenze
- Bundeslandgrenze
- Gipfel

Weitere Zeichenerklärungen *siehe hintere Umschlagklappe*

In Kärnten und Osttirol unterwegs

Villach in Kärnten ist einer der wichtigsten Verkehrsknotenpunkte Österreichs. Die Südautobahn von Wien führt durch Villach und die Kärntner Hauptstadt Klagenfurt. In Klagenfurt gibt es auch einen kleinen Passagierflughafen. Der einfachste Weg in die Osttiroler Stadt Lienz führt über Kärnten. Gut ausgebaute Straßen sowie Straßen- und Eisenbahntunnels garantieren ein gutes Vorankommen in den gebirgigen Regionen.

Kirche in Gratschach am Fuß der Burgruine Landskron

Sehenswürdigkeiten auf einen Blick

1 St. Paul im Lavanttal
2 Völkermarkt
3 *Klagenfurt S. 274–277*
4 Maria Saal
5 Hochosterwitz
6 Magdalensberg
7 St. Veit an der Glan
8 Gurk
9 Friesach
11 Villach
12 Spittal an der Drau
13 Millstatt
14 Gmünd
15 Mölltal
16 Lienz
17 *Nationalpark Hohe Tauern S. 282f*

Touren

10 Um den Wörthersee
18 Großglockner-Hochalpenstraße

Bibliothek im Benediktinerstift St. Paul im Lavanttal

Fresken aus dem späten 15. Jahrhundert in der Stiftskirche St. Paul

❶ St. Paul im Lavanttal

Straßenkarte E5. 3400.
Platz St. Blasien 1, (04357) 20 17 22. **sanktpaul.at**

Hoch über dem Tal der Lavant erhebt sich eine der mächtigsten Klosteranlagen des Landes, das **Benediktinerstift St. Paul**. Zum Kloster gehört eine gut erhaltene romanische Kirche. Die Fresken im Langhaus (1468) stammen von den Brüdern Michael und Friedrich Pacher aus Südtirol. Andere Fresken zeigen die Kirchenstifter und Heilige. Der Künstler, Meister Thomas von Villach, hat sich sogar selbst porträtiert. Das Klostermuseum bewahrt grandiose Kunstschätze, u. a. frühe Messgewänder, ein Reliquiar (11. Jh.), das einst Königin Adelheid gehörte, Gemälde von Rubens und M. J. Schmidt sowie Holzschnitte von Dürer und Rembrandt.

Benediktinerstift St. Paul
Hauptstraße 1. (04357) 20 19 16.
Mai – Okt: tägl. 9 – 17 Uhr.

❷ Völkermarkt

Straßenkarte E5. 11 000.
Hauptplatz 1, (04232) 25 71 47.
voelkermarkt.gv.at

Die Stadt liegt am Ufer des Völkermarkter Sees, eines Stausees der Drau, 25 Kilometer östlich von Klagenfurt. Keimzellen des Orts waren eine Brücke über die Drau und die Kirche St. Rupert (12. Jh.), deren romanischer Turm sich heute noch über die Stadt erhebt. Die **Kirche St. Magdalena** wurde um 1240 errichtet und im 15. Jahrhundert umgebaut. Sie besitzt ein romanisches Westportal. Der Innenraum ist meist spätgotisch, doch man findet auch frühere Stilelemente, z. B. Fresken aus dem 14. Jahrhundert am Eingang. In einer Seitenkapelle kann man Reste eines spätgotischen Freskos sehen.

Auf dem Völkermarkter Hauptplatz stehen ein früheres Fürstenpalais, das heutige Rathaus, sowie das spätgotische Alte Rathaus.

Das romanische Portal der Kirche St. Magdalena in Völkermarkt

❸ Klagenfurt

Siehe S. 274 – 277.

❹ Maria Saal

Straßenkarte E5. 3800.
Am Platzl 7, (04223) 22 14 25.
mariasaal.at

Die erste Kirche in Maria Saal wurde bereits im 8. Jahrhundert errichtet. Von hier ging eine zweite Welle der Christianisierung aus. Die heutige spätgotische Kirche, der Maria Saaler Dom, wurde 1430 – 56 gebaut. Im Zentrum des mächtigen Hochaltars (1714) thront die Gnadenstatue der Maria mit Kind von 1420. Gotische Fresken zeigen den Stammbaum Christi (1490).

An den Außenwänden sieht man zwei bemerkenswerte römische Reliefs: Eines zeigt einen römischen Reisewagen, das andere, wie Achilles den Leichnam Hektors schleift. Das Relief an der Südmauer, eine Marienkrönung, stammt von Hans Valkenauer. Eine der beiden Kapellen des südlichen Seitenschiffs ist die Sachsenkapelle, die dem Kirchengründer St. Modestus geweiht ist.

Gegenüber der Kirche steht der Karner, das frühere Beinhaus, ein spätgotischer Rundbau mit neuneckigem Umgang. Die Friedhofskapelle im Obergeschoss besitzt ein Sternrippengewölbe.

Grabungen bei Maria Saal im früheren römischen Virunum, der Hauptstadt Noricums, erbrachten Funde aus der Bronzezeit, u. a. den Steinernen Thron *(siehe S. 42)*.

❺ Hochosterwitz

Straßenkarte E5. (04213) 34 597.
Apr, Okt: 9 – 17 Uhr; Mai – Sep: 9 – 18 Uhr.
burg-hochosterwitz.com

Burg Hochosterwitz, eines der Wahrzeichen Kärntens, thront auf einer 160 Meter hohen Felskuppe und ist weithin sichtbar. Schon zu römischer Zeit war der Ort befestigt. Die früheren romanischen und gotischen Teile der Burg wurden im 16. Jahrhundert von Domenico dell'Allio umgebaut. Bis heute ist die Anlage in diesem Zustand erhalten.

Von Mitte des 16. Jahrhunderts an war Hochosterwitz Lehensburg, später wurde die Anlage Eigentum der Familie Khevenhüller, die sie bis heute besitzt. Burg und Festungsanlage sind öffentlich zugänglich. Es gibt auch ein Burgmuseum. Bei der Zufahrt passiert man 14 Tore.

Hochosterwitz mit seinen vielen Türmen soll das Modell für das Schloss in Disneys Verfilmung von *Schneewittchen* gewesen sein.

Der Magdalensberg war schon in prähistorischer Zeit besiedelt

❻ Magdalensberg

Straßenkarte E5. 3300. Deinsdorf 10, Pischeldorf, (04224) 22 13. **magdalensberg.gv.at**

Auf dem Gipfel des Magdalensbergs, der sich 1056 Meter über dem Glantal erhebt, findet man Überreste einer alten Stadt. Man vermutet, dass es sich dabei um eine Siedlung aus der späten Kelten- und frühen Römerzeit im einstigen Noricum handelt. Zahlreiche Funde, Fragmente von Statuen und Überreste alter Altäre, zeugen von einer Überlappung keltischer, römischer und frühchristlicher Kultur. Unterhalb des Gipfels sind die Reste eines römischen Tempels und anderer Gebäude zu sehen. Im Frühjahr und Sommer können die Funde im archäologischen Freilichtmuseum besichtigt werden.

Oben auf dem Magdalensberg steht eine kleine Kirche mit einer dreiköpfigen Statue, die vom vorchristlichen keltischen Ursprung zeugt.

❼ St. Veit an der Glan

Straßenkarte E5. 12 500. Prof. Ernst-Fuchs-Platz 1, (04212) 46 60 600. **stveit.carinthia.at**

Von 1174 bis 1518 war St. Veit an der Glan Sitz der Herzöge von Spanheim, die während des Mittelalters in Kärnten herrschten. Danach verloren sie ihre Machtposition an Klagenfurt.

In der Altstadt von St. Veit sind um den Hauptplatz noch viele historische Gebäude erhalten, auch das prächtige Rathaus von 1468, das später barockisiert wurde. Es besitzt einen schönen Arkadenhof. In der **Pfarrkirche St. Veit** (12. Jh.) findet man im Chor gut erhaltene Fresken.

In die Schlagzeilen kam St. Veit jedoch wegen eines ganz anderen Gebäudes: der Fuchs-Palast, ein Kunsthotel, wurde 1998 vom Maler Ernst Fuchs gestaltet. Innen und außen ist das Hotel im Stil des Fantastischen Realismus gehalten. Sehenswert ist auch das Kärntner Eisenbahnmuseum, das sich mit lokaler Eisenbahngeschichte befasst.

Barocke Stuckfassade am Rathaus von St. Veit an der Glan

❽ Gurk

Straßenkarte E5. 1250. Dr. Schnerich-Straße 12, (04266) 81 25 27. **Domkirche** Domplatz. (04266) 82 36. **gurk.at**

Die Ansicht von Gurk, einem früheren geistlichen Zentrum Kärntens, bestimmt die Domkirche, mit deren Bau Bischof Roman um 1140 begann. Um 1200 war der Dom, eine der größten Leistungen österreichischer romanischer Architektur, fertig. In der gotischen Vorhalle findet man noch die originalen Fenster (1340) und Fresken. Das Hauptportal trägt Reste farbiger Reliefs. Der Innenraum ist eine Mischung aus Romanik und Gotik. Berühmt ist die Krypta, die von 100 Säulen getragen wird.

Die mittelalterliche Burg Hochosterwitz, eines der Wahrzeichen Kärntens

❸ Im Detail: Klagenfurt

Klagenfurt liegt am Ostufer des Wörthersees, eines der wärmsten Seen Österreichs. Die Hauptstadt Kärntens wurde im 12. Jahrhundert gegründet und erhielt 1270 das Stadtrecht. Heute ist Klagenfurt Universitätsstadt, bedeutender Industriestandort und Verkehrsknotenpunkt. 1544 brannte die Stadt fast vollständig nieder. Beim Wiederaufbau waren vor allem italienische Architekten am Werk, weshalb das Stadtbild auch an das italienischer Städte erinnert. Im 16. Jahrhundert war Klagenfurt Zentrum der Gegenreformation und wurde zur Festung und Landeshauptstadt ausgebaut. Dabei wurden viele bestehende Gebäude barockisiert. Das Zentrum der Altstadt liegt um den Alten Platz.

Stadtpfarrkirche St. Ägidius
Die Kirche, die früher hier stand, wurde 1692 durch ein Erdbeben zerstört. Der Turm der heutigen Barockkirche ist 91 Meter hoch.

Heiligengeistkirche
Die Kirche wurde 1355 erbaut und 1660 barockisiert. Der Altar stammt von Lorenzo Glaber. Außergewöhnlich ist die prachtvolle Kanzel.

Auf dem Platz
befindet sich eine zentrale Bushaltestelle.

★ Landhaus
Der stattliche Renaissance-Bau (16. Jh.) besitzt zweigeschossige Hofarkaden und einen Wappensaal. Die Deckengemälde stammen von J. F. Fromiller.

Legende

— Routenempfehlung

0 Meter 75

Altes Rathaus
Einer der schönsten und beschaulichsten Plätze ist der Arkadenhof im Alten Rathaus. Der Bau stammt aus dem 17. Jahrhundert, hieß früher Weltzer-Palais und heute Rosenberg-Palais.

Infobox

Information
Straßenkarte E5.
95 000. Rathaus, Neuer Platz 1, (0463) 53 72 223.
Benediktiner Markt (tägl.), Biomarkt auf dem Pfarrplatz (Fr).
Klagenfurter Stadtfest »Altstadtzauber« (Aug).
klagenfurt.at
klagenfurt-tourismus.at

Anfahrt
Annabichl.

Lindwurmbrunnen
Auf dem Neuen Platz steht der Lindwurmbrunnen (1593), ein Werk von Ulrich Vogelsang. Der Lindwurm, das Wahrzeichen Klagenfurts, wurde auch ins Stadtwappen aufgenommen.

Das Diözesanmuseum beherbergt Österreichs größte Sammlung an Kirchenmobiliar sowie viele Exponate früher sakraler Kunst. Das berühmteste Ausstellungsstück ist ein Glasgemälde Maria Magdalenas aus dem 12. Jahrhundert, das älteste Kunstwerk dieser Art in Österreich.

★ Dom St. Peter und Paul
Die Domkirche war einst eine protestantische Kirche. 1604 wurde sie an die Jesuiten übergeben, die sie umgestalteten. 1704 wurde der Dom nach einem Brand neu errichtet. Der Hochaltar (1752) ist ein Werk von Daniel Gran.

Buntes Markttreiben in der Klagenfurter Altstadt

Überblick: Klagenfurt

Klagenfurt liegt südlich der Glan, vier Kilometer vom Wörthersee, 30 Kilometer von der slowenischen und 60 Kilometer von der italienischen Grenze entfernt. Die Altstadt ist rechteckig angelegt. Eckpunkte sind Hauptplatz, Alter und Neuer Platz. Zwischen Stadt und See liegen der Europapark und Minimundus.

Landhaus

Landhaus. (0463) 57757-215. Apr–Okt: Mo–Fr 9–16, Sa, Feiertage 9–14 Uhr.

Das Landhaus, gegenwärtiger Sitz der Kärntner Landesregierung, steht an der Westseite des Alten Platzes. Erbaut wurde es 1574 von den Kärntner Landständen an der Stelle einer früheren herzoglichen Burg. Die Entwürfe stammten von Antonio Verda aus Lugano und von Franz Freymann. Das Ergebnis war der bedeutendste Profanbau Klagenfurts, ein Renaissance-Juwel mit zwei hohen symmetrischen Türmen und einem zweigeschossigen Arkadenhof. Die Zwiebelhelme auf den beiden Türmen stammen von 1740.

Der anmutige Arkadenhof des Klagenfurter Landhauses

Der schönste Raum im Landhaus ist der Wappensaal (1740). Die Ausmalung des Saals, aber auch andere Malereien stammen von Josef Ferdinand Fromiller, dem damals berühmtesten Kärntner Künstler. Die Wände des Wappensaals sind mit 665 Kärntner Wappen geschmückt. Das sehenswerte Deckengemälde zeigt die Huldigung von Kaiser Karl IV. durch die Kärntner Stände. Der flachen Decke verhalf Fromiller durch Trompe-l'Œil-Malerei zu Gewölben. Im Nordflügel befindet sich die frühere Rüstkammer.

Im Stadtzentrum gibt es noch viele alte Bauten, z. B. das Rathaus mit seinem schönen Renaissance-Arkadenhof. Die Dreifaltigkeitssäule auf dem Alten Platz stammt von 1680. Kreuz und Halbmond wurden 1683 nach dem Sieg über die Türken angebracht.

Neuer Platz

Neuer Platz.

Mitten auf dem Platz steht der Lindwurmbrunnen. Das geflügelte Ungeheuer, Wahrzeichen und Wappentier der Stadt, wurde 1593 von Ulrich Vogelsang aus einem einzigen Steinblock gehauen. Der Riese mit der Keule, der die Stadt gerettet haben soll, kam später hinzu und stammt von Michael Hönel. Die Enthüllung des Monuments 1636 war ein öffentliches Spektakel.

Das Rathaus wurde 1582 erbaut und 1650 umgebaut. Es handelt sich um das ehemalige Palais der Familie Rosenberg und wurde 1918 Sitz der Stadtverwaltung. Interessant ist vor allem das doppelläufige Renaissance-Stiegenhaus. Ursprünglich stand das Rathaus vor den Toren der Stadt, doch mit den Bauten der Renaissance rückte es ins Zentrum. Auf dem Neuen Platz wurde 1764 das österreichweit erste Denkmal für Maria Theresia aufgestellt. Der Platz ist umgeben von prächtigen Bürgerhäusern aus dem 16. und 17. Jahrhundert.

Das Alte Rathaus (17. Jh.), Alter Platz

Dom St. Peter und Paul

Domplatz. (0463) 54 950. tägl. 7–19 Uhr.

Klagenfurts Domkirche wurde 1578 vom damaligen Bürgermeister Christoph Windisch als protestantische Kirche erbaut. 1604 übernahmen die Jesuiten die Kirche. 1787 wurde der Bischofssitz von Gurk nach Klagenfurt verlegt. Damals erhob man die Kirche in den Rang eines Doms. Nach einem Brand wurde der spätgotische Innenraum 1723 in barockem Stil erneuert. Im Zweiten Weltkrieg wurde der Dom bei der Bombardierung von 1944 nahezu zerstört. Nach dem Wiederaufbau erstrahlte er in neuem Glanz mit verschwenderischem Stuck in einer gelungenen Komposition verschiedener Stile. Die Wandfresken schuf Josef Ferdinand Fromiller, den Stuck an der Empore Kilian Pittner. Daniel Gran malte das Altarblatt des Hauptaltars (1752). Die Sakristei beherbergt das letzte Werk von Johann Martin Schmidt (dem Kremser Schmidt).

Statue auf einem Seitenaltar des Doms

Landesmuseum Kärnten

Museumgasse 2. 050 536 30 599. Di–Fr 10–18 Uhr (Do bis 20 Uhr), Sa, So 10–17 Uhr.
landesmuseum.ktn.gv.at

Das Landesmuseum existiert seit 1844. Die Sammlungen dokumentieren viele Jahrhunderte Kärntner Geschichte und Kulturschaffens sowie die keltischen und römischen Wurzeln. Das Bodenmosaik, Dionysos inmitten von Satyrn, gibt Zeugnis von der hochentwickelten römischen Kultur. Eine wahre Kuriosität der Sammlung ist der »Drachenschädel« – in Wirklichkeit der Schädel eines Nashorns –, der hier gefunden wurde. Der Fund inspirierte den Schöpfer des Lindwurmbrunnens und nährte die Sage, dass die Stadt früher von einem Drachen gepeinigt wurde, der Menschen- und Tieropfer forderte.

Eine Preziose unter den christlich-sakralen Kunstwerken ist das Schnitzwerk eines Altars aus der St. Veiter Schule. Im Park vor dem Museum stehen u. a. römische Statuen.

Minimundus

Villacher Straße 241. (0463) 21 19 40. März, Apr, Okt: tägl. 9–18 Uhr; Mai, Juni, Sep: tägl. 9–19 Uhr; Juli, Aug: tägl. 9–20 Uhr.
minimundus.at

Auf dem Gelände des Europaparks westlich von Klagenfurt befindet sich »Die kleine Welt am Wörthersee«, ein Themenpark mit über 170 Miniaturmodellen berühmter Baudenkmäler aus aller Welt. Seit 1959 wurde der Park mit detailgetreuen Miniaturen (Maßstab 1:25) ausgestattet. Der Reinerlös von Minimundus kommt der Stiftung *Rettet das Kind* zugute. Zu den Modellen gehören der Petersdom in Rom, der Pariser Eiffelturm, Big Ben in London, das Atomium in Brüssel, das Taj Mahal im indischen Agra und die New Yorker Freiheitsstatue. Natürlich sind auch österreichische Sehenswürdigkeiten wie der Wiener Stephansdom sehr gut repräsentiert. Ergänzt wird das Areal durch Miniaturmodelle österreichischer Wassermühlen, Mississippi-Dampfer und Dampfloks.

Umgebung: Klagenfurt ist von Seen und Bergen umgeben. Dem **Wörthersee** *(siehe S. 280f)* verdankt es den Beinamen

Farbenprächtige Bleiglasfenster im Zisterzienserkloster Viktring

»Rose vom Wörthersee«. Sechs Kilometer südwestlich von Klagenfurt liegt **Kloster Viktring**. Die Zisterziensermönche kamen 1142 hierher. Die vielen Burgen und Schlösser in der Umgebung zeugen vom Reichtum der Gegend. Sehenswert ist die Festung **Mageregg** (errichtet 1590, umgebaut 1841), deren Park zum Zoo für einheimische Tiere umfunktioniert wurde. **Schloss Hallegg** (12. Jh.) besitzt noch seinen ursprünglichen Turm. Ansonsten ist es ein stattliches Renaissance-Palais.

Architekturmodelle in Minimundus: Salzburger Dom und Schloss Ort

❾ Friesach

Straßenkarte E5. 5500.
Rathaus, (04268) 22 13 40.
friesach.at

Friesach ist die älteste Stadt Kärntens. Ihre Geschichte lässt sich bis 860 zurückverfolgen. Damals wurde die Festung **Petersberg** erbaut, von der nur noch der sechsgeschossige Bergfried intakt ist. In der Kapelle im vierten Obergeschoss findet man Fresken aus dem 12. Jahrhundert. Von der früheren Bedeutung Friesachs zeugt die großteils erhaltene, 820 Meter lange Stadtbefestigung samt Mauergraben und Festungstürmen. Nicht umsonst nennt sich die Stadt auch »Rothenburg Österreichs«.

Der gotische Altar (1525) der **Peterskirche** weist eine romanische Marienfigur (um 1200) auf. Das 1217 erbaute **Dominikanerkloster** besitzt u. a. eine Madonna (14. Jh.) und ein wertvolles Holzkruzifix (1300). In der Deutschordenskirche **St. Blasius** (1213) sind noch Fresken aus dem 12. Jahrhundert erhalten.

❿ Um den Wörthersee

Siehe S. 280f.

⓫ Villach

Straßenkarte E5. 60 000.
Rathausplatz 1, (04242) 20 51 888.
villach.at

Die zweitgrößte Stadt Kärntens ist ein bedeutendes Fremdenverkehrszentrum, Kurort und Verkehrsknotenpunkt. Archäologische Funde zeigen, dass schon die Kelten hier siedelten. Die **Stadtpfarrkirche St. Jakob** in der kleinen Altstadt besitzt einen 95 Meter hohen Turm. Die Kirche wurde nach dem schweren Erdbeben von 1348 errichtet und später umgebaut. Sehenswert sind die spätgotische, von Katharina von Görz gestiftete Kapelle sowie die Renaissance-Grabmale derer von Dietrichstein und Khevenhüller. Das **Stadtmuseum** (16. Jh.) in der Widmanngasse 38 zeigt Regionalgeschichtliches sowie archäologische Exponate.

Im **Schillerpark** befindet sich ein 3-D-Modell Kärntens im Maßstab 1:10 000 *(siehe S. 269)*.

Umgebung: Die Kirche **Maria Gail** nahe Villach besitzt Fresken (14. Jh.) und einen spätgotischen Altar (um 1520).

Renaissance-Arkadenhof, Schloss Porcia

⓬ Spittal an der Drau

Straßenkarte D5. 15 500.
Schloss Porcia, Burgplatz 1, (04762) 56 50 220. **spittal-drau.at**

Spittal liegt in der Tallandschaft von Drau und Lieser unterhalb des 2142 Meter hohen Goldecks. Der Ort entwickelte sich um ein Spital und eine Kirche, die Graf von Ortenburg im 12. Jahrhundert gründete. Ihr Renaissance-Gepräge verdankt die Stadt dem im 16. Jahrhundert erbauten **Schloss Porcia**, das nach seinem Erbauer, dem spanischen Edelmann Gabriel von Salamanca, auch Salamanca-Schloss genannt wird. Es ist einer der bedeutendsten Renaissance-Bauten Österreichs. Von 1662 bis 1918 war das Schloss im Besitz der Familie Porcia, die zum Erhalt dieses Meisterwerks der spanischen Renaissance beitrug. Von vollendeter Schönheit ist der dreigeschossige Arkadenhof mit filigranen Details. Der gut erhaltene Bau beherbergt heute ein Volkskundemuseum.

Umgebung: Auf dem Holzer Berg bei St. Peter in Holz, fünf Kilometer nordwestlich von Spittal, stehen die Ruinen einer frühchristlichen Kirche sowie das **Römermuseum Teurnia**. Der Hügel wurde zuerst von Kelten, später von Römern besiedelt.

Seit 2012 ersetzt die Kärnten Therme dieses ehemalige Villacher Thermalbad

⓭ Millstatt

Straßenkarte D5. 3400.
Marktplatz 8, (04766) 20 23 31.
millstatt.at

Die größte Sehenswürdigkeit in Millstatt am Nordufer des Millstätter Sees ist das 1070 gegründete **Benediktinerstift**. Bis 1469 lebten hier Benediktiner aus Hirsau. Anschließend fiel das Kloster in die Hände des St.-Georgs-Ritterordens. 1598–1773 war es im Besitz der Jesuiten. Beeindruckend ist der Renaissance-Hof mit zweigeschossigen Arkadengängen. Er stammt aus dem 16. Jahrhundert, als das Kloster im Besitz der St.-Georgs-Ritter war. Kloster und Kirche sind durch einen Kreuzgang (12. Jh.) verbunden. Großartig sind die mittelalterlichen Säulenkapitelle, die eine groteske Welt von Tieren, Pflanzen und Gesichtern zeigen.

Noch älter, wahrscheinlich aus der Karolingerzeit, sind die magischen Ornamente am Durchgang vom Kirchhof zum Stiftsplatz, möglicherweise ein heidnischer Zauberspruch. Auffällig ist auch das romanische Portal (1170), ein Werk Meister Rudgers.

In den Seitenkapellen findet man die Marmorgrabmale der Ordensgroßmeister. Die Fresken von 1519 zeigen das Jüngste Gericht.

Arkadenhof des Benediktinerstifts in Millstatt

⑭ Gmünd

Straßenkarte D5. 2500.
Hauptplatz 20, (04732) 22 15 14.
stadtgmuend.at

Die Salzburger Erzbischöfe, die in Gmünd regierten, begannen im 12. Jahrhundert damit, die Stadt mit Wehrmauern zu befestigen. Große Teile dieser alten Befestigung, Mauern, Türme und Bastionen, sind heute noch erhalten.

Zwei Schlösser thronen über der Stadt. Das **Alte Schloss**, das Erzbischof Leonhard 1506 erbauen ließ, wurde 1886 durch einen Brand zerstört, aber wieder restauriert. Heute wird es als Kulturzentrum genutzt. Das **Neue Schloss** wurde 1651–54 von Graf Christoph Lodron errichtet. Heute dient der ehemalige Bergfried als Schule und Konzertsaal.

Lauschiges Gässchen in der früheren Porsche-Stadt Gmünd

Ferdinand Porsche, ein gebürtiger Österreicher, arbeitete 1944–50 in Gmünd. 52 der klassischen 356er-Modelle wurden hier in Handarbeit hergestellt. Im **Porsche-Museum** sind die berühmtesten Modelle zu sehen.

Porsche-Museum
Riesertratte 4a. (04732) 24 71.
15. Mai–15. Okt: tägl. 9–18 Uhr; 16. Okt–14. Mai: tägl. 10–16 Uhr.
porschemuseum.at

⑮ Mölltal

Straßenkarte D5.

Die Möll, ein Nebenfluss der Drau, entspringt in 2400 Meter Höhe unterhalb des Großglockners. Im unteren Mölltal schlängelt sich die Möll im Schatten der Reißeck-Gruppe und deren höchstem Gipfel, dem Großen Reißeck, in Mäandern dahin. Eine Zufahrt zum Mölltal bietet die eindrucksvolle Großglockner-Hochalpenstraße. Die malerische Straße durchs untere Mölltal, die von Winklern aus Richtung Lienz oder Dolomiten führt, ist eine wichtige Transitstrecke.

Die Gegend um die Pfarrei **Großkirchheim** war früher eine Bergbauregion. Im **Schloss Großkirchheim** (16. Jh.) hat das Bergbaumuseum seinen Sitz.

In **Döllach** steht die spätgotische Andreaskirche. Eine weitere spätgotische Kirche, St. Georg, findet man in **Sagritz**. An **Schloss Falkenstein** bei Obervellach fällt der Turm mit dem Holzdach auf.

⑯ Lienz

Straßenkarte D5. 12 000.
Europaplatz 1, 050 212 400.
lienzerdolomiten.info

Seit 1919 ist Lienz Bezirkshauptstadt von Osttirol. Die Geschichte der Stadt lässt sich bis ins Mittelalter zurückverfolgen. **St. Andrä**, eine dreischiffige gotische Basilika, wurde im 15. Jahrhundert erbaut. Im westlichen Teil erkennt man noch die frühere romanische Kirche. Nach zahllosen Umbaumaßnahmen präsentiert sie sich heute als Barockkirche. Den Innenraum schmücken ein Fresko von J. A. Mölk und ein Hochaltar von Franz Engele. Die um 1350 erbaute **Franziskanerkirche** besitzt Fresken aus dem 15. Jahrhundert und eine gotische Pietà.

Oberhalb der Stadt liegt **Schloss Bruck**, Sitz der Grafen von Görz. Der Bau mit dem mächtigen romanischen Turm wurde zwischen dem 13. und 16. Jahrhundert errichtet. Romanisch ist auch die zweistöckige Schlosskapelle, jüngeren Datums der Freskenschmuck. Im Schloss zeigt ein Museum gotische und barocke Kunst sowie Gemälde des Tiroler Künstlers Albin Egger-Lienz (1868–1926).

Der mächtige romanische Turm von Schloss Bruck in Lienz

⑩ Tour: Um den Wörthersee

Der Wörthersee ist einer der wärmsten Seen Österreichs. Im Sommer kann er Wassertemperaturen von 24 bis 28 °C bieten. Die Orte rund um den See sind beliebte Urlaubsziele. Velden, der größte Kurort, verfügt über ein Casino. Krumpendorf und das exklusive Pörtschach liegen am leicht zugänglichen Nordufer. Das beschauliche Reifnitz residiert am Südufer. In der Nähe gibt es noch andere, kleinere Seen. Einer ist der zwischen Hügeln eingebettete Ossiacher See. Südlich der Kärntner Seen verläuft die Grenze zu Slowenien. Von hier aus hat man einen schönen Blick auf die Karawanken.

① Ossiach
Das einstige Benediktinerstift und die Stiftskirche in Ossiach, der älteste Klosterkomplex Kärntens, wurden im 11. Jahrhundert errichtet und später barockisiert. Das Stift ist heute ein Hotel.

② Schloss Landskron
Von der stolzen mittelalterlichen Burg ist nicht mehr viel übrig, doch sogar die Ruinen sind noch beeindruckend. Die Greifvogelschau auf dem Schlossberg und der nahe »Affenberg« sind Attraktionen.

0 Kilometer 4

③ Rosegg
Das kleine Dorf zwischen Wörthersee und Faaker See besitzt einen 200 Jahre alten Landschafts- und Wildpark. Man bemüht sich, für die Tiere eine artgerechte, natürliche Umgebung zu schaffen.

④ Schloss Velden
Das frühbarocke Schloss im bekannten Kurort Velden am Wörthersee wurde von der Familie Khevenhüller erbaut und durch eine populäre Fernsehserie berühmt. Heute ist das Schloss ein elegantes Hotel.

Routeninfos

Länge: 45 km.
Rasten: In allen Kurorten rund um den See gibt es ausreichend Hotels und Restaurants. Velden ist der größte Kurort.
Tipp: Besuchen Sie den **Tierpark Rosegg** beim Schloss. ☎ (04274) 52 357. ◷ Mitte Apr–Okt: tägl. 9–18 Uhr. **W rosegg.at**

⑤ **Maria Wörth**
Die Kirche (12. Jh.) steht auf einer Landzunge. Sie wurde auf den Fundamenten einer früheren Kirche errichtet und besitzt Fresken aus dem 11. Jahrhundert.

⑥ **Wörthersee**
Der Wörthersee ist einer der wärmsten Badeseen Österreichs. Nicht umsonst wird er auch als Österreichische Riviera bezeichnet. Hier kann man sich wundervoll erholen und Wassersport treiben.

⑦ **Reifnitz**
Burg Reifnitz wurde schon vor 1195 erbaut und war eine der trutzigsten Kärntner Burgen. Heute existieren nur noch der Haupttrakt und der Bergfried.

Legende

- Autobahn
- Routenempfehlung
- Panoramastraße
- Andere Straße
- See, Fluss
- Aussichtspunkt

⑧ **Pyramidenkogel**
Vom Gipfel des 850 Meter hohen Pyramidenkogel hat man einen fantastischen Ausblick auf die Umgebung, auf den Wörthersee und die anderen Kärntner Seen sowie auf die Karawanken im Süden.

⑰ Nationalpark Hohe Tauern

Die atemberaubenden Gebirgsmassive in den Hohen Tauern wurden zum Nationalpark erklärt. Schutz und Erhalt der einmaligen Landschaft sowie ihrer Flora und Fauna obliegt den Landesregierungen von Salzburg, Kärnten und Tirol. Mehr als 300 Gipfel in den Hohen Tauern sind höher als 3000 Meter. Hier erhebt sich auch der Großglockner, der höchste Berg Österreichs. Von den Gletschern ist die Pasterze besonders spektakulär. Der gesamte Nationalpark ist Naturschutzgebiet, Wanderer sollten auf den markierten Wegen bleiben. Am Rand des Nationalparks liegen Ferienorte wie Badgastein, Kaprun und Zell am See sowie Lienz.

Stauseen
Immer wieder stößt man in den Hohen Tauern auf ruhige, kristallklare, aber eiskalte Stauseen. Sie werden nicht von Quellen, sondern vom Schmelzwasser der Gletscher gespeist.

★ Pasterze
Die Pasterze ist der größte Gletscher der Ostalpen. Sie ist neun Kilometer lang und hat fast 20 Quadratkilometer Fläche. Ein Erlebnis ist der Gletscherweg. Das Areal ist auch per Seilbahn erreichbar.

★ Großglockner
Der Großglockner, mit 3798 Metern der höchste Gipfel Österreichs, erhebt sich an der Grenze zwischen Kärnten und Osttirol.

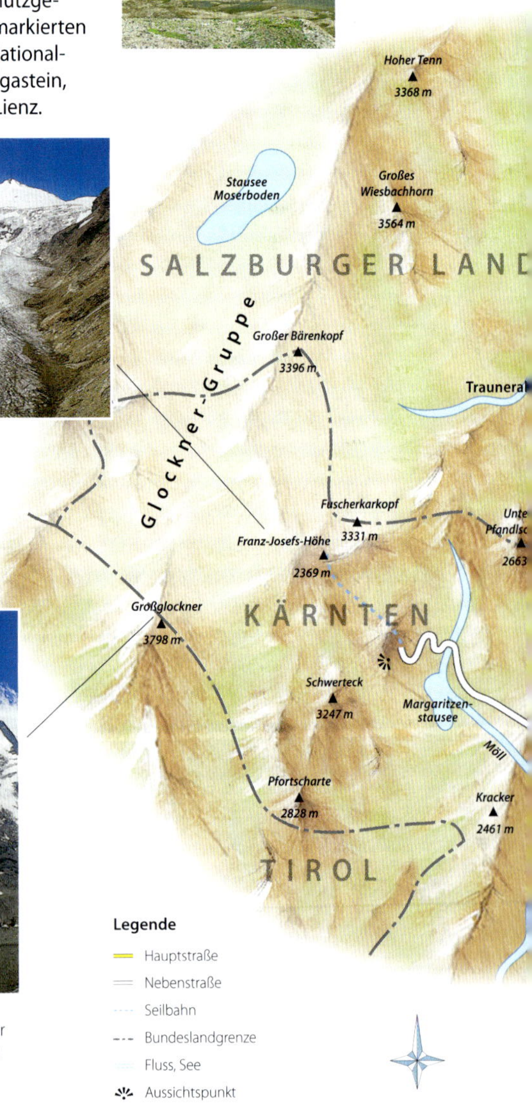

Hotels und Restaurants in Kärnten und Osttirol *siehe Seiten 299 und 325*

Edelweißspitze
Auf die 2571 Meter hohe Edelweißspitze führt ein Abstecher der Großglockner-Hochalpenstraße. Ein Aussichtsturm bietet einen grandiosen Rundblick.

Infobox

Information
Straßenkarte D4.
Nationalpark Hohe Tauern, Matrei in Osttirol, Kirchplatz 2, (04875) 51 120.
hohetauern.at.

Alpine Flora
Die wohlriechende Alpen-Wucherblume *(Tanacetum alpinum)* ist eine der vielen Pflanzen, die es hier zu entdecken gibt.

Gondelbahn auf das Schareck
Das Schareck (2606 m) in der Goldberg-Gruppe kann mit der Gondelbahn in zwei Etappen erreicht werden. Die Bergstation ist ein guter Startpunkt für Touren zu den umliegenden Gipfeln.

Alpensteinbock
Der Alpensteinbock zählt zu den geschützten Tierarten. Man kann ihn z. B. im Wildpark Ferleiten *(siehe S. 284)* beobachten.

⑱ Tour: Großglockner-Hochalpenstraße

Die Hochalpenstraße, eine der schönsten Bergstraßen der Welt, quert den Nationalpark Hohe Tauern in unmittelbarer Nähe des Großglockners. Sie wurde 1935 fertiggestellt und orientiert sich an der alten Passstraße zwischen Bruck im Salzburger Land und Heiligenblut in Kärnten. Die Gesamtlänge dieser Nord-Süd-Passage von Bayern nach Italien beträgt 47,8 Kilometer. Zwei Abzweigungen führen zu Aussichtspunkten. Der höchste Punkt der Straße ist das Hochtor (2505 m), tiefster ist Bruck (755 m). Auf den 1500 Metern Höhenunterschied durchfährt man alle Vegetationszonen.

⑤ Hochtor
Das Hochtor ist der höchste Punkt der Großglockner-Hochalpenstraße. Der Tunnel in Richtung Guttal hat eine Länge von 2,3 Kilometern.

⑥ Fuscher Törl
Die Straße windet sich hier oberhalb von steilen Schluchten. Auf beiden Seiten sieht man die Gebirgskämme der Goldberg-Gruppe.

⑦ Aussichtsturm auf der Edelweißspitze
Der Turm steht ganz oben auf der Edelweißspitze (2571 m). Im Westen ragt der Großglockner auf, im Osten die Goldberg-Gruppe.

⑧ Museum Alpine Naturschau
Das kleine Museum auf 2260 Meter Höhe informiert über Flora und Fauna des sensiblen, extremen Lebensraums. Der Eintritt ist frei. Im nördlich gelegenen Ferleiten gibt es einen Alpenwildpark.

Legende

- Routenempfehlung
- Andere Straße
- Seilbahn
- Fluss, See
- Bundeslandgrenze
- Aussichtspunkt

Hotels und Restaurants in Kärnten und Osttirol *siehe Seiten 299 und 325*

④ Schareck

Das Schareck gehört zur Goldberg-Gruppe. Früher wurde in dem Gebiet nach Gold geschürft. Von hier aus sieht man im Westen den Gipfel des Schildbergs, den Großglockner und die hochalpinen Skigebiete.

Routeninfos

Länge: 40 km.
Rasten: Auf der Strecke kann man in Berghütten und einfachen Gasthöfen übernachten, auch etliche Restaurants bieten Fremdenzimmer an.
Info: Die Straße kostet Maut und ist nur von Mai bis November befahrbar. **W grossglockner.at**

③ Observatorium

Der Swarovski-Turm wurde 1998 auf der Franz-Josefs-Höhe erbaut. Dank modernster optischer Geräte kann man den Ausblick von hier noch intensiver genießen.

① Heiligenblut

Die Kirche in Heiligenblut wurde im 15. Jahrhundert von Mönchen aus Admont errichtet. Der Altar stammt aus der Werkstatt Michael Pachers. Das geschnitzte Tabernakel birgt eine Phiole mit dem Blut Christi.

② Franz-Josefs-Höhe

Eine Abzweigung der Hochalpenstraße, die Gletscherstraße, führt zu einer Aussichtsplattform (2369 m). Von hier aus sieht man den Großglockner und die Pasterze.

Zeichenerklärung *siehe hintere Umschlagklappe*

ZU GAST IN ÖSTERREICH

Hotels

Österreich verfügt über eine hervorragende touristische Infrastruktur – jeder kann hier das Quartier finden, das seinen Vorstellungen entspricht. Es gibt zahlreiche Hotels und Pensionen aller Kategorien und Preisklassen. Das Angebot umfasst auch nette Privatzimmer und gut ausgestattete Campingplätze. Die Zimmer sind im Allgemeinen komfortabel eingerichtet, das Personal zeichnet sich durch Hilfsbereitschaft und Freundlichkeit aus. In weniger gut erschlossenen Regionen bieten viele Hotels und Resorts auch einen Abholdienst für Gäste vom Bahnhof oder von der Busstation an. Auf den Seiten 292–299 finden Sie eine Liste mit Hotels und Pensionen aller Art.

Hotelkomplex in idyllischer Lage in Kampl

Hoteltypen

Hotels und Pensionen sind wie auch in anderen Ländern in Kategorien (ein bis fünf Sterne) eingeteilt, wobei sich die Anzahl der Sterne eher nach der Ausstattung als nach dem Service richtet. Generell sind Pensionen einfacher ausgestattet, bieten aber oft eine gemütlichere Atmosphäre.

Für die Auswahl des Hotels ist entscheidend, was Sie in Österreich vorhaben. Besucher, die in erster Linie an Sightseeing interessiert und viel unterwegs sind, ziehen oft kostengünstigere Privatunterkünfte oder Pensionen vor. Sportbegeisterte wählen Hotels mit entsprechenden Angeboten. Wer Ruhe und Erholung sucht oder im Urlaub etwas für Gesundheit und Wohlbefinden tun will, wird sich für eines der vielen gut ausgestatteten Kurhotels entscheiden. Die Auswahl an Hotels und Pensionen ist generell groß und lässt keinerlei Wünsche offen.

Reservierung

Wie überall sonst können Hotelzimmer per Post, Telefon, Fax, E-Mail oder über das Internet reserviert werden. Die Reservierungen erfolgen direkt beim Hotel oder über den örtlichen Tourismusverband. **WienTourismus** (Info- und Hotel-Hotline 01-24 555) oder die örtlichen Tourismusbüros sind auch bei der Buchung für Gruppen behilflich. Sie versenden auf Anfrage auch ausführliche Informationsbroschüren und Prospekte zu den Unterkünften.

Im Allgemeinen ist es empfehlenswert – insbesondere in den Sommermonaten sowie in den Weihnachts- und Osterferien –, im Voraus zu reservieren.

Hotelketten

Neben bekannten Hotelketten wie **Mercure** und **Hilton** sind auch die **50plus Hotels** interessante Alternativen, da sie Kureinrichtungen und medizinische Betreuung anbieten. Die größten Hotels dieser Kette findet man bei Salzburg und in Vorarlberg. Weitere empfehlenswerte Hotelketten sind: Romantik-Hotels, Grand Hotel, Marriott, Bristol, **Austria Trend**, Hotel-Post, Renaissance und **Ibis**. Alle bieten hohen Komfort, aber nur wenige haben Zimmer mit Klimaanlage.

Schlosshotel im eleganten Skiort Badgastein

Hotels in historischen Gebäuden

Besucher, die ein besonderes Flair suchen, sollten eine Übernachtung in einem der vielen mittelalterlichen Gebäude erwägen, die zu Hotels umgebaut wurden. Oft werden solche Häuser als »Schlosshotel« bezeichnet. Einige hervorra-

Das imposante Foyer im Hotel Imperial *(siehe S. 294)*

◀ **Kaffee unter der Kuppel: Café des Kunsthistorischen Museums in Wien** *(siehe S. 88–91)*

gende Beispiele für umgebaute Festungen, Burgen oder Schlösser sind etwa Burg Oberranna, Hotel Schloss Dürnstein in der Wachau, Burghotel Deutschlandsberg in der Steiermark oder eines der Renaissance- oder Barockschlösser wie der Raffelsberger Hof in Weißenkirchen (Niederösterreich), das Schlosshotel Oth in Baden bei Wien, Schloss Feyregg in Bad Hall (Oberösterreich) und das Hotel Palais Coburg in Wien. Sie alle bieten moderne Unterkünfte in luxuriösem Ambiente, mit stilvoller Einrichtung in der romantischen Atmosphäre vergangener Zeiten. Schloss Fuschl in Hof bei Salzburg ist gleichzeitig Kurhotel mit einem exquisiten Wellness-Bereich. Auch ländliche Jagdhütten sind beliebt – nicht nur bei Gästen, die der Jagd frönen.

Die Preise in historischen Hotels sind oft höher als in anderen bekannten Häusern. Ein Einzelzimmer (Suite) im Palais Coburg in Wien kostet ab 700 Euro pro Nacht, während ein vergleichbares Zimmer in einem Hotel der Inter-Continental-Gruppe 200 – 400 Euro kostet.

Schild des Goldenen Adlers in Innsbruck

Im Allgemeinen ist Wien, was die Übernachtung anbelangt, ein teurer Ort. In den anderen Gebieten kostet die Unterkunft In Schlössern und Herrenhäusern dagegen etwa 100 – 250 Euro. Ausnahmen sind Hotels in besonderer Lage, wie etwa das Herrenhaus Tennerhof im schicken Wintersportort Kitzbühel, in dem man für die Übernachtung das Doppelte aufbringen muss. Infos über Unterkünfte in Schlössern erhält man bei den Tourismusverbänden der Bundesländer oder bei **Schlosshotels & Herrenhäuser**.

Hotelpreise

Die Hotelpreise hängen nicht allein von der Kategorie, sondern auch von der Region, der Saison und den örtlichen Gepflogenheiten ab. Die Unterschiede sind, selbst innerhalb derselben Kategorie, oft beachtlich. Hotels in Wien, Salzburg und Graz sind oft recht teuer – viele Hotels und Pensionen in zentraler Lage sind schlichtweg überteuert. Man kann Kosten sparen, wenn man außerhalb der Innenstädte absteigt. In Wien beispielsweise sind die Hotelpreise etwa um ein Fünftel günstiger, wenn man außerhalb der Ringstraße nächtigt. Je weiter das Hotel vom Zentrum entfernt liegt, desto günstiger ist es auch.

Stimmungsvolles Interieur im Hotel Weismayr in Badgastein *(siehe S. 297)*

Die Übernachtung in abgelegeneren Orten ist etwas billiger, doch variieren die Preise auch hier stark. Preisgünstige Unterkünfte findet man außerhalb der Hauptsaison, beispielsweise wenn man einen Wintersportort im Sommer besucht. In den Städten kann man bei einem längeren Aufenthalt eventuell Preisnachlässe aushandeln.

Charmante rustikale Pension in der Bergregion von Lech

Versteckte Preisaufschläge

Bei der Reservierung eines Zimmers sollte man auf versteckte Preisaufschläge wie Kurtaxe oder Reinigungsgebühren achten. Im Allgemeinen ist die Mehrwertsteuer im angegebenen Zimmerpreis enthalten, gelegentlich handelt es sich aber auch um Nettopreise.

In Hotels ist das Frühstück normalerweise inklusive – mit Ausnahme der Fünf-Sterne-Hotels. Weitere typische Extrakosten – vor allem in größeren Städten – sind Parkgebühren, Telefongebühren und überteuerte Getränke aus der Minibar.

Wenn Sie sich für eine Unterkunft mit Vollpension entschieden haben, sollten Sie zusätzliche Kosten für Getränke und das Trinkgeld einkalkulieren. Bei einer Ferienwohnung sollten Sie nachfragen, ob die Stromkosten inbegriffen oder nach Verbrauch zu bezahlen sind und was für die Endreinigung berechnet wird.

Widdersteinblick, ein Landhotel im Kleinwalsertal *(siehe S. 299)*

Pensionen und Gasthöfe

Pensionen sind in Österreich weitverbreitet und sehr beliebt. Sie werden oft als Familienbetriebe geführt, sind gemütlicher als Hotels und bieten einfache Zimmer, Frühstück und eine familiäre Atmosphäre. Die Besitzer bemühen sich oft persönlich um ihre Gäste. Die meisten Zimmer verfügen über Bad und Toilette. Manche sind mit Telefon und TV ausgestattet.

Traditionelle Gasthöfe findet man eher in kleineren Orten. Sie haben ein Restaurant im Erdgeschoss und Gästezimmer in den oberen Stockwerken. Das Spektrum reicht von kleinen, preiswerten Familienbetrieben bis zu stilvoll restaurierten, luxuriösen Landgasthöfen.

Privatunterkünfte und Jugendherbergen

In beliebten Ferienzentren ist es üblich, dass die Besitzer großer Villen oder Privathäuser Zimmer an Urlauber vermieten. Die Ausstattung ist recht unterschiedlich. Manche Zimmer verfügen über ein eigenes Bad. Anderswo steht den Gästen nur ein Gemeinschaftsbad auf dem Flur zur Verfügung. Die Zimmer werden mit oder ohne Frühstück angeboten.

Für Familien und Jugendliche, die in Gruppen reisen, ist die Übernachtung in einer Jugendherberge die günstigste Option. Die meisten Herbergen sind sehr gut ausgestattet, einige liegen sogar in Schlössern, Villen oder anderen historischen Gebäuden.

Urlaub auf dem Bauernhof

Familien mit Kindern machen gern Urlaub auf dem Bauernhof. Es gibt mittlerweile eine Reihe von Bauernhöfen, die für die Aufnahme von Gästen ausgestattet sind. Einige bieten Einrichtungen zur Selbstversorgung an. In anderen werden die Mahlzeiten von den Gastgebern zubereitet. Es werden Zimmer mit Frühstück, Halbpension oder Vollpension angeboten. Die Anzahl der meist komfortabel ausgestatteten Zimmer auf einem Bauernhof und die Preise variieren stark.

Für Kinder aus der Stadt ist dies eine ideale Möglichkeit, die tägliche Arbeit auf einem Bauernhof zu beobachten und die Tierwelt kennenzulernen. Oft kann man reiten. Manchmal verleihen die Vermieter auch Fahrräder oder Sportgeräte, mitunter auch Boote oder eine Angelausrüstung.

Informationen über Urlaub auf dem Bauernhof und Preislisten verschicken die lokalen Tourismusverbände.

Berghütten und Herbergen

Berghütten sind entlang aller größeren Wanderwege zu finden. Sogar in Wien gibt es eine: Am Ufer der Alten Donau steht in nur 155 Meter Höhe eine malerische Herberge, die allerdings Gruppen vorbehalten ist. In Niederösterreich findet man einige solcher Herbergen, von denen manche bequem zu erreichen sind. Auch in den Hochalpen stoßen Wanderer auf zahlreiche Hütten. Sie verfügen meist über Doppel- und Dreibettzimmer sowie einfache Schlafsäle. Je höher man in die Berge kommt und je abgelegener die Gegend ist, desto einfacher sind die Hütten ausgestattet. In den Herbergen erhält man auch aktuelle Infos über die Wanderwege, Kletterrouten und Wetterbedingungen.

Je nach Region und Saison haben die Herbergen entweder das ganze Jahr über oder nur in den Sommermonaten, meist bis Ende September oder Oktober, geöffnet. Manche sind – auch im Sommer – nur am Wochenende oder nach Voranmeldung geöffnet oder haben Ruhetage.

Der **Österreichische Alpenverein (ÖAV)** oder die lokalen Tourismusbüros versorgen Sie gern mit allen nötigen Informationen.

Camping

Das Reisen mit Wohnwagen, Wohnmobil oder auch mit einem Zelt ist in Österreich sehr beliebt. Deshalb gibt es in allen größeren Städten und Feriengebieten schöne Cam-

Campingplatz am Ossiacher See in Kärnten

Berghütte in der Nähe von Schöpfl im Wienerwald

pingplätze. Sie sind oft sehr gut ausgestattet – mit Waschräumen und Küchen, Waschmaschinen und Bügelräumen. Auf manchen Plätzen werden auch Wohnwagen vermietet. Fast alle haben einen Kinderspielplatz, einige sind behindertengerecht ausgestattet. Restaurants, Bars und Läden sind meist in unmittelbarer Nähe zu finden. Der Preis liegt zwischen sieben und 25 Euro pro Tag für zwei Personen, mitunter wird noch eine Kurtaxe berechnet. Die Benutzung von Duschen und der Stromverbrauch sind in der Regel extra zu bezahlen. Infos gibt es beim **Österreichischen Camping Club (ÖCC)**.

Mit Kindern reisen

In den meisten größeren Städten sind Kinderspielplätze mit Schaukeln, Rutschen und Klettertürmen zu finden. Ähnliche Einrichtungen gibt es auch in vielen Hotels und Pensionen. Manche Restaurants verfügen auch über eine eigene Spielecke oder ein Spielzimmer für Kinder. In einigen Hotels und Pensionen kann man einen Babysitterdienst buchen. In vielen Restaurants gibt es eine Kinderkarte, auch Kinderstühle sind vorhanden.

Manche Pensionen, vor allem Familienpensionen, organisieren ein spezielles Kinderprogramm. Angeboten werden etwa sportliche Aktivitäten von Skifahren, Skaten bis hin zu Reiten, Tennis, Schwimmen und Radfahren. Manchmal gibt es auch Kletterunterricht oder die Möglichkeit für Kanufahrten. Ein Besuch der vielen Burgen Österreichs kann für Urlauber aller Altersstufen ein besonderes Erlebnis sein.

Hotelkategorien

Die Hotelauswahl *(siehe S. 292–299)* dieses Reiseführers ist nach Regionen geordnet. Um Ihnen die Auswahl zu erleichtern, wurden die Unterkünfte verschiedenen Kategorien zugeordnet: Boutique, modern, familienfreundlich, Pension, Land- und Kurhotel sowie Luxus. Alle gelisteten österreichischen Hotels wurden wegen ihrer Qualität und, in einigen Fällen, auch wegen ihres günstigen Preises ausgewählt. Alle Übernachtungsmöglichkeiten bieten ein bisschen mehr als nur ein Bett für die Nacht.

Die Vis-à-Vis-Tipps listen besondere Häuser auf – Hotels mit schönen Zimmern, historischem Flair, überdurchschnittlichem Service, grandiosem Ausblick, einem tollen Spa, familiärer Atmosphäre – oder einer Kombination aus all diesen Faktoren.

Auf einen Blick

Information und Reservierung

Österreich Werbung
Klosterstraße 64, 10179 Berlin. (030) 21 91 480.

Margaretenstraße 1, 1040 Wien. (01) 58 86 60.
austriatourism.com

WienTourismus
Albertinaplatz/Maysedergasse, Wien.
(01) 24 555.

Flughafen Ankunftshalle.
tägl. 6–23 Uhr.
wien.info

Kärnten
Völkermarkter Ring 21–23, 9020 Klagenfurt.
(0463) 30 00.
kaernten.at

Niederösterreich
Niederösterreichring 2, Haus C, 3100 St. Pölten.
(02742) 90 00-19800.
niederoesterreich.at

Oberösterreich
Freistädterstraße 119, 4041 Linz. (0732) 22 10 22.
oberoesterreich.at

Salzburger Land
Wiener Bundesstraße 23, 5300 Hallwang.
(0662) 66 880.
salzburgerland.com

Steiermark
St. Peter-Hauptstraße 243, 8042 Graz.
(0316) 40 030.
steiermark.com

Tirol
Maria-Theresien-Straße 55, 6010 Innsbruck. (0512) 72 720. **tirol.at**

Hotelketten

50plus Hotels
50plushotels.at

Austria Trend
austria-trend-at

Hilton
hilton.com

Ibis
ibishotel.com

Mercure
mercure.com

Hotels in historischen Gebäuden

Schlosshotels & Herrenhäuser
Austraße 7, 5411 Oberalm.
(06245) 90 123.
schlosshotels.co.at

Jugendherbergen

Österreichischer Jugendherbergsverband (ÖJHV)
Zelinkagasse 12, 1010 Wien. (01) 53 35 353.
oejhv.or.at

Berghütten

Österreichischer Alpenverein (ÖAV)
Olympiastraße 37, 6020 Innsbruck.
(0512) 59 547.
alpenverein.at

Camping

Österreichischer Camping Club (ÖCC)
Schubertring 1–3, 1010 Wien.
(01) 71 36 151.
campingclub.at

Hotelauswahl

Wien

Innenstadt

Domizil €
Pension **SP** 2 C4
Schulerstraße 14, 1010
(01) 513 3199
hoteldomizil.at
Die 40 Zimmer des Hauses sind anheimelnd. Freundliches Personal.

Graben Hotel €
Boutique **SP** 2 B4
Dorotheergasse 3, 1010
(01) 512 15 310
kremslehnerhotels.at
Das frisch renovierte Hotel bietet Zweibett- und Dreibettzimmer. Es gibt ein opulentes Frühstück.

Hotel Post €
Familienfreundlich **SP** 2 C3
Fleischmarkt 24, 1010
(01) 515 830
hotel-post-wien.at
Einmalig gestaltete Zimmer in einem sechsstöckigen Hotel. Zum Haus gehört ein Restaurant.

Pension Nossek €
Pension **SP** 2 B4
Graben 17, 1010
(01) 533 70 410
pension-nossek.at
Die liebenswerte Pension bietet gemütliche (Nichtraucher-)Zimmern. Guter Service.

Best Western Plus Hotel Das Tigra €€
Zeitgenössisch **SP** 2 B3
Tiefer Graben 14–20, 1010
(01) 533 96 410
hotel-tigra.at
Schickes Hotel in ruhiger Lage mit geräumigen gut ausgestatteten Zimmern.

Do & Co Hotel Vienna €€
Zeitgenössisch **SP** 2 B4
Stephansplatz 12, 1010
(01) 24 18 8
doco.com
Stilvolles Hotel für den anspruchsvollen Reisenden. Hightech-Ausstattung und 24-Stunden-Service.

Vis-à-Vis-Tipp

Hollmann Beletage €€
Boutique **SP** 2 C3
Köllnerhofgasse 6, 1010
(01) 96 11 960
hollmann-beletage.at
Dieses familienbetriebene Hotel ist ein Juwel und verfügt über 25 große Zimmer, mandarinfarben und granitgeschmückt, die mit allen Annehmlichkeiten ausgestattet sind. Das Frühstück ist riesig, das Personal freundlich. Sauna.

Hotel Am Parkring €€
Zeitgenössisch **SP** 3 D4
Parkring 12, 1015
(01) 514 800
schick-hotels.com
Dieses Privathotel bietet herrliche Ausblicke. Der Weinkeller ist gut bestückt.

Hotel Am Stephansplatz €€
Zeitgenössisch **SP** 2 C4
Stephansplatz 9, 1010
(01) 53 40 50
hotelamstephansplatz.at
Bei Geschäftsleuten und Urlaubern beliebt – baubiologisch korrekt mit Atmosphäre.

Hotel Capricorno €€
Familienfreundlich **SP** 3 D3
Schwedenplatz 3–4, 1010
(01) 533 31 040
schick-hotels.com
Lebhaftes Innenstadthotel – nah am Nachtleben. Herzhaftes Frühstück für Spätaufsteher.

Imperial Riding School Renaissance Vienna €€
Familienfreundlich **SP** 3 E5
Ungargasse 60, 1030
(01) 711 75 0
marriott.co.uk
Historisches Hotel mit 369 Zimmern, mehreren Bars, Gärten und einem Indoor-Pool. Üppig und modern ausgestattete Zimmer.

Die ansprechend eingerichtete Bibliothek im Hollmann Beletage

Preiskategorien
Die Preise gelten für ein Standard-Doppelzimmer pro Nacht (Hochsaison), inklusive Steuern und Service.

€	unter 150 Euro
€€	150 – 250 Euro
€€€	über 250 Euro

K & K Palais €€
Familienfreundlich **SP** 2 C3
Rudolfsplatz 11, 1010
(01) 533 13 53
kkhotels.com
Reizendes Gebäude aus der Kaiserzeit. Stilvoll eingerichtete Zimmer.

Kaiserin Elisabeth €€
Luxus **SP** 2 C4
Weihburggasse 3, 1010
(01) 515 260
kaiserinelisabeth.at
Traditionshotel mit 63 (Nichtraucher-)Zimmern. Alle modernen Annehmlichkeiten.

König von Ungarn €€
Luxus **SP** 2 C4
Schulerstraße 10, 1010
(01) 515 84
kvu.at
Dieses Hotel geht auf das Jahr 1746 zurück. Eine Vielzahl bekannter Persönlichkeiten war hier schon zu Gast.

Pension A und A €€
Zeitgenössisch **SP** 2 B4
Habsburgergasse 3, 1010
(01) 890 51 28
pensionaunda.at
Eine Pension mit acht Zimmern und einem Luxusapartment.

Pension Aviano €€
Pension **SP** 2 B5
Marco-d'Aviano-Gasse 1, 1010
(01) 512 83 30
aviano-pension-vienna.h-rez.com
Traditionell wienerisch eingerichtete Pension. Tierfreundlich.

Radisson Blu Palais Hotel €€
Luxus **SP** 3 D4
Parkring 16, 1010
(01) 515 17 0
radissonblu.com
Prächtig: Das erstklassige Hotel bietet 247 elegante Zimmer und Suiten.

Schlosshotel Römischer Kaiser €€
Luxus **SP** 2 C5
Annagasse 16, 1010
(01) 512 77 51 0
bestwestern.at/roemischerkaiser
Der Barockpalast mit charmanten Zimmern und herrlichem Dekor ist seit 1904 Familienbetrieb.

Starlight Suiten Hotel Salzgries €€
Familienfreundlich **SP** 2 C3
Salzgries 12, 1010
(01) 535 92 22
starlighthotels.com
Hotel mit gut ausgestatteten Zimmern. Moderner Komfort.

Palais Coburg €€€
Luxus **SP** 3 D5
Coburgbastei 4, 1010
(01) 51 81 80
coburg.at
Pracht und Geschichte ergänzen sich in diesem exklusiven Hotel wunderschön. Guter Service.

Palais Hansen Kempinski Vienna €€€
Luxus **SP** 2 B2
Schottenring 24, 1010
(01) 236 10 00
kempinski.com
Großartige Lage, elegante Zimmer, Suiten mit viel Hightech.

Nördlich der Mariahilfer Straße

Altstadt Vienna €
Zeitgenössisch **SP** 1 B5
Kirchengasse 41, 1070
(01) 522 66 66
altstadt.at
Wählen Sie aus 42 exquisit eingerichteten Zimmern, die verschiedene Epochen widerspiegeln.

Goldener Bär €
Zeitgenössisch **SP** 2 A2
Türkenstraße 27, 1090
(01) 317 51 11
goldbearhotel.com
Hier finden Gäste eine gute Auswahl an hübsch ausgestatteten, ruhigen Zimmern.

Harmonie €
Familienfreundlich **SP** 2 A1
Harmoniegasse 5–7, 1090
(01) 317 66 04
bestwestern-ce.com
Harmonie ist berühmt für das große Frühstücksbüfett. Zum Hotel gehören Café und Bar.

Hotel Alpha €
Zeitgenössisch **SP** 1 C3
Buchfeldgasse 8, 1080
(01) 403 52 91
austria-hotels.at/hotel-alpha/
Schnörkelloses Hotel. Nette Zimmer und moderner Komfort.

Hotel Zipser €
Familienfreundlich **SP** 1 B3
Lange Gasse 49, 1080
(01) 404 54 0
hotel-vienna.travel
Ein kleines Juwel. Viele verschiedenartige Zimmer. Gutes Frühstück.

Hotel-Pension Museum €
Pension **SP** 1 C4
Museumstraße 3, 1070
(01) 523 44 26
hotelmuseum.at
Gute Lage. Preisliche Mittelklasse. Freundlicher Service.

Pension Baronesse €
Pension **SP** 1 B3
Lange Gasse 61, 1080
(01) 405 10 61
hotel-barnonesse.at
Wählen Sie unter 40 geräumigen und gemütlichen Zimmern bis hin zum Familienzimmer.

Pension Schottentor €
Pension **SP** 2 A2
Hörlgasse 4, 1090
(01) 319 11 76
Familienbetriebene Drei-Sterne-Pension gegenüber der Votivkirche. Komfortable Zimmer.

Hotel Rathaus €€
Familienfreundlich **SP** 1 B3
Lange Gasse 13, 1080
(01) 400 11 22
hotel-rathaus-wien.at
Ungewöhnlich: Einrichtung, Kunstwerke und die Speisekarte richten sich am Thema Wein aus.

Sans Souci €€
Luxus **SP** 1 C4
Museumstraße 1, 1070
(01) 522 25 20
sanssouci-wien.com
Ein Hotel im Trend. Individuell gestaltete Zimmer. Im Haus sind Bar, Restaurant und Spa.

The Levante Parliament €€
Boutique **SP** 1 C4
Auerspergstraße 9, 1080
(01) 228 28 0
thelevante.com
Entspannen Sie im herrlichen Innenhof des Hotels. Zum Haus gehört auch eine finnische Sauna.

Südlich des Rings

Clima Cityhotel €
Zeitgenössisch **SP** 5 D3
Theresianumgasse 21a, 1040
(01) 505 16 96
climacity-hotel.com
Zentral gelegen und doch ruhig. Lobby und Bar sind sehr stilvoll. Eine eigene Galerie zeigt Arbeiten junger Künstler.

Hotel am Konzerthaus €
Boutique **SP** 5 E1
Am Heumarkt 35–37, 1030
(01) 716 16 0
mgallery.com/Vienna
Das Hotel bietet 211 bestens ausgestattete Zimmer für anspruchsvolle Gäste, ein üppiges Frühstück und exzellentes Restaurant.

Das Hotel Beethoven in einem historischen Stadthaus

Terminus Hotel €
Pension **SP** 4 B1
Fillgradergasse 4, 1060
(01) 587 73 860
terminus.at
Gäste dürfen hier großartigen Service und gut gestaltete Zimmer erwarten.

Hotel Am Schubertring €€
Boutique **SP** 2 C5
Schubertring 11, 1010
(01) 717 020
schubertring.at
Ein Vier-Sterne-Hotel mit altem österreichischem Charme und hilfsbereitem Personal.

Hotel Beethoven €€
Familienfreundlich **SP** 4 B1
Papagenogasse 6, 1060
(01) 587 44 820
hotel-beethoven.at
Hinreißendes Hotel in einem fünfstöckigen Gebäude. Gelegentlich Kunstveranstaltungen.

Hotel Daniel Vienna €€
Zeitgenössisch-modern **SP** 5 F4
Landstraßer Gürtel 5, 1030
(01) 901 310
hoteldaniel.com
Innenstadthotel mit eigener Bäckerei. Vespa-Vermietung gehört zum Angebot. Gutes Personal.

Hotel Kaiserhof Wien €€
Familienfreundlich **SP** 4 C2
Frankenberggasse 10, 1040
(01) 505 17 01
kaiserhof-wien.at
Historisches Anwesen mit eleganter Einrichtung und guter Bar.

Le Méridien Vienna €€
Zeitgenössisch **SP** 2 B5
Opernring 13, 1010
(01) 588 900
lemeridienvienna.com
Stilvoll und bequem eingerichtetes, vornehmes Hotel. Zum Haus gehört ein Restaurant.

Lindner Hotel Am Belvedere €€
Zeitgenössisch **SP** 5 F2
Rennweg 12, 1030
(01) 794 770
lindner.de
Das Hotel ist bei Geschäftsreisenden beliebt. Zum Angebot gehört auch ein Wellness-Center.

NH Belvedere €€
Familienfreundlich **SP** 5 F2
Rennweg 12a, 1030
(01) 123 45 67
nh-hotels.de
Ein Vier-Sterne-Hotel in einem Jugendstil-Haus mixt historische und moderne Elemente.

Bristol €€€
Luxus **SP** 5 D1
Kärntner Ring 1, 1010
(01) 51 51 60
bristolvienna.com
Vornehmes Haus voller historischer Kunstwerke. Top Service.

Hotel Sacher €€€
Luxus **SP** 2 B5
Philharmonikerstraße 4, 1010
(01) 514 560
sacher.com
Eine historische Adresse. Luxus in jedem Detail. Elitäres Haus.

Imperial €€€
Luxus **SP** 2 B5
Kärntner Ring 16, 1015
(01) 501 100
imperialvienna.com
Stattliches Hotel (19. Jh.) mit exquisiten Zimmern.

Vis-à-Vis-Tipp

The Ring €€€
Boutique **SP** 2 B5
Kärntner Ring 8, 1010
(01) 22 122
theringhotel.com
Das Luxushotel bietet eine elegante Einrichtung, ergänzt um gewagte Designelemente. Gäste können hier futuristische Möblierung erwarten und ein Personal, das keine Mühen scheut, den Gast zufriedenzustellen. Es gibt 66 individuell gestaltete Zimmer und Suiten, die den Charme vergangener Zeiten mit modernem Komfort verbinden.

Abstecher

A & O Hostel €
Pension
Lerchenfelder Gürtel 9–11, 1160
(01) 304 80 39 00
aohostels.com
Die Pension bietet saubere Zimmer, eine stilvolle Bar im Keller sowie eine Bibliothek.

Academia €
Pension
Pfeilgasse 3a, 1080
(01) 401 76 55
academiahotels.at
Hier gibt es Übernachtung und Frühstück sowie eine schöne Dachterrasse im 11. Stock.

Flemings Deluxe Hotel €
Boutique
Josefstädter Straße 10–12, 1080
(01) 205 990
flemings-hotels.com
Glanzvolles Hotel, perfekt gestaltet mit dunklem Holz und edlen Stoffen. Top Service.

Boutiquehotel hein €
Boutique
Mannswörther Straße 94, 2320
(01) 707 19 50
heinhotel.at
Vier-Sterne-Hotel mit individuell gestalteten Zimmern und Apartments nahe dem Flughafen.

Hostel Ruthensteiner €
Familienfreundlich
Robert-Hamerling-Gasse 24, A-1150
(01) 893 42 02
hostelruthensteiner.com
Die Herberge mit lässiger Atmosphäre ist bei Rucksacktouristen und Familien mit kleinen Kindern beliebt. Gutes Preis-Leistungs-Verhältnis. Freundliches Personal.

Hotel Bellevue €
Familienfreundlich
Althanstraße 5, 1090
(01) 313 480
bellevue-hotel-vienna.com
Historisches Vier-Sterne-Hotel, das auf Geschäftsreisende ausgerichtet ist. Die Zimmereinrichtungen variieren zwischen traditionellem und modernem Design.

Komfortabel ausgestattetes Zimmer im Hotel The Ring

Vis-à-Vis-Tipp

Hotel Boltzmann €
Boutique
Boltzmanngasse 8, 1090
(01) 354 500
hotelboltzmann.at
Ein liebenswertes Drei-Sterne-Hotel. Der Familienbetrieb bietet 70 gemütliche Zimmer. Ein herzhaftes Frühstücksbüfett kann im ruhigen Innenhof genossen werden. Früh buchen.

Hotel Korotan €
Zeitgenössisch
Albertgasse 48, 1080
(01) 403 41 93
korotan.com
Glanzvolles Hotel mit Hightech-Glasfront und moderner Kunst.

Hotel Mozart €
Familienfreundlich
Julius-Tandler-Platz 4, 1090
(01) 317 15 37
hotelmozart-vienna.at
Familienbetriebenes Hotel mit 56 Zimmern. Sehr beliebt bei Radtouristen.

Landhaus Fuhrgassl-Huber €
Familienfreundlich
Neustift/Walde 68, 1190
(01) 440 14 05
fuhrgassl-huber.at
Exklusives Landhaus mit Blick auf Weinberge. Entspannen Sie im Salon oder auf der Veranda.

Vis-à-Vis-Tipp

Boutiquehotel Stadthalle €€
Boutique
Hackengasse 20, 1150
(01) 982 42 72
hotelstadthalle.at
Ökologisch orientiertes, familienbetriebenes Hotel mit schönem Dachgarten. Blumen und Kerzen vermitteln im ganzen Haus Charme und eine warme Gastlichkeit.

Hotel Capri €€
Familienfreundlich
Praterstraße 44–46, 1020
(01) 214 84 04
hotelcapri.at
Gutes Preis-Leistungs-Verhältnis. Gut ausgestattete Zimmer, Suiten und Apartments. Tierfreundlich.

Hotel Stefanie €€
Familienfreundlich
Taborstraße 12, 1020
(01) 211 500
schick-hotels.com
Das historische Vier-Sterne-Hotel überzeugt mit gut ausgestatteten Zimmern und gutem Service.

Hotelkategorien *siehe Seite 291* **Preiskategorien** *siehe Seite 292*

Niederösterreich und Burgenland

BAD TATZMANNSDORF:
Reiters €€€
Kurhotel **SK** G4
Am Gofplatz 1, A-7431
(03353) 416 07
burgenlandresort.at
Das Reiters ist ein ausgedehntes Spa-Resort mit mehreren Pools, Saunen und stilvollen Zimmern.

BADEN:
Grand Hotel Sauerhof €€
Kurhotel **SK** G3
Weilburgstraße 11–13, A-2500
(02252) 412 510
sauerhof.at
Opulent gestaltete Zimmer, ein Pool und ein stiller Park.

DÜRNSTEIN:
Hotel Schloss Dürnstein €€€
Luxus **SK** F3
Dürnstein 2, A-3601
(02711) 212
schloss.at
Traumschloss mit Himmelbetten und Silberbesteck.

EGGENBURG:
Stadthotel Eggenburg €
Familienfreundlich **SK** F2
Kremserstraße 8, A-3730
(02984) 35 31
oppitz.at
Komfort mit allen modernen Annehmlichkeiten. Familienbetrieb.

EISENSTADT: Hotel Ohr €
Familienfreundlich **SK** G3
Rusterstraße 51, A-7000
(02682) 624 60
hotel-ohr.at
Hotel von zurückhaltender Eleganz. Zeitgenössisch und individuell eingerichtete Zimmer.

GÖSING: Alpenhotel Gösing €€
Landhotel **SK** F4
Gösing a. d. Mariazellerbahn 4, A-3221
(02728) 21 7
goesing.at
Landhotel mit Charme. Holz dominiert die Einrichtung.

KREMS: Am Förthof €
Familienfreundlich **SK** F3
Förthofer Donaulände 8, A-3504
(02732) 833 45
hotel-foerthof.at
Ein Gourmethotel. Die Gärten bieten Ausblicke auf die Donau.

LOIPERSDORF: Pension Krainz €
Pension **SK** G5
Henndorf-Therme 2, A-8282
(03329) 466 11
krainz-loipersdorf.at
Für Golfliebhaber. Geräumige, sonnige Zimmer. Familienbetrieb.

Stilvolle Lobby des Austria Trend Hotel Metropol, St. Pölten

MAUERBACH:
Berghotel Tubingerkogel €
Landhotel **SK** F3
Tulbingerkogel 1, A-3001
(02273) 73 91
tulbingerkogel.at
Das Hotel bietet wunderschöne Ausblicke auf den Wald.

NEUSIEDL AM SEE:
Hotel Wende €
Familienfreundlich **SK** G3
Seestraße 42, A-7100
(02167) 81 11
hotel-wende.at
Kinderfreundliches Hotel im Nationalpark. Komfortable Zimmer mit Balkon.

RETZ: Althof Retz €€
Landhotel **SK** F2
Althofgasse 14, A-2070
(02942) 37 11
althof.at
Eine frühere Burg. Der Althof bietet Gästen warme Farben in individuell eingerichteten Zimmern.

RUST: Hotel Sifkovits €
Pension **SK** G3
Am Seekanal 8, A-7071
(02685) 276
sifkovits.at
Eine charmante Pension mit einem Bio-Frühstücksbüfett und großem Garten.

SEMMERING: Belvedere €€€
Landhotel **SK** F4
Hochstraße 60, A-2680
(02664) 22 70
belvedere-semmering.at
Atmosphärisches Hotel im traditionellen Stil. Komfortable Zimmer, superbe Spa-Einrichtungen.

ST. PÖLTEN: Austria Trend Hotel Metropol €
Modern **SK** F3
Schillerplatz 1, A-2680
(02742) 707 00
austria-trend.at/hotel-metropol
Zentrale Lage. Gut ausgestattete Zimmer. Gutes Frühstücksbüfett.

WEISSENKIRCHEN / WACHAU:
Donauwirt €
Familienfreundlich **SK** F3
Wachaustraße 47, A-3610
(02715) 22 47
donauwirt.at
Fröhlich ausgeschmücktes, familienbetriebenes Hotel mit großartigem Restaurant.

ZWETTL: Schwarz Alm €
Landhotel **SK** F2
Almweg 1, A-3910
(02822) 531 73
schwarzalm.at
Großes Landhotel mit eigenem Wellness-Center. Wander- und Radtouren im Angebot.

Steiermark

BAD AUSSEE:
Hotel Erzherzog Johann €€€
Kurhotel **SK** D4
Kurhausplatz 62, A-8990
(03622) 525 07
erzherzogjohann.at
Modernes Hotel, das die Materialien der regionalen Natur für ein stilvolles Design nutzt. Gutes Spa-Angebot.

BAD BLUMAU:
Rogner-Bad Blumau €€€
Kurhotel **SK** F4
Bad Blumau 100, A-8283
(03383) 51 00
blumau.com
Entworfen von Friedensreich Hundertwasser. Sinnliche Architektur und heiße Thermalquellen.

BAD GLEICHENBERG:
Hotel Stenitzer €€
Kurhotel **SK** F5
Schulstraße 51, A-8344
(03159) 22 50
hotel-stenitzer.com
Ein elegant möbliertes Vier-Sterne-Hotel mit umfangreichen Wellness-Einrichtungen und schön gestalteten Gärten.

BAD RADKERSBURG: Thermenhotel Radkersburger Hof €
Kurhotel **SK** F5
Thermenstraße 11, A-8490
(03476) 35 60
radkersburgerhof.at
Das Spa-Resort bietet zahlreiche Therapieangebote, Wassergymnastik und Sportmöglichkeiten.

FOHNSDORF: Hotel Schloss Gabelhofen €€
Luxus **SK** E4
Schlossgasse 54, A-8753
(03573) 55 550
gabelhofen.at
Schlosshotel mit individuell eingerichteten Zimmern, einige davon in den Schlosstürmen.

GRAZ: Hotel Daniel €
Boutique **SK** F4
Europaplatz 1, A-8021
(0316) 711 080
hoteldaniel.com
Minimalistisches Design. Kompakte, gut geplante Zimmer.

Vis-à-Vis-Tipp

GRAZ: Augarten €€
Boutique **SK** F4
Schönaugasse 53, A-8010
(0316) 208 00
augartenhotel.at
Luftiges, elegantes Hotel mit zeitgenössischer Möblierung. Das Haus, entworfen von Günther Domenig, verbindet gekrümmte Oberflächen mit viel Glas. Tadelloser Service.

GRAZ: Hotel zum Dom €€
Boutique **SK** F4
Bürgergasse 14, A-8010
(0316) 824 80 0
domhotel.co.at
Das noble Hotel in einem historischen Gebäude bietet tadellosen modernen Luxus.

Klassisch-minimalistisches Zimmer im Hotel Augarten, Graz

GRAZ: Hotel Wiesler €€€
Luxus **SK** F4
Grieskai 4–8, A-8020
(0316) 706 60
hotelwiesler.com
Jugendstil- und Art-déco-Elemente prägen dieses fünfstöckige Haus. Großartige Aussicht.

GRAZ: Hotel Erzherzog Johann €€€
Luxus **SK** F4
Sackstraße 3 – 5, A-8010
(0316) 811 616
erzherzog-johann.com
Elegantes Hotel mit herrlichen handwerklichen Innenarbeiten und antiken Möbeln.

KAPFENBERG: Böhlerstern €
Modern **SK** F4
Friedrich-Böhler-Straße 13, A-8605
(03862) 206 37 5
boehlerstern.at
Ein klassisches Äußeres und ein sehr modernes inneres Design. Großartiges Hotelrestaurant.

MARIAZELL: Hotel Drei Hasen €
Pension **SK** F4
Wiener Straße 11, A-8630
(03882) 24 10
dreihasen.at
Der freundliche Familienbetrieb bietet komfortable Zimmer und ein gemütliches Hotelrestaurant.

MARIAZELL: Hotel Schwarzer Adler €
Pension **SK** F4
Hauptplatz 1, A-8630
(03882) 28 63
hotelschwarzeradler.at
Zentrale Lage. Die Pension ist vor allem bei Skifahrern beliebt.

RAMSAU: Alpengasthof Peter Rosegger €
Landhotel **SK** D4
Ramsau 233, A-8972
(03687) 812 23
alpengasthof-peter-rosegger.at
Komfortable Zimmer mit schönen Kiefernmöbeln und herrlichem Ausblick auf die Berge.

RAMSAU-KULM: Almfrieden €
Familienfreundlich **SK** D4
Leiten 47, A-8972
(03687) 817 53
almfrieden.at
Kinderfreundliches Berghotel mit Spielplatz und gemütlich eingerichteten Zimmern.

SCHLADMING: Gasthof Kirchenwirt €
Pension **SK** D4
Salzburgerstraße 27, A-8970
(03687) 224 35
kirchenwirt-schladming.com
Klassischer Gasthof mit hübschen Zimmern und gutem Restaurant.

SCHLADMING: Posthotel €
Pension **SK** D4
Hauptplatz 10, A-8970
(03687) 225 71
posthotel-schladming.at
Ein 400 Jahre altes Gasthaus mit allem modernen Komfort.

TURRACHER HÖHE: Schlosshotel Seewirt €€
Luxus **SK** D4
Turracher Höhe 33, A-8864
(04275) 82 34
schlosshotel-seewirt.com
Originale Holzbauweise aus dem 19. Jahrhundert prägt das Hotel. Indoor-Pool und Sauna.

Oberösterreich

ALTMÜNSTER: Berggasthof Urz'n €
Pension **SK** D3
Gmundnerberg 91, A-4813
(07612) 872 14
urzn.at
Gemütliches Berghotel mit schöner Lounge und Terrasse.

BAD GOISERN / ST. AGATHA: Landhotel Agathawirt €
Pension **SK** D3
St. Agatha 10, A-4822
(06135) 83 41
agathawirt.at
Landhotel in schöner Umgebung und mit reizvollem Garten.

BAD ISCHL: Goldenes Schiff €
Modern **SK** D4
Adalbert-Stifter-Kai 3, A-4820
(06132) 242 41
goldenes-schiff.at
Ein historische Gasthaus (17. Jh.) – gekonnt neu gestaltet.

BAD LEONFELDEN: Kurhotel Bad Leonfelden €€
Kurhotel **SK** E3
Spielau 8, A-4190
(07213) 63 63
daskurhotel.at
Lassen Sie sich mit Massagen und Schlammbad verwöhnen.

GMUNDEN: Seehotel Schwan €
Familienfreundlich **SK** D3
Rathausplatz 8, A-4810
(07612) 633 91
seehotel-schwan.at
Reizendes Hotel am Rand von Traun. Schöne Seeblicke.

GMUNDEN: Schloss Freisitz Roith €€€
Luxus **SK** D3
Traunsteinstraße 87, A-4810
(07612) 649 05
freisitzroith.at
Das Schlosshotel (16. Jh.) bietet geräumige Zimmer und Suiten.

Hotelkategorien *siehe Seite 291* **Preiskategorien** *siehe Seite 292*

HALLSTATT:
Seehotel Grüner Baum €
Pension **SK** D4
Marktplatz 104, A-4830
(06134) 82 63
gruenerbaum.cc
Hotel am See mit prächtiger Fassade und charmanten Zimmern.

LINZ: Arcotel Nike €€
Modern **SK** E3
Untere Donaulände 9, A-4020
(0732) 762 60
arcotels.com/nike
Die Donau liefert den idyllischen Hintergrund für dieses moderne Hotel.

LINZ: Austria Trend Hotel Schillerpark €€
Modern **SK** E3
Schillerplatz, A-4020
(0732) 69 50
austria-trend.at
Das kubusförmige Gebäude aus Stahl und Glas bietet Gästen modern ausgestattete Zimmer.

LINZ: Courtyard by Marriott €€
Modern **SK** E3
Europaplatz 2, A-4020
(0732) 695 90
marriott.com
Eine Luxusoase nahe der Donau. Das Hotel offeriert allen erdenklichen High-End-Komfort.

MONDSEE:
Seegasthof Weiße Taube €
Kurhotel/Sport **SK** D3
Schwarzindien 69, A-5310
(06232) 22 77
weissetaube-mondsee.jimdo.com
Hotel ohne Schnörkel. Einfache Zimmer. Beliebt bei Windsurfern.

MONDSEE:
Seegasthof-Hotel Lackner €
Familienfreundlich **SK** D3
Mondseestraße 1, A-5310
(06232) 23 59
seehotel-lackner.at
Familienbetriebener Gasthof mit reizenden Zimmern, schöner Terrasse und Restaurant.

SCHÄRDING: Stiegenwirt €
Pension **SK** D3
Schlossgasse 2–6, A-4780
(07712) 30 70
stiegenwirt-schaerding.at
Das Hotel, seit 1910 in Familienbesitz, bietet komfortable Ein- und Zweibettzimmer.

ST. GEORGEN IM ATTERGAU:
Attergauhof €
Pension **SK** D3
Attergaustraße 41, A-4880
(07667) 64 06
attergauhof.at
Pension mit einfachen Zimmern und einer Kellerbar.

Vis-à-Vis-Tipp

ST. WOLFGANG:
Im Weissen Rössl €€€
Luxus **SK** D4
Markt 74, A-5360
(06138) 23 06
weissesroessl.at
Das berühmte Hotel am See umfasst mehrere Gebäude und verkörpert in idealer Weise die traditionelle österreichische Gastfreundschaft. Die hübsch eingerichteten Zimmer haben teilweise Holzdecken aus dem 17. Jahrhundert.

ST. WOLFGANG:
Landhaus zu Appesbach €€€
Luxus **SK** D4
Au 18, A-5360
(06138) 22 09
schlosshotels.co.at
Kleines, exklusives Hotel. Schön eingerichtete Zimmer und geräumige Apartments.

TRAUNKIRCHEN:
Symposionhotel Post €€
Modern **SK** D3
Ortsplatz 5, A-4801
(07617) 23 07
hotel-post-traunkirchen.at
Das Vier-Sterne-Haus mit Innenhof besitzt einen Garten mit Blick auf den Johannesberg.

WINDISCHGARSTEN:
Berggasthof Zottensberg €
Landhotel **SK** E4
Edlbach 55, A-4580
(07566) 309
zottensberg.at
Das Berghotel (900 m) bietet gemütliche Zimmer. Der Speisesaal strahlt rustikales Flair aus.

Salzburger Land

BADGASTEIN:
Hotel Weismayr €€
Kurhotel **SK** D4
Kaiser-Franz-Josef-Straße 1, A-5640
(06434) 25 94
weismayr.com
Das altehrwürdige Grandhotel (um 1900) weist alle Merkmale der Belle Époque auf.

BADGASTEIN:
Haus Hirt €€€
Kurhotel **SK** D4
Kaiserhofstraße 15, A-5640
(06434) 27 97
haus-hirt.com
Stilvolle Umsetzung des Spa-Resort-Trends: Das Hotel bietet pfiffige, moderne Zimmer, gutes Design und ein exzellentes Wellness-Center.

Das Arcotel Nike in Linz liegt direkt an der Donau

EUGENDORF: Holznerwirt €
Pension **SK** D4
Dorf 4, A-5301
(06225) 82 05
holznerwirt.at
Haus mit Atmosphäre und ansprechenden Details wie Federbetten oder Kachelofenheizung.

FILZMOOS: Pension Geierberg €
Pension **SK** D4
Neuberg 196, A-5332
(06453) 87 88
geierberg.at
Der schön ausgebaute Familienbetrieb bietet nette Atmosphäre und großartige Lage.

FILZMOOS: Tannenhof €
Pension **SK** D4
Filzmoos 84, A-5332
(06453) 82 02
sieberer.at/tannenhof
Eine ideale Pension für eine entspannte Freizeit mit der Familie in den Bergen.

FUSCHL: Seewinkel €€
Kurhotel / Sporthotel **SK** D4
Seestraße 31, A-5330
(06226) 83 44
seewinkel.com
Genießen Sie das herrliche Panorama am See. Das Hotel bietet einen Privatstrand und Ausrüstungen für Segler und Surfer.

FUSCHL: Schloss Fuschl €€€
Luxus **SK** D4
Schlossstraße 14, Hof bei Salzburg, A-5322
(06229) 22 530
schlossfuschlsalzburg.com
Das Schloss (15. Jh.) mit Spa und Golfplatz bietet Komfort pur. Man kann auch in Bungalows am See übernachten.

Hotelkomplex des Berghofs beim Hintertuxer Gletscher, Hintertux

KLEINARL: Viehhof €
Familienfreundlich **SK** D4
Viehhofstraße 15, A-5603
(06418) 240
pension-viehhof.at
Traditionelles Gasthaus im Chalet-Stil. Kiefernmöbel dominieren die Einrichtung.

SAALBACH: Hotel Bauer €€
Modern **SK** C4
Oberdorf 232, A-5753
(06541) 62 13
hotel-bauer.at
Nur einen Steinwurf von den Liften und Abfahrten entfernt. Eine gute Wahl für Familienferien.

SALZBURG: Bergland €
Pension **SK** D3
Rupertgasse 15, A-5020
(0662) 87 23 18
berglandhotel.at
Zentral gelegenes Hotel mit reizenden Zimmern. Bibliothek.

SALZBURG: Auersperg €€€
Boutique **SK** D3
Auerspergstraße 61, A-5020
(0662) 88 94 40
hotel-salzburg.net
Schickes Hotel mit üppigem Garten und Bio-Frühstück.

SALZBURG: Goldener Hirsch €€€
Luxus **SK** D3
Getreidegasse 37, A-5020
(0662) 80 840
goldenerhirsch.com
Auffallendes Hotel mit handgefertigten sowie antiken Möbeln.

SALZBURG: Hotel Sacher Salzburg €€€
Luxus **SK** D3
Schwarzstraße 5–7, A-5020
(0662) 88 97 70
sacher.com
Ein Juwel von einem Hotel. Das Haus bietet traditionellen Luxus mit reicher Möblierung und Marmorbädern.

SALZBURG: Schloss Mönchstein €€€
Luxus **SK** D3
Mönchsberg Park 26, A-5020
(0662) 84 85 550
monchstein.at
Bezauberndes Schlosshotel (14. Jh.) mit herrlichem Blick auf die Stadt. Tadelloser Service.

ST. GILGEN: Seeblick €
Pension **SK** D4
Pöllach 29, A-5340
(06227) 26 82
pensionseeblick.at
Die sehr angenehme, typisch alpenländische Pension liegt nahe am Ufer des Wolfgangsees. Manche der einfachen, sauberen Zimmer haben Seeblick. Großartiger Service.

ST. GILGEN: Parkhotel Billroth €€
Landhotel **SK** D4
Billrothstraße 2, A-5340
(06227) 22 17
billroth.at
Rückzugsort am See mit komfortablen Zimmern und kultivierten Gartenanlagen.

STROBL: Bergrose €
Kurhotel / Sporthotel **SK** D4
Weißenbach 162, A-5350
(06137) 54 31
bergrose.at
Familienbetriebenes Hotel, umgeben von Bergen und Wiesen. Historische Möblierung.

ZELL AM SEE: Grand Hotel Zell am See €€
Landhotel **SK** D4
Esplanade 4, A-5700
(06542) 78 80
grandhotel-zellamsee.at
Das Grandhotel schwebt über den Ufern des Sees. Elegant und gut ausgestattet.

Tirol und Vorarlberg

AU: Hotel Rössle €€
Landhotel **SK** A4
Lisse 90, A-6883
(05515) 22 16
roessle-au.at
Traditionelles Landhotel. Die geräumigen Zimmer haben Balkon. Dazu gibt es ein stilvolles, holzvertäfeltes Restaurant. Radverleih.

BEZAU: Gasthof Sonne €€
Landhotel **SK** A4
Kriechere 66, A-6870
(05514) 22 62
diesonnigen.at
Saubere Zimmer, die entweder über Balkon oder Panoramafenster verfügen.

BREGENZ: Kaiser €€
Boutique **SK** A4
Kaiserstraße 2, A-6900
(05574) 52 980
kaiser-hotel.at
Romantisches, kleines Hotel. Die Zimmer bieten Whirlpool-Bäder und Himmelbetten.

BREGENZ: Weisses Kreuz €€€
Luxus **SK** A4
Römerstraße 5, A-6900
(05574) 49 88 00
hotelweisseskreuz.at
Das Hotel verbindet 100 Jahre Gastlichkeit mit modernem Komfort und vornehmen Zimmern.

FONTANELLA / FASCHINA: Faschina €€
Landhotel **SK** A4
Faschina 55, A-6733
(05510) 224
hotel-faschina.at
Komfortables Landhotel in den Bergen. Holztäfelung prägt die Inneneineinrichtung.

FULPMES: Waldhof €€
Landhotel **SK** B4
Gröbenweg 19, A-6166
(05225) 62 17 5
waldhof-stubaital.at
Landhotel in den Bergen mit Tiroler Flair. Komfortable Zimmer mit allen Annehmlichkeiten.

HINTERTUX: Berghof €€€
Landhotel **SK** B4
Hintertux 754, A-6293
(05287) 85 85
berghof.at
Traditionelle Gastlichkeit, verbunden mit modernstem Luxus.

INNSBRUCK: Altpradl €
Pension **SK** B4
Pradler Straße 8, A-6020
(0512) 34 51 56
hotel-altpradl.at
Zentral gelegenes Hotel am Rand der Altstadt. Einfache Zimmer. Sauna im Haus.

INNSBRUCK: Goldener Adler €€
Pension **SK** B4
Herzog-Friedrich-Straße 6, 6020
(0512) 57 11 11
goldeneradler.com
Elegantes Gasthaus aus dem 14. Jahrhundert. Hier war schon Mozart zu Gast.

INNSBRUCK: Parkhotel Leipzigerhof €€
Modern **SK** B4
Defreggerstraße 13, A-6020
(0512) 34 35 25
leipzigerhof.at
Vier-Sterne-Hotel im Zentrum Innsbrucks. Vornehme Zimmer, helle Bäder und ein gut ausgestattetes Wellness-Center.

INNSBRUCK: Schlosshotel Igls €€€
Luxus SK B4
Viller Steig 2, A-6080
(05123) 77 217
schloss-igls.com
Den Gast erwartet in dem luxuriösen Berghotel eine königliche Behandlung.

KIRCHBERG: Sportalm €€
Landhotel SK C4
Brandseitweg 26–28, A-6365
(05357) 27 78
hotel-sportalm.at
Am Fuß der Kitzbüheler Alpen liegt die Sportalm. Designerzimmer und Spa-Einrichtungen.

KITZBÜHEL: Goldener Greif €€€
Luxus SK C4
Hinterstadt 24, A-6370
(05356) 64 31 1
hotel-goldener-greif.at
Hotel aus dem 13. Jahrhundert. Herrliche Fassade, nette Zimmer.

KITZBÜHEL: Kitzhof €€€
Luxus SK C4
Schwarzseestraße 8–10, A-6370
(05356) 63 21 10
hotel-kitzhof.com
Resort-Hotel mit Designerzimmern und vielen Spa-Angeboten.

KLEINWALSERTAL: Widdersteinblick €
Landhotel SK A4
Eggstraße 24, Riezlern, A-6991
(05517) 34 58
haus-widdersteinblick.at
Traditionelles Landhotel im Chalet-Stil mit Sauna und großartigem Restaurant.

LERMOOS: Mohr €€€
Kurhotel SK C4
Innsbrucker Straße 40, A-6631
(05673) 23 62
mohr-life-resort.at
Spektakuläres Haus, ausschließlich aus regionalen Materialien erbaut. Großes Spa-Angebot.

MAYRHOFEN: Berghof €€
Landhotel SK C4
Dursterstraße 220, A-6290
(05285) 62 254
berghof.cc
Kultiviertes Vier-Sterne-Hotel mit komfortablen, freundlichen Zimmern.

MAYRHOFEN/FINKENBERG: Sporthotel Stock €€€
Kurhotel / Sporthotel SK C4
Dorf 142, A-6292
(05285) 67 75
sporthotel-stock.com
Resort-Hotel. Romantische Zimmer, Pools innerhalb und außerhalb des Hauses sowie gutes Angebot an Sportaktivitäten.

Vis-à-Vis-Tipp

OBERLECH: Montana €€
Landhotel SK A4
Oberlech 279, A-6764
(05583) 24 60
montanaoberlech.at
Das Hotel an der Skipiste in Oberlech ist ideal für sportliche Familien und Bergfexe. Eigentümer ist die Familie des ehemaligen Ski-Champions Patrick Ortlieb.

SÖLDEN: Bergland €€€
Landhotel SK B4
Dorfstraße 114, A-6450
(05254) 22 400
bergland-soelden.at
Traditionelles Urlaubshotel in den Bergen. Großes Spa-Center.

Kärnten und Osttirol

BAD BLEIBERG: Der Bleibergerhof €€
Kurhotel SK E5
Drei Lärchen 150, A-9530
(04244) 22 05
falkensteiner.com
Spa-Hotel mit den modernsten Wellness-Angeboten, inklusive Thermallandschaft.

BODENSDORF: Stofflwirt €
Pension SK E5
Deutschberg 6, A-9551
(04243) 69 20
stofflwirt.at
Attraktives Hotel, in dem traditionelles Baumaterial mit modernem Design verbunden wird.

HEILIGENBLUT: Hotel Post €
Landhotel SK D4
Hof 1, A-9844
(04824) 22 45
landhotel-post.com
Idyllisches Hotel, ideal für Ski- und Wanderurlaub.

Einladendes Zimmer im Schlosshotel Igls, Innsbruck

KLAGENFURT: Palais Porcia €€
Boutique SK E5
Neuer Platz 13, A-9020
(0463) 51 15 900
palais-porcia.at
Das elegante Hotel liegt in einem historischen Palais. Opulent ausgestattete Zimmer mit edlen Teppichen.

LIENZ: Traube €€
Kurhotel SK D5
Hauptplatz 14, A-9900
(04852) 64 444
hoteltraube.at
Schön eingerichtete Zimmer, teilweise Antikmöbel. Indoor-Pool.

MILLSTATT: Hotel See-Villa €€
Landhotel SK D5
Seestraße 68, A-9872
(04766) 21 02
see-villa.eu
Einladendes Anwesen im klassischen Stil. Üppige Gärten.

OSSIACH: Strandgasthof Seewirt €
Landhotel SK E5
Ossiach 2, A-9570
(04243) 22 68
seewirt-ossiach.at
Das Landhotel am Ufer des Ossiacher Sees ist ideal zum Angeln und für Bootsfahrten.

Vis-à-Vis-Tipp

PÖRTSCHACH: Schloss Leonstain €€
Boutique SK E5
Leonstainerstraße 1, A-9210
(04272) 28 16
leonstain.at
Brahms war verzaubert von diesem Ort. Eines seiner Violin-Konzerte entstand hier. Schloss Leonstain (1492) bietet heute die perfekte Balance zwischen dem Charme vergangener Zeiten und zeitgenössischen Annehmlichkeiten.

VELDEN: Casinohotel Velden €€€
Luxus SK E5
Am Corso 10, A-9220
(04274) 51 233
casino-hotel.at
Individuell gestaltete Zimmer in einem klassischen Hotel am Wörthersee. Privatstrand und Casino.

VILLACH: Holiday Inn €€
Boutique SK E5
Europaplatz 2, A-9500
(0871) 42 34 896
holidayinn.com/Villach
Ein Hotel mit eigenem Flair und individueller Ausstrahlung. Wunderschöne Badezimmer. Guter Service.

SK = Straßenkarte *siehe hintere Umschlaginnenseiten*

Restaurants

Die österreichische Küche gehört zwar nicht zu den renommiertesten der Welt, bietet aber herzhafte regionale Gerichte, köstliche Torten und Mehlspeisen sowie in letzter Zeit zunehmend auch kreative Kochkunst. Sie ist durch die kulinarischen Traditionen des alten Habsburgerreichs geprägt und weist u. a. italienische, polnische, ungarische und tschechische Einflüsse auf. In den größeren Städten findet man auch griechische, türkische und chinesische Lokale. In nahezu allen österreichischen Etablissements – ob Restaurant, Café, Gasthaus oder Heurigenlokal – steht das berühmte Wiener Schnitzel auf der Speisekarte. Die auf den Seiten 310 – 325 aufgelisteten Restaurants repräsentieren eine Auswahl der besten Lokale in allen Preiskategorien. »Österreichisch für Anfänger« *(siehe S. 380)* erläutert auch Dialektausdrücke in Bezug auf Kulinarisches.

Auslage süßer Sünden im Wiener Café Mozart *(siehe S. 310)*

Mahlzeiten

Zum Frühstück essen die Österreicher gern Semmeln mit Butter und Marmelade. In den meisten Hotels gibt es ein Frühstücksbüfett. In vielen Lokalen kann man den ganzen Tag über ein Frühstück bestellen. Kleine Bäckereien verfügen oft über ein paar Tische, an denen man gemütlich Kaffee und Kuchen genießen kann. Auch der Brunch am Wochenende ist in Östereich beliebt.

Das Mittagessen wird in den meisten Restaurants von 12 bis 14 oder 15 Uhr serviert. Viele bieten ein preisgünstiges Tagesmenü oder ein Tagesgericht an.

Zu Hause essen die Österreicher meist früher, etwa gegen 18 Uhr, zu Abend. In den Restaurants dagegen wird das Abendessen zwischen 18 und 22 Uhr, in manchen noch später serviert. Als Digestif sind Obstschnäpse beliebt. In einigen Lokalen bekommt man den ganzen Tag über warme Mahlzeiten.

Öffnungszeiten

Einige kleine Lebensmittelläden, Bäckereien und Kaffeehäuser öffnen bereits um 7 Uhr, die meisten Lokale aber zwischen 8 und 10 Uhr.

Restaurants sind ein gesellschaftlicher Treffpunkt. Die Unterhaltung hat oft einen ebenso großen Stellenwert wie das Essen. Viele bleiben bis zwei Uhr morgens oder länger geöffnet. Die Atmosphäre ist im Allgemeinen sehr gemütlich. Viele Lokale haben einen Ruhetag oder sind an Feiertagen geschlossen. In einem Landgasthof bekommt man eventuell nach 21 Uhr nichts mehr zu essen. Hotels und Pensionen haben wie überall feste Essenszeiten.

Restauranttypen

Überall in Österreich hat man eine große Auswahl an Restaurants, Bars und »Beisln«, die kleine oder große Mahlzeiten zu jeder Tageszeit anbieten. Natürlich gibt es auch zahlreiche Edelrestaurants. Oft sind sie in Luxushotels untergebracht und bieten erstklassige internationale Küche, die von »Haubenköchen« zubereitet wird.

Wirtshäuser auf dem Land sind eher schlicht, während Gasthäuser einer etwas gehobeneren Kategorie angehören. Beide sind auf regionale Küche und Hausmannskost spezialisiert. Die bekanntesten und beliebtesten österreichischen Lokale sind die Heurigen – einfache, oft nur im Herbst geöffnete Lokale in den Winzerdörfern, in denen Wein ausgeschenkt wird und verschiedene Imbisse am Büfett erhältlich sind.

In den Städten speist man günstig im Beisl, das es fast an jeder Straßenecke gibt, oder am Würstelstand, an dem eine breite Palette an Würstchen mit Brot und Senf angeboten wird. In einem Imbiss bekommt man kleine Snacks, etwa Suppen oder ein Tages-

Tische im Freien vor einem typischen Wirtshaus in Lech

Stube eines Gasthauses in St. Christoph

menü, das im Allgemeinen auf einer Tafel vor dem Lokal angeschrieben wird. Auch in vielen Cafés speist man gut – man sollte aber auf die Preise achten, die hier etwas höher sind.

Etikette

Vor allem die ältere Generation legt Wert auf eher formelle Kleidung, wenn sie zum Essen ausgeht. In den meisten Lokalen ist Alltagskleidung aber mittlerweile durchaus üblich. In Luxushotels und Nobelrestaurants empfiehlt sich allerdings eine eher konservative Garderobe. In den feineren Restaurants in den Städten wird im Allgemeinen elegante Kleidung erwartet.

Beim Heurigen gibt es dagegen keinerlei Kleiderzwänge. Badekleidung wird allerdings ausschließlich in den Bars der Strandbäder akzeptiert.

Rauchen

Rauchen in öffentlichen Räumen ist in Österreich zwar verboten, für Lokale gibt es aber zwei Ausnahmen: wenn das Lokal über eigene Raucherräume, die von den Nichtraucherräumen getrennt sind, verfügt oder wenn das Lokal kleiner als 50 Quadratmeter ist und als Raucherlokal (Schild) definiert wurde. Erkundigen Sie sich also besser bei einer Reservierung, ob in einem Restaurant geraucht werden darf oder nicht, bzw. reservieren Sie Nichtraucher-Plätze.

Reservierung

Bevorzugen Sie ein bestimmtes Lokal, empfiehlt es sich, einen Tisch zu reservieren, vor allem wenn das Restaurant sehr beliebt ist, die Küche empfohlen oder aber ein Unterhaltungsprogramm geboten wird.

Auch während der Hochsaison und in Urlaubsgebieten sollte man einen Tisch reservieren. Selbst die einfachen Imbissstuben oder Beisln haben häufig eine treue Stammkundschaft. Wer einen Heurigen in der Gruppe besucht, sollte unbedingt reservieren.

Preise und Trinkgeld

Die Preise für ein Essen lassen sich kaum verallgemeinern. Ein Mittagessen in einem durchschnittlichen Restaurant kostet etwa acht bis zwölf Euro pro Person. Für ein Abendessen muss man mit dem zwei- bis dreifachen Betrag rechnen, mit Wein wird es oft noch kostspieliger. In teureren Restaurants wird häufig noch das Gedeck berechnet. Wenngleich der Service in den Preisen meist eingeschlossen ist, ist ein Trinkgeld von zehn Prozent üblich.

In den meisten Nobelrestaurants und Hotelrestaurants werden Kreditkarten akzeptiert. In kleineren Lokalen können Sie allerdings meist nur bar bezahlen.

Mit Kindern essen

Einige Restaurants bieten kleinere Portionen für Kinder an, die aber meist kaum billiger sind als die regulären Portionen. Außer in Imbisslokalen, die meist auch Kinderkarten haben, führen nicht alle Lokale die bei Kindern beliebten Pommes frites oder Hamburger. Kinderfreundliche Restaurants, die leckere Speisen für Kinder haben und auch Kinderstühle bzw. Betreuung anbieten, finden Sie auf Internet-Portalen (etwa: www.austria4kids.at).

Restaurantkategorien

Die Restaurantauswahl *(siehe S. 310–325)* dieses Reiseführers legt Wert auf Lokale mit gutem Essen und aufmerksamem Service. Die Palette ist breit – von Gastro-Tempeln in Städten bis zu kleinen Lokalen auf dem Land. Um Ihnen die Auswahl zu erleichtern, wurden den Lokalen verschiedenen Kategorien zugeordnet: klassisch-österreichisch, regional, international oder Gourmet. Auch Konditoreien sind darunter.

Die Vis-à-Vis-Tipps listen besondere Restaurants auf – etwa Lokale mit außergewöhnlich guten Gerichten, moderaten Preisen, romantischem Ambiente, schöner Aussicht, traditioneller Küche – oder einer Kombination aus all diesen Faktoren.

Heuriger in der Nähe von Mörbisch

Österreichische Küche: Herzhaftes

Die österreichische Küche ist ein Erbe der k. u. k. Monarchie Österreich-Ungarn, als Wiener Köche von vielen Regionen des damaligen Kaiserreichs beeinflusst wurden. Das Ergebnis war eine abwechslungsreiche, herzhafte Kochtradition. Es finden sich italienische Anklänge, polnisch und ungarisch beeinflusste Gerichte und die Gewürzmischungen des Balkans. Das berühmte Schnitzel kam wahrscheinlich aus Mailand nach Wien, als Norditalien zu Österreich gehörte. Das Gulasch ist die österreichische Version des Kesselgerichts aus der ungarischen Puszta. Es wurde im 19. Jahrhundert in Wien populär.

Pfifferlinge

Käsestand auf einem österreichischen Bauernmarkt

Fleisch, Geflügel und Milchprodukte

In Österreich wird sowohl Rindfleisch als auch Schweinefleisch gegessen. Die Rinderherden der Bauern dienen als Grundlage für das paprikareiche Gulasch. Das berühmte Wiener Schnitzel besteht aus Kalbfleisch. Schweinefleisch wird meist zu Schinken und Würsten verarbeitet. Oft wird es geräuchert und reift monatelang in den Alpenregionen. So wird auch der »Speck« hergestellt. Magerer Speck (Schinken) ähnelt dem italienischen *prosciutto*, allerdings mit mehr Räuchergeschmack. Fetterer Speck (Bauch- oder Rückenspeck) gleicht *pancetta*. Bratwurst kann aus Rind-, Kalb- oder Schweinefleisch bestehen. Wiener Würstchen heißen Frankfurter. Bierwurst ist eine geräucherte Brühwurst. Hähnchen sind gleichfalls beliebt. Das Backhendl ist ein Hähnchen, das ganz am Spieß gegrillt wird. Ente wird oft mit süßer Sauce und Beilagen wie Rotkohl serviert. Gänsebraten ist genauso populär wie Gänseleber.

Auswahl an österreichischer Wurst, Schinken und Speck

Österreichische Klassiker

Paprlka

Die meisten österreichischen Klassiker (vor allem die der Wiener Küche) findet man im ganzen Land. Es gibt allerdings auch einige regionale Spezialitäten. Knödel liebt man vor allem im Osten, genauso wie Karpfen, Wild und Schweinefleisch. Weiter westlich und in den Bergregionen präferiert man eher Rind und Lamm. Rindfleisch braucht es für den Tafelspitz. Speck ist auch Bestandteil von Speckknödeln. Beliebt ist das Kassler, das traditionell mit Sauerkraut serviert wird. Fischgröstl ist eine Mischung von Fisch und Meeresfrüchten, die zusammen mit Zwiebeln, Kartoffeln und auch Fleischresten zubereitet wird. Auf den Speisekarten steht dieses Gericht selten – doch vielleicht kann man es in einer familiengeführten Pension kosten.

Tafelspitz ist in Wurzelgemüse gekochtes Rindfleisch, das immer mit Meerrettich (Kren) serviert wird.

Auswahl an Gemüse auf einem Wiener Markt

Die Milch der auf den Almweiden grasenden Kühe ist Grundlage würziger Käsesorten, etwa des herzhaften Wälderkäses.

Fisch

Seafood gab es im Binnenland Österreich früher nicht, dafür aber zahlreiche Gerichte mit Süßwasserfisch. Forelle ist mit am beliebtesten. Sie wird pochiert oder gegrillt und mit Kartoffeln serviert. Marinierter Hering wird gerne als Vorspeise gereicht. Heringsschmaus ist geräucherter Hering mit Äpfeln, Pellkartoffeln und Gewürzgurken, ein nicht nur im Osten von Österreich beliebtes Fastengericht. Karpfen ist ein typisches Weihnachtsessen. Er wird aber auch das ganze Jahr über gegessen. Ähnliches gilt auch für Fische wie Scholle oder Goldbutt, die oft im Gemüsesud zubereitet werden.

Gemüse

Heimisches Gemüse ist von hoher Qualität. Obwohl es das ganze Jahr über importierte Ware gibt, sind den Österreichern saisonale Produkte wichtig. Das gilt insbesondere für eine der beliebtesten Gemüsesorten: den Spargel. In

Saisonale Delikatesse – weißer Spargel im Angebot

der Saison von April bis Anfang Juli gibt es viele Spargelgerichte. Pilze sind ein weiteres beliebtes saisonales Produkt, vor allem Pfifferlinge (Eierschwammerl). Kartoffeln (Erdäpfel) sind oft Beilage oder aber Bestandteil von Gerichten. Beliebt sind sie zudem in Form von Knödeln – auch in süßer Variante. Kohl (Kraut) ist in allen Varianten präsent. Auch Lauch findet Eingang in viele Gerichte.

Eine besondere kulinarische Spezialität ist das aromatische »Kernöl« (Steirisches Kürbiskernöl), das aus dem Steirischen Ölkürbis gewonnen wird.

Herzhafte Snacks

Liptauer: Der Brotaufstrich aus Brimsen (gesalzenem Frischkäse aus Schafsmilch) wird mit Paprika, Kümmel, Zwiebeln, Kapern und Senf vermischt. Ein typisches Speiseangebot in den Heurigen.

Maroni: Die gerösteten Esskastanien sind ein typisches Wintergericht. Der Duft von Maronibratern liegt in Wien in der Vorweihnachtszeit überall in der Luft.

Saure Blunzen: Die mit Essig angemachte Blutwurst gibt es traditionell zum Bier.

Schmalzbrot: Schmalz gibt es von Schweinen oder Gänsen. Sogenanntes Griebenschmalz enthält noch die ausgebratenen Speckteile.

Wiener Schnitzel besteht – original – immer aus Kalbfleisch. Eine Sauce ist bei diesem Klassiker verpönt.

Rindsgulasch ist die Rindfleischvariante des ungarischen Gulaschs – mit viel Paprika und Kümmel.

Forelle Blau ist ein leichtes Fischgericht, bei dem die Forelle im Ganzen pochiert wird. Das Blau kommt vom Essigzusatz.

Österreichische Küche: Süßspeisen

Nur wenige Städte können mit Wiens Angebot an Süßspeisen konkurrieren. Ob vormittags oder nachmittags – Wiener lieben sie. Die besten Torten und Kuchen aus eigener Herstellung gibt es in Konditoreien, die auch gleich den Kaffee dazu anbieten. Traditionelle, kalorienreiche Desserts werden in allen besseren Lokalen serviert – vom klassischen Wiener Apfelstrudel bis zum Gugelhupf aus Tirol. Auch jede Region bietet spezielle Süßspeisen. In den Kaffeehäusern genießt man die vielen Kaffeespezialitäten und die Kreationen der Zuckerbäcker.

Mohnsamen

Bei Kaffee und Kuchen in einem österreichischen Kaffeehaus

Kuchen und Torten

Die österreichische Zuckerbäckerei und Süßspeisenherstellung hat eine lange Tradition. Sogar kleine Dörfer haben ihre typischen Spezialitäten, und wohl nach jeder österreichischen Stadt ist auch ein Kuchen benannt. Die berühmteste Torte des Landes ist eine Wiener Kreation: die Sachertorte, eine gehaltvolle Schokoladentorte mit einer Schicht Aprikosenmarmelade, die Franz Sacher 1832 für Metternich erfand. Während sich die Wiener der originalen Sachertorte rühmen, sind die Linzer stolz auf ihre Linzer Torte, ein mit Teiggittern verzierter Kuchen, der mit Himbeer- oder Johannisbeermarmelade gefüllt ist. Zudem soll das Rezept sehr alt sein, nämlich ins 17. Jahrhundert zurückdatieren. An der ungarischen Grenze favorisiert man die Dobostorte, die nach ihrem Schöpfer, dem Budapester Konditor Josef Dobos (19. Jh.), benannt ist. Die Schichttorte aus Biskuitböden ist mit einer Schokoladenbuttercreme gefüllt und mit Karamellsauce glaciert. Aus Salzburg stammen die Salzburger

Auswahl an österreichischen Kuchen und Torten

Österreichische Klassiker

Haselnüsse

Vom Topfentascherl bis zum Kastanieneis: Wiener Süßspeisen sind reichhaltig und abwechslungsreich. Es gibt zarte Taschen oder Knödel mit Fruchtfüllungen (etwa Pflaumen oder Äpfel), Palatschinken, Fettgebackenes oder Strudel. Die österreichischen Mehlspeisen enthalten nicht unbedingt Mehl, sondern oft Haselnüsse oder Mandeln. Nüsse, aber auch Pinienkerne spielen eine wichtige Rolle – Haselnüsse gehören etwa in den Apfelstrudel. Ungewöhnlicher sind andere Mehlspeisen, beispielsweise die süßen Mohnnudeln oder Böhmisches Omelett, das mit Schlagsahne und Pflaumenmus serviert wird. Dagegen gibt es die normalerweise süßen Palatschinken auch als herzhafte Variante.

Mohr im Hemd – der Schoko-Nuss-Pudding wird mit Schokoladensauce und Schlagsahne serviert.

Süße Sünden in der Auslage einer Konditorei

Nockerln, ein warmes süßes Soufflé. Die Esterházytorte wiederum besteht aus Meringueböden mit Haselnusscreme und einer Fondantglasur. Der Stollen kam zwar einst aus Deutschland, ist aber mittlerweile ein typisches österreichisches Weihnachtsgebäck. Ob wienerisch oder regional – die süßen Sünden werden überall angeboten.

Süßes und Kaffee

Im perfekten globalen Dorf werden österreichische Konditoreien und Kaffeehäuser immer an der Hauptstraße liegen. Schon der französische Begriff *Viennoiserie* unterstreicht die Vorherrschaft der Österreicher bei Feingebäck und Süßspeisen. Die österreichische Kaffeehauskultur soll ihren Anfang genommen haben, weil die Türken ihre ganzen Kaffeevorräte zurückließen, als sie nach der erfolglosen Belagerung von Wien 1529 wieder abzogen. Kipferl – mindestens so beliebt wie Croissants – sind ein leichtes halbmondförmiges Gebäck, das gleichfalls auf die Zeiten der türkischen Belagerung zurückgehen und dem Halbmond der osmanischen Flagge nachgebildet sein soll.

Schokoladengeschäft, in dem Mozartkugeln verkauft werden

Derartige Herleitungen sind mittlerweile vergessen, doch die Kaffeehauskultur ist in Österreich bis heute präsent. Noch immer betrachten Österreicher Kaffeehäuser und Cafés quasi als die Verlängerung ihres Wohnzimmers und verbringen dort Stunden, um Zeitung zu lesen, zu plaudern, zu spielen etc. Jedes Kaffeehaus hat mindestens Apfelstrudel, Cremeschnitten und Punschkrapfen im Angebot. Letztere Leckerei ist ein Biskuit mit Marmelade, Rum und Schokolade, der mit einer rosa Glasur, eben der Punschglasur, überzogen ist.

Mozartkugeln

Edle Schokoladenkugeln in aufwendiger Verpackung mit dem Porträt Mozarts – sie sind wahrscheinlich das beliebteste Österreich-Souvenir. Die Mozartkugeln kommen aus Salzburg, wo Wolfgang Amadeus Mozart lebte, als er seine »Schokoladenoper« *Così fan tutte* komponierte. 1890 kreierte der Konditormeister Paul Fürst die ersten »Mozartbonbons«, kleine Kugeln aus Pistazienmarzipan mit Marmelade, ummantelt von Nugat und dunkler Kuvertüre. Die Mozartkugel fand sofort Gefallen – und folglich viele Nachahmer, was zu einem Streit um das Namensrecht führte. Die Produkte der Konditorei Fürst fungieren mittlerweile als »Original Salzburger Mozartkugeln«.

Apfelstrudel enthält eine Füllung aus Äpfeln, Rosinen, Zimt und Nüssen bzw. manchmal Mohnsamen.

Palatschinken – die ungarischen Pfannkuchen werden mit Süßem gefüllt oder mit Saucen serviert.

Topfenknödel – die Quarkknödel, bestreut mit in Butter gerösteten Bröseln oder Nüssen, gibt's mit Kompott.

Wiener Kaffeehäuser und Bars

Kaffeehäuser sind ein fester Bestandteil des Wiener gesellschaftlichen Lebens – viele traditionelle Cafés haben überlebt. Die Mehrzahl findet man in der Innenstadt, als architektonische Botschafter der Habsburger Ära. Doch Wien bietet nicht allein Tradition: Seit einiger Zeit gibt es auch viele modisch minimalistische Cafés und Bars, die ein frischeres Flair in die nostalgische Atmosphäre bringen. Sie tragen mit dazu bei, dass die österreichische Hauptstadt eine vibrierende europäische Metropole ist.

Das geräumige Café Central mit neogotischer Gewölbedecke

Wiener Kaffeehäuser

Wiener Cafés sind nicht einfach ein Ort, sondern »eine Weltanschaung«, wie Alfred Polgar schrieb. Seit den Türkenkriegen im 16. und 17. Jahrhundert waren die Wiener Kaffeehäuser wichtige Treffpunkte. Ganze Berufsstände oder politische Gruppierungen hatten ihre jeweiligen Cafés. In Wiens ältestem Café, dem **Frauenhuber**, trat Mozart auf. Im **Café Central**, einem Treffpunkt der Intellektuellen, schmiedete Leo Trotzki Revolutionspläne für das zaristische Russland. Sigmund Freud unterbrach seine Therapiesitzungen für einen Kaffee im eleganten **Café Landtmann**. Ein Hang-out der Künstler war das **Café Bräunerhof**, das auch dem berühmten Autor Thomas Bernhard als Inspirationsquelle diente.

Kaffeehauskultur

Die Wiener Kaffeesieder machten das Café zum Ort, wo man – für wenig Geld – stundenlang bei einem Kaffee verweilen konnte. Zudem konnte man Zeitung lesen, eine Pfeife rauchen oder eine »Partie Karambol« spielen – immer umsorgt von einem sehr beflissenen Ober. Derartige Zusatzangebote gibt es auch heute noch. Im **Café Prückel** etwa stehen Bridge-Tische. Das **Café Sperl** bietet Billard. Im 200 Jahre alten **Café Dommayer** finden Lesungen statt.

Auch Architektur und Ausstattung eines Cafés spielen für die Gäste eine Rolle. Das **Café Museum** von 1899 ist ein Secessions-Meisterwerk von Adolf Loos. Das **Kleine Café** präsentiert sich als zauberhaftes Mini-Café. Das glanzvolle **Café Central** prunkt mit seiner neogotischen bemalten Gewölbedecke.

Im Cafe Prückel können die Gäste eine Runde Bridge spielen

Kaffeespezialitäten

In den edleren Wiener Cafés serviert ein befrackter Ober den Kaffee auf einem Silbertablett mit einem Glas Wasser. Im Folgenden steht nur eine kleine Auflistung von mehr als 20 Kaffeevariationen:

Kleiner Brauner: kleiner Kaffee mit etwas Milch/Schlagsahne.

Großer Brauner: doppelte Menge des kleinen Braunen.

Kleiner Schwarzer oder **Mokka:** kleiner Espresso.

Großer Schwarzer: doppelter Espresso.

Melange: Mischung von gleichen Teilen Kaffee und Milchschaum.

Kapuziner: kleiner Mokka mit kleiner Haube Schlagsahne.

Franziskaner: Melange mit Schlagsahne statt Milchschaum.

Milchkaffee: halb Kaffe, halb Milch.

Verlängerter: Espresso, der mit der doppelten Menge an Wasser hergestellt wird.

Einspänner: großer Schwarzer im Glas mit kalter Schlagsahne und Puderzucker.

Eiskaffee: eisgekühlter Kaffee mit Vanilleeis und Schlagobers.

Kaffee auf dem Silbertablett mit dem obligatorischen Glas Wasser

Speisen in Cafés

Das Angebot an kleinen Speisen reicht in den Kaffeehäusern von Würsten über Suppen bis zu Kuchen. Zu Mittag kann man im **Café Landtmann** oder im verspiegelten **Café Schwarzenberg** auch Wiener Schnitzel essen. Bei **Demel**, dem einstigen Hoflieferanten, gibt es eine fantastische Salatauswahl. Das **Café Diglas** bietet neben seinen Cremetorten auch riesige Strudelportionen. Das **Café Hawelka** ist für seine Buchteln bekannt, die noch spätabends serviert werden.

Das elegante Interieur der Blauen Bar

Wiener Bars

Wiens Barszene ist seit einiger Zeit durch zahlreiche interessante neue Bars geprägt – eine Alternative zu den traditionellen Etablissements. Eine fantastische Aussicht auf den Stephansdom plus edle Drinks gibt es in der **Skybar** in der Fußgängerzone Kärntner Straße. Cocktails, darunter gute Martinis, werden ganz in der Nähe in der edlen **Loos Bar** serviert. Die **Blaue Bar** im ehrwürdigen Hotel Sacher ist an Opulenz nicht zu übertreffen. Wer den Nachtclub-Glamour der 1950er Jahre liebt, sollte unbedingt in die **Eden Bar** gehen.

Österreichische Weine

Österreich produziert einige der besten Weine der Welt – von Weißweinen wie Grüner Veltliner und Riesling aus der Wachau und der Kamptal-Region bis zu Rotweinen, darunter Blaufränkischer aus dem Burgenland oder Zweigelt vom Neusiedler See. Hinzu kommen Dessertweine (Eisweine und Trockenbeerenauslesen) aus der Gegend um Jllmitz und Rust. Wien, das ebenfalls Weinbauregion ist, stellt den Gemischten Satz her, einen traditionellen Weißen aus verschiedenen Rebsorten. In den meisten Wiener Bars werden Weine aus Österreich ausgeschenkt. Die **Weinbar Coburg** im Edelhotel Palais Coburg bietet eine gute Auswahl an offenen Weinen, ebenso **Wein & Co**, das mit mehreren Filialen vertreten ist.

Österreichische Biere

Österreich ist nicht nur Weinland – es wird auch Bier gebraut, darunter das allgemein beliebte leichte Märzen. Populär ist auch Weißbier oder das alkoholfreie Null Komma Josef der Ottakringer Brauerei in Wien. Von dieser letzten Wiener Großbrauerei stammen zudem das Goldfassl sowie das Goldfassl Pils. Stärkstes Bier ist der Ottakringer Bock. Im heimeligen Gewölbe des **Bierhofs** kann man diese und andere Biere kosten. Man bestellt ein Seidl (0,3 l) oder ein Krügel (0,5 l). Es gibt aber auch ein Pfiff (0,2 l) – zusammen mit den einzigartigen Sandwiches ein Muss im **Trzesniewski**.

Auf einen Blick

Cafés

Café Amacord
Rechte Wienzeile 15, 1040 Wien.
(01) 58 74 709.
Stadtplan 4 C1.

Café Bräunerhof
Stallburggasse 2, 1010 Wien.
(01) 51 23 893.
Stadtplan 2 B4.

Café Central
Palais Ferstl, Herrengasse 14, 1010 Wien.
(01) 53 33 763-24.
Stadtplan 2 B3.

Café Diglas
Wollzeile 10, 1010 Wien.
(01) 51 25 765.
Stadtplan 2 C4.

Café Dommayer
Dommayergasse 1, 1130 Wien.
(01) 87 75 465.

Café Hawelka
Dorotheergasse 6, 1010 Wien.
(01) 51 28 230.
Stadtplan 2 B4.

Café Landtmann
Universitätsring 4, 1010 Wien.
(01) 24 10 01 11.
Stadtplan 2 A3.

Café Mozart
Albertinaplatz 2, 1010 Wien.
(01) 24 100.
Stadtplan 2 B5.

Café Museum
Friedrichstraße 6, 1010 Wien.
(01) 21 40 06 20.
Stadtplan 4 C1.

Café Prückel
Stubenring 24, 1010 Wien.
(01) 51 26 115.
Stadtplan 2 D4.

Café Sacher
Philharmonikerstraße 4, 1010 Wien.
(01) 51 45 60.
Stadtplan 2 B5.

Café Schwarzenberg
Kärntner Ring 17, 1010 Wien.
(01) 51 28 99 830.
Stadtplan 4 D1.

Café Sperl
Gumpendorfer Straße 11 (Ecke Lehargasse), 1060 Wien.
(01) 58 64 158.

Demel
Kohlmarkt 14, 1010 Wien.
(01) 53 51 717.
Stadtplan 2 B4.

Frauenhuber
Himmelpfortgasse 6, 1010 Wien.
(01) 51 28 383.
Stadtplan 2 C4.

Kleines Café
Franziskanerplatz 3, 1010 Wien.
Stadtplan 2 C4.

Bars

Bierhof
Haarhof 4, 1010 Wien.
(01) 533 44 28.
Stadtplan 2 B4.

Blaue Bar im Hotel Sacher
Philharmonikerstraße 4, 1010 Wien.
(01) 51 45 68 40.
Stadtplan 2 B5.

Eden Bar
Liliengasse 2, 1010 Wien.
(01) 51 27 450.
Stadtplan 2 C4.

Loos Bar
Kärntner Durchgang 10, 1010 Wien.
(01) 51 23 283.
Stadtplan 2 C4.

Skybar
Kärntner Straße 19, 1010 Wien.
(01) 51 31 712.
Stadtplan 2 C4.

Trzesniewski
Dorotheergasse 1, 1010 Wien.
(01) 51 23 291.
Stadtplan 2 B4.

Wein & Co
Jasomirgottstraße 3–5, 1010 Wien.
(01) 53 50 91 612.
Stadtplan 2 C4.
Eine von mehreren Filialen.

Weinbar Coburg
Coburgbastei 4, 1010 Wien.
(01) 51 81 88 70.
Stadtplan 2 D5.

Österreichische Getränke

Österreich hat exzellente Weine und viele verschiedene Biere zu bieten. Bekannt sind vor allem die österreichischen Weißweine, wenngleich in letzter Zeit auch die Rotweine an Bedeutung gewinnen. Der Most, der ab Spätsommer erhältlich ist, entsteht durch Pressung frisch geernteter Trauben. Im Frühherbst folgt der Sturm, ein noch in Gärung befindlicher Traubenmost mit niedrigem Alkoholgehalt. Danach wird der Heurige, der junge Wein der Saison, angeboten. Eiswein stellt man aus Trauben her, die bis zum ersten Frost am Weinstock blieben. Auch erstklassige Schnäpse werden gebrannt.

Weingärten rund um die Dörfer im Norden und Westen Wiens

Chardonnay aus der Steiermark und Sekt aus Niederösterreich

Österreichische Weine

Der beliebteste Wein in Österreich ist der Grüne Veltliner *(siehe unten)*, eine Rebsorte, aus der auch ein exzellenter Eiswein produziert wird. Darüber hinaus gibt es trockene Riesling-Weine, vor allem aus der Wachau, und kräftige Weißburgunder, Chardonnays und Traminer. Die bekanntesten Rotweine sind der Blaufränkische und der Zweigelt.

Riesling aus der Wachau kann leicht oder vollmundig sein.

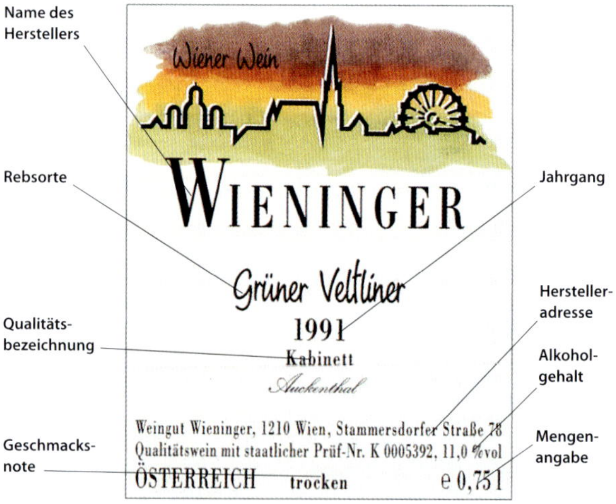

Grüner Veltliner ist ein frischer, fruchtiger Weißwein, der normalerweise trocken ist.

St. Laurent ist ein leichter Rotwein mit Volumen vom Neusiedler See.

Blaufränkischer ist ein Rotwein (Burgenland) mit Charakter.

Krügel,
Steinkrug (0,5 l)

Seidl,
Bierglas (0,3 l)

Krügel,
Bierglas (0,5 l)

Pfiff,
Bierglas (0,2 l)

Österreichische Biere

Bereits seit über 150 Jahren wird in Österreich gutes Bier gebraut. Die beliebtesten Biere produziert die Brauerei Gösser in der Steiermark: das leichte Gösser Gold, das stärkere Gösser Spezial und das dunkle, süße Gösser Stiftsbräu. Eine der ältesten Brauereien mit Sitz im niederösterreichischen Schwechat stellt eine Reihe heller Biere sowie ein Bier für Kalorienbewusste her: Adam Schlank & Rank. In Wien erfreut sich das Bier der Ottakringer Brauerei, das helle Goldfassl, großer Beliebtheit. Darüber hinaus sind auch Biere, die an die bayerische Braukunst erinnern, etwa das Weizengold, erhältlich.

Kaiser,
leichtes Bier

Weizengold,
Weizenbier

Gösser Spezial,
kräftiges Bier

Der Bierhof-Bierdeckel wirbt für ein Lokal im Haarhof.

Null Komma Josef ist ein alkoholfreies Bier der Ottakringer Brauerei.

Weitere österreichische Getränke

Obst ist die Grundlage für hervorragende Spirituosen wie Wacholder-, Marillen- oder Quittenschnaps. Doch neben Alkoholika hat Österreich auch eine Vielzahl nichtalkoholischer Getränke zu bieten, vor allem Fruchtsäfte wie beispielsweise Himbeer- oder Johannisbeersaft. Eine österreichische Spezialität ist der Almdudler, eine Kräuterlimonade. Beliebt sind zudem Mix-Getränke, etwa das Radler aus Bier und Zitronenlimonade. Das Getränk soll ein Gastwirt erfunden haben, bei dem an einem heißen Tag das Bier knapp wurde. Kurz entschlossen servierte er den durstigen Radfahrern diese weniger alkoholhaltige Kreation.

Marillenschnaps

Der Wiener Rathauskeller ist bei Bierfreunden beliebt

Restaurantauswahl

Wien

Innenstadt

Café Frauenhuber €
Österreichisch **SP** 2 C5
Himmelpfortgasse 6, 1010
(01) 512 53 53
Hier trat Mozart 1791 zum letzten Mal auf. Das berühmte Kaffeehaus bietet altmodische Wiener Küche.

Café Hawelka €
Österreichisch **SP** 2 B4
Dorotheergasse 6, 1010
(01) 512 82 30
Das familiengeführte Hawelka ist eine Wiener Institution. Das Kaffeehaus war nach dem Krieg Treffpunkt von Schriftstellern und Kritikern. Unbedingt probieren: die Buchteln.

Café Prückel €
Österreichisch **SP** 3 D4
Stubenring 24, 1010
(01) 512 61 15
Das beliebte Kaffeehaus stammt aus der Ära der Ringstraßen-Cafés, wurde aber in den 1950er Jahren redesignt. Kaffee und Mahlzeiten sind exzellent.

Gasthaus Poschl €
Österreichisch **SP** 2 C5
Weihburggasse 17, 1010
(01) 513 52 88
Genießen Sie ein Hähnchenschnitzel mit Parmesankartoffeln mit einem Glas österreichischen Biers. Oder nehmen Sie die entspannte Atmosphäre bei einem Glas Wein auf.

Gasthaus Reinthaler €
Österreichisch **SP** 2 B4
Gluckgasse 5, 1020
(01) 512 33 66 Sa, So
Die Einheimischen strömen in dieses freundliche Gasthaus wegen der köstlichen Wiener Küche. Probieren Sie die Krautwickel und die Aprikosenknödel.

Griechenbeisl €
Österreichisch **SP** 3 D3
Fleischmarkt 11, 1010
(01) 533 19 77
Wiens älteste Gaststätte. Im Angebot sind natürlich Wiener Schnitzel und auch ein exzellentes Rinderfilet. Der Gastraum ist mit einigen Originalhandschriften von Beethoven und Schubert geschmückt.

Konditorei Gerstner €
Österreichisch **SP** 2 B5
Kärntner Straße 11–15, 1010
(01) 512 49 630
Dies ist eine der größten Konditoreien der Stadt. Das Gerstner ist auch Anziehungspunkt für viele Urlauber. Verwöhnen Sie Ihre Geschmacksnerven mit himmlischen Makronen und köstlichen Cupcakes.

Trzesniewski €
Österreichisch **SP** 2 B4
Dorotheergasse 1, 1230
(01) 512 32 91 So
Folgen Sie Ihrer Nase zu dieser sehr beliebten Bäckerei. Das Trzesniewski bietet eine riesige Auswahl an duftendem Brot, verführerischem Gebäck, köstlichen Hefeteilchen und Kuchen.

Einladendes Ambiente des beliebten Café Mozart

Preiskategorien
Die Preise gelten für ein Drei-Gänge-Menü pro Person mit einer halben Flasche Hauswein, inklusive Steuern und Service.

€	unter 35 Euro
€€	35 – 65 Euro
€€€	über 65 Euro

Beaulieu €€
Mediterran **SP** 2 B3
Herrengasse 14/18, 1010
(01) 532 11 03
Das Meeresfrüchte-Risotto mit Safran ist hier sehr beliebt. Oder kosten Sie die herzhafte österreichische Brot- und Käseplatte – dazu Wein aus der Region.

Café Braunerhof €€
Österreichisch **SP** 2 B4
Stallburggasse 2, 1010
(01) 512 38 93
Reizendes Café mit roter Fassade. Die Kundschaft aus Akademikern und Intellektuellen unterstreicht das auffällige Äußere noch. Wiener Küche.

Café Central €€
Österreichisch **SP** 2 B3
Herrengasse/Strauchgasse, 1010
(01) 533 37 63
Das geschichtsträchtige Central war einst ein Treffpunkt der Größen aus Kunst, Politik und Wissenschaft. Erstklassige Mittagsangebote.

Café Demel €€
Österreichisch **SP** 2 B4
Kohlmarkt 14, 1010
(01) 535 17 17-0
Das Demel ist ein Ort voller Stil und zeitloser Pracht. Probieren Sie hier unbedingt die berühmten Kuchen und sonstigen Süßspeisen.

Café Hofburg €€
Österreichisch **SP** 2 B4
Hofburg, Innerer Burghof, 1010
(01) 24 100-420
Das Kaffeehaus liegt nahe am Sisi Museum. Vor oder nach einer Besichtigung des Hofburg-Komplexes sollte man hier einkehren. Kaffee und Imbiss bieten sich an. Nachmittags wird der Gast mit Klaviermusik unterhalten.

Café Mozart €€
Österreichisch **SP** 2 B5
Albertinaplatz 2, 1010
(01) 24 100-200
Graham Greene hat hier an seinem Skript für den *Dritten Mann* gearbeitet. Das exzellente Mittagsmenü für zwölf Euro sorgt dafür, dass es zeitweise recht voll wird. Guter Service.

Restaurantkategorien *siehe Seite 301*

Hollmann Salon €€
Österreichisch **SP** 3 D4
Grashofgasse 3, 1010
(01) 961 19 60 40 ● So
Eine der schönsten Kulissen der Stadt mit wunderbarem Essen und freundlichem Service. Tische im Freien finden Gäste im Innenhof des Hauses.

Vis-à-Vis-Tipp

Ilona Stüberl €€
Österreichisch **SP** 2 B4
Bräunerstraße 2, 1010
(01) 533 90 29
Dieses 1957 gegründete österreichisch-ungarische Restaurant ist ein anerkannter Teil der kulinarischen Szene Wiens. Auf der Karte dominieren Schwein, Fisch, Rind und vegetarische Gerichte. Zudem werden Salate, Pasta und herzhafte Desserts angeboten. Die Kellner sind Amateurhistoriker, die sich in der Geschichte der Vereinigung Österreichs und Ungarns unter Kaiser Franz Joseph auskennen.

Lebenbauer €€
Vegetarisch **SP** 2 A3
Teinfaltstraße 3, 1010
(01) 533 55 56 ● Sa, So
Eines der vornehmsten vegetarischen Restaurants Österreichs. Lebenbauer rühmt sich seiner kreativen, fleischfreien Küche. Gekocht wird zudem ohne Fett, Eier oder Mehl. Probieren Sie unbedingt das Kürbisrisotto.

Oberlaa €€
Konditorei **SP** 2 B4
Neuer Markt 16, 1010
(01) 513 29 36-0
Das Oberlaa ist eine wahre Schatztruhe für die Liebhaber süßer Leckereien. Die Konditoren zaubern wunderbare Kuchen

Außenbereich des Oberlaa, einer exzellenten Konditorei

Barbereich im Wrenkh, Wiens ältestem vegetarischen Restaurant

und köstliches Gebäck. Probieren Sie den Apfelstrudel. Ansprechender Außenbereich.

Ofenloch €€
Österreichisch **SP** 2 B3
Kurrentgasse 8, 1010
(01) 533 88 44 ● So
Das Ofenloch bietet eine traditionelle Karte mit den klassischen Suppen, Kartoffelknödeln und – natürlich – Schnitzel. Der Service ist überdurchschnittlich.

Oswald & Kalb €€
Österreichisch **SP** 2 C4
Bäckerstraße 14, 1010
(01) 512 13 71
Die Eigentümer haben dieses Restaurant in einem Haus aus dem Mittelalter eingerichtet. Im Angebot sind Brot und Kräuteröle aus eigener Herstellung.

Restaurant Kanzleramt €€
Österreichisch **SP** 2 B4
Schauflergasse 6, 1010
(01) 533 13 09 ● Fr, So
Greifen Sie zu einem guten Glas Wein, und wählen Sie dann in aller Ruhe aus, etwa Schweinesteak mit Sahnesauce.

Le Siècle €€
Mediterran **SP** 3 D5
Weihburggasse 32, 1010
(01) 515 17 34 40
Das preisgekrönte Restaurant im Hotel Radisson Blu Palais ist für seinen Hang zur Dekadenz bekannt. Hier bekommt der Gast alles von schwarzem Kaviar über Spanferkel bis zum Kräuterlammbraten.

Haas & Haas €€
International **SP** 2 C4
Stephansplatz 4, 1010
(01) 512 26 66
Eine 25 Jahre alte Institution. Dieses reizende Teehaus ist bekannt für seinen einladenden Innenhof. Sehr gute Auswahl an pfiffigen Gerichten zum Brunch oder Nachmittagstee.

Tian €€
Vegetarisch **SP** 2 C5
Himmelpfortgasse 23, 1010
(01) 890 46 65 ● So
Das Tian ist ein Juwel für Liebhaber vegetarischer Kost. Bei allen Gerichten werden nur Zutaten aus den eigenen Gärten des Restaurants verwendet.

TokoRi €€
Japanisch **SP** 2 C3
Salztorgasse 4, 1010
(01) 532 77 77
Zeitgenössisches japanisches Restaurant. Serviert werden Nudelgerichte, frittierte Garnelen und natürlich Sushi.

Trattoria Martinelli €€
Mediterran **SP** 2 B3
Freyung 3/Palais Harrach, 1010
(01) 533 67 21
Wunderschönes Restaurant im Innenhof eines Barockpalais. Essen und Service sind tadellos. Das Beefsteak ist unschlagbar.

Wrenkh €€
Vegetarisch **SP** 2 C3
Bauernmarkt 10, 1010
(01) 533 15 26 ● So
Einfaches, schnörkelloses Restaurant. Die Karte legt den Schwerpunkt auf regionale Küche und vegetarische Gerichte.

Fabios €€€
Mediterran **SP** 2 B4
Tuchlauben 4 – 6, 1010
(01) 532 22 22 ● So
Verblüffende Architektur und geschickter Einsatz von Glas und Licht prägen das äußere Erscheinungsbild. Das Essen ist außergewöhnlich gut.

Kervansaray Hummerbar €€€
Seafood **SP** 2 C5
Mahlerstraße 9, 1010
(01) 512 88 43 ● So
Dies ist eines der besten Fischrestaurants in Wien. Probieren Sie den norwegischen Hummer oder den Lachskaviar.

SP = Stadtplan Wien *siehe Seiten 120 – 127*

Landtmann €€€
Österreichisch SP 2 A3
Universitätsring 4, 1010
(01) 24 100 100
Das elegante Kaffeehaus wurde bereits 1873 gegründet. Hier waren schon Sigmund Freud, Marlene Dietrich und Sir Paul McCartney zu Gast.

Limes Restaurant €€€
Italienisch SP 2 B4
Bräunerstraße 11, 1010
(01) 905 800 ● So
Eines der vielversprechendsten jungen Restaurants in Österreich. Es gibt Menüangebote und À-la-carte-Optionen. Kosten Sie die Seeteufel-Fettuccine.

Palmenhaus €€€
Europäisch SP 2 B5
Burggarten 1, 1010
(01) 533 10 33
Wohl einer der vornehmsten Orte, an denen man in Österreich speisen kann. Probieren Sie das Carpe-Diem-Frühstück mit Ananas, Roggenbrot, Ziegenkäse-Omelett und Brötchen.

Plachutta €€€
Österreichisch SP 3 D4
Wollzeile 38, 1010
(01) 512 15 77
Im Plachutta kehren gern österreichische TV-Stars und andere VIPs ein. Zu empfehlen sind hier klassische Wiener Gerichte wie Tafelspitz.

Regina Margherita €€€
Italienisch SP 2 B4
Wallnerstraße 4, 1010
(01) 533 08 12
Genießen Sie appetitliche Pasta und Pizza, Grillfleisch und Fischgerichte sowie einige neapolitanische Spezialitäten.

Sapori Restaurant €€€
Mediterran SP 2 B4
Herrengasse 12, 1010
(01) 227 800 ● Sa, So
Hier gibt es moderne Variationen mediterraner Kost. Der Anchovis-Salat mit Dijonsenf und geschmortem Zitronenhühnchen ist einfach köstlich.

Vis-à-Vis-Tipp

Vestibül €€€
Österreichisch SP 2 A3
Universitätsring 2, 1010
(01) 532 49 99 ● So
Die Küche des preisgekrönten Vestibül ist spezialisiert darauf, aus saisonalen Zutaten möglichst viel in Eigenregie herzustellen. Das reicht von der Brühe bis hin zum Holundersaft. Großartiges Essen, zuverlässiger Service und eine superbe Lage im Burgtheater im Herzen Wiens.

Walter Bauer €€€
Österreichisch SP 3 D4
Sonnenfelsgasse 17, 1010
(01) 512 98 71 ● Sa, So
Das Restaurant strahlt den Charme des alten Österreich aus. Es ist berühmt für moderne Interpretationen der klassischen regionalen Küche. Räucheraal und Wild sind ein besonderer Genuss.

Zum Schwarzen Kameel €€€
Österreichisch SP 2 B3
Bognergasse 5, 1010
(01) 533 81 25 11 ● So
Ein Haus aus der Jugendstil-Ära stellt die architektonische Kulisse des Restaurants. Wählen Sie aus Dutzenden von Käsesorten, die die erstklassige Karte auflistet. Der Wildschweinbraten ist besonders gut.

Café im Kuppelsaal des Kunsthistorischen Museums

Nördlich der Mariahilfer Straße

Café Eiles €
Österreichisch SP 1 B4
Josefstädter Straße 2, 1080
(01) 405 34 10
Das Café ist bei Schauspielern und Autoren sehr beliebt. Zurückhaltende Dekoration, mit Schwarz-Weiß-Fotografien an der Wand. Großartiges Essen.

Amerlingbeisl €€
Österreichisch SP 1 C5
Stiftgasse 8, 1070
(01) 526 16 60
Experimentieren Sie mit den täglich wechselnden Cocktails und der kleinen saisonalen Speisekarte. Der geräucherte Lachs ist sehr zu empfehlen.

Café & Restaurant, Kunsthistorisches Museum €€
Österreichisch SP 2 B4
Burgring 5, 1010
(01) 664 966 45 46 ● Mo
Wie wäre es mit sehr gutem Essen unter der Kuppel des Kunsthistorischen Museums? Dies ist eine perfekte Umgebung für einen opulenten Brunch am Sonntag oder ein romantisches Abendessen.

Café Bellaria €€
Österreichisch SP 2 A5
Bellariastraße 6, 1010
(01) 523 53 20
Superber Kaffee und leichte Klaviermusik. Besuchen Sie dieses typisch wienerische Café, in dem auch Operetten- und Liederabende veranstaltet werden. Die Kost ist traditionell, der Service charmant.

Geräumiger Speisesaal mit Marmorbogen im Vestibül (Burgtheater)

Restaurantkategorien *siehe Seite 301* **Preiskategorien** *siehe Seite 310*

Café Europa €€
Österreichisch **SP** 4 A1
Zollergasse 8, 1070
(01) 526 33 83
Das exzellente Frühstück wird täglich über 16 Stunden serviert. Auch am späten Abend gibt es noch das köstliche Wiener Schnitzel und einen Imbiss.

Café Leopold €€
Mediterran **SP** 2 A5
Museumsplatz 1, 1070
(01) 523 67 32 Di, Mi
Das Leopold ist ein traditionelles Wiener Café mit innovativen Gerichten. Versuchen Sie den Salat aus Spargel und Rucola.

Café Schottenring €€
Österreichisch **SP** 2 B2
Schottenring 19, 1010
(01) 315 33 43
Vor 130 Jahren öffnete dieses Kaffeehaus erstmals seine Türen. Unter den Kaffeespezialitäten ist hier besonders die Melange zu empfehlen.

Centimeter II €€
Österreichisch **SP** 1 C5
Stiftgasse 4, 1070
(01) 470 06 06
Versuchen Sie sich hier an den Monsterportionen der Ribs. Oder probieren Sie die diversen Wurstsorten, Burger oder Steaks.

Österreicher im MAK €€
Österreichisch **SP** 3 D4
Stubenring 5, 1010
(01) 714 01 21
Das Restaurant bietet exzellente Mittagsgerichte, doch die Hauptattraktion für zahlreiche Gäste ist der Sonntagsbrunch.

Pizzeria-Osteria Da Giovanni €€
Italienisch **SP** 1 C5
Sigmundsgasse 14, 1070
(01) 523 77 78
Gemütlicher Treffpunkt. Gäste finden eine große Auswal an Salaten, Pasta, Pizza und Calzone. Köstliche Desserts.

Restaurant Hofbräu €€
Österreichisch **SP** 4 A1
Mariahilfer Straße 47, 1060
(01) 941 23 32 So
Das heitere Dekor widerspricht der Ernsthaftigkeit, mit der hier gutes Essen gekocht wird. Probieren Sie den gegrillten Schafskäse oder das Hirschragout.

Spatzennest €€
Österreichisch **SP** 1 B5
Sankt-Ulrichs-Platz 1, 1070
(01) 526 16 59 Fr, Sa
Die Gäste schwärmen von den Kartoffelknödeln mit Schinken, Käse und Zwiebeln. Hinzu kommt ein gutes Angebot an lokalen Biersorten. Beschränktes Platzangebot im Außenbereich.

Interieur des Café Sperl, eines der besten Kaffeehäuser Wiens

Schnattl €€€
Europäisch **SP** 1 B3
Lange Gasse 40, 1080
(01) 405 34 00 Sa, So
Anspruchsvolle Gäste kommen hierher, um ein ausgedehntes Drei-Gänge-Menü zu genießen. Im Sommer wird auch draußen serviert.

Zu ebener Erde und erster Stock €€€
Österreichisch **SP** 1 C5
Burggasse 13, 1070
(01) 523 62 54 Sa, So
Charmantes Wiener Café, das die gesamte Bandbreite bietet – vom Dinner bei Kerzenlicht bis zum klassischen Schnitzel mit Kartoffelknödeln.

Südlich des Rings

Café Museum €€
Österreichisch **SP** 4 C1
Operngasse 7 – Karlsplatz, 1010
(01) 24 100-620
Kaffeehaus von 1899 mit der Einrichtung von Adolf Loos. Gutes österreichisches Essen. Klaviermusik am Wochenende.

Café Sacher €€
Österreichisch **SP** 2 B5
Philharmonikerstraße 4, 1010
(01) 514 560
Eine der mondänsten Adressen der Stadt und Heimat der Sachertorte. Hier herrscht authentische Kaffeekultur. Ideal zum Sehen und Gesehenwerden.

Café Schwarzenberg €€
Österreichisch **SP** 2 C5
Kärntner Ring 17, 1010
(01) 512 89 98
Gäste finden hier großartigen Kaffee und Dutzende von Teesorten vor. Die Glasvitrinen sind voller verführerischer Semmeln, glasierter Torten und appetitlicher Fruchttörtchen. Gutes Preis-Leistungs-Verhältnis.

Salm Bräu €€
Österreichisch **SP** 5 E1
Rennweg 8, 1030
(01) 799 59 92
Eine sehr beliebte Gaststätte mit angenehmer Atmosphäre. Sie sollten geräucherten Hirsch und das Knoblauchbrot probieren – oder die braune Biersuppe. Die Tagesgerichte sind ausgesprochen preiswert.

Anna Sacher €€€
Österreichisch **SP** 2 B5
Philharmonikerstraße 4, 1010
(01) 514 510 Mo
Unter den High-End-Adressen sicher eines der beliebtesten traditionellen Restaurants. Probieren Sie das Angusrind oder den Hummersalat. Gute Weine und perfekter Service.

Café Sperl €€€
Österreichisch **SP** 4 B1
Gumpendorfer Straße 11, 1060
(01) 586 41 58
Ein idealer Ort für ein einfaches Frühstück mit Schinken, Eiern und frischem Brot. Das Café Sperl bietet darüber hinaus mittags und abends Spezialitäten wie Knödelsuppe oder Eintopf mit Kaninchenfleisch – und natürlich eine große Kaffeeauswahl.

Imperial Restaurant €€€
Internat./Österreichisch **SP** 5 D1
Kärntner Ring 16, 1010
(01) 501 103 56
Ein Restaurant für authentische Wiener Küche. Die Gäste werden hier bedient wie zu k. u. k.-Zeiten, an Tischen voller Kristall unter Porträts österreichischer Monarchen. Schwelgen Sie in dieser Umgebung.

Vis-à-Vis-Tipp

At Eight €€€
Österreichisch **SP** 5 D1
Kärntner Ring 8, 1010
(01) 221 22 38 30
Dieses Restaurant hat zwei Gesichter. Hell und hektisch am Tage – lebensfroh schwingend und stimmungsvoll am Abend. Der jüngste Küchenchef der Stadt, Daniel Kraft, wurde schon mit Auszeichnungen überhäuft. Der Zauberer einer innovativen Cuisine bleibt seiner Magie treu und verwandelt schwere österreichische Klassiker in köstliche Appetithappen. Der Service ist tadellos.

Vis-à-Vis-Tipp

Restaurant Bristol €€€
Österreichisch **SP** 2 B5
Kärntner Ring 1, 1010
(01) 515 165 46
Genießen Sie hier eine der besten Küchen Wiens. Zu den Höhepunkten auf der Karte gehört sicher die Kürbissuppe zu köstlichem Wildgulasch und Räucherfisch. Der perfekte Service verrät die lange Gourmettradition des Hauses. Die Umgebung ist würdevoll, Sie sollten entsprechend gekleidet sein.

Steirereck €€€
Österreichisch **SP** 3 D5
Am Heumarkt 2a/Stadtpark, 1030
(01) 713 31 68 Sa, So
Hier wird ein Probiermenü aus sieben Gängen geboten, eine Luxusmischung aus Fisch, Geflügel und Wild.

Abstecher

Arjuna €
Indisch
Payergasse 12, 1160
(01) 923 39 55 So
Hier gibt es bengalische Gerichte, etwa Suppen, Pakoras (frittiertes Gemüse) und Samosas (Teigtaschen). Netter Service und gutes Preis-Leistungs-Verhältnis.

Café Cuadro €
Österreichisch
Margaretenstraße 77, 1050
(01) 544 75 50
Viel Chrom und Buchenholz erinnern an skandinavisches Design. Nach Einbruch der Dunkelheit wird das Café voll. Gute Burger und Cocktails.

Café Dialog €
Österreichisch
Rennweg 43, 1030
(01) 650 681 37 29
Authentischer Treffpunkt. Hier sieht man die Einheimischen beim Essen, Trinken und Zeitunglesen. Der Nachfüllkaffee ist hier selbstverständlich.

Vis-à-Vis-Tipp

Café Noi €
International
Neubaugasse 8/II, 1070
(01) 0800 101 999
Mo, So
Machen Sie im Café Noi eine neue Ess-Erfahrung. Hier können Sie »on the dark side of the spoon«, also in völliger Dunkelheit, speisen. Der Gast soll Geschmack, Konsistenz und Aromen des Essens sinnlich neu erfahren und so einen gesteigerten Genuss erleben.

Café Ritter €
Österreichisch
Mariahilfer Straße 73, 1060
(01) 587 82 38 So
Wählen Sie schon am Morgen aus einer großen Frühstücksauswahl. Tagsüber gibt es Imbisse, Mittagsgerichte – und danach auch Abendessen. Köstlich ist die Brasse mit Spinat.

Café-Restaurant Dunkelbunt €
Österreichisch
Weißgerberlände 14, 1030
(01) 715 26 89 So
Eine Oase der Ruhe mit Gärten voller Blüten. Das Restaurant verwendet nur frische Produkte aus nachhaltigem Anbau. Die vegetarischen Gerichte werden hochgelobt.

Dellago €
Italienisch
Payergasse 10, 1160
(01) 95 747 95
Dieses italienische Lokal zieht mit exzellenten Frühstücksangeboten viele Gäste an. Frisches Obst, Säfte, Kaffee und Körbe voller frisch gebackenem Wiener Brot gehören dazu. Mittags sollten Sie die Lachs-Fettuccine probieren.

Eleganter Speisesaal des Restaurants Bristol

Konzert-Café Weimar €
Österreichisch
Währinger Straße 68, 1090
(01) 317 12 06
Die attraktive Lage an einer Straßenecke rückt eines der klassischen Wiener Kaffeehäuser ins Blickfeld. Hier gibt es natürlich Kaffee, aber auch Gebäck, Kuchen und Wiener Schnitzel.

Rasouli €
Östlich-mediterran
Payergasse 12 (Yppenplatz), 1160
(01) 403 13 47 Mo
Seien Sie früh da, um zum Frühstück ein Feta-Omelett zu genießen. Auf der Mittagskarte findet sich auch himmlisches Hühnchen-Couscous.

Rote Rübe €
Vegetarisch
Zieglergasse 37, 1070
(01) 507 91 38 60 Mo, Fr, So
Vegetarisches Restaurant in rotweißem Dekor. Streng fleischfreie Küche. Crêpes und Frittatas verleihen den Zutaten aus der Region eine griechische Note.

Tewa €
International
Naschmarkt 672, 1040
(01) 676 847 74 12 11 So
Frisches, aufregendes Essen in einem schrägen Restaurant. Probieren Sie zum Frühstück Honigtoast und Mango-Lassi. Wraps und Suppen sind hervorragend.

Vegetasia €
Vegetarisch
Kaiserstraße 45, 1070
(01) 713 83 32
Das Vegetasia hat eine Utopie für hungrige Vegetarier verwirklicht. Mittags gibt es ein »All-you-can-Eat-Büfett«. Zu den Alternativen gehören Aubergineneintopf oder Linsensuppe.

Wetter €
Italienisch
Payergasse 13, 1160
(01) 406 07 75
Die Gastwirtschaft residiert in einem ehemaligen Waschsalon. Genießen Sie bekömmliches italienisches Essen und ligurische Weine.

Zum Schmankerlwirt €
Österreichisch
Salmgasse 23, 1030
(01) 961 94 64 Sa, So
Hier erwartet den Gast eine Auswahl an Wiener Standards wie

Restaurantkategorien *siehe Seite 301* **Preiskategorien** *siehe Seite 310*

Der Dining Room – ideal für ein lauschiges Dinner

etwa Schnitzel, Brathendl mit Kartoffelsalat oder Schweinsbraten. Die Dessertangebote sind ebenfalls exzellent.

Café Dommayer €€
Café
Dommayergasse 1, 1130
(01) 877 546 50
Erfreuen Sie sich am klassischen Dekor dieses stilvollen Cafés, und entspannen Sie auf einer roten Couch bei einer Tasse Melange unter Kristalllüstern.

Café Goldegg €€
Europäisch
Argentinierstraße 49, 1040
(01) 505 91 62
Vornehmes Wiener Café, das mit Ledersesseln und Poolbillard ausgestattet ist. Die Zapfhähne der Fassbieranlage sind immer perfekt poliert.

Flatschers Restaurant & Bar €€
Steakhaus
Kaiserstraße 113–115, 1070
(01) 523 42 68
Beliebtes Steakhaus. Die zahlreiche Stammkundschaft genießt das Räucherfleisch, das Beef-Tatar, die Chili-Wraps oder Burger mit diversen Garnierungen. Probieren Sie unbedingt das argentinische Filetsteak.

Kulinarium 7 €€
Europäisch
Sigmundsgasse / Siebensterngasse, 1070
(01) 522 33 77 ● Mo, Di, Mi
Wählen Sie aus dem À-la-carte-Angebot oder unter den täglich wechselnden Spezialitäten. Dazu gehören Rindsgulasch sowie Artischocken mit Parmesan. Gute Weinkarte.

Le Loft €€
International
Praterstraße 1, 1020
(01) 906 160
Das Lokal ist mit beeindruckend vielen Funkel- und Glitzerelementen dekoriert. Dazu gibt es herrliche Blicke über die Stadt. All das vermittelt eine großartige Atmosphäre. Die französisch-österreichische Küche ist exzellent.

Vis-à-Vis-Tipp

Saint Charles Alimentary €€
Vegetarisch
Gumpendorfer Straße 33, 1060
(01) 586 13 65 ● So
Das vegetarische Restaurant ist eingerichtet wie eine Apotheke mit diversen pharmazeutischen Gerätschaften und Behältnissen. Angesagt ist Wellness-Cuisine. Verwendet werden Kräuter, Pflanzen, Nüsse und Samen mit heilenden Eigenschaften. Probieren Sie Dinkel mit gebratenem Kürbis und Walnüssen. Sehr gesund.

Knallig bunt präsentiert sich das Szenelokal Motto

Servitenwirt €€
Österreichisch
Servitengasse 7, 1090
(01) 315 23 87
Ab dem Frühjahr sind die Plätze im Außenbereich besonders beliebt. Gäste sollten hier zeitig erscheinen. Die täglich wechselnde Karte listet traditionelle Wiener Gerichte auf.

Xu's Cooking €€
Vegetarisch
Kaiserstraße 45, 1070
(01) 523 10 91
Ernährung wird hier sehr ernst genommen. Die vegetarischen Gerichte sind reich an Nährstoffen und glutamatfrei. Das beliebte warme Büfett bietet ein exzellentes Preis-Leistungs-Verhältnis.

Dining Room €€€
Mediterran
Maygasse 31, 1130
(01) 804 85 86 ● Di, Do, Sa, So
Das kleine Restaurant ist ideal für Gäste, die eine intime gastronomische Erfahrung schätzen. Das Essen ist exquisit und der Service tadellos.

Kim kocht €€€
Asiatisch, Fusion
Lustkandlgasse 4, 1090
(01) 319 02 42 ● So, Mo
Die bekannte Chefköchin Kim führt dieses glanzvolle zeitgenössische Restaurant. Die Tische für das Surprise Dinner sind immer schon Wochen im Voraus ausgebucht.

Motto €€€
Österreichisch
Schönbrunner Straße 30, 1050
(01) 587 06 72
Dieses Restaurant offeriert seinen Gästen eine ungewöhnliche Auswahl an internationalen Gerichten. Dazu gehören u. a. Sushi, Thai-Curry-Gerichte und köstliches Lachsragout.

Speisen mit Aussicht, Restaurant Cobenzl

Mraz und Sohn €€€
Europäisch
Wallensteinstraße 59, 1200
(01) 330 45 94 ● Fr, Sa, So
Kreative Küche, die je nach Saison etwa Lamm mit Graupen, Sellerie und Kapern bietet. Oder versuchen Sie das Neun-Gänge-Menü mit passendem Wein.

Restaurant Cobenzl €€€
Österreichisch
Am Cobenzl 94, 1190
(01) 320 51 20
Historische Speisegaststätte in romantischer Umgebung mit herrlichem Ausblick. Die traditionelle Karte bietet etwa Tafelspitz mit Kren und Kräutern.

Strandcafé €€€
Österreichisch
Florian-Berndl-Gasse 20, 1220
(01) 203 67 47
Beliebtes Restaurant an der Alten Donau. Suchen Sie sich bei gutem Wetter einen Platz auf der Terrasse. Geboten werden Steak, Fisch und Pasta.

Niederösterreich und Burgenland

AMSTETTEN: Stadtbrauhof €
Klassisch-österreichisch **SK** E3
Hauptplatz 14, A-3300
(07472) 628 00
Heitere Bar und Restaurant. Serviert werden österreichische Standards, Steaks und diverse Tagesangebote. Dazu sollten Sie ein Bier aus der lokalen Brauerei trinken.

BADEN: Rauhenstein €€
International **SK** G3
Weilburgstraße 11–13, A-2500
(02252) 412 51 ● So
Das Restaurant gehört zum prunkvollen Grand Hotel Sauerhof. Wählen Sie aus verschiedenen Gerichten auf der Basis von Rinder- und Schweinefleisch. Zu empfehlen ist auch das Lachsfilet.

BADEN: Primavera €€€
Gourmet **SK** G3
Weilburgstraße 3, A-2500
(02252) 855 51
● So, Mo; Juli, Aug
Das preisgekrönte Gourmetrestaurant wird sowohl von Michelin als auch von Gault Millau empfohlen. Den Gast erwartet Haute Cuisine, spezialisiert auf europäische Rind- und Lammgerichte.

DÜRNSTEIN: Loibnerhof €€
Regional **SK** F3
Unterloiben 7, A-3601
(02732) 828 90 ● Mo, Di
Ein Familienbetrieb in einem Haus aus dem 17. Jahrhundert. Superbe regionale Gerichte und leckere Desserts.

DÜRNSTEIN: Schloss Dürnstein €€€
International **SK** F3
Schloss Dürnstein, A-3601
(02711) 212
Malerischer geht es nicht. Genießen Sie den Blick von der Schlossterrasse hinab auf die Donau. Der Service ist tadellos, die Küche international.

GAADEN: Meierei Gaaden €
Klassisch-österreichisch **SK** F3
Anningerstraße 5, A-2531
(02237) 81 43 ● Mo – Do
In dieser beliebten Jausenstation findet der Gast ein großes Angebot an leichten Imbissen. Genießen Sie Würste oder Strudel auf der Sonnenterrasse.

GÖTTLESBRUNN: Jungwirt €
Weinlokal **SK** G3
Landstraße 36, A-2464
(02162) 89 43 ● Mo, Di, Mi
Der Jungwirt ist ein hervorragendes Beispiel für die neue Generation niederösterreichischer Weinlokale. Hier gibt es fantasievolle Küche. Probieren Sie den Tafelspitz oder Kalbsbraten.

GÖTTLESBRUNN: Bittermann Vinarium €€
Weinlokal **SK** G3
Bruno-Heinrich-Platz 1, A-2464
(02162) 811 55 ● Mo, Di
Eine Weinbar mit Schwerpunkt auf lokalen Weinsorten. Testen Sie auch die Köstlichkeiten der erfindungsreichen Küche.

GRAFENEGG: Schlosstaverne Grafenegg €€
International **SK** F3
Grafenegg 12, A-3485
(02735) 26 16
● Mo, Di; Dez – März
Eine Mischung aus österreichischer und internationaler Küche. Exzellenter Service. Schon der Speisesaal des Schlosses bietet ein besonderes Vergnügen.

HALBTURN: Wieser Knappenstöckl €€
International **SK** G3
Schloss Halbturn, A-7131
(02172) 823 90 ● Mo
Kosten Sie erlesene österreichische Kochkunst im Speisesaal eines historischen Schlosses. Die Küche legt den Schwerpunkt auf regionale Zutaten.

HINTERBRÜHL BEI MÖDLING: Hexensitz €€
Regional **SK** G3
Johannesstraße 35, A-2371
(02236) 229 37 ● Mo, Di
Beste ländliche, österreichische Kochkunst in einem einfachen Gebäude. Guter Service.

KLOSTERNEUBURG: Redinger €
Weinlokal **SK** G3
Agnestraße 23, A-3400
(02243) 379 21
Ein typisches Heurigenlokal. Beste lokale Weinsorten und gute Auswahl an regionalen Gerichten. Freundlicher Service.

KLOSTERNEUBURG: Poseidon €€
Griechisch **SK** G3
Kierlingerstraße 47a, A-3400
(02243) 336 43
Der beliebte Grieche serviert authentische Speisen, begleitet von Retsina und Ouzo. Besonders schön: die großen Fenster zum Garten.

KREMS: Kloster Und €€
International **SK** F3
Undstraße 6, A-3500
(02732) 704 93 ● So, Mo
Gutes Essen in der Atmosphäre eines Klosters aus dem 17. Jahrhundert. Im Innenhof gibt es

schöne Plätze. Die Speisekarte ist international ausgerichtet. Umfangreiche Weinkarte.

KRUMBACH: Triad €€
Gourmet **SK** G4
Ödhöfen 25, Bad Schönau, A-2851
(02646) 83 17
Reizendes Restaurant in rustikalem Stil, eingerichtet in einem ehemaligen Stall. Geboten wird moderne österreichische Küche mit Produkten aus ökologischem Anbau.

LANGENLOIS: Heurigenhof Bründlmayer €–€€
Weinlokal **SK** F3
Walterstraße 14, A-3550
(02734) 28 83 ● Mo, Di
Der gehobene Heurige serviert edlere Tropfen der regionalen Sorten Grüner Veltliner und Riesling. Dazu gibt es kalte Platten oder Gerichte mit Wild und Fisch.

MARIA TAFERL: Donauterrasse €
Klassisch-österreichisch **SK** F3
Maria Taferl 24, A-3672
(07413) 63 55
Das Restaurant des Hotels Krone & Kaiserhof bietet eine Terrasse mit Blick über die Donau. Die Speisekarte listet österreichische Klassiker sowie einige internationale Speisen auf.

Vis-à-Vis-Tipp

MAUTERN: Nikolaihof Wachau €€
Weinlokal **SK** F4
Nikolaigasse 3, A-3512
(02732) 829 01
● So, Mo, Di; Dez–März

Im Nikolaihof Wachau in Mautern speist man in barockem Ambiente

Das historische Weingut mit barocken Speisesälen und einem historischen Garten offeriert köstliche regionale Küche. Geräucherte Ochsenzunge und andere Rindfleischgerichte sind hier sehr beliebt. Die Betreiber des Lokals greifen wenn möglich auf frische Produkte aus der Region zurück.

Klassisch-unprätentios: der Heurigenhof Bründlmayer, Langenlois

MAYERLING: Hanner €€€
Fusion **SK** F3
Mayerling 1, A-2534
(02258) 23 78
Hier gibt es Fusionsküche, also ungewöhnliche und innovative Mischungen diverser Kochstile in einem Gericht. So werden etwa österreichische Klassiker fantasievoll mit exotischen Gewürzen kombiniert.

MICHELBACH: Landgasthof Schwarzwallner €
Regional **SK** F3
Untergoin 6, A-3074
(02744) 82 41 ● Di, Mi
Hausmannskost auf einem Bauernhof. Im Sommer wird im Garten serviert. Zu den lokalen Spezialitäten gehören auch die Blunzen (Blutwurst).

MÖDLING: Babenbergerhof €€€
International **SK** E3
Babenbergergasse 6, A-2340
(02236) 22 46
Restaurant, Café und Bistro gehören zum Hotel Babenbergerhof. Die Küche legt den Schwerpunkt auf naturbelassene Zutaten. Der richtige Ort, um österreichische Klassiker zu probieren, etwa die gebratene Gänseleber.

NECKENMARKT: Zur Traube €
Klassisch-österreichisch **SK** G4
Herrengasse 42, A-7311
(02610) 422 56
Lamm, Rindfleisch aus der Region und Wild bestimmen die Speisekarte in diesem geselligen Familienrestaurant. Im Sommer wird auch im Garten gedeckt.

NEUSIEDL AM SEE: Landgasthaus am Nyikospark €€
Gourmet **SK** G3
Untere Hauptstraße 59, A-7100
(02167) 402 22 ● Mo, Di
Hier wird regionale Kochkunst für Gourmets in zeitgenössischem Ambiente geboten. Klassiker wie Tafelspitz erhalten einen interessanten modernen Dreh. Guter Service.

NEUSIEDL AM SEE: Mole West €€
Gourmet **SK** G3
Seegelände 9, A-7100
(02167) 202 05
● Jan–März: Mo, Di, Mi
Mole West ist ein atemberaubendes Restaurant – es liegt direkt am Wasser mit Sitzplätzen an einer großen Glasfront und schönem Blick auf den See.

PODERSDORF: Dankbarkeit €
Weinlokal **SK** G3
Hauptstraße 39, A-7141
(02177) 22 23 ● Apr–Nov: Mi, Do; Jan–März: Mo, Di, Mi, Do
Ein Gasthaus mit eigenem Weinberg. Der Fisch stammt aus der näheren Umgebung, Lamm und Gans sind die Schwerpunkte der Karte. Im Sommer wird auch draußen serviert.

PÖTTSCHING: Der Reisinger €€
Regional **SK** G3
Hauptstraße 83, A-7033
(02631) 22 12
● Mo–Mi, So abends
Das stilvolle Restaurant bietet qualitativ hochwertige regionale Küche – mit einem Touch Haute Cuisine. Der Sonntagsbrunch ist hier überaus beliebt.

PURBACH: Kloster am Spitz €€
International **SK** G3
Waldsiedlung 2, A-7083
(02683) 55 19 Mo, Di, Mi
Das Kloster am Spitz umfasst einen Komplex aus Restaurant, Hotel und Weinberg. Die Speisekarte setzt auf klassische österreichische Gerichte aus besten regionalen Zutaten.

RITZING: Horvath €€
Regional **SK** G4
Lange Zeile 42, A-7323
(02619) 672 29 Mo, Di
Das Horvath ist ein Restaurant im Landhausstil mit einer großen Außenterrasse. Serviert werden saisonal Wildgerichte, Lamm und Gemüse aus eigenem Anbau. Zum Abschluss gibt es köstliche Desserts.

RUST: Mooslechners Rusterhof €€
Fischlokal **SK** G3
Rathausplatz 18, A-7071
(02685) 607 93 Mi, Do
Fangfrischer Fisch direkt aus dem Neusiedler See ist die Attraktion dieses Landgasthofs. Probieren Sie die regionalen Köstlichkeiten, darunter die Fischsuppe mit Paprika.

SCHÜTZEN AM GEBIRGE: Taubenkobel €€€
Gourmet **SK** G3
Hauptstraße 33, A-7081
(02684) 22 97 Mo, Di
Hier wird Haute Cuisine mit viel Flair und Fantasie zelebriert. Die Angebote auf der Karte richten sich immer nach der Verfügbarkeit allerbester saisonaler Zutaten. Die Weine des Hauses sind erstklassig.

Steiermark

BAD RADKERSBURG: Kurhotel im Park €€
International **SK** F5
Kurhausstraße 5, A-8490
(03476) 25 71
Im Gourmetrestaurant dieses Spa-Hotels wird österreichische Küche in Top-Qualität angeboten. Auf dem Gelände befindet sich zudem ein Restaurant mit mediterraner Küche.

BAD WALTERSDORF: Safenhof €€€
Gourmet **SK** F4
Hauptstraße 78, A-8271
(03333) 22 39 Mo
Schlemmen Sie hier Gerichte, die sehr gekonnt aus dem zubereitet werden, was die Region alles an Köstlichkeiten bietet. Dazu gehören vornehmlich Rind, Ente und Wild.

DEUTSCHLANDSBERG: Alpengasthof Koralpenblick €
Regional **SK** F5
Rostock 5, Trahütten, A-8530
(03461) 210
Reizender Gasthof, in dem hervorragende steirische Kost serviert wird. Genießen Sie Wild aus der Region, Bachforelle und hausgemachtes Brot.

ETMISSL: Hubinger €€
Regional **SK** F4
Etmißl 25, A-8622
(03861) 81 14
Das Restaurant liegt in einem historischen Haus an den Ausläufern des Hochschwab. Spezialitäten sind Rindfleisch aus lokaler Zucht und Wild aus der Region.

Hell und stilvoll: das Bruno in Graz

FISCHBACH: Zum Forsthaus €€€
Gourmet **SK** F4
Fischbach 2, A-8654
(03170) 201 Mo, Di
Preisgekröntes Restaurant in einem Haus aus dem 17. Jahrhundert. Probieren Sie hier leichte kreative Küche mit Schwerpunkt auf regionalen Zutaten.

GAMLITZ: Jaglhof €
Weinlokal **SK** F5
Sernau 25, A-8462
(03454) 66 75 Jan, Feb
Im Herzen des Weinanbaugebiets bietet dieses Lokal seinen Gästen nicht nur eine große Auswahl an Weinen, sondern auch eine herrliche Terrasse für appetitliche Mahlzeiten.

GAMLITZ: Sattlerhof €€€
Gourmet **SK** F5
Sernau 2, A-8462
(03453) 44 54 Dez–Feb: Mo
Das steirische Restaurant überzeugt mit einer ideenreichen Küche, die sich auf Fleisch aus regionaler Zucht und Gemüse aus eigenem Anbau stützt. Gute Weinkarte.

GRAZ: Der Steirer €
Regional **SK** F4
Belgiergasse 9, A-8010
(0316) 703 654
Kosten Sie hier speziell steirische Köstlichkeiten zusammen mit Weinen aus der Region. Wenn möglich, probieren Sie den Sonntagsbraten.

GRAZ: Frankowitsch €
Café **SK** F4
Stempfergasse 2/4, A-8010
(0316) 822 212 So
Dies ist eine Konditorei im Zentrum der Stadt mit schöner Terrasse. Hier gibt es Sandwiches, Gebäck und typisch extravagante österreichische Kuchen.

GRAZ: Bruno €€
International **SK** F4
Sackstraße 27, A-8010
(0316) 829 109 So
Zentral gelegenes Café-Restaurant mit schönen Plätzen im Außenbereich. Die Karte wird von mediterraner Kost dominiert. Probieren Sie das Kürbisrisotto mit Brie. Gute Weinkarte.

GRAZ: Häuserl im Wald €€
Klassisch-österreichisch **SK** F4
Roseggerweg 105, A-8044
(0316) 391 16 50
Gäste erwartet hier klassische österreichische Kochkunst zu vernünftigen Preisen. Für Kinder gibt es einen Spielplatz und einen Streichelzoo.

Restaurantkategorien *siehe Seite 301* **Preiskategorien** *siehe Seite 310*

GRAZ: Landhauskeller €€
Klassisch-österreichisch **SK** F4
Schmiedegasse 9, A-8010
(0316) 830 276 So
Dieses Restaurant wird wegen der klassischen Schnitzel und seiner Rindfleischgerichte geschätzt. Wählen Sie aus einem preiswerten Mittagsangebot.

GRAZ: Thomawirt €€
International **SK** F4
Leonhardstraße 40, A-8010
(0316) 328 637
Der Thomawirt, eine Mischung aus Bar und Restaurant, ist bei jungen Leuten beliebt. Geboten werden österreichische und Fusionsküche sowie vegetarische Gerichte.

GRAZ: Magnolia €€€
International **SK** F4
Schönaugasse 53, A-8010
(0316) 823 838 Sa, So
Das Restaurant Magnolia befindet sich im Designhotel Augarten. Den Gast erwartet anerkannte zeitgenössische kreative Kochkunst. Preisgünstige Mittagsangebote.

GRAZ: Wintergarten €€€
Gourmet **SK** F4
Sackstraße 3/5, A-8010
(0316) 811 616
Spektakuläres Atrium-Restaurant im Innenhof des Hotels Erzherzog Johann. Klassische Küche Österreichs mit einem mediterranen Touch.

GRÖBMING:
Landhaus St. Georg €€
Fischlokal **SK** E4
Kulmweg 555, A-8962
(03685) 227 40
Ein modernes Familienhotel und ein Restaurant, das Gästen regionale steirische Kost ebenso wie die Fischküche der Adria bietet. Hinzu kommen gute vegetarische Gerichte und ein ausgezeichneter Service.

GRUNDLSEE: Fischkalter €€
Fischlokal **SK** E4
Mosern 9, A-8993
(0664) 442 93 40 Mi, Do
Das alteingesessene Fischlokal am See verwöhnt seine Gäste mit köstlicher Fischsuppe, Bachforellen oder frischem Fisch aus dem Grundlsee.

GRUNDLSEE: Post am See €€
International **SK** E4
Bräuhof 94, A-8993
(03622) 201 04
Mo, Di; Nov – März
Eine gut ausbalancierte Karte, die österreichische und internationale Gerichte zu vernünftigen Preisen auflistet. Sonntags gibt es ein Fünf-Gänge-Überraschungsmenü. Gute steirische Weine.

HART BEI GRAZ:
Hirschenwirt €€€
Regional **SK** F4
Rupertistraße 114, A-8075
(0316) 465 600 So, Mo
Bei den Einwohnern von Graz ist der Hirschenwirt wegen der gelungenen Mischung aus traditioneller österreichischer Küche und traditionellen Spezialitäten der Steiermark beliebt. Schöner Sommergarten.

HOHENTAUERN: Passhöhe €€€
Gourmet **SK** E4
Hohentauern 110, A-8785
(03618) 219
Ein Familienbetrieb mit viel Stammkundschaft. Das Lokal ist für die Kombination steirischer Spezialitäten mit mediterranen Einflüssen bekannt. Gute Auswahl an österreichischen Weinen.

Romantisches Ambiente im Landhauskeller in Graz

Stilvoll und hochgelobt: das Magnolia in Graz

KITZECK: Kirchenwirt €
Regional **SK** F5
Steinriegel 52, A-8442
(03456) 22 25
Dez – Mitte März: So, Mo, Di
Restaurant im Landhausstil an einem der höchstgelegenen Weinberge Europas. Probieren Sie steirische Kost mit saisonalen Köstlichkeiten, etwa Spargel.

LEBRING / LEIBNITZ:
Gollner €€€
International **SK** F5
Grazer Straße 36, Lebring-St. Margarethen, A-8403
(03182) 25 21 Do
Ein schickes familienfreundliches Hotelrestaurant mit klassischer österreichischer und internationaler Kost. Ideal für ein romantisches Essen.

MARIAZELL:
Brauhaus Mariazell €
Klassisch-österreichisch
Wiener Straße 5, A-8630
(03882) 25 23 Mo, Di
Das Restaurant legt Wert auf lokale, nachhaltig produzierte Zutaten. Probieren Sie das gute helle oder dunkle Bier des Brauhauses.

MURAU:
Hotel Gasthof Lercher €
Klassisch-österreichisch **SK** E4
Schwarzenbergstraße 10, A-8850
(03532) 24 31
Das Lokal liegt in einem modernisiertes Anwesen aus dem 18. Jahrhundert. Die Karte bietet steirische Fleischgerichte und Forelle aus den Flüssen der Region.

PISTORF: Zur Hube €€
Gourmet **SK** F5
Sausal 51, A-8443
(03457) 32 71
Die Karte der kreativen Küche in diesem rustikalen Lokal wechselt je nach Saison. Reservierung erforderlich.

RAMSAU AM DACHSTEIN: Pehab-Kirchenwirt €
Klassisch-österreichisch SK D4
Ramsau 62, A-8972
(03687) 817 32
Das familienbetriebene Restaurant bietet auf einem alten Bauernhof klassische österreichische Küche mit frischen Zutaten der Saison. Besuchen Sie auch den beliebten Bierkeller.

ST. SEBASTIAN / MARIAZELL: Lurgbauer €€
Regional SK F3
Lurg 1, A-3224
(03882) 37 18
Mo, Di; März
Rindfleisch aus eigener Aufzucht ist das Schwerpunktthema in der Küche des einzigartigen bäuerlichen Restaurants. Zu den Standardgerichten zählen Tafelspitz und Steak. Dazu wird Gemüse aus eigenem Anbau serviert.

Vis-à-Vis-Tipp

TURNAU: Steirereck €€€
Regional SK F4
Pogusch 21, A-8625
(03863) 20 00 Mo, Di, Mi
Das Steirereck liegt in einem herrlichen Ensemble bäuerlicher Gebäude, tief in der Steiermark. Es ist bekannt dafür, dass es die natürlichen Reichtümer der steirischen Landschaft in Haute Cuisine verwandelt. Fisch, Fleisch, Geflügel – alles wird gekonnt und ideenreich zubereitet. Gute Angebote für Vegetarier und köstliche Desserts kommen hinzu. Im Sommer können Sie die Plätze im Garten und auf der Terrasse nutzen.

Oberösterreich

AIGEN-SCHLAGL: Bärnsteinhof €€
Regional SK E2
Marktplatz 12, A-4160
(07281) 62 45
Familienbetriebenes Hotelrestaurant im Landhausstil. Ländliche und Wiener Küche sind hier harmonisch ausbalanciert. Gute vegetarische Angebote.

ATTERSEE: Seegasthof Oberndorfer €€
Fischlokal SK D3
Hauptstraße 18, A-4864
(07666) 78 64 Jan
Fangfrischer Fisch aus dem See und österreichische Klassiker wie Schnitzel prägen das Angebot dieses Seerestaurants. Wundervolle Terrasse.

BAD GOISERN: Agathawirt €
Klassisch-österreichisch SK D3
St. Agatha 10, A-4822
(06135) 83 41
Ein Hotelrestaurant aus dem 16. Jahrhundert mit einem Speisesaal voller Atmosphäre. Fleisch und Geflügel aus der Region und eine saisonal wechselnde Karte bestimmen das Angebot.

BAD ISCHL: Café Zauner €
Café SK D4
Pfarrgasse 7, A-4820
(06132) 233 10 20
Seit 1832 wird im Café Zauner schon köstlicher Kuchen gebacken – für Leckermäuler ein absolutes Muss bei einem Besuch in Bad Ischl. Werfen Sie einen Blick in die Kuchenvitrinen, bevor Sie sich unter Kronleuchtern niederlassen.

EFERDING: Landgasthof Dieplinger €
Fischlokal SK E3
Brandstatt 4, A-4070
(07272) 23 24
Liebenswerter Landgasthof. Hier bestimmen Rind und Lamm aus ökologischer Haltung und Gemüse aus regionalem Anbau den Inhalt der Karte.

GMUNDEN: Schloss Freisitz Roith €€€
Gourmet SK D3
Traunsteinstraße 87, A-4810
(07612) 649 05
Das am See gelegene Schlossrestaurant bietet eine hervorragende Auswahl für Liebhaber von Fisch- und Wildgerichten.

GRIESKIRCHEN: Waldschänke €€
Regional SK D3
Kickendorf 15, A-4710
(07248) 623 08 Mo, Di
Die saisonal wechselnde Karte und das kreative Küchenteam bieten Gelegenheit, die rustikale Kost Österreichs zu probieren.

KEFERMARKT: Schlossbrauerei €
Klassisch-österreichisch SK E3
Weinberg 2, 4292
(07947) 71 11 Mo
Das Bier wird in der eigenen Brauerei gebraut. Auf der Karte stehen herzhafte Kalbfleisch- und Geflügelgerichte.

LINZ: Brandl €
Café SK E3
Bismarckstraße 6, A-4020
(0732) 773 635 So
Alteingesessene Linzer Bäckerei mit Gastbereich. Hier kann der Kunde aus einem großen Ange-

Das gemütliche Interieur des Café Zauner in Bad Ischl

Restaurantkategorien *siehe Seite 301* **Preiskategorien** *siehe Seite 310*

bot an knusprigen belegten Brötchen, Croissants und Brioches auswählen.

LINZ: Klosterhof €
Klassisch-Österreichisch **SK** E3
Landstraße 30, A-4020
(0732) 773 373
Im Klosterhof wird gediegene österreichische Küche von Gulaschsuppe bis zum Schnitzel serviert. Diese Bierschwemme offeriert die ganze Bandbreite der Stiegl-Biere.

LINZ: Bombay Palace €€
Indisch **SK** E3
Goethestraße 34, A-4020
(0732) 658 605 Mo
Indisches Restaurant in der Innenstadt. Die Karte setzt auf Gerichte aus dem Tandoori-Ofen und Vegetarisches. Dazu kommt eine gute Weinkarte.

LINZ: Cook €€
Fusion **SK** E3
Klammstraße 1, A-4020
(0732) 781 305 So
Lachs aus dem Wok und Hering in Currysauce stehen auf der Karte dieses Restaurants, das skandinavische und asiatische Küche verbindet. Ein kulinarisches Erlebnis ist garantiert.

MONDSEE: Jausenstation Holzingerbauer €
Klassisch-österreichisch **SK** D3
Oberburgau 12, A-5310
(06232) 38 41
Der traditionelle und beliebte Gasthof bietet seinen Gästen Käse- und Wurstaufschnitt, hausgemachtes Brot, einfache Gerichte und Weine. Im Sommer wird draußen unter den Obstbäumen gespeist.

Vis-à-Vis-Tipp

MONDSEE: Seehotel Lackner €€€
Seafood **SK** D3
Mondseestraße 1, A-5310
(06232) 23 59
Dieses am Ufer des Mondsees gelegene Restaurant ist ein wunderbarer Ort, um im Sommer draußen zu speisen. Von der Terrasse aus bieten sich herrliche Aussichten auf die Berge. Die erfindungsreiche Verschmelzung von österreichischer und französischer Kochkunst basiert auf regionalen Produkten wie Lamm, Wild oder Süßwasserfisch. Martin Lackner ist nicht nur der Küchenchef, sondern auch der Sommelier, der über einen gut bestückten Weinkeller gebietet.

Skandinavisch-asiatische Fusionsküche im Cook, Linz

NUSSDORF AM ATTERSEE: Hotel Aichinger €
Regional **SK** D3
Am Anger 1, A-4865
(07666) 80 07
Das Hotelrestaurant offeriert eine Auswahl an österreichischen und mediterranen Geschmacksnoten. Höhepunkte sind Gerichte mit Fleisch und Geflügel aus regionaler Produktion.

SCHÄRDING: Stiegenwirt €
Klassisch-österreichisch **SK** D3
Schlossgasse 2–6, A-4780
(07712) 30 70 Do
Familienbetriebenes Gasthaus am Barockplatz der Stadt. Die Karte bietet klassische österreichische Küche, etwa Kalbsschnitzel oder Tafelspitz.

ST. FLORIAN: Landgasthof zur Kanne €
Regional **SK** E3
Marktplatz 7, A-4490
(07224) 42 88 Mo
Der Gasthof liegt versteckt in einer mit Kopfsteinen gepflasterten Straße. Serviert wird österreichische Küche mit vegetarischen Alternativen sowie Wildgerichte je nach Saison.

Tische im Freien mit Blick auf den See, Joseph's in St. Wolfgang

ST. WOLFGANG: Joseph's Gourmet €€€
SK D4
Markt 17, A-5360
(06138) 204 60 Mo
Ruhiges Restaurant mit wunderbarer Terrasse und Seeblick. Die Küche bietet moderne kreative Kochkunst. Schwerpunkte der Karte sind Fisch und Fleisch aus der Region.

STEYR: Mader €
Klassisch-österreichisch **SK** D3
Stadtplatz 36, A-4400
(07252) 533 58
Mader bietet klassische österreichische Gerichte mit besonderem Touch. Es gibt mehrere Säle und Speisezimmer für die Gäste. Weine sind in einem malerischen Gewölbe gelagert.

STEYR: Wirtshaus am Eck €
Klassisch-österreichisch **SK** D3
Wehrgrabengasse 15, A-4400
(07252) 762 69 So, Mo
Das Wirtshaus hat einen der schönsten Sommergärten Steyrs und eine rustikale Inneneinrichtung. Die Karte bietet die typische Kost Österreichs. Gutes Preis-Leistungs-Verhältnis.

TRAUNKIRCHEN: Symposionhotel Post €€
International **SK** D3
Ortsplatz 5, A-4801
(07617) 23 07
In der ehemaligen Kutschenstation bekommen Gäste beste österreichische Küche und Fischgerichte mit Fisch aus den regionalen Gewässern serviert. Die Karte wechselt saisonal.

WEYREGG AM ATTERSEE: Kaisergasthof €
Fischlokal **SK** D3
Weyregger Straße 75, A-4852
(07664) 22 02
Das Restaurant in einer ehemaligen kaiserlichen Poststation bietet seinen Gästen österreichische Küche, aber auch adriatische Fischgerichte und in der Saison Wildspezialitäten.

Salzburger Land

ANIF: Schlosswirt zu Anif €€
Klassisch-österreichisch **SK** D4
Salzachtalbundesstraße 7, A-5081
(06246) 721 75
Ein Haus (17. Jh.) mit schattigem Garten. Serviert werden traditionelle österreichische Küche sowie saisonal Wildgerichte.

BERGHEIM: Gmachl €€
International **SK** D3
Dorfstraße 35, A-5101
(0662) 452 124
Gästen werden hier fünf verschiedene Speisesäle angeboten, jeder mit einer leicht individuellen Karte. Der Schwerpunkt liegt auf mediterraner Küche.

FILZMOOS: Hubertus – Johanna Maier €€€
Gourmet **SK** D4
Am Dorfplatz 1, A-5532
(06453) 82 04
Bekannter Treffpunkt für Gourmets, die hier zeitgenössische österreichische und französische Cuisine genießen. Je nach Saison gibt es Wildgerichte.

FUSCHL AM SEE: Brunnwirt €€
Regional **SK** D3
Wolfgangseestraße 11, A-5330
(06226) 82 36
Der Brunnwirt liegt in einem malerischen Bauernhaus (15. Jh.) in idyllischer Umgebung am See. Probieren Sie Salzburger Küche mit regionalen Zutaten.

FUSCHL AM SEE: Schlick €€
Fischlokal **SK** D3
Seestraße 12, A-5330
(06226) 82 37
Das Hotel am See hat ein hervorragendes Restaurant. Hier kann man Fischgerichte aus den regionalen Seen genießen.

GOLDEGG AM SEE: Hecht €€€
Gourmet **SK** D4
Hofmark 8, A-5622
(06415) 81 370
Das Hotelrestaurant bietet seinen Gästen erstklassige Kochkunst. Klassischer Aufschnitt wie etwa Kalbsbries wird mit einem modernen Dreh versehen.

GOLLING AN DER SALZACH: Döllerer's Genießerrestaurant €€€
Gourmet **SK** D4
Markt 56, A-5440
(06244) 42 20 ● So, Mo
Gourmetrestaurant, das lokale Kost in Haute-Cuisine-Qualität bietet. Zu den beliebten Gerichten gehören Lamm- und Rindfleisch aus der Alpenregion.

HALLWANG / SALZBURG: Pfefferschiff €€€
Gourmet **SK** D3
Söllheim 3, A-5300
(0662) 661 242 ● So, Mo
Das Pfefferschiff ist eines der meistgeschätzten österreichischen Restaurants. Das Gourmetlokal offeriert einheimische und internationale Küche in eleganter Umgebung.

KAPRUN: Zur Mühle €
Regional **SK** D4
Nikolaus-Gassner-Straße 62, A-5710
(06547) 82 54
In dem Hotelrestaurant mit bäuerlicher Einrichtung gibt es die Standardkost des Salzburger Landes – also viel Fleisch und dazu Knödel.

MAISHOFEN: Schloss Kammer €€
Regional **SK** D4
Kammererstraße 22, A-5751
(06542) 42 26
In den holzgetäfelten Räumen eines historischen Schlosses kann man entspannt exzellente Mahlzeiten einnehmen. Wildgerichte und österreichische Klassiker sind die kulinarischen Anziehungspunkte auf der Speisekarte.

MITTERSILL: Meilinger Taverne €
Regional **SK** D3
Stadtplatz 10, 5730
(06562) 42 26
Typische österreichische Gerichte zu vernünftigen Preisen prägen die Speisekarte der Meilinger Taverne, die in einem Haus aus dem 18. Jahrhundert liegt. Ein bei Einheimischen beliebter Treffpunkt.

Sachertorte – am besten im Hotel Sacher Salzburg

SALZBURG: Pauli Stubn €
Klassisch-österreichisch **SK** D3
Herrengasse 16, A-5020
(0662) 84 32 20 ● Mo
Eine urige Gaststätte – und ein Mekka für preiswerte österreichische Kost. Hier gibt es Käse- und Wurstplatten. Aber auch große Portionen Tafelspitz.

SALZBURG: Pescheria Backi €
Seafood **SK** D3
Franz-Josef-Straße 16b, A-5020
(0662) 879 778 ● So
Ein gemütliches altmodisches Restaurant in einer Baracke. Hier gibt es frische Süß- und Salzwasserfische und eine gute Auswahl an Weinen aus Slowenien.

SALZBURG: StieglBräu €
Klassisch-österreichisch **SK** D3
Rainerstraße 14, A-5020
(0662) 877 694
Entspanntes Restaurant mit Bar und schönem Biergarten. Seit vielen Jahren wegen seiner traditionellen Küche und des guten Biers aus der Region beliebt.

SALZBURG: Alt Salzburg €€
Klassisch-österreichisch **SK** D3
Bürgerspitalgasse 2, A 5020
(0662) 841 476
Beliebtes Restaurant mit viel Atmosphäre. Alt Salzburg steht für gute österreichische und regionale Speisen zu vernünftigen Preisen. Einer der Speisesäle ist aus dem Fels geschlagen.

SALZBURG: Bärenwirt €€
Klassisch-österreichisch **SK** D3
Müllner Hauptstraße 8, A-5020
(0662) 422 404
Unprätentiöses, aber einladendes Restaurant, das bei Einheimischen sehr beliebt ist. Die Küche bietet preiswerte Standardkost, etwa Gulasch, Schnitzel und Backhendl.

SALZBURG: Hölle €€
Klassisch-österreichisch **SK** D3
Dr.-Adolf-Altmann-Straße 2, A-5020
(0662) 820 760
Beliebtes Hotelrestaurant mit drei verschiedenen Speiseräumen. Serviert wird österreichische Küche mit Schwerpunkt auf Wild und Geflügel.

SALZBURG: Hotel Sacher Salzburg €€
Café **SK** D3
Schwarzstraße 5–7, A-5020
(0662) 889 770
Das Café des Hotels Sacher serviert natürlich ebenfalls original Sachertorte – im Sommer auf der Terrasse. Geboten wird zudem ein reiches Angebot an unwiderstehlichem Kuchen und Gebäck.

Restaurantkategorien *siehe Seite 301* **Preiskategorien** *siehe Seite 310*

Anheimelnd: das traditionelle Gasthausinterieur im Hirschenwirt, Salzburg

SALZBURG: Triangel €€
Klassisch-österreichisch **SK** D3
Wiener-Philharmoniker-Gasse 7, A-5020
(0662) 842 229 So
Die ganze Bandbreite österreichischer Kochkunst wird hier mit zeitgenössischem Schwung präsentiert. Probieren Sie die Tagesangebote.

SALZBURG: Zum Hirschenwirt €€
Regional **SK** D3
St.-Julien-Straße 23, A-5020
(0662) 872 581 So
Beschauliches, traditionsbewusstes Hotelrestaurant. Der Küchenchef konzentriert sich auf rustikale Küche, die er mit Raffinesse abwandelt.

SALZBURG: Esszimmer €€€
Gourmet **SK** D3
Müllner Hauptstraße 33, A-5020
(0662) 870 899 So, Mo
Zurückhaltend eingerichtet und atmosphärisch beleuchtet – in diesem Rahmen genießt man exquisite Küche. Probieren Sie das preiswerte Drei-Gänge-Menü.

WERFEN: Obauer €€€
Gourmet **SK** D4
Markt 46, A-5450
(06468) 521 20
Das preisgekrönte Restaurant ist für innovative und stilvolle Variationen österreichischer und europäischer Klassiker bekannt. Gute Weinkarte.

ZELL AM SEE: Steinerwirt 1493 €€
Klassisch-österreichisch **SK** D4
Dreifaltigkeitsgasse 2, A-5700
(06542) 725 02
In dem sorgfältig restaurierten, charmanten Gasthaus aus dem 15. Jahrhundert wird mit viel Liebe zum kulinarischen Detail klassische österreichische Kost zubereitet.

Tirol und Vorarlberg

BEZAU: Post €€€
Gourmet **SK** A4
Brugg 35, A-6870
(05514) 220 70 Di, Mi, Do
Das Gourmetrestaurant bietet ein wahres Fest für die Sinne. Lamm und Rind aus regionaler Produktion werden mit den frischest verfügbaren lokalen Zutaten zubereitet.

BRAZ BEI BLUDENZ: Rössle €€
Klassisch-österreichisch **SK** A4
Arlbergstraße 67, A-6751
(05552) 281 050 Mo, Di
Das Rössle ist ein charmanter Dorfgasthof. Die Karte offeriert regionale Spezialitäten aus dem Bregenzerwald. Zudem werden die österreichischen Standards wie Tafelspitz oder Schnitzel angeboten.

BRAZ BEI BLUDENZ: Traube €€€
Klassisch-österreichisch **SK** A4
Klostertalerstraße 12, A-6751
(05552) 281 03
Im Restaurant des Golf-Hotels werden österreichische Klassiker und Spezialitäten aus der Region Vorarlberg serviert.

BREGENZ: Gebhardsberg €€
International **SK** A4
Gebhardsberg 1, A-6900
(05574) 425 15
Stattliches Schlossrestaurant mit schönem Blick über Bregenz. Probieren Sie hier Vorarlberger Rind oder den Spanferkelbraten.

BREGENZ: Deuring-Schlössle €€€
Gourmet **SK** A4
Ehregutaplatz 4, A-6900
(05574) 478 00
Essen für Gourmets in einem prächtigen Schloss. Die Küche legt Wert auf natürliche Zutaten von regionalen Erzeugern.

DORNBIRN: Hirschen €
Regional **SK** A4
Haselstauderstraße 31, A-6850
(05572) 263 63 So
Altertümliches Gasthaus mit moderner Ausstattung. Lokale Spezialitäten und österreichische Standards. Gutes Preis-Leistungs-Verhältnis.

DORNBIRN: Rickatschwende €€
Klassisch-österreichisch **SK** A4
Dornbirn, A-6850
(05572) 253 50 Mo
Hier landet man in einem modernen Speisesaal in einem Spa-Hotel. Auf der Karte stehen Schnitzel, Tafelspitz und Fisch aus den umliegenden Gewässern.

EBBS: Gourmethotel Unterwirt €€€
Gourmet **SK** C4
Wildbichlerstraße 38, A-6341
(05373) 422 88 Di
In dem bezaubernd restaurierten Gasthaus aus dem 15. Jahrhundert wird herausragende Kochkunst zelebriert. Exzellente regionale und internationale Gerichte.

EICHENBERG / BODENSEE: Schönblick €€
Regional **SK** E4
Dorf 6, 6911
(05574) 459 65 Mo
Ein Haus im Chalet-Stil. Das Restaurant bietet einen guten Mix aus österreichischer Standardküche und lokalen Spezialitäten. Sehr gutes Weinangebot.

ELLMAU: Der Bär €€
Gourmet **SK** C4
Kirchbichl 9, 6352
(05358) 23 95
Das Berghotel präsentiert eine wunderbare Mischung aus Tiroler Tradition und zeitgenössischen europäischen Kochstilen. Der Mix aus modernem Design und Möbeln der Region spiegelt diese Spannung wider.

ELLMAU: Kaiserhof €€€
Gourmet **SK** C4
Harmstätt 8, A-6452
(05358) 20 22 So
Im Hotelrestaurant Kaiserhof wird österreichische Gourmetküche serviert, die auf den Erzeugnissen aus nachhaltiger lokaler Produktion basiert.

FELDKIRCH: Alpenrose €
Regional **SK** A4
Rosengasse 4–6, A-6680
(05522) 721 75 So, Mo
Das Hotelrestaurant bietet verschiedene Essbereiche. Wählen Sie zwischen österreichischen oder internationalen Gerichten. Darüber hinaus gibt es preiswerte Tagesangebote.

HIPPACH: Sieghard €
Regional **SK** C4
Johann-Sponring-Straße 83, A-6283
(05282) 33 09 Mo
Die rustikale Küche dieses Gasthauses gewinnt immer mehr Anerkennung. Ausgewogene Speisekarte mit Fleisch und Fisch aus der Region.

INNSBRUCK: Goldener Adler €
Regional **SK** B4
Herzog-Friedrich-Straße 6, A-6020
(0512) 571 111
Auch Mozart soll hier schon gegessen haben. Der Goldene Adler gilt als eines der ältesten Gasthäuser Europas. Serviert werden Schnitzel, Geflügel- und Wildgerichte.

INNSBRUCK: Kapeller €
Regional **SK** B4
Philippine-Welser-Straße 96, A-6020
(0512) 343 101
Die traditionelle Gastwirtschaft mit holzvertäfelten Speisesälen liegt im Zentrum der Stadt. Die Speisekarte bietet Tiroler Spezialitäten und das typische europäische Schnitzel.

Vis-à-Vis-Tipp

INNSBRUCK: Chez Nico €€
Vegetarisch **SK** B4
Maria-Theresien-Straße 49, A-6020
(0650) 451 06 24 So, Mo
Das Chez Nico soll nicht nur Restaurant, sondern auch Kunstwerkstatt sein. Die Ästhetik des Hauses und die Qualität des kulinarischen Erlebnisses sollen hier eine Verbindung eingehen. Die Annäherung von Haute-Cuisine-Küche und vegetarischer Kochkunst liegt in den Händen von Küchenchef Nicolas Curtil. Probieren Sie das Sieben-Gänge-Menü am Abend.

INNSBRUCK: Schwarzer Adler €€
Klassisch-österreichisch **SK** B4
Kaiserjägerstraße 2, A-6020
(0512) 587 109
Fleisch und Fisch vornehmlich aus besten regionalen Lieferquellen, elegant präsentiert im 12. Stock des Hotelturms. Herrliche Aussicht und guter Service.

ISCHGL: Trofana Royal €€€
Gourmet **SK** A5
Dorfstraße 95, A-6561
(05444) 200
Vornehme, traditionelle Tiroler Küche in einem Fünf-Sterne-Hotel. Die Räume sind holzvertäfelt. Der Wein wird in einem Kellergewölbe gelagert.

KELCHSAU: Fuchswirt €€
Regional **SK** C4
Oberdorf 11, A-6361
(05335) 406 30
Ein traditionelles Holz-Chalet in einem Alpendorf. Hier gibt es klassische Tiroler Kost, aber auch europäische Standardgerichte – und einen großen Garten für sommerliches Essen unter freiem Himmel.

KIRCHBERG: Rosengarten €€€
Gourmet **SK** C4
Aschauerstraße, A-6365
(05357) 42 01 Di, Mi
Das Restaurant im Hotel Rosengarten bietet eine elegante Umgebung. Geboten wird kreative europäische Kochkunst mit ausgesprochen mediterraner Note. Die Karte wechselt mit der Saison.

Minimalistisch-stilvoll: Speiseraum des Rosengarten in Kirchberg

KITZBÜHEL: Tennerhof €€€
Gourmet **SK** C4
Griesenauweg 26, A-6370
(05356) 631 81
Klassische österreichische Küche trifft auf europäische Haute Cuisine im eleganten und viel gelobten Tennerhof. Freuen Sie sich auf exzellentes Essen und tadellosen Service.

LANDECK: Schrofenstein €€
International **SK** B4
Malserstraße 31, A-6500
(05442) 623 95
Historisches Hotelrestaurant mit einer guten Auswahl österreichischer Gerichte. Kalb- und Schweinefleisch stammen aus lokaler Produktion.

LECH: Gasthof Post €€€
Gourmet **SK** A4
Dorf 11, A-6764
(05583) 220 60
Das alteingesessene traditionelle Ski-Hotel bietet verschiedene Gastbereiche. Das Restaurant wurde schon von Michelin und Gault Millau ausgezeichnet. Probieren Sie hier das Beuscherl (Kalbslüngerl).

OBERGURGL: Hohe Mut Alm €€
Klassisch-österreichisch **SK** B4
Obergurgl, A-64556
(05256) 63 96 32 Apr, Okt
Ein Restaurant in den Bergen, das typische Tiroler Spezialitäten, österreichische Klassiker und auch einige mediterrane Gerichte serviert.

SÖLL: Söllerstuben €
International **SK** C4
Dorf 120, A-6306
(05333) 53 60
Das einladende Lokal liegt mitten in Söll. Geboten wird eine breite Auswahl an internationalen Standards wie etwa Schnitzel und Nudelgerichte.

ST. CHRISTOPH AM ARLBERG: Hospiz Alm €€€
Gourmet **SK** A4
St. Christoph, A-6580
(05446) 26 11
Das berühmte Hospiz Alm ist wahrscheinlich das älteste Bergrestaurant der Welt. Die Lage ist atemberaubend. Der Weinkeller ist hervorragend bestückt.

STUMM: Landgasthof Linde €€
Regional **SK** C4
Dorf 2, A-6275
(05283) 22 77
Einer der besten Orte, um im Zillertal Tiroler Kost mit zeitgenössischem Flair zu probieren. Im Sommer finden Gäste reizende Plätze im Garten.

Kärnten und Osttirol

BAD BLEIBERG: Der Bleibergerhof €€
Regional **SK** D5
Drei Lärchen 150, A-9530
(04244) 22 05
Nobles Restaurant in einem schicken Spa-Hotel. Das Restaurant bietet regionale Küche mit Zutaten aus nachhaltiger Produktion.

FELD AM SEE: Lindenhof €€€
Gourmet **SK** D5
Kirchenplatz 2, A-9544
(04246) 22 74
Im Hotelrestaurant am See liegt der Fokus der Köche auf der Küche Kärntens und des Mittelmeerraums. Leichte und bekömmliche Zutaten.

HERMAGOR: Bärenwirt €
Regional **SK** E5
Hauptstraße 17, 3400
(04282) 20 52
Das Gasthaus der Kleinstadt zeigt rustikale Einrichtung. Es gibt exzellente Kärntner Käseknödel, dazu Gemüse aus dem eigenen Garten und Wild je nach Saison.

KLAGENFURT: Felsenkeller €
Klassisch-österreichisch **SK** E5
Feldkirchner Straße 141, A-9020
(0463) 420 130
Das Bar-Restaurant ist buchstäblich in eine kleine Felswand eingegraben. Geboten wird herzhafte österreichische Kost und das lokale Bier.

KLAGENFURT: Pumpe €
Klassisch-österreichisch **SK** E5
Lidmanskygasse 2, A-9020
(0463) 571 96 So
Die bei den Einheimischen sehr beliebte Gaststätte bietet ein gutes Preis-Leistungs-Verhältnis. Das Gulasch ist legendär, der Service großartig.

Vis-à-Vis-Tipp

KLAGENFURT: Zum Augustin €
Regional **SK** E5
Pfarrhofgasse 2, A-9020
(0463) 513 992 So
Das beliebte Bierhaus ist auch ein Restaurant. Im Augustin gibt es traditionelle Kärtner Küche, etwa Tiroler Gröstl, Kärntner Nudeln (mit Käse- oder Kartoffelfüllung) oder Tafelspitz. Da dies auch ein Treff für jüngere Leute ist, kann es manchmal laut werden. Der Landhaushof ist ein eher formalerer Speisesaal im hinteren Bereich.

Terrasse im gepflegten Parkhotel Tristachersee in Lienz

KLAGENFURT: Dolce Vita €€
International **SK** E5
Heuplatz 2, A-9020
(0463) 554 99 Sa, So
Kreative Küche in zeitgenössischer Bistro-Umgebung. Der Schwerpunkt des Angebots liegt auf mediterraner Küche.

KRUMPENDORF: Hudelist €€
International **SK** E5
Wieningerallee 12, A-9201
(04229) 26 81
Dieses attraktive Gasthaus hat eine große Speisekarte, auf der sich sogar skandinavische Gerichte finden.

LIENZ: Neuwirt €
Fischlokal **SK** D5
Schweizergasse 20, A-9900
(04852) 621 01 Mo
Traditionelles Gasthaus, das für seine frischen Forellen und Zander bekannt ist. Zudem ist Wiener Schnitzel im Angebot.

LIENZ: Parkhotel Tristachersee €€
Fischlokal **SK** D5
Tristachersee 1, 9900
(04852) 676 66
Am Rand des Tristachersees findet der Gast Ruhe, einen Hauch Romantik und großartige (Süßwasser-)Fischgerichte.

MATREI: Rauter €€€
Gourmet **SK** C5
Rauterplatz 3, A-9971
(04875) 66 11
Gemütliches Hotelrestaurant in idyllischer Umgebung. Forelle, Gans und Wild bestimmen die Karte. Guter Weinkeller.

MILLSTATT: Hotel See-Villa €€
Fischlokal **SK** D5
Seestraße 68, A 9872
(04766) 21 02
Das Hotelrestaurant mit herrlichem Garten liegt direkt am See. Der perfekte Ort für ein Abendessen. Probieren Sie eines der Fischgerichte, oder genießen Sie einfach Strudel und Kaffee.

PÖRTSCHACH: La Terrasse €€€
Gourmet **SK** E5
Töschling 1, A-9210
(04272) 23 77
Die herrliche Lage von Schloss Seefels bietet Ausblicke auf den Wörthersee. Das La Terrasse offeriert ausgezeichnete einheimische und internationale Küche.

PÖRTSCHACH: Leon €€€
Gourmet **SK** E5
Leonstainerstraße 1, A-9210
(04272) 28 16
Im Säulengang des Innenhofs von Schlosshotel Leonstain serviert das Restaurant Kärntner Gerichte mit einem Hauch von Haute Cuisine.

RADENTHEIN: Die Gartenrast €
Klassisch-österreichisch **SK** D5
Gartenraststraße 9, A-9545
(04246) 20 17
Charmantes Gasthaus in einem Bauernhof, beliebt sind Gerichte aus dem hier aufgezogenen Geflügel. Saisonale Küche und gutes Preis-Leistungs-Verhältnis.

SPITTAL / DRAU: Edlingerwirt €
Klassisch-österreichisch **SK** D5
Villacher Straße 88, A-9800
(04762) 51 50
Der Edlingerwirt ist bei den Einheimischen beliebt. Sie genießen hier regionale Küche, die vornehmlich mit Produkten und Wild aus Kärnten zubereitet wird.

VELDEN: Landhaus Kutsche €€
Regional **SK** E5
Göriacher Straße 2, 9220
(04274) 29 46 Mi
Kärntens traditionelle Kost in rustikaler, eleganter Umgebung. Spezialität sind die Gerichte mit regionalem Rindfleisch.

VELDEN: Goritschniggs €€€
International **SK** E5
Seecorso 6, 9220
(04274) 24 75
Angesehenes Steakhaus, das von einem örtlichen Metzger betrieben wird. Erschwingliches Mittagsbüfett. Abends gibt es hochwertige Steakgerichte.

VILLACH: Caldarium €€
International **SK** E5
Treffner Straße 94, A-9500
(0664) 213 91 31 Mo
Das Caldarium ist ein ruhiger und erholsamer Ort nahe dem Leonharder See. Großartige Pizzas und mediterrane Küche. Gutes Preis-Leistungs-Verhältnis.

Shopping

Bis vor einiger Zeit wurden in Österreich die Ladenöffnungszeiten noch strikt eingehalten. Um die Mittagszeit oder nach 18 Uhr dachte kein Österreicher daran, Einkäufe zu erledigen. Das Wochenende war generell heilig, in vielen Geschäften wurde es bereits am Freitagabend eingeläutet. Inzwischen wurden die Öffnungszeiten nach und nach liberalisiert. Immer mehr Läden haben über Mittag und auch in den Abendstunden länger geöffnet. Es gibt in Österreich eine breite Palette an Läden, hinzu kommt eine Vielzahl an Märkten, die von exotischen Früchten bis zu Trödel fast alles anbieten. Hübsche Mitbringsel aus dem Urlaub sind Trachtenbekleidung und traditionelle Handwerksprodukte, kulinarische Spezialitäten und Getränke sowie Keramikarbeiten und Glaswaren.

Öffnungszeiten

Die Läden öffnen im Allgemeinen um 8.30 oder 9 Uhr und schließen abends um 18 Uhr oder später. Supermärkte haben montags bis freitags von 8 bis 19 Uhr und samstags bis 17 Uhr geöffnet. Die Supermarktketten Merkur und Billa schließen an Freitagen erst um 19.30 Uhr, die Billa-Filialen am Wiener Nordbahnhof und am Flughafen haben sieben Tage die Woche geöffnet.

Bei kleineren Läden kann es vorkommen, dass sie in der Mittagszeit nach wie vor für mindestens eine Stunde geschlossen sind.

Märkte und Messen

Märkte und Messen haben in Österreich Tradition. Es finden viele internationale Messen statt, auf denen alle möglichen Artikel, von Haushaltsgeräten über Baumaschinen bis hin zu Schmuck, österreichischer Volkskunst, Weinen und Spirituosen vorgestellt werden. Urlauber lieben die unzähligen charmanten Straßenmärkte, die häufig am Hauptplatz kleiner Dörfer stattfinden. Am Freitag- oder Samstagvormittag sind manche Straßen für den Verkehr gesperrt. Die Autos machen dann den Marktständen Platz, die Produkte direkt vom Bauernhof anbieten, beispielsweise Obst, Gemüse, Blumen, Fleisch und frische Backwaren. Da solche Marktplätze oft von historischen Bauten gesäumt sind, lassen sich hier Bummeln und Sightseeing ideal kombinieren.

Der Naschmarkt in der Nähe des Wiener Karlsplatzes ist der größte Obst- und Gemüsemarkt Österreichs. Am Samstag findet hier auch ein interessanter Flohmarkt statt.

Auslage, in der typische Souvenirs aus Innsbruck zu sehen sind

Mehrwertsteuer

Die Mehrwertsteuer beträgt in Österreich 20 Prozent für Industriegüter und zehn Prozent für Lebensmittel. Bürger aus Nicht-EU-Staaten können sie sich mit dem entsprechenden Formular bei der Ausreise rückerstatten lassen.

Schlussverkauf

Zweimal im Jahr findet in den Läden und Kaufhäusern Österreichs ein Ausverkauf von Waren statt. Der Winterschlussverkauf startet in der letzten Januarwoche, der Sommerschlussverkauf Ende Juli. Dies ist eine gute Gelegenheit, um Kleider, Sportausrüstung und Schuhe zu kaufen. Halten Sie nach preisreduzierten Skiern, Wintersportartikeln oder einem warmen Mantel Ausschau. Man findet auch hübsche Kleider und Anzüge zum halben Preis oder noch günstiger. Manche Geschäfte bieten alle Waren zum Einheitspreis an, um Platz für die neue Kollektion zu schaffen.

Für elektronische Güter gelten andere Regeln. Die Preisreduktionen sind von Angebot und Nachfrage abhängig. Große Kaufhäuser ge-

Vinothek in einem privaten Winzereibetrieb in Mörbisch

Typische Marktstände in Deutschlandsberg

währen auf elektrische oder elektronische Artikel oft Ende Herbst Rabatt.

Umtausch

Ist etwas, das Sie gekauft haben, defekt, haben Sie das Recht, es umzutauschen. Dies trifft bei reduzierter Ware nicht immer zu – prüfen Sie die Artikel also stets.

Viele Läden in Wien verpacken die Ware auch für Sie, oft ohne zusätzliche Gebühr, und verschicken sie an Ihre Adresse.

Logo eines Supermarkts

Keramik und Kristall

Österreich ist für sein schönes Porzellan bekannt, das vor allem mit der Manufaktur Augarten assoziiert wird. Sie residiert in dem gleichnamigen Park, in dem Johann Strauß einst seine Walzer spielte. Die Dekorationen auf Vasen, Krügen und Geschirr spiegeln die künstlerischen Trends vergangener Jahrhunderte von Barock über Klassizismus und Biedermeier bis zur Gegenwart wider. Schönes Porzellan bekommt man in zahlreichen Läden in der Innenstadt Wiens. Beliebtes Reiseandenken ist außerdem die handbemalte Gmundner Keramik mit den Biedermeier-Blumen und anderen Ornamenten.

Glaswaren wie etwa Kronleuchter und schönes Geschirr sind originelle, wenngleich kostspielige Geschenke. Viele sammeln die fantasievollen Kristallfiguren von Swarovski. Das österreichische Unternehmen hat seinen Hauptsitz in Wattens bei Innsbruck, Tirol. Dort findet man auch die Swarovski Kristallwelten, ein Museum, das sich mit der Faszination des Kristalls beschäftigt *(siehe S. 248)*, zu dem aber auch ein Shop mit einer Riesenauswahl von Schmuck bis zu optischen Geräten gehört.

Kunsthandwerk

Handbestickte Tuchwaren wie etwa Tischdecken sind sehr gefragt. Wahre Kunstwerke in diesem Bereich sind z.B. Abendhandtäschchen für Damen, Miniaturbilder und Schmuckstücke, die in Petit-Point-Stickerei gefertigt sind (wobei 300 bis 2500 Stiche pro Quadratzentimeter Platz finden). Die Stickerei wird mittels eines Vergrößerungsglases durchgeführt und ist so anstrengend, dass die – überwiegend weiblichen – Stickerinnen sie höchstens drei Stunden täglich ausüben können.

Trachtenkleidung ist ein weiteres populäres Souvenir. Es gibt viele Modelle aus den unterschiedlichsten Stoffen, in den unterschiedlichsten Längen und für jede Gelegenheit. Im Grunde besteht ein Dirndl jedoch immer aus einem ärmellosen Kleid, einer Schürze und einer weißen Bluse.

Männer tragen kurze oder halblange Lederhosen, eine Trachtenjacke und einen oft mit Federn geschmückten Hut. Wer das, was er erwirbt, nicht nur in Urlaubsstimmung, sondern auch zu Hause tragen möchte, ist mit den strapazierfähigen, klassisch geschnittenen Trachtenjacken und -mänteln gut beraten.

Alkoholische Getränke

Die meisten Supermärkte führen eine gute Auswahl an österreichischen Weinen. Bei den Heurigen und Winzern kauft man allerdings günstiger ein. Besuchen Sie einen der vielen Winzer in der Wachau, im Burgenland oder in der Steiermark, wo Sie den Wein in gemütlicher Atmosphäre verkosten und direkt erwerben können. Beliebte Souvenirs sind auch hochprozentige Getränke wie Slibowitz, Obstler oder Marillenbrand.

Delikatessen

Das populärste Mitbringsel im kulinarischen Bereich ist österreichische Schokolade in ihren vielfältigen Formen. Die meisten Supermarktketten wie Billa, Merkur, Inter-Spar, Eurospar, Zielpunkt und auch die Discounter wie Hofer (Aldi) und Lidl bieten akzeptable Qualität an. Vor allem in Städten gibt es entsprechend teurere Schokoladenläden mit ausgezeichneten Produkten für Genießer.

Süßigkeiten und Konfekt in einem Laden in Salzburg

Souvenirs

Die Auswahl an typisch österreichischen Souvenirs ist riesig und reicht von Kitsch bis hin zu exquisiten und originellen Andenken. Typische Mitbringsel sind Schokolade und alkoholische Getränke, die in schönen Geschenkpackungen angeboten werden. Qualitätsgüter sind Trachtenkleidung und Warmes aus Loden sowie schönes Porzellan oder Glaswaren wie etwa die prächtigen Kristallleuchter von Swarovski.

Sisi-Figuren
Österreicher schwärmen nach wie vor für Sisi, die unglückliche Gemahlin von Kaiser Franz Joseph. Dies zeigt sich an den vielen Statuen der Kaiserin, die überall im Land zu sehen und zu erwerben sind.

Souvenirs

In einem Land, das so vom Fremdenverkehr abhängig ist wie Österreich, spielt die Souvenirindustrie eine bedeutende Rolle. An Marktständen, in Läden und selbst in Autobahn-Raststätten wird eine riesige Auswahl an Andenken angeboten, die dazu beitragen sollen, dass man Österreich nicht vergisst und bald wiederkehrt.

Schneekugeln
Gläser, in denen »Schnee« rieselt, wenn man sie schüttelt, mag mancher für Kitsch halten – bei Besuchern und vor allem bei Kindern sind sie dennoch äußerst beliebt. Bei den Souvenirs fällt der Schnee auf eine Reihe österreichischer Wahrzeichen, etwa auf das Riesenrad im Wiener Prater.

Tirolerhut
Den Tiroler Wanderhut schätzen vor allem Wanderer und Bergsteiger. Im Winter schützt er vor Kälte, im Sommer vor der Sonne, deren Strahlung in den Bergen sehr stark sein kann.

Augarten-Figuren
Ein attraktives Souvenir aus der Porzellanmanufaktur Augarten sind die handgefertigten Figuren der berühmten Lipizzaner der Spanischen Hofreitschule mit Reiter.

Glocken
Im Herbst, wenn das Vieh in Tirol und Vorarlberg von den Almen getrieben wird, hört man das Geläute der Glocken und Schellen um ihren Hals bis ins Tal. Kuhglocken sind in allen Größen und Formen erhältlich und ein wirklich originelles Souvenir.

Sättel
Reiter finden in Österreich natürlich hochwertige Sättel und Zaumzeug. Originell sind fein gearbeitete Miniaturpferde, oft Kopien von Stücken aus den Waffenkammern.

Kunsthandwerk
Österreich ist zu Recht stolz auf sein traditionelles Kunsthandwerk. In Spezialgeschäften findet man schöne Stickereien und Spitzenarbeiten oder Holzschnitzereien wie diese Maske.

Keramik

Österreich ist berühmt für traditionelle, aber auch für moderne Keramik. Ob Sie sich für eine Porzellanfigur von Augarten oder eine handbemalte Gmundner Keramik entscheiden – Sie werden in jedem Fall Ihre Freude daran haben. Viele Manufakturen bieten auch Büsten prominenter Österreicher an.

Moderne Keramik
Das originell geformte Teeservice, das in der Bundeslehranstalt für Keramik in Stoob gefertigt wurde, ist die Zierde jedes Teetisches.

Mozart-Büste
Mozart-Memorabilien wie diese Büste sind überall in Salzburg erhältlich, da die Stadt das Andenken an den Komponisten hochhält.

Service
Attraktives Geschirr aus Keramik , etwa dieses farbenprächtige Service aus der Kärntner Hauptstadt Klagenfurt, sind ein ganz besonderes Geschenk für jeden, der auf eine schön gedeckte Tafel Wert legt.

Feinbäckerei

Die österreichischen Konditormeister, von denen viele früher Lieferanten des kaiserlichen Hofs waren, sind stolz auf ihre große Tradition. Die Sachertorte ist wohl die berühmteste Köstlichkeit, doch gibt es auch zahlreiche andere Spezialitäten, die Naschkatzen erfreuen.

Weihnachtsangebote im Schaufenster einer Konditorei

Mozartkugeln
Die Spezialität aus Salzburg mit dem Porträt des weltberühmten Komponisten wird in verschiedenen Formen angeboten.

Lebkuchen
Die Lebkuchenherzen sind mit meist romantischen Sprüchen aus Zuckerguss verziert – ein ganz besonderes Mitbringsel für den Herzenspartner.

Alkoholische Getränke

Österreichische Weine haben bei Kennern einen guten Ruf. Das Land produziert exzellente Weißweine und Dessertweine sowie den etwas vollmundigeren Riesling. Was den Rotwein anbelangt, können es der steirische Schilcher und der Blaufränkische aus dem Burgenland durchaus mit italienischen und spanischen Weinen aufnehmen. Auch österreichische Obstbrände und Liköre sind ein beliebtes Mitbringsel.

Bierkrügerl sind ein passendes Geschenk für Bierfreunde

Schnaps
Österreichische Brände sind ein gern gekauftes Präsent. Seit einiger Zeit gibt es sie in besonderen Flaschen mit Design-Etiketten.

Bier
Österreich produziert einige sehr gute Biersorten, die allerdings nur wenigen bekannt sind. Nehmen Sie einige Flaschen mit, sie sind im Ausland schwer zu bekommen.

Unterhaltung

Sie sind witzig, charmant und lieben Spaß – Österreicher widersprechen jedem Klischee von mitteleuropäischer Ernsthaftigkeit und Zurückhaltung. Der österreichische Sinn für »Gemütlichkeit« drückt sich in der Musik, in den Festen, Cafés und Gasthäusern aus, die man überall im Land findet. Die Musiktradition ist natürlich eine ganz große Attraktion des Landes, doch es gibt nicht nur Mozart und Co. Von den Volkstänzen in traditionsbewussten Dörfern über Extremsport in den Alpen bis zu einem Klassikkonzert unter Sternen – Besucher können hier jeder Art von Vergnügen nachgehen. Vor der grandiosen Kulisse von Seen und Bergen kann man sich locker-entspannt oder konventionell-elegant unterhalten. Zu den Genüssen gehören auch die Spezialitäten der regionalen Küche, die aus dem einstigen Vielvölkerstaat hervorging, sowie die Weine und Biere.

Mozarts Frühwerk *Apollo und Hyacinth* (1767), Salzburger Festspiele

Information

Österreich betreibt eine exzellente Werbung und Information für das Land. Jede Region und Stadt, ja sogar fast jedes Dorf von Interesse hat ein Tourismusbüro und eine entsprechende Website. Hier findet man Hintergrundinformationen sowie alle Informationen zu Veranstaltungen, etwa zu Musik- und Theatervorstellungen, Festivals und speziellen Ferienangeboten und Events. In Städten und Orten stößt man überall auf Plakate, die Konzerte oder Ausstellungen ankündigen. In Cafés liegen meist Prospekte aus. Man kann auch über die einzelnen Tourismusportale der Regionen Infomaterial anfordern.

Das Wiener Wochenmagazin **Falter** informiert über Veranstaltungen, es gibt auch eine Regionalausgabe für die Steiermark. Für individuelle Touren und Führungen kann man fast überall sehr gut ausgebildete **Fremdenführer** buchen.

Vor einer Reise sollte man unbedingt einen Blick auf **www.austria.info** werfen, die Website der **Österreich Werbung**, Österreichs Tourismusorganisation. Ebenfalls einen Klick wert sind die Websites **www.events.at** und **www.aktuelle-veranstaltungen.at**.

Tickets

Für alle großen Festivals kann man online Karten buchen. Einige, etwa die Salzburger Festspiele, sind allerdings schon Monate im Voraus ausverkauft. Karten gibt es auch im Vorverkauf bei Kartenagenturen, manchmal als Last-Minute-Angebote.

In allen größeren Städten, etwa in Innsbruck, Linz, Salzburg und Wien, gibt es spezielle »Touristenkarten« für Besucher, mit denen man billigere Fahrscheine für den öffentlichen Nahverkehr oder günstigere Eintrittskarten zu Sehenswürdigkeiten und Museen erhält. Bisweilen gibt es auch Coupons für Läden und Restaurants. Erkundigen Sie sich am besten vor Ort über die jeweiligen Angebote.

Kostenlose Events

Museen, Sammlungen und Ausstellungen kosten normalerweise Eintritt. Kostenlos kommt man dagegen in Kirchen, auf Märkte und in private Kunstgalerien. Ein Orgelkonzert oder eine Messe mit Chor in einer der vielen Barockkirchen ist ein kostenloses, gleichwohl unvergessliches Vergnügen. Viele Kirchen bieten auch kostenlose (kunst)historische Führungen an. Ein kleines Trinkgeld für den Führer am Schluss der Tour sollte dann selbstverständlich sein.

Behinderte Reisende

Die meisten großen Konzertsäle und Theater haben reservierte Bereiche für Rollstühle und behindertengerechte Sitzplätze. Diese muss man im Voraus reservieren. Viele Veranstaltungsorte bieten auch Hilfen für Menschen mit Hörproblemen an. Sprechen Sie Ihre

Kirchenführung im barocken Salzburger Dom

Bedürfnisse bei einer Kartenreservierung an. Informationen über barrierefreie Zugänge von öffentlichen und anderen Einrichtungen, aber auch über geeignete Unterkünfte und Events erteilt die **IBFT** (Informationsplattform barrierefreier Tourismus).

Religiöse Feste

Österreich ist überwiegend katholisch. Die entsprechenden Kirchenfeste werden hier bunt und feierlich begangen. Ende November schießen Weihnachtsmärkte wie Pilze aus dem Boden, auf denen Handwerk, regionale Spezialitäten und natürlich Glühwein und Maroni angeboten werden. Auf den Straßen sieht man den Nikolaus, begleitet von seinem heidnischen Kumpan, dem Krampus. Den größten und spektakulärsten Krampuslauf gibt es Ende November in Schladming in der Steiermark. An alte heidnische Traditionen knüpfen die Perchtenläufe in traditionellen Kostümen und Masken an. Sie finden meist am Abend des 5. Januar in verschiedenen Regionen statt.

Fasching ist in Österreich ein großes Vergnügen. Er geht mit Maskenbällen und Umzügen (vor allem am letzten Faschingswochenende und am Faschingsdienstag) einher.

An Ostern sieht man überall bemalte Ostereier an Palmzweigen hängen. Am Palmsonntag tragen Kinder bei den Prozessionen dekorierte Palmbesen (Palmbuschn), die an den Einzug Jesu in Jerusalem erinnern sollen und die vom Pfarrer gesegnet werden.

Traditionelle Musik und Tanz

Das Jodeln – es entstand als Kommunikationsform in gebirgigen Gegenden – überbrückt weite Distanzen, etwa von Alm zum Alm. Im alpenländischen Raum hat es sich zum Volkslied weiterentwickelt, das mehrstimmig vorgetragen wird. Auf Volksfesten kann man oft den Schuhplattler sehen, einen Tanz, der von Tiroler Männern entwickelt worden sein soll,

Musiker einer Blaskapelle bei einem österreichischen Bierfest

um Frauen zu umwerben. Der Ländler hingegen wird von Paaren getanzt. Polka und Walzer sind klassische Tänze, die sowohl professionell dargeboten als auch privat getanzt werden.

Theater und Oper

Schon seit 1920 versammeln sich die Musikliebhaber in der Geburtsstadt Mozarts zu den **Salzburger Festspielen**. Rund 220 000 Zuschauer besuchen etwa 170 Veranstaltungen: Klassikkonzerte, Opern und Theateraufführungen. Spielstätten sind das Große Festspielhaus, das ehemalige Kleine Festspielhaus, seit 2006 Haus für Mozart, die Felsenreitschule, der Domplatz, der Residenzhof, das Landestheater, das Mozarteum und die Perner-Insel. Karten sind oft Monate im Voraus ausverkauft. Gleiches gilt für die Unterkünfte in Salzburg.

Casinos

Ein Dutzend Casinos – von Badgastein bis Wien – bieten in Österreich Glücksspiel an: traditionelles Roulette, Blackjack, Bakkarat und neuere Spielvarianten. Das Mindestalter für den Eintritt in ein Casino beträgt 18 Jahre. Regelmäßig gibt es auch Wettbewerbe in Blackjack, Poker und sogar bei Spielautomaten. **Badgastein** und **Baden** entfachen mit ihrer eleganten Atmosphäre einen besonderen Charme.

Nachtleben

Nicht allein Wien bietet ein aufregendes Nachtleben. Auch die Städte der anderen Bundesländer haben ihre Partyszene. Jeder kann sich die Nacht um die Ohren schlagen, wie er will: in Kneipen, trendigen Bars, Discos und Clubs, die bis frühmorgens geöffnet sind. Die DJs Kruder und Dorfmeister haben elektronische Musik aus Österreich populär gemacht. Linz bietet rund 80 Clubs, die erst ab Mitternacht loslegen – im Linzer »Bermudadreieck« bleiben die Bars bis zum Morgengrauen geöffnet. Universitätsstädte wie Innsbruck und Graz haben eine junge vibrierende Szene. Vor allem im Sommer brummen die Discos und Bars an den Seen. Oft endet die Nacht am Würstlstand, wo sich dann Clubgänger und Lkw-Fahrer mischen.

Abendstimmung auf einem Weihnachtsmarkt in Wien

Biergarten eines Restaurants am Wolfgangsee

Biergärten und Cafés

Auf ihre Kaffeehauskultur sind die Österreicher stolz. Leute beobachten, Zeitung lesen und ein bisschen plaudern – im Kaffeehaus kann man sich an einem Nachmittag die Zeit bei einem Mokka und einer köstlichen Torte vertreiben.

Am Nachmittag kann man auch schon die Heurigen besuchen, die Schänken für den jungen Wein. Man sitzt dort meist im Freien bei einem Glas Wein oder einem Gespritztn (Schorle). Beim Zuprosten sollte man seinem Gegenüber immer in die Augen schauen – andernfalls risikiert man sieben Jahre Unglück.

Feste und Festivals

Vom Frühling bis zum Herbst gibt es in Österreich Hunderte von Festen, die sich um Essen, Wein und alte Erntebräuche drehen. Österreich bietet qualitativ hochwertige Landwirtschaftsprodukte – das Land gehört auch zu den europäischen Spitzenreitern beim biologischen Anbau.

Prächtig geschmücktes Vieh beim herbstlichen Almabtrieb

Beim Fest der 1000 Weine im Burgenland präsentieren Winzer ihre Premium-Weine und regionale Spezialitäten in der malerischen Orangerie von Schloss Esterházy in Eisenstadt. Die Winzer an der **Weinstraße Niederösterreich** bieten den ganzen Sommer über Weinverkostungen, Essen und Kultur bei verschiedenen Weinfesten der Region. Dazu gibt es Live-Musik, Ausstellungen und Kinderprogramme.

Ähnliche Sommerveranstaltungen drehen sich um Kürbisse, Käse, Speck und Schokolade. Sogar ein **Knödelfest** findet statt. Bei der Veranstaltung in St. Johann in Tirol gibt es das größte Knödelangebot der Welt.

Ein farbenprächtiges traditionelles Spektakel ist der herbstliche **Almabtrieb**, wenn das Vieh von den alpinen Weiden, wo es im Sommer grast, ins Tal getrieben wird. Die Tiere tragen dabei Blumenschmuck und Glocken. In der Steiermark kann man auch zuschen, wie die Lipizzaner von den Sommerweiden zurückgeholt werden.

Nicht geschmückte Tiere, sondern verzierte Menschen sind Thema des **World Bodypainting Festival** in Pörtschach am Wörthersee. Bei der **European Bike Week** am Faaker See, dem größten europäischen Harley-Treffen, kann man nicht nur die Maschinen, sondern auch Körperschmuck in Form von Tattoos bewundern.

Sportstadien und Events

Skifahren und Snowboarden belegen die ersten Plätze im österreichischen Wintersport. Auch wenn Sie selbst nicht aktiv Sport treiben, sollten Sie sich im Land des Wintersports einige Veranstaltungen nicht entgehen lassen. Die Saison beginnt mit dem **Alpinen Skiweltcup** in Sölden Ende Oktober, der Tausende von Fans anzieht. Das berühmteste Skispringen, die Vierschanzentournee, findet um Neujahr in Deutschland und Österreich statt. Das populärste Skirennen, das **Hahnenkamm-Skirennen**, überzieht im Januar Kitzbühel – auch mit viel Party und Musik.

Über 10 000 Besucher kommen zum Ende der Skisaison nach Ischgl, um das **Top of the Mountain Concert** zu hören. In den letzten Jahren traten bei dem kostenlosen Open-Air-Konzert u. a. Elton John, Tina Turner, Sting, Lionel Richie, Jon Bon Jovi, Alanis Morisette, Bob Dylan und Enrique Iglesias auf.

Neben Wintersport ist Fußball besonders beliebt. Spielorte der Europameisterschaft 2008 waren Wien, Klagenfurt, Salzburg und Innsbruck. Im Ernst-Happel-Stadion in Wien spielt die österreichische Nationalmannschaft.

Hahnenkamm-Skirennen, das berühmteste der Welt, in Kitzbühel

Kurorte

Wellness-Urlaub – teils Genuss, teils Gesundheitsvorsorge – ist stark im Kommen. Österreichs über 100 Thermalbäder blicken auf eine lange Tradition als Kurorte zurück. Sie sind vor allem auf Anwendungen bei Rheumatismus und Atemwegserkrankungen spezialisiert. Das Wasser von **Badgastein** enthält Radon, für Anwendungen braucht man eine ärztliche Überweisung. Andere Bäder bieten einen medizinischen Check-up, maßgeschneiderte Fitness-Programme und natürlich eine Vielzahl an Massagen und Schönheitsbehandlungen.

Das **Alpine Wellnesshotel Haller** in Maria Alm präsentiert sich mit kühler Linienführung und ist ein Top-Spot für klassische Sportmassagen. Im **Hotel Krallerhof** in Leogang hat man die Auswahl zwischen warmen und kalten Pools, Whirlpools, Saunen und Dampfbädern – nebst einer Palette von Anwendungen, darunter Ayurveda.

Rogner-Bad Blumau, ein Werk von Friedensreich Hundertwasser

Viele Wellnesshotels liegen in den Bergen, etwa das Fünf-Sterne-Etablissement **Arlberg Hospiz Hotel** in St. Christoph.

Hightech-Wasserwelten findet man verstreut im ganzen Land: Postmodern-minimalistisch zeigt sich das **Aqua Dome** in Langenfeld. Thermalbäderluxus bieten das **Römerbad** und die **St.-Kathrein-Therme** in Bad Kleinkirchheim in Kärnten sowie die **Felsentherme** im Gasteinertal. Eine architektonische Besonderheit ist Friedensreich Hundertwassers **Rogner-Bad Blumau**.

Auf einen Blick

Information

Österreich Werbung (Tourismusorganisation Österreichs)
Klosterstraße 64, 10179 Berlin.
(030) 21 91 480.
Vordere Zollamtsstraße 13,1030 Wien.
(01) 5 886 60.
00800 400 200 00. (gebührenfrei aus Deutschland nach Österreich).
austria.info

WienTourismus
wien.info

Falter
falter.at

Fremdenführer
austriaguides.at

Tickets
oeticket.com
(01) 96 0 96.
ticketonline.at
(01) 88 0 88.
viennaclassic.com
(01) 89 05 555.
viennaticketoffice.com
(01) 51 31 111.

Behinderte Reisende

IBTF
urlaubfueralle.at
handicap.tirol.at
fuer-alle.steiermark.com
barrierefreier-tourismus.info

Traditionelle Musik und Tanz

Österreichische Volksfeste
austria.info

Wiener Bälle
wien.info

Theater / Oper

Salzburger Festspiele
(0662) 80 45 500.
salzburger festspiele.at

Volksoper
(01) 51 44 43 670.
volksoper.at

Wiener Staatsoper
(01) 51 44 22 50.
wiener-staatsoper.at

Casinos

Casino Baden
casinos.at

Casino Badgastein
badgastein.casinos.at

Feste / Festivals

Almabtrieb
austria.info

Gailtaler Käsefest
(04715) 8516.
alles-kaese.at

Gailtaler Speckfest
(0463) 30 00.
speckfest.at
kaernten.at

Harley Davidson European Bike Week am Faaker See
faakersee.at

Internationales Milka-Schokofest, Bludenz
(05552) 62 170.
bludenz.at

Knödelfest, St. Johann
(05352) 63 33 50.
knoedelfest.at

Lipizzaner-Herbstparade, Piber
events.steiermark.at

Weinstraße Niederösterreich
weinstrassen.at

World Bodypainting Festival
bodypainting-festival.com

Sportstadien und Events

Alpiner Skiweltcup Sölden
soelden.com

Hahnenkamm-Skirennen
kitzbuehel.com

Top of the Mountain Concert, Ischgl
ischgl.com

Kurorte

Alpines Wellnesshotel Haller
(06584) 21 00.
hotel-haller.at

Aqua Dome Spa
(05253) 64 00.
aqua-dome.at

Arlberg Hospiz Hotel
(05446) 26 11.
arlberghospiz.at

Badgastein
(06432) 33 930.
gastein.com

Felsentherme
(06434) 22 230.
felsentherme.com

Hotel Krallerhof
(06583) 82 460.
krallerhof.com

Rogner-Bad Blumau
(03383) 51 000.
blumau.com

Römerbad
(04240) 82 82 201.
roemerbad.com

St.- Kathrein-Therme
(04240) 82 82 301.
vondenpistenindiethermen.com

Live-Musik und Konzerte

Österreich ist das Musikland schlechthin. Dutzende Festivals klassischer Musik bringen die weltbesten Sänger und Musiker in die Alpenrepublik. Es gibt faszinierende Aufführungsorte – oft auch da, wo die Musik ursprünglich erstaufgeführt wurde. Ob in der Mozartstadt Salzburg oder in Eisenstadt, dem Wirkungsraum von Haydn: Die architektonische Umgebung ist oft ebenfalls faszinierend. Vom klassischen Musikgenuss an einem Abend kann man problemlos zu einem Volksmusikabend wechseln, sich moderne Musik zu Gemüte führen oder in Clubs den DJs lauschen, die weltweit einen guten Ruf haben. Welche Musikrichtung auch immer Sie präferieren: In Österreich finden Sie garantiert das entsprechende Festival, einen Aufführungsort, eine Kneipe oder einen Club.

Oper und Operette

Dass Wien eine Opern-Stadt ist, ist bekannt. Doch auch im Rest des Landes werden fantastische Opernaufführungen produziert, etwa im Rahmen der **Bregenzer Festspiele**. Die spektakuläre Seebühne im Bodensee war zuletzt der Schauplatz von *Der Tod des Marat* von André Chénier und präsentierte 2014 Mozarts *Zauberflöte*. Abgesehen von den Freilichtaufführungen gibt es auch Produktionen in der Festhalle.

Ebenfalls als schwimmende Bühne im See präsentieren sich die **Seefestspiele Mörbisch**, die 2013 ihren 55. Geburtstag mit einer Freilichtaufführung von Carl Millöckers *Der Bettelstudent* feierten.

In Oberösterreich zieht es Operettenfans zum **Lehár Festival** nach Bad Ischl, zum einstigen Jagdschloss von Kaiser Franz Joseph. Im benachbarten Burgenland liegt der Römersteinbruch von St. Margarethen, die Kulisse für die **Opernfestspiele St. Margarethen**, wo etwa Giuseppe Verdis *Nabucco* zur Aufführung gelangte.

Der leichteren Muse sind wiederum die **Operettenfestspiele Bad Hall** gewidmet. Die **Tiroler Festspiele Erl** konnten 2012 ein neues Festspielhaus beziehen. Das **Musikfestival Steyr** ist der Ort für hochkarätige Inszenierungen, 2013 etwa des Musicals *Evita*. Außerdem findet in Steyr das Schubert@ Steyr Festival statt.

Klassische Musik und Festivals

Konzertsäle gibt es in Österreich wie Sand am Meer: Man findet sie nicht nur in Städten, sondern auch in kleinen Orten. Weltberühmt sind die **Salzburger Festspiele**, die ein Premiumprogramm klassischer Musik, Oper und Theater bieten. Jeden Sommer strömen Tausende in die Mozartstadt Salzburg. Das Große Festspielhaus wurde mittlerweile eindrucksvoll restauriert. Etwas weniger überlaufen sind die von Herbert von Karajan ins Leben gerufenen **Salzburger Pfingstfestspiele**. 2012 übernahm die italienische Sängerin Cecilia Bartoli die künstlerische Leitung. Sie wird auch jeweils die Hauptrolle der Opernproduktion singen.

Die **Haydn Festspiele Eisenstadt** bilden im September mit den Haydntagen einen Höhepunkt der Konzertsaison. Ziel ist es, die Werke Joseph Haydns in Kontrast zu den Werken anderer Komponisten zu stellen. Jedes Jahr im September findet auch eine Konzertreihe mit Werken von Johannes Brahms statt. Aufführungsort des **Internationalen Musikfests Brahms!** ist das Brahms-Museum in Mürzzuschlag, Steiermark.

Viele Festivals sind nicht allein ein Fest für die Ohren, sondern auch für die Augen. **Allegro Vivo**, das traditionsreiche Kammermusikfestival Niederösterreichs, lockt im Sommer Tausende von Fans in die Stifte, Burgen und Schlösser des Waldviertels.

Bei den Matineen »Haydn & Esterházy« im Schloss Esterházy in Eisenstadt kann man Haydns Musik in den Räumlichkeiten genießen, in denen der Komponist arbeitete bzw. in denen viele seiner Werke uraufgeführt wurden.

Die **Internationale Woche der Alten Musik** in Krieglach, Steiermark, ist Anfang September ein Muss. Einige Konzerte finden im romantischen Schloss Feistritz statt. Seit über 30 Jahren entzücken auch die **Festwochen der Alten Musik** in Innsbruck die Konzertgänger mit ihrem Programm.

Doch es gibt noch andere Kombinationen als die von grandioser Architektur und klassischer Musik. Beim Musikfestival von **Schloss Grafenegg**, dem Festival des Pianisten Rudolf Buchbinder, gibt es zum Programm auch Weinverkostungen aus österreichischen Top-Winzereien. Das **Brucknerfest Linz** verbindet klassische Musik mit Multimedia-Kunst.

Der ländliche Charme des Bregenzerwalds harmoniert perfekt mit der Musik Schuberts und zeitgenössischer Komponisten. Die jährliche **Schubertiade** in Schwarzenberg (Vorarlberg) bietet etwa 70 Vorstellungen, darunter Kammerkonzerte, Liederabende, Lesungen und Meisterklassen. Weit über 70 000 Fans kommen zur Schubertiade in Steyr, der kleinen Schwester des Internationalen Schubertfestivals Steyr.

Ein weiteres Muss für Klassikfans ist Nikolaus Harnoncourts **styriarte**, die in Graz und Umgebung stattfindet. Das jedes Jahr unter einem bestimmten Thema stehende Programm bietet eine spezielle Verknüpfung von klassischer und Alter Musik in neuer Interpretation.

Treffpunkt für Liebhaber zeitgenössischer Musik ist das Festival **Klangspuren** im Tiroler Ort Schwaz, bei dem jedes Jahr im September Bewährtes und Innovatives ineinandergreifen.

Rock, Pop und Jazz

Rockmusik vor imposanter Felsenkulissse: Die Berge, die Salzburg umrahmen, sind Hintergrund des **Frequency Festival**. Die Open-Air-Veranstaltung dauert drei Tage und präsentiert Hard-Rock-Bands. Hier traten etwa The Kaiser Chiefs auf. Die Besucher campieren auf dem Gelände. Graz vibriert beim **Springfestival**, dem größten österreichischen Festival für elektronische Musik und Kunst. International bekannte DJs und Media-Künstler verwandeln die Stadt in eine Partyzone.

Blues und Boogie erlebt man bei der **Boogie Woogie Session** im noblen Feriendomizil Kitzbühel, verteilt auf fünf Bühnen. Ein paar Berggipfel weiter, in Montafon, findet der **Montafoner Sommer** statt, bei dem Verschiedenes zur Aufführung kommt – neben klassischer Musik und Oper auch Jazz genauso wie ein Kinderprogramm. Die Größen der internationalen Jazzszene treffen sich beim **Jazzfestival Saalfelden**. Hauptaufführungsort ist das akustisch exzellente Congresszentrum. Hinzu kommen die »Short Cuts« im Kunsthaus Nexus und kostenlose Open-Air-Programme auf dem Rathausplatz.

Das **Ramsau-Festival** ist ein bunter Mix aus verschiedensten kulturellen Veranstaltungen. In den vergangenen Jahren gab es so unterschiedliche Vorstellungen wie etwa Auftritte des Wiener Staatsopernballetts, des Sinfonieorchesters Bratislava, des L'Orfeo Barockorchesters, des besten österreichischen Akkordeonspielers Otto Lechner sowie Lichtinstallationen von Stefan Knor.

Keine Aufzählung österreichischer Popmusik ist komplett, ohne **Hansi Hinterseer** zu erwähnen, den früheren Skiweltcup-Sieger, der sich als Schlagersänger, Moderator und Schauspieler großer Popularität erfreut.

Volksmusik

In Österreich gibt es das ganze Jahr über viele Volksmusikveranstaltungen. Ein jährliches Top-Ereignis ist der **Tag der Volksmusik** in St. Anton. In der Fußgängerzone der Bergstadt treten Musik- und Trachtenensembles aus Österreich, Südtirol, Bayern und der Schweiz auf.

»The Sound of Music«

Es ist fast 50 Jahre her, dass die Schauspielerin Julie Andrews Salzburg durch die Verfilmung des Musicals »The Sound of Music« (»Meine Lieder – meine Träume«) in aller Welt populär machte. Das auf der Geschichte der Trapp-Familie basierende Musical vermittelte ein wunderbar verkitschtes Österreich-Bild. **Sound of Music**-Touren führen vor allem Besucher aus Übersee an die entsprechenden Bilderbuch-Drehorte. Abschließend gibt es ein Abendessen mit Theaterbesuch.

Auf einen Blick

Oper und Operette

Bregenzer Festspiele
T (05574) 40 76.
W bregenzerfestspiele.com

Lehár Festival
T (06132) 23 839.
W leharfestival.at

Musikfestival Steyr
T (0664) 40 72 122.
W musikfestivalsteyr.at

Operettenfestspiele Bad Hall
T (07258) 77 550.
W badhall.com

Opernfestspiele St. Margarethen
T (02680) 42 042.
W ofs.at

Seefestspiele Mörbisch
T (02682) 66 21 00.
W seefestspiele-moerbisch.at

Tiroler Festspiele Erl
T (05373) 81 000.
W tiroler-festspiele.at

Klassische Musik und Festivals

Allegro Vivo
T (02982) 43 19.
W allegro-vivo.at

Brucknerfest Linz
T (0732) 76 120.
W brucknerhaus.at

Haydn Festspiele Eisenstadt (Haydntage)
T (02682) 61 805.
W esterhazy.at
W haydnfestival.at

Innsbrucker Festwochen der Alten Musik
T (0512) 57 10 32.
W altemusik.at

Internationale Woche der Alten Musik, Krieglach
T (03855) 23 550.
W krieglach.at

Internationales Musikfest Brahms!
T (03852) 34 34.
W brahmsmuseum.at

Klangspuren
W klangspuren.at

Salzburger Festspiele
T (0662) 80 45 500.
W salzburgerfestspiele.at

Salzburger Pfingstfestspiele
T (0662) 80 45 500.
W salzburgerfestspiele.at

Schloss Grafenegg
T (02735) 55 00.
W grafenegg.com

Schubertiade
T (05576) 72 091.
W schubertiade.at

styriarte
T (0316) 82 50 00.
W styriarte.com

Rock, Pop und Jazz

Boogie Woogie Session, Kitzbühel
T (05356) 777.
W kitzbuehel.com

Frequency Festival
W frequency.at

Hansi Hinterseer
W hansi-hinterseer.at

Jazzfestival Saalfelden
T (06582) 70 660.
W jazzsaalfelden.com

Montafoner Sommer
T (05556) 72 25 30.
W montafon.at

Ramsau-Festival
T (03687) 81 833.
W ramsau.com

Springfestival
W springfestival.at

Volksmusik

Tag der Volksmusik
T (05446) 22 690.
W stantonamarlberg.com

»The Sound of Music«

Sound of Music
T (0662) 88 98 70.
W salzburg.info

Sport und Aktivurlaub

Österreich ist das ideale Urlaubsland für Sportfans. Wintersportler finden in den Alpen über 22 000 perfekte Pisten zum Ski- und Snowboardfahren, gut 16 000 Kilometer Langlaufloipen und 14 000 Kilometer Wanderwege, die von Schnee geräumt sind, sodass man die faszinierende Bergwelt risikofrei bewundern kann. Die vielen bezaubernden Seen laden zum Wasserskifahren, Segeln, Windsurfen und Schwimmen ein, während die Tiroler Alpen ein Paradies für Kletterer, Bergsteiger und Wanderer sind. Darüber hinaus gibt es in Österreich sehr gute Einrichtungen für diverse weitere Sportarten wie Eisklettern, Kanufahren oder Wildwasser-Rafting. Beim Paragliding oder mit dem Heißluftballon erlebt man die wunderbare Landschaft von oben.

Skifahren

Skifahren gehört in den Alpen zu den beliebtesten Sportarten. Besucher haben die Wahl zwischen sanften Hängen für Anfänger und steilen Pisten in den Hochalpen, von Fahrten im Tiefschnee bis zu extrem schwierigen, schwarz markierten Abfahrten. Sogar nachts kann man fahren, da einige Pisten in Flutlicht erstrahlen.

Die besten Gegenden zum Skifahren sind Ober- und Niederösterreich sowie die Steiermark. In der Gegend um Innsbruck, einem der größten und meistbesuchten Wintersportgebiete des Landes, erwarten die Gäste das ganze Jahr hindurch weiße Pisten – etwa im Stubaital, am Glungezer, in der Axamer Lizum und auf der Mutterer Alm.

Die Salzburger Region verfügt über etwa 860 Kilometer Pisten und 270 Skilifte. In Wintersportorten wie Filzmoos und Kleinarl finden regelmäßig berühmte Wettbewerbe statt. Permanent vergletscherte Regionen wie jene in den Ötztaler Alpen laden das ganze Jahr zum Skifahren und Snowboarden ein.

Die meisten österreichischen Wintersportzentren bieten Skipässe an – mit Zugang zu allen lokalen Einrichtungen. Wer die Piste testen will, auf der seit 1972 Weltmeisterschaftsrennen stattfinden, sollte auf der Planai im steirischen Schladming Urlaub machen.

Das barocke Kloster in Stams in Tirol beherbergt eine Skischule, unter deren Absolventen mehrere internationale Champions waren. Wer eher am Leben der europäischen Aristokratie und an den Freuden des Après-Ski interessiert ist, sollte nach Lech und Zürs am Arlberg in Vorarlberg und nach Kitzbühel in Tirol reisen.

Auch die Langlaufmöglichkeiten sind in Österreich vielerorts ausgezeichnet.

Skifahren ist der populärste Sport in Österreich

Informationstafeln findet man an den Tal- und Bergstationen

Snowboarden

Snowboarden ist eine der neueren olympischen Disziplinen. Es kam aus den USA nach Europa und wurde auch in Österreich rasch zu einer der populärsten Wintersportarten. Der einstige Teenager-Sport ist längst etabliert – Österreich war eines der ersten Länder, in dem Wettkämpfe in dieser Disziplin stattfanden. Der Austragungsort ist Seefeld in Tirol, ein Treffpunkt der besten Snowboarder aus aller Welt. Die Österreicher haben bei Olympischen Winterspielen sowohl im Parallelslalom als auch in der Halfpipe (ein Schneekanal, in dem Sprünge und Drehungen ausgeführt werden) zahlreiche Medaillen gewonnen.

Einer der populärsten Snowboarder Österreichs ist Stefan Gimpl. Vor allem Tirol ist ein wahres Paradies für Snowboarder. Sportler aus aller Welt kommen hierher, um an den Wettbewerben in Kaprun oder Saalbach-Hinterglemm teilzunehmen.

Bobfahren und Rodeln

Neben dem Skifahren gibt es in fast allen österreichischen Wintersportzentren Gelegenheit zum Bobfahren und Rodeln. Eine Rodelpartie auf einer der vielen Naturbahnen sollten Sie auf keinen Fall verpassen. In Ischgl in Westtirol befindet sich die längste Rodelbahn der Alpen. In Nordtirol gibt es auch mehrere Sommer-Rodelbahnen. Das Ausleihen eines Schlittens kostet drei bis fünf Euro pro Tag. In manchen Orten kann man ihn auch mit dem Lift den Berg hinaufbefördern.

Wer eine langsamere Gangart bevorzugt, kann die Landschaft bei einer romantischen Pferdeschlittenfahrt durch die weiße Wunderwelt genießen, die um den Preis von zwölf bis 15 Euro pro Person angeboten wird. Die Miete eines ganzen Gefährts kostet zwischen 40 und 70 Euro.

Bergsteigen

Wo Berge sind, findet man auch Kletterer und Bergsteiger. Die größte österreichische Organisation für Bergsteiger ist der **Österreichische Alpenverein**. Er hat etwa 200 regionale Büros im ganzen Land. Das Hauptquartier befindet sich in Innsbruck. Der Verband verkauft zudem Landkarten, Bücher und Reiseführer, leitet eine Bibliothek, verleiht Bergausrüstung, führt auch einige Berghütten und betreut Wanderwege. Er organisiert Skikurse und leitet eine Bergsteigerschule. Mitglieder des Alpenvereins genießen viele Vergünstigungen, etwa bei der Unterkunft in den Schutzhütten des Alpenvereins. Der Alpenverein bietet auch einen Wetterdienst, der Bergsteiger über die aktuelle Wetterlage informiert (im Internet und als Tonbanddienst), sowie einen Lawinenwarndienst.

Klettern – eine Sportart für gut Trainierte

Wanderer auf einem der vielen markierten Wanderwege in den Bergen

Wandern

Wandern in den Bergen ist eine beliebte Freizeitaktivität, die Österreicher und Besucher gleichermaßen genießen. Der Weg durch die 100 Meter tiefe Rosengartenschlucht nordwestlich von Imst ist ein besonders schönes Erlebnis. Man geht das Tal der Ötz entlang bis zum Stuibenfall, dem größten Tiroler Wasserfall. Viele Wanderwege finden sich auch in der Region von Eben im Pongau. Eine Attraktion in Kleinarl sind die nächtlichen Fackelwanderungen. Im Salzkammergut führt eine Seilbahn auf den Gipfel des Grünbergs oder des Feuerkogels, wo Wanderer auf vielen Wegen einen märchenhaften Blick auf die Alpenseen genießen können.

Wanderwege gibt es im ganzen Land. Sie sind alle deutlich durch Zeichen auf Baumstümpfen gekennzeichnet. Wie bei den Skipisten ist der Schwierigkeitsgrad auch bei Wanderwegen durch die Farbe angegeben. Regionale Tourismusbüros halten detaillierte Landkarten vorrätig. Wer seiner Fähigkeit, Karten zu lesen, nicht traut, kann einen Bergführer anheuern oder sich einer Gruppe von Wanderern anschließen.

Radfahren

Im Flachland sind Fahrräder ein ideales und günstiges Fortbewegungsmittel. In den Bergen wird das Radfahren mehr zu einem Konditionstest. Dennoch wird Mountainbiken immer beliebter. Nahezu jeder Urlaubsort und die meisten Hotels haben einen Radverleih. In St. Johann in den Hochalpen finden mehrere internationale Radrennen statt. Im Juni und September treffen sich die Radfahrer in Osttirol, um an dem Rennen in den Lienzer Dolomiten teilzunehmen.

Weniger ambitionierte Radfahrer wählen die schönen Radwege entlang der Donau oder der Drau. Auch in Wien und in anderen Städten gibt es zahlreiche markierte Fahrradwege, für die in den Buchhandlungen auch eigene Karten erhältlich sind.

Winterliche Radtour in den schneebedeckten Bergen

Yachthafen in Mörbisch

Wassersport

Schnee ist nicht die einzige Attraktion, die Sportbegeisterte nach Österreich führt. Die zahlreichen Flüsse und Seen sind ein Magnet für Sommerurlauber, die Entspannung suchen oder einen Aktivurlaub planen. Insbesondere die reizvollen Seen des Salzkammerguts sind eine Reise wert.

In Österreich gibt es Seen jeder Größe, von denen sich die meisten zum Schwimmen und Segeln eignen. Die größten und bekanntesten sind der Bodensee und der Neusiedler See. Letzterer, ein 40 Kilometer langer See an der ungarischen Grenze, ist von Wien aus leicht zu erreichen und häufig Austragungsort einer Regatta von olympischem Niveau. An vielen Seen gibt es Segel- und Surfschulen, an den größeren auch Wasserski- und Paraski-Möglichkeiten.

Im Salzkammergut ist in manchen Monaten und in bestimmten Gebieten auch das Sporttauchen möglich.

Viele Bergflüsse, insbesondere jene im Westen Österreichs, fließen durch enge Schluchten und bilden Wasserfälle – eine wildromantische Flusslandschaft für Kanufahrten und Rafting-Touren. Populäre Rafting-Meisterschaften finden in der Imster Schlucht statt. Sogar in Wien kann man Wassersport treiben – an der Alten Donau gibt es Wasserski-, Ruder- und Segelbootverleihe, bei denen man keine Kenntnisse nachweisen muss.

Nicht zuletzt sind die Seen und Flüsse ein Paradies für Angler. Die lokalen Tourismusbüros beraten über die besten Plätze und verkaufen auch entsprechende Lizenzen.

Reiten

Reiten ist zwar nicht so populär wie Skifahren, gewinnt aber immer mehr Anhänger. In Niederösterreich gibt es eine Reihe von Gestüten, die Reitferien anbieten. Auch einige Hotels besitzen Pferde oder haben ein Arrangement mit einem örtlichen Reitzentrum, dessen Einrichtungen die Hotelgäste nutzen können. In vielen Urlaubsorten können Reitstunden in der Halle gebucht werden, was vor allem bei schlechtem Wetter oder auch in den Wintermonaten eine angenehme Abwechslung sein kann.

Auch in Wien muss man nicht auf das »höchste Glück auf Erden« verzichten, da im Prater, wo einst Kaiserin Elisabeth ihrem Hobby nachging, Reitmöglichkeiten geboten werden.

Reiten ist zwar nicht gerade billig, aber erschwinglich. In Tirol kostet eine Reitstunde im Winter etwa so viel wie eine Tennisstunde, nämlich ungefähr 15 Euro.

Gleitschirmflieger sieht man beispielsweise im Stubaital

Tennis

Hallentennis wird in fast allen größeren Urlaubsorten und Hotels angeboten. Plätze im Freien gibt es in Städten und in den meisten größeren Gemeinden. In den auf andere Sportarten ausgerichteten Bergdörfern sind Tennisplätze weniger üblich. Die Preise variieren. In der Steiermark kostet eine Stunde Tennis am Tag etwa 15 bis 20 Euro, am Abend ab 20 Euro.

Trendsportarten

Sogenannte Extrem- oder Trendsportarten wie Rafting, Speedboot-Rennen, Canyoning, Drachen- und Gleitschirmfliegen, Bungee-Jumping oder Freeclimbing sind in Österreich gut vertreten. Täglich öffnen neue Firmen, die Ausrüstung vermieten und Events für Leute organisieren, die einen solchen Adrenalinkick suchen.

Reitvergnügen am Ufer des Neusiedler Sees

Auf einen Blick

Skifahren, Snowboarden, Bobfahren

Dachstein Gletscherbahn
Coburgstraße 52,
8970 Schladming.
(03687) 22 042.
planai.at

Österreichischer Bob- und Skeletonverband
Haus des Sports,
Stadionstraße 1,
6020 Innsbruck.
(0512) 20 02 50.
bobskeleton.at

Ötztal Tourismus
Oberlängenfeld 75,
6444 Längenfeld.
(05253) 20 130.
oetztal.com

Tourismusgemeinschaft Mölltaler Gletscher
9831 Flattach.
(04785) 615.
flattach.at

Tourismusverband Pitztal
6473 Wenns.
(05414) 86 999.
pitztal.com

Tourismusverband Stubai Tirol
6167 Neustift im Stubaital.
(0501) 88 10.
stubai.at

Tourismusverband Tux
Lanersbach 401,
6293 Tux.
(05287) 85 06.
tux.at

Zell am See/Kaprun Information
Bruckner Bundesstraße 1a, 5700 Zell am See.
(06542) 770.
zellamsee-kaprun.com

Felsklettern und Bergsteigen

Österreichischer Alpenverein
Olympiastraße 37,
6010 Innsbruck.
(0512) 59 547.
alpenverein.at

Österreichischer Touristenklub
Bäckerstraße 16,
1010 Wien.
(01) 51 23 844.
oetk.at

Verband Alpiner Vereine Österreichs
Bäckerstraße 16,
1010 Wien.
(01) 51 25 488.
vavoe.at

Wandern, Spazierengehen

Europa-Wanderhotels
9773 Irschen 10.
(04710) 27 80.
wanderhotels.com

Radfahren

Mountain Bike Holidays
5751 Maishofen.
(06542) 80 48 022.
bike-holidays.com

Radtouren in Österreich
Freistädterstraße 119,
4041 Linz.
(0732) 22 10 22.
radtouren.at

Wasserski und Segeln

Österreichischer Segelverband
7100 Neusiedl am See.
(02167) 40 24 30.
segelverband.at

Österreichischer Wasserskiverband
Leitergraben 34,
3060 Leonding.
(0676) 42 83 305.
oewsv.at

Reiten

Reitferien in Österreich Reitarena Austria
Mairhof 4–5,
4121 Altenfelden.
(07282) 59 92.
tiscover.at/reiten
reitarena.com

Urlaub am Bauernhof
Gabelsbergerstraße19,
5020 Salzburg.
(0662) 88 02 02.
farmholidays.com

Trendsportarten

Absolute Outdoors
8940 Liezen.
(03612) 25 343.
rafting.at

Action Club Zillertal
6290 Mayrhofen.
(0664) 44 13 074.
actionclub-zillertal.at

Adventure Club Tuxertal
6293 Tux.
(05287) 87 287.
natursport.at

Aktiv-Zentrum
Neugut 43,
6882 Schnepfau.
(0676) 78 37 878.
aktiv-zentrum.at

AOS – Absolute Outdoors Strobl
Friedau 1a,
8940 Liezen.
(03612) 25 343.
salza.at

Austria-Adventure Sportagentur Raab
Mairgben 30,
4452 Ternberg.
(0664) 50 31 372.
austria-adventure.at

Ballonfahren macht Spaß GmbH
Schönauer Hauptstr. 7,
4400 Steyr.
(07252) 73 473.
ballonfahren-steyr.com

Ballonfahrten.at
Prennerstraße 32,
2560 Berndorf.
(0664) 12 50 705.
ballonfahrten.at

Club Aktiv Mölltal
Flattach 25,
9831 Flattach.
(04785) 410.
cam.at

Club Montée Adventure Center
Wolfgangseestraße 26,
5322 Hof bei Salzburg.
(06228) 30 008.
montee.com

Feelfree
Platzleweg 5,
6430 Ötz.
(05252) 60 350.
feelfree.at

Flugschule Salzkammergut
Flachbergweg 46,
4810 Gmunden.
(07612) 73 033.
paragleiten.net

Freelife
8923 Palfau 102.
(07230) 79 160.
freelife.at

Fun Rafting
Ebele 209,
6651 Häselgehr.
(05634) 63 04.
fun-rafting.at

Jauntal Bungy Adventure
Eis 81,
9113 Ruden.
(04234) 222.
bungy.at

Kajak-Center Faaker See
Egger Seeuferstraße 80,
9580 Drobollach/Egg.
(0650) 41 02 271.
kajak-faak.com

Österreichischer Aero Club
Prinz-Eugen-Straße 12,
1040 Wien.
(01) 50 51 028.
aeroclub.at

Österreichischer Kanuverband
kanuverband.at

Outdoor Leadership
Steinach 4,
4822 Bad Goisern.
(06135) 60 58.
outdoor-leadership.com

wasser-c-raft
Ambach 29,
6433 Ötz.
(05252) 67 21.
rafting-oetztal.at

GRUND-INFORMATIONEN

Praktische Hinweise

Österreich ist sowohl im Winter als auch im Sommer ein wunderbares Ferienland und steht nicht umsonst jedes Jahr auf Platz eins der Urlaubsdestinationen der Deutschen. Das Land bietet viele Urlaubsmöglichkeiten sowie Attraktionen für jeden Geschmack und jedes Budget: exzellent ausgestattete alpine Skizentren, Wanderregionen aller Schwierigkeitsgarde, tiefblaue Seen, bezaubernde Dörfer in herrlicher Landschaft, faszinierende historische Sehenswürdigkeiten und hervorragende Museen. Besucher finden leicht passende Unterkünfte, gute Restaurants und eine Vielfalt an kulturellen Veranstaltungen. Alle Städte und beinahe alle etwas größeren Dörfer haben Tourismusbüros, fast alle informieren auch im Internet über Angebote und Events.

Seilbahn in Ischgl

Reisezeit

Eine Nebensaison gibt es in Österreich praktisch nicht. Hier ist oft das ganze Jahr hindurch Saison. Die meisten Hotels teilen das Jahr in zwei Abschnitte ein: von Frühling bis Sommer (1. Mai – 30. Sep) und von Herbst bis Winter (1. Okt – 30. Apr). Die Höhepunkte der Wintersaison sind Weihnachten und die Zeit von Januar bis Anfang März. Nur kleine Hotels und Pensionen abseits von Wintersporteinrichtungen sind im Winter geschlossen. Skifahrer können die Alpen von Weihnachten bis Ostern genießen. Für Bergwanderer sind der Frühling, wenn die Berghänge mit Blumenteppichen bedeckt sind, oder der milde Herbst die besten Jahreszeiten.

Der Höhepunkt der Sommersaison liegt zwischen Juni und August. In diesem Zeitraum finden die meisten kulturellen Veranstaltungen und Festivals statt.

Information

Es gibt überall in Österreich Tourismusinformationen, die über Unterkünfte, Restaurants, Ausflüge und kulturelle Veranstaltungen informieren. Die Büros sind mit einem weißen »i« vor grünem Hintergrund gekennzeichnet. Jedes Bundesland hat auch eine eigene Tourismuszentrale *(siehe S. 291)*, die Reisenden mit vielfältigem Informationsmaterial zur Seite steht. Die meisten Informationsbüros bieten ihre Dienste unentgeltlich an und stellen aktuelle Broschüren, Landkarten, Flugblätter und vieles mehr kostenlos zur Verfügung.

Ihre Reise können Sie bestens im Voraus planen, wenn Sie sich an die **Österreich Werbung** wenden. Für preiswerte Unterkünfte und Infos zu Jugendherbergen und Popkonzerten – speziell für jüngere Reisende – ist die Website von **wienXtra-jugendinfo** nützlich.

Einreise

Nach dem Schengener Abkommen (Vereinbarung über kontrollfreien Grenzverkehr) muss man beim Grenzübertritt aus allen Nachbarländern Österreichs keinen Pass oder Ausweis mehr vorzeigen. Einen gültigen Personalausweis oder Reisepass müssen Sie dennoch mit sich führen. Auch mitreisende Kinder jeden Alters benötigen einen eigenen Ausweis oder Pass. Bürger aller Nachbarstaaten Österreichs und der EU-Mitgliedsstaaten benötigen kein Visum.

Wenn Sie ein Haustier mitnehmen wollen, benötigen Sie den EU-Heimtierausweis, der nur in Verbindung mit Tätowierung oder Chip gültig ist. Fragen Sie Ihren Tierarzt.

Autofahrern ist eine Grüne Versicherungskarte anzuraten – nähere Informationen dazu erhalten Sie von Ihrer Versicherung oder bei Automobilclubs.

Praktische Orientierungskarte in Zell am See

◀ **Skifahrer im Wintersportort Kühtai bei Innsbruck** ***(siehe S. 242–247)***

Zoll

Seit dem 1. Januar 1995 ist Österreich Mitglied der EU. Für Reisende aus Mitgliedsstaaten der EU und der Schweiz gibt es keine Beschränkungen bezüglich der Einfuhr vorher zollpflichtiger Waren, sofern diese für den persönlichen Gebrauch bestimmt sind.

Bei Reisen mit dem Flugzeug können Sie, sofern Sie nicht von einem Flug von außerhalb der EU umgestiegen sind, den Ausgang für EU-Reisende, den »Blaukanal«, benutzen.

Für Besucher aus Drittstaaten gelten folgende Einfuhrbeschränkungen: 200 Zigaretten oder 50 Zigarren, 1 Liter Spirituosen, 2 Liter Wein und andere Waren bis zu einem Gesamtwert von 300 Euro.

Aktuelle Informationen findet man im Internet unter www.bmf.gv.at und in der Zoll-Infobroschüre, die an der Grenze erhältlich ist.

Botschaften und Konsulate

Ausländische Botschaften befinden sich in Wien *(siehe S. 345)*. In größeren Städten gibt es Konsulate, die bei Problemen hilfreich zur Seite stehen.

Öffnungszeiten

Dieser Reiseführer gibt bei allen Sehenswürdigkeiten die Öffnungszeiten an. Die meisten öffnen um 9 oder 10 Uhr und schließen um etwa 17 Uhr. Freitags macht sich schon Wochenendstimmung breit, viele schließen eher. Die meisten Läden sind montags bis freitags von 8 bis 18 Uhr (manche auch bis 21 Uhr), samstags von 8 bis 13 Uhr (teils bis 18 Uhr) geöffnet. An Sonn- und Feiertagen haben nur Bäckereien, Tankstellen sowie Läden an Flughäfen oder Bahnhöfen geöffnet. Am ersten Samstag im Monat kann man vielerorts länger einkaufen.

Banken haben in vielen Orten von 8 bis 15 Uhr geöffnet (donnerstags bis 17.30 Uhr). Kleinere Filialen schließen um die Mittagszeit für ein bis zwei Stunden. Am Samstag sind alle Banken geschlossen. Man kann aber am Flughafen, in den größeren Bahnhöfen oder jederzeit an den Geldautomaten Geld abheben bzw. wechseln.

Museen und Monumente

Die Liste an Burgen, Schlössern und Ruinen umfasst rund 2000 Sehenswürdigkeiten, wobei die zahllosen Kirchen, Klöster und Abteien noch nicht mitgerechnet sind. Allein in Wien gibt es mehr als 60 Museen, in der Steiermark über 200. Nur 58 davon sind in Staatsbesitz, die übrigen gehören Verbänden, Kirchen, Firmen oder Privatpersonen.

Schild einer Pension in Lofer

Die Öffnungszeiten der Sehenswürdigkeiten variieren und hängen von der jeweiligen Saison ab. Im Allgemeinen haben Museen von 10 bis 17 oder auch 19 Uhr geöffnet. Einmal pro Woche haben sie länger, meist bis 21 Uhr, offen. Manche Museen haben einen Ruhetag, oft den Montag.

Schilder weisen Wanderern den Weg zu den Berghütten

Besuchergruppe vor einem historischen Gebäude in Innsbruck

Überprüfen Sie die Öffnungszeiten und Veranstaltungstermine vor Ort. Für Gruppen von mehr als zehn Personen kann man einen Besuch arrangieren und auch einen Rabatt aushandeln. Es ist üblich, nach einer Führung Trinkgeld zu geben.

Eintrittspreise

Die Eintrittspreise für Museen liegen zwischen drei und acht Euro, für historische Gebäude zwischen zehn und 15 Euro. Für Kinder unter sechs Jahren (in manchen Museen unter sieben Jahren) ist der Eintritt frei. Kinder von sechs bis 15 Jahren zahlen ebenso wie Senioren (über 60) die Hälfte, in einigen Museen ist der Eintritt für Jugendliche kostenlos. Es gibt auch Preisnachlässe für Studenten. Manche Museen bieten Familien-Tickets (zwei Erwachsene und bis zu drei Kinder) an. In einigen ist der Eintritt an einem Tag der Woche frei.

Eine Kinokarte kostet fünf bis zehn Euro, am Wochenbeginn weniger. Im Theater kosten die günstigsten Karten etwa zehn bis 15 Euro, die besten Plätze sind mitunter wesentlich teurer. Karten für Musicals bekommt man ab 30 Euro, Konzertkarten starten bei 15 Euro. Die Wien-Karte berechtigt zur Benutzung aller öffentlichen Verkehrsmittel für 72 Stunden und gewährt vergünstigten Eintritt in einige Museen.

Ausländische Zeitungen und Magazine an einem Kiosk

Behinderte Reisende

Österreich ist auf behinderte Besucher im Allgemeinen besser eingestellt als viele andere Länder, doch sind nach wie vor diverse Straßenbahnen und Busse für Rollstuhlfahrer unzugänglich. Erkundigen Sie sich an den Stationen und Bahnhöfen nach einem Lift, wenn Sie Ihren Fahrschein lösen, denn derartige Einrichtungen gibt es nicht überall.

Die Parkplätze für behinderte Autofahrer sind deutlich gekennzeichnet. Wenn Sie auf der Windschutzscheibe Ihres Autos das entsprechende Klebeetikett angebracht haben, können Sie dort gratis parken.

Alle öffentlichen Toiletten haben eigene größere Kabinen für Rollstuhlfahrer. Detaillierte Infos über Einrichtungen für Behinderte erhält man bei den örtlichen Tourismusbüros.

Die meisten Sehenswürdigkeiten verfügen über Rampen für Rollstuhlfahrer. Kontaktieren Sie die Museen allerdings besser im Voraus, damit man gegebenenfalls Hilfe organisieren kann.

Einige Fünf-Sterne-Hotels verfügen über spezielle Einrichtungen für behinderte Gäste wie Griffe an den Betten sowie in Badezimmer und Toilette. Manche haben sogar größere Badezimmer für Rollstuhlfahrer. Mittlerweile gibt es auch mehr Restaurants mit Rampen für Rollstühle.

Mit Kindern reisen

Viele Hotels bieten einen Gratis-Aufenthalt für Kleinkinder oder reduzierte Preise für Kinder unter zwölf Jahren an, die das Zimmer mit ihren Eltern teilen. Kinder bis zu 15 Jahren zahlen in öffentlichen Verkehrsmitteln die Hälfte. An Sonntagen, Feiertagen und während der Sommerferien ist die Fahrt frei. Kinder erhalten auch Rabatt beim Besuch von Museen und historischen Sehenswürdigkeiten. Viele Restaurants bieten mittlerweile auch extra Speisekarten für Kinder an.

Studenten

Studenten mit nationalem oder internationalem Studentenausweis (ISIC) erhalten Vergünstigungen bei Bahnfahrten und in öffentlichen Verkehrsmitteln sowie ermäßigten Eintritt zu Museen, Kinos und Sportveranstaltungen. Auch in Jugendherbergen gibt es Rabatt.

Informationen über Unterkünfte in Jugendherbergen und Studentenwohnheimen erhält man in Tourismusbüros sowie bei **wienXtra-jugendinfo** *(siehe Kasten)* und beim Österreichischen Jugendherbergsverband (www.oejhv.at).

Religion

Österreich ist in erster Linie ein katholisches Land, wovon die große Anzahl katholischer Kirchen überall im Land zeugt. Nur etwa fünf Prozent der Bevölkerung gehören der protestantischen Glaubensgemeinschaft an.

Darüber hinaus gibt es Immigranten mit den verschiedensten Religionsbekenntnissen. Die größte dieser Gruppen sind die Muslime. In Wien gibt es eine aktive jüdische Gemeinde sowie mehrere Synagogen und Bethäuser.

Sprache

Die Dialekte in den verschiedenen österreichischen Bundesländern und Regionen könnten unterschiedlicher nicht sein. Selbst Österreicher haben häufig Schwierigkeiten, den einen oder anderen Dialektausdruck zu verstehen.

Wienerisch ist ursprünglich ein ostmittelbairischer Dialekt, der erst durch seine Vermischung mit vielen anderen Sprachen, durch die Integration von Wörtern und Redewendungen der Zugewanderten *(Zuagrastn)* zur vollen Entfaltung gelangte. Die singende Sprachmelodie und die eher wenig differenzierte Aussprache von harten und weichen Konsonanten unterscheiden das Wienerische von anderen österreichischen Dialekten.

Zu den zahlenmäßig stärksten Minderheiten gehören u. a. Tschechen, Kroaten, Ungarn und Slowenen.

Informationsschild an einem Gebäude in Innsbruck

Etikette

Ruhe und Frieden sind Werte, die bei den Österreichern, vor allem jenen, die auf dem Land leben, hoch angesehen sind. Die Menschen sind im Allgemeinen freundlich und unkompliziert und vor allem in den Bergregionen sehr traditionsbewusst und naturverbunden. Vor allem die ältere Generation legt großen Wert auf Höflichkeit und Etikette und erwartet diese auch von Besuchern. Wenn man beispielsweise nach dem Weg fragt, bekommt man in der Regel freundliche Auskunft. Allgemein unterscheiden sich die

Umgangsformen in Österreich in einigen Details von denjenigen in Deutschland und in der Schweiz. Diese nationalen Besonderheiten sollten im Umgang beachtet und respektiert werden. Grundsätzlich wird die »Unterschlagung« von Titeln nicht geschätzt. Insgesamt verhält man sich etwas formeller, was auch für die Kleiderordnung, etwa bei kulturellen Veranstaltungen, gilt. So ist es in bestimmten Kreisen Wiens nach wie vor üblich, Damen mit einem Handkuss zu begrüßen und Personen mit dem vollen Titel anzureden.

Touristeninformation für Studenten und junge Reisende

Medien

Die beliebtesten österreichischen Tageszeitungen sind der *Kurier* und die *Kronen Zeitung*, die beide ein detailliertes Fernseh-, Rundfunk-, Kino- und Theaterprogramm bieten und über Konzerte, Lesungen, Flohmärkte sowie Ausflüge informieren. *Die Presse* und *Der Standard* sind für ihre seriösen politischen und kulturpolitischen Kommentare bekannt. Die populärsten Wochenmagazine sind *News* und *Profil*. Die eher linksliberale Wiener Wochenzeitung *Falter* erscheint auch in der Steiermark.

Ausländische Zeitungen und Zeitschriften sind in größeren Städten erhältlich. In Wien bekommt man ausländische Zeitungen in Hauptbahnhöfen, an Zeitungskiosken in der Innenstadt oder in der Buchhandlung Morawa (Wollzeile 11).

Österreich hat mehrere öffentlich-rechtliche Radiosender. Ö1 spielt vor allem klassische Musik und bringt mehrmals am Tag Nachrichten. Ö3 bietet leichtere Musik, vor allem aktuelle Schlager sowie Rock und Jazz, darüber hinaus informiert der Sender regelmäßig über die Verkehrssituation auf Österreichs Straßen, an den Grenzen und in den großen Städten. FM4 ist der Jugendradiosender des ORF.

Die Fernsehsender ORF1 und ORF2 senden über die Landesgrenzen hinaus. Umgekehrt können deutsche wie Schweizer Fernsehstationen fast landesweit empfangen werden. Große Privatsender sind fast überall zu sehen.

Elektrizität

Wie in ganz Europa beträgt auch in Österreich die Stromspannung 230 Volt, 50 Hertz Wechselstrom. Flache Zweipin-Stecker passen immer.

Zeit

In Österreich gilt Mitteleuropäische Zeit (MEZ) mit Sommer- und Winterzeit.

Auf einen Blick

Botschaften und Konsulte

Deutsche Botschaft in Österreich
Gauermanngasse 2–4, 1010 Wien.
☎ (01) 71 15 40.
W **wien.diplo.de**

Österreichische Botschaft in Deutschland
Stauffenbergstraße 1, 10785 Berlin.
☎ (030) 20 28 70.
W **bmeia.gv.at/botschaft/berlin**

Österreichische Botschaft in der Schweiz
Kirchenfeldstrasse 77/79, 3005 Bern.
☎ (031) 356 52 52.
W **bmeia.gv.at/botschaft/bern**

Schweizer Botschaft in Österreich
Kärtner Ring 12, 1010 Wien.
☎ (01) 79 505.
W **eda.admin.ch/wien**

Deutsche Konsulate in Österreich
Schulgasse 7, 6850 Dornbirn.
☎ (05572) 20 71 87.

Andritzer Reichsstraße 66, 8045 Graz.
☎ (0316) 69 49 70.

Maria-Theresien-Straße 23, 6020 Innsbruck.
☎ (0512) 57 01 990.

Untere Donaulände 28, 4020 Linz.
☎ (0732) 79 77 01.

Dreifaltigkeitsgasse 11, 5020 Salzburg.
☎ (0662) 88 02 01 121.

Information

WienTourismus Tourist-Info Wien
Albertinaplatz, Ecke Maysedergasse.
☎ (01) 24 555.
◯ tägl. 9–19 Uhr.

Tourist-Info Flughafen Wien
Ankunftshalle
◯ tägl. 6–23 Uhr.
W **wien.info**

wienXtra-jugendinfo
Babenbergerstraße 1, Ecke Burgring, 1010 Wien.
☎ (01) 40 00 84 100.
W **jugendinfowien.at**

Österreich Werbung
Margaretenstraße 1, 1040 Wien.
☎ 0810 10 18 18 (zum Ortstarif in Österreich).
Telefonische Auskunft Mo–Fr 9–17 Uhr:
☎ 00800 40 02 00 00 (gebührenfrei aus Deutschland).
☎ 0842 10 18 18 (zum Ortstarif aus der Schweiz).
W **austria.info**

Sicherheit und Gesundheit

Österreich ist eines der sichersten Länder Europas. Besucher werden kaum mit Kriminalität konfrontiert. Man sollte lediglich wegen Taschendieben vorsichtig sein. Polizei und Notdienste sind gegebenenfalls rasch zur Stelle. Bei leichten Gesundheitsbeschwerden empfiehlt es sich, erst einmal eine Apotheke aufzusuchen. Österreich ist ein ruhiges Land, in dem man unbehelligt ein Glas Wein trinken, die Sehenswürdigkeiten besichtigen und die Schönheit der Landschaft bewundern kann.

SOS-Zeichen in der U-Bahn

Auf einen Blick

Notrufnummern

Europäische Notrufnummer
112 (kostenlos).

Rettung (Notarzt)
112 oder 144.
50 50 (Graz).
69 200 (Linz).

Ärztlicher Bereitschaftsdienst
141 (abends, nachts, an Wochenenden und Feiertagen).

Feuerwehr
112 oder 122.

Hubschrauber-Notruf
40 14 40.

Polizei
112 oder 133.

Pannenhilfe
120.

Polizei

Die Gendarmerie war früher auf dem Land zuständig. Sie wurde 2005 mit Bundessicherheitswachkorps und Kriminalbeamten zur Bundespolizei zusammengelegt. Alle Polizisten tragen eine einheitliche blaue Uniform. Auf jeder Polizeiwache gibt es ein Fundbüro.

Persönliche Sicherheit

Es gibt in Österreich nur wenige Plätze, die nachts gefährlich sein können. Vorsicht ist allerdings immer angebracht. Meiden Sie Bahnhöfe bei Nacht, und achten Sie in Menschenmengen und auf (Jahr-)Märkten auf Ihre Handtasche. Gelegenheit macht Diebe: Lassen Sie Wertsachen nie sichtbar im Auto herumliegen. Bewahren Sie Geld und Dokumente an einem sicheren Ort auf. Frauen sollten ihre Handtasche in Cafés und Restaurants nicht auf den Boden stellen.

Im Fall eines Diebstahls sollten Sie diesen unverzüglich bei der Polizei melden (das Formular brauchen Sie für die Versicherung). Den Diebstahl von Kreditkarten sollten Sie ebenfalls sofort anzeigen *(Verlust von Kreditkarten siehe S. 348)*. Wenn Ihr Pass verloren geht, helfen Ihnen Botschaft oder Konsulat Ihres Landes weiter.

Fundbüros

Gehen Sie zunächst zur nächsten Polizeiwache. Wenn diese Ihr Eigentum nicht innerhalb von sieben Tagen ausfindig macht, sollten Sie es beim Fundbüro versuchen.

Wer etwas im Zug oder in der Schnellbahn verloren hat, kann in Wien am Westbahnhof nachforschen.

Medizinische Versorgung

Gesetzlich versicherte EU-Bürger haben Anspruch auf kostenlose Behandlung. Hierzu brauchen sie die Europäische Krankenversicherungskarte (EHIC) ihrer Versicherung. Darüber hinaus empfiehlt sich vor allem bei einem längeren Aufenthalt der Abschluss einer Auslandsreise-Krankenversicherung. Diese sollte im Notfall auch den Rücktransport abdecken. Privat Versicherte bekommen in der Regel ärztliche Behandlungen in Österreich ersetzt. Bei Notfällen sollten Sie einen Krankenwagen oder den ärztlichen Notdienst rufen.

In Wien gibt es Privatkliniken und das **Allgemeine Krankenhaus** (AKH) Wien im 9. Bezirk. Es ist das größte Krankenhaus Europas. Wer nicht krankenversichert ist und kein Geld hat, wird im **Krankenhaus der Barmherzigen Brüder**, das auch einen zahnärztlichen Notdienst betreibt, kostenlos betreut.

Polizei-Motorrad

Polizist

Feuerwehrauto

Polizeiauto

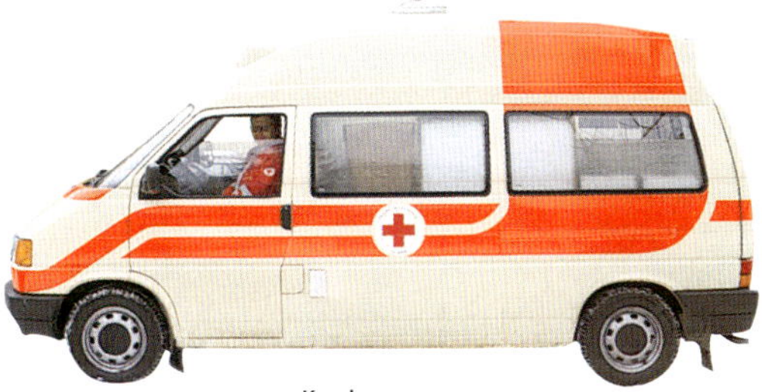

Krankenwagen

In Österreich gilt die sogenannte Widerspruchsregelung. Sie besagt: Wer in Österreich verstirbt, kann einer Organentnahme nur dann entgehen, wenn er Widerspruch im »Widerspruchsregister« eingelegt hat. Entsprechende Formulare finden Sie im Internet (www.oebig.at).

Gefahren im Freien

Zeckenbisse stellen in Österreich, vor allem in bestimmten ländlichen Gegenden, eine mögliche Gefahr dar. Viele Österreicher sind gegen Gehirnhautentzündung geimpft. Wenn Sie sich viel im Freien aufhalten wollen, sollten Sie eine Impfung erwägen, auch wenn sie nicht vorgeschrieben ist. Infizierte Zecken können eine Frühsommer-Meningitis auslösen, das Risiko ist gleichwohl gering. Wenn Sie von einer Zecke gebissen wurden, suchen Sie einen Arzt auf.

Apotheken

Bei kleineren Beschwerden geht man am besten in eine der vielen Apotheken. Man erkennt sie an einem großen roten »A«. Für Apotheken gelten die auch für Läden üblichen Öffnungszeiten. Nachts und am Sonntag weisen Schilder an den Türen darauf hin, wo die nächste geöffnete Apotheke zu finden ist. Darüber hinaus können Sie eine spezielle **Notrufnummer** konsultieren, um die Notdienst-Apotheken abzufragen.

Reformhäuser sind auf Kräutermedizin und andere Naturarzneimittel spezialisiert.

Polizistin

Feuerwehrmann

Auf einen Blick

Krankenhäuser

Allgemeines Krankenhaus
Währinger Gürtel 18–20, 1090 Wien.
☎ (01) 40 40 00.

Krankenhaus der Barmherzigen Brüder
Große Mohrengasse 9, 1020 Wien. ☎ (01) 21 12 10.

Nützliche Nummern

Zahnärztlicher Notdienst
Wien.
☎ (01) 51 22 078 (nachts, am Wochenende und an Feiertagen).

Internationale Apotheke
Kärntner Ring 17, 1010 Wien.
☎ (01) 51 22 825.

Apotheken-Notdienst
Wien. ☎ (01) 15 50.

Zentrales Fundbüro
Am Modenapark 1–2, 1030 Wien.
☎ (01) 4000-8091.

Fassade einer typischen Apotheke in Wien

Banken und Währung

In Österreich gibt es zahllose Geldautomaten. Fast alle Hotels und Restaurants sowie viele Läden akzeptieren Kredit- oder Debitkarten (wie die girocard, früher EC-Karte). Bei kleineren Beträgen wird natürlich bar bezahlt. Man kann beliebig viel ausländisches Geld einführen. Die größten Banken – darunter die Bank Austria Creditanstalt, die BAWAG und die Raiffeisenbank – haben in den meisten Bundesländern Filialen.

Banken

In Zeitalter der Eurozone ist Geldwechsel für die meisten Reisenden überhaupt kein Thema mehr. Falls Sie aber doch Geld wechseln müssen, tun Sie dies am besten in einer Bank. Banken bieten gegenüber Wechselstuben, Reisebüros oder Hotels den besseren Kurs und verlangen eine geringere Kommission. Wechselstuben schlagen vier Prozent auf den Betrag auf. Eine größere Summe auf einmal zu wechseln ist günstiger, da man weniger Kommission bezahlt.

Die meisten Banken haben montags bis freitags von 8 bis 12.30 Uhr und von 13.30 bis 15 Uhr geöffnet, donnerstags bis 17.30 Uhr. Einige Filialen schließen mittags nicht. Auch manche Banken in den Hauptstädten der Bundesländer sowie in Ferienzentren, Flughäfen oder Bahnhöfen haben längere Öffnungszeiten.

Große österreichische Banken sind die Österreichische Nationalbank, Bank Austria, BAWAG und Raiffeisenbank.

Geldautomat – Logos der akzeptierten Karten sind abgebildet

Kredit- und Debitkarten

In oder vor vielen Bankfilialen sind Geldautomaten angebracht, an denen Sie mit Kredit- oder Debitkarten mit PIN Geld abheben können. Welche Karten akzeptiert werden, sehen Sie an den Logos, meist **MasterCard**, **Visa**, **American Express**, **Diners Club** und auch Debitkarten wie die **girocard**. Die girocard gibt mit es mit Maestro- oder VPay-Logo. Beide funktionieren in Österreich gleichermaßen.

In den meisten Hotels, Restaurants und Läden kann man mit Kredit- oder Debitkarte bezahlen, wenngleich in manchen nur die gängigen Karten akzeptiert werden. Es empfiehlt sich, immer Bargeld dabeizuhaben. In einigen Lokalen kann man erst ab einem bestimmten Betrag mit Kreditkarte bezahlen.

Bei Verlust einer Karte sollten Sie sie sofort sperren lassen, damit Sie Ihre Haftung bei Missbrauch beschränken. Dazu finden Sie hier im Kasten alle Notrufnummern.

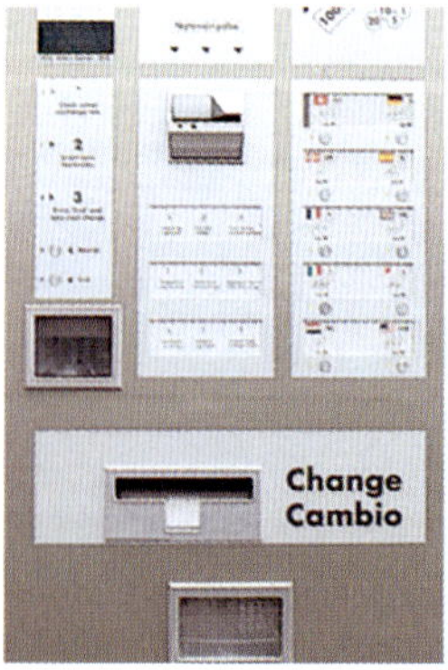

Wechselautomat, der ausländische Banknoten in Euro eintauscht

Reiseschecks

Reiseschecks werden zwar von Banken akzeptiert, sind aber ansonsten aus der Mode gekommen.

Auf einen Blick

Geldautomaten (Auswahl)

Wien

Kärntner Straße 32.

Kärntner Straße 51.

Michaelerplatz 3.

Operngasse 8.

Tegetthoffstraße 7.

Schottenring 1.

Stephansplatz 2.

Feldkirch

Leonhardsplatz 4.

Krems

Obere Landstraße 19.

Kufstein

Georg-Pirmoser-Straße 2.

Unterer Stadtplatz.

Salzburg

Getreidegasse 1.

Schönberg

Europabrücke.

St. Wolfgang

Aberseestraße 8.

Velden

Am Korso.

Kartenverlust

Allgemeine Notrufnummer

(0049) 116 116.

116116.eu

American Express

(0049) 69 97 97 20 00.

Diners Club

(01) 50 13 514.

MasterCard

0800 218 235.

Visa

0800 200 288 oder

0800 892 8134.

girocard

(0049) 69 740 987.

Währung

Der Euro (€), die europäische Gemeinschaftswährung, gilt mittlerweile in 19 EU-Staaten: Belgien, Deutschland, Estland, Finnland, Frankreich, Griechenland, Irland, Italien, Lettland, Litauen, Luxemburg, Malta, Niederlande, Österreich, Portugal, Slowakei, Slowenien, Spanien und in der Republik Zypern.

Alte Schillinge sind ungültig. Scheine (nicht Münzen) können bei der Nationalbank unbefristet umgetauscht werden (www.oenb.at).

Alle Euro-Banknoten sind einheitlich gestaltet, bei den Münzen prägt jedes Land unterschiedliche Rückseiten. Seit 2004 kann jeder Euro-Staat einmal jährlich eine Zwei-Euro-Gedenkmünze bedeutender Ereignisse herausgeben.

Euro-Banknoten

Euro-Banknoten gibt es in sieben Werten (5, 10, 20, 50, 100, 200 und 500 €). Die unterschiedlich großen Scheine wurden vom Österreicher Robert Kalina entworfen und zeigen Architekturelemente und Baustile verschiedener Epochen, eine Europakarte und die EU-Flagge mit den zwölf Sternen.

Alter 5-Euro-Schein (Baustil: Klassik)

Alter 10-Euro-Schein (Baustil: Romanik)

20-Euro-Schein (Baustil: Gotik)

50-Euro-Schein (Baustil: Renaissance)

100-Euro-Schein (Baustil: Barock & Rokoko)

200-Euro-Schein (Eisen- und Glasarchitektur)

500-Euro-Schein (Moderne Architektur des 20. Jh.)

2-Euro-Münze

1-Euro-Münze

50-Cent-Münze

20-Cent-Münze

10-Cent-Münze

Euro-Münzen

Euro-Münzen gibt es in acht Werten (2 €, 1 € sowie 50, 20, 10, 5, 2 und 1 Cent). Die einheitlichen Vorderseiten entwarf der Belgier Luc Luycx, die Rückseiten sind in jedem Land anders gestaltet. Auch San Marino, der Vatikanstaat und Monaco prägen eigene Münzen.

5-Cent-Münze

2-Cent-Münze

1-Cent-Münze

Telefon

Das österreichische Telefonnetz wurde modernisiert. Die Telekom Austria hat ihre Monopolstellung verloren. Es gibt jetzt auch andere Anbieter und verschiedene Zeittarife für inländische und internationale Telefonate. Der Festnetzmarkt schrumpft. Mobilfunkanbieter führen einen harten Kampf um Kunden. Günstige Gespräche ins Ausland führt man in einem Postamt oder mit einem günstigen Mobilfunkanbieter.

Münztelefon

Notruftelefon

Kartentelefon

Öffentliche Telefone

Bei der Benutzung der öffentlichen Telefone in Postfilialen benötigt man kein Kleingeld, sondern zahlt die Gebühr für sein Gespräch am Schalter. Mit den in Österreich als Telefonwertkarten bezeichneten Karten kann man die meisten öffentlichen Telefone benutzen. Karten mit unterschiedlichen Guthaben bekommt man in Postfilialen und Tabakläden (Trafiken).

Münztelefone verschwinden allmählich in Österreich. Für die Benutzung dieser Telefone benötigt man Kleingeld, die Annahme reicht von 10-Cent- bis zu 2-Euro-Münzen. In den Telefonzellen liegen Telefonbücher bereit, die allerdings oft zerrissen sind. Diejenigen in den Postfilialen sind meist in besserem Zustand. Sie können sich auf der Suche nach einer Nummer aber auch an die Auskunft wenden.

Mobiltelefone

Das Mobiltelefonnetz ist in Österreich (inklusive UMTS) praktisch flächendeckend, auch in den Bergen. Alle gängigen GSM-Handys funktionieren problemlos.

Die Roaming-Verordnung der EU gibt verbindliche Obergrenzen der Kosten vor: Der Minutenpreis für ein abgehendes Telefonat beträgt seit Juli 2014 maximal 0,19 Euro, für ein ankommendes Gespräch 0,05 Euro. Eine SMS kostet bis 0,06 Euro, Datenübertragung pro MB 0,20 Euro. Hinzu kommt jeweils die Mehrwertsteuer. Eventuell werden Roaming-Gebühren im Juli 2015 ganz abgeschafft.

Günstige Mobilfunkanbieter in Österreich sind A1 Telekom, yesss! und tele.ring.

Kartentelefon

1 Hörer abnehmen und auf das Freizeichen warten.

2 Stecken Sie die Karte (Kreditkarte oder Telefonkarte) in Pfeilrichtung in den Schlitz.

3 Warten Sie, bis das Guthaben angezeigt wird.

4 Wählen Sie die gewünschte Telefonnummer.

5 Hängen Sie nach Beendigung des Gesprächs den Hörer auf, und nehmen Sie die Karte aus dem Schlitz.

Münztelefon

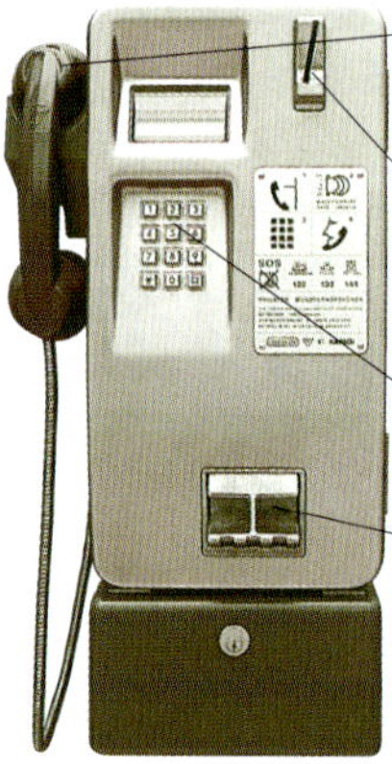

1 Hörer abnehmen und auf das Freizeichen warten.

2 Werfen Sie Münzen ein (mindestens zehn Cent), und warten Sie auf das Freizeichen.

3 Wählen Sie die gewünschte Telefonnummer.

4 Hängen Sie nach Beendigung des Gesprächs den Hörer auf, und nehmen Sie die unverbrauchten Münzen zurück.

Nützliche Nummern

- Auslandsvorwahl nach Österreich: 0043.
- Auskunft für Österreich, Deutschland und weitere EU-Länder: 118877.
- Internationale Auslandsauskunft: 0900 118877 (Anfragen: 1,35 Euro/Minute).
- Bahnauskunft: 05 17 17.
- Straßenbericht: 15 84.
- Deutschland Direkt: 0800 200 206.
- Auslandsvorwahl für Deutschland: 0049.
- Auslandsvorwahl für die Schweiz: 0041.
- Von Österreich nach Deutschland bzw. in die Schweiz wählen Sie 0049 bzw. 0041, dann die Ortsvorwahl (erste 0 weglassen), dann die Teilnehmernummer.
- Notrufnummern zur Sperrung von Handykarten (jeweils nach der Landesvorwahl): *Vodafone* 172 1212; *T-Mobile* 1803 302 202; *E-Plus* 177 1000; O_2 179 55 222.

Post und Internet

In Postämtern können Sie Briefmarken und Telefonwertkarten kaufen, Briefe aufgeben, Einschreiben, Pakete und Päckchen verschicken, telefonieren, Geld überweisen und Faxe versenden oder empfangen. Sollten Sie postlagernde Sendungen abholen, vergessen Sie Ihren Ausweis nicht. In Postämtern kann man auch Reiseschecks einlösen. Die Hauptpostämter wechseln in der Regel auch ausländische Währung.

Schild eines Postamts

Öffnungszeiten

Die Öffnungszeiten der Postämter variieren. In Wien haben die Hauptpostämter montags bis freitags von 8 bis 18 Uhr und samstags von 8 bis 10 Uhr geöffnet. Kleinere Postämter sind an Wochentagen von 8 bis 12 Uhr und von 14 bis 18 Uhr offen.

In den anderen Bundesländern sind die Öffnungszeiten unterschiedlich. In kleineren Orten haben die Postämter oft nur am Vormittag geöffnet.

Briefe

Briefmarken bekommt man in den Postämtern am Schalter oder am Automaten. Ein Standardbrief (bis 20 g) oder eine Postkarte kostet innerhalb Europas 70 Cent. Weitere Infos zu Tarifen finden Sie im Internet (www.post.at). Briefkästen sind leuchtend gelb und nicht zu übersehen. Jene mit einem roten Streifen werden nicht nur an den Wochentagen, sondern auch an Wochenenden und Feiertagen geleert.

Briefkasten, Österreichische Post

Wenn man ein Paket, ein Einschreiben oder eine Express-Sendung verschicken will, muss man ein Formular ausfüllen. In vielen Postämtern werden auch Kartons zum Verpacken der Sendungen, Briefkuverts, Papier und andere Schreibmaterialien verkauft.

Hauptpostämter

Die Hauptpostämter in größeren Städten und in den Hauptbahnhöfen haben abends länger und auch am Wochenende geöffnet. Allerdings ist der Postservice außerhalb der üblichen Öffnungszeiten auf bestimmte Dienstleistungen beschränkt.

Die folgenden Postämter sind die ganze Woche hindurch offen. Wien: Fleischmarkt 19, Westbahnhof, Franz-Josefs-Bahnhof und Postamt des Flughafens Schwechat. Innsbruck: die Hauptpostämter in der Maximilianstraße 2 und am Hauptbahnhof. Salzburg: das Postamt am Hauptbahnhof, Südtiroler Platz 17 (sieben Tage die Woche von 6 bis 23 Uhr).

Internet und E-Mail

Mittlerweile bieten sehr viele Hotels WLAN im Haus an, die Benutzung ist für Gäste meist kostenlos. Auch in kleinen Etablissements gibt es zumindest einen Internet-Zugang in der Lobby.

Eine Übersicht über Hotspots, an denen Sie kabellos online gehen können, finden Sie auf www.freewave.at. Zu diesen Standorten gehören neben Hotels auch viele Restaurants und Cafés.

Darüber hinaus gibt es in vielen Städten eine ganze Reihe von Internet-Cafés. Eine weitere Möglichkeit ist die Benutzung der Computer einiger öffentlicher Einrichtungen, darunter etwa die in Bibliotheken. Hierfür fallen sehr oft keine Gebühren an.

Wiener Bezirke

Wien ist in 23 Bezirke aufgeteilt, deren Nummern Teil der Postleitzahl sind. Die Postleitzahl für den 23. Bezirk etwa lautet 1230. Der umrahmte Bereich auf nebenstehender Karte zeigt die Viertel, die Sie auch im Stadtplan (siehe S. 120–127*) finden.*

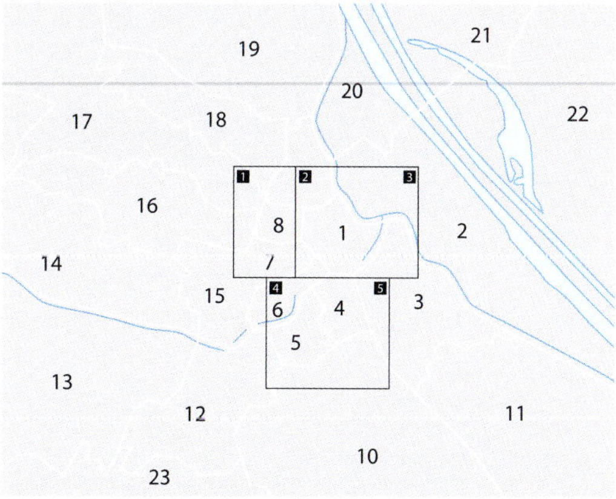

Reiseinformationen

Als beliebtes Urlaubsland ist Österreich mit dem Flugzeug, per Bahn, Bus, Auto – und auch per Schiff – gut zu erreichen. Die großen Städte Österreichs (Wien, Linz, Graz, Innsbruck, Salzburg und Klagenfurt) haben internationale Flughäfen, die aus vielen europäischen Städten direkt angeflogen werden. Wien ist eine Drehscheibe zwischen West und Ost. Über 22 Millionen Passagiere werden jährlich am Flughafen Wien abgefertigt. Die Bahn- und Busverbindungen in und nach Österreich sind ausgezeichnet. Verglichen mit den Preisen in Deutschland ist das Zugfahren günstiger. Die Autobahnverbindungen sind sehr gut, die Tunnelstrecken exzellent. Die Straßen sind gut beschildert und in sehr gutem Zustand. Achtung: In Österreich besteht Mautpflicht.

Check-in-Bereich im Flughafen Wien-Schwechat

Anreise mit dem Flugzeug

Von allen größeren Städten in Deutschland und der Schweiz werden jeden Tag Direktflüge nach Österreich angeboten. Für Linienflüge hat man die Wahl zwischen **Austrian**, **Lufthansa** und **Swiss**. Internationaler Zielflughafen ist vor allem Wien-Schwechat. Außerhalb der Destination Wien bietet Austrian folgende Direktflüge: nach Graz von München, Stuttgart und Düsseldorf, nach Innsbruck von Frankfurt am Main, nach Linz von Frankfurt am Main und Düsseldorf.

Dank der zentralen Lage ist der Flughafen Wien-Schwechat ein wichtiger europäischer Transitflughafen. Alle großen Linien haben hier Büros. Der Flughafen liegt 16 Kilometer südöstlich der Innenstadt und ist mit Bus, Schnellbahn oder Taxi leicht zu erreichen. Er ist ein moderner, übersichtlicher Flughafen, auf dem man sich rasch zurechtfindet.

Es gibt vier Check-in-Bereiche (früher Terminals genannt), Autovermietungen, Gastronomie, Shopping-Bereiche und Banken. Der Flughafen-Supermarkt wird aufgrund seiner langen Öffnungszeiten (tägl. 5.00 – 22 Uhr) auch gern von Wienern frequentiert.

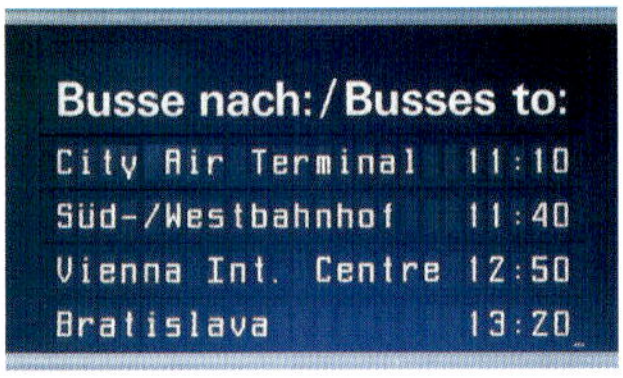

Informationstafel für den Bustransfer

Inlandsflüge

Flüge innerhalb von Österreich werden nur von Austrian angeboten. Es gibt täglich Flüge von Wien nach Graz, Klagenfurt, Innsbruck, Salzburg und Linz. Inlandsflüge sind allerdings recht teuer und nicht immer die schnellste Verbindung, da die Fahrt zum Flughafen, das Einchecken und Warten auf das Gepäck etc. bei kurzen Strecken verhältnismäßig viel Zeit in Anspruch nehmen kann.

Flugpreise

Wer eine Flugreise nach Wien plant, sollte die Preise vergleichen. Vor dem Hintergrund eines harten Konkurrenzkampfes zwischen den Airlines findet man von Zeit zu Zeit geradezu sensationell günstige Flüge. Allerdings müssen Sie bei derartigen Sonderangeboten in der Regel mehrere Wochen im Voraus buchen. Außerdem sind Sie an feste Hin- und Rückflugzeiten gebunden und können den Flug nur mit Verlust stornieren. Berücksichtigen Sie darüber hinaus, dass die angegebenen Flugpreise häufig noch keine Steuern und Flughafengebühren enthalten. Auch für Reisegepäck und Verpflegung an Bord ist eventuell eine Extragebühr zu entrichten.

Eine preisgünstige Alternative kann eine Pauschalreise sein, die neben dem Transport auch die Unterkunft in Wien umfasst. Achten Sie bei diesen Angeboten aber auf die Lage des Hotels.

Wer häufig mit Austrian fliegt und Kunde eines Programms wie Miles & More wird, genießt einige Vergünstigungen, etwa Priorität bei Stand-by-Listen und Upgrades auf die Business Class.

Flughafen-Transfer

Ins Zentrum von Wien kommt man am einfachsten per Taxi oder **CAT (City Airport Train)**.

Das moderne Gebäude des Flughafens Wien-Schwechat

Wenn Sie im Terminal ankommen, sehen Sie die Hinweisschilder zum Taxistand. Taxis brauchen etwa 20 Minuten ins Zentrum, die Fahrt kostet um die 35 Euro.

Mit dem im Untergeschoss des Airports abfahrenden CAT gibt es eine schnelle Direktverbindung zwischen Flughafen und dem Bahnhof Wien Mitte (City Air Terminal). Züge fahren ab Flughafen täglich von 6.05 Uhr bis 23.35 Uhr (ab Bahnhof Wien Mitte von 5.36 Uhr bis 23.06 Uhr) im 30-Minuten-Takt, die Fahrt dauert 16 Minuten. Eine einfache Fahrt kostet zwölf Euro. Das CAT-Ticket können Sie auch online und via Handy kaufen. Kinder unter 15 Jahren und Rollstuhlfahrer werden kostenlos befördert.

Die S-Bahn, die ebenfalls im Untergeschoss des Flughafens nach Wien Mitte abfährt, ist die preiswerteste Möglichkeit, in die Stadt zu gelangen. Die im 30 Minuten Takt fahrenden Züge legen die Strecke – mit einem Stopp an der Station Praterstern – in rund 25 Minuten zurück, der Fahrpreis beträgt 4,20 Euro. Busse (Vienna Airport Lines) fahren im gleichen Zeittakt von 6 Uhr bis Mitternacht zum Schwedenplatz, nach Meidling und zum Westbahnhof. Die einfache Fahrt kostet 8 Euro.

Logo von Austrian

Der Salzburger Flughafen, Innsbrucker Bundesstraße 95, liegt zentrumsnah, vier Kilometer westlich des Stadtkerns. Er ist per Bus oder Taxi zu erreichen.

Auch der Innsbrucker Flughafen liegt in Zentrumsnähe (4 km). Die Fahrt mit Taxi oder Bus »F« dauert zehn bis 15 Minuten.

Die Busse vom Flughafen Klagenfurt ins Stadtzentrum fahren alle 30 Minuten und brauchen etwa 15 Minuten.

Der Flughafen Linz ist der zweitgrößte Flughafen Österreichs. Er liegt westlich der Stadt und ist gut mit Bus, Taxi und Shuttlebus vom Bahnhof Hörsching in wenigen Minuten erreichbar.

Einkaufszentrum am Flughafen Wien-Schwechat

Auf einen Blick

Flughäfen

Flughafen Wien-Schwechat – Vienna International Airport (VIE)
(01) 700 722 233.
viennaairport.com

Flughafen Linz (LNZ)
flughafen-linz.at

Flughafen Innsbruck (INN)
innsbruck-airport.com

Fluglinien

Austrian
Marxergasse/Invalidenstraße, 1030 Wien
In A: 05 17 66 1000.
Flughafen: 05 1766 1000.
In D: 069 50 600 598.
In CH: 044 28 68 088.
austrian.com

Lufthansa
Mariahilfer Straße 123, Wien.
Flughafen: 0810 10 25 80 80.
In D: 069 86 799 799.
lufthansa.com

Swiss
Marc-Aurel-Straße 4, Wien.
Flughafen: 0810 810 840.
In CH: 0848 700 700.
In D: 069 86 79 80 00.
swiss.com

Flughafen-Transfer

CAT (City Airport Train)
cityairporttrain.com

Mit dem Zug unterwegs

Österreich liegt im Herzen Europas. Wien ist ein zentraler Bahnknotenpunkt zwischen West- und Osteuropa. Daher hat das Land exzellente Zugverbindungen in alle großen Städte Europas und ein gutes Schienennetz im Land selbst. Die Züge sind bequem, sauber und sicher und verkehren regelmäßig. Pünktlichkeit ist einer der großen Vorteile – das Sprichwort, demzufolge man seine Uhr nach den österreichischen Zügen stellen kann, hat durchaus Berechtigung. Die größte Gesellschaft sind die Österreichischen Bundesbahnen (ÖBB). Daneben gibt es noch private Linien. Einige touristische Bahnen und Nostalgiezüge verkehren nur im Sommer.

Züge

Die Österreichischen Bundesbahnen (ÖBB) bieten einen hervorragenden Service. Der Hochgeschwindigkeitszug Railjet (RJ) fährt zwischen Budapest, Wien und München. Deutsche ICE-Züge verkehren zwischen Wien und Frankfurt am Main bzw. Dortmund sowie zwischen Innsbruck und Hamburg bzw. Berlin. Der ÖBB-IC verbindet Wien mit Salzburg, Villach und Schwarzach. EuroCity-Züge (EC) fahren internationale Strecken, ebenso die Nachtzüge EuroNight (EN) mit Schlaf- und Liegewagen.

Jeder Platz im Railjet und InterCityExpress ist mit Radio und Kopfhörern ausgestattet. Die Abteile erster Klasse haben Videoplayer und Anschlüsse für Laptops.

Binnenstrecken werden auch von den D-Zügen (D) befahren. Auf Lokalstrecken fahren moderne City Shuttles mit Doppelstockwaggons. Autofahrer können zwischen Mallnitz in Kärnten und dem Gasteinertal den Autozug benutzen.

Platzreservierung

In Österreich muss man – selbst in Expresszügen oder auf internationalen Routen – keine Plätze reservieren. Die Reservierung bleibt jedem selbst überlassen, auch wenn die Züge oft überfüllt sind.

Logo der ÖBB

Reservierungen kann man an den Kartenschaltern in Bahnhöfen, im Reiseservicecenter der ÖBB oder online (unter www.oebb.at) tätigen. Die reservierten Plätze sind an der Tür des Abteils oder über den Plätzen gekennzeichnet. Achten Sie auf Ihre Abteilnummer. Platzreservierungen sind im Fahrpreis der ersten Klasse inbegriffen.

Eisenbahnstrecke durch Zell am See, Salzburger Land

Der Franz-Josefs-Bahnhof in Wien für Züge aus dem Norden

Bahnhöfe

In den Bahnhöfen der ÖBB gibt es Gepäckaufbewahrung, Geldautomaten, Zeitungskioske und Informationsschalter. An kleineren Bahnhöfen ohne Schalter können Sie die Fahrkarten an einem Automaten oder im Zug kaufen.

Wien ist ein überregional bedeutender Eisenbahnknotenpunkt. Derzeit wird die Streckenführung neu strukturiert. Seit Dezember 2012 ist der neue Hauptbahnhof beim Südtiroler Platz teilweise in Betrieb. Anstelle des einstigen Südbahnhofs, der abgerissen wurde, entsteht hier ein Durchgangsbahnhof. Die Fertigstellung ist für 2015 geplant, wenn auch Fernzüge aus Westen, die noch am Westbahnhof *(siehe unten)* halten, den Hauptbahnhof anfahren. Für Fernzüge aus Süden, Osten und Norden gilt dies schon ab Ende 2014. Der Hauptbahnhof wird ein wichtiges Zentrum im transeuropäischen Schienennetz sein, alle international verkehrenden Züge von, bis und durch Wien werden hier ankommen bzw. abfahren. Es besteht Anschluss an die S-Bahn und die U-Bahn. Infos zur Neustrukturierung des Schienenverkehrs in Wien finden Sie auf der Website der **Österreichischen Bundesbahnen** (www.oebb.at) oder unter www.hauptbahnhof-wien.at.

Züge in den Westen Österreichs und andere Länder Westeuropas wie Deutschland und die Schweiz fahren derzeit am Westbahnhof ab. Von ihm besteht Anschluss an U-Bahn (U3 und U6) und Schnellbahn.

Der Bahnhof Meidling ist die Station für nationale und internationale Zugverbindungen in Richtung Süden, u. a. nach Italien, Slowenien und Kroatien. Am Bahnhof hält außerdem die U6.

Nördlich des Zentrums von Wien liegt der Franz-Josefs-Bahnhof. Er ist Start- bzw. Endpunkt für Verbindungen nach Nordösterreich und ins benachbarte Ausland (u. a. in die Tschechische Republik). Hier besteht Anschluss an die Schnellbahn.

Der Südbahnhof wurde abgerissen. Auf dem Areal des ehemaligen Bahnhofs entsteht ein neuer Stadtteil in Nähe zu den Belvedere-Schlössern. Die S-Bahn-Station heißt daher nicht mehr Südbahnhof, sondern Quartier Belvedere.

Die Schnellbahn fährt in Wiens Vororte

Bahn-Viadukt in der Nähe von Mattersburg

Fahrkarten

Fahrkarten können Sie am Bahnhof, telefonisch (05 17 17, in Österreich zum Ortstarif) oder online (www.oebb.at) kaufen.

Internationale Tickets sind in der Regel zwei Monate lang gültig, Tickets für Inlandsstrecken von mehr als 100 Kilometer einen Monat.

Bis zu zwei Kinder unter sechs Jahren reisen in Begleitung eines Erwachsenen kostenlos. Jedes weitere Kind sowie Kinder zwischen sechs und 15 Jahren zahlen den halben Preis.

Es gibt eine Vielzahl unterschiedlicher Kategorien von Fahrkarten, darunter etwa Gruppen-, Familien- und Touristenreisen.

Im Angebot sind zudem vielfältige **Vorteilskarten**, die 45 bis 50 Prozent Rabatt auf Zugreisen gewähren. Die *Classic* zum Preis von 99,90 Euro gewährt Rabatt auf alle österreichischen ÖBB-Züge für ein Jahr (ausgenommen Zahnradbahnen). Für Senioren kostet diese Vorteilskarte 26,90 Euro, für Familien und junge Leute unter 26 Jahren 19,90 Euro (Kinder bis 15 Jahre fahren umsonst mit), für Personen mit Mobilitätseinschränkungen und Sehbehinderte gleichfalls 19,90 Euro. Beim Kauf dieser Karten benötigt man Ausweis und Passfoto. Bei all diesen Vorteilskarten ist *Railplus* integriert. Damit erhalten Sie 25 Prozent Preisnachlass bei internationalen Bahnfahrten.

Daneben gibt es noch eine Vielzahl weiterer Rabatte, z.B. für Vielfahrer die Österreich-Card oder für Geschäftsreisende die Business-Card.

Besondere Bahnen

Es gibt in Österreich zahlreiche Schmalspurbahnen, Bergbahnen, Erlebnisbahnen, Museumsbahnen, Märchenbahnen oder nostalgische Bahnen, bei denen die Züge noch von Dampflokomotiven gezogen werden. Auch einige Zahnradbahnen fahren übrigens mit Dampfloks (Schafbergbahn) – meist durch landschaftlich reizvolle Gegenden. Diese Bahnen verkehren oft nur in den Sommermonaten, teilweise nur am Wochenende. Einen guten Überblick über diese Bahnen finden Sie auf der Website www.erlebnisbahn.at.

Eisenbahnnetz

Legende

– Eisenbahn (wichtige Strecken)

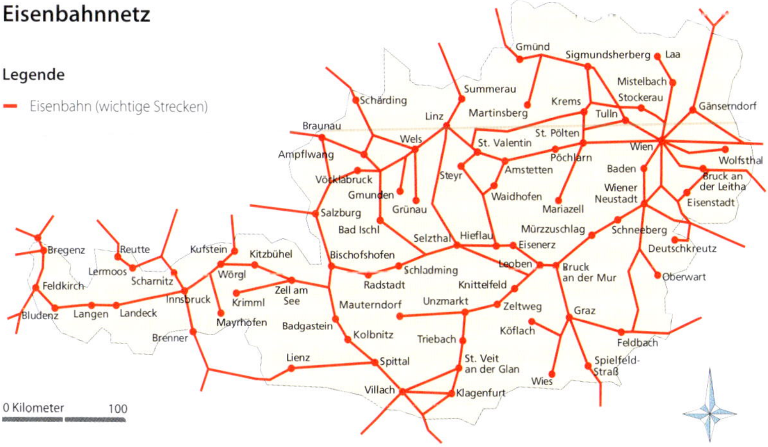

0 Kilometer 100

Mit Auto, Bus und Schiff unterwegs

Autofahren auf österreichischen Straßen ist ein Vergnügen. Sie sind großteils in hervorragendem Zustand, und die Österreicher halten sich an die Verkehrsregeln. Selbst in größeren Städten verläuft der Verkehr relativ ruhig und geregelt, das Zentrum ist jedoch häufig für den Verkehr gesperrt. Die Hupe sollte man wirklich nur benutzen, um vor Gefahren zu warnen. Die Strecken sind gut beschildert, dennoch empfiehlt sich eine Karte oder ein Navigationsgerät. Auf den Autobahnen kommt man schnell voran. Auch das Schnell- und Landstraßennetz ist gut ausgebaut und führt oft durch malerische Landschaften.

Die spektakuläre Großglockner-Hochalpenstraße *(siehe S. 284f)*

Autofahren

Wenn Sie mit dem Auto aus Deutschland oder der Schweiz anreisen, werden Sie den Grenzübertritt kaum bemerken. Bei der Anreise sollten sich alle, die nichts zu verzollen haben, in den »Grünkanal« einreihen, andernfalls in den »Rotkanal«.

Auf Autobahnen und auf einigen Schnellstraßen wird Maut verlangt. Sie wird über das sogenannte »Pickerl« erhoben, eine Vignette, die an den Grenzen, in Trafiken (Tabakläden) und Tankstellen sowie bei Automobilclubs erhältlich ist. 2014 kostet die Pkw-Vignette für zehn Tage 8,50 Euro, für zwei Monate 24,80 Euro und für ein Jahr 82,70 Euro. Kleben Sie die Vignette an die linke Ecke der Windschutzscheibe. Eine nicht vorschriftsmäßig angeklebte Vignette ist ungültig.

Für die Fahrt über Alpenpässe und durch manche Tunnels wird eine zusätzliche Maut erhoben.

Bei Pannen hilft der **ADAC-Notruf** 01 251 20 60.

Obligatorisches und Nützliches

Autofahrer benötigen: Personalausweis, Führerschein und die Autopapiere. Sinnvoll ist ein Europäisches Unfallprotokoll (EUP, bei Ihrer Versicherung erhältlich). Eine Grüne Versicherungskarte ist nicht Pflicht, aber anzuraten. Zudem muss man einen Erste-Hilfe-Kasten, ein rotes Warndreieck und eine Warnweste (ÖNORM EN 471) dabeihaben.

Im Winter sind Winterreifen obligatorisch, auf vielen Bergstrecken und Pässen sogar Schneeketten.

Straßenbeschilderung

Die Schilder für Autobahnen und Schnellstraßen zeigen weiße Schrift auf blauem Grund. Alle Autobahnen tragen eine Zahl und einen geografischen Namen, z. B. A1 Westautobahn, A13 Brenner-Autobahn. Daneben gibt es Landesstraßen B (früher Bundesstraßen), z. B. B7 Brünner Straße. Straßen ohne Vorrang tragen Schilder mit schwarzer Schrift auf Weiß. Die Verkehrsschilder entsprechen dem europäischen Standard.

Verkehrsbestimmungen

Die Höchstgeschwindigkeit auf Autobahnen beträgt 130 km/h, auf Landstraßen 100 km/h. In Städten und bebauten Gebieten darf man bis zu 50 km/h schnell fahren, in Graz sind allerdings nur 30 km/h gestattet. Lastwagen, Wohnwagen und Autos mit Anhängern dürfen auch auf Autobahnen nur 100 km/h fahren. Auf der A10, A12, A13 und A14 gilt zwischen 22 und 5 Uhr ein Tempolimit von 110 km/h. Die österreichische Polizei führt strenge Radarkontrollen durch.

Fahrer und Beifahrer müssen Sicherheitsgurte anlegen. Die Verwendung von Handys ist nur mit Freisprecheinrichtung gestattet. Der Alkoholgehalt im Blut darf bei Fahrern 0,5 Promille nicht überschreiten.

Die Lichtpflicht am Tag innerhalb und außerhalb von Ortschaften (Abblend- oder Taglicht) wurde in Österreich 2008 wieder aufgehoben. Jedoch ist das Taglicht nun auch nicht verboten.

Mautstation vor einer Straße in den Bergen

Umfassende Informationen zu den Verkehrsbestimmungen finden Sie auf den Websites der österreichischen Automobilclubs ÖAMTC und ARBÖ unter **www.oeamtc.at** bzw. **www.arboe.at**.

Stadtverkehr

Parkplätze sind, vor allem in den Zentren größerer Städte, nicht leicht zu finden. Meist empfiehlt es sich, eine Parkgarage zu benutzen.

Autos, die in einer Parkzone (blaue Linien auf der Straße) abgestellt sind, müssen einen Parkschein deutlich sichtbar hinter der Windschutzscheibe zeigen. In einigen Bezirken Wiens ist das Parken nur für Anwohner gestattet, die ein »Parkpickerl« besitzen. Besucher können bis zu zwei Stunden parken, wenn Sie einen Parkschein gelöst haben, der in Trafiken erhältlich ist. Es lohnt sich nicht, den Wagen in Parkverbotszonen zu parken – die Verkehrspolizei ist rasch zur Stelle und lässt Ihr Auto u. U. abschleppen. Das Abholen eines abgeschleppten Autos ist zeitaufwendig und teuer.

Mietwagen

Größere Mietwagenfirmen wie Avis, Europcar, Hertz und Sixt haben Niederlassungen in Österreich. Die Wagen sind am Flughafen etwas teurer, doch ist dies der einzige Ort, wo man auch spätnachts oder am Wochenende ein Auto mieten kann.

Gut ausgebaute Bergstraße in Österreich

Wer ein Auto mieten will, muss mindestens 19 Jahre alt sein. Bei einigen Firmen liegt das Alterslimit sogar bei 25 Jahren. Man muss einen gültigen Ausweis oder Pass, einen Führerschein der richtigen Klasse und ohne Einschränkungen sowie eine Kreditkarte vorlegen können.

Man kann ein Auto für eine beliebige Zeit mieten und an bestimmten, vorher vereinbarten Orten zurückgeben, wo die Autos von der Firma abgeholt werden. Mit dem Wagen darf man auch außerhalb von Österreich in EU-Ländern fahren, in osteuropäische Länder aber nur mit Genehmigung der Verleihfirma. Oft sind Kombinationen aus Flug und Mietauto weitaus günstiger als einzelne Mietverträge. Ein Mietauto ist ein ideales Gefährt, um Österreichs Natur und Berge zu erkunden.

Schild, das man in Österreich häufiger sieht

Mit dem Bus unterwegs

Der Internationale Busbahnhof Wien (Vienna International Bus Terminal; VIB) befindet sich nahe der U-Bahn-Station Erdberg (U3). Hier halten Busse diverser Anbieter, darunter auch die Busse von **Eurolines** (www.eurolines.com), die Reisende aus anderen europäischen Großstädten (z. B. aus Berlin) in die Donaumetropole bringen. Die Busse von **Postbus** (www.postbus.at) bieten Verbindungen mit allen Teilen Österreichs. Sie halten am Busterminal am Bahnhof Wien Mitte. Ganz Österreich ist von einem exzellenten Busnetz erschlossen, mit dem man auch in die abgelegensten Orte kommt, in die kein Zug fährt.

Mit dem Schiff unterwegs

Eine Schiffsfahrt ist eine besonders schöne Option für eine Reise durch Österreich. Von April bis Oktober kann man von Bratislava und Budapest, aber auch von Passau aus mit dem Schiff auf der Donau nach Wien fahren. Anlegestelle der Schiffe des Unternehmens **DDSG Blue Danube** (www.ddsg-blue-danube.at) ist der Landungsplatz an der Reichsbrücke, nahe der U-Bahn-Station Vorgartenstraße (U1).

Fahrten auf der Donau (u. a. nach Budapest) bzw. Themenfahrten bieten auch andere Veranstalter an, zu den renommiertesten gehört **Viking Flusskreuzfahrten** (www.viking-flusskreuzfahrten.de).

Parkscheinautomat

In vielen Städten muss man an einem Automaten einen Parkschein lösen und hinter die Windschutzscheibe des Autos kleben.

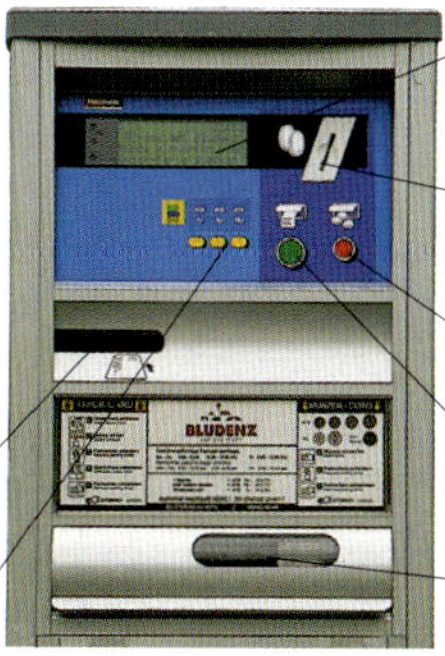

In den Städten unterwegs

Sich in einer unbekannten Stadt zurechtzufinden ist selbst mit Stadtplan oft schwierig. Einbahnstraßen, Fußgängerzonen und Parkverbote halten zwar den Verkehr in Grenzen, stellen für Autofahrer aber oft ein Problem dar. Zu Fuß zeigt sich das Stadtzentrum meist von der schönsten Seite. Die österreichischen Städte haben ein gut entwickeltes öffentliches Verkehrsnetz mit Bussen und – in den meisten Städten – Straßenbahnen. In Wien gibt es auch eine U-Bahn. In zahlreichen Städten werden Fahrkarten angeboten, die eine unbeschränkte Nutzung der Verkehrsmittel für eine bestimmte Zeit ermöglichen.

Zu Fuß

Fußgänger haben Vorrang, auch auf Straßen – doch sollte man sich nicht darauf verlassen. Benutzen Sie Unterführungen und Zebrastreifen, vor allem wenn Sie breite Straßen mit Schnellverkehr überqueren wollen. Überqueren Sie keinesfalls die Straßen – auch wenn kein Auto in Sicht ist –, wenn die Ampel Rot zeigt. Dies ist strafbar und wird von der Verkehrspolizei geahndet.

In größeren Städten werden während der Sommermonate Stadtführungen zu Fuß angeboten, bei denen alle wichtigen Sehenswürdigkeiten gezeigt werden. Insbesondere Themenführungen wie »Das barocke Wien« oder »Wien um die Jahrhundertwende« sind oft besonders reizvoll. Detaillierte Informationen erhalten Sie bei den Tourismusbüros vor Ort.

Ski-Urlauber in einem Bergdorf

Mit dem Fahrrad

Radwege verlaufen im Allgemeinen neben dem Gehsteig und sind mit Linien, Emblemen und Pfeilen deutlich gekennzeichnet. Fußgänger sollten darauf achten, die Radspur nicht zu betreten. Wo es keine Radwege gibt, müssen Radfahrer die Straße benutzen und sich in den Verkehr einordnen. Auf Gehsteigen und öffentlichen Plätzen stehen eigene Abstellplätze für Fahrräder zur Verfügung. In Wien gibt es einen Radweg rund um die Ringstraße, der an vielen Sehenswürdigkeiten vorbeiführt. Auch die Donauinsel ist bei Radfahrern beliebt. Mehrere österreichische Städte haben öffentliche Leihfahrrad-Systeme.

Einer der schönsten und längsten Radwege, der Donauradweg, verläuft entlang der Donau von Deutschland über Österreich nach Ungarn.

Leihräder – mittlerweile ein beliebtes Fortbewegungsmittel in der Stadt

Mit dem Taxi

Freie Taxis erkennt man daran, dass das Taxizeichen am Dach leuchtet. In den Stadtzentren ist es leichter, ein Taxi an einem der Taxistände zu bekommen, als eines auf der Straße anzuhalten. Taxistände findet man in der Nähe von Bahnhöfen und großen Hotels. Man kann auch telefonisch ein Taxi bestellen. In der Rushhour ist man allerdings oft schneller mit der U-Bahn oder der Straßenbahn am Ziel.

Alle Taxis sind mit Taxameter ausgestattet. Die Gebühren werden pro gefahrenem Kilometer verrechnet. Eine kurze Fahrt kostet fünf bis zehn Euro. Für Gepäck kommt ein Aufschlag hinzu. Es gibt zudem Nachtzuschläge und Wochenendtarife. Ein Trinkgeld in Höhe von zehn Prozent des Fahrpreises ist üblich.

Mit dem Bus

In vielen Stadtzentren verkehren Kleinbusse, Stadtbusse fahren in der Regel in die Außenbezirke. Die städtischen Buslinien sind oft eine Streckenverlängerung der Tramlinien. Dies wird durch einen Buchstaben angezeigt. Der Bus Nr. 46A etwa ist die Verlängerung der Tramlinie 46.

Mit der Tram

Neben Bus und U-Bahn sind Straßenbahnen das bequemste Fortbewegungsmittel in Städten. Jede Station wird über Tonband angekündigt. In allen

Die Bim – die Wiener Straßenbahn

Waggons gibt es eine Karte, auf der die Haltestellen eingezeichnet sind.

Die Türen öffnen sich, wenn man auf den Knopf neben der Tür drückt. Drücken Sie rechtzeitig, um anzuzeigen, dass Sie aussteigen wollen. Manche Trams und Busse halten sonst nicht.

Fahrkarten

Fahrkarten kann man in Tabakwarenläden (Trafiken) in Zehner- oder Fünferblocks kaufen. In den Wiener U-Bahn-Stationen sind auch Zweier- oder Viererblocks erhältlich. Am besten erwerben Sie Tickets vor der Fahrt, da man sie nicht immer beim Fahrer kaufen kann und nicht in allen Waggons Automaten sind.

Vor Betreten des U-Bahn-Bereichs bzw. am Bahnsteig der Schnellbahn oder nach dem Einsteigen in Bus und Tram müssen Sie Ihr Ticket entwerten. Beim Umsteigen in eine andere Linie müssen Sie es jedoch nicht noch einmal entwerten.

Die Fahrkarten sind in der Regel zwei oder drei Stunden in allen Verkehrsmitteln innerhalb einer Stadt für Fahrten in eine Richtung gültig. Für eine Kurzstrecke, die deutlich auf den Routenkarten eingezeichnet ist, benötigen Sie lediglich einen Kurzstreckenfahrschein zum halben Preis. Neben Einzelfahrscheinen gibt es auch 24-Stunden-Tickets, Dreitageskarten, Wochen- und Monatskarten.

Die öffentlichen Transportmittel variieren in den einzelnen Bundesländern. In den Tourismusbüros und Hotels informiert man Sie gern über örtliche Besonderheiten.

Fahrt mit der Wiener U-Bahn

1 Auf dem U-Bahn-Plan finden Sie die richtige Linie. Die fünf Linien haben unterschiedliche Farben und Nummern (U1 bis U4 und U6). Suchen Sie die Linie, die zu Ihrem Ziel führt, und merken Sie sich, an welcher Station Sie eventuell umsteigen müssen. Auch Verbindungen zu anderen Verkehrsmitteln sind im Plan eingetragen.

Ziehen Sie den Griff zur Seite, um die Tür zu öffnen

Die Tür schwingt zur Seite

2 Fahrscheine können Sie bei einer Trafik (Tabakladen), einem Fahrkartenschalter oder am Automaten kaufen. Bevor Sie den Bahnsteig betreten, stecken Sie Ihren Fahrschein in Pfeilrichtung in einen der Stempelautomaten am U-Bahn-Eingang. Ein Klingelzeichen zeigt an, dass Ihr Fahrschein entwertet ist. Passieren Sie nun die Sperre.

Die Pläne der U-Bahn zeigen auch die Umsteigebahnhöfe und Anschlüsse an andere Verkehrsmittel an

3 Auf der elektronischen Anzeigetafel am Bahnsteig stehen Richtung und Fahrtziel der U-Bahn.

4 Die Bahnhöfe entlang der Strecke sind auf einem Plan vermerkt. Ein roter Pfeil zeigt, in welche Richtung der Zug fährt.

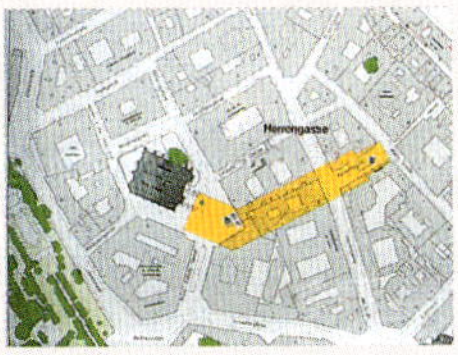

6 An Bahnhöfen mit mehreren Ausgängen orientieren Sie sich auf dem Stadtplan, welcher Ausgang für Ihr Ziel günstig ist.

5 Am Zielort folgen Sie dem Schild »Ausgang«, um auf die Straße zu gelangen.

Textregister

Seitenangaben in **fetter** Schrift beziehen sich auf Haupteinträge.

A

B

I

J

K

L

Q

R

S

Danksagung und Bildnachweis

Dorling Kindersley dankt allen Personen, deren Arbeit, Unterstützung und Engagement dieses Buch ermöglicht haben.

Publisher
Douglas Amrine

Publishing Manager
Helen Townsend

Managing Art Editor
Kate Poole/Ian Midson

Senior Editor
Jacky Jackson/Wordwise Associates Ltd.

Redaktionelle und gestalterische Mitarbeit
Jo Cowen, Conrad Van Dyk, Mariana Evmolpidou, Karen Fitzpatrick, Anna Freiberger, Rhiannon Furbear, Juliet Kenny, Carly Madden, Hayley Maher, Alison McGill, Sam Merrell, Kate Molan, Sangita Patel, Marianne Petrou, Marisa Renzullo, Sadie Smith, Susana Smith, Rachel Symons

DTP
Vinod Harish, Vincent Kurien, Azeem Siddiqui

Beratung
Gerhard Bruschke

Zusätzliche Beiträge
Helen Harrison, Darrel Joseph, Doug Sager, Leslie Woit

Zusätzliche Bildredaktion
Ellen Root

Schlussredaktion
Judith Meddick

Korrektur
Emily Hatchwell

Register
Helen Peters

Fact-Check
Martina Bauer, Melanie Nicholson-Hartzell

Zusätzliche Fotografien
Maciej Bronarski, Dip.-Ing. Walter Hildebrand, Renata und Marek Kosińscy, Piotr Kiedrowski, Ian O'Leary, Peter Wilson, Paweł Wroński

Kartografie
Bundesamt Eich- und Vermessungswesen, Landesaufnahme (BEV), Uma Bhattacharya, Mohammad Hassan, Jasneet Kaur

Relaunch-Team
Namrata Adhwaryu, Asad Ali, Subhashree Bharti, Jo Cowen, Conrad Van Dyk, Mariana Evmolpidou, Karen Fitzpatrick, Anna Freiberger, Rhiannon Furbear, Rupanki Kaushik, Juliet Kenny, Sumita Khatwani, Carly Madden, Hayley Maher, Alison McGill, Sam Merrell, Deepak Mittal, Kate Molan, Rakesh Kumar Pal, Sangita Patel, Marianne Petrou, Marisa Renzullo, Beverly Smart, Sadie Smith, Susana Smith, Rachel Symons, Ajay Verma

Besondere Unterstützung
Wiedza i Życie dankt Roman Skrzypczak vom Österreichischen Tourismusverband für seine Hilfe bei der Beschaffung von Material und für die Ermöglichung der Kontakte zu anderen österreichischen Institutionen.

Dorling Kindersley dankt allen Personen und Institutionen, die uns die Wiedergabe von Fotografien aus ihrem persönlichen Besitz oder ihren Archiven gestattet haben:

Agencja Forum (Krzysztof Wójcik); Artothek (Susanne Vierthaler und Holger Gehrmann); Basilika Mariazell, Benediktiner-Superiorat (P. Karl Schauer OSB, Superior); Brahms-Museum, Mürzzuschlag; Burgenländisches Landesmuseum, Eisenstadt (Julia Raab und Gerard Schlag); Corbis (Gabriela Ściborska); Chorherrenstift Klosterneuburg, Stiftsmuseum (Mag. Wolfgang Huber); Österreich Werbung, Bildarchiv (Dr. Dietmar Jungreithmair); DK Library; FIS Wintersportmuseum, Mürzzuschlag (Mag. Hannes Nothnagl); Festung Hochensalzburg; Heeresgeschichtliches Museum im Arsenal (Peter Enne); Kunsthistorisches Museum, Wien (Elisabeth Reicher); Lurgrotte Peggau; Museum Schloss Greillenstein (Elisabeth Kuefstein); Museumsverein Schloss Rosenau, Österreichisches Freimaurermuseum; Naturpark Grebenzen, Büro St. Lambrecht (Frater Gerwig Romirer); Österreichischen Freilichtmuseum, Stübing bei Graz (Egbert Pöttler); Rathaus St. Pölten (Andrea Jäger); Salzburger Burgen und Schlösser, Betriebsführung; Stadtmarketing Eisenstadt, Schloss Esterházy (Guenter Schumich); Stift Melk, Kultur und Tourismus (Maria Prüller); WienTourismus (Waltraud Wolf); Zefa (Ewa Kozłowska).

Bildnachweis
o = oben, m = Mitte, u = unten, l = links, r = rechts.

akg-images: 42mo, 99mr.
Alamy Images: Pat Behnke 332ol; Caro 214; Cephas Picture Library 68or; Colinspics 331om; Denis Cox 22u; Rob Mrondall 102ul; Danita Delimont/Walter Bibikow 333om; David Noble Photography 305ol; FAN travelstock/Michael Schindel 306mlo; imagebroker 12om, 319ul, 320u; imagebroker/Christian Handl 303ol; INSADCO Photography/Martin Bobrovsky 303m; Rainer Jahns 15ur; Scott Kemper 160; LOOK Die Bildagentur 286–287; Barry Mason 305mu; mediacolor's 304mlo; nagelestock.com 190; Pictures Colour Library 331ur; Charles Ridgway 330ur; Robert Harding Picture Library Ltd/Richard Nebesky 302mlo; Westend 61/GmbH 21o; Hans Huber 332ul.
Arcotel Hotels: 297or.
Artothek: Chr. Brandstätter 33mlo; Photobusiness 33or; Ernst Reinhold 32ur.
Augartenhotel art & design: 296ul.
Austria Trend Hotels & Resorts: 295or.
Basilika Mariazell: 188–189 (alle).
Hotel Beethoven GmbH & Co KG: 293or.
Hotel Berghof Crystal Spa & Sports: 298ol.
Benediktinerstift St. Lambrecht: 178m.
Brahms-Museum (Mürzzuschlag): 172m.

The Bridgeman Art Library: 83mlu.
Hotel Bristol: 314ul.
Bronarski, Maciej: 329mr.
Bruno – brasserie.cafe.restaurant: 318ul.
Burgenländisches Landesmuseum (Eisenstadt): 28ul.
Café Prückel: 306um.
Café-Restaurant Mozart bei der Oper GsmbH: 310ul.
Café Sperl: 313om.
Cook: 321or.
Corbis: 8 – 9; 50mru; AFP 51mru, 51ol, 51um; Archivo Iconografico 44ul, 47mru, 49ol; Bettmann 47ol, 50ur; Walter Bibikow/JAI 76; Jonathan Blair 35ol; Corbis Sygma 35ur; EJW/Westend61 128 – 129; Wolfgang Kaehler 147mru; Bob Krist 225ul, 225ur; Massimo Listri 146or, 246or; Ali Meyer 33ur, 45om; José F. Poblete 13um; Leonard de Selva 50ol; James A. Sugar 164mlo.
The Dining Room: 313o.
Dreamstime.com: Anskuw 2 – 3; Buurserstraat386 10ml; Chaoss 92; Neacsu Razvan Chirnoaga 56; Julius Kielaitis 206 – 207; Peter Lovás 352ml, 354ul; Pavle Marjanovic 14or; Krisztian Miklosy 14um; Mtdozier23 13or; Caranica Nicolae 359ol; Grigore Gabriel Petre 52 – 53; Piotnikov 10um; Jerard Octav Preisler 267ul; Tomas Sereda 152 – 153; Tupungato 358; Sborisov 1m.
Festung Hohensalzburg: 227mro.
Fotolia: badahos 104; Zechal 69ul.
Freilichtmuseum Stübing: 171om, 171ur.
Getty Images: AFP/Josch 330mlo; Werner Dieterich 238; Fly away with your imagination 12ur; Roy Jankowski 18, 268; Joe Klamar 332ur.
Haus Widdersteinblick: 290ol.
Heeresgeschichtliches Museum, Wien: 43mr, 48ur, 50ul; Österreichische Galerie 48mlo.
Heurigenhof Bründlmayer: 317ul.
Hollmann Beletage: 292um.
Hotel Sacher, Wien: 307ol, 322um.
Kiedrowski, Piotr: 329um.
Kosińscy, Renata und Marek: 21ur, 26mlo, 26ul, 27 (alle).
Kunsthistorisches Museum, Wien: 44mo, 44mu, 46mru, 88 – 91.
Lurgrotte, Peggau: 172ul.
Restaurant Magnolia: 319or.
Museum Schloss Greillenstein: 145ol.
Restaurant Motto: 315um.
Museumsverein Schloss Rosenau, Österreichisches Freimaurermuseum: 145ur.
Naturhistorisches Museum: 86ol.
Oberlaa, Neuer Markt: 311ul.
Österreich Werbung: 20ur; Ascher 23o; Bald 21m; Bartl 55mro, 55mo, 96ol, 119or, 136mlo, 328mlu; Bohnacker 166ur, 201u, 210or; Carniel 212ol; W. Daemon 85ur; Diejun 42mlu, 186mlo, 187ul, 328ur; Fankhauser 38mr, 253ur 337ur; H. Graf 71mro; Gruenert 204mlo, 237u, 257ur; Haider 29u, 48ul, 80ur; Haller 49mr; Herzberger 30 – 31, 118o, 225mo, 329mlu, 355om; Hinterndorfer Ch. 150ul; Imprima 138ur; Jalain 39ul; Jellasitz 159ol; Jezierzański 144or, 148or, 179o, 183mr; Kalmar 81om, 81ur, 112ol, 328mlo, 328ul; Kneidinger 23m, 185ur, 197ol; Lamm 179ul, 182ml, 182um, 183ur; Landova 203ol; R. Liebing 290ur; Mallaun 216mlo, 237o, 256um, 260or, 261ol, 336u, 337ul; Markowitsch 36mro, 37ur, 108ol, 131ol, 183ol, 195ol, 225mlo, 245mlu, 251or, 329om; Mayer 63or, 250ol; Nechansky 263ol; A. Niederstrasser 250um; OEW-Bildarchiv 150om 328mro; Robert Pfeifer 78ul; Pigneter 194mlo, 195mr, 211ol; 186ur, 338ur; Porizka 197ur, 211ur, 213ul; Ramstorfer 46um; Salzburger Burgen/S/B 221or; Schmeja 329or; Simoner 28or, 151ul; Storto 46ur, 209ml, 257ml; Trumler 28mlo, 29m, 29mr, 29ol, 32mlo, 40, 41ur, 41um, 43ol, 44ml, 46mo, 47ul, 69mru, 115u, 138m, 145ul, 149mro, 149ml, 149mru, 149ul, 187om, 196um, 198ul, 199ur, 200ol, 200mlu, 201ol, 203ul, 210u, 243mr, 244or, 274ur, 277or, 328or; W. Weinhaeupl 211mro, 217or, 229u, 276ol; H. Wiesenhofer 23ur, 28mu, 36ul, 37ml, 39mro, 45mru, 142ol, 149mlo, 158ur, 165om, 166ol, 166m, 167ur, 173o, 187ur, 205or, 258u, 274mlu; Winderer 38ol.
Parkhotel Tristachersee: 325om.
Rathaus St. Pölten: 136ur.
Reuters: 34ul, 34mr, 35m.
Restaurant Joseph: 321um.
Restaurant Vestibül: 312ul.
The Ring, Vienna's Casual Luxury Hotel: 294um.
Rosengarten: 324um
Schloss Igls: 299um.
Schloss-Restaurant Cobenzl: 316ol.
Schloss Schönbrunn: 114 – 115 (alle).
Stift Melk: 146mlo, 146mlu, 147ol, 147ul, 147ur.
Superstock: F1 Online 230 – 231, 254 – 255; Henry Georgi/Aurora Open 340 – 341; imagebroker.net 180 – 181.
Theater in der Josefstadt: 85ol.
Nikolaihof Wachau: 317or.
Wroński, Paweł: 289or, 326m, 329ul, 329mru, 337or, 342ur, 343m, 348m.
Wintersportmuseum (Mürzzuschlag): 172m.
Wien Museum: 66um.
WienTourismus: 62or, 63m, 68mlo, 68ul.
Wirtshaus Zum Hirschenwirt: 323o.
Zefa: DAMM 354; Mathis 239u; Raga 218mlo; Rose 26 – 27m, 185ol; Spichtinger 184ol; Weir 182or.

Vordere Umschlaginnenseiten
Alamy Images: Caro Lul; Scot Kemper Rur; nagelestock.com Rol; **Corbis:** Walter Bibikow/JAI Lol; Pascal Deloche/Godong Ror; **Dreamstime.com:** Chaoss Lml; Neacsu Razvan Lol; **Fotolia:** badahos Lul; **Getty Images:** Werner Dieterich Lmo; Roy Jankowski Lur.

Umschlag
Vorderseite: **4corners:** Günter Gräfenhain/SIME (Hauptbild).
Buchrücken: **4corners:** Günter Gräfenhain/SIME.

Alle anderen Bilder © Dorling Kindersley.
Weitere Informationen unter **www.dkimages.com**

Österreichisch für Anfänger

von Martina Bauer

Eine einheitliche österreichische Sprache gibt es nicht. Als österreichisches Deutsch bezeichnet man vielmehr ein Nebeneinander regionaler Dialekte, die aber viele Wendungen und Begriffe gemeinsam haben.

Typisch für Österreich ist eine gewisse Zweigleisigkeit in der Sprache. Im privaten Bereich wird vor allem Mundart gesprochen, während die Hochsprache auf das öffentliche Leben, das Schriftliche und bestimmte Gesellschaftsschichten beschränkt ist. Dem Österreicher eröffnen sich durch den Wechsel zwischen verschiedenen Sprachebenen – Mundart, Umgangssprache, Hochsprache – große Möglichkeiten stilistischer Nuancierungen, was sich auch darin zeigt, dass das kleine Land in der deutschen Literatur überproportional stark vertreten ist.

Vorsicht Falle!

»Der Österreicher unterscheidet sich vom Deutschen durch die gemeinsame Sprache«, lautet ein berühmtes Zitat, das Karl Kraus, dem scharfzüngigen österreichischen Schriftsteller und Sprachkritiker, zugeschrieben wird. In manchen Fällen hat das durchaus seine Berechtigung. Wenn man in Österreich beispielsweise ein Brötchen bestellt, bekommt man ein belegtes Brot statt einer *Semmel*. Ordert man ein *Wiener*, serviert der Kellner ein Schnitzel – das Wiener Würstchen heißt hier nämlich *Frankfurter*.

Kulinarisches

Beamtenforelle	Knackwurst
Beiried	Roastbeef
Beuschel	Ragout aus Innereien
Blunzn	Blutwurst
Doppler	Zweiliterflasche Wein
Eierschwammerl	Pfifferlinge
Einspänner	Kaffee mit Sahnehäubchen oder einzelnes Würstchen
Eitrige	Käsekrainer
Erdäpfel	Kartoffeln
Faschiertes	Hackfleisch
Fisolen	grüne Bohnen
Frankfurter	Wiener Würstchen
Frittaten	Pfannkuchenstreifen
Gspritzter	Wein mit Sodawasser
Heckenklescher	besonders trockener Wein
Karfiol	Blumenkohl
Kracherl	Limonade
Kren	Meerrettich
Kukuruz	Mais
Marillen	Aprikosen
Melange	Milchkaffee
Melanzani	Aubergine
Obers	Schlagsahne
Paradeiser	Tomate
Porree	Lauch
Powidldatschkerl	mit Pflaumenkonfitüre gefüllter Kartoffelkloß
Reiseachterl	das letzte Achtel Wein vor dem Heimweg
Ribisl	Johannisbeere
Semmel	Brötchen
Topfen	Quark
Vogerlsalat	Feldsalat
Weichsel	Sauerkirsche
Zwetschkenfleck	Pflaumenkuchen

Originelles

Backhendlfriedhof	dicker Bauch (vor allem des Wieners)
Blindschleiche	Brillenträger
Darmreißer	sehr herber Wein
Eiertänzer	übervorsichtige Person
Fasslreiter	Person mit O-Beinen
Friedhofsjodler	Husten
Frischgfangter	Neuer in der Firma
Grippelgspiel	sehr magere Person
Großkopferte	einflussreiche Personen, vor allem Politiker
Gspaßlaberl	weibliche Brüste
Gwandlaus	aufdringlicher Mensch
Holzpyjama	Sarg
Kerzelschlucker	bigotte Person
Panier	Kleidung (in Anlehnung an die Panade – »Ummantelung« des Schnitzels)
Pappenschlosser	Zahnarzt

Diverses

angstrudelt	beschwipst
biezeln	quengeln
Bim	Straßenbahn, Tram
blunznfett	völlig betrunken
Buffn	Gewehr
Falott	Gauner
Feber	Februar
Fetzentandler	Verkäufer von Secondhand-Kleidung
Fotzenhobel	Mundharmonika
Gfrett	Ärger
gschamig	schüchtern, verlegen
gstopft	reich
Grantscherben	ständig misslaunige Person
Gschisdi-gschasdi	unnötiges Zeug
Hapfen	Bett
Jänner	Januar
leiwand	gut, toll
Matura	Abitur
pflanzen	zum Narren halten
Putzerei	Reinigung
Rauschkugel	ständig Betrunkener
Sackerl	Tüte
Sessel	Stuhl (auch nicht gepolstert)
Trafik	Tabakwarenladen
überwuzelt	alt
Weindippler	gewohnheitsmäßiger Weintrinker

Redewendungen

A Stader is a Fader!	Ein ruhiger Mensch ist ein Langeweiler!
Aberakadavera, a Kiwara is ka Hawara.	Abrakadabra, ein Polizist ist kein Freund.
Ka Bam wochst in Himmö!	Kein Baum wächst in den Himmel! (Alles hat seine Grenzen!)
Nua kane Wön schlogn!	Nur keine Wellen schlagen! (Kein Aufsehen erregen!)
Ohne Göd ka Musi!	Ohne Geld keine Musik! (Kunst kostet!)
Papperln, pipperln und pupperln	Essen, trinken und sich weiblicher Gesellschaft erfreuen
S Gwandl machts Mandl.	Kleider machen Leute.
Umasunst is da Tod, und der kosts Lebn.	Umsonst ist nur der Tod, und den bezahlt man mit dem Leben.
Wia da Herr, sos Gscherr.	Wie der Herr, so die Dienerschaft.

Vis-à-Vis

VIS-À-VIS-REISEFÜHRER

Ägypten · Alaska · Amsterdam · Apulien · Argentinien · Australien · Bali & Lombok · Baltikum · Barcelona & Katalonien · Beijing & Shanghai · Belgien & Luxemburg · Berlin · Bodensee · Bologna & Emilia-Romagna · Brasilien · Bretagne · Brüssel · Budapest · Chicago · Chile · China · Costa Rica · Dänemark · Danzig & Ostpommern · Delhi, Agra & Jaipur · Deutschland · Dresden · Dublin · Florenz & Toskana · Florida · Frankreich · Griechenland · Griechische Inseln · Großbritannien · Hamburg · Hawaii · Indien · Irland · Istanbul · Italien · Italienische Riviera · Japan · Jerusalem · Kalifornien · Kambodscha & Laos · Kanada · Kanarische Inseln · Karibik · Kenia · Korsika · Krakau · Kroatien · Kuba · Las Vegas · Lissabon · Loire-Tal · London · Madrid · Mailand · Malaysia & Singapur · Mallorca, Menorca & Ibiza · Marokko · Mexiko · Moskau · München & Südbayern · Myanmar · Neapel · Neuengland · Neuseeland · New Orleans · New York · Niederlande · Nordspanien · Norwegen · Österreich · Paris · Peru · Polen · Portugal · Prag · Provence & Côte d'Azur · Rom · San Francisco · St. Petersburg · Sardinien · Schottland · Schweden · Schweiz · Sevilla & Andalusien · Sizilien · Slowenien · Spanien · Sri Lanka · Stockholm · Straßburg & Elsass · Südafrika · Südtirol & Trentino · Südwestfrankreich · Thailand · Thailand – Strände & Inseln · Tokyo · Tschechien & Slowakei · Türkei · USA · USA Nordwesten & Vancouver · USA Südwesten & Las Vegas · Venedig & Veneto · Vietnam & Angkor · Washington, DC · Wien · Zypern

www.dorlingkindersley.de

Vis-à-Vis

Straßenkarte Österreich